中華書局校刊

聚珍仿宋版

# 十三經注疏

十三 左傳注疏

中華書局

# 左傳注疏

# 【四部備要】

經部

上海中華書局據阮刻本校刊

桐鄉 陸費逵總勘
杭縣 高時顯 吳汝霖輯校
杭縣 丁輔之監造

欽定四庫全書總目春秋左傳正義六十卷

周左丘明傳晉杜預注唐孔穎達疏自劉向劉歆桓譚班固皆以春秋傳出左丘明左丘明受經於孔子魏晉以來儒者更無異議至唐趙匡始謂左氏非丘明蓋欲攻傳之不合經必先攻作傳之人非受經於孔子與王柏欲攻毛詩先攻毛詩不傳於子夏其智一也宋元諸儒相繼並起王安石有春秋解一卷證左氏非丘明者十一事陳振孫書錄解題謂出依託今未見其書不知十一事者何據其餘辨論惟朱子謂虞不臘矣爲秦人之語葉夢得謂紀事終於智伯當爲六國時人似爲近理然考史記秦本紀稱惠文君十二年始臘張守節正義稱秦惠文王始效中國爲之明古有臘祭秦至是始用非至是始創閻若璩古文尚書疏證亦駁此說曰史稱秦文公始有史以記事秦宣公初志閏月豈亦中國所無待秦獨創哉則臘爲秦禮之說未可據也左傳載預斷禍福無不徵驗蓋不免從後傳合之惟哀公九年稱趙氏其世有亂後竟不然是未見後事之證也經止

獲麟而弟子續至孔子卒傳載智伯之亡殆亦後人所續史記司馬相如傳中有揚雄之語不能執是一事指司馬遷爲後漢人也則載及智伯之說不足疑也今仍定爲左丘明作以袪衆惑至其作傳之由則劉知幾躬爲國史之言最爲確論疏稱大事書於策者經之所書小事書於簡者傳之所載觀晉史之書趙盾齊史之書崔杼及甯殖所謂載在諸侯之籍者其文體皆與經合墨子稱周春秋載杜伯燕春秋載莊子儀宋春秋載祏觀辜齊春秋載王里國中里覈其文體皆與傳合經傳同因國史而修斯爲顯證知說經去傳爲舍近而求諸遠矣漢志載春秋古經十二篇經十一卷注曰公羊穀梁二氏則左氏經文不著於錄然杜預集解序稱分經之年與傳之年相附比其義類各隨而解之陸德明經典釋文曰舊夫子之經與丘明之傳各異杜氏合而釋之則左傳又自有經考漢志之文既曰古經十二篇矣不應復云經十一卷觀公穀二傳皆十一卷與經十一卷相配知十一卷爲二傳之經故有是注徐彥公羊傳疏曰左氏先著竹

帛故漢儒謂之古學則所謂古經十二篇卽左傳之經故謂之古刻漢書者誤連二條爲一耳今以左傳經文與二傳校勘皆左氏義長知手錄之本確於口授之經也言左傳者孔奇孔嘉之說久佚不傳賈逵服虔之說亦僅偶見他書今世所傳惟杜注孔疏爲最古杜注多強經以就傳孔疏亦多左杜而右劉（案劉炫作規過以攻杜解凡所駁正孔疏皆以爲非）是皆篤信專門之過不能不謂之一失然有注疏而後左氏之義明左氏之義明而後二百四十二年內善惡之跡一一有徵後儒妄作聰明以私臆談褒貶者猶得據傳文以知其謬則漢晉以來藉左氏以知經義宋元以後更藉左氏以杜臆說矣傳與注疏均謂有大功於春秋可也

# 春秋正義序

國子祭酒上護軍曲阜縣開國子臣孔穎達奉
敕撰

夫春秋者紀人君動作之務是左史所職之書王者統三才而宅九有順四時而治萬物四時序則玉燭調於上三才協則寶命昌於下故可以享國永年令聞長世然則有爲之務可不愼與國之大事在祀與戎祀則必盡其敬戎則不加無罪盟會協於禮興動順其節失則貶其惡得則褒其善此春秋之大旨爲皇王之明鑒也若夫五始之目章於帝軒六經之道光於禮記然則此書之發其來尚矣但年祀緜邈無得而言暨乎周室東遷王綱不振楚子北伐神器將移鄭伯敗王於前晉侯請隧於後竊僭名號者何國不然專行征伐者諸侯皆是下陵上替內叛外侵九域騷然三綱遂絶夫子內韞大聖逢時若此欲垂之以法則無位正之以武則無兵賞之以利則無財說之以道則不用虛歎銜書之鳳乃似喪家之狗既不救於已往冀垂訓於後昆因魯史之有得失據周經

以正褒貶一字所嘉有同華衮之贈一言所黜無異蕭斧之誅所謂不怒而人威不賞而人勸實永世而作則歷百王而不朽者也至於秦滅典籍鴻猷遂寢。漢德既興儒風不泯其前漢傳左氏者有張蒼賈誼尹咸劉歆後漢有鄭衆賈逵服虔許惠卿之等各爲詁訓然雜取公羊穀梁以釋左氏此乃以冠雙屨將絲綜麻方鑿圓枘其可入乎晉世杜元凱又爲左氏集解專取丘明之傳以釋孔氏之經所謂子應乎母以膠投漆雖欲勿合其可離乎今校先儒優劣杜爲甲矣故晉宋傳授以至于今其爲義疏者則有沈文何蘇寬劉炫然沈氏於義例粗可於經傳極疎蘇氏則全不體本文唯旁攻賈服使後之學者鑽仰無成劉炫於數君之內實爲翹楚然聰惠辯博固亦罕儔而探賾鉤深未能致遠其經注易者必具飾以文辭其理致難者乃不入其根節又意在矜伐性好非毁規杜氏之失凡一百五十餘條習杜義而攻杜氏猶蠹生於木而還食其木非其理也雖規杜過義又淺近所謂捕鳴蟬於前不知黄雀在其後案僖公三十三年經云晉人敗狄于箕杜注云郤缺稱人者未爲卿劉炫規云晉侯稱人與殽戰同案殽戰在葬晉文公之前可得云背喪用兵以賤者告箕戰在葬晉文公之後非是背喪用兵何得云與殽戰同此則一年之經數行而已曾不勘省、上下妄規得失又襄公二十一年傳云邾庶其以漆閭丘來奔以公姑姊妻之杜注云蓋寡者二人劉炫規云是襄公之姑成公之姊只一人而已案成公二年成公之子公衡爲質及宋逃歸案家語本命云男子十六而化生公衡已能逃歸則十六七矣公衡之年如此則於時成公三十三四矣計至襄二十一年成公七十餘矣何得有姊而妻庶其此等皆其事歷然猶尚妄說況其餘錯亂良可悲矣然比諸義疏猶有可觀今奉

勑刪定據以爲本其有疎漏以沈氏補焉若兩義俱違則特申短見雖課率庸鄙仍不敢自專謹與朝請大夫國子博士臣谷那律故四門博士臣楊士勛四門博士臣朱長才等對共參定至十六年又奉

勑與前脩疏人及朝散大夫行大學博士上騎都尉臣馬嘉運朝散大夫行大學博士上騎都尉臣王德韶給事郎守四門博士上騎都尉臣蘇德融登仕郎

守大學助教雲騎尉臣隨德素等對
勑使趙弘智覆更詳審爲之正義凡三十六卷冀貽諸學者以裨萬一焉

春秋正義序

中書門下

牒奉

敕國家欽崇儒術啓迪化源眷六籍之垂文實百王之取法著於緗素皎若丹青乃有前脩詮其奧義爲之疏釋播厥方來頗索隱於微言用擊蒙於後學流傳既久譌舛遂多爰命校讎俾從刊正歷歲時而盡瘁探簡策以惟精載嘉稽古之功允助好文之理宜從雕印以廣頒行牒至准

敕故牒

景德二年六月　日牒

工部侍郎參知政事馮

兵部侍郎參知政事王

兵部侍郎平章事寇

吏部侍郎平章事畢

# 春秋左傳注疏校勘記序

春秋左氏傳漢初未審獻於何時漢藝文志說孔壁事祗云得古文尚書及禮記論語孝經不言左氏經傳也景十三王傳亦但云得古文經傳所謂傳者即禮之記及論語亦未言有左氏也楚元王傳劉歆讓太常博士亦以逸禮三十有九書十六篇系之魯恭王所得孔安國所獻而於春秋左氏所修二十餘通則但云藏於祕府不言獻自何人惟說文解字序分別言之曰魯恭王壞孔子宅得禮記尚書春秋論語孝經又北平侯張倉獻春秋左氏傳然後左氏經傳所自出始大白於世顧許言恭王所得有春秋豈孔壁中有春秋經文爲孔子手定者與北平侯所獻蓋必有經有傳度其經必與孔壁經大同然則班志所云古經十二篇者指恭王所得與抑指北平所獻與左氏傳之學與於賈逵服虔董遇鄭衆潁容諸家杜預因之分經比傳爲之集解今諸家全書不可見而流傳閒見者往往與杜本乖異古有吳皇象所書本宋臧榮緒梁岑之敬所校本今皆不可得蓋傳文異同可考者亦僅矣唐人專宗杜注惟蜀石經兼刻經

傳杜注文而蜀石盡亡世間搨本僅存數百字後唐詔儒臣田敏等校九經鏤本於國子監此亦經傳注兼刻者而今多不存至於孔穎達等依經傳杜注爲正義三十六卷本自單行宋淳化元年有刻本至慶元閒吳興沈中賓分系諸經注本合刻之其跋云踵給事中汪公之後取國子監春秋經傳集解正義精校萃爲一書蓋田敏等所鏤淳化元年所頒皆最爲善本而畢集於是後此附以釋文之本未有能及此者元和陳樹華卽以此本遍考諸書凡與左氏經傳文有異同可備參考者撰成春秋內傳考證一書考證所載之同異雖與正義本夐然不同然亦閒有可采者元更病今日各本之踳駁思爲諟正錢塘監生嚴杰熟於經疏因授以舊日手校本又慶元閒所刻之本幷陳樹華考證及唐石經以下各本及釋文各本精詳捃摭共爲校勘記四十二卷雖班孟堅所謂多古字古言許叔重所謂述春秋傳用古文者年代緜邈不可究悉亦庶幾網羅放佚蕘成注疏善本用裨學者矣阮元記

引據各本目錄

唐石經春秋三十卷 首載杜氏序每卷篇首題春秋經傳集解某公第幾第二行題左氏盡某年每行十字有復經勘定處或九字一行十一字一行間有十二字一行者唐人改刊多劖磨重鑴後人即加於本字之上隱公第一盡十一年桓公第二盡十八年莊公第三盡卅二年閔公第四盡二年僖上第五盡十五年僖中第六盡廿六年僖下第七盡卅三年文上第八盡十年文下第九盡十八年宣上第十盡十一年宣下第十一盡十八年成上第十二盡十年成下第十三盡十八年襄元第十四盡九年襄二第十五盡十五年襄三第十六盡二十二年襄四第十七盡廿五年襄五第十八盡廿八年襄六第十九盡卅一年昭元第廿盡三年昭二第廿一盡七年昭三第廿二盡十二年昭四第廿三盡十七年昭五第廿四盡廿二年昭六第廿五盡廿六年昭七第廿六盡卅二年定上第廿七盡七年定下第廿八盡十五年哀上第廿九盡十三年哀下第卅盡廿七年末載後序宣公上下俱經後梁重刻上卷原刻尚存五六行下卷僅三之一僖公篇亦有數段出自後人重刊然字迹遠勝後梁所鐫崑山顧炎武標舉誤字此經獨多皆非唐本之舊也

不全宋刻春秋經傳集解三冊 分卷與唐石經同上冊題襄五第十八闕二十二二十三兩頁中冊題昭三第二十二闕三至八六頁又闕十三一頁及二十一二十二兩頁昭四第二十三闕一頁下冊題昭五第二十四闕二十二二十三二十四三頁每半頁十行注文雙行每行字數不一卷末載經注若干字無附釋音宋刻經注本之最善者書內構字闕筆此避宋高宗諱錢塘何元錫云板心有直學王某等字亦南渡官名也

不全北宋刻小字本春秋經傳集解二卷 此本惟廿四廿五兩卷每半板十一行行廿三四五字不一注文雙行約多幾字卷末無附釋音惜不知何人所刊也

淳熙小字本春秋經傳集解三十卷 分卷與唐石經同每半頁十行行十八字注文雙行行廿二字附釋音此宋時坊刻

有譌字俗體大致不失其爲善本卷末題淳熙柔兆涒灘中夏初吉閩山阮仲猷種德堂刊柔兆涒灘乃宋孝宗淳熙三年丙申也末附春秋名號歸一圖二卷蜀馮繼先所作

南宋相臺岳氏春秋經傳集解三十卷宋岳珂刊分卷與唐石經同缺十九二十兩卷每半頁八行行十七字注文雙行附釋音每卷之後皆有木刻亞形相臺岳氏刻梓荊溪家塾印大小篆隸文楷書不一每頁之末上刻篇識如隱某年桓某年等明代以來翻刻有四皆不若此本之精審末附春秋年表一卷春秋名號歸一圖二卷年表不著撰人名氏

宋纂圖本春秋經傳集解三十卷每半頁十行注文雙行每行字數不一注後附音釋音釋後有似句互注重言等條此宋時坊刻所加

足利本春秋經傳集解見七經孟子考文案山井鼎云左傳考文稱足利本者宋板經傳集解本也今以活字板驗之是爲其原本也

宋本春秋正義三十六卷宋慶元間吳興沈中賓所刊案新唐書經籍志載春秋正義三十六卷與此合宋王堯臣崇文總目晁公武郡齋讀書志陳振孫書錄解題並同分卷行款與俗本亦異卷一序卷二隱元年卷三隱二年至五年卷四隱六年至十一年卷五桓元年二年卷六桓三年至六年卷七桓七年至十八年卷八莊元年至十五年卷九莊十六年至三十二年卷十閔元年二年卷十一僖元年至十五年卷十二僖十六年至二十六年卷十三僖二十七年至三十三年卷十四文元年至十年卷十五文十一年至十八年卷十六宣元年至十一年卷十七宣十二年至十八年卷十八成元年至十年卷十九成十一年至十八年卷二十襄元年至八年卷二十一襄九年至十二年卷二十二襄十三年至二十年卷二十三襄二十一年至二

十五年卷二十四襄二十六年至二十八年卷二十五襄二十九年至三十一年卷二十六昭元年至三年卷二十七昭四年至七年卷二十八昭八年至十一二年卷二十九昭十三年至十七年卷三十昭十八年至二十二年卷三十一昭二十三年至二十六年卷三十二昭二十七年至三十二年卷三十三定元年至七年卷三十四定八年至十五年卷三十五哀元年至十一年卷三十六哀十二年至二十七年又會於夷儀之歲云云在襄二十六年之首與唐石經合無附釋音字無俗體是宋刻正義中之第一善本每半頁八行經傳每行十六字注及正義每格雙行行廿二字經傳下載注不標注字正義總歸篇末真舊式也今校勘記依此分卷

附釋音春秋左傳注疏六十卷此本雕板南宋遞有修補下至明末其板猶存在注疏中六十卷本之最善者卷一序卷二隱元年盡二年卷三隱三年盡五年卷四隱六年盡十一年卷五桓元年盡二年卷六桓三年盡六年卷七桓七年盡十八年卷八莊元年盡十年卷九莊十一年盡二十二年卷十莊二十三年盡三十二年卷十一閔元年盡二年卷十二僖元年盡五年卷十三僖六年盡十四年卷十四僖十五年盡廿一年卷十五僖二十二年盡二十四年卷十六僖二十五年盡二十八年卷十七僖二十九年盡三十三年卷十八文元年盡四年卷十九上文五年盡十年卷十九下文十一年盡十五年卷二十文十六年盡十八年卷二十一宣元年盡四年卷二十二宣五年盡十一年卷二十三宣十二年卷二十四宣十三年盡十八年卷二十五成元年盡二年卷二十六成三年盡十年卷二十七成十一年盡十五年卷二十八成十六年盡十八年卷二十九襄元年盡四年卷三十襄五年盡九年卷三十一襄十年盡十二年卷三十二襄十三年盡十五年卷三十三襄十六年盡十八年卷三十四襄十九年盡二十一年卷三十五襄二十二年盡二十四年卷三十六襄二十五年卷三十七襄二十六年卷三十八襄二十七年盡二十八年卷三十九襄二十九年卷四十襄三十年盡三十一年卷四十

一昭元年卷四十二昭二年盡四年卷四十三昭五年盡六年卷四十四昭七年盡八年卷四十五昭九年盡十二年卷四十六昭十三年卷四十七昭十四年盡十六年卷四十八昭十七年盡十九年卷四十九昭二十年卷五十昭二十一年盡二十三年卷五十一昭二十四年盡二十五年卷五十二昭二十六年盡二十八年卷五十三昭二十九年盡三十二年卷五十四定元年盡四年卷五十五定五年盡九年卷五十六定十年盡十二年卷五十七哀元年盡五年卷五十八哀六年盡十一年卷五十九哀十二年盡十五年卷六十哀十六年盡二十七年每半頁十行每行十七字注疏每格雙行行二十三字經傳下載注不標注字正義冠大疏字於上今校正義以此本爲據也又案七經孟子考文補遺云毛詩春秋編入陸德明經典釋文共題曰附釋音蓋與正德刊本略似矣其實一也考文所謂正德本卽指此本修版處而言

閩本春秋左傳注疏六十卷明嘉靖閩中御史李元陽僉事江以達校刊分卷與附釋音本同每半頁九行行二十一字傳注正義低一格每行二十字正義雙行以注文改作中號字冠注字於上始於李氏非宋板舊式其佳處多與附釋音本相合有監本毛本脫錯而此本不誤較監毛爲優云

監本春秋左傳注疏六十卷明萬曆十九年刊每卷第二三行題皇明朝列大夫國子監祭酒盛訥等奉勑重校刊勑字提行分卷與附釋音本同行款與閩本合惟注文用小字空左卷末載後序錯字較少非毛本可及也

重脩監本春秋左傳注疏六十卷此本惟每卷第三行擡刊皇明朝列大夫國子監祭酒臣吳士元承德郎司業仍加俸一級臣黃錦等奉旨重脩將盛訥銜改列第二行譌字較原本爲多記中所引凡與原本同者則總偁監本其異者則偁重脩監本

毛本春秋左傳注疏六十卷明崇禎戊寅常熟汲古閣毛晉所刊分卷與附釋音本同行款與閩本合此本世所通行而亥豕之譌觸處皆是

附釋音春秋左傳注疏卷第一

國子祭酒上護軍曲阜縣開國子臣孔穎達等奉

勑撰

國子博士兼太子中允贈齊州刺史吳縣開國男臣陸德明釋文

春秋序題○陸曰此元凱所作既以釋經故依例音之本或題爲春秋左傳序者沈文何以爲釋例序今不用疏正義曰此序題目文多不同或云春秋序或云左氏傳序或云春秋經傳集解序或云春秋左氏傳序案晉宋古本及今定本並云春秋左氏傳序今依用之南人多云此本釋例序後人移之於此且有題曰春秋釋例序置之釋例之端今所不用晉大尉劉寔與杜同時人也宋大學博士賀道養去杜亦近俱爲此序作注題並不言釋例序明非釋例序也又晉宋古本序在集解之端徐邈以晉世言五經音訓爲此序作音且此序稱分年相附隨而解之名曰經傳集解是言爲集解作序也又別集諸例從而釋之名曰釋例異同之說釋例詳之是其據集解而指釋例安得爲釋例序也序與敘音義同爾雅釋詁云敘緒也然則舉其綱要若繭之抽緒孔子爲書作序爲易作序卦子夏爲詩作序故杜亦稱序序春秋名義經體例及已爲解之意也此序大略凡有十一段明義以春秋是此書大名先解立名之由自春秋至所記之名也明史官記事之書名曰春秋之義自周禮有史官至其實一也明天子諸侯皆有史官必須記事之義自韓宣子適魯至舊典禮經也言周史記事褒貶得失本有大法之意自周德既衰至從而明之言典禮廢缺善惡無章故仲尼所以修此經之意自左丘明受經於仲尼至所修之要故也言丘明作傳務在解經而有無傳之意自身爲國史至然後爲得也言經旨之表不應須傳有通經之意自其發凡以言例至非例也言丘明傳有三等之體自

故發傳之體有三至三叛人名之類是也言仲尼脩經有五種之例自推此五體至人倫之紀備矣總言聖賢大趣足以周悉人道所說經傳理畢故以此言結之自或曰春秋以錯文見義至釋例詳之也言已異於先儒自明作集解釋例之意自或曰春秋之作下盡亦無取焉大明春秋之早晚始隱終麟先儒錯繆之意賈逵大史公十二諸侯年表序云魯君子左丘明作傳據劉向別錄云左丘明授曾申申授吳起起授其子期期授楚人鐸椒鐸椒作抄撮八卷授虞卿虞卿作抄撮九卷授荀卿荀卿授張蒼此經既遭焚書而亦廢滅及魯共王壞孔子舊宅於壁中得古文逸禮有三十九篇書十六篇天漢之後孔安國獻之遭巫蠱倉卒之難未及施行及春秋左氏丘明所修皆古文舊書多者二十餘通藏於祕府伏而未發漢武帝時河間獻左氏及古文周官光武之世議立左氏學公羊之徒上書訟公羊抵左氏左氏之學不立成帝時劉歆校祕書見府中古文春秋左氏傳歆大好之時丞相尹咸以能治左氏與歆共校傳歆略從咸及丞相翟方進受質問大義初左氏傳多古字古言學者傳訓詁而已及歆治左氏引傳文以釋經轉相發明由是章句義理備焉歆以爲左丘明好惡與聖人同親見夫子而公羊穀梁在七十二弟子後傳聞之與親見其詳略不同歆數以問向向不能非也及歆親近欲建立左氏春秋及毛詩逸禮古文尚書皆列於學官哀帝令歆與五經博士講論其義諸儒博士或不肯置對歆因移書於大常博士責讓之和帝元興十一年鄭興父子及歆創通大義奏上左氏始得立學遂行於世至章帝時賈逵上春秋大義四十條以抵公羊穀梁帝賜布五百匹又與左氏作長義至鄭康成箴左氏膏肓發公羊墨守起穀梁廢疾自此以後二傳遂微左氏學顯矣

春秋者魯史記之名也

疏 春秋至名也〇人臣奉主品目不同掌事曰司掌書曰史史官記事爲書立名以春秋二字爲記事之書名也〇正義曰從此以下至所記之名也明史官記事之書名曰春秋之意春秋之名經無所見唯傳記有之昭二年韓起聘魯稱見魯春秋外傳晉語司馬

侯對晉悼公云羊舌肸習於春秋楚語申叔時論傅太子之法云教之以春秋禮坊記云魯春秋記晉喪曰殺其君之子奚齊又經解曰屬辭比事春秋教也凡此諸文所說皆在孔子之前則知未修之時舊有春秋之目其名起遠亦難得而詳禮記內則稱五帝有史官既有史官必應記事但未必名為春秋耳據周世法則每國有史記當同名春秋獨言魯史記者仲尼脩魯史所記以為春秋止解仲尼所修春秋故指言魯史言修魯史春秋以為褒貶之法也

**記事者以事繫日**○繫工帝反**以日繫月以月繫時以時繫年所以紀遠近別同異也**○別彼列反

疏記事至異也既辨春秋之名又言記事之法繫者以下綴上以末連本之辭言於此日而有此事故以事繫日月統日故以日繫月時統月故以月繫時年統時故以時繫年所以紀理年月遠近分別事之同異也若隱三年春王二月己巳日有食之二年秋八月庚辰公及戎盟于唐之類是事之所繫年時月日四者皆具文也史之所記皆應具文而春秋之經文多不具或時而不月月而不日亦有日不繫月月不繫時者史之所記日必繫月月必繫時春秋二百四十二年之閒有日無月者十四有月無時者二或史文先闕而仲尼不改或仲尼備文而後人脫誤四時必具乃得成年桓十七年五月無夏昭十年十二月無冬二者皆有月而無時既得其月時則可知仲尼不應故闕其時獨書其月當是仲尼之後寫者脫漏其日不繫於月或是史先闕文若僖二十八年冬下無月而有壬申丁丑計一時之閒再有此日雖欲改正何以可知仲尼無以復知當是本文自闕不得不因其闕文使有日而無月如此之類蓋是史文先闕未必後人脫誤其時而不月月而不日者史官立文亦互自有詳略何則案經朝聘侵伐執殺大夫土功之屬或時或月未有書日者其要盟戰敗崩薨卒葬之屬雖不盡書日而書日者多是其本有詳略也計記事之初日月應備但國史總集其事書之於策簡其精麤合其同異量事而制法率意以約文史非一人辭無定式故日月參差不可齊等及仲尼脩故因魯史成文史有詳略日有具否不得不即因而用之案經傳書日者凡六百八十一事

自文公以上書日者二百四十九宣公以下亦俱六公書日者四百三十二計
年數略同而日數向倍此則久遠遺落不與近同且他國之告有詳有略若告
不以日魯史無由得其日而書之如是則當時之史亦不能使日月皆具當時
已自不具仲尼從後脩之舊典參差日月不等仲尼安能盡得知其日月皆使
齊同去其日月則或害事之先後備其日月則古史有所不載自然須舊有日
者因而詳之舊無日者因而略之亦既自有詳略不可以爲褒貶故春秋諸事
皆不以日月爲例其以日月爲義例者唯卿卒日食二事而已故隱元年冬十
有二月公子益師卒傳曰公不與小斂故不書日桓十七年冬十月朔日有食
之傳曰不書日官失之也丘明發傳唯此二條明二條以外皆無義例既不以
日爲例獨於此二條見義者君之卿佐是謂股肱股肱或虧何痛如之病則親
問斂則親與卿佐之喪公不與小斂則知君之恩薄但是事之小失不足以貶
人君君自不臨臣喪亦非死者之罪意欲垂戒於後無辭可以寄文而人臣輕
賤死日可略故特假日以見義也日食者天之變甲乙者曆之紀朔是日月之
會其食必在朔日是故史書日食必記月朔朔有甲乙乃可推求故日有食之
須書朔日日與不日唯此而已月與不月傳本無義公羊穀梁之書道聽塗說
之學或日或月妄生褒貶先儒溺於二傳横爲左氏造日月褒貶之例故杜於
大夫卒例備詳說之仲尼刊定日無褒貶而此序言史官記事必繫日月時年
者自言記事之體須有所繫不言繫之具否皆有義例也春秋感精符曰日者
陽之精耀魄光明所以察下也淮南子曰積陽之熱氣生火火氣之精者爲日
劉熙釋名曰日實也光明盛實是說日之義也日之在天隨天轉運出則爲晝
入則爲夜故每一出謂之一日日之先後無所分別故聖人作甲乙以紀之世
本云容成造曆大橈作甲子宋忠注云皆黄帝史官也感精符曰月者陰之精
地之理也淮南子曰積陰之寒氣久者爲水水氣之精者爲月劉熙釋名曰月
闕也滿而闕缺是說月之義也月之行天其疾於日十三倍有餘積二十九日
過半而行及日與月相會張衡靈憲曰日譬火月譬水水火外光水含景故月
光生於日之所照魄生於日之所蔽當日則光盈就日則明盡然則以明一盡

謂之一月所以總紀諸月也三月乃爲一時四時乃爲一年故遞相統攝紀理庶事紀遠近者前年遠於後年後月近於前月異其年月則遠近明也别同異者共在月下則同月之事各繫其月則異月之事觀其月則異同别矣若然言正月二月則知是春四月五月則知是夏不須以月繫時足明遠近同異必須以月繫時者但以日月時年各有統屬史官記事唯須順敘一時既管月不得不以月繫時案經未有重書月者日則有之桓十二年冬十有一月丙戌公會鄭伯盟于武父丙戌衞侯晉卒一日再書者史本異文仲尼從而不改故杜云重書丙戌非義例因史成文也

故史之所記必表年以首事年有四時故錯擧以爲所記之名也○錯七各反下皆同

疏故史至名也○將解名曰春秋之意先說記事之法主記當時之事事有先後須顯有事之年表顯也首始也事繫日下年是事端故史之所記必先顯其年以爲事之初始也年有四時不可偏擧四字以爲書號故交錯互擧取春秋二字以爲所記之名也春先於夏秋先於冬擧先可以及後言春足以兼夏言秋足以見冬故擧二字以包四時也春秋二字是此書之總名雖擧春秋二字其實包冬夏四時之內一切萬物生植孕育盡在其中春秋之書無物不包無事不記與四時義同故謂此書爲春秋孝經云春秋祭祀以時思之詩魯頌云春秋匪解享祀不忒鄭箋云春秋猶言四時也是擧春秋足包四時之義年歲載祀異代殊名而其實一也爾雅釋天云載歲也夏曰歲商曰祀周曰年唐虞曰載李巡曰夏歲商祀周年唐虞載各自紀事堯舜三代示不相襲也孫炎曰載始也取物終更始也歲取歲星行一次也祀取四時祭祀一訖也年取年穀一熟也是其名别而實同也此四者雖代有所尙而名興自遠非夏代始有歲名周時始有年稱何則堯典云期三百有六旬有六日以閏月定四時成歲禹貢作十有三載乃同是於唐虞之世已有年歲之言記事者則各從所尙常語者則通以爲言故虞亦稱年周亦稱歲周詩唐風稱百歲之後是周之稱歲也四時之名春夏秋冬皆以時物爲之號也禮記鄉飲酒義曰春之爲言蠢也夏之爲言假也秋之爲言揫也冬之爲言中也

中者藏也漢書律曆志云春蠢也物蠢生也夏假也物假大也秋。䲡即由反也物。䲡斂也冬終也物終藏之也是解四時異名之義也史之記事一月無事不空舉月一時無事必空舉時者蓋以四時不具不成爲歲故時雖無事必虛錄首月其或不錄皆是史之闕文隱六年空書秋七月注云雖無事而書首月具四時以成歲桓四年不書秋冬注云國史之記必書年以集此公之事書首時以成此年之歲故春秋有空時而無事者今不書秋冬首月史闕文是其說也然一時無事則書首月莊二十二年書夏五月者杜雖於彼無注釋例以爲闕謬春秋之名錯舉而已後代儒者妄爲華葉賈逵云取法陰陽之中春爲陽中萬物以生秋爲陰中萬物以成欲使人君動作不失中也賀道養云春貴陽之始秋取陰之初計春秋之名理包三統據周以建子爲正言之則春非陽中秋非陰中據夏以建寅爲正言之則春非陽始秋非陰初乃是竅混沌而畫蛇足必將夭性命而失巵酒

周禮有史官掌邦國四方之事達四方之志諸侯亦各有國史

疏。周禮。至。國。史○既解名曰春秋之意又顯記事之人春官宗伯之屬有大史下大夫二人小史中士八人內史中大夫一人外史上士四人御史中士八人雖復各有所職俱是掌書之官○正義曰周禮春官小史職曰掌邦國之志內史職曰凡四方之事書內史讀之外史職曰掌四方之志掌達書名于四方今杜氏序云掌邦國四方之事者掌邦國取小史職文四方之事取內史職文杜總括兩史共成此語諸侯官屬雖難備知要傳記每說諸侯之史知諸侯亦各有國史也周禮言邦國者乃謂畿外諸侯之國也國。在四表故言四方云凡四方之事書內史讀之者謂四方有書來告內史讀以白王也告王之後則小史主掌之故云掌邦國之志內史雖云讀四方之事書其實國內史策皆內史所掌故其職掌八柄及策命之事也然則內史小史既主國內。又主四方來告之事故僖二十三年杜。注云國史承告而書是也杜此序又云達四方之志取外史職文案外史職云掌四方之志掌達書名四方今移達字於四方之志上如杜之意外史達此國內之志以告四方故僖二十三年杜注云同盟然後告名赴

者之禮是也然則掌邦國四方之事者據此承受他國之赴也達四方之志者據己國有事赴告他國也春秋既有内外二種故杜翦撮天子之史取外史内史兩文周禮諸史雖皆掌書仍不知所記春秋定是何史蓋天子則内史主之外史佐之諸侯蓋亦不異但春秋之時不能依禮諸侯史官多有廢闕或不置内史其策命之事多是大史則大史主之小史佐之劉炫以爲尚書周公封康叔戒之酒誥其經曰大史友内史友如彼言之似諸侯有大史内史矣但偏檢記傳諸侯無内史之文何則周禮内史職曰凡命諸侯及孤卿大夫則策命之僖二十八年傳説襄王使内史叔興父策命晉侯爲侯伯是天子命臣内史掌之襄三十年傳稱鄭使大史命伯石爲卿是諸侯命臣大史掌之諸侯大史當天子内史之職以諸侯兼官無内史故也鄭公孫黑。强與薰隧之盟使大史書其名齊大史書崔杼弑其君晉大史書趙盾弑其君是知諸侯大史主記事也南史聞大史盡死執簡以往明南史是佐大史者當是小史也若然襄二十三年傳稱季孫召外史掌惡臣言外史則似有内史矣必言諸侯。無内史者閔二年傳稱史華龍滑與禮孔曰我大史也文十八年傳稱魯有大史克哀十四年傳稱齊有大史子餘諸國皆言大史安得有内史也季孫召外史者蓋史官身居在外季孫從内召之故曰外史猶史居在南謂之南史耳南史外史非官名也藝文志云古之王者世有史官君舉必書所以慎言行昭法戒左史記言右史記事事爲春秋言爲尚書帝王靡不同之禮記玉藻云動則左史書之言則右史書之雖左右所記二文相反要此二者皆言左史右史周禮無左右之名得稱左右者直是時君之意處之左右則史掌之事因爲立名故傳有左史倚相掌記左事謂之左史左右非史官之名也左是陽道陽氣施生故令之記動右是陰道陰氣安静故使之記言藝文志稱左史記言右史記動誤耳上言魯史記則諸侯各有史可知又言諸侯各有國史者方説諸侯各有春秋重詳其文也

大事書之於策。○策本又作册亦作筴同初革反小事簡牘而已○牘徒木反

【疏】大。事。至。而已○既言尊。卑皆有史官又論所記簡策之異釋器云簡謂之畢郭璞云今簡札也許慎説文曰簡

牒也牘書版也蔡邕獨斷曰策者簡也其制長二尺短者半之其次一長一短兩編下附鄭玄注中庸亦云策簡也由此言之則簡札牒畢同物而異名單執一札謂之爲簡連編諸簡乃名爲策故於文策或作冊象其編簡之形以其編簡爲策故言策者簡也鄭玄注論語序以鉤命決云春秋二尺四寸書之孝經一尺二寸書之故知六經之策皆稱長二尺四寸蔡邕言二尺者謂漢世天子策書所用故與六經異也簡之所容一行字耳牘乃方版版廣於簡可以並容數行凡爲書字有多有少一行可盡者書之於簡數行乃盡者書之於方方所不容者乃書於策聘禮記曰若有故則加書將命百名以上書於策不及百名書於方鄭玄云名書文也今謂之字策簡也方版也是其字少則書簡字多則書策此言大事小事乃謂事有大小非言字有多少也大事者謂君舉告廟及鄰國赴告經之所書皆是也小事者謂物不爲災及言語文辭傳之所載皆是也大事後雖在策其初亦記於簡何則弑君大事南史欲書崔杼執簡而往董狐既書趙盾以示於朝是執簡而示之非舉策以示之明大事皆先書於簡後乃定之於策也其有小事文辭或多如呂相絕秦聲子說楚字過數百非一牘一簡所能容者則於衆簡牘以次存錄也杜所以知其然者以隱十一年傳例云滅不告敗勝不告克不書于策明是大事來告載之策書也策書不載丘明得之明是小事傳聞記於簡牘也以此知仲尼脩經皆約策書成文丘明作傳皆博采簡牘衆記故隱十一年注云承其告辭史乃書之于策若所傳聞行言非將君命則記在簡牘而已不得記於典策此蓋周禮之舊制也又莊二十六年經皆無傳傳不解經注云此年經傳各自言其事者或策書雖存而簡牘散落不究其本末故傳不復申解是言經據策書傳。馮簡牘經之所言其事大傳之所言其事小故知小事在簡大事在策也

**孟子曰楚謂之檮杌晉謂之乘而魯謂之春秋其實一也**○孟子書名姓孟名軻字子輿鄒邑人與齊宣王同時人著此書檮徒刀反杌五忽反檮杌四凶之一杜云頑凶無儔匹之貌乘繩證反車乘也一云兵乘

疏。孟。子。曰。至。一。也○既言簡策之異又說諸國別名孟子姓孟名軻字

子輿。鄒邑人也當六國之時師事孔子之孫子思脩儒術之道著書七篇其第四離婁篇云王者之迹息而詩亡詩亡然後春。秋作晉謂之乘楚謂之檮杌魯謂之春秋一也其言與此小異是杜足其實二字使成文也彼趙岐注云乘者興於田賦乘馬之事因以為名檮杌者嚚凶之類興於記惡。之戒因以為名春秋以二始舉四時記萬事之名是三者立名雖異記事則同故云其實一也序發首云春秋者魯史記之名也故引此以為證且明諸侯之國各有史記故魯有春秋仲尼得因而脩之也案外傳申叔時司馬侯乃是晉楚之人其言皆云春秋不言乘與檮杌然則春秋是其大名晉楚私立別號魯無別號故守其本名賈逵云周禮盡在魯矣史法最備故史記與周禮同名然則晉楚豈當自知不備故別立惡名

韓宣子適魯○宣子名起晉大夫適魯在昭二年見易象與魯春秋曰周禮盡在魯矣○盡津忍反後放此吾乃今知周公之德與周之所以王。○王于況反又如字

疏韓。宣。至。以。王○正義曰此昭二年傳文也既言諸國有書欲明魯最兼備故云此。○宣子晉卿名起食邑於韓因以為氏。謚曰宣子者有德之稱為昭公新立身新為政故來聘魯因觀書於大史氏見此書而發言杜注彼以為易象即今周易上下經之象辭也魯春秋謂魯史記之策書也春秋遵周公之典以序事故曰周禮盡在魯矣易象春秋是文王周公之所制故見春秋知周公之德見易象知周之所以王也文王能制此典即是身有聖德聖不空生必王天下周室之王文王之功故觀其書知周之所以得王天下之由也文王身處王位故以王言之周公不王故以德屬之人異故文異傳言觀書大史則所觀非一而獨言易象魯春秋者韓子主美文王周公故特言之易象魯無增改故不言魯易象春秋雖是周法所記乃是魯事故言魯春秋也春秋易象晉應有之韓子至魯方乃發歎者味其義善其人以其舊所未悟故云今始知示其歎美之深非是素不見也易下繫辭云易之興也其當殷之末世周之盛德當文王與紂之事則謂易象爻象之辭也鄭玄案據此文以為易是文王所作鄭衆賈逵虞翻陸績之徒以易有箕子之明夷東

鄭殺牛皆以爲易之爻辭周公所作杜雖無明解似同鄭說韓子所見。蓋周之舊典禮經也疏。韓。子。至。經。也○序言史官所書舊有成法故引韓子之事以此言結之韓子所見魯春秋者蓋是周之舊日正典禮之大經也韓子之言幷歎易象此之所見唯謂春秋者指說春秋不須易象故也知是舊典禮經者傳於隱七年書名例云謂之禮經十一年不告例云不書于策明書於策必有常禮未脩之前舊有此法韓子所見而說之即是周之舊典以無正文故言蓋爲疑辭也制禮作樂周公所。爲明策書禮經亦周公所制故下句每云周公正謂五十發凡是周公舊制也必知史官所記有周公舊制者以聖人所爲動皆有法以。能立官。紀事豈得全無憲章定四年傳稱備物典策以賜伯禽典策則史官記事之法也若其所記無法何足以賜諸侯諸侯得之何足以爲光榮而子魚稱爲美談也且仲尼脩此春秋以爲一經若周公無法史官妄說仲尼何所可馮斯文何。足爲典得與諸書禮樂詩易並稱經哉以此知周公舊有定制韓子所見是也周德既衰官失其守上之人不能使春秋昭明赴告策書○告古毒反一音古報反崩薨曰赴禍福曰告諸所記注。○注張住反字或作註多違舊章疏。周。德。至。舊。章○正義曰此明仲尼脩春秋之由先論史策失宜之意計周公之垂法典策具存豈假仲尼更加筆削但爲官失其守褒貶失中赴告策書多違舊典是故仲尼脩成此法垂示後昆襄三十一年傳稱鄭大夫能守其官職昭。二十年傳曰守道不如守官是言人臣爲官各有所守周德既衰邦國無法羣小在位故官人失其所守也雖廣言衆官失職要其本意是言史官失其所掌也昭三十一年傳曰春秋之稱微而顯婉而辨上之人能使春秋昭明注云上之人謂在。位者也彼謂賢德之人在天子諸侯之位能使春秋褒貶勸戒昭明周德既衰主掌之官已失其守在上之人又非賢聖故不能使春秋褒貶勸戒昭明致令赴告記注多違舊章也文十四年傳曰崩薨不赴禍福不告然則。鄭國相命凶事謂之赴他事謂之告對文則別散文則通昭七年傳衛齊惡告喪于周則是凶亦稱告也赴告之中違舊章者若隱三年平王以壬戌崩赴以庚戌桓五年陳侯鮑卒再赴以甲戌己丑及不同盟者而赴以名同盟而赴不以名之類是也策書記注多違舊章者仲尼既已脩改不可復知正以仲尼脩之故知其多違也仲尼因魯史策書成文考其真僞而志其典禮上以遵周公之遺制下以明將來之法

疏仲。尼。至。之。法。○此明仲尼所因幷制作之意所脩之經以魯爲主是因魯史策書成定之舊文也考謂校勘志謂記識考其真僞真者因之僞者改之志其典禮合典法者褒之違禮度者貶之上以遵周公之遺制使舊典更興下以明將來之法令後世有則以此故備春秋也前代後代事終一揆所賞所罰理必相符仲尼定春秋之文制治國之法文之所褒是可賞之徒文之所貶是可罰之類後代人主誠能觀春秋之文揆當代之事辟所惡而行所善順褒貶而施賞罰則法必明而國必治故云下以明將來之法也不教當時而爲將來制法者孔子之時道不見用既知被屈冀範將來將來之與今時其法亦何以異但爲時不見用故指之將來其實亦以教當代也

其教之所存文之所害則刊而正之○刊苦干反削也以示勸戒

疏其。教。至。勸。戒。○此說仲尼改舊史之意教之所存謂名教善惡義存於此事若文無褒貶無以懲勸則是文之害教若僖二十八年天王狩于河陽傳云晉侯召王以諸侯見且使王狩仲尼曰以臣召君不可以訓故書曰天王狩于河陽杜以晉文之意本欲尊周將率諸侯共朝天子自嫌彊大不敢至周喻王出狩得盡臣禮尋其蹤緒心是跡非又昭十九年許世子止弑其君買傳云許悼公瘧五月戊辰飲大子止之藥卒書曰弑其君君子曰盡心力以事君舍藥物可也許止進藥不由於醫其父飲之因玆而卒名教善惡須存於此。者也不罪許止不沒晉文無以息篡逆之端勸事君之禮故隱其召王之名顯稱弑君之惡如此之例皆是文之害教則刊削本策改而正之以示後人使聞善而知勸見惡而自戒諸仲尼所改新意皆是刊而正之也其餘則皆卽用舊史史有文質辭有詳略不必

改也【疏】其。餘。至。改。也。○此說仲尼不改舊史之意其餘謂新意之外皆即用舊史也始隱終麟二百餘載史官遷代其數甚多人心不同屬辭必異自然史官有文有質致使其辭有詳有略既無所害故不必改也史有文質謂居官之人辭有詳略謂書策之文史文則辭華史質則辭直華則多詳直則多略故春秋之文詳略不等也螟螽蜚蜮皆害物之蟲蜚蜮言有螟螽不言有諸侯反國或言自某歸或言歸自某晉伐鮮虞吳入郢直舉國名不言將帥及郊與用郊皆無所發諸侯出奔或名或不名明是立文乖異是其史舊有詳略義例不存於此故不必皆改也

故傳曰其善志又曰非聖人孰能脩之【疏】故。傳。至。脩。之。○上傳昭三十一年言春秋之書其是善志記也下傳成十四年言若非聖人誰能脩春秋使成五例也下傳既非同年而云又者言又重上事之辭止又其傳非又其年也

蓋周公之志仲尼從而明之【疏】蓋。周。至。明。之。○既以蓋爲疑辭而知事必然者案傳君子論春秋之美而云善志春秋既是舊名明稱舊記爲善故知上傳之言蓋言周公之志也脩者治舊之名傳善聖人而言脩舊明脩前聖之道故知下傳之言蓋仲尼之明周公也上已言蓋周之舊典禮經此復重云蓋周公之志者上明春秋記事之法舊史之遵周公也此明仲尼因舊史之文還脩周公之法故重言蓋敘此以上論經以下論傳

左丘明受經於仲尼以爲經者不刊之書也故傳或先經以始事○先悉薦反或後經以終義○後戶豆反或依經以辯理或錯經以合異隨義而發【疏】左。丘。至。而。發。正義曰丘明爲經作傳故言受經於仲尼未必面親授受使之作傳也此說作傳解經而傳文不同之意丘明以爲經者聖人之所制是不可刊削之書也非傳所能亂之假使傳有先後不畏經因錯亂故傳或先經爲文以始後經之事或後經爲文以終前經之義或依經之言以辨此經之理或錯經爲文以合此經之異皆隨義所在而爲之。發傳期於釋盡經意而已是故立文不同也大史公十二諸侯年表序云自孔子論史記

次春秋七十子之徒口受其傳魯君子左丘明懼弟子各。有。妄其意失其真故具論其語成左氏春秋沈氏云嚴氏春秋引觀周篇云孔子將脩春秋與左丘明乘如周觀書於周史歸而脩春秋之經丘明爲之傳共爲表裏藝文志云左丘明魯。史。也是言丘明爲傳以其姓左故號爲左氏傳也先經者若隱公不書即位先發仲子歸于我衛州吁弒其君完先發莊公娶于齊如此之類是先經以始事也後經者昭二十二年王室亂定八年乃言劉子伐盂以定王室哀二年晉納蒯聵于戚哀十五年乃言蒯聵自戚入衛如此之類是後經以終義也依經者經有其事傳辯其由隱公不書即位而求好於邾故爲蔑之盟案其經文明其歸趣如此之類是依經以辯理也錯經者若地有兩名經傳互舉及經侵傳伐經伐傳。侵於文雖異於理則合如此之類是錯經以合。異。也傳文雖多不出四體故以此四句明之也

其例之所重 ○重直用反又直龍反 舊史遺文略不盡舉非聖人所脩之要故也

疏。其。例。至。故。也。○此說有經無傳之意例之所重者若桓元年秋大水傳云凡平原出水爲大水莊七年秋大水此則例之所重皆是舊史遺餘策書之文丘明略之不復發傳非聖人所脩之要故也言遺者。舊。史已沒策書遺留故曰遺文

身爲國史躬覽載籍必廣記而備言之其文緩其旨遠將令學者原始要終 ○令力呈反下令學者同要於遙反 尋其枝葉究其所窮 ○究久又反

疏。身。爲。至。所。窮。○此說無經有傳之意。○正義曰說文云籍。部書也張衡東京賦曰多識前世之載載亦書也躬覽載籍所見者博以義有所取必廣記而備言之非直解經故其文緩遙明聖意故其旨遠將令學者本。原其事之始要截其事之終尋其枝葉盡其根本則聖人之趣雖遠其賾可得而見是故經無其事而傳亦言之爲此也原始要終及其旨遠並易下繫辭文也尋其枝葉以樹木喻也究亦窮也言窮盡其所窮之處也

優而柔之使自求之饜而飫之 ○饜於豔反飫於預反 使自趨之 ○趨七住反又七倶反 若江海之

浸○浸子鴆反膏澤之潤○膏古刀反渙然冰釋○渙呼亂反怡然理順○怡以之反然後爲得也

疏　優而柔之至然後爲得也○此又申說無經之傳有利益之意優而柔之使自求之大戴禮子張問入官篇有此文也其饜而飫之則未知所出優柔俱訓爲安寬舒之意也饜飫俱訓爲飽饒裕之意也謂丘明富博其文優游學者之心使自求索其高意精華其大義飽足學者之好使自奔趨其深致言其廣記備言欲令使樂翫不倦也江海以水深之故所浸者遠膏澤以雨多之故所潤者博以喻傳之廣記備言亦欲浸潤經文使義理通洽如是而求之然後渙然解散如春冰之釋怡然心說而衆理皆順然後爲得其所也江海水其之大者故擧以爲喻脂之釋者爲膏言雨之爲潤若脂膏然故稱膏澤也

發凡以言例皆經國之常制周公之垂法史書之舊章仲尼從而脩之以成一經之通體

疏　其發至通體○正義曰自此至非例也辯說傳之三體此一段說舊發例也言發凡五十皆是周公舊法先儒之說春秋者多矣皆云丘明以意作傳說仲尼之經凡與不凡無新舊之例杜所以知發凡言例是周公垂法史書舊章者以諸所發凡皆是國之大典非獨經文之例隱七年始發凡例特云謂之禮經十一年又云不書于策建此二句於諸例之端明書於策者皆是經國之常制非仲尼始造策書自制此禮也何則夫災無牲卒哭作主諸侯薨于朝會加一等夫人不薨于寢則不致豈是仲尼始造此言也公行告廟侯伯分災二凡之末皆云禮也豈是丘明自制禮乎又公女嫁之送人尊卑哭諸侯之親疏等級王喪之稱小童分至之書雲物皆經無其事傳亦發凡若丘明以意作傳主說仲尼之經此既無經何須發傳以是故知發凡言例皆是周公垂法史書舊章仲尼從而脩之以成一經之通體也國之有史在於前代非獨周公立法史始有章而指言周公垂法者以三代異物節文不同周公必因其常文而作以正其變者非是盡變其常也但以一世大典周公所定故春秋之義史必主於常法而以周公正之然凡是周公之禮經今案周禮竟無

凡例爲當禮外別自有凡爲當凡在禮內今者所據禮內有凡知者案周禮大宰職於八法之內有官成官法鄭衆注云官成者謂官府之有成事品式官法者謂職所主之法度然則此凡者是史官之策書成事法式也釋例終篇云稱凡者五十其別四十有九蓋以母弟二凡其義不異故也計周公垂典應每事設法而據經有例於傳無凡多矣釋例四十部無凡者十五然則周公之立凡例非徒五十而已蓋作傳之時已有遺落丘明采而不得故也且凡雖舊例亦非全語丘明采合而用之耳終篇云諸凡雖是周公之舊典丘明撮其體義約以爲言非純寫故典之文也蓋據古文覆逆而見之此丘明會意之微致是其說也然丘明撮凡爲言體例不一於一凡之內事義不同亦有因經所有連釋經之所無如王曰小童公侯曰子是也亦有略其經之所無直釋經之所有如凡祀啓蟄而郊龍見而雩不言礿祀以經無故也如此之類是也所以然者蓋以舊凡語少經雖無事則亦連文引之所以兼引王曰小童若舊凡語多經無者則略之經有者則載之所以略其礿祀獨舉郊雩故莊十一年王師敗績于某杜注云事列於經則不得不因申其義是舊凡多者唯舉經文也發凡之體凡有二條一是特爲策書一是兼載國事特爲策書者凡告以名則書之類是也兼載國事者凡嫁女于敵國之類是也雖爲國事但他書有者亦不在凡例如天子七月而葬既於禮文備有故丘明作傳不在凡例也此諸凡者自是天下大例其言非獨爲魯故哭諸侯之條既發凡例乃云故魯爲諸姬明知正凡所言非止魯事且送女例云於天子則諸卿皆行魯無嫁女於天子之理祭其祀例云啓蟄而郊自非魯國不得有郊天之事明是采合故典裁約爲文也

微顯闡幽裁成義類者○闡昌善反明也皆據舊例而發義指行事以正褒貶○褒保刀反貶彼檢字林方犯反

疏其微至褒貶○此下盡曲而暢之說新意也微顯闡幽易下繫辭文也微謂纖隱闡謂著明舊說云下云經無義例此釋經有義例謂孔子修經微其顯事闡其幽理裁節經之上下以成義之般類其善事顯者若秦穆悔過貶四國大夫以例稱人觀文與常文無異惡事顯者若諸侯城緣

陵叔孫豹違命城緣陵依例稱諸侯與無罪文同叔孫豹去氏與未賜族者文同皆是微其顯事闡幽者謂闡其幽理使之宣著若晉趙盾鄭歸生楚比陳乞及許大子止皆非親弒其君是其罪幽隱孔子脩經加弒使罪狀宣露是闡幽也。諸春秋褒貶之例並是也蓋以為皆據舊例而發義以下論丘明之傳微顯闡幽乃是經事故賀沈諸儒皆悉同此劉炫以微顯闡幽皆說作傳之意經文顯者作傳本其纖微經文幽者作傳闡使明著顯者若天王狩于河陽之觀經文足知王是天子狩是出獵但不知天子何故出畿外狩耳故傳發晉侯召王是其微顯也幽者若鄭伯克段于鄢觀經不知段是何人何故稱克故傳發武姜愛段是闡其幽也丘明作傳其有微經之顯闡經之幽以裁制成其義理此類者皆據舊典凡例而起發經義指其人行事是非以正經之褒貶例稱得儁曰克傳言如二君故曰克是其據舊例發義也晉侯召王使狩鄭伯不教其弟仲尼没其召王顯稱鄭伯丘明正述其事先解經文是指其行事以正褒貶也此二事尤明者耳其餘皆是新意也此序主論作傳而諸稱書不書先書故書不賀沈諸儒皆以為經解之是不識文勢而謬失杜旨

言不稱書曰之類皆所以起新舊發大義謂之變例【疏】。諸。稱。至。變。例○上既言據舊例而發義故更指發義之條諸傳之所稱書不書先書故書不言不稱及書曰七者之類皆所以起新舊之例令人知發凡是舊七者是新發明經之大義謂之變例以凡是正例故謂此為變例猶詩之有變風變雅也自杜以前不知有新舊之異今言謂之變例是杜自明之以曉人也稱書者若文二年書士縠堪其事襄二十七年書先晉晉有信如此之類是也不書者若隱元年春正月不書即位攝也邾子克未王命故不書爵如此之類是也先書者若桓二年君子以督為有無君之心故先書弒其君僖二年虞師晉師滅下陽先書虞賄故也如此之類是也故書者。隱三年壬戌平王崩赴以庚戌故書之成八年杞叔姬卒來歸自杞故書如此之類是也不言者若隱元年鄭伯克段于鄢不言出奔難之也莊十八年公追戎于濟西不言其來諱之也如此之類是也不稱者若僖元年不稱即位

公出故也莊元年不稱姜氏絶不爲親如此之類是也書曰者若隱元年書曰鄭伯克段于鄢隱四年書曰衛人立晉衆也如此之類是也案襄元年圍宋彭城非宋地追書也隱元年稱鄭伯譏失教也昭三十一年公在乾侯言不能外內也先書故書既是新意則追書亦是新意書與不書俱是新意則稱與不稱言與不言亦俱是新意豈得不言不稱獨爲新意言也稱也便卽非乎釋例終篇云諸雜稱二百八十有五止有其數不言其目就文而數又復參差竊謂追書也言也稱也亦是新意序不言者蓋諸類之中足以包之故也有田僧紹者亦注此序以爲序言諸稱稱亦卽是新意與下七者合爲八名斯不然矣案書與不書其文相次若稱字卽是新意但當言稱與不稱相次何以分爲別文明知杜言諸稱自謂諸傳所稱不以稱爲新意但以理而論之稱亦當是新意耳

然亦有史所不書卽以爲義者此蓋春秋新意故傳不言凡曲而暢之也○暢勑亮反

【疏正】然。亦。至。之。也。○此說因舊爲新也仲尼脩春秋者欲以上遵周制下明世教其舊史錯失則得刊而正之以爲變例其舊史不書則無可刊正故此又辯之亦有史所不書正合仲尼意者仲尼卽以爲義改其舊史及史所不書此二者蓋是春秋新意故傳亦不言凡每事別釋曲而通暢之也此蓋春秋新意其言總上通變例與不別書也舉一凡而事同者諸理盡見是其直也不言凡而每事發傳是其曲暢暢訓通故言一曲而暢之也若然隱公實不卽位史無由得書卽位邾克實未有爵史無由得書其爵然則傳言不書自是舊史不書而以不書爲仲尼新意者釋例終篇杜自問而釋之云丘明之爲傳所以釋仲尼春秋仲尼春秋皆因舊史之策書義之所在則時加增損或仍舊史之無亦或改舊史之有雖因舊文固是仲尼之書也丘明所發固是仲尼之意也雖是舊文不書而事合仲尼之意仲尼因而用之卽是仲尼新意若宣十年崔氏出奔衞傳稱書曰崔氏非其罪也且告以族不以名是告不以名故知舊史無名及仲尼脩經無罪見逐例不書名此舊史之文適當孔子之意不得不因而用之因舊爲新皆此類也然杜唯言史所不書卽以爲義不云史所書爲義者但

夫子約史記而脩春秋史記之文皆是舊史所書因而褒貶理在可見不須更言但恐舊史不書而夫子不用故特言之其經無義例因行
事而言則傳直言其歸趣而已○趣七住反非例也疏其經至例也○此一段說經無義例者國有大事史必書
之其事既無得失其文不著善惡故傳直言其指歸趣向而已非褒貶之例也春秋此類最多故隱元年及宋人盟于宿傳曰始通也杜注云經無義例故傳
直言其歸而已他皆放此是如彼之類皆非例也故發傳之體有三而爲例之情有五○爲音于僞反又如字疏
故發至有五○正義曰傳體有三卽上文發凡正例新意變例歸趣非例是也爲例之情有五則下文五曰是也書經有此五情緣經以求義爲例言傳爲經
發例其體有此五事下文五句成十四年傳也案彼傳上文云春秋之稱下云非聖人誰能脩之聖人指謂孔子美孔子所脩成此五事五事所攝諸例皆盡
下句釋其顯者以屬之耳此發傳之體有三上文三言其以別之觀文足可知耳劉實分變例新意以爲二事釋例終篇曰丘明之傳有稱周禮以正常者諸
稱凡以發例者是也有明經所立新意者諸顯義例而不稱凡者是也稱古典則立凡以顯之釋變例則隨辭以讚之杜言甚明尚不能悟其爲暗也不亦甚
乎一曰微而顯文見於此而起義在彼○見賢遍反下同稱族尊君命舍族尊夫人梁
亡城緣陵之類是也○舍音捨疏一曰至是也○文見於此謂彼注云辭微而義顯也稱族尊君命舍族尊夫人成十四年傳爲叔孫
僑如發也經曰秋叔孫僑如如齊逆女九月僑如以夫人婦姜氏至自齊叔孫是其族也褒賞稱其族貶責去其氏銜君命出使稱其族所以爲榮與夫人俱
還去其氏所以爲辱出稱叔孫舉其榮名所以尊君命也入舍叔孫替其尊稱所以尊夫人也族自卿家之族稱舍別有所尊是文見於此而起義在彼僖十
九年經書梁亡是秦亡之也傳曰不書其主自取之也僖十四年經書諸侯城緣陵是齊率諸侯城之以還杞也傳曰不書其人有闕也秦人滅梁而曰梁亡

文見於此梁亡見取者之無罪齊桓城杞而書諸侯城緣陵文見於此城緣陵見諸侯之有闕亦是文見於此而起義在彼皆是辭微而義顯故以此三事屬之

二曰志而晦約言示制推以知例參會不地與謀曰及之類是也○參七南反又音三與音預

【疏】二曰至是也○彼注云志記也晦亦微也謂約言以記事事敘而文微桓二年秋公及戎盟于唐冬公至自唐傳例曰特相會往來稱地讓事也自參以上則往稱地來稱會成事也其意言會必有主二人共會則莫肯爲主兩相推讓會事不成故以地致三國以上則一人爲主二人聽命會事有成故以會致宣七年公會齊侯伐萊傳例曰凡師出與謀曰及不與謀曰會其意言同志之國共行征伐彼與我同謀計議議成而後出師則以相連及爲文彼不與我謀不得已而往應命則以相會合爲文此二事者義之所異在於一字約少其言以示法制推尋其事以知其例是所記事有敘而其文晦微也

三曰婉而成章○婉於阮反曲從義訓以示大順諸所諱辟璧假許田之類是也○辟本亦作避音同後放此假古雅反後不音者同

【疏】三曰至是也彼注云婉曲也謂屈曲其辭有所辟諱以示大順而成篇章言諸所諱辟者其事非一故言諸以總之也若僖十六年公會諸侯于淮未歸而取項齊人以爲討而止公十七年九月得釋始歸諱執止之恥辟而不言經乃書公至自會諸如此類是諱辟之事也諸侯有大功者於京師受邑爲將朝而宿焉謂之朝宿之邑方岳之下亦受田邑爲從巡守備湯水以共沐浴焉謂之湯沐之邑魯以周公之故受朝宿之邑於京師許田是也鄭以武公之勳受湯沐之邑於泰山祊田是也隱桓之世周德既衰魯不朝周王不巡守二邑皆無所用因地勢之便欲相與易祊薄不足以當許鄭人加璧以易許田諸侯不得專易天子之田文諱其事桓元年經書鄭伯以璧假許田言若進璧以假田非久易也掩惡揚善臣子之義可以垂訓於後故此二事皆屈曲其辭從其義訓以示大順之道是其辭婉曲而成其篇章也

四曰盡而不汙○汙於俱反曲也直書其

事具文見意丹楹刻桷天王求車齊侯獻捷之類是也○楹音盈刻音克桷音角捷在妾反【疏】四曰至是也○彼注云謂直言其事盡其事實無所汙曲禮制宮廟之飾楹不丹桷不刻莊二十三年秋丹桓宮楹二十四年春刻桓宮桷禮諸侯不貢車服天子不私求財桓十五年天王使家父來求車禮諸侯不相遺俘莊三十一年齊侯來獻戎捷三者皆非禮而動直書其事不爲之隱具爲其文以見譏意是其事實盡而不有汙曲也五曰懲惡而勸善○懲直升反求名而亡欲蓋而章書齊豹盜三叛人名之類是也【疏】五曰至是也○彼注云善名必書惡名不滅所以爲懲勸昭二十年盜殺衛侯之兄縶襄二十一年邾庶其以漆閭丘來奔昭五年莒牟夷以牟婁及防茲來奔昭三十一年邾黑肱以濫來奔是謂盜與三叛人名也齊豹衛國之卿春秋之例卿皆書其名氏齊豹忿衛侯之兄起而殺之欲求不畏彊禦之名春秋抑之書曰盜盜者賤人有罪之稱也邾庶其黑肱莒牟夷三人皆小國之臣並非命卿其名於例不合見經竊地出奔求食而已不欲求其名聞春秋故書其名使惡名不滅若其爲惡求名而有名章徹則作難之士誰或不爲若竊邑求利而名不聞則貪冒之人誰不盜竊故書齊豹曰盜三叛人名使其求名而名亡欲蓋而名章所以懲創惡人勸獎善人昭三十一年傳具說此事其意然也盜與三叛俱是惡人書此二事唯得懲惡耳而言勸善者惡懲則善勸故連言之推此五體以尋經傳觸類而長之○長丁丈反附于二百四十二年行事王道之正人倫之紀備矣【疏】推此至備矣○正義曰上云情有五此言五體者言其意謂之情指其狀謂之體體情一也故互見之一曰微而顯者是夫子脩改舊文以成新意所修春秋以新意爲主故爲五例之首二曰志而晦者是周公舊凡經國常制三曰婉而成章者夫子因舊史大順義存君親揚善掩惡夫子因而不改四曰盡而不汙者夫子亦因舊史有正直之士直言極諫不掩君惡欲成其美夫子因而用之此婉而成章盡

而不汙雖因舊史夫子即以爲義總而言之亦是新意之限故傳或言書曰或云不書五曰懲惡而勸善者與上微而顯不異但勸戒緩者在微而顯之條貶責切者在懲惡勸善之例故微而顯居五例之首懲惡勸善在五例之末五者春秋之要故推此以尋經傳觸類而增長之附於二百四十二年時人所行之事觀其善惡用其褒貶則王道之正法人理之紀綱皆得所備矣從。首至此說經傳理畢故以此言結之觸類而長之易上繫辭文也二百四十二年謂獲麟以前也以後經。則魯史舊文傳終說前事辭無褒貶故不數之也觸類而長之者若隱四年經書翬帥師傳稱羽父固請故書曰翬帥師疾之也十年經亦書翬帥師傳雖不言書曰故書。是知與上同爲新意又隱元年傳曰儀父貴之也則桓十七年云儀父亦是貴之是也

或曰春秋以錯文見義若如。所論則經當有事同文異而無其義也先儒所傳皆不其然○傳直專反

【疏】或。曰。至。其。然。○正義曰自此至釋例詳之言已爲作注解之意論經傳之下即是自述己懷於文不次。言無由發故假稱或問而荅以釋之春秋之經侵伐會盟及戰敗克取之類文異而義殊錯文以見義先儒知其如是因謂苟有異文莫不著義杜以爲仲尼所述據史舊文文害者則刊而正之不害者因其詳略此其異於先儒故或人據上文杜之異旨執先儒以問曰春秋以錯文見義其文異者必應有義。存焉若如所論辭有詳略不必改也則經當有事同文異而無其義意者也先儒所傳皆不其然今何以獨異欲令杜自辯之

荅曰春秋雖以一字爲褒貶然皆須數句以成言○數色主反下同非如八卦之爻可錯綜爲六十四也○綜宗宋反固當依傳以爲斷○斷丁亂反

【疏】荅。曰。至。爲。斷。○莊二十五年陳侯使女叔來聘傳曰嘉之故不名僖二十五年衛侯燬滅邢傳曰同姓也故名褒則書字貶則稱名褒貶在於一字褒貶雖在一字不可單書一字以見褒貶故荅或人曰春秋雖以一字爲褒貶皆須數句以成言語非如八卦之爻可錯綜爲六十四也卦之爻也

一爻變則成爲一卦經之字也一字異不得成爲一義故經必須數句以成言義則待傳而後曉不可錯綜經文以求義理故當依傳以爲斷文異者丘明不爲發傳仲尼必無其義安得傳旨之表妄說經文以此知經有事同文異而無其義者也數句者謂若隱元年秋七月天王使宰咺來歸惠公仲子之賵及昭十三年夏四月楚公子比自晉歸于楚弒其君虔于乾谿此皆三句以上春秋一部未必皆然杜欲盛破賈服一字故舉多言之或以爲數其文句義亦得通錯綜其數易上繫辭文謂交錯綜理之

古今言左氏春秋者多矣今其遺文可見者十數家

疏○古今至數家○漢書儒林傳云漢興北平侯張蒼及梁大傅賈誼京兆尹張敞大中大夫劉公子皆脩左氏傳誼爲左氏傳訓詁授趙人貫公公傳子長卿長卿傳清河張禹禹授尹更始更始傳子咸及丞相翟方進方進授清河胡常常授黎陽賈護護授蒼梧陳欽而劉歆從尹咸及翟方進受由是言左氏者本之賈護劉歆是前漢言左氏者也漢武帝置五經博士左氏不得立於學官至平帝時王莽輔政方始立之後漢復廢雖然學者浸多矣中興以後陳元鄭衆賈逵馬融延篤彭仲博許惠卿服虔潁容之徒皆傳左氏春秋魏世則王肅董遇爲之注此等比至杜時或在或滅不知杜之所見十數家定是何人也

大體轉相祖述進不成爲錯綜經文以盡其變退不守丘明之傳於丘明之傳有所不通皆沒而不說而更膚引公羊穀梁○膚芳于反適足自亂

疏○大體至自亂○禮記中庸云仲尼祖述堯舜祖始也謂前人爲始而述修之也經之詳略本不著義強爲之說理不可通故進不成爲錯綜經文以盡其變於傳之外別立異端故退不守丘明之傳傳有不通則沒而不說謂諸家之注多有此事但諸注既亡不可指摘若觀服虔賈誼之注皆沒而不說者衆矣謂若文二年作僖公主傳於僖三十三年云作主非禮也凡君薨卒哭而祔祔而作主及襄九年閏月戊寅濟于陰阪之類是也膚謂皮膚言淺近引之也公羊穀梁口相傳授因事起問意與左氏不

同故引之以解左氏適足以自錯亂也預今所以爲異專脩丘明之傳以釋經經之條貫必出於傳○貫古亂反傳之義例揔歸諸凡推變例以正褒貶簡二傳而去異端○去起呂反蓋丘明之志也【疏】○預今所以至之志也○丘明與聖同恥爲經作傳經有他義無容不盡故專修丘明之傳以釋經也作傳解經則經義在傳故經之條貫必出於傳也發凡言例則例必在凡故傳之義例揔歸諸凡也若有例無凡則傳有變例如是則推尋變例以正褒貶若左氏不解二傳有說有是有非可去可取如是則簡選二傳取其合義而去其異端杜自言以此立說蓋是丘明之本意也昭三年北燕伯款出奔齊傳云書曰北燕伯款出奔齊罪之也則知昭二十一年蔡侯朱出奔楚亦是罪之也釋例曰朱雖無罪據失位而出奔亦其咎也宣十年崔氏出奔衛傳云書曰崔氏非其罪也不書名者非其罪則書名者是罪也襄二十一年晉欒盈出奔楚杜注云稱名罪之如此之類是推變例以正褒貶也莊十九年公子結媵陳人之婦于鄄杜注云公羊穀梁皆以爲魯女媵陳侯之婦僖九年伯姬卒杜注云公羊穀梁曰未適人故不稱國如此之類是簡二傳也先儒取二傳多矣杜不取者是去異端也其有疑錯則備論而闕之以俟後賢【疏】○其有至後賢○集解與釋例每有論錯闕疑之事非一二也釋例終篇云去聖久遠古文篆隸歷代相變自然當有錯誤亦不可拘文以害意故聖人貴聞一而知二賢史之闕文也今左氏有無傳之經亦有無經之傳無經之傳或可廣文無傳之經則不知其事又有事由於魯魯君親之而復不書者先儒或強爲之說或沒而不說疑在闕文誠難以意理推之是備論闕之之事也然劉子駿創通大義○駿音俊子駿劉歆字賈景伯父子許惠卿皆先儒之美者也末有●潁子嚴者雖淺近亦復名家○復扶又反下同故特舉劉賈許潁之違以見同異○見賢遍反

反下同疏然劉至同異○漢書楚元王傳稱劉歆字子駿劉德孫劉向少子也哀帝時歆校祕書見古文春秋左氏傳大好之初左氏傳多古字古言學者傳訓詁而已及歆治左氏引傳文以解經經傳相發明由是章句義理備焉是其創通大義也後漢賈逵字景伯扶風人也父徽字元伯授業於歆作春秋條例逵傳父業作左氏傳訓詁許惠卿名淑魏郡人也潁子嚴名容陳郡人也比於劉賈之徒學識雖復淺近然亦注述春秋名爲一家之學杜以爲先儒之內四家差長故特舉其違以見異同自餘服虔之徒殊劣於此輩故棄而不論也

分經之年與傳之年相附比其義類○比毗志反各隨而解之名曰經傳集解疏分經至集解○丘明作傳不敢與聖言相亂故與經別行何止丘明公羊穀梁及毛公韓嬰之爲詩作傳莫不皆爾經傳異處於省覽爲煩故杜分年相附別其經傳聚集而解之杜言集解謂聚集經傳爲之作解何晏論語集解乃聚集諸家義理以解論語言同而意異也

又別集諸例及地名譜第曆數○譜本又作譜同布古反數所具反後不音者皆同相與爲部凡四十部十五卷皆顯其異同從而釋之名曰釋例將令學者觀其所聚異同之說釋例詳之也疏又別至之也○春秋記事之書前人後人行事相類書其行事不得不有比例而散在他年非相比校則善惡不章褒貶不明故杜別集諸例從而釋之將令學者觀其所聚察其同異則於其學易明故也言諸例及地名譜第曆數三者雖春秋之事於經傳無例者繁多以特爲篇卷不與諸例相同故言及也事同則爲部小異則附出孤經不及例者聚於終篇故言相與爲部也其四十部次第從隱即位爲首先有其事則先次之唯世族土地事既非例故退之於後終篇宜最處末故次終篇之前終篇處其終耳土地之名起於宋衞遇于垂世族譜起於無駭卒無駭卒在遇垂之後故地名在世族之前也

或曰春秋之作左傳及穀梁無明文說者以仲尼自衞反

魯脩春秋立素王○王于況反下王魯素王同丘明爲素臣言公羊者亦云黜周而王魯黜○勑律反危行言孫○行下孟反孫音遜本亦作遜以辟當時之害故微其文隱其義公羊經止獲麟而左氏經終孔丘卒敢問所安

疏注或曰至所安○正義曰上一問一荅說作注理畢而更問春秋作之早晚及仲尼述作大意先儒所說並皆舛謬須於此明之亦以於文不次故更假問荅以明之一問之間凡有四意其一問作之早晚其二問先儒言孔子自爲素王其事虛實其三問公羊說孔子黜周王魯其言是非其四問左氏獲麟之後乃有餘經問杜於意安否據杜云左傳及穀梁無明文則指公羊有其顯說今驗何休所注公羊亦無作春秋之事案孔舒元公羊傳本云十有四年春西狩獲麟何以書記異也今麟非常之獸其爲非常之獸奈何有王者則至無王者則不至然則孰爲而至爲孔子之作春秋是有成文也左傳及穀梁則無明文故說左氏者言孔子自衞反魯則便撰述春秋三年文成乃致得麟孔子既作此書麟則爲書來應言麟爲孔子至也麟是帝王之瑞故有素王之說言孔子自以身爲素王故作春秋立素王之法丘明自以身爲素臣故爲素王作左氏之傳漢魏諸儒皆爲此說董仲舒對策云孔子作春秋先正王而繫以萬事是素王之文焉賈逵春秋序云孔子覽史記就是非之說立素王之法鄭玄六藝論云孔子既西狩獲麟自號素王爲後世受命之君制明王之法盧欽公羊序云孔子自因魯史記而脩春秋制素王之道是先儒皆言孔子立素王也孔子家語稱齊大史子餘歎美孔子言云天其素王之乎素空也言無位而空王之也彼子餘美孔子之深原上天之意故爲此言耳非是孔子自號爲素王先儒蓋因此而謬遂言春秋立素王之法左丘明述仲尼之道故復以爲素臣其言丘明爲素臣未知誰所說也言公羊者謂何休之輩黜周王魯非公羊正文說者推其意而致理耳以杞是二王之後本爵爲上公而經稱杞伯以爲孔子黜之宣十六年成周宣榭火公羊傳曰外災不書此何以書新周也其意言周爲王者之後

比宋爲新緣此故謂春秋託王於魯以周宋爲二王之後黜杞同於庶國何休隱元年注云唯王者然後改元立號春秋託新王受命於魯宣十六年注云孔子以春秋當新王上黜杞下新周而故宋黜周爲王者之後是黜周王魯之說也定元年公羊傳曰定哀多微辭主人習其讀而問其傳則未知己之有罪焉爾何休云此假設而言之主人謂定哀也習其經而讀之問其傳解詁則不知己之有罪於是此孔子畏時君上以諱尊隆恩下以辟害容身慎之至也是其孫言辟害微文隱義之說自衞反魯危行言孫皆論語文也鄭玄以爲據時高言高行者皆見危謂高行爲危行也何晏以危爲厲厲言行不隨俗也未知二者誰當杜㫖公羊之經獲麟即止而左氏之經終於孔子卒先儒或以爲麟後之經亦是孔子所書故問其意之所安也荅曰異乎余所聞

仲尼曰文王既沒文不在茲乎此制作之本意也歎曰鳳鳥不至河不出圖○出如字又尺遂反吾已矣夫○夫音扶下若夫同蓋傷時王之政也

疏荅曰至政也○此盡末以來荅上問四意但所荅或先或後而其文不次欲令先有案據乃得遞相發明故不得以次而荅問者先問作之早晚杜意定以獲麟乃作故從仲尼曰至所以爲終明作之時節兼明白本作意自欲制作感麟方始爲之非是先作春秋乃後致麟也既言止麟之意須說始隱之由且欲取平王周正驗其非黜周王魯之證但既言其終倒言其始則於文不次故荅前義未了更起一問自曰然則以下盡此其義也明春秋始隱之意荅黜周王魯之言既言王魯爲非遂幷辯公羊之謬自若夫制作盡非隱之也荅微文隱義之爲非也自聖人包周身之防盡非所聞也荅孫言辟害之爲虛也荅先儒以爲未獲麟而已作春秋過獲麟而經猶未止故既荅公羊之謬然後却辯素王爲虛幷說引經爲妄自子路欲使門人盡又非通論也荅素王素臣之問自先儒以爲盡得其實荅經止獲麟之意至於反袂以下言其不可采用此章分段大意其文㫖如此問者以所聞而問其異乎余所聞一句歎其所據非理故言異乎余所聞仲尼曰與歎曰二者皆論語文也孔子過匡匡人其

以兵遮而脅之從者驚怖故設此言以強之文王雖身既沒其爲文王之道豈不在茲身乎孔子自比其身言己有文王之道也其下文又云天之將喪斯文也後死者不得與於斯文也天之未喪斯文也匡人其如予何其意言天若未喪文王之道必將使我制作匡人不能違天以害己此言是有制作之本意也聖人受命而王則鳳鳥至河出圖仲尼歎曰鳳鳥不至河不出圖吾已矣夫此言蓋傷時王之政不能致此瑞也先有制作之意而恨時無嘉瑞明是既得。嘉瑞卽便制作杜欲明得麟乃作故先表此二句鄭玄以爲河圖洛書龜龍銜負而出如。中候所說龍馬銜甲赤文緑色甲似龜背袤廣九尺上有列宿斗正之度帝王録紀興亡之數是也孔安國以爲河圖卽八卦是也未知二者誰當杜旨

麟鳳五靈王者之嘉瑞也○瑞垂僞反今麟出非其時虛其應而失其歸○應應對之應此聖人所以爲感也絕。筆於獲麟之一句者所感而起固所以爲終也

疏。麟。鳳。至。終。也○麟鳳與龜龍白虎五者神靈之鳥獸王者之嘉瑞也今麟出於衰亂之世是非其時也上無明王是虛其應也爲人所獲是失其歸也夫此聖人而生非其時道無所行功無所濟與麟相類故所以爲感也先有制作之意復爲外物所感既知道屈當時欲使功被來世由是所以作春秋絕筆於獲麟之一句者麟是仲尼所感而書爲感麟而作既以所感而起固所以爲終也荅上春秋之作左傳無明文之問又言己所以爲獲麟乃作之意獨舉麟鳳而云五靈知二獸以外爲龜龍白虎者以鳥獸而爲瑞不出五者經傳讖緯莫不盡然禮記禮器曰升中于天而鳳皇降龜龍假詩序曰麟趾關雎之應騶虞鵲巢之應騶虞卽白虎也是龜龍白虎並爲瑞應只言麟鳳便言五靈者舉鳳配麟足以成句略其三者故曰五靈其五靈之文出尚書緯也禮記禮運曰麟鳳龜龍謂之四靈不言五者彼稱四靈以爲畜則飲食有由也其意言四靈與羞物爲羣四靈既擾則羞物皆備龍是魚鮪之長鳳是飛鳥之長麟是走獸之長龜是甲蟲之長飲食所須唯此四物四物之内各舉一長虎麟皆是走獸故略云四靈杜欲

偏舉諸瑞故備言五靈也直云絕筆獲麟則文勢已足而言之一句者以春秋編年之書必應盡年乃止人年唯此一句故顯言之以明一句是其所感也

曰然則春秋何始於魯隱公荅曰周平王東周之始王也隱公讓國之賢君也考乎其時則相接言乎其位則列國本乎其始則周公之祚胤也○祚才路反胤以刃反若平王能祈天永命紹開中興○中丁仲反隱公能弘宣祖業光啓王室則西周之美可尋文武之迹不隊。○隊直類反是故因其曆數附其行事采周之舊以會成王義○王如字又于況反垂法將來

疏。曰。然。至。將來○上既解終麟之意未辯始隱之由故又假問以釋之不言或問而直言曰者以荅前未了須更起此問若言問者猶是前人且既解絕筆即因問初起以此不復言或欲示二問共是一人故也然者然上語則者陳下事乘前起後之勢問者言絕筆於獲麟既如前解然則春秋初起何獨始於魯隱公不始於他國餘公何也荅曰周平王東周之始王也遷居洛邑平王為首是始王也隱公讓國之賢君也於第當立委位讓桓是賢君也老乎其時則相接隱公之初當平王之末是相接也言乎其位則列國其爵為侯其土則廣是大國也本乎其始則周公之祚胤也魯承周公之後是其福祚之胤也若使平王能撫養下民求天長命紹先王之烈開中興之功隱公能大宣聖祖之業光啓周王之室君臣同心照臨天下如是則西周之美猶或可尋文武之迹不墜於地而平王隱公居得致之地有得致之資而。竟不能然只為無法故也仲尼愍其如是為之作法其意言若能用我道豈致此乎是故因其年月之曆數附其時人之行事采周公之舊典以會合成一王之大義雖前事已往不可復追冀得垂法將來使後人放習以是之故作此春秋此序一段大明作春秋之深意問者不直云隱公而言魯隱公者言魯。決其不始於他國言隱決其不始於餘公挾此二意故幷魯言之也

其荅直言隱公不云魯者以魯之春秋已爲韓起所說可知故也周自武王伐紂定天下恆居鎬地是爲西都周公攝政營洛邑於土中謂之東都成王雖暫至洛邑還歸鎬京爲西周平王始居東周故云東周之始王也平王四十九年而隱公卽位隱公三年而平王崩是其相接也詩既醉云永錫祚胤言福祚及後胤也尚書召誥云用供王能祈天永命言用善德治民得長命也襄十年傳曰而以偪陽光啓寡君論語曰文武之道未墜於地是杜所用之文也春秋據魯而作卽是諸侯之法而云會成王義者春秋所書尊卑盡備王使來聘錫命賵含有天子撫邦國之義公如京師拜賜會葬有諸侯事王者之法雖據魯史爲文足成王者之義也以其會成王義故得垂法將來將使天子法而用之非獨遺將來諸侯也所書之王卽平王也所用之曆卽周正也○正音政讀者多音征後皆放此所稱之公卽魯隱也安在其黜周而王魯乎子曰如有用我者吾其爲東周乎此其義也疏所書至義也○既言作春秋之意然後荅黜周王魯之言經書春王正月王卽周平王也月卽周正也公及邾儀父公卽魯隱公也魯用周正則魯事周矣天子稱王諸侯稱公魯尚稱公則號不改矣春秋之文安在黜周王魯乎若黜周王魯則魯宜稱王周宜稱公此言周王而魯公知非黜周而王魯也孔子之作春秋本欲興周非黜周也故引論語以明之公山弗擾召孔子孔子欲往子路不說夫子設此言以解之其意言彼召我者而豈空然哉必謂我有賢能之德故也既謂我有賢德或將能用我言如其能用我言者吾其爲東方之周乎言將欲興周道於東方也原其此意知非黜周故云此其興周之義也注論語者其意多然唯鄭玄獨異以東周爲成周則非杜所用也若夫制作之文所以章往考來情見乎辭言高則旨遠辭約則義微此理之常非隱之也疏若夫至之也○此一段荅說公羊者言微其文隱其義之意若夫者發端之辭既荅王魯更起言端故云若夫聖人制作之文所以章明已往

考校方來欲使將來之人鑒見既往之事聖人之情見乎文辭若使發語卑雜則情趣瑣近立言高簡則旨意遠大章句煩多則事情易顯文辭約少則義趣微略此乃理之常事非故隱之也文王演易則亦文高旨遠辭約義微豈復孫辭辟害以彼無所辟其文亦微知理之常非。爲。所隱也其章往考來情見乎辭皆易下繫辭之文彼作彰往而察來意不異耳

聖人包周身之防○包必交反防扶放反又音房既作之後方復隱諱以辟患非所聞也

疏。聖。人。至。聞。也○此一段荅孫言辟害之意若成湯繫於夏臺文王因於羑里周公留滯於東都孔子絕。糧於陳蔡自古聖人幽因困厄則嘗有之未聞有被殺害者也包周身之防者謂聖人防慮必周於身自知無患方始作之既作之後方復隱諱以辟患害此事實非所聞也云非所聞者言前訓未之有也

子路欲使門人爲臣孔子以爲欺天而云仲尼素王丘明素臣又非通論也○論力頓反

疏。子。路。至。論。也○此一段荅素王素臣爲非也案論語稱孔子疾病子路使門人爲臣病間曰久矣哉由之行詐也無臣而爲有臣吾誰欺欺天乎其意言子路以孔子將死使門人爲臣欲令以臣禮葬君冀其顯榮夫子夫子瘳而責之我實無臣何故而爲有臣吾之於人也於誰嘗欺我尚不敢欺人何故使吾欺天乎子路使門人爲臣纔僭大夫禮耳孔子尚以爲欺天況神器之重非人臣所議而云仲尼爲素王丘明爲素臣又非通理之論也聖人之生與運隆替運通則功濟當時運閉則道存身後雖復富有天下無益於堯舜賤爲匹庶何損於仲尼道爲升降自由聖與不聖言之立否乃。關賢與不賢非復假。大位以宣風藉虛名以範世稱王稱臣復何所取若使無位無人虛稱王號不爵不祿妄竊臣名是則羨富貴而恥貧賤長僭踰而開亂逆聖人立教。直當爾也臧文仲山節藻梲謂之不知管仲鏤簋朱。紘稱其器小見季氏舞八佾云孰不可忍若仲尼之竊王號則罪不容誅而言素王素臣是誣大賢而負聖人也嗚呼孔子被誣久矣賴杜預方始雪之

先儒以爲制作三年文成致麟既已妖

妄又引經以至仲尼卒亦又近誣○近誣，如字。近，舊音附近之近。誣，音無。疏先儒至近誣○此下至爲得其實，皆明麟後之經非仲尼所脩之意。直言先儒，無可尋檢，未審是誰先生此意。案今左氏之經仍終孔丘之卒，雖杜氏之注此經亦存，而尤責先儒引經至仲尼卒者，蓋先儒以爲夫子自衛反魯，即作春秋，作三年而後致麟，雖得麟而猶不止，比至孔丘之卒，皆是仲尼所脩，以是辨之，謂之近誣，明先儒有此說也。服虔云：「夫子以哀十一年自衛反魯而作春秋，約之以禮，故有麟應而至。」是其宗舊說也。服虔又云：「春秋終於獲麟，故小邾射不在三叛人中也。弟子欲明夫子作春秋以顯其師，故書小邾射以下至孔子卒。」案杜於此下及哀十四年注皆取服義爲說，則服氏於此一事已改先儒矣。麟是王者之瑞，非爲制作而來，而云仲尼致之，是其妖且妄也。經是魯史之文，非仲尼之所述，而云仲尼脩之，是其近誣罔也。言近誣者，心所不悟，非故誣之，故云近誣也。

據公羊經止獲麟，而左氏小邾射不在三叛之數，○邾，張俱反。射，音亦。故余以爲感麟而作，作起獲麟，則文止於所起，爲得其實。疏據公至其實○穀梁之經亦止獲麟，而獨據公羊者，春秋之作，穀梁無明文，杜以獲麟乃作，義取公羊，故獨據之耳。小邾射以句繹來奔，與黑肱之徒義無以異，傳稱書三叛人名，不通數此人以爲四叛，知其不入傳例。麟下之經，傳不入例，足知此經非復孔旨，故余以爲感麟而作春秋，其意起於獲麟，則文止於所起，自此而談，爲得其實，重明經止獲麟，弁自成己說起麟之意也。

至於反袂拭面，○袂，綿世反。拭，音式。稱吾道窮，亦無取焉。疏至於至取焉○公羊傳稱孔子聞獲麟，反袂拭面，涕沾袍，曰：「吾道窮矣。」杜既取公羊經止獲麟，而公羊獲麟之下即有此傳，嫌其弁亦取之，故云亦無取焉。不取之者，以聖人盡性窮神，樂天知命，生而不喜，死而不戚，困於陳蔡，則援琴而歌，夢奠兩楹，則負杖而詠，寧復畏懼死亡，下沾衿之泣，愛惜性命，發道窮之歎？若實如是，何異凡夫俗人，而得稱爲聖也？公羊之書，鄉曲小辯，致遠則泥，故無取焉。此則上文

所謂篩二傳而去異端豈有反袂拭面渉下沾袍以虛而不經故不取也

附釋音春秋左傳注疏卷第一

# 春秋左傳注疏卷一校勘記

阮元撰　盧宣旬摘錄

春秋正義序　嘉善浦鏜注疏正誤春秋下增左氏傳三字

國子祭酒上護軍曲阜縣開國子臣孔穎達等奉

勅撰　此本前著銜名如此上空一格勅字提行南宋慶元刊本奉上有等字閩本脫臣字毛本刪臣奉勅三字以下凡慶元刊本則偁宋本

若夫五始之目　閩本監本毛本五誤三

但年祀綿邈　餘姚盧文弨校本祀改紀案盧文弨書多本之浦鏜正誤及七經孟子考文補遺後凡與二書同者不錄

欲垂之以法則無位　宋本法作灋

所謂不怒而人威　毛本謂誤畏

鴻猷遂寖　寖當作寑宋本作寢

以膠投漆　宋本監本漆字並誤作漆後凡監本不誤而重脩本誤者稱重脩監本二本俱誤者則偁監本不分列也

今校先儒優劣　毛本校作挍避明熹宗諱全書皆然

以至于今　宋本毛本于作於按經多作于傳注正義多作於此正義當用於字後人因節省改作于也

則有沈文何　按隋書經籍志作文阿

言後之學者宋本監本毛本言作使

而探賾鉤深宋本賾作賾

其經注易者監本毛本注改作註非案賈公彥儀禮疏云言注者注義於經下若水之注物是也下準此

案僖公三十三年經云毛本案作按宋本以下皆作案

郤缺稱人者監本毛本郤誤郤

以公姑姊妻之宋本姊作姉下同唐宋人从朿是也

計至襄二十一年浦鏜正誤襄下增公字非

何得有姊而妻庶其宋本姊誤子

況其餘錯亂閩本監本況作况下放此按况俗況字

謹與朝請大夫國子博士臣谷那律浦鏜正誤據文苑英華大夫下增守字

與前脩疏人毛本脩作修案經典修字多作脩宋本以下皆作脩下準此

春秋正義序終

附釋音春秋左傳注疏卷第一閩本監本毛本刪附釋音三字後同分卷與此相合監本此行下有晉杜氏注唐孔穎達疏陸

德明釋文十四字閩本毛本晉杜氏注在第二行唐孔穎達疏在第三行每卷同上空八九字不一監本因刻校刊官銜擠刻每卷第幾之下陸德明釋文五字閩本在第二行之末以下不著監本以下亦不著○宋本作春秋正義卷第一

國子祭酒上護軍曲阜縣開國子臣孔穎達等奉

勑撰是銜在第二行第三行此本以下不著宋本每卷同上空二字

國子博士兼太子中允贈齊州刺史吳縣開國男臣陸德明釋文是銜在第四行此本以下不著淳熙本纂圖本國上有唐字無臣字釋文同文下釋文有撰字淳熙本作附字分二行首行十五字次行吳縣字提行上空三字纂圖本此銜在第三行上空字半

春秋序此本三字頂格在第五行淳熙本岳本纂圖本亦頂格在第一行閩本監本毛本在第四行低二格唐石經及宋本並作春秋左氏傳序石經此行初書今體改書八分宋本亦頂格在第四行案孔氏正義云晉宋古本及今定本並云春秋左氏傳序今依用之是正義本有左氏傳三字此作春秋序承陸氏釋文所題也

且有題曰春秋釋例序宋本且誤具

徐邈以晉世言五經音訓宋本言作定音誤奇

此序大畧宋本監本毛本畧作略是也案唐宋人略畧字皆田在左○今依訂正

名義以春秋是此書大名宋本名義作明義是也與下文明史官記事之書明天子諸侯皆有史官三明字一例○今訂

正

襃貶得失監本襃作褒案褒俗襃字下準此

先儒錯繆之意閩本監本毛本亦作繆按古錯謬字多作繆

賈逵大史公十二諸侯年表序云浦鏜正誤云逵下脫云字後凡浦鏜正誤以己意增改字句及據俗本以校正

義者不錄

藏於祕府閩本監本毛本祕字並作秘案秘俗祕字下準此

時丞相尹咸以能治左氏天台齊召南云尹咸爲丞相史未嘗爲丞相也相下脫史字

與歆共校傳浦鏜正誤校下增經字

歆略從咸日本西條掌書記山井鼎七經孟子考文無略字今按山井鼎所云宋本卽附釋音本也凡與是本相符者不錄所云古本異

本卽釋文正義及唐宋人類書中之同異雖錄其說鮮致是非

及毛氏逸禮古文尚書宋本氏作詩不誤

和帝元興十一年案宋王應麟困學紀聞云愚考和帝元興止一年安得有十一年一誤也鄭興子衆終於章帝建初八年不及

和帝時二誤也章帝之子爲和帝先後失序三誤也盧文弨云此七字改作建武初元便可通

起穀梁廢疾按廢疾之廢當作癈說詳襄七年校勘記

春秋至名也凡序中某至某也宋本無下並同

申叔時論傳大子之法宋本閩本監本毛本傳作傅是也

教之以春秋按明道本國語無以字

禮坊記云毛本云改曰非

以未連本之辭宋本閩本監本毛本未作末是也○今依訂正

亦互自有詳略毛本互誤或

及仲尼脩故因魯史成文宋本監本毛本故作改

公不與小斂監本斂作斂案斂正斂字○此本斂多誤从欠今並訂正後不悉出

日無褒貶段玉裁云日下有月字

大橈作甲子宋本監本毛本橈作撓

宋忠注云浦鏜正誤作衷

滿而闕缺浦鏜正誤缺作也

積二十九日過半而行及日與月相會宋本閩本監本毛本月作日非也

月譬水水火外光宋本閩本監本毛本無次水字

所以總紀諸月也浦鏜正誤月作日

足明遠近同異毛本足誤則考文作是

是此書之總名毛本書誤事

一切萬物生植孕育宋本植作殖

無事不記監本毛本事誤物

商曰祀宋本監本毛本商作商是也此別一字○今訂正

年取年穀一熟也按詩補傳引孫炎云季取禾穀一熟

作十有三載乃同浦鏜正誤云釋文馬鄭書注載作年故下云唐虞之世已有年歲之言

秋𪇰也物𪇰斂也按𪇰字書所無漢書律曆志作秋𩏽也物𩏽斂乃成說文韋部𩏽收束也玉篇𩏽亦作𩏽諸本作𪇰疑𩏽之訛此本𪇰也之間有即由反三字細注分作二行正義作音例多如是與宋本同

諸侯亦各有國史纂圖本毛本亦誤不

○正義曰周禮春官宋本○作陰文大疏字下並同

國在四表閩本監本毛本在作有非

又主四方來告之事閩本監本毛本又誤及

故僖二十三年杜注云監本杜字模糊重脩監本誤柱

故杜翦撮天子之史監本撮作據非

但偏檢記傳毛本檢作舉避明莊烈諱

鄭公孫黑強宋本閩本强作强按說文作強下準此

必言諸侯無內史者監本毛本無誤爲

大事書之於策釋文亦作策宋本淳熙本岳本纂圖本閩本監本毛本策作筞釋文云本又作冊亦作筴案筴策古通用國語魯語使書以爲三筴莊子駢拇篇挾筴讀書管子海上篇謹正鹽筴皆爲書策之策顏氏家訓云簡策字竹下施朿末代隸書似杞宋之宋亦有竹下遂爲夾者徐仙民春秋禮音以筴爲正字以策爲音殊爲顛倒石經凡策字皆作筞

既言尊卑監本毛本卑作幼

以鉤命決云浦鏜正誤以疑引非

傳馮簡牘宋本馮作憑案五經文字云馮義與憑同

鄒邑人也宋本鄒作鄹

詩亡然後春作宋本閩本監本毛本春下有秋字此本誤脫○今補正

與於記惡之戒閩本監本毛本之作垂

與周之所以王按文選王下有也字與昭二年傳合

故云此○宋本○作疏

謚曰宣子者宋本毛本謚作諡誤說詳隱八年傳

韓子所見盧文弨校本見下據疏增魯春秋三字非也

周公所爲監本毛本爲誤以

以能立官紀事監本毛本能改爲紀事閩本監本毛本作記事

斯文何足爲典毛本足誤則

諸所記注閩本監本毛本注作註釋文云字或作註按記註字當從言通俗文云記物曰註方言廣雅皆有註字乃俗字之最古者也

昭二十年傳曰 監本二誤三

上之人謂在位者也 毛本位誤外

然則鄰國相命 毛本鄰作隣唐唐元度九經字様云作隣者訛下準此

自嫌彊大 宋本監本毛本彊作疆誤

須存於此若也 閩本監本毛本若作者○案十行本初刻若後剜改作者不誤

其餘則皆即用舊史 按文選無則字

或依經以辯理 文選辯作辨五經文字云辯理也辨別也經典通用

皆隨義所在而爲之發傳 閩本監本毛本發作法非也

懼弟子各有妄其意 按史記十二諸侯年表序安作安無有字盧文弨校本有作自字按如今本史記作安其意爲善

左邱明魯史也 按漢書藝文志魯下有大字

是錯經以合異也 宋本監本毛本異誤義

言遺者舊史已沒 正德本閩本監本舊史誤倒毛本作史記亦非

其㫖遠 纂圖本毛本作旨石經㫖作盲宋本岳本閩本監本作旨說文云旨從匕從甘下凡作旨者準說文改也

尋其枝葉監本葉作葉唐石經淳熙本作葉毛本作葉亦誤顧炎武金石文字記云唐石經避大宗諱凡從世字作云

○正義曰宋本○作疏

說文云籍部書也按今本說文作籍簿書也

將令學者本原其事之始監本毛本原誤始

渙然氷釋閩本監本毛本氷誤冰淳熙本作冰亦非下準此

子張問入官學之篇盧文弨校本云學字衍

脂之釋者爲膏閩本監本毛本釋作澤

周公之垂法宋本法作灋按灋法古今字鄭氏注禮箋詩皆以今字證古字如周禮經文灋字注文多作法蓋一代有一代之字陳樹華云

淳化本左傳灋字尚存一二此勝於石經處其實非也○元和陳樹華有春秋內傳考證後凡稱陳樹華者是

夫灾無牲宋本夫作天灾作災按災與灾同

此諸凡者閩本監本毛本諸作書非

是闡幽也按也下浦鏜正誤云當脫其裁成義類五字

故書者隱三年宋本者下有若字

故傳直言其歸而已按杜序歸下有趣字宋本不脫

是如被之類監本毛本被作彼不誤閩本作彼亦非

劉寶分變例新意宋本寶作寔按晉劉寔字子真平原人浦鏜實疑炫字誤非

替其尊稱毛本替作聽誤

不書其主閩本監本毛本主作亡非

不書其人有闕也閩本監本不誤彼

共行征伐閩本監本共誤其

諸所諱辟璧假許田之類是也釋文云辟本亦作避音同文選作避石經璧作辟釋文同按避正字辟假借字

丹楹刻桷淳熙本桷誤桶

禮制宮廟之飾閩本監本毛本飾作節非

此言五體者毛本言誤有

從首至此毛本首誤者

以後經則魯史舊文毛本則誤作

是知與上同爲新意盧文弨校本是作足

若如所論案文選如作此

言無由發監本毛本言作爲

必應有義存焉監本存誤在

誼爲左氏傳訓詁按漢書儒林傳詁作故說文云詁訓故言凡傳注之書有以故名者如漢藝文志書有大小夏侯解故詩有魯故齊后氏故齊孫氏故韓故毛詩故訓傳後漢賈逵作周官解故故卽詁也

方進授清河胡常按漢書儒林傳云更始傳子咸及翟方進胡常

而更膚引公羊穀梁石經作穀五經文字云凡穀穀之類皆從㱿省

若觀服虔賈誼之注齊召南云賈誼解詁晉時未必尚有其書杜於服虔賈逵時多駁正此當作賈逵

祔而作主毛本作誤則

揔歸諸凡監本毛本揔作總案九經字樣云揔說文作總經典相承通用監本毛本作總轉寫之異下放此石經誤作揔

邱明與聖同恥宋本監本毛本恥作時

北燕伯款出奔齊毛本款作歀是俗字

末有頼子嚴者石經初刻作纇改作頼是也

學者傳訓詁而已按漢書楚元王傳詁作故

父徽字元伯授業於歆浦鏜正誤云授當受誤按後漢書賈逵傳云父徽從劉歆受左氏春秋

逵傳父業作左氏傳訓詁按逵傳云逵尤明左氏傳爲之解詁此本訓詁當作解

又別集諸例及地名譜第曆數諸本作譜釋文云本又作諩

說者以仲尼自衞反魯石經宋本淳熙本岳本足利本以下有爲字文選引同

危行言孫諸本作孫釋文云本亦作遜字按愻順字當从心孫者叚借也

是素王之文焉山井鼎云漢書元文是作見

自聽素王宋本閩本監本毛本聽作號不誤

唯王者然後改元立號毛本元作王誤

此假設而言之監本毛本設作說非

文不在兹乎石經岳本監本玆作兹按說文有兹無玆

然後却辯素王爲虛監本毛本辯作辨按却當作卻諸本作却五經文字云却俗字或作郄乃郤字與此不同也

此章分段大意監本分作各非

明是既得嘉瑞監本毛本嘉誤佳

如中候所說閩本監本中誤申

絶筆於獲麟之一句者石經監本同諸本絶作絕按說文云絶斷絲也从糸从刀从卩

文武之迹不隊石經此處殘闕釋文亦作隊宋本淳熙本纂圖本作墜按墜俗隊字

而意不能然宋本閩本監本毛本意作竟不誤

言魯史其不始於他國言隱決其不始於餘公宋本史作決不誤閩本監本毛本作决俗決字隱決宋毛作隱决諸本亦誤作决

成王雖暫至洛邑閩本監本毛本成誤武

還歸鎬京宋本鎬京下有爲幽王滅於西周平王東遷洛邑因謂洛邑爲東周謂鎬京廾三字乃是完本

而以偪陽光啓寡君閩本偪作福案二字古多通用漢書古今人表有福陽子卽偪陽也說詳襄十年

非爲所隱也浦鏜正誤疑爲所二字誤倒盧文弨云所字衍

孔子絶粮於陳蔡宋本閩本監本毛本粮作糧案五經文字云作粮訛

乃聞賢與不賢宋本聞作闕是也

非復假夫位以宣風宋本夫作大是也

直當爾也宋本直作豈

管仲鏤簋朱紘閩本監本毛本紘誤紘

無可尋檢毛本檢作撿避明莊烈諱下同

比至孔丘之卒宋本作比此本及諸本誤此今改正山井鼎亦云此作比

據公至其實閩本監本毛本實下有圈○補案此本正義標起止下多脫○今並增補校不悉出

與黑肱之徒與下浦鏜正誤增邾字之徒毛本誤作徒之

幷自成己說起麟之意也起下浦鏜正誤增獲字

公羊傳稱孔子聞獲麟監本毛本脫傳字

以聖人盡聖窮神宋本閩本監本毛本盡聖作盡性

則絃琴而歌閩本監本毛本絃作援

春秋左傳注疏卷一校勘記

## 附釋音春秋左傳注疏卷第二 隱元年盡二年

杜氏注　孔穎達疏

### 春秋經傳集解隱第一

○陸曰解佳買反舊夫子之經與丘明之傳各卷杜氏合而釋之故曰經傳集解隱公名息姑惠公之子母聲子謚法不尸其位曰隱第一此不題左氏傳公羊穀梁二傳既顯姓別之此不言自見

疏　正義曰五經題篇皆出注者之意人各有心故題無常準此本經傳別行則經傳各自有題注者以意裁定其本難可復知據今服虔所注題云隱公左氏傳解誼第一不題春秋二字然則春秋二字蓋是經之題也服言左氏傳三字蓋本傳之題也杜既集解經傳春秋此書之大名故以春秋冠其上序說左氏言已備悉故略去左氏而爲此題焉經傳集解四字是杜所加其餘皆舊本也經者常也言事有典法可常遵用也傳者傳也博釋經意傳示後人分年相附集而解之故謂之經傳集解。隱公魯君侯爵杜君采大史公書世本旁引傳記以爲世族譜略記國之興滅譜云魯姬姓文王子周公旦之後也周公股肱周室成王封其子伯禽於曲阜爲魯侯今魯國是也自哀公以下九世二百一十七年而楚滅魯依魯世家伯禽至隱公凡十三君兄弟相及者五人隱公名息姑伯禽七世孫惠公弗皇子聲子所生平王四十九年即位是歲歲在家韋禮記檀弓曰死謚周道也周法天子至於大夫既死則累其德行而爲之謚周書謚法云隱拂不成曰隱魯實侯爵而稱公者五等之爵雖尊卑殊號臣子尊其君父皆稱爲公是禮之常也字書云第訓次也一者數之始此卷於次第當其一也

杜氏

疏　正義曰杜氏名預字元凱畿之孫恕之子也陳壽魏志云杜畿字伯侯京兆杜陵人也漢御史大夫杜延年之後文帝時爲尙書僕射封樂亭侯試船溺死追贈太僕謚戴侯也恕字務伯官至幽州刺史預司馬宣王女壻也王隱晉書云預知謀深博明於治亂當稱德者非所企及立言立功預所庶幾也大觀羣典謂公羊穀梁詭辯之言又非先儒說左氏未究

丘明之意橫以二傳亂之乃錯綜微言著春秋左氏經傳集解又參考衆家。爲之釋例又作盟會圖春秋長曆備成一家之學至老乃成預有大功名於晉室位至征南大將軍開府封當陽侯荆州刺史食邑八千戸時人號爲武庫不言名而言氏者注述之人義在謙退不欲自言其名故但言杜氏毛君孔安國馬融王肅之徒其所注書皆稱爲傳鄭玄則謂之爲注而此於杜氏之下更無稱謂者以集解之名已題在上故止云杜氏而已劉炫云不言名而云氏者漢承焚書之後諸儒各載學名不敢布於天下但欲傳之私族自題其氏爲謙之辭

傳惠公元妃。孟子言元妃明始。適夫人也子宋姓○惠公名不皇諡法愛人好與曰惠其子隱公讓國之君元妃○芳非反傳曰嘉耦曰妃適本又作嫡同丁歷反

**疏**。傳。惠公元妃孟子○正義曰惠公名弗皇孝公之子也諡法愛民好與曰惠釋詁云元始也妃匹也始匹者言以前未曾娶而此人始爲匹故注云言元妃明始適夫人也妃者名通適妾故傳云陳哀公元妃鄭姬生悼大子偃師二妃生公子留下妃生公子勝元者始也長也一元。之字兼始適兩義故云始適夫人也然則有始而非適若孟任之類是也亦有適而非始若哀姜之類是也妃者配匹之言非有尊卑之異其尊卑殊稱則曲禮所云天子之妃曰后諸侯曰夫人大夫曰孺人士曰婦人庶人曰妻是也鄭玄以爲后之言後蓋執治內事在夫之後也夫之言扶言能扶成人君之德也孺之言屬言其繫屬人也婦之言服言其服事人也妻之言齊言與夫齊等也庶人之賤見其齊等也以上因其爵之尊卑爲立別號其實皆配夫通以妃爲稱少牢饋食禮云以某妃配某氏是大夫之妻亦稱妃也孟仲叔季兄弟姊妹長幼之別字也孟伯俱長也禮緯云庶長稱孟然則適妻之子長者稱伯妾子長於妻子則稱爲孟所以別適庶也故杜注。文十五年及釋例皆云慶父爲長庶故或稱孟氏沈氏亦然案傳趙莊子之妻晉景公之姊則趙武適妻子也而武稱趙孟荀偃之卒也士匄請後曰鄭甥可則荀吳妾子也而吳稱知伯豈知氏常爲適而稱伯趙氏恆爲庶而稱孟者也蓋以趙氏趙盾之後盾爲庶長故子孫恆

以孟言之與慶父同也推此言之知知氏荀首之後傳云中行伯之季弟則俱是適妻之子但林父荀首並得立家故荀首子孫亦從適長稱伯也或可春秋之時不能如禮孟伯之。字無適庶之異蓋從心所欲而自稱之耳契姓子宋是殷後故子爲宋姓婦人以字配姓故稱孟子

孟子卒不稱薨不成喪也無。謚先夫死不得從夫。謚○謚實至反

【疏】注不稱至夫謚○正義曰魯之。夫。人皆稱薨舉謚此獨無謚。公卒。故特解之定十五年姒氏卒傳曰不成喪則知此不稱薨亦不成喪也案傳例不赴則不稱。薨然則此云不成喪者正謂不赴於諸侯也周禮小史卿大夫之喪賜謚讀誄止賜卿大夫不賜婦人則婦人法不當謚故號當繫夫釋例曰謚者興於周之始王變質從文於是有諱焉傳曰周人以諱事神名終將諱之故易之以謚末世滋蔓降及匹夫爰曁婦人婦人無外行於禮當繫夫之謚以明所屬詩稱莊姜宣姜即其義也是言婦人於法無謚故取其夫謚冠於姓之上生以夫國冠之韓姞秦姬是也死以夫謚冠之莊姜定姒是也直見此人是某公之妻故從夫謚此謚非婦人之行也夫謚已定妻即從而稱之先夫而死則夫未有謚或隨宜稱字故云無謚言婦人法無謚也先夫死不得從夫謚解其不稱惠也此言其正法耳其末世滋蔓則爲之作謚景王未崩妻稱穆后如此之類皆非禮也重言孟子者服虔云嫌與惠公俱卒故重言之下仲子亦然

繼室以聲子生隱公聲謚也蓋孟子之姪娣也諸侯始娶則同姓之國以姪娣媵元妃死則次妃攝治內事猶不得稱夫人故謂之繼室○姪直結反字林文一反兄女也娣大計反女弟也娶七住反媵以證反又繩證反

【疏】注聲謚至繼室。○正義曰謚法不生其國曰聲是聲爲謚也襄二十三年傳稱臧宣叔娶于鑄生賈及爲而死繼室以其姪則姪之與娣皆得繼室此既無文故設疑辭云蓋孟子之姪娣也成八年傳曰凡諸侯嫁女同姓媵之異姓則否莊十九年公羊傳曰諸侯娶一國則二國往媵之以姪娣從姪者何兄之子也娣者何弟也諸侯壹聘九女然則諸侯娶於三國國別各有三女此言諸侯始娶則同姓之國以姪娣媵者欲言媵者。亦有姪娣省略爲文耳其實夫人與媵皆有姪娣但聲子或是孟子姪娣或

是同姓之國媵者姪娣以其難明故杜兩解之初云孟子之姪娣又云同姓之國以姪娣媵是也故釋例曰古者諸侯之娶適夫人及左右媵各有姪娣皆同姓之國國三人凡九女參骨肉至親所以息陰訟陰訟息所以廣繼嗣是其義也然宋國之同姓國依世本子姓殷時來宋空同黎比髦自夷蕭但春秋不載其國未知宋之同姓者是何釋言云媵送也言妾送適行故夫人姪娣亦稱媵也經傳之說諸侯唯有繼室之文皆無重娶之禮故知元妃死則次妃攝治內事次妃謂姪娣與媵諸妾之最貴者釋例曰夫人薨不更聘必以姪媵繼室是夫人之姪娣與二媵皆可以繼室也適庶交爭禍之大者禮所以別嫌明疑防微杜漸故雖攝治內事猶不得。稱夫人又異於餘妾故謂之繼室妻處夫之室故書傳通謂妻為室言繼續元妃在夫之室

宋武公生仲子

仲子生而有文在其手。曰為魯夫人故仲子歸于我婦人謂嫁曰歸以手理自然成字有若天命故嫁之於魯○婦人謂嫁曰歸本或無曰字此依公羊傳

【疏】宋武至于我○正義曰宋國公爵譜云宋子姓其先契佐唐虞為司徒封於商成湯受命王有天下及紂無道周武王滅之而封其子武庚以紹殷後武庚作亂周公伐而誅之更封紂兄帝乙之元子微子啓為宋公都商丘今梁國睢陽縣是也微子卒其弟微仲代立穆公七年魯隱公之元年也景公三十六年魯哀公之十四年獲麟之歲也昭公得之元年春秋之傳終矣其後五世百七十年而齊魏楚共滅宋依宋世家微子至武公凡十二君兄弟相及者二人武公是微仲九世孫謚法克定禍亂曰武○注婦人至於魯○正義曰婦人謂嫁曰歸隱二年公羊傳文也以其手之文理自然成字有若天之所命使為魯夫人然故嫁之於魯也成季唐叔亦有文在其手曰友曰虞曰下不言為此傳言為魯夫人者以宋女而作他國之妻故傳加為以示異耳非為手文有為字故魯夫人之上有為字也仲子手有此文自然成字似其天命使然故云有若天命也隸書起於秦末手文必非隸書石經古文虞作𡗜魯作𣥎手文容或似之其。友及夫人固當有似之者也傳重言仲子生者詳言之與上重言孟子卒其義同也舊說云若河圖

洛書天神言語真是天命此雖手有文理更無靈驗又非夢天故言有若

**生桓公而惠公薨**言歸魯而生男惠公不以桓生之年薨

【疏】注言歸至年薨○正義曰杜知不以桓生之年薨者以元年傳曰惠公之薨也有宋師大子少葬故有闕少者未成人之辭非新始生之稱又改葬惠公而隱公不臨使桓爲主若薨年生則纔二歲未堪爲喪主又羽父弒隱與桓同謀若年始十二亦未堪定弒君之謀以此知桓公之生非惠公薨之年也年之長幼理無所異杜言此者欲明慶父爲莊公庶兄故顯言此以張本也釋例曰今推案傳之上下羽父之弒隱公皆諮謀於桓。然則桓公已成人也傳云生桓公而惠公薨指明仲子唯有此男非謂生在薨年也桓。已成人而弒隱卽位乃娶於齊自應有長庶長庶故氏。曰孟是杜張本之意也

**是以隱公立而奉之**隱公繼室之子當嗣。世以禎祥之故追成父志爲桓尚少是以立爲。太子帥國人奉之爲經元年春不書卽位傳○禎音貞爲桓于僞反少詩照反大音泰舊泰字皆作大後大字皆放此爲經于僞反後凡爲經爲傳張本起本之例皆放此更不音

【疏】注隱公至位傳○正義曰繼室雖非夫人而貴於諸妾惠公不立大子母貴則宜爲君隱公當嗣父世正以禎祥之故仲子手有夫人之文其父。愛之有以仲子爲夫人之意故追成父志以位讓桓但爲桓年少未堪多難是以立桓爲太子帥國人而奉之己則且攝君位待其年長故於歲首不卽君位傳於元年之前預發此語者爲經不書公卽位傳是謂先經以始事也凡稱傳者皆是爲經。唯文五年霍伯。臼季等卒注云爲六年蒐於夷傳者以蒐於夷與此文次相接故不得言張本也或言張本或言起本或言起檢其上下事同文異疑杜隨便而言也鄭衆以爲隱公攝立爲君奉桓爲大子案傳言立而奉之是先立後奉之也若隱公先立乃後奉桓則隱立之時未有大子隱之爲君復何所攝若先奉大子乃後攝立不得云立而奉之是鄭之謬也賈逵以爲隱立桓爲大子奉以爲君隱雖不卽位稱公改元號令於臣子朝正於宗廟言立桓爲大子可矣安在其奉以爲君乎是賈之妄也襄二十五年齊景公立傳云崔杼立而相之以此知立而奉之謂立爲大子帥國人奉之正

謂奉之以爲大子也元年傳曰大子少是立爲大子之文也大子者父在之稱今惠公已薨而言立爲太子者以其未堪爲君仍處大子之位故也禮記曾子問曰君薨而世子生是君薨之後仍。可以稱大子也

經元年春王正月隱公之始年周王之正月也凡人君即位欲其體元以居正故不言一年一月也隱雖不即位然攝行君事故亦朝廟告朔也告朔朝正例在襄二十九年即位例在隱莊閔僖元年○朝直遙反下同

疏經元年春王正月○正義曰此經字并下傳字亦杜氏所題以分年相附若不有經字何以異傳不有傳字何以別經又公羊穀梁二傳年上皆無經傳字故知杜所題也釋詁云元始也正長也此公之始年故稱元年此年之長月故稱正月言王正月者王者革前代馭天下必改正朔易服色以變人視聽夏以建寅之月爲正殷以建丑之月爲正周以建子之月爲正三代異制正朔不同故禮記檀弓云夏后氏尚黑殷人尚白周人尚赤鄭康成依據緯候以正朔三而改自古皆相變如孔安國以自古皆用建寅爲正唯殷革夏命而用建丑周革殷命而用建子杜無明說未知所從正是時王所建故以王字冠之言是今王之正月也王不在春上者月改則春移春非王所改故王不先春王必連月故王處春下周以建子爲正則周之二月三月皆是前世之正月也故於春每月書王王二月者言是我王之二月乃殷之正月也王三月者言是我王之三月乃夏之正月也既有正朔之異故每月稱王以別之何休云二月三月皆有王者二月殷之正月也三月夏之正月也王者存二王之後使統其正朔服其服色行其禮樂所以尊先聖通三統師法之義恭讓之禮服虔亦云孔子作春秋於春每月書王以統三王之正其意以爲王二月王三月是夏殷之王謂大禹成湯也。爲周室之臣民尊夏殷之舊主每月書王敬奉前代揆之人情未見其可杞宋二王之後各行己祖正朔宋不行夏杞不行殷而使天下諸侯偏。視二代考諸典籍未之或聞杞宋不奉周正周人悉尊夏殷則是重過去而忽。當今尊。亡國而慢時主其爲顛倒不亦甚乎且經之所言王二月王三月若

是夏殷之王當自皆言正月何以言王二月王三月乎謂之二月三月其王必是周王安得以爲夏殷王也若如公羊之說春秋黜周王魯則杞非王後夏無可尊復通夏正何也但春之三月不必月皆有事若入年已有王正月者則二月不復書王若已有王二月者則三月不復書王以其上月已是此王之月則下月從而可知故每年之春唯一言王耳春秋之例竟時無事乃書首月以記時此下。二月有會盟之事則不得空書首月也正月無事而空書首月者以人君於始年初月必朝廟告朔因卽人君之位以。繼臣子之心故君之始年必書曰元年春王正月公卽位史策之正法也隱公攝行君事雖不卽位而亦改元朝廟與人更始異於常年之正月故史特書其事見此月公宜卽位而自不卽位莊閔僖元年皆書春王正月與此同也定公元年不書正月者正月之時定公未立卽位在於六月歲首未得朝正公之卽位別見下文正月無所可見故不書也然則定以六月卽位卽位乃可改元正月已稱元年者未改之日必乘前君之年既改之後方以元年紀事及其史官定策雖有一統不可半年從前半年從後雖。非年初亦統此歲故入年卽稱元也釋例曰癸亥公之喪至自乾侯戊辰。公卽位。喪在外。踰年乃入故因五日改殯之節國史用元年卽位之禮因以此年爲元年也古法既然故漢魏以來雖秋冬改元史於春夏卽以元年冠之是有因於古也受命之王必改正朔繼世之王奉而行之每歲頒於諸侯諸侯受王正朔故言春王正月王卽當時之王序云所書之王卽平王是其事也公羊傳曰王者孰謂謂文王也始改正朔自是文王所爲頒於諸侯非復文王之曆受今王之曆稱文王之正非其義也○注隱公至元年○正義曰傳云王周正月知是周王之正月也說公羊者云元者氣之始春者四時之始王者受命之始正月者政教之始公卽位者一國之始春秋緯稱黃帝受圖有五始謂此五事也杜於左氏之義雖無此文而五始之理亦於杜無害此非左氏襃貶之要自是史官。記事之體故晉宋諸史皆言元年春王正月帝卽位是也元年正月實是一年一月而別立名故解之云凡人君卽位欲其體元以居正故不言一年一月也言欲其體元以居正者元正實是始長之義但因名以廣之元者氣之本也善之長也人君執大本長庶物欲其與元同體故年稱元。年正者直方之間語也直其行方其義人君當執直心。杖大義欲其常居正道故月稱正也以其君之始年歲之始月故特假此名以示義其餘皆即從其數不復改也書稱月正元日意同於此又解無事而書正月之意隱雖不即位然攝行君事而亦朝廟告朔改元布政故書首年始月以明其應即位而不爲也天子之封諸侯也劃其土壤分之臣民使之專爲己有故諸侯於其封內各得改元傳說鄭國之事云僖之元年朝於晉簡之元年士子孔卒是諸侯皆改元非獨魯也劉炫爲規過云元正爲取始長之義不爲體元居正規釋杜云欲其體元以居正謂人君體是元長以居正位不欲在下陵奪處位不終是劉妄解杜意不爲體其元善居於正道以規杜氏其理非也劉炫又難何休云唯王者然後改元立號春秋託新王受命於魯故因以錄即位若然新王受命正朔必改是魯得稱元亦應改其正朔仍用周正何也既託王於魯則是不事文王仍奉王正何也諸侯改元自是常法而云託王者改元是妄說也說公羊者云元者氣之始春者四時之始王者受命之始正月者政教之始公即位者一國之始春秋緯云黃帝坐於。扈閣鳳皇。銜書致帝前其中得五始之文謂此五事何休。又云公即位者一國之始政莫大於正始故春秋以元之氣正天之端以天之端正王之政以王之政正諸侯之即位以諸侯之即位正。竟內之治諸侯不上奉王之政則不得即位故先言正月而後言即位政不由王出則不得爲政故先言王而後言正月王者不。奉天以制號令則無法故先言春而後言王天不深正其元則不能成其化故先言元而後言春五者同日並見相須成體非比辭也何休自云諸侯不得改元則。元者王之元年非公之元年公即位不在王之元年安得同日並見其成體也即以託王於魯。史之改元元既爲魯所改則政不由王出安得以王之政正諸侯元尊而王卑年大而月小年之有元改而無忌王之立政必云須奉舍其大而事其細敬所卑而慢所尊以此立教必不可行聖人有作豈當爾也黃帝之作五始者爲天子法乎爲諸侯法乎諸侯不得改元必非諸侯法若非諸侯法安得有公即位乎無公即位則闕一始何得爲五始也若是天子法不得言王正月王即位何休云以王之政正諸侯之即位然王者豈復以己之政正己即位不通若此何以行之言左氏者或取爲說是遂狂東走也隱莊閔僖四公元年傳皆說不書即位之由故指以爲例隱不行即位又謙不告至而歲首告朔朝正所以尊敬祖考也若不行即位又不朝正則與臣子無別不成爲君故告朔朝廟也

○三月公及邾儀父盟于蔑。附庸之君未王命例稱名能自通于大國繼好息民故書字貴之名例在莊五年邾今魯國鄒縣也蔑姑蔑魯地魯國卞縣南有姑城○父音甫邾子之字凡人名字皆倣此蔑亡結反好呼報反鄒側留反卞皮彥反本或作弁

【疏】三月至于蔑○正義曰公隱公也及與也與彼邾君字儀父者盟于蔑地譜云邾曹姓顓頊之後有六終產六子其第五子曰安邾即安之後也周武王封其苗裔邾俠爲附庸居邾今魯國鄒縣是也自安至儀父十二世始見春秋齊桓行霸儀父附從進爵稱子文公徙於繹桓公以下春秋後八世而楚滅之諸侯俱受王命各有實宇上事天子旁交鄰國天子不信諸侯諸侯自不相信則盟以要之凡盟禮殺牲歃血告誓神明若有背違欲令神加殃咎使如此牲也曲禮曰約信曰誓涖牲曰盟周禮天官玉府職曰若合諸侯則共珠槃玉敦夏官戎右職曰盟則以玉敦辟盟遂役之贊牛耳桃茢秋官司盟職曰掌盟載之法曰邦國有疑會同則掌其盟約之載及其禮儀北面詔明神鄭玄以爲槃敦皆器名也珠玉以爲飾合諸侯者必割牛耳取其血歃之以盟敦以盛血槃以盛耳將歃則戎右執其器爲衆陳其載辭使心皆開辟司盟之官乃北面讀其載書以告日月山川之神既告乃尊卑以次歃戎右傳敦血以授當歃者令含其血既歃乃坎其牲加書於上而埋之此則天子會諸侯使諸侯聚盟之禮也凡天子之盟諸侯十二歲於方岳之下故傳云再會而盟以顯昭明若王不巡守及諸侯有事朝王即時見曰會殷見曰同亦爲盟禮其盟之法案覲禮爲壇十有二尋深四尺加方明于其上方明者木也方四尺設六玉上圭下璧南方璋西方琥北方璜東方圭朝諸侯於壇訖乃加方明於壇而祀之列諸侯於庭玉府共珠槃玉敦戎右以玉敦辟盟遂役之贊牛耳桃茢司盟北

面詔告明神諸侯以次歃血鄭注覲禮云王之盟其神主日王官之伯盟其神主月諸侯之盟其神主山川是盟禮之略也若諸侯之盟亦有壇知者。故柯之盟公羊傳稱曹子以手劍劫桓公于壇是也其盟神則無復定限故襄十一年傳稱司慎司盟名山名川羣神羣祀先王先公七姓十二國之祖是也其盟用牛牲故襄二十六年傳云歃用牲又哀十七年傳云諸侯盟誰執牛耳是也其殺牛必取血及耳以手執玉敦之血進之於口知者定八年涉佗捘衛侯之手及。捥又襄九年傳云與大國盟口血未乾是也既盟之後牲及餘血幷盟載之書加於牲上坎而埋之故僖二十五年傳云宵坎血加書是也春秋之世不由天子之命諸侯自相與盟則大國制其言小國尸其事官雖小異禮則大同故釋例曰盟者殺牲載書大國制其言小國尸其事珠槃玉敦以。奉流血而同歃是其事也其盟載之辭則傳多有之此時公求好於邾邾君來至蔑地公出與之盟史書魯事以公爲主言公及及者言自此及彼據魯爲文也桓十七年公會邾儀父盟于趡彼言會此言及者彼行會禮此不行會禮故也故劉炫云策書之例先會後盟者上言會下言盟唯盟不會者直言及此爲不行會禮故言及也或可史異辭非先會而盟則稱會知者文七年公會諸侯晉大夫盟于扈傳云公後至則是不及其會而經稱會故知盟稱會者未必先行會禮也〇注附庸至姑城〇正義曰傳言未王命知是附庸也莊五年郳犂來來朝傳曰未王命解其稱名之意是知附庸之君例稱名也禮記王制云不合於天子附於諸侯曰附庸鄭玄云不合謂不朝會也小城曰附庸附庸者以國。附於大國未能以其名通是說附庸之義也王制又云天子之元士視附庸然則附庸貴賤與天子之元士同也其禮則四命知者天子大夫視子男卿視伯三公視公侯所視皆多一命明知附庸多於元士一命又諸侯世子未誓執皮帛視小國之君公之孤四命亦執皮帛及附庸亦執皮帛故知四命也然則天子大夫四命稱字附庸稱名者以王朝之臣故特尊之而稱字釋例曰名重於字故君父之前自名朋友之接自字是以春秋之義貶責書其名斥所重也褒厚顯其字辟所諱也然則應字而名則是貶應名而字則是貴故宰咺書名以貶之儀父書字以貴之傳文唯言貴之不說可貴之狀賈服以爲儀父嘉隱公有至孝謙讓之義而與結好故貴而字之善其慕賢說讓知不然者案傳云公攝位而欲求好於邾是公先求邾非邾先慕公復何足貴且書曰儀父乃是新意仲尼以事有可善乃得書字善之不是緣魯之意以爲褒貶安得以其慕賢便足貴之又桓十七年公及邾儀父盟于趡桓公不賢不讓彼經亦書儀父故知貴之之言不爲慕賢說讓也附庸不能自通不與盟會今能自通大國繼好息民故知爲此貴而字之不貴來朝而貴其盟者朝事大國則附庸常道齊盟結好非附庸所能故盟則貴之朝從常法

○夏五月鄭伯克段于鄢。

○不稱國討而言鄭伯譏失教也段不弟故不言弟明鄭伯雖失教而段亦凶逆以君討臣而用二君之例者言段強大儁傑據大都以耦國所謂得儁曰克也國討例在莊二十二年得儁例在莊十一年母弟例在宣十七年鄭在滎陽宛陵縣西南。鄢今潁川鄢陵縣○段徒亂反鄭伯弟名鄢於晚反又於建反滎又於然反弟音悌又如字儁音俊傑音桀熒戶扃反本或作滎非宛於阮反又於元反

【疏】夏五月至于鄢○正義曰鄭國伯爵譜云鄭姬姓周厲王子宣王母弟桓公友之後也宣王封友於鄭今京兆鄭縣是也及幽王無道方遷其民於虢鄶虢鄶之君分其地遂國焉今河南新鄭縣是也莊公二十二年魯隱公之元年也聲公二十年獲麟之歲也二十三年而春秋之傳終矣聲公三十七年卒自聲以下五世八十七年而韓滅鄭此鄭伯莊公也謚法勝敵克壯曰莊○注不稱至陵縣○正義曰國討者謂稱國若人稱國稱人則明其爲賊一國之人所欲討也今稱鄭伯指言君自殺弟若弟無罪然譏其失兄之教不言肯早爲之所乃是養成其惡及其作亂則必欲殺之故稱鄭伯所以罪鄭伯也傳例母弟稱弟段實母弟以其不爲弟行故去弟以罪段也兩罪之以者明兄雖失教而段亦凶逆也釋例曰兄而害弟者稱弟以章兄罪弟又害兄則去弟以罪弟身統論其義兄弟二人交相殺害各有曲直存弟則示兄曲也鄭伯既失教若依例存弟則嫌善段故特去弟兩見其義是其說也襄三十年天王殺其弟佞夫傳曰罪在王則與鄭伯同譏而佞夫不去弟者釋例曰佞夫稱弟不聞

反謀也鄭段去弟身爲謀首也然則佞夫不與反謀罪王而不罪佞夫故稱弟也傳例戰敗克取兩國之文段實鄭臣而言克段故申明傳意以解之得儁曰克莊十一年傳例也國討例在莊二十二年者彼經書陳人殺其公子御寇實君殺大子而稱陳人者陳人惡其殺大子之名故不稱君父以國討公子告也傳稱陳人殺其大子御寇以實言之明經所書國討之例也彼無凡例而言例者正以此傳云稱鄭伯譏失教也言稱是仲尼之變例也稱君爲罪君則知稱人爲國討序云推變例以正褒貶卽此類也推以爲例故言例在彼年諸注言例在者未必皆有凡例也地理志河南郡有宛陵新鄭各自爲縣晉世分河南而立滎陽廢新鄭而入宛陵故鄭在宛陵西南也又地理志潁川郡有鄢陵縣

○**秋七月天王使宰咺來歸惠公仲子之賵**宰官咺名也咺賵死不及尸弔生不及哀豫凶事故貶而名之此天子大夫稱字之例仲子者桓公之母婦人無謚故以字配姓來者自外之文歸者不反之辭○咺吁阮反賵芳鳳反

【疏】秋七月至之賵○正義曰天王周平王也譜云周黃帝之苗裔姬姓后稷之後也后稷封於邰及夏之衰后稷之子不窋失其官竄於西戎至大王爲狄所逼去邠居岐文王受命武王克殷而王有天下幽王爲犬戎所殺平王遷都王城今河南縣是也平王四十九年魯隱公之元年也敬王又遷成周今洛陽是也敬王三十九年獲麟之歲也四十三年而敬王崩敬王子元王元王九年春秋之傳終矣元王以下十一世二百二十六年而周亡也周本紀武王至平王凡十三王兄弟相及者一人平王是武王十一世孫也惠公薨在往年明年仲子始薨蓋於時有疾王聞其疾謂之已薨故使大宰大夫名咺者來至於魯并歸惠公仲子之賵賵者助喪之物文五年注云車馬曰賵士喪既夕禮云公賵玄纁束帛兩馬士之制只得駕兩馬故云賵兩馬大夫以上皆駕四馬此宰咺來賵蓋用四馬也公羊傳曰喪事有賵賵者蓋以馬以乘馬束帛車馬曰賵穀梁傳曰乘馬曰賵皆謂宰咺用乘馬來也惠公仲子不言及者是并致二賵或是史異辭蓋二者各以乘馬不宜以一乘之馬賵二人也服虔云賵覆也天王所以覆被臣子案士喪既夕禮兄弟所知悉

皆致賵非獨君之賵臣以賵爲覆則可矣其言覆被臣子則非也何休亦云賵猶覆也蓋謂覆被亡者耳○注宰官至之辭○正義曰傳言緩且子氏未薨故名是不應名而名之也貶乃書名知法應書一字故云此天子大夫稱字之例傳無明例故推此以爲例也周禮天官大宰卿一人小宰中大夫二人宰夫下大夫四人宰夫小宰皆是大夫未知宰咺是何宰也宰夫職曰凡邦之弔事掌其戒令與其幣器財用鄭玄云弔事弔諸侯諸臣幣所用賻也既掌弔事或即充使此蓋宰夫也仲子乃惠公妾耳王使賵之者隱立桓爲大子成桓母爲夫人天王知其然故遣賵惠公因即賵之杜言仲子者桓公之母正見此意不然仲子爲桓母傳有明文不須解也男子之有謚者人君則配王配公大夫或配子或配字皆不以字配姓婦人於法無謚故以字配姓言其正法然也釋例曰婦人無外行於禮當繫夫之謚以明所屬是言婦人不合謚也繫夫謚者夫人而已衆妾不合繫夫正當以字配姓也其聲子戴嬀有謚者皆越禮妄作也○

九月及宋人盟于宿客主無名皆微者也宿小國東平無鹽縣也凡盟以國地者國主亦與盟例在僖十九年宋今梁國睢陽縣○與音預下同睢音雖

【疏】注客主至陽縣○正義曰春秋之例若是命卿則名書於經此盟客主無名故知皆是微者公羊傳曰孰及之內之微者也穀梁傳曰及者何內卑者也宋人外卑者也卑微言非卿也客謂宋主謂魯直言及者他國可言某人魯史不得自言魯人直言及彼是魯及可知其微人與他國聚會亦直言會與此同也會盟之地地必有主舉地者地主之國或與或否故地主之國亦序於列其經舉國名以爲盟地者國主與在其中不復序之於列以其可知故也例在僖十九年者彼經書會陳人蔡人楚人鄭人盟于齊傳曰陳穆公請脩好於諸侯以無忘齊桓之德冬盟于齊脩桓公之好也言脩桓公之好齊人必與可知也齊人不序於列而以齊爲盟地是其盟以國地者國主與盟之例此亦推以爲例非凡例也然則桓十四年公會鄭伯于曹郎亦是例而遠指僖十九年者此既是盟故取盟爲例其實會亦然也故彼注云以曹地曹與會是也僖二十七年楚人陳侯蔡侯鄭伯許男圍宋公會諸侯盟于宋宋不與盟

亦地以宋者彼注云宋方見圍無嫌於與盟故直以宋地然則宣十四年楚子圍宋十五年公孫歸父會楚子于宋亦是不嫌宋與故地以宋也地理志梁國睢陽縣故宋國微子所封也

○冬十有二月祭伯來

祭伯諸侯爲王卿士者祭國伯爵也傳曰非王命也釋其不稱使○祭側界反國名傳祭仲同使如字又所吏反

疏注祭伯至稱使○正義曰僖二十四年傳富辰說周公封建親戚以蕃屏周而云邢茅胙祭則祭之初封畿外之國也穆王之時有祭公謀父今有祭伯世仕王朝蓋本封絕滅食采於王畿也莊二十三年祭叔來聘注以爲祭叔爲祭公來聘魯天子內臣不得外交是祭於此時爲畿內之國仍有封爵故言諸侯爲王卿。士也釋例曰王之公卿皆書爵祭伯凡伯是也大夫稱字南季榮叔是也元士中士稱名劉夏石尚是也下士稱人公會王人于洮是也其或稱祭公舉官而言之此其定例也然春秋之世有王之卿士無采地者若王叔陳生伯輿之屬是也但未知書經其稱云何杜既云公卿稱爵而王子虎及劉卷卒稱名者彼是天王爲赴以名告魯如諸侯之例薨則稱名此云公卿稱爵者謂聘使往還與彼爲異也又襄十五年注云天子卿書字者以傳云劉夏逆王后于齊卿不行非禮也以劉夏非卿書名若卿則應書字以名字相對故舉以言焉其實卿書爵也此祭伯若王使來當云天王使祭伯來聘亦如天王使凡伯來聘今以自來爲文明非王命而私行也劉炫云卿而無爵或亦書字大夫有爵或亦書爵傳稱王叔陳生與伯輿爭政俱是卿士並不言爵又滕侯之先爲周卜正書稱齊侯呂伋爲虎賁氏則大夫或有爵也然則大夫有爵不可舍爵而書。字卿而無爵不可越字而書名蓋有卿士亦書字大夫亦書爵也王臣之見經者衆祭伯凡伯毛伯單伯召伯尹子單子劉子其間未必無大夫榮叔南季家父叔服其間未必無卿卿但無明證故依例解之襄十五年注云天子卿書字是言天子卿有書字之理

○公子益師卒

傳例曰公不與小斂故不書日所以示厚薄也春秋不以日月爲例唯卿佐之喪獨。記日以見義者事之得失既未足以褒貶人君然亦非死者之罪無辭可以寄文而人臣輕賤死日可略故特假日以見義○斂力

驗反見賢遍反下同【疏】注傳例至見義○正義曰傳文與上下作例者注皆謂之傳例釋例曰君之卿佐是謂股肱股肱或虧何痛如之疾則親問焉喪則親。與小斂大斂慎終歸厚之義也故仲尼脩春秋卿佐之喪公不與小斂則不書日示厚薄戒將來也即。以新死小斂為文則但臨大斂及不臨其喪亦同不書日也襄五年冬十二月辛未季孫行父卒傳曰大夫入斂公在位是公與小斂則書日之事也其豐柔溺等生見經傳死而不書卒者皆不以卿禮終也文十四年秋九月甲申公孫敖卒于齊已絕卿位公不與小斂而書日卒者釋例曰公孫敖縱情棄命既已絕位非大夫也而備書於。經者惠叔毀請於朝感子以赦父敦公族之恩崇仁孝之教故傳曰為孟氏且國故也是言雖不與斂恩實過厚故書日也莊三十二年秋七月癸巳公子牙卒時公有疾昭二十五年冬十月戊辰叔孫婼卒二十九年夏四月庚子叔詣卒時公孫在外成十七年冬十一月壬申公孫嬰齊卒于貍脤在外而卒皆公不與斂而書日者釋例曰其或公疾在外大夫不卒於國而猶存其日者君子不責人以所不得備非不欲臨也然則為其有故不得以責公故皆書日也公孫嬰齊書所卒之地餘皆不書地者釋例曰魯大夫卒其竟內則不書地傳稱季平子行東野卒于房是也而先儒以為雖以卿禮終而不臨其喪皆沒而不書杜知不臨其喪亦同不書日者案慶父之死不以卿禮終而經不書足知唯據不以卿禮終者經始不書明以卿禮終雖全不臨喪亦同書卒但不書日耳春秋諸事日與不日傳皆不發唯此發傳故特解之云春秋不以日月為例唯卿佐之喪獨託日以見義也言事之得失未足以褒貶人君者春秋之文褒為厚賞貶為大罰君之於臣有恩則常事不足以加賞無恩則小失不足以致罰故云未足以褒貶也止欲貶責死者君自無恩然亦非死者之罪意欲以為勸戒無辭可以寄文而人臣對君為輕賤死日可略去故於此一條特假日以見義其餘則不以日月為例故一無傳也

傳元年春王周正月言周以別夏殷○別彼列反夏戶雅反三代之號可以意求不書即位攝也假攝君政不脩即位

之禮故史不書於策傳所以見異於常○見賢遍反

【疏】。不書即位攝也○正義曰攝訓持也隱以桓公幼少且攝持國政待其年長所以不行即位之禮史官不書即位仲尼因而不改故發傳以解之公實不即位史本無可書莊閔僖不書即位義亦然也舊說賈服之徒以為四公皆實即位孔子脩經乃有不書故杜詳辨之釋例曰遭喪繼位者每新年正月必改元正位百官以序故國史皆書即位於策以表之隱既繼室之子於第應立而尋父娶仲子之意委位以讓桓天子既已定之諸侯既已正之國人既已君之而隱終有。推國授桓之心所以不行即位之禮也隱莊閔僖雖居君位皆有故而不脩即位之禮或讓而不為或痛而不忍或亂而不得禮廢事異國史固無所書非行其禮而不書於文也。顏氏說以為魯十二公國史盡書即位仲尼脩之乃有所不書若實即位則為隱公無讓若實有讓則史無緣虛書是言實不即位故史不書也傳於隱閔云不書即位於莊僖云不稱即位者釋例曰丘明於四公發傳以書不書不稱起文其義一也劉賈。潁為傳文生例云恩深不忍則傳言不稱恩淺可忍則傳言不書博據傳辭殊多不通案殺欒盈則云不言大夫殺良霄則云不稱大夫君氏卒則云不曰薨不言葬不書姓鄭伯克段則云稱鄭伯此皆同意而別文之驗也傳本意在解經非曲文以生例是言不書不稱義同之意也膏育何休以為古制諸侯幼弱天子命賢大夫輔相為政無攝代之義昔周公居攝死不記崩今隱公生稱侯死稱薨何因得為攝者周公攝政仍以成王為主直攝其政事而已所有大事稟王命以行之致政之後乃死故卒稱薨不稱崩隱公所攝則位亦攝之以桓為大子所有大事皆專命以行攝位被殺在君位而死故生稱公死稱薨是與周公異也且。公。羊以為諸侯無攝鄭康成引公羊難云宋穆公云吾立乎此攝也以此言之何得非左氏是鄭意亦不從何說也下傳曰公攝位而欲求好於邾是位亦攝也又曰惠公之薨也大子少是以桓為大子也所以異於正君者元年不即位行還不告廟不臨惠公之葬不成聲子之喪尊仲子為夫人薨則赴於諸侯又為之立廟此是讓之實也隱公讓位賢君故為春秋之首所以不入頌者魯僖公之時周王歲二月東巡守至于岱宗柴季孫行父為之請於周大史克為之作頌故得入頌隱公無人為請故不入頌也○三月公及邾儀父盟于蔑邾子克也克儀父名未王命故不書爵曰儀父貴之也。王未賜命以為諸侯其後儀父服事齊桓以獎王室王命以為邾子故莊十六年經書邾子克卒○故不書爵一本無故字獎將丈反疏。注王未至克卒○正義曰莊十三年齊桓會諸國于北杏邾人在焉及十六年而書邾子克卒故知由事齊桓乃得王命也賈服以為北杏之會時已得王命蓋以北杏之會邾人在列故謂其已得王命也列與不列在於主會之意不由有爵與否襄二十七年宋之盟齊人請邾宋人請滕邾滕不列於會故不書邾滕襄五年戚之會穆叔以屬鄫為不利使鄫大夫聽命于會故經書鄫人然則為人私屬則不列於會不為人私屬則列於會不可據列會。以否以明有爵也昭四年申之會淮夷列焉未必有爵也邾今無爵得與魯盟北杏會齊何須有爵莊十五年會于郳傳曰齊始霸則齊桓為霸自郳會始耳北杏之時諸侯未從霸功未立桓尚未有殊勳儀父何足可紀且齊桓未有功於王焉能使王命之其得王命必在北杏之後但未知定是何年耳服虔云爵者醮也所以醮盡其材也公攝位而欲求好於邾故為蔑之盟解所以與盟也○好呼報反與如字又音預○夏四月費伯帥師城郎不書非公命也。費伯魯大夫郎魯邑高平方與縣東南有郁郎亭傳曰君舉。必書然則史之策書皆君命也今不書於經亦因史之舊法故傳釋之諸魯事傳釋不書他皆。倣此○費音祕郁於六反倣甫往反後此例皆同疏注費伯至倣此○正義曰史之策書皆君命者謂君所命為之事乃得書之於策非謂君命遣書方始書也又解史策不書經亦不書之意仲尼書於經者亦因史之舊法舊史不書則亦不書故傳發此事釋經不書之意諸魯事傳釋不書他皆倣此謂下盟于翼作南門之類是也○初鄭武公娶于。申曰武姜申國今南陽宛縣○宛於元反娶取住反疏。初鄭武公娶于申曰武姜○正義曰杜以為凡。倒本其事者皆言初也賈逵云凡言初者隔其年後有禍福將終之乃言初也○注申國今南陽宛縣正義曰外傳說伯夷之後曰申呂雖衰齊許猶在則申呂與齊許俱出伯夷同爲姜姓也國語曰齊許申呂由大姜言由大姜而得封也然則申呂之始封亦在周興之初其後中絕至宣王之時申伯以王舅改封於謝詩大雅崧高之篇美宣王褒賞申伯云王命召伯定申伯之宅是其事也地理志南陽郡宛縣故申伯國宛縣者謂宣王改封之後也以前則不知其地

生莊公及共叔段段出奔共故曰共叔猶晉侯在鄂謂之鄂侯○共音恭共地名凡國名地名人名字氏族皆不重音疑者復出後倣此鄂五各反疏注段出。奔。共。故。曰。共。叔。猶。晉。侯。至。之。鄂。侯。○正義曰賈服以共爲謚謚法敬長事上曰共作亂而出非有。共德可稱。餬口四方無人與之爲謚故知段出奔共故稱共猶下晉侯之稱鄂侯也

莊公寤生驚姜氏故名曰寤生遂惡之寐寤而莊公已生故驚而惡之○寤五故反惡烏路反注同疏莊公。寤。生。驚。姜。氏。故。名。曰。寤。生。遂。惡。之。○正義曰謂武姜寐時生莊公至寤始覺其生故杜云寐寤而莊公已生

愛共叔段欲立之欲立以爲太子亟請於武公公弗許及莊公卽位爲之請制公曰制巖邑也虢叔死焉佗邑唯命虢叔東虢君也恃制巖險而不脩德鄭滅之恐段復然故開以佗邑虢國今滎陽縣○亟欺冀反數也爲于僞反巖五銜反本又作巖虢瓜伯反國名復扶又反疏注虢叔至陽縣○正義曰僖五年傳曰虢仲虢叔王季之穆也晉語稱文王敬友二虢則虢國本有二也晉所滅者其國在西故謂此爲東虢也鄭語史伯爲桓公謀云虢叔恃勢鄶仲恃險皆有驕侈怠慢之心君以成周之衆奉辭伐罪無不克矣桓公從之是其恃險而不脩德爲鄭滅之之事也云虢叔封西虢仲封東而此云虢叔東虢君者言所滅之君字叔也傳云虢仲譖其大夫謂叔之子孫字曰仲也案傳燕國有二則一稱北燕邾國有二則一稱小邾此虢國有二而經傳不言東西者於時東虢已滅故西虢不稱西其並存之日亦應以東西別之地理志云河南郡滎陽縣

應劭云故號國今號亭是也請京使居之謂之京城大叔公順姜請使段居京謂之京城大叔言寵異於衆臣京鄭邑今熒陽京縣○大音泰注及下皆同祭仲曰都。城過百雉國之害也祭仲鄭大夫方丈曰堵三堵曰雉一雉之牆長三丈高一丈侯伯之城方五里徑三百雉故其大都不得過百雉○過古臥反後不音者皆同堵丁古反長直亮反又如字高古報反又如字徑古定反疏注祭仲至百雉○正義曰注諸言大夫者以其名氏顯見於傳更無卑賤之驗者皆以大夫言之其實是大夫。以否亦不可委知也定十二年公羊傳曰雉者何五板而堵五堵而雉何休以爲堵四十尺雉二百尺許慎五經異義戴禮及韓詩說八尺爲板五板爲堵五堵爲雉板廣二尺積高五板爲一丈五堵爲雉雉長四丈古周禮及左氏說一丈爲板板廣二尺五板爲堵一堵之牆長丈高丈三堵爲。雉一雉之牆長三丈高一丈以度其長者用其長以度其高者用其高也諸說不同必以雉長三丈爲正者以鄭是伯爵城方五里大都三國之一其城不過百雉則百雉是大都定制因而三之則侯伯之城當三百雉計五里積千五百步步長六尺是九百丈也以九百丈而爲三百雉則雉長三丈賈逵馬融鄭玄王肅之徒爲古學者皆云雉長三丈故杜依用之侯伯之城方五里亦無正文周禮冬官考工記匠人營國方九里旁三門謂天子之城天子之城方九里諸侯禮當降殺則知公七里侯伯五里子男三里以此爲定說也但春官典命職乃稱上公九命侯伯七命子男五命其國家宮室車旗衣服禮儀皆以命數爲節鄭玄以爲國家國之所居謂城方也如典命之言則公當九里侯伯七里子男五里故鄭玄兩解之其注尚書大傳以天子九里爲正說。又云或者天子之城方十二里詩文王有聲箋言文王城方十里大於諸侯小於天子之制論語注以爲公大都之城方。三里皆以爲天子十二里公九里也其駁異義又云鄭伯城方五里以匠人典命俱是正。文因其不同故兩申其說今杜無二解以侯伯五里爲正者蓋以典命所云國家者自謂國家所爲之法禮儀之度未必以爲城居也先王之制大都不過參國之一三分國城之一〇參七南反又音三中五之一小九之一今京不度非制也不合法度非先王制疏大都至九之一〇正義曰定以王城方九里依此數計之則王城長五百四十雉其大都方三里長一百八十雉中都方。一里又二百四十步長一百。八雉也小都方一里長六十雉也公城方七里長四百二十雉其大都方二里又一百步長一百四十雉也中都方一里又一百二十步長八十四雉也小都方二百三十三步二尺長四十六雉又二丈也侯伯城方五里長三百雉其大都方一里又二百步長百雉也中都比王之小都其小都方一百六十六步四尺長三十三雉又一丈也子男城比王之大都其大都比侯伯之中都其中都方一百八十步長三十六雉也小都方百步長二十雉也考工記曰王宮門阿之制五雉宮隅之制七雉城隅之制九雉門阿之制以爲都城之制宮隅之制以爲諸侯之城制然則王之都城隅高五丈城蓋高三丈諸侯城隅高七丈城蓋高五丈也三丈以下不復成城其都城蓋亦高三丈也周禮四縣爲都周公之設法耳但土地之形不可方平如圖其邑竟廣狹無復定準隨人多少而制其都邑故有大都小都焉下邑謂之都都亦一名邑莊二十八年傳曰宗邑無主閔元年傳曰分之都城俱論曲沃而都邑互言是其名相通也君將不堪公曰姜氏欲之焉辟害對曰姜氏何厭之有不如早爲之所使得其所宜〇焉於虔反厭於鹽反無使滋蔓蔓難圖也蔓草猶不可除況君之寵弟乎公曰多行不義必自斃。子姑待之斃踣也姑且也〇蔓音萬斃婢世反本又作獘舊扶設反踣蒲北反疏無使滋蔓〇正義曰此以草喻也草之滋長引蔓則難可芟除喻段之威勢稍大難可圖謀也〇注斃踣也〇正義曰釋言文也孫炎曰前覆曰踣既而大叔命西鄙北鄙貳於己鄙鄭邊邑貳兩屬公子呂曰國不堪貳君將若之何公子呂鄭大夫疏國不堪貳〇正義曰兩屬則賦役倍賦役倍則國人不堪也欲與大叔臣請事之若弗與則請除之無生民心叔久不除則舉國之民當生他心公曰無庸將自及言無用除之禍將自及大叔又收貳以爲己邑前兩屬者今皆取以爲己邑至于廩延言轉侵多也廩延鄭邑陳留酸棗縣北有延津○廩力錦反子封曰可矣厚將得衆子封公子呂也厚謂土地廣大公曰不義不暱厚將崩不義於君不親於兄非衆所附雖厚必崩○暱女乙反親也疏厚將崩○正義曰以牆屋喻也厚而無基必自崩喻衆所不附將自敗也高大而壞謂之崩大叔完聚完城郭聚人民○完音桓疏注完城郭聚人民○正義曰服虔以聚爲聚禾黍也段欲輕行襲鄭不作固守之資故知聚爲聚人非聚糧也完城者謂聚人而完之非欲守城也繕甲兵具卒乘步曰卒車曰乘○繕市戰反卒尊忽反步兵也注及下同乘繩證反注及下同將襲鄭夫人將啓之啓開也公聞其期曰可矣命子封帥車二百乘以伐京古者兵車一乘甲士三人步卒七十二人京叛大叔段段入于鄢公伐諸鄢五月辛丑大叔出奔共共國今汲郡共縣○共音逆汲居及反書曰鄭伯克段于鄢段不弟故不言弟如二君故曰克稱鄭伯譏失教也謂之鄭志不言出奔難之也傳言夫子作春秋改舊史以明義不早爲之所而養成其惡故曰失教段實出奔而以克爲文明鄭伯志在於殺難言其奔○不弟大計反又如字難乃旦反注同疏如二君故曰克正義曰謂實非二君雋傑彊盛如是二君伐而勝之然後稱克非謂眞是二君也若眞是二君則以戰襲敗取爲文然既非二君而杜注經云以君討臣而用二君之例又似眞二君者但杜於彼應云以君討臣而用如二君之例略其如字但云而用二君耳準獲麟之後史文夫子未脩之前應云鄭伯之弟段出奔共與秦伯之弟鍼出奔晉同也以其不弟故不言弟志在於殺

故不言奔然則鄭伯亦是舊史之文而得爲新意者段以去弟爲貶宜以國討爲文仍存鄭伯見其失教其文雖是舊史卽是仲尼新意也○注傳言至其奔○正義曰經皆孔子所書此事特言書曰必是舊文不然夫子始改故知傳之此辭言夫子作春秋改舊史以明義也克者戰勝獲賊之名公伐諸鄢段卽奔共既不交戰亦不獲段段實出奔而以克爲文者此非夫子之心謂是鄭伯本志不欲言其出奔難言其奔志在於殺故夫子承其本志而書克也鄭伯之於段也以其母所鍾愛順母私情分之大邑恣其榮寵實其殺心但大叔無義恃寵驕盈若微加裁貶則恐傷母意故祭仲欲早爲之所子封請往除之公皆不許是其無殺心也言必自斃厚將崩者止謂自損其身不言惡能害國及其謀欲襲鄭禍將逼身自念友愛之深遂起初心之恨由是志在必殺難言出奔此時始有殺心往前則無殺意傳稱公曰姜氏欲之焉辟害詩序曰不勝其母以害其弟經曰父母之言亦可畏也是迫於母命不得裁之非欲待其惡成乃加誅戮也服虔云公本欲養成其惡而加誅使不得生出此鄭伯之志意也言鄭伯本有殺意故爲養成其惡斯不然矣傳曰稱鄭伯譏失教也止責鄭伯失於教誨之道不謂鄭伯元有殺害之心若從本以來卽謀殺害乃是故相屠滅何止失教之有且君之討臣過其萌漸惡雖未就。足得誅之何須待其惡成方始殺害服言本意欲殺乃是誣鄭伯也劉炫云以克爲文非其實狀故傳解之謂之鄭志言仲尼之意書克者謂是鄭伯本志也注又申解傳意言鄭伯志在於殺心欲其克難言其奔故仲尼書克不書奔如鄭伯之志爲文所以惡鄭伯也

遂寘姜氏于城潁。城潁鄭地○寘之豉反置也而誓之曰不及黃泉無相見也地中之泉故曰黃泉既而悔之潁。考叔爲潁。谷封人封人典封疆者○疆居良反

疏注封人典封疆者○正義曰周禮封人掌爲畿封而樹之鄭玄云畿上有封若今時界也天子封人職典封疆知諸侯封人亦然也傳言祭仲足爲祭封人宋高哀爲蕭封人論語有儀封人此言潁谷封人皆以地名封人蓋封人職典封疆居在邊邑潁谷儀祭皆是國之邊邑也

聞之有獻

於公公賜之食食舍肉公問之對曰小人有母皆嘗小人之食矣未嘗君之羹

請以遺之食。而不啜羹欲以發問也宋華元殺羊爲羹饗士蓋古賜賤官之常○舍音捨遺唯季反下同啜川悅反華戶化反疏注食而至之常○正義曰禮公食大夫及曲禮所記大夫士與客燕食皆有牲體殽胾非徒設羹而已此與華元饗士唯言有羹故疑是古賜賤官之常公曰爾有

母遺繄我獨無繄語助○繄烏兮反又烏帝反潁考叔曰敢問何謂也據武姜在設疑也公語之故且。

告之悔對曰君何患焉若闕地及泉隧而相見其誰曰不然隧若今延道○語魚據反闕其月反

隧音遂公從之公入而賦大隧之中其樂也融。融。賦賦詩也融融和樂也○樂音洛注及下同融羊弓反疏注賦賦至樂也○正義曰賦詩謂自作詩也中融外洩各自爲韻蓋所賦之詩有此辭傳略而言之也融融和樂洩洩舒散皆是樂之狀以意言之耳服虔云入言公出言姜明俱出入互相見姜出而賦大隧之外其樂也洩。洩。洩洩舒散也○洩羊世反遂爲母子如

初君子曰潁考叔純。孝也純猶篤也疏注純猶篤也○正義曰爾雅釋詁訓純爲大則純孝純臣者謂大孝大忠也此純猶篤者言孝之篤厚也愛其母施及莊公詩曰孝子不匱永錫爾類其是之謂乎不匱純孝也莊公雖失之於初孝心不忘考叔感而通之所謂永錫爾類詩人之作各以情言君子論之不以文害意故春秋傳引詩。不。皆。與今說詩者同。後。皆。倣此○施以豉反又式智反匱其位反疏詩曰至謂乎○正義曰詩毛傳及爾雅之訓匱竭永長錫予爾女也此詩大雅既醉之五章言孝子爲孝不有竭極之時故能以此孝道長賜予女之族類言行孝之至能延及旁人其是此事之謂乎族類者言俱有孝心則是其族類也○注不匱至倣此○正義曰潁考叔有純孝之行能錫莊

公莊公雖失之於初孝心不忘則與穎考叔同是孝之般類也今考叔能感而通之是謂永錫爾類也詩人之作各以情言君子論之不以文害意出孟子文也此云春秋傳引詩不皆與今說詩者同何以昭八年注云叔向時詩義如此所以不同者此是丘明作傳稱君子之言容可引詩斷章評論得失彼是叔向之語事近前代當時譏刺故云叔向時詩義如此也詩注意類謂子孫族類此傳。意以為事之般類也

○秋七月天王使宰咺來歸惠公仲子之賵緩且子氏未薨故名惠公葬在春秋前故曰緩也子氏仲子也薨在二年賵助喪之物

疏 天。王至故名○正義曰緩。賵。惠公生賵仲子事由於王非咺之過所以貶咺者天王至尊不可貶責貶王之使足見王非且緩賵惠公事是王過生賵仲子咺亦有愆使者受命不受辭欲令遭時設宜臨機制變王謂仲子已薨令咺并致其賵仲子尚存賵事須止宰咺知其未薨猶尚致賵是則不達時宜恥辱君命王則任非其人咺為辱命之使君臣一體好惡同之貶咺亦所以責王也文五年王使榮叔歸含且賵不。指所賵之。人此指言惠公仲子者彼成風未葬不言可知此則惠公已薨子氏未薨若不言其人則不知為誰來賵文九年秦人來歸僖公成風之襚亦為年月已遠故指其所襚與此同也季文子求遭喪之禮以行亦豫凶事不貶者宰咺無喪致賵文子乃量時制宜備豫不虞古之善教與此不同

天子七月而葬同軌畢至言同軌以別四夷之國○別彼列反諸侯五月同盟至。同在方嶽之盟大夫三月同位至古者行役不踰時士踰月外姻至踰月度月也姻猶親也此言赴弔各以遠近為差因為葬節

疏 天子至姻至○正義曰天子諸侯大夫士位既不同禮亦異數赴弔遠近各有等差因其弔荅以為葬節且位高則禮大爵卑則事小大禮踰時乃備小事累月即成聖王制為常規示民軌法欲使各脩其典無敢忒差資父事君生民之所極哀死送終臣子之所盡是以未及期而葬謂之不懷過期而葬謂之緩慢春秋從實而錄以示是非天子七月諸侯五月者死月葬月皆通數之也文八年八月天

王崩九年二月葬襄王是天子之七月也成十八年八月公薨于路寢十二月葬我君成公是諸侯之五月也宣八年傳云禮卜葬先遠日辟不懷也是卜遠日不吉乃卜近日辟不思親之嫌也則未及期而葬者不思其親理在可見故傳皆不言其事唯過期乃葬者傳言緩以示譏耳桓王以桓十五年崩莊三年乃葬積七年也僖公以其三十三年十一月薨文元年四月乃葬薨葬中有閏積七月也二者並過於期故傳皆言緩以譏之也衞桓公以隱四年三月爲州吁所弒五年四月乃葬積十四月也莊公以其三十二年八月薨閔元年六月乃葬積十一月也二者雖亦過期而國有事難故傳皆言亂故是以緩原其非慢不以責臣子也然則諸侯五月而葬自是正法得禮可知不假發傳而葬成公之下傳特云書順者釋例曰魯君薨葬多不順制唯成公薨于路寢五月而葬國家安靜世適承嗣故傳見莊之緩舉成書順以包之然則特發此傳欲以包羣公之得失於莊見亂故而緩於僖見無故而緩於成見順禮傳發三者則其餘皆可知也士踰月者通死月亦三月也襄十五年十一月晉侯周卒十六年正月葬晉悼公杜云踰月而葬速是踰月亦三月也此注云踰月度月者言從死月至葬月其間度一月也士與大夫不異而別設文者以大夫與士名位既異因其名異示爲等差故變其文耳其實月數同也同軌同盟至者謂遣使來至非諸侯身至釋例曰萬國之數至衆封疆之守至重故天王之喪諸侯不得越竟而奔脩服於其國卿共弔葬之禮魯侯無故而穆伯如周弔此天子崩諸侯遣卿共弔葬之經傳也是言禮天子之喪諸侯不親奔也其諸侯相弔則昭三十年傳云先王之制諸侯之喪士弔大夫送葬是正禮也同位至待其使還也外姻至親戚畢集也於天子言畢至以下不言畢者天子貴在尊極海内爲家天下聞喪無敢不至故言畢也諸侯同盟或來或否大夫出使本奉君命雖或聞喪未必盡來故不言畢也此亦例而不言凡者序已解訖何休膏肓以爲禮士三月葬今云踰月左氏爲短鄭康成云人君殯數來日葬數往月大夫殯葬皆數來日來月士殯葬皆數往日往月士之三月大夫之踰月也鄭之此言天子諸侯葬數往月於左氏無害云大夫葬數來月恐非杜旨蘇寬之意以

古禮大夫以上殯葬皆數來日來月士殯葬數往日往月空云故禮事無所出不可依用也劉炫云此亦例不言凡者諸所發凡皆爲經張例此舉葬之大期以譏宰咺之緩非是爲葬發例故不言凡也○注言同至之國○正義曰鄭玄服虔皆以軌爲車轍也王者馭天下必令車同軌書同文同軌畢至謂海內皆至也四夷異俗不可同其文軌天子之喪不能以時赴弔故言同軌以別四夷之國也周禮巾車木路以封蕃國蕃國卽四夷也既受王命車亦應同軌而言別四夷者四夷來朝天子天子賜之車服行於中國自然同軌其在本國軌必不同若以巾車之文卽言與華夏同軌豈亦能同文也○注同在方嶽之盟○正義曰周禮司盟凡邦國有疑會同則掌其盟約之載然則天子之合諸侯有使諸侯共盟之禮也王合諸侯唯有巡守其非巡守則有事而會會之多少唯王所命不得有同盟常禮禮之同盟唯方嶽耳故左氏舊說十二年三考黜陟幽明既分天子展義巡守柴望既畢諸侯遂朝退相與盟同好惡獎王室是其當方諸侯同有方嶽之盟同盟情親吉凶相告故遣使會葬也○注古者至踰時○正義曰同位謂同爲大夫共在列位者待其來至三月待之故知古者於法行役不踰時也隱五年穀梁傳曰伐不踰時明行役聘問亦不踰時也

贈死不及尸

尸未葬之通稱○稱尺證反

疏

注尸未葬之通稱○正義曰曲禮下云在牀曰尸在棺曰柩是其相對言耳今以既葬乃來而云不及尸知尸是未葬之通稱也葬則尸不復見未葬猶及見之故以葬爲限也釋例曰喪贈之幣車馬曰賵貨財曰賻衣服曰襚珠玉曰含然而揔謂之贈故傳曰贈死不及尸也然則此文雖爲賵發其實賵賻含襚揔名爲贈但及未葬皆無所譏也襚以衣尸含以實口大斂之後無所用之既殯之後猶致之者示有恩好不以充用也今讀曰雜記弔含襚賵臨之等未葬則葦席既葬則蒲席是葬後得行此言緩者禮記後人雜錄不可與傳同言也或可初葬之後則可久則不許

弔生不及哀

諸侯已上既葬則縗麻除無哭位諒闇終喪○上時掌反縗七雷反諒音亮又音良闇如字

疏

注諸侯至終喪○正義曰昭十五年傳稱穆后崩王既葬除喪叔向曰三年之喪雖貴遂服禮也杜

云天子諸侯除喪當在卒哭今王既葬而除故譏其不遂也案僖三十三年傳云卒哭而。祔杜云既葬反虞則免喪故曰卒哭哭止也如杜此言則卒哭與葬相去非遠同在一月儀禮士三虞則天子諸侯皆同於此必知然者以卒哭是葬之餘事共在一月之中故杜云既葬則衰麻除或云既葬卒哭衰麻除以其相近故也若據雜記云諸侯五月而葬七月而卒哭中間既賒或有國事稱號云何是知葬與卒哭相連間無事也然雜記云諸侯五月而葬七月而卒哭者案釋例曰禮記後人所作不與春秋同是杜所不用也既葬除喪唯杜有此說正以春秋之例皆既葬成君明葬是人君之大節也昭十二年傳曰齊侯衞侯鄭伯如晉晉侯享諸侯子産相鄭伯辭於享請免喪而後聽命晉人許之禮也於時鄭有簡公之喪未葬故請免喪其下傳又云六月葬鄭簡公丘明作傳未嘗虛舉經文而虛言此葬得非終前免喪之言也以此知諸侯既葬則免喪服既除則無哭位諸侯既然知天子亦爾尚書高宗亮陰三年不言論語云何必高宗古之人皆然是天子諸侯除喪皆諒陰終喪也晉書杜預傳云。大始十年元皇后崩依漢魏舊制既葬帝及羣臣皆除服疑皇太子亦應除否詔諸尚書會僕射盧欽論之唯預以爲古者天子諸侯三年之喪始服齊斬既葬除喪服諒闇以居心喪終制不與士庶同禮於是盧欽魏舒問預證據預曰春秋晉侯享諸侯子産相鄭伯時簡公未葬請免喪以聽命君子謂之得禮宰咺歸惠公仲子之賵傳曰弔生不及哀此皆既葬除服諒闇之證也書傳之說既多學者未之思耳喪服諸侯爲天子亦斬衰豈可謂終服三年也預又作議曰周景王有后世子之喪既葬除喪而宴樂晉叔向譏之曰三年之喪雖貴遂服禮也王雖不遂宴樂以早此亦天子喪事見於古也稱高宗不言喪服三年而云亮陰三年此釋服心喪之文也譏景王不譏其除喪而譏其宴樂早則既葬應除而違諒闇之節也堯喪舜諒闇三年故稱遏密八音由此言之天子居喪齊斬之制菲杖絰帶當遂其服既葬而除諒闇以終之三年無改於父之道故曰百官總己以聽冢宰喪服既除故更稱不言之美明不復寢苫枕。塊以荒大政也禮記云三年之喪自天子達又云父母之喪無貴賤一也又云端衰喪車皆無等此通謂天子居喪衣服之制同於凡人心喪之禮終於三年亦無服喪三年之文天子之位至尊萬幾之政至大羣臣之衆至廣不得同之於凡人故大行既葬祔祭於廟則因疏而除之已不除則羣臣莫敢除故屈己以除之而諒闇以終制天下之人皆曰我王之仁也屈己以從宜皆曰我王之孝也既除而心喪我王猶若此之篤也凡我臣子亦安得不自勉以崇禮此乃聖制移風易俗之本也議奏皇大子遂除衰麻而諒闇終喪於時內外卒聞預議多怪惑者乃謂其違禮以合時預謂鄉人。段暢曰茲事體大本欲宣明古典知未合於當今也宜博采典籍爲之證據。全大。分明足以垂示將來暢遂敷通危疑以弘指趣其論具存焉杜議引尚書傳云亮信也陰默也爲聽於冢宰信默而不言鄭玄以諒闇爲凶廬杜所不用

豫。凶事非禮也仲子在而來贈故曰豫凶事

○八月紀人伐夷夷不告故不書夷國在城陽莊武縣紀國在東莞劇縣隱十一年傳例曰凡諸侯有命告則書不然則否史不書於策故夫子亦不書于經傳見其事以明春秋例也他皆。倣此○莞音官見賢遍反下三見同

疏紀人伐夷○正義曰世族譜紀姜姓侯爵莊四年齊滅之世本夷妘姓傳無其人不知爲誰所滅釋例土地名夷國在城陽莊武縣莊十六年晉武公伐夷執夷詭諸杜云詭諸周大夫夷采地名釋例土地名注爲闕則二夷別也世族譜於夷詭諸之下注云妘姓更無夷國則以二夷爲一計莊武之縣遠在東垂不得爲周大夫之采邑而晉取其地是譜誤也

有蜚不爲災亦不書又蜚負。蠜也莊。二十九年傳例曰凡物不爲災不書於此發之者明傳之所據非唯史策兼采簡牘之記他皆倣此○蜚扶味反蠜音煩又音盤

疏注蜚負至倣此○正義曰釋蟲云蜚蠦蜰舍人李巡皆云蜚蠦一名蜰郭璞云蜚卽負盤臭蟲洪範五行傳云蜚負蠜夷狄之物越之所生其爲蟲臭惡南方淫女氣之所生也本草曰蜚厲蟲也然則蜚是臭惡之蟲害人之物故或爲災或不爲災也經傳皆云有蜚則此蟲直名蜚耳不名蜚蠦爾雅所釋當言蜚一名蠦蜰說爾雅者言蜚蠦一名蜰非也此蟲一名負盤漢書及此注多作負蠜者釋蟲云草螽負蠜彼則

歲時常有非灾蟲也蓋相涉誤爲鑾耳又明下有成例此不合書而傳發之者明傳之所據非獨正史之策亦兼采簡牘所有故傳據而言之案上傳紀人伐
夷注云傳見其事以明春秋例則此有蜚亦明春秋例此云傳之所據非唯史策兼采簡牘則上紀人伐夷亦是兼采簡牘但紀人伐夷他國不告故以明例
解之蜚是魯國之有故以兼采簡牘言之其實二注互以相通他。如此。類
惠公之季年敗宋師于黃黃宋邑陳留外黃縣東有黃城
○敗必邁反敗他也後倣此
公立而求成焉九月及宋人盟于宿始通也經無義例故傳直言其歸。宿而已他皆倣此
○冬十月庚申改葬惠公公弗臨故不書以桓爲大子故隱公讓而不敢爲喪主隱攝君政故據隱而不言
惠公之薨也有宋師太子少葬故有闕是以改葬○少詩照反

疏有宋至改葬○正義曰上云惠公之季年敗宋師于黃公立而求成焉則隱公未立之前惠公敗宋師也今云惠公之薨也有宋師蓋是報黃之敗來伐魯也隱公將兵禦宋委葬事于太子故有闕也服虔以爲宋師卽黃之師也是時宋來伐。隱公自與戰然則隱自敗宋還自求成傳何當屬敗於惠公而。猶言公立也且薨之與葬相去既遠豈有宋師薨時已來。成。而。後去

○衛侯來會葬不見公亦不書諸侯會葬非禮也不得接公成禮故不書於策他皆倣此衛國在汲郡朝歌縣○朝如字

疏衛侯來會葬○正義曰衛國侯爵譜云姬姓文王子康叔封之後也周公既誅祿父以其地封康叔爲衛侯居殷虛今朝歌是也狄滅衛文公居楚丘成公徙帝丘今東郡濮陽是也桓公十三年魯隱公之元年也出公輒十二年獲麟之歲也悼公二年春秋之傳終矣悼公二年卒自悼以下十一世二百五十五年而秦滅衛也衛世家桓公康叔十一世孫尚書顧命稱康叔爲衛侯則初封侯爵也世家康叔子則稱伯至頃侯復爲侯故今桓公爲侯爵○注諸侯至倣此○正義曰昭三十年傳云先王之制諸侯之喪士弔大夫送葬昭三年傳稱文襄之霸君薨大夫弔卿共葬事皆不言諸侯親會葬是諸

侯會葬非禮也不得接公成禮故不書此云不見公不書介葛盧亦不見公而書者此則公在國而不與衛侯相見故不書彼則公身在會國人賓禮之又欲見其一年再來故書之也○鄭共叔之亂公孫滑出奔衛。公孫滑共叔段之子滑于八反又乎八反○衛人為之伐鄭取廩延。鄭人以王師虢師伐衛南鄙虢西虢國也弘農陝縣東南有虢城○為于偽反陝失冉反依字作陝請師於邾邾子使私於公子豫公子豫魯大夫私請師○豫音預豫請往公弗許遂行及邾人鄭人盟于翼翼邾地不書非公命也○新作南門不書亦非公命也非公命不書三見者皆與作大事各舉以備文○十二月祭伯來非王命也○眾父卒眾父公子益師字○眾音終公不與小斂故不書日禮卿佐之喪小斂大斂君皆親臨之崇恩厚也始死情之所篤禮之所崇故以小斂為文至於但臨大斂及不臨。喪亦同不書日○與音預斂力驗反注皆同疏注禮卿至書日○正義曰喪大記君臨臣喪之禮云君於大夫大斂焉為之賜則小斂焉卿是大夫之尊者也明小斂大斂君皆親之所以崇恩厚也小斂大斂皆應親之獨以小斂為文故知始死情之所篤故也賈逵云不與大斂則不書卒然則在殯又不往者復欲何以裁之。經傳無其事不宜妄說故杜以為但臨大斂及不臨其喪亦同不書日也

經二年春公會戎于潛戎狄夷蠻皆氏羌之別種也戎而書會者順其俗以為禮皆謂居中國若。戎子駒支者陳留濟陽縣東南有戎城潛魯地○氏都兮反羌卻良反種章勇反駒音拘濟子禮反水名凡地名皆同疏注戎狄至魯地○正義曰曲禮云東夷西戎南蠻北狄然則四者是九州之外別名也詩商頌曰自彼氏羌氏羌西戎之國名也杜欲明其在遠無以相形故云氏羌之別種謂是相類之物耳非謂四者是羌內之別也其實氏

羌乃是戎内之别耳戎子駒支云我諸戎飲食衣服不與華同贄幣不通言語不達計應不堪會盟故解云言順其俗以爲禮也沈氏云會據公往戎爲主人故得隨彼人之俗以爲會禮朝據戎來魯爲主人戎不能從主人之俗故朝禮不成戎是西方之夷必不遠來會魯故知謂居中國若戎子駒支者也駒支事見襄十四年

〇夏五月莒人入向向小國也譙國龍亢縣東南有向城莒國今城陽莒縣也將卑師少稱人弗地曰入例在襄十三年〇向舒亮反譙在遙反亢音剛又苦浪反將子匠反

【疏】莒人入向〇正義曰世本莒。己姓向姜姓此傳云莒人入向以姜氏還文八年傳稱穆伯奔莒。須己氏是莒己向姜見於傳也譜云莒嬴姓少昊之後周武王封茲。與於莒初都計後徙莒今城陽莒縣是也世本自紀公以下爲己姓不知誰賜之姓者十一世茲丕公方見春秋共公以下微弱不復見四世楚滅之向則唯此見經不能知其終始〇注向小至三年〇正義曰將卑師少稱人者周禮萬二千五百人爲軍二千五百人爲師五百人爲旅用兵多少其數無常重其舉大事動大衆滿師則書之不滿則不書輕其人衆少故經皆不書旅也師者衆也雖復五軍三軍悉皆以師爲名取其衆義故經亦不書軍也釋例曰春秋不書軍旅壹皆曰師從衆辭是其義也經之大例君自將者言君不言師卿將者滿師則師將並書不滿則空舉將名大夫將者滿師則稱師不滿則稱人所以然者定四年傳曰君行師從卿行旅從則君行必有師卿行必有旅文雖不見以理足可明君將不言帥師卿將不言帥旅以其可知故也卿行不合師從今乃帥領一師若不言師則師文不見卿尊自合書。各師文又須別見故師將並舉言某帥師也其師少者卿自須見唯舉將名不云帥旅言衆少不足錄也大夫爵一位卑下名氏不合見經但所帥滿師師將自須見故言師不言將也若不滿師者一旅之衆則例所不書大夫位卑又名不當見則空舉其將謂之爲人人卽大夫身也其將尊師少及將卑師衆若其序列則將卑師衆者在上襄二年晉師宋師衞甯殖侵鄭是也隱五年公羊傳曰曷爲或言率師或不言率師將尊師衆稱某率師將尊師少稱將將卑師衆稱師將卑師少稱人君將不言率師書其重者也釋例曰大夫將滿師稱師不滿稱人而已卿將滿師則兩書不滿則直書名氏君將不言帥師卿將不言帥旅此史策記注之常此用公羊爲說也劉炫云盟會例卿則書名氏非卿則書人人當名氏之處。由。是將卑師少則書人亦與盟會同

○**無。駭帥師入極**無駭魯卿極附庸小國無駭不書氏未賜族賜族例在八年○駭戶楷反

疏注無駭至八年○正義曰春秋之例卿乃見經今名書於經傳言司空故知無駭是魯卿諸名書於經皆是卿也故於此一注以下不復言之又王制云上大夫卿則卿亦大夫也故注多以大夫言卿下注云裂繻紀大夫如此之類皆是卿也其。名見於傳而注云大夫者則其爵眞大夫也穀梁以極爲國杜云附庸者沈云以費伯帥師城郎因得勝極則極是竟內故云附庸凡卿出使必具其名氏以尊君命。今不書氏故解云未賜族無族可稱故也賈云極戎邑也極爲戎邑傳無文焉戎之於魯本無怨惡言脩惠公之好則是求與魯親公未信戎心故辭其盟耳秋即與盟復脩戎好若已共戎會故不與盟旋令師入其都然後結好其爲惡行亦不是過讓位賢君固應不爾良史直筆焉得無譏傳乃本其勝之所由而歸功於費伯也

○**秋八月庚辰公及戎盟于唐**高平方。與縣。北有武唐亭八月無庚辰庚辰七月九日也日月必有誤○方音房與音預

疏注高平至有誤○正義曰杜勘檢經傳上下月日制爲長曆此年八月壬寅朔其月三日甲辰十五日丙辰二十七日戊辰其月無庚辰也七月壬申朔則九日有庚辰杜觀上下若月不容誤則指言日誤若日不容誤則指言月誤此則上有秋下有九月則日月俱得有誤故云日月必有誤也

○**九月紀裂繻來逆女**裂繻紀大夫傳曰卿爲君逆也以別卿自逆也逆女或稱使或不稱使昏禮不稱主人史各隨其實而書非例也他。皆倣此○裂音列繻音須爲于僞反下爲魯同別彼列反

疏注裂繻至倣此○正義曰此書逆女傳曰卿爲君逆也宣五年齊高固來逆叔姬傳曰書曰叔姬卿自逆也是爲君逆則稱女自逆則書字故云以別卿自逆也釋例曰天子娶則稱逆王后卿爲君逆則稱逆女其自爲逆則稱所逆之字尊卑之別也此不言紀侯使裂繻而成八

年經書宋公使公孫壽來納幣俱是昏禮而立文不同故解之也言昏禮不稱主人者主人謂壻也爲有廉恥之心不欲。自言娶婦故卿爲君昏。行者必稟君母之命婦人之命不得通於鄰國若言卿輒自來非君所命故裂繻不言使也其無母者臣無所稟不得不稱君命故公孫壽言宋公使也史皆隨其實事而書之非褒貶之例也公羊傳曰何以不稱使昏禮不稱主人然則曷稱稱諸父兄師友宋公使公孫壽來納幣則其稱主人何辭窮也辭窮者何無母也然則紀有母乎曰有有則何以不稱母母不通也是婦人之言不通外國故不言君使亦不言母命作自來之文也公羊言無母者稱父兄師友宋公不稱父兄者諸侯臣其父兄故不得稱也昏禮記曰宗子無父母命之親皆沒己躬命之以宗子之尊尚不稱父兄況諸侯也其稱父兄師友謂大夫以下非宗子者耳昏禮記。所云支子則稱其宗。弟。稱其兄是也

○冬十月伯姬歸于紀無傳伯姬魯女裂繻所逆者

○紀子帛莒子盟于密子帛裂繻字也莒魯有怨紀侯既昏于魯使大夫盟莒以和解之子帛爲魯結好息民故傳曰魯故也比之內大夫而在莒子上稱字以嘉之也字例在閔元年密莒邑城陽淳于縣東北有密鄉○帛音白解如字又戶買反好呼報反

【疏】注子帛至密鄉○正義曰杜云比之內大夫而在莒子上者案諸經文魯大夫出會他國皆先書魯大夫下卽云及某人今子帛之下不云及者不可全同魯大夫故也

○十有二月乙卯夫人子氏薨無傳桓未爲君仲子不應稱夫人隱讓桓以爲大子成其母喪以赴諸侯故經於此稱夫人也不反哭故不書葬例在三年

【疏】注桓未至三年○正義曰妾子爲君其母成爲夫人敬嬴齊歸是也仲子實妾桓未爲君故仲子不應稱夫人也今稱夫人薨是隱成之讓桓爲大子成其母喪傳例曰不赴則不曰薨故知稱薨是赴於諸侯故經於此稱夫人也五年考仲子之宮公羊傳曰桓未君則曷爲祭仲子隱爲桓立故爲桓祭其母也然則何言爾成公意也是言隱公成仲子爲夫人也

○鄭人伐衛凡師有。鐘鼓曰伐例在莊二十九年

傳二年春公會戎于潛脩惠公之好也戎請盟公辭許其脩好而不許其盟禦夷狄者不壹而足○好呼報反注及下同【疏】注許其至而足○正義曰戎貪而無信盟或背之公未得戎意恐好不久成故不許其盟也禦夷狄者不壹而足文九年公羊傳文言制禦夷狄當以漸教之不一度而即使足也○莒子娶于向向姜不安莒而歸夏莒人入向以姜氏還傳言失昏姻之義凡得失小故經無異文而傳備其事案文則是非足以爲戒。他皆倣此○還音旋後皆同○司空無駭入極費庈父勝之魯司徒司馬司空皆卿也庈父費伯也前年城郎今因得以勝極故傳於前年發之○庈音琴○戎請盟秋盟于唐復脩戎好也○復扶又反○九月紀裂繻來逆女卿爲君逆也○爲于僞反○冬紀子帛莒子盟于密魯故也○鄭人伐衛討公孫滑之亂也。治元年取廩延之亂

附釋音春秋左傳注疏卷第二

春秋左傳注疏卷二校勘記　阮元撰盧宣旬摘錄

附釋音春秋左傳注疏卷第二　隱元年盡二年宋本春秋正義卷第二

杜氏注　孔頴達疏　按頴當作穎達當作逹此六字在第二行杜氏上空四字疏字下空三字每卷標題同石經作杜氏盡十一年六字在第二行纂圖本在第三行淳熙本在第四行款式卷數與釋文合岳本氏下增注字在第三行

春秋經傳集解隱第一　此九字在第三行閩本監本毛本在第四行低一格石經淳熙本岳本纂圖本第上有公字與釋文合在第一行案正義當有公字石經此行八分後卷同纂圖本春秋上增監本纂圖四字後卷同宋本正義春秋經傳集解六字爲一條隱公第一四字跳行頂格爲一條杜氏二字爲一條不跳行亦與釋文石經合也

故題無常準　宋本毛本準作準案五經文字云從水傍隹字按閩監毛三本自此節至經元年以前正義低二格以後低一格失宋板舊式矣

傳釋經意　宋本監本毛本傳作博是也○今依訂正

隱公魯君侯爵　宋本無隱公二小字上有隱公第一四大字大陰文疏字及正義曰三小字下接魯君侯爵云云

伯禽至隱公凡十三君　宋本凡下有一字

惠公弗皇子　史記十二諸侯年表作弗王魯周公世家作弗湟盧文弨校本改作湟按文十六年釋文引魯世家作皇疏引同盧本不

改史記律曆志亦作皇

漢御史大夫杜延年之後 按此十字乃裴松之注引傅子非陳壽魏志原文

封樂亭侯 案魏志封下有豐字

謚戴侯也 浦鏜正誤也改作子是也

當稱德者非所企及 閩本監本毛本當作嘗盧文弨校改作常字按明末避諱多改常爲嘗

又參考衆家爲之釋例 浦鏜正誤據魏志注爲改作謂非也

〔傳〕

惠公元妃孟子 石經宋本淳熙本岳本妃作妃釋文亦作妃五經文字云從戊己之己此本作妃誤後準石經

明始適夫人也 釋文適本又作嫡案適與嫡字通此本注文雙行細字宋本同閩本始以注文改爲單行加注字於上非復宋本舊式監本毛本同

傳惠公元妃孟子 宋本無傳字以下正義七節揔入是以隱公立而奉之注下

一元之字 浦鏜正誤疑作元之一字或之字衍

故杜注文十五年 監本毛本文作云非

孟伯之字浦鏜云字當作氏

無謚先夫死不得從夫謚宋本岳本毛本謚作諡非也

魯之夫人毛本夫人作大夫誤

公卒故特解之宋本公作言閩本監本毛本作先公卒故毛本作此非

不赴則不稱薨毛本薨作公非

注聲謚至繼室各本室下有〇宋本凡標起訖處上下並空一字

亦有姪娣監本毛本亦作又

猶不得稱夫人各本作稱此本誤倢今訂正

仲子生而有文在其手陳樹華云王充論衡雷虛篇紀妖篇竝作文在其掌唯自然篇仍作手

其友及夫人閩本監本毛本友誤文

皆諸謀於桓然則桓公已成人也浦鏜正誤然作公

桓已成人宋本已作以案已以古多通用

故氏聲孟聲各本作曰是也杜氏釋例同

隱公繼室之子當嗣世 毛本世誤是
是以立爲太子 宋本岳本毛本太作大是也釋文云舊太字皆作大後放此說詳釋文校勘記
其父愛之 宋本愛作嬖是也
但爲桓年少 宋本年作尙
凡稱傳者皆是爲經 陳樹華云經下當有張本二字
霍伯臼季等卒 監本臼作白
仍可以稱大子也 監本毛本脫可字
〔經元年〕
爲周室之臣民 毛本爲誤謂
徧視二代 浦鏜正誤視改作祖按此用周監二代之意監視也
尊王國而慢時主 閩本監本毛本亡誤二
此下二月有會盟之事 考文云二作三與宋本合
以繼臣子之心 浦鏜繼疑繫

雖非年初 武進臧禮堂據定元年疏引釋例改非作則

公卽位喪在外 毛本作喪在外公卽位非也

自是史官記事之體 毛本記作紀

故年稱元年 宋本下年字作也

杖大義 監本毛本杖作仗按仗俗杖字

黃帝坐於扆閣鳳皇銜書致帝前 宋本於作至下有元字銜字作銜毛本致字

何休又云 毛本又誤亦

正竟內之治 閩本監本毛本竟作境按境俗竟字

王者不奉天以制號令 閩本監本毛本同○補十行本初刻承後改作奉

則元者王之元年 毛本作王者誤

卽以託王於魯史之改元 浦鏜云史疑作使

何休言 閩本監本毛本言作云

三月公及邾儀父盟于蔑 陳樹華云漢書鄒陽傳引作義父師古曰義讀爲儀元和惠棟春秋左傳補注云蔑本姑蔑定十二年傳

費人北國人追之敗諸姑蔑是也隱公名息姑而當時史官爲之諱

能自通于大國 宋本于作於

蔑姑蔑魯地魯國 監本毛本作魯國魯地非也

卞縣南有姑城 釋文卞或作弁按卞俗弁字杜氏釋例土地名姑下有蔑字史記孔子世家正義引杜注亦作姑蔑城

自安至儀父十二世 各本作安釋例作佚

齊桓行霸 各本同釋例行霸作公伯

諸侯俱受王命 毛本受誤有

曰邦國有疑 宋本曰作凡與周禮合

及其禮儀 閩本監本毛本儀作義

乃加方明于壇而祀之 毛本祀誤視

知者故柯之盟 浦鏜正誤故作於

故襄二十六年傳云歃用牲 宋本歃作歃不誤

定八年涉佗捘衛侯之手及捥 閩本監本毛本捥誤椀

以奉流血而同歃　釋例奉作承

附庸者以國附於大國　宋本以國下有事字

夏五月鄭伯克段于鄢　陳樹華引趙匡集傳云鄢當作鄔鄭地也史記正義作鄢云舊作鄔漢書地理志作傿按舊作鄔是也昭二十八年釋文云在周者烏戸反隱十一年王取鄔劉在鄭者音偃成十六年戰于鄢陵此鄭地當從鄢國語鄭語史伯曰鄢弊補丹依䩾歷華君之土也

言段強大儁傑　宋本淳熙本纂圖本閩本監本毛本作大雋下同陳樹華云莊十一年傳得儁曰克已作儁字不必定作雋也

鄭在滎陽宛陵縣西南　釋文云滎本或作榮非案滎陽滎澤字古無從水者陸氏音義全書皆作滎是也

鄭今頴川鄢陵縣　宋本淳熙本岳本纂圖本足利本鄭作鄢是也○今訂正

方遷其民於虢鄶　宋本閩本監本毛本方作友宋本遷作徙釋例同○補十行本初刻方後改作友

自聲以下　宋本聲下有公字釋例同

兄而害弟者稱弟以章兄罪　案釋例作兄害弟者則稱弟以彰兄罪浦鏜正誤者作則非

存弟則示兄曲也　襄廿七年引作書弟非也

地理志河南郡有宛陵新鄭　宋本有下有宛陵縣又有新鄭縣於漢則十一字按漢志宛作苑

去邠居岐　釋例居作至

幽王爲犬戎所役各本役作殺是此本修板不誤監本毛本犬作大非也

元年九年春秋之傳終矣釋例作十年

蓋用四馬也毛本蓋作故非

亦序於列其經舉國名以爲盟地者閩本監本毛本列其作其列按列字句絶

故言諸侯爲王卿士也毛本士誤是

然則大夫有爵不可舍爵而書字閩本監本毛本字作氏非

獨記日以見義者宋本岳本纂圖本足利本記作託釋例同

喪則親與小斂大斂釋例喪作死與作其

即以新死小斂爲文釋例以作親

而備書於經者閩本監本毛本經誤終

〔傳元年〕

不書即位攝也宋本不上有傳字

而隱終有推國授桓之心閩本監本毛本推作讓

顏氏說以爲魯十二公宋本顏作頴案頴容之頴後漢書亦作頴王應麟姓氏急就篇同不得因廣韻頴水字下不言姓而疑之也

劉賈頴爲傳文生例閩本監本毛本頴誤顧

且公羊以爲諸侯無攝浦鏜正誤公羊作何休

其後儀父服事齊桓以獎王室毛本桓誤侯獎宋本淳熙本岳本作獘釋文亦作獘字按說文作獎从犬各書或从大或从廾

注王未至克卒宋本此節正義在公攝位節注下

不可據列會以否以明有爵也閩本監本毛本以改與按唐人正義多作以否

非公命也纂圖本閩本監本毛本公誤君

君舉必書淳熙本必作筆非也

他皆倣此岳本倣作放釋文同

初鄭武公娶于申曰武姜毛本于作於非

初鄭武公娶于申曰武姜宋本作初鄭至武姜以下正義廿節在其是之謂乎注下

杜以爲凡倒本其事者宋本毛本倒作例

注申國今南陽宛縣宋本作申國至宛縣

其後中絶閩本監本毛本中誤申

注段出奔共故曰共叔猶晉侯至之鄂侯宋本作注段出至鄂侯

非有共德可稱閩本監本毛本共作其誤

餬口四方閩本監本毛本餬作糊非

莊公寤生驚姜氏故名曰寤生遂惡之宋本作莊公至惡之

虢叔死焉石經凡從虎字皆闕筆避唐太祖諱故虢作虢

佗邑唯命石經宋本岳本足利本佗作他

故開以佗邑宋本岳本佗作他

史伯爲桓公詐謀云宋本監本毛本詐作設

鄶仲恃險監本毛本鄶誤鄫

云虢叔封西浦鏜正誤據僖五年正義上增賈逵二字是也

傳云號仲譖其大夫謂叔之子孫字曰仲也 閩本監本毛本譖誤謂謂誤譖

都城過百雉 水經注濟水篇引作京城過百雉仁和趙一清云此句祭仲泛言先王建侯之制故曰都城酈道元刪去今京不度句直改都城爲京城也

其實是大夫以否 閩本監本毛本以作與

三堵爲雉一雉之牆 毛本雉誤堆

又云或者天子之城方十二里 閩本監本毛本又誤文

論語注以爲公大都之城方三里 浦鏜正誤三作九

俱是正文 各本作文此誤丈今訂正

中都方一里又二百四十步 閩本監本毛本一誤二元和李銳云王城方九里中都合五分取一置九里以五除之得一里又五分里之四又以里法三百步乘之四得一千二百步復以五除之得二百四十步故曰中都方一里又二百四十步也

長一百八雉也 浦鏜正誤云八上脫六十二字

必自斃 釋文斃本又作獘字按說文作獘从犬諸書改从大从廾而又別造斃字訓死

無生民心 石經凡民字皆闕筆作𫝀避唐太宗諱

不義不暱考工記凡昵之類不能方注鄭司農云故書昵或爲樴杜子春云樴讀爲不義不昵之昵或爲䵒李善文選注四十一引傳文暱亦作昵按昵暱之或字說文䵒字注引作不義不䵒或从刃作䵒唐元度亦云䵒字見春秋傳日聲刃聲尼聲匿聲皆雙聲也

高大而壞謂之崩監本壞誤壤

服虔以聚爲聚禾黍也監本毛本脫爲聚二字

如是二君宋本監本毛本是作似

夫子始然宋本監本毛本然作改

以害其弟各本作害此本誤言今訂正

足得誅之閩本監本毛本足作君非

遂寘姜氏于城潁石經潁字初刻作穎改刻作潁後潁考叔潁谷並同

潁考叔案水經潁水注云陽乾山之潁谷潁考叔爲其封人然則潁當从水明矣併潁考叔者猶言儀封人也而廣韻於從禾之穎下云又姓左傳穎考叔似未安

食而不啜羹宋本而作至

且告之悔顧炎武云石經且誤具按石經此處闕炎武所據王堯惠刻也

其樂也融融惠棟補注融古文作彤文選張衡思元賦注引作其樂也彤彤云融融與彤古字通案後漢書馬融傳豐彤對蔚豐彤猶豐融也

其樂也洩洩案洩洩當作泄泄考文提要作泄泄石經避太宗諱改宋以後本皆仍唐刻

穎考叔純孝也石經凡純字闕筆作紅避憲宗諱

不皆與今說詩者同岳本作皆不誤倒

後皆做此宋本淳熙本岳本足利本後作他做宋本岳本作放字正義同按作放爲古做乃俗字他倒此

此傳意以爲事之般類也毛本意作義非

天王至故名宋本以下正義七節摠入非禮也注下

緩賵惠公監本毛本脫賵惠二字

不指所賵之人毛本指誤知人誤言

同在方嶽之盟毛本嶽誤軌

奬王室閩本監本毛本奬作獎

今讚曰閩本監本毛本並作合讚按今讚正義屢引之浦鏜正誤改作令蓋皆非是襄傳元年正義讚作贊

既葬則縗麻除諸本作縗釋文作衰

卒哭而祔閩本監本毛本祔誤袝

大始十年按大當作泰

明不復寢苫枕凷閩本監本毛本凷作塊按凷古塊字

預謂鄉人段暢曰按晉書禮志作殷暢

全大分明按晉書禮志作令大義著明

豫凶事非禮也石經豫作豫避唐代宗諱毛本改作預非也

夷國在城陽莊武縣齊召南云城陽有壯武無莊武漢封宋昌晉封張華皆以壯武各本誤作莊

他皆倣此宋本岳本倣作放

蜚負蠜也即負蠜也釋文蠜音煩又音盤爾雅釋蟲蜚蠦蜰郭注云蜚即負盤按負盤

莊二十九年閩本二誤三

亦明春秋例毛本明誤名

他如此類毛本誤作他類如此

故傳直言其歸宿而已宋本淳熙本岳本足利本宿作趣按作趣與杜序合

是時宋來伐隱 宋本作伐魯是也

而猶言公立也 宋本監本毛本猶作別

豈有宋師薨時已來成而後去 宋本成而後作葬時未是也監本毛本未亦誤後

公孫滑出奔衛 石經無出字

取廩延 毛本取誤請

及不臨喪 宋本岳本纂圖本足利本臨下有其字

經傳無其事 宋本經作且

〔經二年〕宋本春秋正義卷第三

若戎子駒支者 毛本戎誤王

莒己姓 毛本己誤紀字按人己之己與已止之已唐石經以及宋槧元刻之書皆分別不誤明時刊本往往互譌

須己氏 宋本閩本監本毛本須作從是也

周武王封茲與於莒 宋本與作輿

鄉尊自合書名 宋本毛本各作名

由是將卑師少 浦鏜正誤由是疑猶似案由與猶古多通用

無駭帥師入極 案漢書古今人表作亡駭

其名見於傳 各本作名此誤各今訂正

今不書氏 毛本今誤故

高平方與縣北有武唐亭 案劉昭續漢書郡國志注引杜說云武唐亭在方與縣西南

他皆放此 岳本脫皆字

不欲自言娶婦 監本毛本自作目非

故鄉爲君昏侍者 宋本侍作行是也

昏禮記所云 毛本脫所字

弟稱其兄是也 浦鏜正誤弟下補則字

凡師有鍾鼓曰伐 岳本鍾作鐘

（傳二年）

盟或背之 毛本背誤肯

他皆倣此 淳熙本他作佗宋本岳本倣作放

費㡺父勝之 石經宋本淳熙本岳本纂圖本足利本㡺作㡴是也釋文亦作㡴音琴

治元年取廩延之亂 毛本治字空缺

春秋左傳注疏卷二校勘記

# 附釋音春秋左傳注疏卷第三 隱三年盡五年

杜氏注　孔穎達疏

經三年春王二月己巳日有食之。無傳日行遲一歲一周天月行疾一月一周天一歲凡十二交會然日月動物雖行度有大量不能不小有盈縮故有雖交會而不食者或有。頻交而食者唯正陽之月君子忌之故有伐鼓用幣之事今釋例以長曆推經傳明此食是二月朔也不書朔史失之書朔日例在桓十七年○己巳上音紀下音祀後倣此食如字本或作蝕音同量音亮縮所六反【疏】注日行至七年○正義曰古今之言曆者大率皆以周天爲三百六十五度四分度之一日行比月爲遲每日行一度故一歲乃行一周天月行比日爲疾每日行十三度十九分度之七故一月內則行一周天又行二十九度過半乃逐及日言一月一周天者略言之耳其實及日之時不啻一周天也日月雖共行於天而各有道每積二十九日過半行道交錯而相與會集以其一會謂之一月每一歲之間凡有十二會故一歲爲十二月日食者月揜之也日月之道互相出入或月在日表從外而入內或月在日裏從內而出外道有交錯故日食也二十九日過半月及日者以曆家一度分爲九百四十分則四百七十分爲半。今月來及日凡二十九日又四百九十九分是過半。校二十九分也日有食之言有物來食之也日月同處則日被月映而形魄不見聖人不言日被月食而云日有食之者以其月不可見作不知之辭穀梁傳曰其不言食之者何也知其不可。知也是言慎疑故不言月也朔則交會故食必在朔然而每朔皆會應每月常食故解之言日月動物雖行度有大量不能不小有盈縮故有雖交會而不食者或有。頻交而食者自隱之元年盡哀二十七年積二百五十五年凡三千一百五十四月唯三十七食是雖交而不食也襄二十。二年九月十月頻食二十四年七月八月頻食是頻交而食也。食無常月唯正陽之月君子忌之以日食者陰侵陽也當陽。量之月不宜爲弱陰所侵故有伐鼓。用幣之事餘月則否其。日食例皆書朔己巳之下經無朔字長曆推此己巳實是朔日而不書朔史失之也此注作大判言耳戰國及秦曆紀全。差漢來漸候天時始造其術劉歆三統以爲五月二十三分月之二十而日一食空得食日而不得加時漢末會稽都尉。劉洪作乾象曆始推月行遲疾求日食加時後代脩之漸益。詳密今爲曆者推步日食莫不符合但無頻月食法故漢。朝以來殆將千歲爲曆者皆。一百七十三日有餘而始一交會未有頻月食者今頻月而食乃是正經不可謂之錯誤。世考之曆術事無不驗不可謂之疎失由是注不能定故未言之也又漢書高祖本紀高祖即位三年十月十一月晦日頻食則。自有頻食之理其解在襄二十四年穀梁傳曰言日不言。朔食晦日也朔日並不言。食。晦。夜也朔日並言食正朔也言朔不言日食既朔也

○三月庚戌天王崩

周平王也實以壬戌崩欲諸侯之速至故遠日以赴春秋不書實崩日而書遠日者即傳其僞以懲。臣子之過也襄二十九年傳曰鄭上卿有事使印段如周會葬今不書葬魯不會○印傳直專反印因刃反

疏 天王崩○正義曰。曲禮下曰天子死曰崩諸侯曰薨大夫曰卒士曰不祿庶人曰死鄭玄云異死名者爲人褻其無知若猶不同然也自上顛壞曰崩薨顛壞之聲卒終也不祿不終其祿死之言澌也精神澌盡也是由天子尊若山崩然諸侯卑取崩之聲以爲尊卑之差也不書天王名者以海內之主至尊之極故敬而不敢名也穀梁傳云高曰崩厚曰崩尊曰崩天子之崩以尊也以其在民上故崩之其不名何也大上故不名也蘇氏云王后崩天子卒不書者赴不及魯也今以爲略之例所不書也告喪禮云告王喪曰天王登假此言崩者魯史裁約爲文不道當時赴不言登假也○注周平至不會正義曰今檢杜注。無葬者皆顯言其謚此爲無葬故言周平王也仲尼脩經當改正真僞以爲褒貶周人赴不以實孔子從僞而書者周人欲令諸侯速至故遠其崩日以赴也不書其實而從其僞言人知其僞則過足章矣故即傳其僞以懲創臣子之過釋例曰天王僞赴遂用其虛明日月。闕否亦從赴辭君子不變其文以慎其疑且。虛。實相生隨而。長之真僞之情可以兩見承赴而書之

亦所以示將來也

○夏四月辛卯君氏卒 隱不敢從正君之禮故亦不敢備禮於其母

疏 君氏卒○正義曰君氏者隱公之母聲子也謂之君氏者言是君之母氏也母之與子氏族必異故經典通呼母舅爲母氏舅氏言其與己異氏也

○秋武氏子來求賻 武氏子天子大夫之嗣也平王喪在殯新王未得行其爵命聽於冢宰故傳曰王未葬釋其所以稱父族又不稱使也魯不共奉王喪致令有求經直文以示不敬故傳不復具釋也○賻音附殯必刃反共音恭本又作供音同令力呈反復扶又反

疏 注武氏至釋也○正義曰武氏者天子大夫之姓直云武氏子不書其字則其人未成爲大夫也若是上士例當書名又不應繫之父族謂之爲子明其是大夫之子也又王使至魯皆言天王使書矣此後不言王使明其不稱王命也以此知此人父喪已終宜嗣父位但平王未命而崩新王居喪未得行其爵命政事聽於冢宰冢宰使之適魯冢宰不得專命故作自來之文傳言王未葬者意兼兩事王喪在殯新王不得加臣爵位故此人仍繫父族王又不得命臣出行故此人不稱王使以未葬之故闕此二事故傳以未葬解之

○八月庚辰宋公和卒 稱卒者略外以別內也元年大夫盟於宿故來赴以名例在七年○別彼列反

○冬十有二月齊侯鄭伯盟于石門 來告故書石門齊地或曰濟北盧縣故城西南濟水之門

○癸未葬宋穆公 無傳魯使大夫會葬故書始死書卒史在國承赴爲君故惡其薨名改赴書也書葬則舉謚稱公者會葬者在外據彼國之辭也書葬例在昭六年○爲于僞反惡烏路反

疏 注魯使至會葬○正義曰文九年叔孫得臣如京師葬襄王昭三年叔弓如滕葬滕成公如此之類遣卿行者皆書其使名此不書使名知是大夫往也大夫奉命出使位賤不合書名故直書其所爲之事而已盟則云及某盟會則云會某人葬則云葬某公舉其所爲之事明有使往可知也釋例曰先王之制諸侯之喪士弔大夫送葬及其失也禮過於重文襄之伯因而抑之諸侯之喪大夫弔卿共葬事夫人之喪士弔大夫送葬猶過古制故公子遂如晉葬襄公傳不言禮葬秦

景公傳曰大夫如秦葬景公特稱禮也一以示古制二以示書他國之葬必須魯會三以示奉使非卿則不書於經此丘明之微文也是言大夫得正而卿過禮也諸侯曰薨禮之正名魯史自書君死曰薨若鄰國亦同書薨則與己君無別國史自在己國承他國赴告爲與己君同故惡其薨名雖赴稱薨皆改赴書卒略外以別內也至於書葬則五等之爵皆舉謚稱公者會葬者在於國外據彼國之辭彼國臣子稱君曰公書使之行不得不稱公也又云惡其薨名改赴書者釋例者天子曰崩諸侯曰薨大夫曰卒古之制也春秋所稱曲存魯史之義內稱公而書薨所以自尊其君則不得不略外諸侯書卒以自異也至於既葬雖邾許子男之君皆稱謚而言公各順臣子之辭兩通其義是其說也案禮雜記赴告之辭云君訃於他國之君曰寡君不祿敢告於執事然則赴辭本無薨語而云惡其薨名者以夫人薨例云不赴於諸侯則不曰薨明其以薨告人故書薨也是知王侯喪者其通國命皆以崩薨相告記之所稱謂荅主人之問飾其文辭耳若以記文無薨即疑不以薨告記稱大夫士赴人之辭皆云不祿豈大夫無卒名也以此知相赴策書必以薨爲文但擯者口傳赴辭義在謙退從士之不祿故禮記言之赴則必以薨但改赴書卒耳史之書事莫不在國會葬者自可在外書策者國內書之而云據彼國之辭者書使行之事言使爲此事行故文從彼稱不謂書不在國也卿爲君逆謂之逆女亦是書已之使據彼稱女與此同也

傳三年春王三月壬戌平王崩赴以庚戌故書之○夏君氏卒聲子也不赴於諸侯不反哭于寢不祔于姑故不曰薨不稱夫人故不言葬夫人喪禮有三薨則赴於同盟之國一也既葬日中自墓反虞於正寢所謂反哭于寢二也卒哭而祔於祖姑三也若此則書曰夫人某氏薨葬我小君某氏此備禮之文也其或不赴不祔則爲不成喪故死不稱夫人薨葬不言葬我小君某氏反哭則書葬不反哭則不書葬今聲子三禮皆闕釋例論之詳矣○祔音附【疏】注夫人至詳矣○正義曰僖

八年致夫人傳曰不赴於同則弗致故知赴者赴於同盟之國也禮檀弓記葬禮云既封有司以几筵舍奠於墓左。反日中而虞士喪禮既葬乃反哭於廟遂適殯宮而虞是既葬日中自墓反虞於正寢正寢卽殯宮也僖三十三年傳與檀弓記皆云卒哭而祔喪服小記曰婦祔於祖姑雜記曰妾祔於妾祖姑是祔於姑者祔於祖姑也此三者皆夫人之喪禮夫人喪禮有三史策所書有二唯卒葬。兩事而已其卒之異者或云夫人某氏薨仲子文姜之類是也或云某氏卒定姒孟子是也葬之異者或云葬我小君某氏文姜敬嬴之類是也或云葬某氏葬定姒是也或則不書葬也今聲子三禮皆闕經異常辭必是闕。一事則變一文但傳既幷釋注不顯配雖言釋例詳之例亦未甚分明此傳故上三事故下三事若以次相配則不赴於諸侯故不曰薨不反哭於寢。故不稱夫人不祔於姑故不言葬文次相屬事乃似然但顧下傳義則不爾定十五年姒氏卒傳曰不稱夫人不赴且不祔也哀十二年孟子卒傳曰死不赴故不稱夫人不反哭故不言葬小君彼二傳皆以不赴解不稱夫人以不反哭解不書葬然則由不赴故不曰薨由不反哭故不書葬也二事既然則由不祔故不稱夫人斷可知矣傳文不以次相配者初死。乃赴葬乃反哭反哭之後始祔三者依事之先後爲文也至書於經則夫人與薨共文故先言不稱夫人後言不書葬順。經之先後爲文也禮之本意必赴乃稱薨祔乃稱夫人反哭乃書葬者夫人與君同體死必赴於鄰國若不以赴告於鄰國則夫人之禮不成尊成以否義由赴告成尊之狀在於書薨故赴則稱薨不赴則不稱薨也禮適祔於適祖姑妾祔於妾祖姑亦既不祔於姑便是適妾莫辯故祔則稱夫人不祔則不稱夫人也既葬於墓反哭於寢哀之尤極情之最切既葬而不反哭全是不念其親葬與不葬始無以異故不反哭則不書葬也皆所以懲臣子責其不行禮也人之行禮有勤有惰未必廢則俱廢行則皆行此聲子自三禮皆闕其餘或可一行一否釋例曰夫人子氏赴而不反哭故不書葬定姒則反哭而不赴故書葬而不言小君以此二者據傳則然理在不惑但不知赴而不祔祔而不赴者辭當云何耳薨者夫人之死號不稱夫人必不得稱薨也小君者夫人之別號不稱夫人必不得稱小君也孟子卒下注云不稱夫人故不言薨是夫人與薨文相將也葬定姒傳曰不稱小君不成喪也注云不赴不祔故不稱小君傳以薨不赴不祔解不稱夫人注以不赴不祔解不稱小君是夫人小君文相將也夫人薨也小君也三者相將之物不可致詰蓋赴祔二禮。課行一事則。具此三文二事並廢則三文皆去耳何則檢此傳相配不赴則不曰薨不祔則不稱夫人是稱夫人由祔不由赴也孟子之傳乃云不赴故不稱夫人是稱夫人由於赴不由於祔也。定。姒之傳云不稱夫人不赴且不祔又以二事並解不稱夫人注云赴同祔姑夫人之禮二者皆闕故不曰夫人明是二者俱闕乃去夫人。課行一事則稱夫人稱夫人則必書薨書薨則必稱小君所異者不反哭則不書葬若不書葬則小君之文無所施耳即仲子是也赴同祔姑皆是夫人之禮故赴而不祔祔而不赴則皆曰夫人某氏薨惠公自有元妃別為仲子立廟則仲子未必祔姑蓋以赴同之故得稱夫人薨也

不書姓爲公故曰君氏

不書姓辟正夫人也隱見爲君故特書於經稱曰君氏以別凡妾媵○爲公音于僞反見賢遍反別彼列反

疏注不書至妾媵○正義曰辟正夫人謂辟仲子耳何則妾子爲君則其母得爲夫人不須辟。仲子也但公以讓位之故不從正君之禮故亦不備禮於其母使之辟仲子也釋例曰凡妾子爲君其母猶爲夫人雖先君不命其母母以子貴其適夫人薨則尊。得加於臣子外內之禮皆如夫人矣故姒氏之喪責以小君不成成風之喪王使會葬傳曰禮也隱以讓桓攝位故不成禮於聲子假稱君氏以別凡妾媵蓋是一時之宜隱之至義也是其辟仲子之意也

○鄭武公莊公爲平王卿士

卿士王卿之執政者言父子秉周之政

王貳于虢

虢西虢公亦。仕王朝王欲分政。於虢不復專任鄭伯○朝直遙反復扶又反任而鴆反後不音者皆同

鄭伯怨王王曰無之故周鄭交質王子狐爲質於鄭鄭公子忽。爲質於周

王子狐平王子○質音致下同狐音胡

王崩周人將畀虢公政

周人遂成平王本意○畀必二反與也

四月鄭

祭足帥師取温之麥。秋又取成周之禾。四月今二月也秋今之夏也麥禾皆未熟。言取者蓋芟踐之温今河內温縣成周洛陽縣也○祭側界反芟所銜反

【疏】注四月至陽縣也○正義曰此直言秋秋有三月若是季秋則今之七月杜必知秋今之夏者以此傳在武氏之上案經武氏之下有八月宋公和卒則知此是七月故為今之夏謂今之五月也麥。熟在夏而云麥禾皆未。熟者謂四月之時麥未。熟七月之時禾未。熟二者異時故言皆也

周鄭交惡。兩相疾惡君子曰信不由中質無益也明恕而行要之以禮雖無有質誰能間之苟有明信。澗谿沼沚。之毛○谿亦澗也沼池也沚小渚也毛草也要於遙反間間廁之間谿苦兮反爾雅云山夾水曰澗山瀆無所通曰谿沼之紹反沚音止亦音市本又作時蘋蘩薀。藻之菜蘋大蓱也蘩皤蒿薀藻聚藻也○蘋音頻蘩音煩薀紆紛反藻音早蓱蒲丁反皤蒲多反白蒿也

【疏】澗谿至之菜○正義曰毛即菜也而重其文者谿沼言地之陋。蘋藻言菜之薄故文重也○注谿亦至毛草○正義曰爾雅釋山云山夾水澗李巡曰山間有水釋名曰言水在兩山間也釋水曰水注川曰谿李巡曰水出於山入於川釋山又云山瀆無所通谿李巡曰山中水瀆雖無所通與水注川同名宋均曰無水曰谷有水曰谿然則。谿亦山間有水之名是澗之類故云谿亦澗也沼者池之別名張揖廣雅亦云沼池也應劭風俗通云池者陂池從水也聲沚與時音義同釋水曰小。渚曰沚釋名曰沚止也小水可止息其上草是地之毛周禮宅不毛謂宅內無。草。木也故杜以毛為草○草即下句蘋蘩薀藻是也蘩陸菜而云沼沚之毛者或采之水旁非皆水內也○注蘋大至聚藻也○正義曰釋草云苹蓱其大者蘋舍人曰苹一名蓱大者名蘋郭璞曰水中浮蓱江東謂之薸陸。機毛詩義疏云今水上浮蓱是也其麤大者謂之蘋小者曰蓱季春始生可糝。蒸為茹又可苦酒淹以就酒釋草又云蘩皤蒿孫炎曰白蒿也陸機疏曰凡艾白色為皤蒿今白蒿春始生及秋香美可生食又可烝一名遊胡北海人謂之旁勃故大戴禮夏小

正傳曰繫遊胡遊胡旁勃也許慎說文云藻水草從艸從水巢聲或作藻從藻毛詩傳曰藻聚藻也然則此草好聚生蘊訓聚也故云蘊藻聚藻也陸機疏云藻生水底有二種其一種葉如雞蘇莖大如著長四五尺其一種莖大如釵股葉如蓬謂之聚藻又云扶風人謂之藻聚為發聲也此二藻皆可食煑熟挼去腥氣米麪糝蒸為茹嘉美楊州人饑荒可以當穀食

筐筥錡釜之器方曰筐員曰筥無足曰釜有足曰錡○筐丘方反筥九呂反錡其綺反【疏】注方曰至曰錡○正義曰此皆毛詩傳鄭箋之文也說文云筥飯牛筐也廣雅云錡釜也

潢汙行潦之水潢汙停水行潦流潦○潢音黃汙音烏潦音老【疏】注潢汙至流潦○正義曰停水謂水不流也行道也雨水謂之潦言道上聚流者也服虔云畜小水謂之潢水不流謂之汙行潦道路之水是也此水用為飲食故引洞酌之篇藻雖潦水所生要此潦非生菜處也

可薦於鬼神可羞於王公羞進也【疏】可薦至王公○正義曰上言鬼神此言王公是生王公也或以為王公亦謂鬼神非生王公也此傳之意取詩為言洞酌論天子之事是羞於王也采蘩云公侯之事是羞於公也言薦又言羞者鄭玄注庖人云備品物曰薦致滋味乃為羞

而況君子結二國之信行之以禮又焉用質○通言盟約彼此之情故言二國○焉於虔反約如字又於妙反

風有采蘩采蘋采蘩采蘋詩國風義取於不嫌薄物

雅有行葦洞酌詩大雅也行葦篇義取忠厚也洞酌篇義取雖行潦可以共祭祀也○葦于鬼反洞音迥共音恭○行【疏】雅有行葦○正義曰采蘩采蘋洞酌上傳所言皆有彼篇之事其言未及行葦今言行葦者其意別取忠厚非以結上也

昭忠信也明有忠信之行雖薄物皆可為用○行下孟反

○武氏子來求賻王未葬也○宋穆公疾召大司馬孔父而屬殤公焉曰先君舍與夷而立寡人先君穆公兄宣公也與夷宣公子即所屬殤公○屬章欲反注同殤舒羊反舍音捨與如字一音餘【疏】武氏至葬也○

正義曰蘇氏云案文九年毛伯來求金傳曰不書王命未葬也此傳直云王未葬不同者毛伯直釋不稱使故云不書王命此武氏子非但不稱使又稱父族二事皆由未葬故直云王未葬也○而立寡人○正義曰曲禮下曰諸侯見天子曰臣某侯某其與民言自稱曰寡人今與臣言亦云寡人則知其對臣民自稱同也老子曰孤寡不穀王侯之謙稱故以下諸侯自稱亦多言不穀

寡人弗敢忘若以大夫之靈得保首領以沒先君若問與夷其將何辭以對請子奉之以主社稷寡人雖死亦無悔焉對曰羣臣願奉馮也馮穆公子莊公也○沒本亦作歿同馮皮冰反本亦作憑公曰不可先君以寡人爲賢使主社稷若弃。德不讓是廢先君之舉也豈曰能賢言不讓則不足稱賢光昭先君之令德可不務乎吾子其無廢先君之功先君以舉賢爲功我若不賢是廢之使公子馮出居於鄭。辟殤公。也

八月庚辰宋穆公卒殤公卽位君子曰宋宣公可謂知人矣立穆公其子饗之命以義夫命出於義也夫語助○夫音符注同

疏命以義夫○正義曰義者宜也錯心方直動合事宜乃謂之爲義宣公之立穆公知穆公之賢必以義理不弃其子今穆公方卒命孔父以義事而立殤公是穆公命立殤公出於仁義之中故杜云命出於義也必知命以義夫謂穆公命立殤公者以杜注云帥義而行則殤公宜受此命宜荷此祿公子馮不。帥父義終傷咸宜之福明知殤公受穆公之命與殷湯武丁同有咸宜是知穆公命殤公是爲義也

商頌曰殷受命咸宜百祿是荷。其是之謂乎詩頌言殷湯武丁受命皆以義故任荷天之百祿也帥義而行則殤公宜受此命宜荷此祿公子馮不帥父義忿而出奔因鄭以求入終傷咸宜之福故知人之稱唯在宣公也殷禮有兄弟相及不必傳子孫宋其後也故指稱

商頌○頌似用反荷本又作何何可反又音何注同任也任音壬忿芳粉反稱尺證反傳直專反

疏商頌至謂乎○正義曰商頌玄鳥之卒章言。成湯武丁此二王者受天之命皆得其宜故天之百種之祿於是乎荷負之言天祿皆歸故得而荷負也今穆公。示殤公亦得其宜故殤公宜荷其祿詩之意其是此事之謂乎○注詩頌至商頌○正義曰唐虞之代契爲司徒封於商十四世至湯王有天下遂以商爲代號後世有武丁者中興賢君時有作詩頌之者謂之商頌美湯與武丁能荷天祿今殤公亦荷天祿與詩義同故引以證之公羊傳言宋之禍宣公爲之尤其舍子立弟果令馮有爭心以馮之爭爲宣公之。過今此傳善宣公故申明其事若使帥義而行則殤公宜受此命宜荷此祿但公子馮不帥父義失其咸宜故知人之稱唯在宣公止善宣公知穆公耳馮自爭國非宣公之罪故善之傳言使公子馮出居于鄭則是父使之出注言忿而出奔者四年傳曰公子馮出奔鄭鄭人欲納之又衛告宋曰君若伐鄭以除君害是馮出奔鄭求入欲害宋國也父使居鄭欲以辟殤公馮乃因鄭欲以害殤公故據父言之則云使之出居據馮言之則云忿而出奔各從其實而爲之文也謚法短折不成曰殤○布德執義曰穆○

○冬齊鄭盟于石門尋盧之盟也盧盟在春秋前盧齊地今濟北盧縣故城庚戌

鄭伯之車僨于濟既盟而遇大風傳記異也十二月無庚戌日誤○僨弗問反仆也

疏注既盟至日誤○正義曰釋言云僨僵也舍人曰背踣意也車踣而入濟是風吹之。隊濟水非常之事故云傳記異也禹貢導沇水東流爲濟入于河溢爲。滎釋例曰濟自滎陽卷縣東經陳留至濟陰北經高平東經濟北東北經濟南至樂安博昌縣入海案檢水流之道今古或殊杜既考校元由據當時所見載於釋例今一皆依杜雖與水經乖異亦不復根尋也庚戌無月而云十二月者以經盟于石門在十二月知此亦十二月也經書十二月下云癸未葬宋穆公計庚戌在癸未之前。三十三日不得共在一月彼長曆推此年十二月甲子朔十一日有甲戌二十三日在丙戌不得有庚戌而月有癸未則月不容誤知日誤也

○衛莊公娶于齊東

宮得臣之妹曰莊姜得臣齊大子也。此太子不敢居上位故常處東宮疏衛莊至莊姜○正義曰齊國侯爵譜云姜姓大公望之後其先四岳佐禹有功或封於呂或封於申故太公曰呂望也太公股肱周室成王封之於營丘今臨淄是也僖公九年魯隱公之元年也簡公四年獲麟之歲也簡公弟平公十三年春秋之傳終矣平公二十五年卒後二世七十年而田氏奪齊太公之後滅矣案齊世家莊公生僖公東宮得臣未知何公太子案史記十二。年諸侯年表衛莊公之立在春秋前二十五年齊僖公之立在春秋前八年然則莊姜必非齊僖公之女蓋是莊公之女僖公姊妹也得臣爲太子早死故僖公立也不言僖公姊妹而繫得臣者見其是適女也得臣爲太子云常處東宮者四時東爲春萬物生長在東西爲秋萬物成就在西以此君在西宮太子常處東宮也或可據。易象西北爲乾乾爲君父故君在西東方震震爲長男故太子在東。也

美而無子衛人所爲賦碩人也碩人詩義取莊姜美于色賢于德而不見荅終以無子國人憂之○爲音于僞反○疏所爲賦碩人也○正義曰此賦謂自作詩也班固曰不歌而誦亦曰賦鄭玄云賦者或造篇或誦古然則賦有二義此與閔二年鄭人賦清人許穆夫人賦載馳皆初造篇也其餘言賦者則皆誦古詩也

又娶于陳曰厲嬀生孝伯早死陳今陳國陳縣○嬀九危反疏又娶于陳○正義曰陳國侯爵譜云嬀姓虞舜之後當周之興有虞遏父者爲周陶正武王賴其利器用與其先聖之後以元女大姬妃遏父之子滿封於陳賜姓曰嬀號胡公桓公二十三年魯隱公之。元年也潛公二十一年獲麟之歲也二十四年楚滅陳此當桓公時二嬀蓋桓公姊妹也

其娣。戴嬀生桓公莊姜以爲己。子。嬀陳姓也厲戴皆謚雖爲莊姜子然大子之位未定疏注嬀陳至未定○正義曰謚法暴慢無親曰厲典禮無愆曰戴是皆謚也石碏言將立州吁乃定之矣請定州吁明大子之位未定衛世家言立完爲大子非也

公子州吁嬖人之子也嬖親幸也○吁混于反嬖必計反賤而得幸曰嬖有寵而好

兵公弗禁莊姜惡之石碏。諫曰臣聞愛子教之以義方石碏衞大夫○好呼報反禁居鴆反一音金惡爲路反碏七略反弗納於邪驕奢淫泆所自邪也四者之來寵祿過也將立州吁乃定之矣若猶未也階之爲禍言將立爲太子則宜早定若不早定州吁必緣寵而爲禍○邪似嗟反下同泆音逸疏弗納至過也○正義曰驕謂恃己陵物奢謂夸矜僭上淫謂耆欲過度泆謂放恣無藝此四者之來從邪而起故服虔云言此四者過從邪起是也劉炫云此四者所以自邪己身言爲之不已將至於邪邪謂惡逆之事劉又難服云邪是何事能起四過若從邪起何須云四者之來寵祿過也寵祿豈是邪事四者得從而來乎且言弗納於邪懼其緣驕以至於邪非先邪而後驕也夫寵而不驕驕而能降降而不憾。憾而能眕者鮮矣如此者少也降其身則必恨恨則思亂不能自安自重○夫音扶發句之端後放此憾本又作感同胡暗反恨也五年同眕之忍反重也鮮息淺反少也疏夫寵而至鮮矣○正義曰恃君寵愛未有不驕亦既驕矜必不能自降其心強降其心未有不恨亦既怨恨必不能自重其身釋言云眕重也言恨則思亂必不能自安自重也寵而必驕降而必憾言其勢必自然故言其能不然者少也驕而不能降憾而不能眕言其心難自抑故言其能然者少也鮮訓少以一鮮總四事言四事皆鮮也且夫賤妨貴少陵長遠間親新間舊小加大小國而加兵於大國如息侯伐鄭之比○妨音芳少詩照反長丁丈反間間廁之間下同比必二反淫破義所謂六逆也君義臣行父慈子孝兄愛弟敬所謂六順也臣行君之義疏賤妨至破義○正義曰賤妨貴謂位有貴賤少陵長謂年有長幼楚公子申多受小國之賂以偪子重子辛是賤人而妨貴人也鄭捷菑以弟而欲奪兄位是年少而陵年長也齊東郭偃棠無咎專崔氏之政而侮崔成崔彊是踈遠而間親戚也晉胥童夷羊五得君寵而去三郤是新臣而間舊臣也息伐鄭曹奸宋是小國而加大國也陳靈蔡景姦穢無度是邪淫而破正義也妨謂有所害陵謂加尙之間謂居其間使彼踈遠也加亦加陵破謂破散淫義不兩立行惡則破善故言破也

去順效逆所以速禍也君人者將禍是務去而速之無乃不可乎弗聽其子厚與州吁游禁之不可桓公立乃老老致仕也四年經書州吁弒其君故傳先經以始事〇去起呂反下同弒音試先悉薦反

【疏】去順效逆〇正義曰州吁於逆則少陵長於順則弟不敬是去順效逆也六順六逆因事廣言非謂州吁偏犯之也〇注老致至始事〇正義曰禮七十而致事言還其所掌之事於君也傳之初始有此故言傳先經以始事餘不注從可知也

經四年春王二月莒人伐杞取牟婁無傳書取言易也例在襄十三年杞國本都陳留雍丘縣推尋事跡桓六年淳于公亡國杞似并之遷都淳于僖十四年又遷緣陵襄二十九年晉人城杞之淳于杞又遷都淳于牟婁杞邑城陽諸縣東北有婁鄉〇杞音起牟亡侯反易以豉反雍於用反

【疏】莒人至牟婁〇正義曰譜云杞姒姓夏禹之苗裔武王克。殷求禹。之後得東樓公而封之於杞今陳留雍丘縣是也九世及成公遷緣陵文公居淳于成公始見春秋湣公六年獲麟之歲也湣公弟哀公三年春秋之傳終矣哀公十年卒自哀公以下二世十三年而楚滅。杞檢杞於此歲已見於經桓二年有杞侯來朝莊二十七年有杞伯來朝於傳並無號謚又不書其卒僖二十三年杞成公卒其謚乃見於傳未知此年杞國定是何君當是成公之父祖耳牟婁杞邑莒伐取之自是以後常爲莒邑昭五年莒牟夷以牟婁來奔是也文三年秦人伐晉傳稱取王官及郊襄二十三年齊侯伐晉傳稱取朝歌並書伐不書取此伐取兩書者彼告伐不告取此伐取並告故也昭元年伐莒取鄆書取不書伐昭十年伐莒取郠書伐不書取者元年兵未加莒而鄆逆服故書取不書伐十年晉以取郠討公故書伐不書取其伐國圍邑書圍以否亦從告也〇注書取至婁鄉〇正義曰襄十三年傳例曰凡書取言易也知此書取亦言易也地理志云陳留郡雍丘縣故杞國武王封禹之後東樓公是杞本都陳留雍丘縣也志又云北海郡淳于縣應劭曰春秋州公如曹左氏傳曰淳于公如曹臣瓚案州國名淳于國之所都此淳于縣於漢屬北海郡晉時屬東莞郡故釋例土地名云州國都於東莞淳于此縣以雍丘淳于雖別郡而竟連也桓五年傳稱淳于公如曹度其國危遂不復六年春。實來雖知其國必滅不知何國取之襄二十九年晉帥諸侯城杞昭元年祁午數趙文子之功云城淳于是知淳于卽杞國之都也僖十四年諸侯城緣陵而遷杞不知從何而遷故云淳于公亡國。疑似幷之而遷居其地僖十四年又從淳于而遷於緣陵襄二十九年又從緣陵而遷於淳于以無明文疑不敢質故言推尋事跡似當然也。若然淳于爲杞所幷定似不虛而遷都淳于未有事跡自雍丘而遷緣陵亦可知矣而杜必言遷都淳于從淳于遷緣陵者以桓六年淳于公亡國襄二十九年又杞都淳于則淳于始末是杞之所有又杞之所都故疑未卽緣陵之前亦都淳于也取國易者則直言取若取。郜取鄟之類是也故不須加伐於上若其伐國取邑其邑既小不得名通若不加伐於上不知得何國之邑是以雖易亦加伐文則伐杞取牟婁伐邾取須句之類是也成二年取汶陽田乞師盟主與兵伐齊得邑既難而亦書取者因其伐齊晉使還汶陽之田魯不加兵故書取從易也劉君或疑此意遂云上言伐。下言取者非易以規杜氏非也

○戊。申。衛州吁弒。其君完

稱臣弒君臣之罪也例在宣四年戊申。三月十七日有日而無月○弒本又作殺同音試凡弒君之例皆放此可以意求不重音完音丸

[疏]注稱臣至無月○正義曰宣四年傳例曰凡弒君稱君君無道也稱臣臣之罪也。注云稱君謂唯書君名而稱國以弒。言衆所共絕也稱臣者謂書弒者之名以示來世終爲不義然則此稱州吁之名稱臣弒君是臣之罪也言完非無道而州吁爲賊也州吁實公子而不稱公子者傳文更無褒貶直是告辭不同史有詳略耳公子雖復非族而文當族。處春秋書族。以否大有乖異故杜備言之釋。例曰尋案春秋諸氏族之稱甚多參差而先儒皆以爲例欲託之於外赴則患有人身自來者例不可合因以辟陋未賜族爲說

弑君不書族者四事，州吁、無知不稱公子公孫，賈氏以爲弑君取國，故以國言之。案公子商人亦弑君取國，而獨稱公子；宋督，賈氏以爲督有無君之心，故去氏。案傳自以先書弑君見義，不在於氏也。宋萬，賈氏以爲未賜族，案傳稱南宮長萬，則爲已氏南宮，不得爲未賜族也。執殺大夫不書族者二事，楚殺得臣與宜申，賈氏皆以爲陋。案楚殺大夫公子側、大夫成熊之等六七人皆稱氏族，無爲獨於此二人陋也。欲以爲通例，則有若此之錯；欲以爲無義例，則傳曰嘉之故不名，書曰仲孫嘉之，書曰崔氏非其罪，暈溺帥師皆曰疾之，稱族尊君命，舍族尊夫人，尊晉罪己之文炳然著明。以此推之，知亦非仲尼所遺也。斯蓋非史策舊法，故無凡例，當時諸國以意而赴，其或自來聘使者辭有詳略，仲尼脩春秋因采以示義，義之所起則刊而定之，不者即因而示之，不皆刊正也。故蔡人嘉赴而經從稱季，傳曰蔡人嘉之。書崔氏，傳亦曰且告以族，明皆從其本也。書司馬華孫來盟，亦無他比，知非大例也。然則總而推之，春秋之義，諸侯之卿當以名氏備書於經，其加貶損則直稱人，若有褒異則或稱官或稱氏，若內卿有貶則特稱名，文不直言魯人，故異於外也。若無褒無貶，傳所不發者，則皆就舊文，或未賜族，或時有詳略也。推尋經文，自莊公以上諸弑君者皆不書氏，閔公以下皆書氏，亦足明時史之異同，非仲尼所皆刊也。是杜解州吁不稱公子之意。杜知然者，正以經之所書無常比例，褒則或書官或書氏，貶則或稱人或去族，既無定例，明非舊典。仲尼有所起發則刊正舊史，無所褒貶則因循故策。仲尼改者，傳辨其由，傳所不言，則知無義，正是史官自有詳略故耳。戊申在癸未之後二十五日，更盈一周則八十五日。往年十二月癸未葬宋穆公，則此年二月不得有戊申。雖承二月之下，未必是二月之日。故長曆推此年二月癸亥朔，十日壬申，二十二日甲申，不得有戊申也。三月壬辰朔，則十七日有戊申也。此經上有二月，下有夏，得在三月之內，不是字誤，故云有日而無月。僖二十八年冬下無月，而經有壬申公朝于王所，有日而無月。經有此類，故知此亦同之。凡如此者有十四事。

○夏，公及宋公遇于清。遇者草次之期，二國各簡其禮，若道路相逢遇也。清，衛邑，濟北東阿縣有清亭。【疏】注遇者至清亭○正義曰曲禮下云諸侯未。及期相見曰遇相見於郤地曰會然則會者豫謀間地。克期聚集訓上下之則制財用之節示威於衆各重其禮雖特會一國若二國以上皆稱會也遇者或未及會期或暫須相見各簡其禮若道路相逢遇然此時宋魯特會欲尋舊盟未及會期衞來告亂故二國相遇若三國簡禮亦曰遇故莊四年齊侯陳侯鄭伯遇于垂是也曲禮稱未及期而相見指此類也周禮冬見曰遇則與此別劉賈以遇者用冬遇之禮故杜難之釋例曰遇者倉卒簡儀若道路相逢遇者耳周禮諸侯冬見天子曰遇劉氏因此名以說春秋自與傳違案禮春曰朝夏曰宗秋曰覲冬曰遇此四時之名今者春秋不皆同之於禮冬見天子當是百官備物之時而云遇禮簡易經書季姬及鄫子遇于防此婦。呼夫共朝豈當復用見天子之禮於理皆違是言春秋之遇與周禮冬遇異也草次猶造次造次倉卒皆迫促不暇之意○

○宋公陳侯蔡人衞人伐鄭○秋翬帥師會宋公陳侯蔡人衞人伐鄭公子翬魯大夫不稱公子疾其固請強君以不義也諸外大夫貶皆稱人至於內大夫貶則皆去族稱名於記事之體他國可言某人而。已。魯之卿佐不得言魯人此所以爲異也翬溺去族傳曰疾之叔孫豹則曰言違命此其例也○翬許歸反強其丈反去起呂反下同溺乃歷反

【疏】注他國至魯人○正義曰。案鄭伯使。宛來歸祊庚寅我入祊及齊侯伐我北鄙及我師敗績然魯事皆得稱我則己。之。卿佐被貶亦可稱我人所以不然者凡云我者皆上有他國之辭故對他稱我魯。人。出。會。他。國上未有他國之文不可發。首言我人故也

○九月衞人殺州吁于濮州吁弒君而立未列於會故不稱君例在成十六年濮陳地水名○濮音卜

【疏】注州吁至水名○正義曰春秋之世王政不行賞罰之柄不在天子弒君取國爲罪雖大若已列於諸侯會者則不復討也其有臣子殺之卽與弒君無異未必禮法當然要其時俗如是宣公殺惡取國納賂於齊以請會傳曰會于平州以定公位杜云篡立者諸侯既與之會則不得復討臣子殺之與弒君同故公與齊會而位定是其義也釋例又云諸侯篡立雖以會諸

侯爲正此列國之制也至於國內策名委質卽君臣之分。定故諸殺不成君者亦。與成君同義然杜前注云篡立者諸侯既與之會臣子殺之與弒君同則若未會諸侯臣子殺之不與弒君同似與釋例違者釋例所云諸弒不成君亦成君同義者卽莊九年齊人殺無知及此年衞人殺州吁以其未會諸侯故不書爵猶不從兩下相殺之例故云亦與成君同義若既會諸侯則臣弒稱爵則文十八年齊人弒其君商人是也曹伯負芻殺其大子而自立成十五年諸侯同盟于戚曹伯既列於會然後晉人執之十六年傳稱曹人請于晉曰若有罪則君列諸會矣是列會卽成君矣此州吁未列於會故不稱君曹人之辭卽是成例故云例在成十六年殺之於濮謂死於水旁也釋例土地名此濮下注云闕哀二十七年傳濮下注云濮自陳留酸棗縣受河東北經濟陰至高平鉅野縣入濟。彼。濮與此名同實異故杜於此不言闕直云濮陳地水名

○冬十有二月衞人立晉衞人逆公子晉而立之善其得衆故不書入於衞變文以示義例在成十八年

疏注衞人至八年○正義曰成十八年傳例曰凡去其國國逆而立之曰入此公子晉去衞居邢衞人迎而立之於法正當書入宜與齊小白同文傳言書曰衞人立晉衆也是仲尼善其得衆故改常例變文以示義也

傳四年春衞州吁弒桓公而立公與宋公爲會將尋宿之盟未及期衞人來告亂○夏公及宋公遇于清宿盟在元年○宋殤公之卽位也公子馮出奔鄭鄭人欲納之及衞州吁立將脩先君之怨於鄭謂二年鄭人伐衞之怨

疏注謂二至之怨○正義曰二年伐衞見經故以屬之末必往前更無怨也衞世家稱桓公十六年乃爲州吁所弒則隱之二年當桓之世服虔以先君爲莊公非也何則宣公烝夷姜生急子公納急子之妻生壽及朔朔能構兄壽能代死則是年皆長矣宣公以此年卽位桓十二年卒終始二十。矣雖壽之死未知何歲急子之娶當在宣初若隱之二年莊公猶在

豈於父在之時已得烝父妾生急子也史記雖多謬誤此當信然而求寵於諸侯以和其民諸篡立者諸侯既與之會則不復討故欲求此寵○篡初患反復扶又反下文復伐同使告於宋曰君若伐鄭以除君害害謂宋公子馮君爲主敝邑以賦與陳蔡從則衛國之願也言舉國之賦調○從才用反調徒弔反宋人許之於是陳蔡方睦於衛蔡今汝南上蔡縣【疏】注蔡今至蔡縣○正義曰蔡國侯爵譜云蔡姬姓文王子叔度之後也武王封之於汝南上蔡爲蔡侯作亂見誅其子蔡仲成王復封之於蔡至平侯徙新蔡昭侯徙九江下蔡宣侯二十八年魯隱公之元年也昭侯子成侯十年獲麟之歲也成侯子聲侯四年春秋之傳終矣聲侯十四年卒自聲侯以下二世二十八年而楚滅蔡地理志云汝南上蔡縣故蔡國周武王弟叔度所封故宋公陳侯蔡人衛人伐鄭圍其東門五日而還公問於衆仲曰衛州吁其成乎衆仲魯大夫對曰臣聞以德和民不聞以亂亂謂阻兵而安忍以亂猶治絲而棼之也絲見棼緼益所以亂○棼扶云反亂也緼於云反夫州吁阻兵而安忍阻兵無衆安忍無親衆叛親離難以濟矣恃兵則民殘民殘則衆叛安忍則刑過刑過則親離【疏】阻兵而安忍○正義曰阻恃諸國之兵以求勝而征伐不已安忍行虐事刑殺過度也夫兵猶火也弗戢將自焚也夫州吁弒其君而虐用其民於是乎不務令德而欲以亂成必不免矣○戢莊立反○秋諸侯復伐鄭宋公使來乞師乞師不書非卿公辭之從衆仲之言羽父請以師會之羽父公子翬公弗許固請而行故書曰翬帥師疾之也【疏】故書至疾之也○正義曰案元年傳鄭人

鄭人盟于翼公子豫請往公不許遂行彼則不書又不加貶責此公子翬之行公。亦不許而書於經又加貶責者公子豫公不許私竊而行翬則强梁固請公事不獲已令其出會故以君命而書又加貶責諸侯之師敗鄭徒兵取其禾而還時鄭不車戰○州吁未能和其民厚問定君於石子石子石碏也以州吁不安。諮其父石子曰王覲爲可疏王覲爲可。○正義曰於王處行覲禮此事是爲可也曰何以得覲曰陳桓公方有寵於王陳衛方睦若朝陳使請必可得也厚從州吁如陳石碏使告于陳曰衛國褊小老夫耄。矣無能爲也此二人者實弒寡君敢卽圖之八十曰耄稱國小己老自謙以委陳使因其往就圖之○覲其靳反見也朝直遥反後不出者皆放此褊必淺反一音必殄反耄毛報反陳人執之而請涖于衛。請衛人自臨討之涖音利又音類臨也○九月衛人使右宰醜涖殺州吁于濮石碏使其。宰獳羊肩涖殺石厚于陳君子曰石碏純臣也惡州吁而厚與焉大義滅親其是之謂乎子從弒君之賊國之大逆不可不除故曰大義滅親明小義則。當兼子愛之○獳奴侯反惡烏路反與焉音預○衛人逆公子晉于邢冬十二月宣公卽位公子晉也○邢音刑國名疏宣公卽位○正義曰賊討乃立自繼前君故不待踰年也書曰衛人立晉衆也

經五年春公矢。魚于棠書陳魚以示非禮也書棠譏遠地也今高平方與縣北有武。唐亭魯侯觀。魚臺疏注書陳至魚○正義曰陳魚者獸獵之類謂使捕魚之人陳設取魚之備觀其取魚以爲戲樂非謂既取得魚而陳列之也其。實觀魚而書陳魚者國君爵位尊重非蒐狩大事則不

當親行公故遣陳魚而觀其捕獲主譏其陳故書陳魚以示非禮也傳曰非禮也且言遠地故知書棠譏遠地也

○夏四月葬衛桓公

○秋衛師入郕將卑師衆但稱師此史之常也○郕音成國名將子匠反

○九月考仲子之宮初獻六羽成仲子宮安其主而祭之惠公以仲子手文娶之欲以爲夫人諸侯無二嫡蓋隱公成父之志爲別立宮也公問羽數故書。羽婦人無謚因姓以名宮○嫡丁歷反爲別于僞反

【疏】九月至六羽○正義曰三年之內木主特祀於寢宮廟初成木主還入其中設祭以安神也祭則有樂故初獻六羽初始也往前用八今乃用六也獻者奏也奏進聲樂以娛神也六羽謂六行之人秉羽舞也○注成仲至名宮○正義曰考成釋詁文也言初獻六羽者謂初始而獻非在後恆用知者案宣十五年初稅畝杜云遂以爲常故云初。杜於此不解初義明不與彼同故春秋之經有文同事異如此之類是也注以祭文不見故辨之云成仲子宮安其主而祭之以其與獻羽連文知考謂祭以成之非謂始築宮成也又解立宮之意惠公以仲子手有夫人之文因即娶之雖不以爲夫人有欲以爲夫人之意禮諸侯不再娶於法無二適孟子入惠公之廟仲子無享祭之所蓋隱公成之父之志爲別立宮仲子以二年十二月薨四年十二月已再期矣喪畢即應入廟至此始成宮者仲子立廟本非正法喪服既終將爲吉祭主無祭處始議立之故晚成也傳云始用六佾不書佾而書羽者以公問羽數故書羽也。婦人法不當謚仲子無謚故因姓以名宮也立宮必書於策羽則非。當。所書善其復正故書之傳載衆仲之對而言公從之是其善之意也爲書六羽故言考宮言其因考以獻羽也若不爲羽當云立仲子之宮如立武宮煬宮然不須言考也禮雜記下云成廟則釁之路寢成則考之而不釁以廟則當釁寢則當考此廟言考者考是成就之義廟者鬼神所居祭祀以成之寢則生人所宅飲食以成之雜記注云路寢者生人所居不釁者不神之也考之者設盛食以落之是也廟成釁之者尊而神之蓋木主未入之前已行釁禮也案雜記釁廟之禮云祝宗人宰夫雍人皆爵弁純衣雍人拭羊宗人。視之宰夫北面于碑南東上雍

人舉羊升屋自中中至南面刲羊。血。流于前乃降門夾室皆用雞先門而後夾室其衈皆於屋下割雞門當門夾室中室有司皆鄉室而立門則有司當門北面既事宗人告事畢乃皆退是釁廟之禮此言考宮獻羽自爲主已入廟則祭以成之非釁禮與彼異也故公羊傳曰考宮者何考猶入室也始祭仲子也是謂祭爲考也服虔云宮廟初成祭之名爲考將納仲子之主故考成以致其五祀之神以堅之其意謂考卽是釁也案雜記釁廟之禮止有雞羊既不用樂何由獻羽言將納仲子之主則是仍未入宮然則作樂獻羽敬事何神考仲子之宮唯當祭仲子耳又安得致五祀之神乎蘇氏云不稱夫人宮者桓宮僖宮不言公則仲子例不合稱夫人宮也不稱廟而言宮者於經例周公稱大廟羣公稱宮故仲子依例稱宮也若然案文十三年大室屋壞大廟稱室者謂大廟之室屋壞耳若傳文則大廟或稱宮卽大宮之椽是也羣公或稱廟卽同宗於祖廟同族於禰廟是也○邾人鄭人伐宋邾主兵故序鄭上

【疏】注邾主至鄭上○正義曰天下有道諸侯不得專行征伐春秋之時專行征伐以其不稟王命故以主兵爲首雖小國主兵卽序於大國之上欲見伐由其國善惡所歸故也雖大夫爲主國君從之亦序主兵於上僖二十七年楚人陳侯蔡侯鄭伯許男圍宋注云傳言楚子使子玉去宋經書人者恥不得志以人微者告猶序諸侯之上楚主兵故是微人主兵亦序國君之上史策之常法也○螟無傳蟲食苗心者爲災故書○螟亡丁反

【疏】注蟲食至故書○正義曰釋蟲云食苗心螟食葉蟘食節賊食根蟊舍人曰食苗心者名螟言其姦冥冥難知也李巡曰食禾心爲螟言其姦冥冥難知也食禾葉者言其假貸無厭故曰蟘也食。其節者言其貪狠故曰賊也食。其根者言其稅取萬民財貨故曰蟊也孫炎曰皆政貪所致因以爲名郭璞曰分別蟲啖食禾所在之名耳李巡孫炎以政致爲名舍人郭璞以食處爲名陸機疏云舊說螟蟘蟊賊一種蟲也如言寇賊姦宄內外言之耳故犍爲文學曰此四種蟲皆蝗也實不同故分別釋之然則螟非以蟲名以食苗之處爲名耳○冬十有二月辛巳公子彄卒大夫書卒不。書葬葬者臣子之事非公家所及

○彊苦侯反【疏】注大夫至所及。正義曰：檀弓下云：君於大夫將葬，弔於宮，君親弔之而不書者，弔喪問疾，人。道之常，假有得失，不足褒貶，如此小事，例皆不書葬。若國家所營，則亦不可不書。大夫之葬，皆臣子自爲，非公家所及，事不關國，無以得書葬也。他國之君書葬者，遣使往會，須書君命故耳。○宋人伐鄭，圍長葛。潁川長社縣北有長葛城

傳五年春，公將如棠觀魚者。臧僖伯諫曰：凡物不足以講大事，臧僖伯，公子彄也。僖，謚也。大事，祀與戎。○觀魚者，本亦作漁者。其材不足以備器用，則君不舉焉。材謂皮革齒牙骨角毛羽也。器用，軍國之器。君將納民於軌物者也。故講事以度軌量謂之軌，取材以章物采謂之物，不軌不物，謂之亂政。亂政亟行，所以敗也。言器用衆物不入法度，則爲不軌不物，亂。敗之所起。○度，待洛反，一音如字。亟，欺冀反，數也。

【疏】。觀魚者。○正義曰：說文云。漁，捕魚也。然則捕魚謂之魚。天官𩺰人掌以時𩺰爲梁，凡𩺰者掌其政令，是謂捕魚爲魚。魚者，猶言獵者也。○臧僖至敗也。○正義曰：凡物不足以講大事者，物謂事物，旌旗車服之屬。若其爲教戰祭祀等大事，故布設陳列，則可。如其細碎盤遊，雖陳其物，不堪足以講習大事。止謂不爲大事而陳此物，故云不足以講大事也。其材不足以備器用者，材謂皮革齒牙之屬。若其爲飾器用，故狩獵取材，則可。如其因遊宴戲樂所得之材，不堪足以備飾器用，止謂不爲器用而取此材，故云不足以備器用也。人君，一國之主，在民之上，當直己而行之，以法毆民而納之於善，故云人君將納民於軌物者也。言當爲軌爲物，納民於其中也。既言民歸軌物，更解軌物之名。故講習大事，以準度軌法度量，謂之爲軌。準度軌量，卽謂習戰治兵祭祀之屬是也。取鳥獸之材，以章明物色采飾，謂之爲物。章明物采，卽。取材以飾軍國之器是也。劉炫云：捕魚獵獸，其事相類。此諫大意，言人君可觀獵獸，不可觀捕魚。凡物者，廣言

諸物鳥獸魚鼈之類也材謂所有皮革毛羽之類也器謂車馬兵甲軍國所用
之物也凡此諸物捕之不足以講習兵事其材不足以充備器用如此者則人
君不親舉焉其意言獵之坐作進退可以教戰陳獸之齒牙皮革足以充器用
人君可以觀之捕魚不足以教戰陳鱗甲不足以爲器之用人君不宜觀之人君
以下云云同今若人君所行不得其軌舉動不順器服不當其物上下無章如
是則謂之荒亂之政也亂政數行國家之所以禍敗也其意言魚非講事是不
軌材不充用是不物今君觀魚是爲亂國之政禍敗之本故不用使公行也事
度軌量不正謂順時狩獵以教習戎事也材章物采正謂取其皮革以修造器物
也下云四時田獵治兵振旅以習威儀覆此講事也肉不登俎材不登器則公
不射覆此章物也別言川澤之實非君所及指言不可觀魚辭有首引自相配
成也○注臧僖至與戎○正義曰僖伯名彄字子臧世本云孝公之子子臧此冬
書公子彄卒是也諡法小心畏忌曰僖是僖爲諡也諸侯之子稱公子公子之
子稱公孫公孫之子不得祖諸侯乃以王父之字爲氏計僖伯之孫始得以臧
爲氏今於僖伯之上已加臧者蓋以僖伯是臧氏之祖傳家追言之也成十三
年傳曰國之大事在祀與戎故知大事祀與戎也必知兼祀者以下云鳥獸之
肉不登於俎故也劉炫云田獵止教戎而言祀者獵狩主以祭祀故弁祀言之
下注云俎祭宗廟器見此意也○注言器至所起○正義曰車馬旌旗衣服刀
劍無不皆有法度器用衆物不入法度廣言之也器不當法用非其物則爲不
軌則亂不物政不在君則亂敗之所起也 故春蒐夏苗秋獮。冬狩 蒐索擇取不孕者苗爲苗除害也獮殺也以殺爲名順秋氣也狩圍守也
冬物畢成獲則取之無所擇也○蒐所求反索也獮息淺反說文作𤢩注蒐
穀梁傳云春曰田秋曰蒐狩手又反索所百反孕以證反爲苗于僞反疏索至
擇也○正義曰爾雅釋天四時之獵名與此同說者皆如此注故杜依用之周
禮大司馬職中春教振旅遂以蒐田中夏教茇舍遂以苗田中秋教治兵遂以
獮田中冬教大閱遂以狩田其名亦與此同鄭玄解苗田與此小異言擇取不
孕任者若治苗去不秀實者孫炎亦然桓四年公羊傳曰春曰苗秋曰蒐冬曰

狩三名既與禮異又復夏時不田穀梁傳曰四時之田皆爲宗廟之事也春曰田夏曰苗秋曰蒐冬曰狩皆與禮異者良由微言既絕曲辨妄生丘明親受聖師故獨與禮合漢代古學不行。明帝集諸學士作白虎通義因穀梁之文爲之。生說曰王者諸侯所以田獵何爲苗除害上以共宗廟下以簡集士衆也春謂之田何春歲之本舉本名而言之也夏謂之苗何擇其懷任者也秋謂之蒐何蒐索肥者也冬謂之狩何守地而取之也四時之田總名爲田何爲田除害也案苗非懷任之名何云擇去懷任秋獸盡皆不瘦何云蒐索取肥雖名通義義不通也故先儒皆依周禮左傳爾雅之文而爲之說其名亦有意焉雖復春獵獲則取之不能擇取不孕夏獵所取無多不能爲苗除害爲因時異而變文耳謂之獵者蔡邕月令章句云獵者捷取之名也

**皆於農隙以講事也**各隨時事之間○隙去逆反

【疏】注各隨時事之間○正義曰隙訓間也四仲之月自是常期就其月中簡選間日雖則農月必有間時故曰隨時事之間也仲冬農之最隙故大備禮也

**三年而治兵入而振旅**雖四時講武猶復三年而大習出曰治兵始治其事入曰振旅治兵禮畢。整衆而還振整也旅衆也○振之慎反整也復扶又反下同

【疏】注雖四至衆也○正義曰雖每年常四時講武猶復三年而一大習猶如四時常祀三年而復爲禘祭。意相類也出曰治兵者以其初出始治其事也入曰振旅者以治兵禮畢整衆而還振訊是整理之義故振爲整也旅衆也釋詁文治兵振旅坐作進退其禮皆同所異者唯長幼先後耳釋天云出爲治兵尚威武也入爲振旅反尊卑也孫炎曰出則幼賤在前貴勇力也入則尊老在前復常法也莊八年穀梁傳曰出曰治兵習戰也入曰振旅習戰也公羊傳曰出曰治兵入曰振旅其禮一也皆習戰也是其禮同也何休公羊爲出曰祠兵休云殺牲饗士卒鄭玄詩箋引公羊亦作治兵是其所見本異也此治兵振旅亦四時教之但於三年大習詳其文耳周禮春教振旅秋教治兵者四時教民各以其宜春卽止兵收衆專心於農秋卽繕甲厲兵將威不軌故異其文耳

**歸而飲至以數軍實**飲於廟以數車徒器械及所獲也○數所主反注同

械戶戒反【疏】注飲於至獲也○正義曰桓二年傳例曰凡公行告于宗廟反行飲至彼飲至在廟知此言飲至亦飲於廟也軍之資實唯有車徒器械獵則有所獲詩序車攻美宣王脩車馬備器械因田獵而選車徒故知數軍實者數車徒器械及所獲也說文云械器之總名虞喜云器械謂鎧甲兜鍪也宣十二年傳言楚國無日不討軍實而申儆之襄二十四年傳曰齊社蒐軍實使客觀之二注並云軍器不言車徒及所獲者彼無獵事故不言也

昭文章車服旌旗【疏】注車服旌旗○正義曰周禮巾車職曰革路建大白以即戎木路建大麾以田司服職曰凡兵事韋弁服凡甸冠弁服鄭玄云甸田獵也計田獵當乘木路服冠弁但三年治兵乃習兵大禮不宜乘田車服田服天子蓋乘革路服韋弁也在軍君臣同服公卿以下蓋亦乘兵車服兵服也其旌旗則尊卑異建治兵之禮爲辨旗物必不建大白大麾大司馬職曰中秋教治兵辨旌物之用王載大常諸侯載旂軍吏載旗師都載旜鄉遂載物郊野載旐百官載旟遂以獮田鄭玄云軍吏諸軍帥也師都遂大夫也鄉遂鄉大夫也或載旜或載物衆屬軍吏無所將也郊謂鄉遂之州長縣正以下也野謂公邑大夫載旐者以其將羨卒也百官卿大夫也載旟者以其屬衛王也凡旌旗有軍衆者畫異物無者帛而已然則治兵旌旗當如司馬職文也按司常職云及國之大閱贊司馬頒旗物王建大常諸侯建旂孤卿建旜大夫士建物師都建旗州里建旟縣鄙建旐道車載旞斿車載旌計大閱治兵俱是教戰而旌旗之物所建不同者鄭玄云凡頒旗物以出軍之旗則如秋以尊卑之常則如冬大閱備軍禮而旌旗不如出軍之時空辟實然則大閱所建尊卑之常治兵所建出軍之禮此三年治兵與秋教治兵其名既同建當不異故服虔解此亦引司馬職文明是旌旗所建用秋辨旗物之法案大司馬職教治兵王載大常所以巾車云大麾以田又云大白以即戎者先儒以爲王田春夏則大麾秋冬則大常旌旗所用雖如治兵之時然王若親軍則建大白

明貴賤辨等列等列行伍○辨如字又方免反別也行戶郎反

順少長出則少者在前還則在後所謂順也○少詩照反注皆同長丁文反下注同

習威儀也

鳥獸之肉不登於俎俎祭宗廟器○鳥獸之肉一本作其肉俎莊呂反皮革齒牙骨角毛羽不登於器謂以飾法度之器【疏】鳥獸至於器○正義曰說文云革獸皮治去其毛革更之然則有毛爲皮去毛爲革周禮掌皮秋斂皮冬斂革以其。小異故別時斂之散文則皮革通也領上大齒謂之爲牙鳥翼長毛謂之爲羽齒牙毛羽各自小異故歷言之也登於俎謂升俎以共祭登於器謂在器以爲飾諸器之飾有用此材者○注俎祭宗廟器○正義曰饗燕之饌莫不用俎獨言宗廟器者明田獵取禽主爲祭祀若止共燕食則公亦不爲下注云法度之器其義亦然非法之器公亦不舉登訓爲升服虔以上登爲升下登爲成二登不容異訓且云不成於器爲不辭矣又器以此物爲飾寧復待之乃成也周禮䱷人凡祭祀共其。魚之鱻薨特牲少牢祭祀之禮皆有魚爲俎實肉登於俎公則射之而以觀魚爲非禮者此言不登於俎者謂妄出遊獵雖取鳥獸元不爲祭祀不登於器亦謂盤遊元不爲取材以飾器物今公觀魚乃是遊戲故以非之然登俎登器之物雖君所親至於庶羞雜物細小之倫雖爲祭祀亦君不射禮水土之品籩豆之物苟可薦者莫不咸在豈皆公親之也劉炫云比言田獵之時小。鳥小獸則公不射雖講事而田尚不射小物況魚非講事不宜輒舉不謂登俎之物皆公所親射祭祀水上云云同

則公。不射古之制也若夫山林川澤之實器用之資皁隸之事官司之守非君所及也士臣皁皁臣輿輿臣隸言取此雜猥之物以資器備是小臣有司之職非諸侯之所親也○射食亦反皁才早反輿音餘猥烏罪反【疏】若大至及也○正義曰山林之實謂材木樵薪之類川澤之實謂。菱芡魚蟹之屬此皆器用之所資須賤人之所守掌非人君所宜親及之也此雖意諫觀魚而廣言小事故注云取此雜猥之物以資器備非諸侯所親也雜猥謂諸雜猥碎也資謂器之資財待此而備器之所用及所盛皆是也穀梁傳曰禮尊不親小事卑不尸大功魚卑者之事也公觀之非正與此同也若然月令季冬命漁師始漁天子親往嘗魚先薦寢廟彼禮天子親往此

譏公者彼以時魚。槩美取之以薦宗廟特重其事天子親行意在敬事鬼神非欲以爲戲樂隱公觀魚志在遊戲故譏之也公曰吾將略地
焉孫辭以略地略總攝巡行之名傳曰東略之不知西則否矣○行下孟反【疏】注孫辭至否矣○正義曰僖。九年傳曰東略之不知西則否矣又十六年傳
傳曰謀。鄫且東略也略者巡行之名也公曰吾將略地焉言欲案行邊竟是孫辭也若國。竟之內不應譏公遠遊且言遠地明是他竟也釋例曰舊說棠魯地
據傳公辭欲略地則非魯竟也釋例土地名棠在魯部內云本宋地蓋宋魯之界上也遂往陳魚而觀之陳設張也公大設捕魚之備而
觀之○捕音步一音搏僖伯稱疾。不從書曰公矢魚于棠非禮也且言遠地也矢亦陳也棠魯地竟
故曰遠地○從才用反竟音境【疏】注矢亦陳也○正義曰釋詁。云矢陳也○曲沃莊伯以鄭人邢人伐翼曲沃晉別封成
師之邑在河東聞喜縣莊伯成師子也翼晉舊都在平陽絳邑縣東邢國在廣平襄國縣○沃烏毒反【疏】注曲沃至國縣○正義曰晉國侯爵譜云姬姓
武王子唐叔虞之後也成王滅唐而封之今大原晉陽縣是也。燮父改之曰晉燮父孫成侯徙都曲沃今河東聞喜縣是也穆侯徙都絳鄂侯二年魯隱公之
元年也定公三十一年獲麟之歲也出公八年而春秋之傳終矣出公十七年卒自出公以下五世八十二年而韓趙魏滅晉也地理志云河東聞喜縣故曲
沃也武帝元鼎六年行過改名應劭曰武帝於此聞南越破改曰聞喜志又曰趙國襄國縣故邢國然則於漢屬趙國於晉屬廣平王使尹氏武
氏助之翼侯奔隨尹氏武氏皆周世族大夫也晉內相攻伐不告亂故不書傳具其事爲後晉事張本曲沃及翼本末見桓二年隨晉地○傳
傳具一本作傳見賢遍反○夏葬衞桓公衞亂是以緩有州吁之亂十四月乃葬傳明其非慢也○四月鄭人侵
衞牧牧衞邑經書夏四月葬衞桓公今傳直言夏而更以四月附鄭人侵衞牧者於下事宜得月以明事之先後故不復備舉經文三年君氏卒其義亦

同他皆倣此○牧州牧之牧徐音目以報東門之役東門役在四年衛人以燕師伐鄭南燕國今東郡燕縣○燕於賢反國

名疏。注南燕至燕縣○正義曰燕有二國一稱北燕故此注言南燕以別之世本燕國姑姓地理志東郡燕縣南燕國姑姓黃帝之後也小國無世家不知其君號謚唯莊二十。燕仲父見傳耳

鄭祭足原繁洩駕以三軍軍其前使曼伯與子元潛軍軍其後燕人畏鄭三軍而不虞制人。北制鄭邑今河南城皋縣也一名虎牢○洩息列反曼音萬六月鄭二公子以制人敗燕師于北制。二公子曼伯子元也君子曰不備不虞不可以師○曲沃叛王

秋王命虢公伐曲沃而立哀侯于翼。春翼侯奔隨故立其子光○衛之亂也郕人侵衛故衛師入郕郕國也東平剛父縣西南有郕鄉○父音甫疏注郕國至郕鄉○正義曰史記管蔡世家稱郕叔武文王子武王之母弟後世無所見既無世家不知其君號謚唯文十二年郕大子朱儒奔魯書曰郕伯來奔見於經傳則郕國伯爵也

○九月考仲子之宮將萬焉萬舞也疏。注萬舞也○正義曰案公羊傳曰萬者何干舞也籥者何羽舞也則萬與羽不同今傳云將萬焉問羽數於衆仲是萬與羽爲一者萬羽之異自是公羊之說今杜直云萬舞也則萬是舞之大名也何休云所以仲子之廟唯有羽舞無干舞者婦人無武事獨奏文樂也劉炫云公羊傳曰萬者云云籥者云云羽者爲文萬者爲武武則左執朱干右秉玉戚文則左執籥右秉翟此傳將萬問羽即似萬羽同者以當此時萬羽俱作但將萬而問羽數非謂羽即萬也經直書羽者與傳互見之

公問羽數於衆仲。問執羽人數對曰天子用八八八六十四人諸侯用六六六三十六人疏注六六三十六人○正義曰何休說如此服虔以用六爲六八四十八大夫四爲四八三十二士二爲二八十六杜以舞勢宜方行列既減即

每行人數亦宜減故同何說也或以襄十一年鄭人賂晉侯以女樂二八爲二佾之樂知自上及下行皆八人斯不然矣彼傳見晉侯減樂之半以賜魏絳因歌鐘二肆遂言女樂二八爲下半樂張本耳非以二八爲二佾若二八即是二佾鄭人豈以二佾之樂賂晉侯晉侯豈以一佾之樂賜魏絳大夫四四四十六人士二二二四人士有功賜用樂夫舞所以節八音而行八風八音金石絲竹匏土革木也八風八方之風也以八音之器播八方之風手之舞之足之蹈之節其制而。序其情○八音金鐘石磬絲琴瑟竹簫管土塤木柷敔匏笙革鼓也八方之風謂東方谷風東南清明風南方凱風西南涼風西方閶闔風西北不周風北方廣莫風東北方融風匏白交反蹈徒報反【疏】夫舞至八風○正義曰舞爲樂主音逐舞節八音皆奏而舞曲齊之故舞所以節八音也八方風氣寒暑不同樂能調陰陽和節氣八方風氣由舞而行故舞所以行八風也○注八音至其情○正義曰八音爲金石土革絲木匏竹周禮大師職文也鄭玄云金鐘鎛也石磬也土塤也革鼓鼗也絲琴瑟也木柷敔也匏笙也竹管簫也八風八方之風者服虔以爲八卦之風乾音石其風不周坎音革其風廣莫艮音匏其風融震音竹其風明庶巽音木其風清明。離音絲其風景坤音土其風涼兌音金其風閶闔易緯通卦驗云立春調風至春分明庶風至立夏清明風至夏至景風至立秋涼風至秋分閶闔風至立冬不周風至冬至廣莫風至是風體一也逐天氣隨八節而爲之立名耳調與融一風二名昭十八年傳曰是謂融風是其調融同也沈氏云案樂緯云坎主冬至樂用管艮主立春樂用塤震主春分樂用鼓巽主立夏樂用笙離主夏至樂用絃坤主立秋樂用磬兌主秋分樂用鍾乾主立冬樂用柷敔此八方之音既有二說未知孰是故兩存焉更說制樂之本節音行風之意以八音之器宣播八方之風使人用手以舞之用足以蹈之節其禮制使不荒淫次序人情使不蘊。結也蟋蟀詩曰無已大康職思其居是節其制也舜歌南風曰南風之時兮可以阜吾人之財兮南風之薰兮可以解吾人之愠兮是序其情也故自八以下唯天子得盡物數故以八爲列諸侯則不敢用八公從之於是初獻六羽始用六佾也魯唯文王周公廟得用八而他公遂因仍僭而用之今隱公特立此婦人之廟詳問衆仲因明大典故傳亦因言始用六佾其後季氏舞八佾於庭知唯在仲子廟用六○佾音逸僭子念反【疏】注魯唯至用六○正義曰襄十二年傳曰魯爲諸姬臨於周廟是魯立文王之廟也文王天子自然用八禮記祭統曰昔者周公旦有勳勞於天下成王康王賜之以重祭朱干玉戚以舞大武八佾以舞大夏此天子之樂也康周公故以賜魯明堂位曰命魯公世世祀周公以天子之禮樂是周公之廟用八也傳曰始用六佾則知以前用八何休云僭齊也下做上之辭魯之僭做必有所因故本其僭之所由言由文王周公廟用八佾他公之廟遂因仍僭而用之今隱公詳問衆仲衆仲因明大典公從其言於仲子之廟初獻六羽故傳亦因言始用六佾謂仲子之廟用六佾他公則仍用八也至襄昭之時魯猶皆亦用八故昭二十五年公羊傳稱昭公謂子家駒曰吾何僭哉荅曰朱干玉戚以舞大夏八佾以舞大武此皆天子之禮也是昭公之時僭用八也此減從正禮尚書於經若更僭非禮無容不書自此之後不書僭用八佾知他廟僭而不改故杜自明其證其後季氏舞八佾於庭知唯在仲子廟用六也○宋人取邾田邾人告於鄭曰請君釋憾於宋敝邑爲道釋四年再見伐之恨○道音導本亦作導鄭人以王師會之王師不書不以告也伐宋入其郛以報東門之役郛郭也東門役在四年○郛芳夫反下同宋人使來告命告命策書公聞其入郛也將救之問於使者曰師何及對曰未及國忿公知而故問責窮辭○使所吏反下同公怒乃止辭使者曰君命寡人同恤社稷之難今問諸使者曰師未及國非寡人之所敢知也爲七年公伐邾傳○冬十二月辛巳臧僖伯卒公曰叔父有憾於寡人諸侯稱同姓大夫長曰伯

父少曰叔父有恨諫觀魚不聽恨

疏注諸侯至不聽○正義曰詩伐木篇毛傳曰天子謂同姓諸侯諸侯謂同姓大夫皆曰父異姓則稱舅覲禮載天子呼諸侯之稱曰同姓大國則曰伯父其異姓則曰伯舅同姓小邦則曰叔父其異姓則曰叔舅然則諸侯之國有大小之異大夫無地之大小明以年之長少爲異莊十四年傳稱鄭厲公謂原繁爲伯父禮記祭統稱衞莊公呼孔悝爲叔舅諸侯呼異姓大夫爲伯舅同姓大夫爲叔父者雖則無文明亦然矣僖伯者孝公之子惠公之弟惠公立四十六年而薨則子臧此時年非幼少呼曰叔父者是隱公之親叔父也此注自言臣之大法耳寡人弗敢忘葬之加一等加命服之等○宋人伐鄭圍長葛以報入郛之役也

附釋音春秋左傳注疏卷第三

春秋左傳注疏卷三校勘記　　阮元撰盧宣旬摘録

附釋音春秋左傳注疏卷第三　隱三年盡五年

（經三年）

己巳日有食之　釋文食如字本或作蝕音同案詩日有食之漢書劉向傳引作日有蝕之是蝕與食通

或有頻交而食者　各本作頻此本誤三今訂正

令月來及日　宋本令作今不誤

是過半校二十九分也　閩本校誤𠬝

知其不可知也　宋本下知字重是也

或有頻交而食者　各本作頻此本誤雖今訂正

襄二十二年　宋本下二作一不誤

食無常月　各本作食此本誤木今訂正

當陽量之月　閩本監本毛本量作長宋本作䁖是也

故有伐鼓用幣之事　各本作用此本誤周今訂正

其日食例各本作日此本誤衣今訂正

曆紀全差宋本作全廢

會稽都尉劉洪此本實闕劉字閩本同據宋本監本毛本補

漸益詳密宋本詳作微

故漢朝以來閩本監本毛本朝作與宋本作初

皆一百七十三日有餘而始一交會浦鏜正誤皆下增以爲二字

不可謂之錯誤世考之曆術監本毛本世作也

則自有頻食之理宋本自作日不誤

言日不言朔各本作朔此本誤明今訂正

食晦夜也浦鏜云食晦夜三字本作夜食

卽傳其僞以懲臣子之過也岳本懲下有創字與正義合

典禮下曰宋本典作曲是也

無葬者皆顯言其謚也閩本監本毛本無作凡字按此說杜注之例無字是

明日月闕否各本作闕此本誤開今訂正

且虛實相生段玉裁校作實虛相生

隨而長之監本毛本長作表非

言其與己異氏也閩本監本毛本異氏誤倒

魯不共奉王喪各本作共此本誤其今訂正釋文云共本又作供

注武氏至釋名各本名作也下有○此本誤脫

故來赴以名岳本脫來字

或曰濟北盧縣故城西南濟水之門淳熙本濟誤齊

癸未葬宋穆公史記鄭世家漢書古今人表作繆公禮記喪服小記序以昭繆鄭氏注繆讀爲穆聲之誤也陳樹華云凡謚法曰穆者史漢多作繆蓋古字叚借也

曰寡君不祿閩本監本毛本君作人非也

則不曰薨閩本則作故

〔傳三年〕

不赴於諸侯石經宋本淳熙本岳本足利本於作于下哭于祔于毛本並改於纂圖本作祔于

既葬日中自墓反虞於正寢宋本墓誤基淳熙本作暮亦非

今聲子三禮皆闕宋本子作君案正義作子監本此處模糊重脩監本誤于

既封有司以几筵舍奠於墓左宋本墓誤基

反日中而虞閩本監本毛本反作及

唯卒葬兩事而已監本毛本兩作故

必有闕一事則變一文宋本一事作二事

故不稱夫人閩本監本毛本故作則

初死乃赴宋本監本毛本乃作卽

順記之先後爲文也宋本監本毛本記作經不誤○今依訂正

課行一事則其此三文宋本亦作課閩本監本毛本作是下同其各本作具是也○補其今改具

定姒之傳浦鏜云姒氏誤定以

不須辟孟子也毛本孟作仲不誤○今依訂正

則尊得加於臣子 宋本得作德誤

亦仕王朝 宋本仕作任非

王欲分政於虢 毛本於作于非

鄭公子忽爲質於周 說文注引春秋傳曰鄭大子曶案曶與忽古今字論語仲忽漢書古今人表作仲曶

麥禾皆未熟 宋本熟作孰疏同陳樹華引博雅音云憲案說文解字从丮𦎫卽孰字也與孰誰之孰無異唯玉篇孰字加火未知所出

苟有明信 詩采蘩正義引作明德

澗谿沼沚之毛 釋文沚作時云本又作沚疏云沚與時音義同

蘋蘩蕰藻之菜 詩采蘋正義引作蘊藻文選蜀都賦注引同宋張有復古篇以蘊爲蕰之俗體

蘋藻言菜之薄 山井鼎云蘋作蘊

然則谿亦山閒有水之名 宋本無則字是也

小渚曰沚 陳樹華云南宋本渚作陼按今本爾雅作陼釋文云陼字又作渚

周禮宅不毛謂宅內無草木也 閩本草木作艸水非

陸機毛詩義疏 宋本毛本機作璣按嘉定錢大昕云古書機與璣通馬鄭尙書璿璣字皆作機隋書經籍志烏程令吳郡陸機本從

木旁元恪與士衡同時又同姓名古人不以爲嫌也自李濟翁資暇集強作解事謂元恪名當從玉旁晁公武讀書志承其說以或題陸機者爲非自後經史刊本遇元恪名輒改從玉旁予謂考古者但當知艸木疏爲元恪撰非士衡撰若其名則皆從木而士衡名字與尙書相應果欲依今本尙書何不改士衡名邪

可糝蒸爲茹 宋本蒸作烝是也下同

說文曰藻水草從月從水巢聲 宋本同諸本藻作藻案說文藻云或从澡 月字宋本作卄是也

或作藻從藻 宋本閩本從藻作從澡是

莖大如著 宋本著作箸是也

煑熟挼去腥氣 宋本熟作孰

員曰筥 宋本淳熙本岳本足利本員作圓釋文同案詩召南采蘋傳作圓曰筥說文篆字注云圜曰篆圜與圓通篆卽筥字義與毛傳同也

注方曰至曰錡 宋本以下正義四節總入昭忠信也注下

此皆毛詩傳鄭箋之文也 宋本作詩毛傳不誤浦鏜正誤云鄭箋之三字衍文

潢汙停水 岳本作渟水案渟通作停

注潢汙至流潦 閩本汙誤音

故言二國宋本言作云

采蘩采蘋淳熙本蘩誤蘋

泂酌上傳所言皆有彼篇之事補此本上傳誤主簿彼誤反今依各本訂正

雖薄物皆可爲用纂圖本毛本可爲誤倒

武氏子來賻毛本賻誤則

與夷宣公子卽所屬殤公毛本誤倒作卽宣公子

若弃德不讓閩本監本毛本弃作棄石經避唐太宗諱作弃

使公子馮出居於鄭石經宋本淳熙本纂圖本毛本於作于是也

辟殤公也淳熙本公也誤作八月

公子馮不帥父義毛本帥誤出

百祿是荷宋本荷作何注同釋文亦作何云本又作荷案詩作何字作何字則與說文字義合凡作荷者皆字之假借也

言成湯武丁宋本成作殷是也

今穆公示殤公亦得其宜宋本示作立是也

爲宣公之禍　宋本禍作過是也○今依訂正

是風吹之隊濟水　宋本閩本監本毛本隊作墜

溢爲榮　宋本閩本監本毛本榮作滎亦非案當作熒周禮職方氏注引作泆爲熒也今熒作滎衞包所改

癸未之前三十三日　毛本三十作二十非也

此太子不敢居上位故常處東宮　案此字衍文諸本所無

案史記十二年諸侯年表　宋本無上年字是也毛本記誤計

或可據知象　宋本監本毛本知作易不誤考文作見

故太子在東也　宋本東下有宮字

又娶于陳　宋本以下正義二節在莊姜以爲己子注後

魯隱公之立年也　宋本立作元是也○今依訂正

其娣戴嬀生桓公莊姜以爲己子　監本毛本娣字誤作姊已子石經岳本作己子是也

石碏諫曰　漢石經公羊殘碑碏從足作踖

淫謂耆欲過度　宋本耆作嗜正字耆假借字

邪是何事能起四過　毛本作四禍非也

降而不憾憾而能眕者鮮矣　釋文憾本又作感說文云感動人心也俗加立心說文所無陳樹華云釋文以憾爲正反以感爲一作之字

〔經四年〕

武王克殷求禹之後　案釋例作武王克紂求禹後

自哀公以下二世十三年而楚滅杞　案釋例杞作之

應劭曰也　宋本劭作邵下並同案邵高也應字仲遠高遠義相近改作劭非

淳于國之所都　浦鏜正誤于下有公字

六年春寔來雖知其國必滅　宋本寔作實

疑似幷之　宋本監本毛本疑作杞是也

若然淳于爲杞所幷　宋本若作雖

若取郲取鄟之類是也　宋本郲作郜是也○今依訂正

上言伐下言取者　宋本監本毛本下誤不

戊申衞州吁弒其君完 毛本戊申誤庚戌釋文弒本又作殺同音試陳樹華云弒殺二字經傳互出凡釋文作殺分注中無本又作弒之文而石經及諸刻本並作弒各本注同獨與釋文異者要是傳本不同陸氏未載及一作某字耳舉此可以例推今皆仍其舊但爲標出不更改從釋文凡適嫡禦御等字放此段玉裁曰凡敍其事曰殺正其罪名曰弒弒者聖人正名定罪之書法而三傳紀事多用殺字後人轉寫經傳多致淆亂宜以此義求之

戊申三月十七日 宋本三月上有在字

注云稱君 毛本注作杜非

言衆所共絶也 毛本言作君非

而文當族處春秋書族以否 閩本處作據以作與

釋例曰 閩本例誤案

楚殺得臣與宜申賈氏皆以爲陋 毛本宜作夷非

未必是二月之日 閩本監本毛本二作一誤

二月壬辰朔 宋本二作三不誤○今依訂正

經有比類故知此亦同之 閩本監本毛本比作此非

諸侯未及期 毛本及誤必

克期聚集 浦鏜正誤克作剋

此婦呼夫共朝 重脩監本呼作乎非也

魯之卿佐 岳本魯作國連上文而己爲句案岳本是也他本己誤已

案鄭伯使宛來歸祊 重脩監本案誤棠宛毛本作完亦非

則己之事佐被貶 宋本閩本監本毛本事作卿

魯人出會他國 此本人出會他國五字模糊據宋本補閩本監本毛本人出作之盟非也

不可發首言我人故也 閩本監本毛本首作倒

不在天子弒君取國 閩本監本毛本弒作殺

卽君臣之分定 宋本監本毛本分下有已字

亦成君同義者 宋本監本毛本亦下有與字

至高平鉅野縣入濟彼濮與此名同實異 毛本脫彼濮二字

〔傳四年〕

夏公及宋公遇于清 纂圖本閩本監本毛本宋公作宋人非

終始二十矣宋本十下有年字是也

夫州吁阻兵而安忍陳樹華云文選西征賦注引杜注阻恃也又辨亡論引傳文幷注同

恃兵則民殘民殘則衆叛淳熙本脫民殘二字

阻兵而安忍宋本此節正義在必不免矣之下

阻恃諸國之兵以求勝宋本作阻訓恃也恃兵以求勝考文同

弗戢將自焚也石經宋本岳本閩本戢作戢案說文五經文字戢在戈部

故書至疾之也宋本此節正義在注時鄭不車戰之下

公子不許宋本監本毛本子作亦是也○今依訂正

以州吁不安諮其父淳熙本諮作謡

王覲爲可宋本此節正義在其是之謂乎注下

老夫耄矣釋文耄作耄石經初刻作耄改亦作耄字按耄者耋省也

陳人執之而請涖于衛石經宋本淳熙本于作於

石碏使其宰獳羊肩涖殺石厚于陳君子曰石碏純臣也石經初刻脫其字自其宰至曰石字一行

計十五字皆重刊

明小義則常兼子愛之 宋本淳熙本岳本足利本常作當是也

宣公即位 宋本此節正義在衆也之下

（經五年）

公矢魚于棠 史記作觀漁于棠漢書五行志亦作漁此古字段借也說文有魚無漁

今高平方與縣北有武唐亭魯侯觀魚臺 史記正義引杜注唐作棠魚作漁釋例亦云唐即棠本宋地

其實觀魚而書陳魚者 此本作貴閩本監本毛本作責亦非宋本作實是也○今從宋本

故書羽 淳熙本羽作與非

杜於此不解初義 閩本監本毛本杜作度誤

婦人法不當諡 毛本婦作非誤

羽則非當所書 閩本監本毛本當所誤倒

宗人視之 案禮雜記宗人視之今監本禮記譌作祝非也宋本注疏不誤此疏作視是也

血流于前 監本毛本血流誤倒

食其節者言其貪狠故曰賊也毛本狠作狠非案詩正義引李巡云作食禾節者下其根亦作禾根

大夫書卒不書葬閩本監本毛本脫下書字

弔喪問疾人道之常宋本道作君

（傳五年）

臧僖伯諫曰漢書五行志僖作釐古今人表亦作釐案僖與釐通

僖謚也纂圖本閩本監本毛本僖誤伯

亂敗之所起纂圖本毛本敗作政非也

觀魚者宋本以下正義十四節總入且言遠地也注下

正義曰說文云漁捕魚也宋本閩本監本毛本漁作魚

即取財以飾軍國之器是也毛本取誤此

秋獮冬狩釋文云獮說文作𤢂

曲辨妄生宋本辨作辯

明帝集諸學士作白虎通義案困學紀聞云章帝會諸儒於白虎觀正義謂明帝誤

因穀梁之文爲之生說 毛本生誤主

擇其懷任者也 浦鏜正誤其疑去盧文弨校本作擇去其懷任者也

整衆而還 纂圖本毛本整作振非

三年而復爲禘祭 監本禘誤諦

軍之資實唯有車徒器械 閩本監本毛本唯作雖非也

說文云械器之總名 毛本械器誤倒

二注並云軍器 宋本監本毛本器作實

不言車徒 宋本不上有軍器二字

軍吏諸軍帥也 監本毛本帥作師案唐人帥多作帥旣又譌師

衆屬軍史 宋本閩本監本毛本史作吏

王建大常 閩本監本毛本王誤如

道車載旞 閩本監本毛本車作居旞作燧並誤

凡頒旗物 閩本監本毛本物作所非也

大閱備軍禮而旌旗不如出軍之時　閩本監本毛本次軍字誤作師

等列行伍　淳熙本伍作任非也

以其小異　閩本監本毛本小作少非

凡祭祀共其魚之鱻薨　監本毛本其誤共

小鳥小獸　浦鏜正誤鳥作禽

則公不射　何焯校本公改君非

川澤之實謂蔆芡魚蟹之屬　毛本蔆作菱案蔆通作菱

彼以時魚絜美　閩本監本毛本絜作潔○按今人用潔漢注唐石宋槧皆用絜近人則盡加水旁非也

僖九年傳曰　毛本九誤元

謀鄫且東略也　閩本監本毛本鄫誤鄶

若國竟之内　閩本監本毛本竟作境俗字

僖伯稱疾不從也　顧炎武云石經疾誤作侯案石經此處闕顧炎武所據乃謬刻

釋詁云　閩本監本毛本云作文非也

注曲沃至國縣 宋本此節正義在注隨晉地之下

燮父改之曰晉燮父孫成侯 閩本監本毛本燮改爕

注南燕至燕縣 宋本此節正義在不可以師句下

唯莊二十年燕仲父見傳耳 閩本監本亦脫年字據宋本毛本補

北制鄭邑 毛本北誤此考文云此作北足利本同案北字亦誤

敗燕師于北制 毛本北制誤倒

而立哀侯于翼 宋本脫于翼二字

注萬舞也 宋本以下正義五節總入公從之節注下

節其制而序其情 宋本淳熙本足利本序作敘

離音絲 宋本離作离下同

使不蘊結也 閩本監本毛本蘊作藴

魯唯文王周公廟得用八 纂圖本閩本監本毛本唯作惟下唯在同

詳問衆仲因明大典 宋本淳熙本岳本足利本重衆仲二字是也

其後季氏舞八佾於庭知唯在仲子廟用六 淳熙本庭作是唯誤雖

昔者周公旦有勳勞於天下 閩本監本毛本下誤子

他公之廟 毛本他誤也

公則仍用八也 閩本監本毛本仍作因

注諸侯至不聽 宋本此節正義在注加命服之等之下

是隱公之親叔父也 閩本監本毛本親作稱非

此注自言臣之大法耳 宋本監本毛本言下有呼字

春秋左傳注疏卷三校勘記

杜氏注　孔穎達疏

經六年春，鄭人來渝平。和而不盟曰平○渝羊朱反變也

【疏】注和而不盟曰平○正義曰：宣十五年宋人及楚人平，傳載其盟辭。昭七年燕暨齊平，傳稱盟于濡上。似平皆有盟，而云不盟者，平實解怨和好之辭，非要盟也。彼自既平之後別爲盟耳。此與定十年及齊平，皆傳無盟事。定十一年及鄭平，下乃云叔還如鄭涖盟，平後乃盟，知平非盟也。

○夏五月辛酉，公會齊侯盟于艾。泰山牟縣東南有艾山○艾五蓋反

○秋七月。雖無事而書首月，具四時以成歲也，皆放此

【疏】注雖無至放此○正義曰：公羊傳曰：此無事何以書？春秋雖無事，首時過則書。首時過則何以書？春秋編年，四時具然後爲年。此注用公羊爲說。釋例曰：年之四時，雖或無事，必空書首月，以紀時變，以明曆數也。

○冬，宋人取長葛。秋取，冬乃告也。上有伐鄭圍長葛，長葛鄭邑可知，故不言鄭也。前年冬圍不克而還，今冬乘長葛無備而取之，言易也○易以豉反，傳同

【疏】注秋取至易也○正義曰：經書冬，傳言秋。丘明爲傳，例不虛舉經文，獨以秋言，此事明是以秋取，冬乃告也。冬告者，告言冬始取耳，故書之於冬。若其使以冬至，告言秋取，亦當追書於秋。八年傳曰：冬，齊侯使來告成三國。秋成冬告，書之於秋。明此以冬取告，故書於冬也。賈、服以爲長葛不繫鄭者，刺不能撫有其邑。凡邑爲他國所取，皆是不能撫有之，何故於此獨爲惡鄭？故杜以爲上有伐鄭圍長葛，則長葛鄭邑可知，故不言鄭也。既言秋取，取實在秋，因其經文在冬，遂言冬乘無備。襄十三年傳例曰：凡書取，言易也。知此乘其無備而取之也。杜知長葛不繫鄭非大都以名通者，以前年云伐鄭圍長葛，長葛之文繫於鄭故也。劉炫以大都通名而規杜氏，非也。

傳六年春鄭人來渝平更成也渝變也公之爲公子戰於狐壤爲鄭所執逃歸怨鄭鄭伐宋公欲救宋宋使者失辭公怒而止忿宋則欲厚鄭鄭因此而來故經書渝平傳曰更。成○壤如掌反使所吏反【疏】釋傳注渝變至更成○正義曰渝變也言文變平者變更前惡而復爲和好變卽更之義成則平之訓故傳解渝平謂之更成自狐壤以來與鄭不和今日復和故曰更成言更復狐壤以前之好也服虔云公爲鄭所獲釋而不結平於是更爲約束以結之故曰渝平案傳公賂尹氏而與之逃歸非鄭所釋安得釋而結平也

○翼九宗五正頃父之子嘉父逆晉侯于隨翼晉舊都也唐叔始封受懷姓九宗職官五正遂世爲晉強家五正五官之長九宗一姓爲九族也頃父之子嘉父晉大夫○頃音傾長丁丈反下文及注同【疏】。注翼晉至大夫○正義曰唐叔始封受懷姓九宗職官五正者謂周成王滅唐始封唐叔以懷氏一姓九族及是先代五官之長子孫賜之言五官之長者謂於殷時爲五行官長今褒寵唐叔故以其家族賜之耳今云頃父之子嘉父者以頃父舊居職位名號章顯嘉父新爲大夫未甚著見故繫之於父諸繫父爲文者義皆同此也

納諸鄂晉人謂之鄂侯鄂晉別邑諸地名疑者皆言有以示不審闕者不復記其闕他皆放此前年桓王立此侯之子於翼故不得復入翼別居鄂○鄂五各反不復扶又反下同【疏】注諸地至放此○正義曰杜言不復記其闕者謂但言某邑而已下不云闕若鄂直云晉別邑及翼侯奔隨注云隨晉地鄭人侵衞牧注云牧衞邑如此之類皆不言闕是也若不知何國之地者則言闕若虞公出奔共池公孫嬰齊卒于貍。脤並注云闕是也亦有雖知某國之地注亦云闕則隱十一年蘇忿生十。二邑注陘云闕者以餘邑皆知所在唯此獨闕故也

○夏盟于艾始平于齊也春秋前魯與齊不平今乃棄惡結好故言始平于齊○好呼報反

○五月庚申鄭伯侵陳大獲往歲鄭伯請成于陳成猶平也【疏】。五月庚申○正義曰案經盟于艾亦在五月傳略不言月庚申之日須月以統

之故別言五月他皆放此陳侯不許五父諫曰親仁善鄰國之寶也君其許鄭五父陳公子佗○佗徒何
反人名皆同○陳侯曰宋衛實難可畏難也○難乃旦反注同鄭何能為遂不許君子曰善不可失
惡不可長其陳桓公之謂乎長惡不悛從自及也悛止也從隨也○悛七全反雖欲救之其
將能乎商書曰惡之易也如火之燎于原不可鄉邇商書盤庚言惡易長如火焚原野不可鄉近○燎力
召反又力弔反鄉本又作嚮同許亮反近附近之近其猶可撲滅言不可撲滅○撲普卜反周任有言周任周大夫○任音壬曰
為國家者見惡如農夫之務去草焉芟夷蘊崇之絕其本根勿使能殖則善者
信矣芟刈也夷殺也蘊積也崇聚也○去起呂反芟所銜反說文作癹匹末反云以足蹋夷草蘊紆紛反信如字一音申○秋宋人取長
葛○冬京師來告饑公為之請糴於宋衛齊鄭禮也告饑不以王命故傳言京師而不書於經也雖非王
命而公共以稱命己國不足旁請鄰國故曰禮也傳見隱之賢○為于偽反糴直歷反見賢遍反○【疏】注告饑至之賢○正義曰王使至魯皆應書經此獨
不書故解之以人情恕之不得自不輸粟空告他人故知己國不足旁請鄰國故曰禮也定五年歸粟于蔡尚書於經此不書者魯以往歲螟災故己國饑困
所輸不多宋鄭輸粟不復告魯故皆不書此事無經而發故解傳意見隱之賢諸無經之傳皆意有所見悉皆放此○鄭伯如周始朝桓
王也桓王即位周鄭交惡至是乃朝故曰始王不禮焉周桓公言於王曰我周之東遷晉鄭焉依
周桓公周公黑肩也周采地扶風雍縣東北有周城幽王為犬戎所殺平王東徙晉文侯鄭武公左右王室故曰晉鄭焉依○焉依如字或於虔反非雍於用

反左音佐右音祐又並如字。疏注周桓至焉依○正義曰桓公是周公黑肩事見桓十八年傳也幽王娶申女為后生大子宜臼後得褒姒嬖之生子伯
服廢申后逐大子以褒姒為后伯服為大子宜臼奔申申侯乃與犬戎共攻幽王殺幽王於驪山之下於是諸侯乃與申侯共立宜臼是為平王以西都偪戎
晉文侯鄭武公夾輔平王東遷洛邑毛詩尚書國語史記皆略有其事善鄭以勸來者猶懼不蔇。蔇至也○蔇其器反○況不
禮焉鄭不來矣為桓五年諸侯從王伐鄭傳

經七年春王三月叔姬歸于紀無傳叔姬伯姬之娣也至是歸者待年於父母國不與嫡俱行故書○嫡本又作適同丁歷反

疏注叔姬至故書○正義曰女嫁於他國皆有姪娣與適俱行則所尊在適書適不書姪娣叔姬待年之女年滿特行故書其歸魯女嫁於他國之卿皆書
之夫人之娣尊與卿同其書固是常例賈云書之者刺紀貴叔姬傳無其事是妄說也

○滕侯卒傳例曰不書名未同盟也滕國在沛國公丘縣東南○沛音貝

疏滕侯卒○正義曰譜云滕姬姓文王子錯叔繡之後武王封之居滕今沛郡公丘縣是也自叔繡至宣公十七世乃見春秋隱公以下春
秋後六世而齊滅之世本云齊景公亡滕案齊景之卒在滕隱之前世本言隱公之後仍有六世為君而云齊景亡滕為謬何甚服虔昭四年注亦云齊景亡
滕是不考校而謬言之地理志云沛郡公丘縣故滕國也周文王子錯叔繡所封三十一世為齊所滅

○夏城中丘城例在莊二十九年中丘在琅邪臨沂縣東北○琅音郎沂魚依反

○齊侯使其弟年來聘諸。聘皆使卿執玉帛以相存問例在襄。九年

疏注諸聘至九年○正義曰聘禮使者執圭以致命束帛加璧以致享鄭玄云享獻也既聘又獻所以厚恩惠也是執玉帛以相存問也玉人職云瑑圭璋璧琮八寸以覜聘注
云八寸者據上公之臣案聘禮圭以聘君璋以聘夫人既行聘之後璧以享君琮以享夫人又鄭玄注小行人云使卿大夫覜聘降其君瑞一等則侯伯之臣

圭璋璧琮皆六寸子男之臣皆四寸又小行人云圭以馬璋以皮璧以帛琮以錦琥以繡璜以黼鄭玄注云二王之後享天子圭以馬享后璋以皮其餘諸侯享天子璧以帛享后琮以錦子男享大國之君琥以繡享大國夫人璜以黼是玉帛之文也○秋公伐邾○冬天王使凡伯來聘凡伯周卿士凡國伯爵也汲郡共縣東南有凡城○共音恭凡字本作汎音凡戎伐凡伯于楚丘以歸戎鳴鐘鼓以伐天子之使見夷狄彊虣不書凡伯敗者單使無衆非戰陳也但言以歸非執也楚丘衛地在濟陰城武縣西南○使所吏反下同見賢遍反虣蒲報反陳直覲反

【疏】注戎鳴至西南○正義曰傳例有鐘鼓曰伐此既言伐知其鳴鐘鼓也杜意言以歸者以彼隨己而已非囚執之辭故云但言以歸非執也杜必知以歸非執者穀梁傳云以歸猶愈乎執也又昭十三年晉人執季孫意如以歸若歸是執何須別起執文明直言以歸者非執也至如定四年以沈子嘉歸經云殺之哀七年以邾子益來傳云囚諸負瑕既有囚殺之文容或是執若直言以歸無囚殺之事者則非執者也春秋有文同事異此即其類也劉君引沈子邾子云以歸者皆執以規杜氏非其義也

傳七年春滕侯卒不書名未同盟也凡諸侯同盟於是稱名故薨則赴以名盟以名告神故薨亦以名告同盟告終告亡者之終稱嗣位之主嗣也以繼好息民嗣位之主當奉而不忘故曰繼好好同則和親故曰息民○好呼報反注同謂之禮經此言凡例乃周公所制禮經也十一年不告之例又曰不書於策明禮經皆當書於策仲尼脩春秋皆承策爲經丘明之傳博采衆記故始開凡例特顯此二句他皆放此

【疏】凡諸至禮經○正義曰諸侯者公侯伯子男五等之總號侯訓君也五等之主雖爵命小異而俱是國君故總稱諸侯也諸發凡者皆周公之垂法史書之舊章丘明采合舊語以發明史例雖意是舊典而辭出丘明非全寫舊語同盟稱名薨則赴

以名是周公之舊典其告終稱嗣以下乃是解釋赴意非舊語也傳二十三年又發例曰凡諸侯同盟死則赴以名禮也直言赴名是禮不言繼好是禮繼好息民是禮之大意非禮之實明是丘明言此以解赴名之意彼云禮也此云謂之禮經其事一也言謂此赴名爲禮之常法丘明之意言周公謂之然也謂之禮經雖指此一事諸發凡者莫不盡然以此爲例之初故特言之○注此言至放此○正義曰凡例是周公所制其來亦無所出以傳言謂之禮經則是先聖謂之非丘明自謂之也史之書策必有舊法一代大典周公所制故知凡例亦是周公所制此言凡例則云謂之禮經。不言凡例則云不書於策以此明所謂禮經皆當書策從傳之首至此始開凡例故特顯此二句二句者謂之禮經是一句與不書于策爲二句也然則九年凡例雨自三日以往爲霖不以爲始而遠取十一年云始開凡例者以九年唯記當國雨雪之事史策舊文非是赴告國家大事之例

○夏城中丘書不時也○齊侯使夷仲年來聘結艾之盟也艾盟在六年

○秋宋及鄭平七月庚申盟于宿公伐邾爲宋討也公拒宋而更與鄭平欲以鄭爲援今鄭復與宋盟故懼而伐邾欲以求宋故曰爲宋討○平欲爲宋于僞反注爲宋同援于眷反復扶又反

○初戎朝于周發幣于公卿凡伯弗賓朝而發幣於公卿如今計獻詣公府卿寺【疏】○注朝而至卿寺○正義曰朝於天子獻國之所有亦發陳財幣於公卿之府寺如今者如晉時諸州年終遣會計之吏獻物於天子因令以物詣公府卿寺然自漢以來三公所居謂之府九卿所居謂之寺風俗通曰府聚也公卿牧守。府道德之所聚也藏府私府財貨之所聚也寺司也庭有法度。令官所止皆曰寺釋名曰寺嗣也治事者相嗣續於其內

冬王使凡伯來聘還戎伐之于楚丘以歸傳言凡伯所以見伐

○陳及鄭平六年鄭侵陳大獲今乃平

十二月陳五父如鄭涖盟涖臨也○壬申及鄭伯盟歃如忘。忘不在於歃血。○歃色洽反歃血也

如忘亡亮反服虔云如而也疏。歃如忘○正義曰歃謂。口含血也當歃血之時如似遺忘物然故注云志不在於歃血也服虔云如而也臨歃而忘其盟載之辭言不精也盟載之辭在於簡策祝史讀以告神非歃者自誦之何言忘載辭也且忘否在心五父終不自言已忘洩伯安知其忘而。譏之洩伯曰五父必不免不賴盟矣洩伯鄭洩駕○洩息列反鄭良佐如陳涖盟良佐鄭大夫辛巳及陳侯盟亦知陳之將亂也入其國觀其政治故總言之也皆為桓五年六年陳亂蔡人殺陳佗傳○治直吏反○鄭公子忽在王所故陳侯請妻之以忽為王寵。故○妻七計反鄭伯許之乃成昏為鄭忽失齊昏援以至出奔傳○為鄭于偽反

經八年春宋公衛侯遇于垂垂衛地濟陰句陽縣東北有垂亭○句古侯反○三月鄭伯使宛來歸祊。宛鄭大夫不書氏未賜族祊鄭祀泰山之邑在琅邪費縣東南○宛於阮反祊必彭反費音祕疏。注宛鄭至東南○正義曰內卿貶則去族外卿貶則稱人外無去族之理今宛無族傳無譏文故知未賜族也傳言鄭釋泰山之祀使來歸祊知祊是鄭祀泰山之邑鄭以桓公之故受邑泰山之下天子祭泰山必從往助祭使共湯沐焉故公羊謂之湯沐之邑既有此邑因立別廟劉炫云言祀泰山之邑者謂泰山之旁有此邑邑內有鄭宗廟之祀蓋祀桓武之神庚寅我入祊桓元年乃卒易祊田知此入祊未肯受而有之○夏六月己亥蔡侯考父卒無傳襄六年傳曰杞桓公卒始赴以名同盟故也諸。侯同盟稱名者非唯見在位。二君也嘗與其父同盟則亦以名赴其子亦所以繼好也蔡未與隱盟蓋春秋前與惠公盟故赴以名○見賢遍反好呼報反疏注襄六至以名○正義曰同盟赴名自有成例而引杞桓公者蔡與自春秋以來未與魯盟疑與惠公同盟故引杞桓為例杞桓與成公同盟而以名赴襄公傳曰同盟故也則與其父盟得以名赴其子故疑蔡與惠盟故以名赴隱也同盟稱名則兩君相知君既知之則國內皆知故彼父雖

薨得以名赴彼子以此名嘗與彼父對稱故也若父。與彼盟
彼君雖在此子不得以其名赴以此名未與彼君對稱故也 辛亥宿男卒無傳元年
宋魯大夫盟于宿宿與盟也晉荀。偃禱河稱齊晉君名然後自稱名知雖大夫
出盟亦當先稱己君之名以啓神明故薨皆從身盟之例當告以名也傳例曰
赴以名則亦書之不然則否辟不敏也今宿赴不以名故亦不書名諸例或發
於始事或發於後者因宜有所異同亦或丘明所得記注本末不能皆備故○
宿與音預下不與同禱丁老反或丁報反 [疏]注元年至備故○正義曰於例盟以國地則地主與之
元年盟于宿知宿與盟也魯宋俱是微人宿君必不親
與知宿亦大夫盟也盟禱雖異俱是告神荀偃之禱先稱君名知大夫聚盟亦
各稱君名臣盟既稱君名則君薨得以名赴宿君之卒宜以名赴魯今宿男不
名自不以名赴非法不得也故引僖二十三年傳例以明之言其赴不以名雖
知亦不得書也諸君不親盟而以名赴魯注云大夫盟於某者義皆出此衛冀
隆難杜云周人以諱事神臣子何得以君之名告神又荀偃禱河一時之事耳
非正禮也何得知大夫盟先稱君名乎杜必爲此解者以諱事神謂諱神之名
以事其神若祭祖而諱祖之類山川之神尊於諸侯故尚書武成告名山。川云
有道周王發則荀偃禱河自稱君名於理何怪杜云諸例或發於始事或發於
後者若七年滕侯卒傳曰凡諸侯同盟於是稱名及桓二年公至自唐凡公行
告于宗廟是或發於始事也宣四年凡弑君稱君及僖二十六年凡師能左右
之曰以是或發於後也云因宜有所異同者宣四年鄭公子歸生弑君嫌歸生
無罪及宣五年高固來逆叔姬嫌見偪成昏故傳因以明之是也云亦或丘明
所得記注本末不能皆備者但杜又自疑以爲諸例皆應從始事而發在後發
者以記注周公舊凡不繫於始事繫於後事丘明作傳因記注所繫遂以發之
如杜此言則周公舊凡於記注之文散在諸事
丘明作傳因記注之文發例故或先或後也 ○秋七月庚午宋公齊侯衛侯
盟于瓦屋 齊侯尊宋使主會故宋公序齊上瓦屋周地 [疏]注齊侯至周地○正義曰春秋之例國以大小爲序外傳鄭語云齊莊僖於是乎小伯

此齊侯卽僖公也此盟平宋衞也齊爲會主則齊宜在上今宋在齊上故特解之由宋敬齊侯與衞先遇故齊侯尊宋使爲會主瓦屋既闕知是周地者以其會于温盟于瓦屋會盟不得相遠温是周地知瓦屋亦周地也 ○八月葬蔡宣公無傳三月而葬速 ○九月辛卯公及莒人盟于浮來莒人微者不嫌敵公侯故直稱公例在僖二十九年浮來紀邑東。莞縣北有邳鄉邳鄉西有公來山號曰邳來間○邳蒲悲反間如字 疏 注莒人至來間○正義曰僖二十九年公會王子虎及諸侯之卿盟于翟泉沒公不言貶卿稱人直言會某人某人傳曰卿不書罪之也在禮卿不會。公侯會伯子男可也此莒人乃對會公侯故解之莒是小國卿當稱人非貶辭也微者不嫌能敵公侯故直稱公也 ○螟無傳爲災 ○冬十有二月無駭卒公不與小斂故不書日卒而後賜族故不書氏○斂力驗反

傳八年春齊侯將平宋衞平宋衞於鄭有會期宋公以幣請於衞請先相見宋敬齊命衞侯許之故遇于犬丘犬丘垂也地有兩名 疏 注犬丘至兩名○正義曰地有兩名新舊改易者傳則言實以明之若二名俱存者傳則錯經以見之此犬丘與垂兩名俱存故傳不言實釋例曰若。一。地二名當時並。存則直兩文互見黑壤犬丘時來之屬是也猶卿大夫名氏互見非例也 ○鄭伯請釋泰山之祀而祀周公以泰山之祊易許田三月鄭伯使宛來歸祊不祀泰山也成王營王城有遷都之志故賜周公許田以爲魯國朝宿之邑後世因而立周公別廟焉鄭桓公。周宣王之母弟封鄭有助祭泰山湯沐之邑在祊鄭以天子不能復巡。狩故欲以祊易許田各從本國所近之宜恐魯以周公別廟爲疑故云已廢泰山之祀而欲爲魯祀周公孫辭以有求也許田近許之田○泰山如字東岳能復扶又反守手又反近附近之近下同又如字欲爲于僞反下爲魯同 疏 注成王至之田○正義曰成王營邑於洛以爲

居土之中貢賦路均將於洛邑受朝許田近於王城故賜周公許田以爲魯國朝宿之邑詩魯頌曰居常與許復周公之宇是周公得許田也公羊傳曰許田者何魯朝宿之邑也是許田爲魯朝宿之邑鄭請易許田而求祀周公故知後世因在許田之中而立周公别廟焉鄭桓公以周宣王之母弟故於泰山之下亦受祊田以爲湯沐之邑祊邑内亦有鄭先君别廟此時周室既衰王不巡守鄭以天子不復巡守則泰山之祀既廢祊無所用故欲以祊易許許田近鄭祊田近魯各從本國所近之宜也魯以許田奉周公之祀易其田則廢其祀恐魯以周公别廟爲疑慮將不許云已廢泰山之祀而欲爲魯祀周公言鄭得許田周公之祀不絶也云已廢泰山之祀者謂天子不復巡守鄭家已廢此助祭泰山祭祀之事無所祭祀故欲爲魯祀周公其實廢來已久今始云已廢者欲爲魯祀周公故云已廢耳方便遜辭以求於魯也定四年祝佗言康叔之受分物云取於有閻之土以共王職取於相土之東都以會王之東蒐有閻之土猶魯之許田也相土之東都猶鄭之祊邑也鄭近京師無假朝宿魯近泰山不須湯沐各受其一相衞以道路並遠故兩皆有之禮記王制曰方伯爲朝天子皆有湯沐之邑於天子之縣内然則朝宿之邑亦名湯沐但向京師主爲朝王從王巡守主爲助祭祭必沐浴隨事立名朝宿湯沐亦互言之耳異義左氏說諸侯有大功德乃有朝宿湯沐之邑公羊說以爲諸侯皆有朝宿湯沐之邑許慎以公羊爲非則杜意亦從許慎也「公羊爲非則杜意亦從許慎也」公羊傳曰此魯朝宿之邑也則曷爲謂之許田諱取周田也諱取周田則曷爲謂之許田繫之許也曷爲繫之許近許也杜言近許之田是用公羊爲說杜依公羊之傳邑實近許故以許爲名劉君更無所馮直云别有許邑自名許非由近許國始名爲許以規杜氏非其義也

○夏虢公忌父始作卿士于周周人於此遂畀之政○畀必二反

○四月甲辰鄭公子忽如陳逆婦嬀辛亥以嬀氏歸甲寅入于鄭陳鍼子送女先配而後祖鍼子曰是不爲夫婦誣其祖矣非禮也

何以能育鍼子陳大夫禮逆婦必先告祖廟而後行故楚公子圍稱告莊共之廟鄭忽先逆歸而後告廟故曰先配而後祖○鍼其廉反誣亡符反共音恭本亦作恭

【疏】注鍼子至後祖○正義曰先配後祖多有異說賈逵以配爲成夫婦也禮齊而未配三月廟見然後配案昏禮親迎之夜衽席相連是士禮不待三月也禹娶塗山四日即去而有啓生焉亦不三月乃配是賈之謬也鄭衆以配爲同牢食也先食而後祭祖無敬神之心故曰誣其祖也案昏禮婦既入門即設同牢之饌其間無祭祀之事先祭乃食禮無此文是鄭之妄也鄭玄以祖爲載道之祭也先爲配匹而後祖道言未去而行配案傳既言入于鄭乃云先配而後祖寧是未去之事也若未去先配則鍼子在陳譏之何須云送女也此三說皆滯故杜引楚公子圍告廟之事言鄭忽先逆婦而後告廟故曰先配而後祖此時忽父見在計告廟以否當是莊公之事而譏忽者楚公子圍亦人臣矣而自布几筵告於莊共之廟不言稟君之命知逆者雖受父命當自告廟且忽先爲配匹而後告祖見其告祖方始譏之知忽自告祖也或可鄭伯爲忽娶妻先逆而後告廟鍼子見而譏之公子圍告廟者專權自由耳非正也

○齊人卒平宋衞于鄭秋會于溫盟于瓦屋以釋東門之役禮也會溫不書不以告也定國息民故曰禮也平宋衞二國忿鄭之謀鄭不與盟故不書○與音預

○八月丙戌鄭伯以齊人朝王禮也言鄭伯不以虢公得政而背王故禮之齊稱人略從國辭上有七月庚午下有九月辛卯則八月不得有丙戌○背音佩

【疏】注言鄭至丙戌○正義曰庚午之後十六日而有丙戌二十一日而有辛卯七月有庚午九月有辛卯其間不容一月是八月不得有丙戌更遙一周則丙戌去庚午七十七日八月亦不得有丙戌是明丙戌爲日誤長曆推七月丁卯朔四日庚午至二十日是丙戌九月丙寅朔二十六日辛卯其月二十一日是丙戌八月小丁酉朔十日丙午二十日丙辰二日戊戌十四日庚戌二十六日壬戌未知丙戌二字孰爲誤也不直云日誤而檢上下者因傳明文故顯言之他皆放此

○公及莒人盟

于浮來以成紀好也二年紀莒盟于密爲魯故今公尋之故曰以成紀好○好呼報反下同○冬齊侯使來告成
三國齊侯冬來告稱秋和三國公使衆仲對曰君釋三國之圖以鳩其民君之惠也寡君聞
命矣敢不承受君之明德也鳩集也○無駭卒羽父請謚與族公問族於衆仲衆仲
對曰天子建德立有德以爲諸侯因生以賜姓因其所由生以賜姓謂若舜由嬀汭故陳爲嬀姓○汭如銳反疏注因其至
嬀姓○正義曰陳世家云陳胡公滿者虞帝舜之後也昔舜爲庶人時居于嬀汭其後因爲氏姓姓嬀氏武王克殷得嬀滿封之於陳是舜由嬀汭故陳爲嬀
姓也案世本帝舜姚姓哀元年傳稱虞思妻少康以二姚是自舜以下猶姓姚也昭八年傳曰及胡公不淫故周賜之姓是胡公始姓嬀耳史記以爲胡公之
前已姓嬀非也胙之土而命之氏報之以土而命氏曰陳○胙才故反報也疏注報之至曰陳○正義曰胙訓報也有德之人必有美報
報之以土謂封之以國名以爲之氏諸侯之氏則國名是也周語曰帝嘉禹德
賜姓曰姒氏曰有夏胙四岳國賜姓曰姜氏曰有呂亦與賜姓曰嬀命氏曰陳
其事同也姓者生也以此爲祖令之相生雖下及百世而此姓不改族者屬也
與其子孫共相連屬其旁支別屬則各自立氏禮記大傳曰繫之以姓而弗別
百世而昏姻不通者周道然也是言子孫當共姓也其上文云庶姓別於上而
戚單於下是言子孫當別氏也氏猶家也傳稱盟于子晳氏逐瘈狗入於華臣
氏如此之類皆謂家爲氏氏族一也所從言之異耳釋例曰別而稱之謂之氏
合而言之則曰族例言別合者若宋之華元華喜皆出戴公向魚鱗蕩共出桓
公獨舉其人則云華氏向氏并指其宗則云戴族桓族是其別合之異也記謂
之庶姓者以始祖爲正姓高祖爲庶姓亦氏族之別名也姓則受之於天子族
則稟之於時君天下之廣兆民之衆非君所賜皆有族者人君之賜姓賜族爲
此姓此族之始祖耳其不賜者各從父之姓族非復人人賜也晉語稱黃帝之

子二十五人其得姓者十二人天子之子尚不得姓況餘人哉固當從其父耳黃帝之子兄弟異姓周之子孫皆姓姬者古今不同質文代革周代尚文欲令子孫相親故不使別姓其賜姓者亦少唯外姓嬀滿之徒耳賜族者有大功德宜世享祀者方始賜之無大功德任其興衰者則不賜之不賜之者公之同姓蓋亦自氏祖字其異姓則有舊族可稱不世其祿不須賜也衆仲以天子得封建諸侯故云胙土命氏據諸侯言耳其王朝大夫不封爲國君者亦當王賜之族何則春秋之世有尹氏武氏之徒明亦天子賜之與諸侯之臣義無異也此無駭是卿羽父爲之請族蓋爲卿乃賜族大夫以下或不賜也諸侯之臣卿爲其極既登極位理合建家若其父祖微賤此人新升爲卿以其位絶等倫其族不復因故身未被賜無族可稱魯挾鄭宛皆未賜族故單稱名也或身以才舉者升卿位功德猶薄未足立家則雖爲卿竟不賜族羽父爲無駭請族知其皆由。時命非例得之也華督生立華氏知其恐慮不得故早求之也由此而言明有竟無族者魯之翬挾柔溺名見於經而其後無聞是或不得族也其士會之帑處秦者爲劉氏伍員之子在齊爲王孫氏外傳稱知果知伯之將滅自別其族爲輔氏如此之類皆是身自爲之非復君賜釋例曰子孫繁衍枝布葉分始承其本末取其別故其流至於百姓萬姓其言自有百姓萬姓未必皆君賜也晉語稱炎帝姓姜則伯夷炎帝之後姜自是其本姓而云賜姓曰姜者黃帝之後別姓非一自以姜姓賜伯夷更使爲一姓之祖耳非復因舊姓也猶后稷別姓姬不是因黃帝姓也

諸侯以字。諸侯位卑不得賜姓故其臣因氏其王父字爲謚因以爲族或使即先人之謚稱以爲族

疏諸侯至爲族○正義曰杜意諸侯以字言賜先人字爲族也爲謚因以爲族謂賜族雖以先人之字或用先人所爲之謚因將爲族以謚爲族者衛齊惡宋戴惡之類是也而劉君乃稱以謚爲族全無一人妄規杜氏非其義也死後賜族乃是王法春秋之世亦有非禮生賜族者華督是也釋例曰舊說以爲大夫有功德者則生賜族非也至於鄭祭仲爲祭封人後升爲卿經書祭仲。以生賜族者檢傳既無同華氏之文則祭者是仲之舊氏也諸侯以字字有二等檀

弓曰幼名冠字五十以伯仲周道然也則二十有加冠之字又有伯仲叔季爲長幼之字二者皆可以爲氏矣服虔云公之母弟則以長幼爲氏貴適統伯仲叔季是也庶公子則以配字爲氏尊公族展氏臧氏是也案鄭子人者鄭厲公之弟桓十四年鄭伯使其弟語來盟卽其人也而其後爲子人氏不以仲叔爲氏則服言公之母弟以長幼爲氏其事未必然也杜以慶父叔牙與莊公異母自然仲叔非母弟族矣其或以二十之字或以長幼之字蓋出自時君之命也叔肸稱叔不稱孫而三桓皆稱孫俱氏長幼之字自不同也臧氏稱孫展氏不稱孫俱。氏二十之字自不同也然則稱孫與不稱孫蓋出其家之意未必由君賜也以字爲族者謂公之曾孫以王父之字爲族也諸侯之子稱公子公子之子稱公孫公子公孫繫公之常言非族也其或貶責則亦與族同成十四年叔孫僑如如齊逆女傳曰稱族尊君命也僑如以夫人婦姜氏至自齊傳曰舍族尊夫人也宣元年公子遂如齊逆女遂以夫人至事與僑如正同其傳直云尊君命尊夫人不言稱族舍族既非氏族則不待君賜自稱之矣至於公孫之子不復得稱公曾孫如無駭之輩直以名行及其死也則賜之族以其王父之字爲族也此無駭是公之曾孫公之曾孫必須有族故據曾孫爲文言以王父字耳公之曾孫正法死後賜族亦有未死則有族者則叔孫得臣是也公子公孫於身必無賜族之理經書季友仲遂叔肸者皆是以字配名連言之故杜注並云字也其蕩伯姬者公子蕩之妻不可言公子伯姬故繫於夫字言蕩伯姬蕩非當時之氏其傳云立叔孫氏臧僖伯臧哀伯叔孫戴伯之徒皆傳家據後追言之耳其公孟彄世本以爲靈公之子字公孟名彄與季友仲遂相似俱以字配名劉炫不達此旨妄規杜過非也必如劉解生賜族之文證在何處其公之曾孫玄孫以外爰及異姓有新升爲卿君賜之族蓋以此卿之字卽爲此族案世本宋督是戴公之孫好父說之子華父是督之字計督是公孫耳未合賜族應死後其子乃賜族故杜云督未死而賜族督之妄也沈亦云督之子方可有族耳

官有世功則有官族邑亦如之謂取其舊官舊邑之稱以爲族皆稟之時君○稱尺證反

疏。注謂取至時君○正義曰

舊官謂若晉之士氏舊邑若韓魏趙氏非是君賜則不得爲族嫌其居官邑不待公命故云皆稟之時君此謂同姓異姓皆然也服虔止謂異姓又引宋司城韓魏爲證韓與司城非異姓司城又自爲樂氏不以司城爲族也公命以字爲展氏諸侯之子稱公子公子之子稱公孫公孫之子以王父字爲氏無駭公子展之孫故爲展氏

經九年春天子。使南季來聘無傳南季天子大夫也南氏季字也○三月癸酉大雨震電庚辰大雨雪三月今正月○電徒練反雨雪于付反傳同

疏大雨震電○正義曰說文云震劈歷震物者電陰陽激燿也河圖云陰陽相薄爲雷陰激陽爲電然則震是雷之劈歷。電是雷光僖十五年震夷伯之廟是劈歷破之雷之甚者爲震故何休云震雷也○大雨雪○正義曰說文云雨水從雲下也然則雨者天上下水之名既見雨從天下自上下者因即以雨言之雨螽亦稱爲雨故下雪稱雨雪也平原出水爲大水直書大水平地尺爲大雪不直書大雪而云大雨雪者水則從天入地出地乃爲多見其在地之多言其出水之大故不言大雨水雪則自天而下下即委之於地見其自上而下言其下雪之多故言大雨雪水則俯視雪則仰觀故立文有異其大雨霰亦與雪同

挾卒。無。傳。挾。魯。大夫。未。賜。族○夏城郎○秋七月○冬公會齊侯于防防魯地在琅邪。縣東南○華戶化反

傳九年春王三月癸酉大雨霖以震書始也書癸酉始。始雨日○霖音林爾雅云久雨謂之淫淫雨謂之霖庚辰大雨雪亦如之書時失也夏之正月微陽始出未可震電既震電又不當大雨雪故皆爲時失。凡雨自三日以往。爲霖此解經書霖也而經無霖字經誤

疏注此解至經誤○正義曰傳發凡以解經若經無霖字則傳無由發故知經誤然則經當如傳言大

雨霖以震不當云大雨震電是經脫霖以二字而妄加電也○平地尺爲大雪○夏城郎書不時也○宋公不王不共王職○共音恭本亦作供鄭伯爲王左卿士以王命討之伐宋宋以入郛之役怨公不告命入郛在五年公以七年伐邾欲以說宋而宋猶不和也公怒絶宋使○秋鄭人以王命來告伐宋遣使致王命也伐宋未得志故復。往告之○冬公會齊侯于防謀伐宋也○北戎侵鄭鄭伯禦之患戎師曰彼徒我車懼其侵軼我也徒步兵也軼突也軼直結反又音逸○公子突曰使勇而無剛者嘗寇而速去之公子突鄭厲公也嘗試也勇則能往無剛不恥退君爲三覆以待之覆伏兵也戎輕而不整貪而無親勝不相讓敗不相救先者見獲必務進進而遇覆必速奔後者不救則無繼矣乃可以逞逞解也○輕遣政反逞勑領反解音蟹或佳買反

疏。先者至以逞○正義曰嘗寇速去知戎必逐之逐其去者必有所獲獲謂獲鄭人也在先者見逐有所獲不復顧後必務在速進謂棄其後者獨自先進進而遇覆必速迴奔走後者不救則是無繼矣無繼則易敗如是乃可以解患服虔云先者見獲言必不往相救各自務進言其貪利也其言見獲者當謂戎被鄭獲也鄭人速去以誘之安得獲戎也在先者已被鄭獲重進者將復爲虜各自務進欲何所貪而云貪利也此則不言可解無故以解亂之

從之戎人之前遇覆者奔祝聃逐之祝聃鄭大夫○聃乃甘反一音士甘反衷戎師前後擊之盡殪爲三部伏兵祝聃。帥勇而無剛者先犯戎而速奔以。遇二伏兵至後伏兵起戎還走祝聃反逐之戎前後及中三處受敵故曰衷戎師殪死也○衷丁仲反又音忠殪於計反處昌慮反

疏注爲三至死也○正義曰前後及中

三處受敵者前謂第一伏逆其前也後謂祝聃與後伏逐其後也中謂第二伏擊其中也衷戎師者謂戎師在三伏之中殪死也釋詁文戎師大奔後駐軍不復繼也○駐丁住反十一月甲寅鄭人大敗戎師此皆春秋時事雖經無正文所謂必廣記而備言之將令學者原始要終尋其枝葉究其所窮他皆放此○令力呈反要於遙反疏十一月至戎師○正義曰此即上傳所說擊戎之事史官得其戰狀乃裁約為之辭經之所陳皆是此類既不書經故準經為文以總之

經十年春王二月公會齊侯鄭伯于中丘傳言正月會癸丑盟釋例推經傳日月癸丑是正月二十六日知經二月誤○夏翬帥師會齊人鄭人伐宋公子翬不待公命而貪會二國之君疾其專進故去氏齊鄭以公不至故亦更使微者從之伐宋不言及明翬專行非鄧之謀也及例在宣七年○去起呂反傳同疏注公子至七年○正義曰傳稱羽父先會齊侯鄭伯是不待公命也貪會二國之君自求其名時史疾其專進故貶去公子公子義與氏同故以氏言之中丘之會計君自親行今齊鄭稱人是使微者從之也於例師出與謀曰及傳稱盟于鄧為師期公既與謀計當書及今乃言會明其以翬專行非鄧之謀釋例曰王命伐宋羽父不匡君以速進而先會二國自以為名故貶去其族齊為侯伯鄭伯又為王卿士二君奉王命以討宋惡羽父之專進故使與微者同伐動而無功故無成敗也案四年翬固請而行故貶去其氏此直言羽父先會齊侯鄭伯無固請之文亦貶之者又公子豫會邾人鄭人以不待公命而經不書此翬亦不待公命而經書者翬於四年傳稱固請明此先會亦固請也傳於四年其文已詳故於此而略耳豫會邾人鄭人本非公卿故不書此則公會齊鄭于中丘已為師期翬又請公先會先會則是君命故以書之○六月壬戊公敗宋師于菅齊鄭後期故公獨敗宋師書敗宋未陳也敗例在莊十一年菅宋地○菅古顏反陳直覲反疏注齊鄭至宋地○正

義曰案傳公會齊侯鄭伯于老桃然後公敗宋師則知老桃之會謀與宋戰彼與公謀戰而公獨敗宋師知齊鄭後期也

辛未取郜辛巳取防鄭後至得郜防二邑歸功于魯故書取明不用師徒也濟陰。城武縣東南有郜城高平昌邑縣西南有西防城○郜古報反字林又工竺反

○秋宋人衛人入鄭宋人蔡人衛人伐戴。鄭伯伐取之三國伐戴鄭伯因其不和伐而取之書伐用師徒也書取克之易也戴國今陳留外黃縣東南有戴城○戴音再字林作戴云故國在陳留易以鼓反傳同

【疏】注三國至戴城○正義曰案傳例克邑不用師徒曰取然則取者據克邑之易今此克得軍師亦稱取者但取者雖據克邑之文其克得師衆而易者亦曰取是以莊十一年注云威力兼備若羅網所掩覆一軍皆見禽制若非前敵之易何能覆而取之故釋例曰如取如攜然則凡言取者皆易辭劉君以取之非易而規杜氏非也沈氏亦云今日圍明日取故知易也公羊傳曰其言伐取之何易也是杜所用之義地理志云梁國甾縣故載國應劭曰章帝改曰考城古者甾載聲相近故鄭玄詩箋讀俶。載爲熾。菑是其音大同故漢於載國立甾縣於晉屬陳留

○冬十月壬午齊人鄭人入郕

傳十年春王正月公會齊侯鄭伯于中丘癸丑盟于鄧爲師期尋九年會于防謀伐宋也公既會而盟盟不書非後也蓋公還告會而不告盟鄧魯地

【疏】注尋九至魯地○正義曰九年傳稱會于防謀伐宋未及伐宋而更爲此會爲師伐宋之期知是尋防會也釋例曰盟于鄧盟于郲盟于戚公既在會而不書盟者以理推之會在盟前知非後盟也蓋公還告會而不告盟

○夏五月羽父先會齊侯鄭伯伐宋言先會明非公本期釋翬之去族

○六月戊申公會齊侯鄭伯于老桃會不書不告於廟也老桃宋地六月無戊申戊申。五月二十三日日誤

【疏】注會不至日誤○正義曰六月無戊申者下有辛巳取防亦在六月之內戊申在辛

巳之前三十三日不得共在一月上有五月今別言六月知日誤月不誤長曆推六月丙辰朔三日戊午五日庚申未知二者孰是壬戌公敗宋師于菅庚午鄭師入郜辛未歸于我庚辰鄭師入防辛巳歸于我壬戌六月七日庚午十五日庚辰二十五日鄭伯後期而公獨敗宋師故鄭頻獨進兵以入郜防入而不有命魯取之推功上爵讓以自替不有其實故經但書魯取以成鄭志善之也

君子謂鄭莊公於是乎可謂正矣以王命討不庭下之事上皆成禮於庭中不貪其土以勞王爵正之體也勞者敘其勤以答之諸侯相朝逆之以饔餼謂之郊勞魯侯爵尊鄭伯爵卑故言以勞王爵○勞力報反注同餼音許氣反

疏注勞者至王爵○正義曰聘禮賓至于近郊君使卿朝服用束帛勞覲禮至于郊王使人皮弁用璧勞周禮司儀曰諸公相爲賓主君郊勞皆不言以饔餼勞案禮饔餼乃是既相見致大禮不應於郊以設之杜意蓋以孰食曰饔生牲曰餼以勞客於郊必有牲餼故亦饔餼言之非謂大禮之饔餼也勞禮大行人云上公三勞近郊勞一也遠郊勞二也竟首勞三也侯伯再勞去竟首子男一勞去遠郊凡近郊勞皆君自行遠郊使卿竟首使大夫掌客又云上公五積皆眂飧牽侯伯四積子男三積是賓入竟之後有致積之禮積錐是牽亦或有。孰或在郊致積故謂之郊勞沈依聘禮注其郊之遠近上公遠郊五十里侯伯三十里子男十里近郊各半之

○蔡人衛人郕人不會王命不伐宋也○秋七月庚寅鄭師入郊猶在郊鄭師還駐兵於遠郊宋人衛人入鄭宋衛奇兵承虛入鄭蔡人從之伐戴從宋衛伐戴也八月壬戌鄭伯圍戴癸亥克之取三師焉三國之軍在戴故鄭伯合圍之師者軍旅之通稱○稱尺證反

疏注三國至通稱○正義曰三國之軍在戴城下故鄭伯合圍之不言圍戴者本意圍三師不圍戴也不言圍三師者今日圍明日取圍之不久。經以取告不以圍告三國經皆稱人於例爲將

卑師少而傳言三師故辯之師者軍旅之通稱宋衛既入鄭而以伐戴召蔡人伐戴乃召之蔡人怒故不和而敗言鄭取之易也○九月戊寅鄭伯入宋報入鄭也九月無戊寅戊寅八月二十四日疏○注報入至四日○正義曰九月無戊寅者經有十月壬午長曆推壬午十月二十九日戊寅在壬午之前四日耳故九月不得有戊寅上有八月下有冬則誤在日也○冬齊人鄭人入郕討違王命也

經十有一年春滕侯薛侯來朝諸侯相朝例在文十五年○薛息列反疏十有一年至來朝○正義曰十一下言有者于寶云十盈則更始以奇從盈數故言有也經備文傳從略故傳不言有桓七年穀伯鄧侯別言來朝此兼言來朝者彼別行禮此同行禮由同時行禮當長者在先故爭之○夏公會鄭伯于時來時來郲也滎陽縣東有釐城鄭地也○郲音來釐音來王元規力之反○秋七月壬午公及齊侯鄭伯入許與謀曰及還使許叔居之故不言滅也許潁川許昌縣○與音預還音環疏○注與謀至昌縣○正義曰與謀曰及宣七年傳例也傳稱會于郲謀伐許是公與謀也譜云許姜姓與齊同祖堯四嶽伯夷之後也周武王封其苗裔文叔于許今潁川許昌是也靈公徙葉悼公遷夷一名城父又居析一名白羽許男斯處容城自文叔至莊公十一世始見春秋元公子結元年獲麟之歲也當戰國初楚滅之地理志云潁川郡許縣故許國文叔所封二十四世爲楚所滅也漢世名許縣耳魏武作相改曰許昌○冬十有一月壬辰公薨實弒書薨又不地者史策所諱也疏注實弒至諱也○正義曰他君見弒則書弒魯君見弒則書薨公薨例皆地此公又不地故解之言魯史策書所諱也不忍言君之見弒又不忍言其僵尸之處諱而不書故夫子因之傳不言書曰知是舊史諱之也董狐書趙盾弒君仲尼謂之良史不書君弒則是史之不良夫子不改其文而

因之者爲人臣者或心實愛君爲諱愆過或志在疾惡故章賊名雖事跡不同而俱是爲國聖賢兩通其事欲見仁非一。涂僖元年傳曰諱國惡禮也以仲尼之普董狐知爲史必須直也以丘明之禮諱惡知爲史又當諱也釋例曰臣之事君猶子事父微諫見志造膝。詭辭執其事而諫其非不必其得蓋匡救將然而將順其已然故有隱諱之義焉至於激節之士則不然南史執簡而累進董狐書法而不隱鬻拳。劫君而自。刖晏嬰端委而引直聖賢亦錄而善之所以廣義訓博大道殷有三仁此之謂也是言聖賢兩通之意也鄭伯髡頑楚子麇齊侯陽生之徒俱實。見弒而以卒赴魯是。他國之臣亦有諱國惡者非獨魯史也

傳十一年春滕侯薛侯來朝爭長薛魯國薛縣○長丁丈反下注及文同疏。注薛魯國薛縣○正義曰譜云薛任姓黄帝之苗裔奚仲封爲薛侯今魯國薛縣是也奚仲遷于。邳仲虺居薛以爲湯左相武王復以其胄爲薛侯齊桓霸諸侯黜爲伯獻公始與魯同盟小國無記世不可知亦不知爲誰所滅地理志云魯國薛縣夏車正奚仲所國後遷于。邳湯相仲虺居之薛侯曰我先封薛祖奚仲夏所封在周之前○夏戶雅反疏注薛祖至之前○正義曰定元年傳曰薛之皇祖奚仲居薛以爲夏車正是夏所封也滕侯曰我周之卜正也卜正卜官之長疏注卜正卜官之長○正義曰周禮春官太卜下大夫二人其下有卜師卜人龜人筮人大卜爲之長正訓長也故謂之卜正薛庶姓也我不可以後之庶姓非周之同姓疏注庶姓至。同姓。○正義曰周禮司儀職云詔王儀南鄉見諸侯土揖庶姓時揖異姓天揖同姓鄭玄云庶姓無。親者也異。婚姻者也是庶姓非同姓也公使羽父請於薛侯曰君與滕君辱在寡人周諺有之曰山有木工則度之賓有禮主則擇之擇所宜而行之○諺音彥俗言也度大洛反周之宗盟異姓爲後盟載書皆先同姓例在定四年疏周之至爲後○正義曰賈逵以宗爲尊服虔以宗盟爲同宗之盟孫毓以爲宗伯屬官掌作盟詛之

載辭故曰宗盟杜無明解盟之尊卑自有定法不得言尊盟也周禮司盟之官乃是司寇之屬非宗伯也唯服之言得其旨也而孫毓難服云同宗之盟則無與異姓何論先後若通共同盟則何稱於宗斯不然矣天子之盟諸侯令其獎王室未聞離逖異姓獨與同宗者也但周人貴親先敘同姓以其篤於宗族是故謂之宗盟魯人之為此言見其重宗之義執其宗盟之文即云無與異姓然則公與侯燕則異姓為賓復言族燕不得有異姓也孟軻所云說詩者不以辭害意此之謂也異姓為後者謂王官之伯降臨諸侯以王命而盟者耳其春秋之世狎主齊盟者則不復先姬姓也踐土之盟其載書云王若曰晉重魯申是用王命而盟也召陵之會劉子在焉故祝佗引踐土為比為有王官故也宋之盟楚屈建先於趙武明是大國在前不先姬姓若姬姓常先則楚不得競也且言周之宗盟是唯周乃然故釋例曰斥周而言指謂王官之宰臨盟者也其餘雜盟未必皆然是言餘盟不先姬姓盟則同姓在先朝則各從其爵故鄭康成注禮記云朝覲爵同同位若然案覲禮曰諸侯前朝皆受舍于朝同姓西面北上異姓東面北上鄭玄云言諸侯明來朝者衆矣顧其入覲不得並耳分別同姓異姓受之將有先後也若如此言則似朝覲不以爵者但朝覲以爵同同位就爵同之中先同姓後異姓若盟則爵雖不同先同姓也禮記周公朝諸侯于明堂之位三公中階之前北面東上諸侯之位阼階之東西面北上諸伯之國西階之西東面北上諸子之國門東北面東上諸男之國門西北面西上覲禮於方明之壇鄭言諸侯見王之位亦引明堂位為說是則諸侯總見皆以爵為班雖不分別同姓異姓其受禮之時爵同者猶先同姓也其王官之伯臨諸侯之盟雖羣后咸在常先同姓故此言宗盟耳取重宗之事以喻己也取譬之事聊舉一邊寡人若朝于薛不敢與諸任齒朝於彼國自可下主國之宗諸侯聚盟不肯先盟主之宗也

寡人若朝于薛不敢與諸任齒

薛任姓齒列也○任音壬注同

【疏】注薛任姓齒列也○正義曰世本姓氏姓篇云任姓謝章薛舒呂祝終泉畢過言此十國皆任姓也禮記文王世子曰古者謂年齡齒亦齡也然則齒是年之別名人以年齒相次列以爵位

相次列亦名爲齒故云齒也君若辱貺寡人則願以滕。君爲請薛侯許之乃長滕侯○夏公

會鄭伯于郲。謀伐許也鄭伯將伐許五月甲辰授兵於大宮大宮鄭祖廟○大音泰公孫

閼與潁考叔爭車公孫閼鄭大夫。○閼於葛反潁考叔挾輈以走輈車轅也○挾音協輈張留反疏。挾輈以走○正

義曰廟內授車未有馬駕故手挾以走輈轅也方言云楚衞謂轅爲輈服虔云考叔挾車轅箠馬而走古者兵車一轅服馬夾之若馬已在轅不可復挾且箠

馬而走非捷步所及子都豈復乘車逐之子都拔棘。以逐之子都公孫閼棘戟也及大逵弗及子都怒逵道方九軌也

○逵求龜反爾雅云九達謂之逵杜云道方九軌此依考工記疏注逵道方九軌也○正義曰冬官考工記匠人營國經涂九軌軌車轍謂王城之內道廣

並九車也爾雅釋宮云一達謂之道路二達謂之歧旁三達謂之劇旁四達謂之衢五達謂之康六達謂之莊七達謂之劇驂八達謂之崇期九達謂之逵說

爾雅者皆以爲四道交出復有旁通故劉炫規過以逵爲九道交出也今以爲道方九軌者蓋以九出之道世俗所希不應城內得有此道以記有九軌故以

逵當之言並容九軌皆得前達亦是九達之義故李巡注爾雅亦取並軌之義又涂方九軌天子之制諸侯之國不得皆有唯鄭城之內獨有其涂故傳於鄭

國每言逵也故桓十四年焚渠門入及大逵莊二十八年衆車入自純門及逵市宣十二年入自皇門至于逵路劉君以爲國國皆有逵道以規杜氏其義非

也○秋七月公會齊侯鄭伯伐許庚辰傅于許傅于許城下傅音附注同○潁考叔取鄭伯

之旗蝥弧以先登蝥弧旗名○蝥亡侯反弧音胡疏注蝥弧旗名○正義曰周禮諸侯建旂孤卿建旜而左傳鄭有蝥弧齊有靈姑鉟皆

諸侯之旗也趙簡子有蜂旗卿之旗也其名當時爲之其義不可知也子都自下射之顛顛隊而死○射食亦反下及注同隊直類反

瑕叔盈又以蝥弧登瑕叔盈鄭大夫周麾而呼曰君登矣周徧也麾招也○麾許危反又許僞反呼火故反徧音遍鄭師畢登壬午遂入許許莊公奔衛奔不書兵亂遁逃未知所在○遁徒頓反齊侯以許讓公公曰君謂許不共不共職貢○共音恭本亦作供音同注及下同故從君討之許既伏其罪矣雖君有命寡人弗敢與聞乃與鄭人鄭伯使許大夫百里奉許叔以居許東偏許叔許莊公之弟東偏東鄙也○與聞音預曰天禍許國鬼神實不逞于許君而假手于我寡人借手于我寡德之人以討許寡人唯是一二父兄不能共億父兄同姓羣臣供給億安也○億於力反其敢以許自爲功乎寡人有弟不能和協而使餬其口於四方弟共叔段也餬鬻也段出奔在元年○餬音胡說文云寄食鬻本又作粥之育反又與六反

疏注弟共至元年○正義曰莊公之弟逃於四方故知唯是共叔段也說文云餬寄食也以此傳言餬口四方故以寄食言之昭七年傳云饘於是鬻於是以餬余口釋言云餬饘也則餬是饘鬻別名今人以薄鬻塗物謂之餬紙餬帛則餬者以鬻食口之名故云餬其口也

其況能久有許乎吾子其奉許叔以撫柔此民也吾將使獲也佐吾子獲鄭大夫公孫獲若寡人得沒于地以壽終○壽如字又音授天其以禮悔禍于許言天加禮於許而悔禍之無寧茲許公復奉其社稷無寧寧也茲此也○復扶又反又音服唯我鄭國之有請謁焉如舊昏媾謁告也婦之父曰昏重昏曰媾○媾古豆反重直龍反

疏注謁告至曰媾○正義曰謁告也釋詁文婦之父曰昏重昏曰媾釋親文也媾與昏同文故先儒皆以爲重昏

其能降以相從

也降降心也無滋他族實偪處此以與我鄭國爭此土也吾子孫其覆亡之不暇而
況能禋祀許乎絜齊以享謂之禋祀謂許山川之祀○覆芳服反暇行嫁反禋音因齊側皆反本亦作齋【疏】注絜齊至之祀○正義曰釋詁
云禋祭也孫炎曰禋絜敬之祭周語曰精意以享禋也是絜齊以享謂之禋享訓獻也言絜清齊敬以酒食獻神也禮諸侯祭山川之在其地者若其受許之
土則當祭許山川故知祀謂許山川之祀寡人之使吾子處此不唯許國之爲亦聊以固吾圉也圉邊
垂也○爲于僞反圉魚呂反【疏】注圉邊垂也○正義曰釋詁云圉垂也舍人曰圉邊垂也乃使公孫獲處許西偏曰凡而
器用財賄無寘於許我死乃亟去之吾先君新邑於此此今河南新鄭舊鄭在京兆○賄呼罪反字林
音悔寘之豉反置也亟紀力反急也下注同【疏】注此今至京兆正義曰地理志云河南郡新鄭縣詩鄭桓公之子武公所國是知新邑於此謂河南新鄭
也且志又云京兆鄭縣周宣王弟鄭桓公邑是知舊鄭在京兆也志又云本周宣王弟友爲周司徒食采於宗周畿內是爲鄭桓公桓公問於史伯曰王室多
故何所可以逃死史伯爲桓公謀取虢鄶之地令寄帑與賄而虢鄶受之後三年幽王敗桓公死其子武公與平王東遷卒定虢鄶之地然則傳云先君新邑
於此謂武公始居此也史記鄭世家稱虢鄶自分十邑獻於桓公桓公竟國之案鄭語桓公始謀未取之也武公始國非桓公也全滅虢鄶非獻邑也馬遷之
言皆謬耳昭十六年傳子產謂韓宣子曰我先君桓公與商人皆出自周以艾殺此地而共處之者謂寄帑與賄之時商人即與俱行耳非桓公身至新鄭
王室而既卑矣周之子孫日失其序鄭亦周之子孫夫許大岳之胤也大岳神農之後堯四岳也胤繼
也○大岳音泰【疏】注大岳至繼也○正義曰周語稱共工伯鯀二者皆黃炎之後言鯀爲黃帝之後共工爲炎帝之後炎帝則神農之別號周語又稱堯命

禹治水共之從孫四岳佐之胙四岳國命爲侯伯賜姓曰姜氏曰有呂賈逵云共共工也從孫同姓末嗣之孫四岳官名大岳也主四岳之祭焉姜炎帝之姓其後變易至於四岳帝復賜之祖姓以紹炎帝之後以此知大岳是神農之後堯四岳也以其主岳之祀尊之故稱大岳許國是其後也胤繼也釋詁文舍人云胤繼世也天而既厭周德矣吾其能與許爭乎君子謂鄭莊公於是乎有禮禮經國家定社稷序民人利後嗣者也許無刑而伐之服而舍之刑法也○厭於豔反[疏]禮經至嗣者也○正義曰經謂紀理之若詩之經營經始也國家非禮不治社稷得禮乃安故禮所以經理國家安定社稷以禮教民則親戚和睦以禮守位則澤及子孫故禮所以次序民人利益後嗣經國家猶詩序之言經夫婦也度德而處之量力而行之相時而動無累後人我死乃亟去之無累後人○度待洛反量音良下同相息亮反累劣僞反注同可謂知禮矣○鄭伯使卒出豭行出犬雞以詛射潁考叔者百人爲卒二十五人爲行行亦卒之行列疾射潁考叔者故令卒及行間皆詛之○卒尊忽反注同豭音加豬別名行戶剛反注同詛則慮反令力呈反[疏]注百人至詛之○正義曰周禮夏官序制軍之法百人爲卒二十五人爲兩此言二十五人爲行者以傳先卒後行豭大於犬知行之人數少於卒也軍法百人之下唯有二十五人爲兩耳又大司馬之屬官行司馬是中士軍之屬官兩司馬亦中士知周禮之兩即此行是也周禮之行謂軍之行列知此行亦卒之行列也詛者盟之細殺牲告神令加之殃咎疾射潁考叔者令卒及行閒祝詛之欲使神殺之也一卒之內已用一豭又更令一行之間或用雞或用犬重祝詛之犬雞者或雞或犬非雞犬並用何則盟詛例用一牲不用二也豭謂豕之牡者爾雅釋獸豕牡曰豝豝者是牝知豭者是牡祭祀例不用牝且宋人謂宋朝爲艾豭明以雄猪喻也君子謂鄭莊公失政刑矣政以治民刑以

正邪既無德政又無威刑是以及邪大臣不睦又不能用刑於邪人○邪似嗟反下及注同邪而詛之將何益矣○王取鄔劉二邑在河南緱氏縣西南有鄔聚西北有劉亭○鄔烏戶反緱古侯反一音苦侯反聚才遇反蔿邘之田于鄭蔿邘鄭二邑○蔿尤委反邘音于而與鄭人蘇忿生之田蘇忿生周武王司寇蘇公也○忿芳粉反疏注蘇忿生至公也○正義曰成十一年傳曰昔周克商使諸侯撫封蘇忿生以溫爲司寇尚書立政稱周公告大史曰司寇蘇公是其事也溫今溫縣原在沁水縣西○沁七浸反字林先任反郭璞王蒼解詁音狗沁之沁沈文何疏鴆反韋昭思金反水名絺在野王縣西南○絺敕之反樊一名陽樊野王縣西南有陽城○樊扶袁反隰郕在懷縣西南○隰詳立反郕尙征反欑茅在脩武縣北○欑木官反向軹縣西有地名向上○向舒亮反注同軹音紙盟今盟津○盟音孟州今州縣陘闕○陘音刑隤在脩武縣北○隤徒回反懷今懷縣凡十二邑皆蘇忿生之田欑茅隤屬汲郡餘皆屬河內君子是以知桓王之失鄭也恕而行之德之則也禮之經也已弗能有而以與人人之不至不亦宜乎蘇氏叛王十二邑王所不能有爲桓五年從王伐鄭張本○鄭息有違言以言語相違恨

息侯伐鄭鄭伯與戰于竟息師大敗而還息國汝南新息縣○竟音境息一本作鄎音息疏注息國至息縣○正義曰世本息國姬姓此息侯伐鄭責其不親親知與鄭國同姬姓也莊十四年傳楚文王滅息息其初則不知誰之子何時封也地理志汝南郡有新息縣故息國也應劭云其後東徙故加新云若其後東徙當云故息何以反加新字乎蓋本自他處而徙此也君子是以知息之將亡也不度德鄭莊賢○度待洛反不量力息國弱不親親鄭息同姓之國不徵辭不察有罪言語相恨當明徵其辭以審曲

直不宜輕闕犯五不韙而以伐人其喪師也不亦宜乎韙是也○韙韋鬼反蒼頡篇同喪息浪反○冬十月鄭伯以虢師伐宋壬戌大敗宋師以報其入鄭也入鄭在十年宋不告命故不書

凡諸侯有命告則書不然則否命者國之大事政令也承其告辭史乃書之於策若所傳聞行言非將君命則記在簡牘而已不得記於典策此蓋周禮之舊制○傳直專反師出臧否亦如之臧否謂善惡得失也滅而告敗勝而告克此皆互。告不須兩告乃書○否音鄙又方九反注同雖及滅國滅不告敗勝不告克不書于策

疏凡諸至于策○正義曰此傳雖因宋不告敗而發此例其言諸侯有命非獨爲被伐之命故注云命者國之大事政令也謂諸國大事崩卒會盟戰伐克取君臣乖離水火災害經書他國之事皆是來告則書不告則否來告則書者或彼以實告改其告辭而書之或彼以虛告因其虛言而記之立文褒貶章示善惡雖復依告者多不必盡皆依告衛獻公之出奔也傳稱孫林父甯殖出其君名在諸侯之策及其書經則云衛侯出奔齊如此之類是改告辭也晉人之敗秦也傳稱潛師夜起以敗秦于令狐秦實未陳不與晉戰晉人諱背前言妄以戰告及其書經乃言晉人及秦人戰于令狐如此之類是因虛言也雖復或因其虛或改其實終是歸於勸戒得告乃書也不然則否者雖復傳聞行言實知其事但非故遣來告知亦不書所以慎謬誤辟不審若楚滅六蓼臧文仲歎而爲言。魯非不知但無命來告故不書也師出臧否亦如之者傳因被兵發例嫌出師伐人不必須告故重明之雖及滅國者既據侵伐發例又嫌滅國事重不待告命故更明之言不書于策者明告命大事皆書於國史正策以見仲尼脩定悉因正策之文○注臧否至乃書○正義曰不言勝敗而言臧否者明其臧否之言非徒勝敗之謂故知是善惡得失總謂理有曲直兵有彊弱也狄伐邢之類非狄能告也楚滅庸之徒非庸能告也故知敗克互言不須兩告乃書也且哀元年傳曰吳入越不書吳不告慶越不告敗

也吳越並言知其不待兩告○羽父請殺桓公將以求大宰大宰官名○大音泰注同疏注大宰官名○正義曰周禮天子六卿天官爲大宰諸侯則幷六爲三而兼職焉昭四年傳稱季孫爲司徒叔孫爲司馬孟孫爲司空則魯之三卿無大宰也羽父名見於經已是卿矣而復求大宰蓋欲令魯特置此官以榮己耳以後更無大宰知魯竟不立之公曰爲其少故也吾將授之矣授桓位○爲于僞反少詩照反使營菟裘吾將老焉菟裘魯邑在泰山梁父縣南不欲復居魯朝故別營外邑○菟音兔都反裘音求父音甫復扶又反下同羽父懼反譖公于桓公而請弒之公之爲公子也與鄭人戰于狐壤止焉內諱獲故言止狐壤鄭地○譖側鴆反弒音試下同一本作殺鄭人囚諸尹氏尹氏鄭大夫賂尹氏而禱於其主鍾巫主尹氏所主祭○賂音路禱丁老反或多報反巫亡夫反遂與尹氏歸而立其主立鍾巫於魯十一月公祭鍾巫齊于社圃社圃園名○圃布古反館于寪氏館舍也寪氏魯大夫○寪于委反壬辰羽父使賊弒公于寪氏立桓公而討寪氏有死者欲以弒君之罪加寪氏而復不能正法誅之傳言進退無據疏討寪氏有死者○正義曰劉炫云羽父遣賊弒公公非寪氏所弒公在寪氏而死遂誣寪氏弒君欲以正法誅之君非寪氏所弒故討寪氏之家僅有死者而已言不總誅之○注欲以至無據○正義曰劉炫云欲以弒君之罪加寪氏則君非寪氏所弒而復不能以正法誅之正法謂滅其族汙其宮也傳言此者進退無據進誅寪氏則實非寪氏弒君退舍寪氏則無弒君之人是其進退無據也不書葬不成喪也桓弒隱簒位故喪禮不成

附釋音春秋左傳注疏卷第四

春秋左傳注疏卷四校勘記　阮元撰盧宣旬摘錄

附釋音春秋左傳注疏卷第四　隱六年盡十一年宋本春秋正義卷第四

〔經六年〕

鄭人來渝平　惠棟云渝讀爲輸二傳作輸廣雅云輸更也釋詛楚文變輸盟刺謂變更盟刺耳渝更也平成也故經書渝平傳云更成杜氏訓渝爲變必俗儒傳寫之訛案渝輸古通用爾雅云渝變也杜氏用雅訓變亦更之意也

具四時以成歲　岳本歲下有也字

也皆放此　宋本淳熙本岳本纂圖本足利本也作他淳熙本纂圖本放作倣

〔傳六年〕

傳曰更成　淳熙本成作平非也

注翼晉至大夫　宋本以下正義二節總入納諸鄂節注下

公孫嬰齊卒于貍服　宋本服作脤是也

蘇忿生十二邑注陘云闕者　此本二字脫依宋本毛本補閩本監本考文作一非也

五月庚申　宋本此節正義在注崇聚也之下

商書曰惡之易也如火之燎于原不可鄉邇此與莊十四年所引同如尙書作若鄉作嚮釋文云鄉本又作嚮同也按鄉正字嚮向皆俗字今尙書作嚮乃衞包所改

見惡如農夫之務去草焉周禮秋官序官薙氏注引傳文無焉字賈疏同文選東京賦注引亦無焉字

芟夷蘊崇之芟釋文云說文作癹匹末反文選荅賓戲注晉灼曰發開也案發乃發字之誤今諸本皆作芟字蘊石經宋本作薀釋文亦作薀周禮稻人薙人鄭司農注引傳文並作薀此本作蘊俗字注及正義同

晉鄭焉依水經渭水注引傳文焉作是與外傳合

注周桓至焉依宋本此節正義在篇末

猶懼不蔇衆經音義十二引作不暨案暨蔇古今字莊九年傳公及齊大夫盟于蔇公羊穀梁並作暨

〔經七年〕

諸聘皆使卿執玉帛以相存問淳熙本聘誤侯

例在襄九年宋本足利本九作元正義同

汲郡共縣東南有凡城釋文凡作汎續漢郡國志共縣有汎亭周凡伯國案汎與凡通

在濟陰城武縣西南宋本岳本城作成與水經注所引合漢書地理志續漢郡國志亦並作成武此本作城非也

〔傳七年〕

告終嗣也 石經宋本岳本足利本終下有稱字是也

下言凡例 毛本下作不字按作不是也言凡例不言凡例猶云合凡例不合凡例○今訂正

注朝而至卿寺 宋本此節正義在注傳言凡伯所以見伐之下

公卿牧守府 按當作公卿牧守曰府各本少曰字

令官所止皆曰寺 毛本令作今今字是也謂漢時稱謂如此

歃如忘 說文引作歃而忘惠棟云服虔曰如而也臨歃而忘其盟載之辭古如而字多通用

忘不在於歃血 諸本忘作志是也纂圖本閩本監本毛本血下衍也字

歃如忘 宋本此節正義在乃成昏注下

歃謂口含血也 毛本脫口字

泄伯安知其忘而譏之 監本毛本而下衍且字

以忽爲王寵故 宋本淳熙本岳本足利本爲作有毛本故作妻

〔經八年〕

鄭伯使宛來歸祊祊漢書五行志引作邴案公羊穀梁作邴

注宛鄭至東南宋本此節正義在庚寅節注下

諸侯同盟稱名者足利本無侯字

非唯見在位二君也纂圖本重脩監本毛本二作之非也監本二字模糊

若父與彼盟盧文弨校本父下增不字

晉荀偃禱河稱齊晉君名淳熙本偃誤傳

故尚書武成告名山川云宋本監本毛本山下有大字是也

東莞縣北有郲鄉毛本莞作菀

在禮卿不會公侯閩本監本毛本公作諸非也

〔傳八年〕

若一地二名當時並存案釋例作若二名當時並存宋本閩本監本毛本存作有

鄭桓公周宣王之母弟史記周本紀正義引注桓公下有友字

鄭以天子不能復巡狩纂圖本閩本監本毛本狩作守釋文亦作守案狩與守古通用

許慎以公羊爲非則杜意亦從許慎也公羊爲非則杜意亦從許慎也案此本公羊爲非十二字重衍

鄭玄以祖爲軷道之祭也此本軷字模糊依宋本補閩本監本毛本作祓說文云出將有事于道必先告其神立壇四通樹茅以依神爲軷詩大雅生民篇取羝以軷毛傳云軷道祭也字或作祓

羽父請謚與族岳本毛本謚並改作諡字段玉裁云五經文字謚諡二字音常利反上說文下字林以謚爲笑聲音呼益反今用上字據此說文作謚並不从兮从皿卽字林以謚代諡亦未嘗增一从兮从皿之字衆經音義引說文亦作謚

注因其至嬀姓宋本以下正義三節總入公命以字爲展氏注下

胙之土而命之氏文選陸士衡詩注引胙作祚土上有以字案胙者祚之俗

其旁支別屬則各自立氏監本毛本旁字改作傍案旁與傍同

傳稱盟于子皙氏逐瘈狗入於華臣氏閩本監本毛本皙誤晳于字瘈字監本毛本作與瘈非也

或身以才舉者升卿位宋本者作暫

知其皆由時命非例得之也浦鏜正誤時疑作特

其士會之帑處秦者爲劉氏監本毛本帑作孥

諸侯以字爲謚因以爲族案鄭康成讀諸侯以字爲謚句見哀十六年正義杜讀諸侯以字爲句非仁和孫志祖云禮記檀弓魯哀公誄孔子鄭注云誄其行以爲謚也尼父因其字以爲之謚明用左傳此語又儀禮少牢饋食禮注云大夫或因字爲謚傳云魯無駭卒請謚與族公命之以字爲展氏是也史記五帝本紀集解引駁五經異義作諸侯以字爲氏氏乃謚字傳寫之訛

或使即先人之謚稱以爲族宋本淳熙本岳本足利本使作便是也

經書祭仲以生賜族者宋本以作似

俱氏二十之字自不同也閩本氏作是非

注謂取至時君宋本此節正義在諸侯至爲族節之後

（經九年）

天子使南季來聘石經宋本岳本足利本子作王是也

霤是雷光毛本霤作雷非也

挾卒無傳挾魯大夫未賜族

右經文二字注文九字此本脫閩本同據石經宋本淳熙本岳本纂圖本監本毛本補

防魯地在琅邪縣東南宋本淳熙本岳本足利本邪下有華字與釋文合

〔傳九年〕

書癸酉始始雨日　諸本作始雨日此本下始字衍文

故皆爲時失　淳熙本失下有也字

凡雨自三日以往爲霖　禮記月令鄭注云雨三日以上爲霖正義云隱公九年左傳文

注此解至經誤　宋本此節正義在平地尺爲大雪之下

故復往告之　宋本淳熙本岳本足利本往作更是也

先者見獲必務進　石經初刻作後必務進改刊去後字後又加於必字之上旁按石經旁加字多不可從

先者至以逞　從宋本以下正義三節總入十一月節注下

祝聃帥勇而無剛者先犯戎而速奔以遇二伏兵　淳熙本帥誤師山井鼎云足利本遇後人改作過非

〔經十年〕

非鄭之謀也　宋本監本毛本鄭作鄧案正義當作鄧閩本正義亦誤鄭○今訂作鄧

濟陰城武縣東南有郜城　岳本作成武是也

伐戴　諸本作戴陳樹華云昭廿三年正義引亦作戴石經初刻作戴後改載傳文同案作戴與釋文合公羊穀梁同此本正義並作載是也說詳釋文校

故鄭玄詩箋讀依載爲熾菑　宋本監本毛本載作戴菑監本作甾非

〔傳十年〕

戊申五月二十三日　足利本五作三非

蓋以孰食曰饔　閩本監本毛本孰作熟下同

承虛入鄭　岳本足利本承作乘

注三國至通稱　宋本此節正義在蔡人怒節注下

經以取告不以圍告　閩本監本毛本經作徑

〔經十一年〕

滎陽縣東有釐城　宋本淳熙本岳本足利本滎作熒〇補案熒陽作熒是也此本多誤从水今並訂正校不悉出

許潁川許昌縣　纂圖本毛本潁作穎非

堯四嶽伯夷之後也　閩本監本毛本嶽作岳

欲見仁非一涂　諸本作涂此本誤餘今訂正按涂者古塗字

造膝跪辭　宋本跪作詭是也

彎拳劫君而自則　宋本劫作執閩本監本毛本作劫則作刖不誤宋本同也按依說文劫从力去聲○今並訂正

俱實見弒而以卒赴魯是他國之臣亦有諱國惡者　閩本監本毛本見誤在他國毛本作伯國非也

〔傳十一年〕

注薛魯國薛縣　宋本以下正義六節總入乃長滕侯句下

奚仲遷于邳　監本毛本邳作郶非下同

注庶姓至同姓　宋本無同字作至姓也案各本注文皆無也字

庶姓無姓者　下姓字宋本作親是○今訂正

異婚姻者也　宋本婚作昬各本異下有姓字此本脫

山有木工則度之　陳樹華云爾雅釋器注引傳度作劇案張參五經文字云劇音度見周禮注及爾雅不云見春秋傳知唐時已作度不作劇也

則顧以滕君爲請　毛本滕誤勝

夏公會鄭伯于郲謀伐許也石經初刻作于時郲後刊去時字陳樹華云郲水經注引左傳作釐

公孫閼鄭大夫淳熙本夫下衍閼字

挾輈以走宋本以下正義十一節總入將何益矣句下

子都拔棘以逐之石經凡棘字俱作棘

餬鬻也釋文鬻本又作粥之育反又與六反案鬻作粥俗省

詩鄭桓公之子武公所國宋本詩下有鄭國二字與漢書合

後三年幽王敗監本毛本作二年與漢志合

周語稱共工伯鮌閩本監本毛本作伯鯀下同

蔿邘之田于鄭陳樹華云說文邘字注周武王子所封在河內野王是也石經邘作邘非

在沁水縣西陳樹華云郡國志作沁水西北有原城水經注作沁水縣西北有原城史記晉世家正義作河內沁水縣西北有原城並與今左傳注不合案春秋釋地亦作河內沁水縣西北有原城然據閻若璩胡朏明並云說地理之書多有舉西以該北舉東以該南者

隰郕惠棟云司馬彪曰懷有隰城劉昭引傳亦作城陳樹華云僖二十五年傳隰郕作隰城按郕省爲成成誤爲城古書內往往如此

在脩武縣北案釋例作脩武縣西北有攢城據此北上當有西字諸本作縣此本誤孫今訂正

息侯伐鄭 鄎釋文息作鄎云一本作息案說文云鄎姬姓之國在淮北今汝南新

此皆互告不須兩告乃書 宋本淳熙本岳本上告作言是也

魯非不知 監本魯誤會下蓋欲令魯同

注大宰官名 宋本以下正義三節總入不書葬節注下

而請弒之 諸本作弒釋文作殺

遂與鄭氏歸而立其主 石經宋本淳熙本岳本纂圖本足利本鄭作尹是也○今依訂正

館于寪氏 史記魯世家作蔿氏錢大昕云蔿薳古通用孟僖子有薳氏之邅其即寪氏之族乎

壬辰羽父使賊殺公于寪氏 釋文殺音弒石經宋本淳熙本岳本纂圖本作弒

欲以弒君之罪加寪氏 閩本監本毛本弒作殺非

正義曰劉炫云羽父遣賊弒公 宋本無正義曰三字弒公監本毛本作殺公

桓弒隱簒位故喪禮不成 宋本淳熙本岳本足利本位作立

春秋左傳注疏卷四校勘記

# 附釋音春秋左傳注疏卷第五 桓元年盡二年

杜氏注　孔穎達疏

桓公○陸曰桓公名軌惠公之子隱公之弟母仲子史記亦名允謚法辟土服遠曰桓【疏】正義曰魯世家桓公名允惠公之子隱公之弟仲子所生以桓王九年即位莊王三年薨世本桓公名軌世族譜亦爲軌謚法辟土服遠曰桓謚法非一略舉一耳亦不知本以何行而爲此謚他皆放此是歲歲在玄枵

經元年春王正月公即位。嗣子位定於初喪而改元必須踰年者繼父之業成父之志不忍有變於中年也諸侯每首歲必有禮於廟諸遭喪繼位者因此而改元正位百官以序故國史亦書即位之事於策桓公篡立而用常禮欲自同於遭喪繼位者釋例論之備矣○篡初患反【疏】注嗣子至備矣○正義曰顧命曰乙丑成王崩使齊侯呂伋以二千戈逆子釗于南門之外延入翼室恤宅宗孔安國云明室路寢延之使居憂爲天下宗主天子初崩嗣子定位則諸侯亦當然也釋例曰商書顧命天子在殯之遺制也推此亦足以準諸侯之禮矣是知嗣子位定於初喪孝子緣生以事死歲之首日必朝事宗廟因即改元釋例曰襄二十九年經書春王正月公在楚傳曰釋不朝正于廟也然則諸侯每歲首必有禮於廟今遭喪繼。立者每新年正月亦改元正位百官以序故國史因書即位於策以表之此新君之常禮也桓之於隱本無君臣之義計隱公之死桓公即合改元不假踰年方行即位猶如晉厲被弑悼公即位改元今桓雖實篡立歸罪寪氏詐言不與賊謀而用常禮自同於遭喪繼位者亦既實即其位國史依實書之仲尼因而不改反明公實篡立而自同於常亦足見桓之篡也○三月公會鄭伯于垂鄭伯以璧假許田○假舉下反○夏四月丁夫公及鄭伯盟于越公以篡立而脩好於鄭鄭因而迎之成禮於垂終易二田然後結盟垂犬丘衛地也越近垂地名鄭求祀周公魯聽受祊田令鄭廢泰山之祀知其非禮故以璧假爲文時之所隱○好呼報反傳同近附近之近祊百庚反令力呈反【疏】注公以至。爲。文。時之所隱○正義曰成會。禮於垂既易許田然後盟以結之故先會次假田然後書盟也言迎之成禮於垂者垂是衛地沈以爲公迎鄭伯於垂知時史之所隱諱者傳不言書曰知非仲尼本。意也

○秋大水書。災也傳例曰凡平原出水爲大水○冬十月

傳元年春公即位修好于鄭鄭人請復祀周公卒易祊田事在隱八年公許之○復扶又反

三月鄭伯以璧假許田爲周公祊故也魯不宜聽鄭祀周公又不宜易取祊田犯二不宜以動故隱其實不言祊稱璧假言若進璧以假田非久易也○爲于僞反【疏】注魯不至易也正義曰祊薄於許加之以璧易取許田非假借之也今經乃以璧假爲文故傳言爲周公祊故解經璧假之言也注又解傳之意周公非鄭之祖魯不宜聽鄭祀周公天子賜魯以許田義當傳之後世不宜易取祊田於此一事犯二不宜以動故史官諱其實不言以祊易許乃稱以璧假田言若進璧於魯以權借許田非久易然所以諱國惡也不言以祊假而言以璧假者此璧實入於魯但諸侯相交有執圭璧致信命之理今言以璧假似若進璧以致辭然故璧猶可言祊則不可言也何則祊許俱地以地借地易理已章非復得爲隱諱故也

○夏四月丁未公及鄭伯盟于越結祊成也結成易二田之事也傳以經書祊故獨見祊○見賢遍反不盟曰渝盟無享國渝變也渝羊朱反享許丈反【疏】注渝變也○正義曰釋言文也傳載其盟辭者以易田惡事而誓不變改見其終無悔心所以深惡魯也此時許田已入於鄭而詩頌僖公云居常與許復周公之宇蓋僖公之時復得之也齊人取讙及闡及其歸也經復書之自此以後不書鄭人來歸許田者此

經書假言若暫以借鄭地仍魯物不得書鄭人歸之○秋大水凡平原出水爲大水廣平曰原疏凡平原至大水○正義曰洪範云水曰潤下言雨自上而下浸潤於。土陂鄣下地可使水潦停焉平原高地則不宜有也凡平原出水則爲大水平原出水言水不入於土而出於地上非湧泉出也○注廣平曰原○正義曰釋地文也李巡曰謂土地寬博而平正名之曰原

○冬鄭伯拜盟鄭伯若自來則經不書若遣使則當言鄭人不得稱鄭伯疑。謬誤○使所吏反疏注鄭伯至謬誤○正義曰六年傳云魯爲其班後鄭注云魯。親班齊饋則亦使大夫戍齊矣經不書蓋史闕文然則經所不書自有闕文之類注既疑此事不云闕文而云謬誤者師出征伐責賤皆書經所不書必是文闕若使事重使人雖賤亦書鄭人來渝平齊人歸讙及闡是也今以拜盟事輕若其使賤則例不合書故杜云若遣使來傳當云鄭人疑傳繆誤知非實是鄭伯爲不見公不書者以魯鄭相親易田結好鄭伯既拜盟而來魯君無容不見故知非實是鄭伯止是鄭人而已

○宋華父督。見孔父。之妻于路華父督宋戴公孫也孔父嘉孔子六世祖○華戶化反大夫氏也後皆同督音篤疏注華父至世祖○正義曰案世本云華父督宋戴公之孫好父說之子孔父嘉生木金父木金父生祁父其子奔魯爲防叔防叔生伯夏伯夏生叔梁紇叔梁紇生仲尼是孔父嘉爲孔子六世祖目逆而送之曰美而豔。色美曰豔○豔以贍反美色也疏目逆至而豔○正義曰未至則目逆既過則目送俱是目也故以目冠之美者言其形貌美豔者言其顏色好故曰美而豔爲二事之辭色美曰豔詩毛傳文也

經二年春王正月戊申宋督弒。其君與夷及其大夫孔父稱督以。弒罪在督也孔父稱名者內不能治其閨門外取怨於民身死而禍及其君○閨音圭疏宋督至孔父○正義曰凡言其者是其身之所有君是臣之君故臣弒君則云弒其君臣是君之臣

故君殺臣則云殺其大夫子亦君之子故云殺其世子稱國稱人以殺亦言其者人與國並舉一國之辭君與大夫皆是國人所有故亦言其也若兩臣相殺死者非殺者所有則兩書名氏不得言其則王札子殺召伯毛伯是也與夷是督之君。言弑其君則可孔父非督之大夫而言及其大夫者與君俱死據君爲文言宋督弑其君據督爲文而上弑其君也言及其大夫孔父據君爲文而下及其大夫言及與夷之大夫非督之大夫也仇牧荀息其意亦同○注稱督至其君○正義曰宣四年傳例曰弑君稱君君無道也稱臣臣之罪也故知稱督以弑罪在督也諸言父者雖或是字而春秋之世有齊侯祿父蔡侯考父季孫行父衞孫林父乃皆是名故杜以孔父爲名文七年宋人殺其大夫傳曰不稱名衆也且言非其罪也不名者非其罪則知稱名者皆有罪矣杜既以孔父爲名因論爲罪之狀內不能治其閨門使妻行於路令華督見之外取怨於民使君數攻戰而國人恨之身死而禍及其君故書名以罪孔父也釋例曰經書宋督弑其君與夷及其大夫孔父仲尼丘明唯以先後見義無善孔父之文孔父爲國政則取怨於民治其家則無閨閫之教身先見殺禍遂及君既無所善仇牧不警而遇賊又死無忠事晉之荀息期欲復言本無大節先儒皆隨加善例又爲不安經書臣蒙君弑者有三直是弑死相及即實爲文仲尼以督爲有無君之心改書一事而已無他例也是以孔父行無可善書名罪之也案公羊穀梁及先儒皆以善孔父而書字知不然者案宋人殺其大夫司馬傳稱握節以死故書其官又宋人殺其大夫傳以爲無罪不書名今孔父之死傳無善事故杜氏之意以父爲名言若齊侯祿父宋公茲父之等父既是名孔則爲氏猶仇牧荀息被殺皆書名氏蓋孔父先世以孔爲氏故傳云督攻孔氏也婦人之出禮必。擁蔽其面孔父妻行令人見其色美是不能治其閨門及殤公之好攻戰孔父須伏死而爭乃從君之非是取怨於百姓事由孔父遂禍及其君似公子比劫立加弑君之罪杜君積累其惡故以書名責之劉君不達此旨妄爲規過非也

○滕子來朝無傳隱十一年稱侯今稱子者蓋時王所黜

疏注隱十至所黜○正義曰杞行夷禮傳每發之此不發傳非爲夷禮自是

以下滕。當稱子故疑爲時王所黜於時周桓王也東周雖則
微弱猶爲天下宗主尙得命邾爲諸侯明能黜滕爲子爵
○三月公會齊侯陳侯鄭伯于稷以成宋亂
成平也宋有。弑君之亂故
爲會欲以平之稷宋地
【疏】注成平至宋地○正義
曰成平釋詁文也宣十
五年傳晉侯治兵于稷治兵欲以禦秦明其不出晉
竟故以稷爲河東之稷。山此欲平宋故以稷爲宋地
○夏四月取郜大鼎于宋戊申納于大廟
宋以鼎賂公大廟周公廟也始欲平宋之亂終於受賂故
備書之戊申五月十日○郜古報反大音泰傳大廟倣此
【疏】注
宋
以至十日正義曰禮記明堂位稱魯君季夏六月以禘禮祀周公於大廟文十
三年公羊傳曰周公稱大廟故知大廟周公廟也始欲平宋亂故會于稷終舍
宋罪而受其賂故得失備書之始書成宋亂終書取郜鼎是其備書之也鄭衆
服虔皆以成宋亂爲成就宋亂故以此言正之長曆此年四月庚午朔其月無
戊申五月己亥朔十日得
戊申是有日而無月也
○秋七月杞侯來朝
公即位
而來朝
○蔡侯鄭伯會于鄧
潁
川
召陵縣西南有鄧
城○召上照反
【疏】注潁川至鄧城○正義曰賈服以鄧爲國言蔡鄭會於鄧
之國都釋例以此潁川鄧城爲蔡地其鄧國則義陽鄧縣
是也以鄧是小國去蔡路遠蔡鄭不宜遠會其都且蔡鄭懼楚
始爲此會何當反求近楚小國而與之結援故知非鄧國也
○九月入杞
不
稱
主帥微者也弗地曰入
○帥所類反或作師
○公及戎盟于唐冬公至自唐
傳例曰告于廟也特相
會故致地也凡公行還
不書至者皆不告廟也隱不書至
謙不敢自同於正君書勞策勳
【疏】注傳例至策勳○正義曰釋例曰凡盟有
一百五公公行一百七十六書至者八十二
其不書至者九十四皆不告廟也隱公之不告謙也餘公之不告慢於禮也是
言不書至不書之意也知隱不書至爲謙者以隱是讓位賢君必不慢於宗廟假
使惰慢宗廟止可時或失禮不應終隱之身竟不書至知其以謙之
故勞非所憚勳無可紀不。敢自同於正君書勞策勳故不告至也

傳二年春宋督攻孔氏殺孔父而取其妻公怒督懼遂弒殤公君子以督爲有無君之心而後動於惡雖有君若無也故先書弒其君會于稷以成宋亂爲賂故立華氏也經稱平宋亂者蓋以魯君受賂立華氏貪縱之甚惡其指斥故遠言始與齊陳鄭爲會之本意也傳言爲賂故立華氏明經本書平宋亂爲公諱諱在受賂立華氏也猶璧假許田爲周公祊故所諱婉而成章督未死而賜族督之妄也○爲賂于僞反注除爲會一字並同惡其烏路反婉於阮反

【疏】君。子至其君○正義曰諸傳言君子者或當時賢者或指斥仲尼或語出丘明之意而。託諸賢者期於明理而已不復曲爲義例唯河陽之狩趙盾之弒洩冶之罪危疑之理須取聖證故特稱仲尼以明之其餘皆託諸君子君子者。言其可以居上位子下民有德之美稱也此言先書弒君則是仲尼新意不言仲尼而言君子者欲見君子之人意皆然非獨仲尼也督有無君之心而先書弒君者君人執柄臣人畏威每事稟命而行不敢妄相殺害督乃專殺孔父而取其妻非有忌君之心全無敬上之意不臣之迹在心已久非爲公怒始與毒害若先書孔父後書弒君便似旣殺孔父始有惡心今先書弒君後書孔父見其先有輕君之心以著不義之極故也○注經稱至妄也○正義曰傳言爲賂故立華氏解經以成宋亂之言也成宋亂者欲殺賊臣定宋國今乃受貨賂立華氏非是平亂之狀而傳以解經故注申通其義以成宋亂者是四國爲會之本謀及其旣會違背前謀非徒不討宋督乃更爲立華氏宋亂實不平而經書平宋亂者蓋以魯君受賂立華氏貪縱爲惡之甚時史惡其指斥不可言四國爲會縱賊取財故遠言爲會之本意言會于稷欲以平宋亂也傳以經文不實解其諱之所由所諱者諱其受賂立華氏故也爲周公祊故文與此同故以類相明然案爲周公祊故字在下而向上結之此亦應云爲賂立華氏故也何以此文故字乃在立華氏之上爲賂之下者以周公祊故其文約少得以故字在下總而結之此則文句長緩不可總而結之先舉爲賂惡重所以云爲賂故也然後始言立華氏備詳其事今定本有故字檢晉宋古本往往無故字者妄也襄三十年諸侯之卿會于澶淵謀歸宋財既而無歸書曰宋災故尤之也此書成宋亂知非譏受賂尤四國者澶淵之會貶卿稱人是尤之文此則具序君爵辭無貶責非尤過之狀知爲諱故而本其會意從其平文也文十七年晉會諸侯于扈欲以平宋之亂既而不討受賂而還其事與此正同而經書諸侯會于扈傳曰書曰諸侯無功也此亦無功不言諸侯會于檉而歷序諸國者扈之會晉爲伯會諸侯以討亂乃受賂而還猶如僖十四年諸侯城緣陵齊桓爲伯城而不終故貶稱諸侯此則齊陳鄭自相平亂故不加貶文知不爲公諱不貶諸侯者以狄泉之諱唯沒公文其餘皆貶此若必諱唯須沒公而已何須不貶諸國宣四年公及齊侯平莒及郯成平同義而彼言平此言成者史官非一不置辭同猶暨之與及更無他義所謂史有文質不必改也文十三年傳稱衛侯鄭伯請平于晉公皆成之是知成平義無異也

宋殤公立十年十一戰殤公以隱四年立十一戰皆在隱公世

疏注殤公至公世○正義曰服虔云與夷隱四年即位一戰伐鄭圍其東門再戰取其禾皆在隱四年三戰取邾田四戰邾鄭入其郛五戰伐鄭圍長葛皆在隱五年六戰鄭伯以王命伐宋在隱九年七戰公敗宋師于菅八戰宋衛入鄭九戰宋人蔡人衛人伐戴十戰戊寅鄭伯入宋皆在隱十年十一戰鄭伯以虢師大敗宋師在隱十一年是皆在隱公世也

民不堪命孔父嘉爲司馬督爲大宰故因民之不堪命先宣言曰司馬則然言公之數戰則司馬使爾嘉孔父字○大音泰數音朔已殺孔父而弒殤公召莊公于鄭而立之以親鄭莊公公子馮也隱三年出居于鄭馮入宋不書不告也○馮皮冰反下同以郜大鼎賂公郜國所造器也故繫名於郜濟陰城武縣東南有北郜城

疏注郜國至郜城○正義曰穀梁傳曰郜鼎者郜之所爲也孔子曰名從主人故曰郜大鼎也公羊傳曰器從名地從主人其意言器從本主之名地從後屬主人是知郜國所造故繫名於郜劉君難杜注郜國濟

陰。成武縣東南有北郜城郜宋邑濟陰成武縣東南有郜城俱是成武縣東南相去不遠何得所爲郜國所爲宋邑劉以南郜北郜並宋邑別有郜國以規杜

氏知不然者以許田許國相去非遙則郜國郜邑何妨相近且杜言有者皆是疑辭何得執杜之疑以規其過如劉所解郜國竟在何處齊陳鄭皆

有賂故遂相宋公〇相息亮反下注傳相同夏四月取郜大鼎于宋戊申納于大廟非禮也

臧哀伯諫曰臧哀伯魯大夫僖伯之子君人者將昭德塞違以臨照百官猶懼或失之故昭

令德以示子孫。是以清廟茅屋。以茅。飾。屋著儉也清廟肅然清。淨之稱。也〇著張慮反後不音者同稱尺證反疏君人至子

孫〇正義曰君人謂與人爲君也昭德謂昭明善德使德益章聞也塞違謂閉塞違邪使違命止息也德者得也謂內得於心外得於物在心爲德施之爲行

德是行之未發者也而德在於心不可聞見故聖王設法以外物表之儉與度數文物聲明皆是昭德之事故傳每事皆言昭是昭其德也自不敢易紀律以

上言昭德耳都無塞違之事自滅德立違以下言違德之事德之與違義不並立德明則違絕故昭德之下言塞違違立則德滅故立違之上言滅德立違謂

建立違命之臣知塞違謂過絕違命之人也國家之敗謂邦國喪亡知猶懼或失之謂恐失國家此諫辭有首尾故理互相見。〇注以茅至之稱〇正義曰冬

官考工記有。葺屋瓦屋則屋之覆蓋或草或瓦傳。言清廟茅屋其屋必用茅也但用茅覆屋更無他文明堂位曰山節藻梲。複廟重檐刮楹達鄉反坫出尊崇

坫康圭疏屏天子之廟飾也其飾備物盡文不應以茅爲覆得有茅者杜云以茅飾屋著儉也以茅飾之而已非謂多用其茅總爲覆蓋猶童子垂髦及蔽膝

之屬示其存古耳白虎通曰王者所以立宗廟何緣生以事死敬亡若。存故以宗廟而事之此孝子之心也宗者尊也廟者貌也象先祖之尊貌然則象尊之

貌享祭之所嚴其舍宇簡其出入其處肅然清靜故稱清廟清廟者宗廟之大稱詩頌清廟者祀文王之歌故鄭玄以文王解之言天德清明文王象焉故稱

清廟此則廣指諸廟非獨文王故以清靜解之

**大路越席**大路。玉路。祀。天車也越席結草○越戶括反祀天車本或無天字者非○【疏】注大路至越。席結草○正義曰路訓大也君之所在以大為號門曰路門寢曰路寢車曰路車故人君之車通以路為名也周禮巾車掌王之五路鄭玄云王在焉曰路彼解天子之車故云王在耳其實諸侯之車亦稱為路。路之最大者巾車五路玉路為大故杜以玉路為大路巾車云玉路錫樊纓十有再就建大常十有二斿以祀故云祀天車也越席結蒲為席置於玉路之中以茵藉示其儉也經傳言大路者多矣注者皆觀文為說尚書顧命陳列器物有大輅綴輅先輅次輅孔安國以為玉金象以飾車以其偏陳諸路故以周禮次之僖二十八年王賜晉文公以大輅之服定四年祝佗言先王分魯衛晉以大路之注皆以為金路以周禮金路同姓以封玉路不可以賜故知皆金路也襄十九年王賜鄭子蟜以大路二十四年王賜叔孫豹以大路二注皆云大路天子所賜車之總名以周禮孤乘夏篆卿乘夏縵釋例以所賜穆叔子蟜當是革木二路故杜以大路為賜車之總名服虔云大路木路杜不然者以大路越席猶如清廟茅屋清廟之華以茅飾屋示儉玉路之美以越席示質若大路是木則與越席各為一物豈清廟與茅屋又為別乎故杜以大路為玉路於玉路而施越席是方可以示儉故沈氏云玉路雖文亦以越席示儉而劉君橫生異義以大路為木路妄規杜氏非也

**大羹不致**大羹肉汁不致五味【疏】注大羹至五味○正義曰郊特牲云大羹不和貴其質也儀禮士虞特牲皆設大羹湆鄭玄云大羹湆煮肉汁也不和貴其質設之所以敬尸也是祭祀之禮有大羹湆也大羹者大古初食肉者煮之而已未有五味之齊祭神設之所以敬而不忘本也記言大羹不和故知不致者不致五味五味即洪範所云酸苦辛鹹甘也

**粢食不鑿。**黍稷曰粢不精鑿○粢音咨食音嗣餅也鑿子洛反精米也字林作毇子沃反云糲米一斛舂為八斗【疏】注黍稷至精鑿○正義曰釋草云粢稷舍人曰粢一名稷稷粟也郭璞云今江東人呼粟為粢士虞記云明齊鄭云今文曰明粢粢稷也然則粢是稷之別名但稷是諸穀之長粢亦諸穀總名周

禮小宗伯辨六粢之名物鄭玄云六粢謂黍稷稻粱麥苽是諸穀皆名粢也祭祀用穀黍稷爲多故云黍稷曰粢飯謂之食傳云粢食不鑿是謂以黍稷爲飯不使細也九章算術粟率五十鑿二十四言粟五斗爲米二斗四升是則米之精鑿

**昭其儉也** 此四者皆示儉 **袞冕黻珽** 袞畫衣也冕冠也黻韋韠以蔽膝也珽玉笏也若今吏之持簿○袞古本反黻音弗下同珽他頂反韠音必笏音忽持簿步古反徐廣云持簿手版也

**疏** 注袞畫至持簿○正義曰畫衣謂畫龍於衣祭服玄衣纁裳詩稱玄袞是玄衣而畫以袞龍袞之言卷也謂龍首卷然玉藻曰龍卷以祭知袞謂龍首卷也尚書益稷云帝曰予欲觀古人之象日月星辰山龍華蟲作會宗彝藻火粉米黼黻絺繡言觀古人之象謂觀衣服所象日月以至黼黻十二物皆衣服之所有也華蟲以上言作會宗彝以下言絺繡則二者雖在於服而施之不同冬官考工記畫繢與繡布采異次知在衣則畫之在裳則刺之故鄭玄禮注及詩箋皆云衣繢而裳繡以此知袞是畫文故云袞畫衣也袞衣以下章數鄭玄注司服云有虞氏十二章自日月而下至周而日月星辰畫於旌旗又登龍於山登火於宗彝冕服自九章而下如鄭此言九章者龍一山二華蟲三火四宗彝五在衣藻六粉米七黼八黻九在裳鷩冕者去龍去山自華蟲而下十章華蟲一火二宗彝三在衣餘四章在裳毳冕者去華蟲去火五章自宗彝而下宗彝一藻二粉米三在衣餘二章在裳希冕者去宗彝去藻三章自粉米而下粉米一在衣餘二章在裳玄冕者其衣無畫裳上刺黻而已杜昭二十五年數九文不取宗彝則與鄭異也冠者首服之大名冕者冠中之別號故云冕冠也世本云黃帝作冕宋仲子云冕冠之有旒者禮文殘缺形制難詳周禮弁師掌王之五冕皆玄冕朱裏止言玄朱而已不言所用之物論語云麻冕禮也蓋以木爲幹而用布衣之上玄下朱取天地之色其長短廣狹則經傳無文阮諶三禮圖漢禮器制度云冕制皆長尺六寸廣八寸天子以下皆同沈引董巴輿服志云廣七寸長尺二寸應劭漢官儀云廣七寸長八寸沈又云廣八寸長尺六寸者天子之冕廣七寸長尺二寸者諸侯之冕廣七寸長八寸者大夫之冕但古禮殘缺未知孰是故備載

焉司馬彪漢書輿服志云孝明帝永平二年初詔有司采周官禮記尚書之文制冕皆前圜後方朱裏玄上前垂四寸後垂三寸天子白玉珠十二旒三公諸侯青玉珠七旒卿大夫黑玉珠五旒皆有前無後此則漢法耳。古禮鄭玄注弁師云天子袞冕以五采繅前後各十二旒旒有五采玉有十二鷩冕前後九旒毳冕前後七旒希冕前後五旒玄冕前後三旒旒皆五采玉十有二上公袞冕三采繅前後九旒旒有三采玉九侯伯鷩冕三采繅前後七旒旒有三采玉七子男毳冕三采繅前後五旒旒有二采玉五孤卿以下皆二采繅二采玉其旒及玉各依命數耳謂之冕者冕俛也以其後高前下有俛俯之形故因名焉蓋以在上位者失於驕矜欲令位彌高而志彌下故制此服令貴者下賤也。韍韠制同而名異鄭玄詩箋云芾大古蔽膝之象也冕服謂之芾其他服謂之韠以韋爲之故云韍韋韠也詩云赤芾在股則芾是當股之衣故云以蔽膝也鄭玄易緯乾鑿度注云古者。田漁而食因衣其皮先知蔽前後知蔽後後王易之以布帛而獨存其蔽前者重古道而不忘本也是說韍韠之元由也易下繫辭曰包犧氏之王天下也作爲網罟以佃以漁則田漁而食伏犧時也禮運說上古之時云昔者先王食鳥獸之肉衣其羽皮是田漁而食因衣其皮也又曰後聖有作治其麻絲以爲布帛易繫辭曰黃帝堯舜垂衣裳而天下治然則易之布帛自黃帝始也垂衣裳服布帛初必始於黃帝其存蔽膝之象未知始自何代也禮記明堂位云有虞氏服韍言舜始作韍也尊祭服而異其名耳未必此時始存象也知冕服謂之韍者易云朱紱方來利用享祀知他服謂之韠者案士冠禮士服皮弁玄端皆服韠是他服謂之韠以冕爲主非冕謂之他此韠欲以兩服相形故謂韍爲韋韠韍之與韠祭服他服之異名耳其體制則同玉藻說玄端服之韠云韠君朱大夫素士爵韋發首言韠句末言韋明皆以韋爲之凡韠皆。象裳色言君朱大夫素則尊卑之韠直色別而已無他飾也其韍則有文飾焉明堂位曰有虞氏服韍夏后氏山殷火周龍章鄭玄云韍冕服之韠也舜始作之以尊祭服禹湯至周增以畫文後王彌飾也山取其仁可仰也火取其明也龍取其變化也天子備焉諸侯火而下卿大夫山士韎韋而已是說韍之飾也玉藻曰韠下廣二尺上廣一尺長三尺其頸五寸肩革帶博二寸鄭玄云頸五寸亦謂廣也頸中央肩兩角皆上接革帶以繫之肩與革帶廣同是說韠之制也記傳更無。黻制皆是韠義明其制與韠同經傳作黻或作韍或作芾音義同也徐廣車服儀制曰古者韍如今蔽膝戰國連兵以韍非兵飾去之漢明帝復制韍天子赤皮蔽膝蔽膝古韍也然則漢世蔽膝猶用赤皮魏晉以來用絳紗為之是其古今異也以其用絲故字或有為紱者天子之笏以玉為之故云珽玉笏也管子云天子執玉笏以朝日是有玉笏之文也禮之有笏者玉藻云凡有指畫於君前用笏造受命於君前則書於笏釋名曰笏忽也君有命則書其上備忽忘也或曰。笏。可以簿疏物也徐廣車服儀制曰古者貴賤皆執笏即今手板也然則笏與簿手板之異名耳蜀志稱秦。密見太守以簿。擊頰則漢魏以來皆執手板故云若今吏之持簿玉藻云笏畢用也因飾焉言貴賤盡皆用笏因飾以示尊卑其上文云笏天子以球玉諸侯以象大夫以魚須文竹上竹本象可也鄭玄云球美玉也文猶飾也大夫士飾竹以為笏不敢與君並用純物是其尊卑異也大夫與士笏俱用竹大夫以魚須飾之士以象骨為飾不敢純用一物所以下人君也用物既殊體制亦異玉藻云天子搢珽方正於天下也諸侯荼前詘後直讓於天子也大夫前詘後詘無所不讓也鄭玄以為謂之珽珽之言。珽然無所屈前後皆方正也荼讀舒懦所畏在前也圜殺其首屈於天子也大夫上有天子下有己君故首末皆圜前後皆讓是其形制異也其長則諸侯以下與天子又異珽一名大圭周禮典瑞云王晉大圭以朝日是也冬官考工記大圭長三尺天子服之是天子之珽長三尺也玉藻云笏度。二尺有六寸短於天子蓋諸侯以下度分皆然也

帶裳幅舄帶革帶也衣下曰裳幅若今行縢者舄複履○幅音逼舄音昔縢徒登反複音福

疏注帶革至複履○正義曰下有鞶是紳帶知此帶為革帶玉藻革帶博二寸鄭云凡佩繫于革帶白虎通云男子有鞶革者示有金革之事然則示有革事故用革為帶帶為佩也昭十二年傳云裳下之飾也經傳通例皆上衣下裳故云衣下曰裳幅與行縢今古之異名故云若今行縢詩云邪幅在下毛傳曰幅。偪也所

以自偪束也。鄭箋云：邪幅如今行縢也。偪束其脛，自足至膝。縢訓緘也。然則行而緘足，故名行縢；邪纏束之，故名邪幅。舄者，屨之小別。鄭玄周禮屨人注云：複下曰舄，禪下曰屨。然則舄之與屨，下有禪複爲異。屨是總名，故云舄，複屨，謂其複下也。鄭玄又云：天子諸侯吉事皆舄。赤舄者，冕服之舄；白舄者，皮弁之舄；黑舄者，玄端之舄。其士皆著屨。纁屨者，爵弁之屨；白屨者，皮弁之屨；黑屨者，玄端之屨。其卿大夫服冕者亦赤舄，餘服則屨。其王后褘衣玄舄，褕狄青舄，闕狄赤舄，鞠衣黃屨，展衣白屨，褖衣黑屨。其諸侯夫人及卿大夫之妻，合衣狄者皆舄，其餘皆屨。其舄之飾，用對方之色，赤舄黑飾，黑舄白飾是也。屨之飾用比方，白屨黑飾是也。

衡、紞、紘、綖，衡，維持冠者。紞，冠之垂者。紘，纓從下而上者。綖，冠上覆。○紞，多敢反，字林丁坎反。紘，獲耕反。綖，音延，字林弋善反。上，時掌反。下上下同。

疏注衡維至上覆○正義曰：此四物者，皆冠之飾也。周禮追師掌王后之首服，追衡笄。鄭司農云：衡，維持冠者。鄭玄云：祭服有衡，垂于副之兩旁當耳，其下以紞縣瑱。彼婦人首服有衡，則男子首服亦然。冠由此以得支立，故云維持冠者。追者，治玉之名。王后之衡以玉爲之，故追師掌焉。弁師掌王之五冕，弁及冕皆用玉笄，則天子之衡亦用玉。其諸侯以下衡之所用則未聞。紞者，縣瑱之繩，垂於冠之兩旁，故云冠之垂者。魯語敬姜曰：王后親織玄紞。則紞必織線爲之，若今之絛繩。鄭玄詩箋云：充耳謂所以縣瑱者，或名爲紞，織之，人君五色，臣則三色是也。絛必雜色，而魯語獨言玄者，以玄是天色，故特言之，非謂純玄色也。紘、纓皆以組爲之，所以結冠於人首也。纓用兩組，屬之於兩旁，結之於頷下，垂其餘也。紘用一組，從下屈而上，屬之於兩旁，垂其餘也。紘、纓同類，以之相形，故云紘，纓從下而上者。弁師掌王之五冕，皆玉笄朱紘。祭義稱諸侯冕而青紘。士冠禮稱緇布冠青組纓，皮弁、爵弁笄，緇組纓。鄭玄云：有笄者屈組爲紘，垂爲飾；無笄者纓而結其絛。以其有笄者用紘力少，故從下而上屬之；無笄者用纓力多，故從上而下結之。冕、弁皆有笄，故用紘；緇布冠無笄，故用纓也。魯語稱公侯夫人織紘綖，知紘亦織而爲之。士冠禮言組纓組紘，知天子諸侯之紘亦用組也。綖，冠上覆者，冕以木爲幹，以玄布衣其上，謂之綖。論語商書皆云麻冕知其當用布也弁師掌王之五冕皆玄冕知其色用玄也孔安國論語注言績麻三十升布以爲冕卽是綖也鄭玄玉藻注云延冕上覆也此云冠上覆者冠冕通名故此注衡及綖皆以冠言之其實悉冕。冕飾也

**昭其度也**尊卑各有制度【疏】注尊卑各有制度○正義曰此上十二物者皆是明其制度哀伯思及則言無次第也鄭玄覲禮注云上公袞無升龍天子有升龍有降龍是袞有度也冕則公自袞以下侯伯自鷩以下是冕有度也黻則諸侯火以下卿大夫山是黻有度也珽則玉象不同長短亦異是珽有度也袞冕鷩冕四章毳冕希冕裳二章是裳有度也鄭玄屨人注云王吉服舄有三等赤舄爲上冕服之舄下有白舄黑舄王治祭服舄有三等玄舄爲上褘衣之舄下有青舄赤舄是舄有度也紞則人君五色臣則三色是紞有度也天子朱紞諸侯青紞是紞有度也其帶幅衡綖則無以言之傳言昭其度也明其尊卑各有制度

**藻率。鞞鞛。**藻率以韋爲之所以藉玉也王五采公侯伯三采子男二采。鞞佩刀削上飾鞛下飾○率音律鞞補頂反鞛布孔反鞞鞛刀削之飾藉在夜反削音笑【疏】注藻率至下飾○正義曰鄭玄覲禮注云繅所以藉玉以韋衣木廣袤各如其玉之大小典瑞注云繅有五采文所以薦玉木爲中榦用韋衣而畫之此言以韋爲之指木上之韋其實木爲。榦也禮之言繅皆有玉共文大行人謂之繅藉曲禮單稱藉故知所以藉玉也大行人云公執桓圭九寸繅藉九寸知大小各如其玉也大行人注云繅藉以五采韋衣板若奠玉則以藉之是由有奠之時須有繅以之藉玉故小大如玉耳典瑞職曰王執鎮圭繅藉五采五就以朝日公執桓圭侯執信圭伯執躬圭繅皆三采三就子執穀璧男執蒲璧繅皆二采再就以朝覲宗遇會同于王是王五采公侯伯三采子男二采也凡言繅五采者皆謂玄黃朱白蒼三采朱白蒼二采朱綠就成也五就謂五帀每一帀爲一就也禮之言藻其文雖多典瑞大行人聘禮覲禮皆單言繅。或云繅藉未有言繅率者故服虔以藻爲畫藻率爲刷巾杜以藻率爲一物者以拭物之巾無名。率者服言禮有刷巾事無所出且哀伯謂之昭數固應禮之大者寧當舉拭物之巾與藻藉爲類故知藻率正是藻之。複名藻得稱爲藻藉何

以不可名爲藻率也玉藻說帶之制曰士練帶率下辟凡帶有率無箴功鄭玄云士以下皆禪不合而率積如今作幧頭爲之也然則禪而不合縷率其邊謂之爲率此以韋衣木蓋亦繂積其邊故稱率也鄭司農典瑞注讀繅爲藻率之藻似亦藻率共爲藻也詩曰鞞琫容刀故知鞞鞛佩刀削之飾也少儀云刀授穎削授柎削是刀之類故與刀連言之鞞鞛二名明飾有上下先鞞後鞛故知鞞爲上飾鞛爲下飾劉君以毛詩傳下曰鞞上曰琫而規杜氏但鞞鞛或上或下俱是無正文不可以規杜過也

**鞶厲游纓**

鞶紳帶也一名大帶厲大帶之垂者游旌旗之游纓在馬膺前如索帬○鞶步干反游音留注同膺於陵反索悉各反

**疏**

注鞶紳至索帬○正義曰易訟卦上九或錫之鞶帶知鞶即帶也以帶束要垂其餘以爲飾謂之紳上帶爲革帶故云鞶紳帶所以別上帶也玉藻說帶云大夫大帶是一名大帶也詩毛傳云厲帶之垂者故用毛說以爲厲大帶之垂者也大帶之垂者名之爲紳而復名爲厲者紳是帶之名厲是垂之貌詩稱垂帶而厲是厲爲垂貌也玉藻稱天子素帶朱裏終辟諸侯素帶不朱裏大夫玄華辟垂帶皆博四寸士帶博二寸再繚四寸緇辟下垂賈服等說鞶厲皆與杜同唯鄭玄獨異禮記內則注以鞶爲小囊讀厲如裂繻之裂言鞶囊必裂繒緣之以爲飾案禮記稱男鞶革女鞶絲鞶是帶之別稱遂以鞶爲帶名言其帶革帶絲耳鞶非囊之號也禮記又云婦事舅姑施縏袠是囊之別名今人謂裏書之物爲袠言其施帶施囊耳其縏亦非囊也若以縏爲小囊則袠是何器若袠亦是囊則不應帶二囊矣以此知鞶即是紳帶爲得其實游是旐之垂者旆之別名九旗雖各有名而旌旗爲之總號故云旌旗之游也案巾車王建大常十有二斿又大行人云上公九斿侯伯七斿子男五斿其孤卿建旜大夫士建物其斿各如其命數其鳥旟則七斿熊旗則六斿龜旐則四斿故考工記云鳥旟七斿以象鶉火熊旗六斿以象伐龜旐四斿以象營室是也鄭司農巾車注云禮家說曰纓當胷以削革爲之鄭玄云纓今馬鞅是纓在馬膺前也服虔云纓如索帬今乘輿大駕有之然則漢魏以來大駕之馬膺有索帬是纓之遺象故云如索帬也案巾車玉路樊纓十有再就鄭玄注云

樊及纓皆以五采罽飾之金路樊纓九就象路樊纓七就革路絛纓五就鄭玄云其樊及纓以絛絲飾之木路翦樊鵠纓鄭玄云以淺黑飾韋爲樊鵠色飾韋爲纓不言就數飾與革路同

**昭其數也** 尊卑各有數

疏 注尊卑各有數○正義曰藻有五采三采之異是藻率有數也毛詩傳說容刀之飾云天子玉琫而珧珌諸侯璗琫而璆珌是鞞鞛有數也玉藻云紳長制士三尺有司二尺有五寸又大夫以上帶廣四寸士廣二寸是鞶厲有數也玉路十二旂金路九旂是游有數也玉路纓十有二就金路纓九就是纓有數也數之與度大同小異度謂限制數謂多少言其尊卑有節數也

**火龍黼黻** 火畫火也龍畫龍也白與黑謂之黼形若斧黑與青謂之黻兩已相戾○黼音甫戾力計反

疏 注火畫至相戾○正義曰考工記記畫繢之事云火以圜鄭司農云爲圜形似火也鄭玄云形如半環然又曰水以龍鄭玄云龍水物畫水者幷畫龍是衣有畫火畫龍也白與黑謂之黼黑與青謂之黻考工記文也其言形若斧兩已相戾相傳爲說孔安國虞書傳亦云黼若斧形黻爲兩已相背是其舊說然也周世袞冕九章傳唯言火龍黼黻四章者略以明義故文不具舉衣之所畫龍先於火今火先於龍知其言不以次也

**昭其文也** 以文章明貴賤

**五色比象昭其物也** 車服器械之有五色皆以比象天地四方以示器物不虛設○比幷是反械戶戒反

疏 注車服至虛設○正義曰考工記云畫繢之事雜五色東青南赤西白北黑天玄地黃是其比象天地四方也比象有六而言五者玄在赤黑之間非別色也昭二十五年傳云九文六采言采色有六故注以天地四方六事當之五行之色爲五色加天色則爲六故五色六采互相見也昭其物者以示物不虛設必有所象其物皆象五色故以五色明之

**錫鸞和鈴昭其聲也** 錫在馬額鸞在鑣和在衡鈴在旂動皆有鳴聲○錫音楊馬面當盧鈴音令額顏客反鑣彼驕反旂勤衣反

疏 注錫在至鳴聲○正義曰鄭玄巾車注云錫馬面當盧刻金爲之所謂鏤錫也詩箋云眉上曰錫刻金飾之今當盧也然則錫在眉上故云在馬額也詩稱輶車鸞鑣知鸞在鑣也鑣在馬口兩旁衡在服馬

頸上鑾和亦鈴也以處異故異名耳爾雅釋天說旌旗有鈴曰旂李巡曰以鈴置旐端是鈴在旂也鍚在馬額鈴在旂旂先儒更無異說其鸞和所在則舊說不同毛詩傳曰在軾曰和在鑣曰鸞韓詩內傳曰鸞在衡和在軾前鄭玄經解注取韓詩爲說秦詩箋云置鸞於鑣異於乘車也其意言乘車之鸞在衡田車之鸞在鑣及商頌烈祖之箋又云鸞在鑣是疑不能定故兩從之也案考工記輪崇車廣衡長參如一則衡之所容唯兩服馬耳詩辭每言八鸞當謂馬有二鸞鸞若在衡衡唯兩馬安得置八鸞乎以此知鸞必在鑣鸞既在鑣則和當在衡經傳不言和數未知和有幾也四者皆以金爲之故動則皆有鳴聲也

三辰旂旗昭其明也三辰日月星也畫於旂旗象天之明

疏注三辰至之明正義曰春官神士掌三辰之法鄭玄亦以爲日月星也謂之辰辰時也日以照晝月以照夜星則運行於天昏明遞帀而王所以示民早晚民得以爲時節故三者皆爲辰也三辰是天之光明照臨天下故畫以旂旗象天之明也九旗之物唯日月爲常不言畫星者蓋大常之上又畫星也穆天子傳稱天子葬盛姬建日月七星蓋畫北斗七星也案司常交龍爲旂熊虎爲旗不畫三辰而云三辰旂旗者旂旗是九旗之總名可以統大常故舉以爲言也

夫德儉而有度登降有數登降謂上下尊卑文物以紀之聲明以發之以臨照百官百官於是乎戒懼而不敢易紀律今滅德立違謂立華督違命之臣而寘其賂器於大廟以明示百官百官象之其又何誅焉國家之敗由官邪也官之失德寵賂章也郜鼎在廟章孰甚焉武王克商遷九鼎于雒邑九鼎殷所受夏九鼎也武王克商乃營雒邑而後去之又遷九鼎焉時但營洛邑未有都城至周公乃卒營雒邑謂之王城卽今河南城也故傳曰成王定鼎于郟鄏○寘之豉反置也邪似嗟反雒音洛本亦作洛夏戶雅反郟古夾反鄏音辱

疏注九鼎至郟鄏○正義曰據宣三年傳知九鼎是殷家所

受夏九鼎也戰國策稱齊救周求九鼎顏率謂齊王曰昔周伐殷而取九鼎一鼎九萬人挽之九鼎八十一萬人挽之挽鼎人數或是虛言要知其鼎有九故稱九鼎也知武王遷九鼎於洛邑欲以爲都者鼎者帝王所重相傳以爲寶器戎衣大定之日自可遷置西周乃徙九鼎處于洛邑故知本意欲以爲都又以商書洛誥說周公營洛邑則知武王但有遷意周公乃卒營之地理志云河南縣故郟鄏地也武王遷九鼎焉周公致太平營以爲都是爲王城至平王居之言即今河南城者晉時猶以爲河南縣成王定鼎宣三年傳文 義士猶或非之 蓋伯夷之屬 疏 注蓋伯夷之屬○正義曰史記伯夷列傳曰伯夷叔齊孤竹君之二子也讓國俱逃歸周及至西伯卒武王東伐紂伯夷叔齊叩馬諫曰父死不葬爰及干戈可謂孝乎以臣伐君可謂仁乎左右欲兵之太公曰此義人也扶而去之武王既平殷夷齊恥之不食周粟隱於首陽山采薇而食之作歌曰登彼西山兮。爰。采薇矣以暴易暴兮不知其非矣檢書傳之說非武王者唯此人故知是伯夷之屬 而況將昭違亂之賂器於大廟其若之何公不聽周內史聞之曰臧孫達其有後於魯乎君違不忘諫之以德 內史周大夫官也僖伯諫隱觀魚其子哀伯諫桓納鼎積善之家必有餘慶故曰其有後於魯 疏 注內史至於魯○正義曰周禮春官內史中大夫是周大夫官也積善之家必有餘慶易文言文也 ○秋七月杞侯來朝不敬杞侯歸乃謀伐之○蔡侯鄭伯會于鄧始懼楚也 楚國今南郡江陵縣北紀南城也楚武王始僭號稱王欲害中國蔡鄭姬姓近楚故懼而會謀○近附近之近 疏 注楚國至會謀正義曰地理志云南郡江陵縣故楚郢都楚文王自丹陽徙此世本云楚鬻熊居丹陽武王徙郢宋仲子云丹陽在南郡枝江縣今南郡江陵縣北有郢城史記稱文王徙都于郢地理志依史記爲說此時當楚武王也譜云楚羋姓顓頊之後也其後有鬻熊事周文王早卒成王封其曾孫熊繹於楚以子男之田居丹陽今南郡枝江是也熊達始稱武王武王十九年魯隱公之元年也武王居郢今江陵是也昭王徙都惠王八年獲麟之歲也惠王二十一年春秋之傳終矣惠王五十七年卒自惠王以下十一世二百九年而秦滅之楚世家稱武王使隨人請王室尊吾號王弗聽還報楚楚王怒乃自立爲楚武王是楚武王始僭號稱王也劉炫云號爲武武非謚也

○九月入杞討不敬也○公及戎盟于唐脩舊好也惠隱之好○好呼報反注同

○冬公至自唐告于廟也凡公行告于宗廟反行飲至舍爵策勳焉禮也爵飲酒器也既飲置爵則書勳勞於策言速紀有功也○舍音赦置也舊音捨

疏 冬公至禮也○正義曰凡公行者或朝或會或盟或伐皆是也孝子之事親也出必告反必面事死如事生故出必告廟反必告至不言告禰廟而言告宗廟者諸廟皆告非獨禰也禮記曾子問曰諸侯適天子必告于祖奠于禰命祝史告于宗廟諸侯相見必告于禰命祝史告于五廟反必親告于祖禰乃命祝史告至于前所告者由此而言諸侯朝天子則親告祖禰祝史告餘廟朝鄰國則親告禰祝史告餘廟其路遠者亦親告祖故于其反也言告于祖禰明出時亦告祖也出時不言祖者鄭玄云道近或可以不親告祖明道遠者亦親告祖矣雖親與不親而諸廟皆告故揔言告于宗廟也曾子問曰凡告用制幣反亦如之則出入皆以幣告也但出則告而遂行反則告訖又飲至故行言告廟反言飲至以見至有飲而行無飲也飲至者嘉其行至故因在廟中飲酒爲樂也襄十三年傳曰公至自晉孟獻子書勞于廟禮也書勞策勳其事一也舍爵乃策勳策勳常在廟知飲至亦在廟也彼公至自晉朝還告廟也此公至自唐盟還告廟也十六年公至自伐鄭傳曰以飲至之禮伐還告廟也三者傳皆言禮知朝會盟伐告廟禮同傳所以反覆凡例也朝還告至而獻子書勞則策勳者非唯討伐之勳雖常事有以安國寧民或亦書功于廟也公行告至必以嘉會昭告祖禰有功則舍爵策勳無功則告事而已無不告也反行必告而春秋公行一百七十六書至者唯八十二耳其餘不書者釋例曰凡公之行不書至者九十一有四皆不告廟也隱公

之不告謙也餘公之不告慢於禮也慢於禮者舉大例言耳其中亦應有心實非慢而不宜告者若行有恥辱不足爲榮則克躬罪已不以告廟非爲慢於禮也若事實可恥而不以爲恥反行告廟則史亦書之宣五年傳曰公如齊高固使齊侯止公請叔姬焉夏公至自齊書過也釋例曰執止之辱厭尊毀列所以累其先君忝其社稷固當克躬罪已不以嘉禮自終宣公如齊既已見止連昏於鄰國之臣而行飲至之禮故傳曰書過也是不應告而告故書之以示過也釋例又曰桓公之喪至自齊此則死還告廟而書至者也莊公違禮如齊觀社用飲至之禮此則失禮之書至者也宣公黑壤之會以賂免諱不書盟而復書至亦諱不以見止告廟也襄公至自晉此則榮還而書至者也昭公至自齊居于鄆此則宜告而書至者也諸書至皆告廟啓反或即實而言或有所諱辟傳於伐見飲至之禮於宣見書過之譏於朝見書勞于廟舉此三者以包其他行也僖十六年公會諸侯于淮未歸而取項齊人以爲討而止公十七年秋聲姜以公故會齊侯于卞公始得歸而書公至自會是諱其見止而以會告廟故傳曰猶有諸侯之事焉且諱之是諱止而以會告也諸侯盟者必在會後皆書公至自會不言公至自盟者以盟是因會而爲之初必以會徵衆公行以會告廟故還以會告至雖并以盟告亦不云至自盟爲行時不以盟告故也僖二十八年公會諸侯于溫遂圍許經書公至自圍許襄十年公會諸侯于柤遂滅偪陽經書公至自會二文不同釋例曰諸若此類事勢相接或以始致或以終致蓋時史之異耳無他義也定十二年公至自圍成行不出竟而亦告廟者釋例曰陪臣執命大都偶國仲由建墮三都之計而成人不從故公親伐之雖不越境動衆興兵大其事故出入皆告于廟也○注爵飲至功也○正義曰韓詩說一升曰爵爵盡也足也二升曰觚觚寡也飲當寡少三升曰觶觶適也飲當自適四升曰角角觸也次不自適觸罪過也五升曰散散訕也飲不自節爲人謗訕也揔名曰爵其實曰觴觴餉也然則飲酒之器其名有五而揔稱爲爵案燕禮爵用觚觶此飲至之爵不過用觚觶而已爲人君者賞不踰月欲民速覩爲善之利故舍爵即書勞於策言速紀有功也

特相會往來稱地

讓事也特相會公與一國會也會必有主二人獨會則莫肯爲主兩讓會事不成故但書地自參以上則往稱地來稱會成事也成會事〇參七南反一音三上時掌反

〇初晉穆侯之夫人姜氏以條之役生太子命之曰仇條晉地大子文侯也意取於戰相仇怨〇仇音求取其弟以千畝之戰生命之曰成師桓叔也西河界休縣南有地名千畝意取能成其衆

疏千畝之戰〇正義曰案周本紀宣王三十九年王與姜戎戰于千畝取此戰事以爲子名也

師服曰異哉君之名子也師服晉大夫〇名如字或彌政反夫名以制義名之必可言也義以出禮禮從義出禮以體政政以禮成政以正民是以政成而民聽易則生亂反易禮義則亂生也

疏夫名至生亂〇正義曰出口爲名合宜爲義人之出言使合於事宜故云名以制義杖義而行所以生出禮法故云義以出禮復禮而行所以體成政教故云禮以體政以禮爲政以正下民故云政以正民今晉侯名子不得其宜禮教無所從出政不以禮則民各有心故爲始兆亂也

嘉耦曰妃怨耦曰仇古之命也自古有此言〇耦五口反妃芳非反今君命大子曰仇弟曰成師始兆亂矣兄其替乎穆侯愛少子桓叔俱取於戰以爲名所附意異故師服知桓叔之黨必盛於晉以傾宗國故因名以諷諫〇替他計反廢也少詩照反諷芳鳳反

疏注穆侯至諷諫正義曰大子與桓叔雖並因戰爲名而所附意異仇取於戰相仇怨成師取能成師衆緣名求義則大子多怨仇而成師有徒衆穆侯本立此名未必先生此意但寵愛少子於時已著師服知桓叔將盛故推出此理因解其名以爲諷諫欲使之強榦弱枝耳人臣規諫若無端緒馮何致言以申己志非謂人之立名必將有驗而何休謂左氏後有興亡由立名善惡引后稷名棄爲膏育以難左氏非也

惠之二十四年晉始亂故封桓叔于曲沃惠魯惠公

也晉文侯卒子昭侯元年危不自安封成師爲曲沃伯**靖侯之孫欒賓傅之**靖侯桓叔之高祖父言得貴寵公孫爲傅相○靖才井反欒力官反【疏】注靖侯至傅相○正義曰案晉世家靖侯生僖侯僖侯生獻侯獻侯生穆侯穆侯生桓叔靖侯是桓叔之高祖也史傳稱祖皆云祖父故謂高祖爲高祖父非高祖之父也特云靖侯之孫則知傳意言其得貴寵公孫爲傅相也此人之後遂爲欒氏蓋其父字欒**師服曰吾聞國家之立也本大而末小是以能固故天子建國**立諸侯也**諸侯立家**卿大夫稱家臣**卿置側室**側室衆子也得立此一官【疏】注側室至一官○正義曰禮記文王世子云公若有出疆之政庶子守公宮正室守大廟鄭玄云正室適子也正室是適子故知側室是衆子言其在適子之旁側也文十二年傳曰趙有側室曰穿是卿得立此官也卿之家臣其數多矣獨言立此一官者其餘諸官事連於國臨時選用異姓皆得爲之其側室一官必用同族是卿廢所及唯知宗事故特言之案世族譜趙穿是夙之庶孫於趙盾爲從父昆弟而爲盾側室然選其宗之庶者而爲之未必立卿之親弟**大夫有貳宗**適子爲。小宗次。子爲貳宗以相輔貳○適丁歷反爲小宗本或作爲大宗誤【疏】注適子至輔貳○正義曰禮有大宗小宗天子諸侯之庶子謂之別子及異姓受族爲後世之始祖者世適承嗣百世不遷謂之大宗爲父後者諸弟宗之五世則遷謂之小宗五世遷者謂高祖以下喪服未絶其繼高祖之適則緦服之内共宗之其繼曾祖之世適則小功之内共宗之繼祖繼禰所宗及亦然故鄭玄喪服小記注云小宗有四或繼高祖或繼曾祖或繼祖或繼禰皆至五世則遷以緦服既窮不相宗敬故疏卽遞遷也禮記大傳曰有百世不遷之宗有五世則遷之宗百世不遷者別子之後也宗其繼別子之所自出者百世不遷者也宗其繼高祖者五世則遷者也是言大宗小宗之別也大夫身是適子爲小宗故其次者爲貳宗以相輔助爲副貳亦立之爲此官也杜知非大宗而云小宗者以其大夫不必皆是大宗據爲小宗者多故杜言之也若大夫身爲大宗亦止得立貳宗官耳禮記據公族爲說故言別子爲祖主說諸侯庶子耳其實異姓受族亦爲始祖其繼者亦是大宗但記文不及之耳沈云適子爲小宗謂是大夫之身爲小宗次者爲貳宗謂大夫庶弟貳宗以側室爲側皆是官名與五宗別士有隸子弟士卑自以其子弟爲僕隸庶人工商各有分親皆有等衰庶人無復尊卑以親疏爲分別也衰殺也○分扶問反又如字親七刃反又如字衰初危反注同復扶又反別彼列反殺所界反是以民服事其上而下無覬覦下不冀望上位○覬音冀覦羊朱反字林羊住反說文云欲也今晉甸侯也而建國本既弱矣其能久乎諸侯而在甸服者○甸徒練反

疏注諸侯至服者○正義曰周公斥大九州廣土萬里制爲九服邦畿方千里其外每五百里謂之一服侯甸男采衞要六服爲中國夷鎮蕃三服爲夷狄大司馬謂之九畿言其有期限也大行人謂之九服言其服事王也如其數計甸服內畔尙去京師千里晉距王城不容此數而得在甸服者周禮設法耳土地之形不可方平如圖未必每服皆如其數也地理志云初雒邑與宗周通封畿東西長南北短短長相覆爲千里是王畿不正方也志又云東都方六百里半之爲三百里外有侯服五百里爲八百里計晉都在大原去洛邑近八百里也畿既不方服必差改故晉在甸服也

惠之三十年晉潘父弒昭侯而立桓叔不克潘父晉大夫也昭侯文侯子晉人立孝侯昭侯子也惠之四十五年曲沃莊伯伐翼弒孝侯莊伯桓叔子翼晉國所都翼人立其弟鄂侯鄂侯生哀侯鄂國以隱五年奔隨其年秋王立哀侯于翼哀侯侵陘庭之田陘庭翼南鄙邑○陘音刑陘庭南鄙啓曲沃伐翼

附釋音春秋左傳注疏卷第五

春秋左傳注疏卷五校勘記　阮元撰盧宣旬摘錄

附釋音春秋左傳注疏卷第五　桓元年盡二年宋本春秋正義卷第五石經春秋經傳集解桓公第二盡十八年釋文自此卷以下無春秋經傳集解六字餘並同

〔桓公〕

〔經元年〕

公即位　惠棟云鄭衆曰古文春秋經公即位爲公即立云古位立同字棟案鄭注周禮小宗伯之職云故書位作立

今遭喪繼立者　宋本作繼位

注公以至爲文時之所隱　宋本閩本監本毛本作公以至所隱

成會鄭於垂　宋本鄭作禮是也

知非仲尼非意也　宋本監本毛本下非作新正德本閩本作本是也○今訂作本

書灾也　宋本淳熙本岳本纂圖本灾作災

〔傳元年〕

言雨自上而下浸潤於土　土諸本誤作上

疑謬誤 宋本謬作繆

魯親班齊饋 閩本監本毛本親誤稱

宋華父督見孔父之妻于路 石經督作督後同葉抄釋文亦作督廣韻以督爲俗字又詳昭十二年校勘記儀禮士冠禮注云宋大夫有孔甫甫字或作父賈公彥云甫通作父

美而艷 釋文作豔石經凡豔字皆作艷淳熙本同

〔經二年〕

宋督弑其君與夷 纂圖本弑作殺非注同下注宋有弑君之亂亦誤殺

言弑其君則可 監本毛本言誤主

禮必擁蔽其面 宋本擁作鄣案禮記內則鄭注云擁猶障也

自是以下滕當稱子 宋本監本毛本當作常

故以稷爲河東之稷山 諸本作山此本作止今訂正

不敢自同於正君 監本毛本敢誤可

〔傳二年〕

君子至其君 宋本此節正義在故先書弒其君句下

或語出邱明之意而託諸賢者 宋本託作記非

洩冶之罪 宋本洩作泄

君子者言其可以居上位 閩本監本毛本脫言字

○注經稱至妄也 宋本○作疏此節正義在注督之妄也下

濟陰城武縣東南有北郜城 宋本岳本城作成案續漢郡國志作成郜上無北字釋例亦無北字

郜國濟陰成武縣東南 宋本監本毛本作城武非也

以茅飾屋著儉也 監本毛本飾屋誤飭室

清廟肅然清淨之稱也 宋本岳本足利本淨作靜是也案疏文作靜宋本岳本無也字

疏君人至子孫 宋本此節正義在故昭令德以示子孫之下

○注以茅至之稱 ○宋本作疏此節正義宋本在注肅然清靜之稱下

冬官考工記有咠屋瓦屋 宋本監本毛本咠作葺案考工記作葺

傳言清廟茅屋 宋本言作曰

明堂位曰山節藻棁復廟重檐 禮記明堂位複作復字按復複古今字

敬亡若存 盧文弨校本若下有事字

大路越席 越席家語作趏席王肅注云趏越同禮記禮運與其越席釋文引字書越作趏

大路玉路祀天車也 監本毛本玉誤王釋文云本或無天字者非

大路至越席結草 宋本無越席二字

路之最大者 宋本路上有大路二字是也

粢食不鑿 釋文云鑿字林作毇云糲米一斛舂爲八斗說文毇字亦云一斛舂爲八斗也淮南子主術訓作粢食不毇玉篇鑿字下引傳作粢食不鑿陳樹華云鑿爲鑿蓋古字假借

六粢謂黍稷稻粱麥苽 宋本閩本監本毛本粱作粢非也

黻韋韠以蔽膝也 閩本監本毛本韠誤韡淳熙本膝誤脉

古禮鄭玄注弁師云 宋本古上有其字

黻韠制同而名異 毛本黻作黼非

古者田漁而食 諸本作田此本誤曰今訂正

凡韠皆象裳色　毛本象作是非

記傳更無黻制　宋本毛本作無韍制按韍蔽膝之正字作韍从韋其作黻从黹者假借字也

或曰笏可以簿疏物也　宋本笏作簿案釋名書契作簿可上有言字

蜀志稱秦密見太守以簿擊頰　案密今三國志作宓擊閩本監本誤繫

珽之言珽然無所屈　珽然之珽當作挺

玉藻云笏度二尺有六寸　閩本監本毛本二尺誤三尺

毛傳曰幅偪也所以自偪束也　監本毛本偪作偪案毛傳作偪

偪束其脛　宋本監本毛本偪作偪

禪下曰屨　宋本監本毛本禪作禪非下禪複宋本毛本亦誤禪複

履是總名　監本毛本履誤屨

屨之飾用比方　毛本屨作履非

衡紞紘綖　文選張平子東京賦衡作珩李善引傳文及杜注同案珩與衡音義同

爵弁笄緇組纓　案儀禮士冠禮纓作紘

其實悉冕冕飾也　宋本監本毛本冕字不重是也

藻率鞞鞛　文選東京賦李善注引率作繂非是詩公劉正義引鞛作琫

鞞佩刀削上飾　宋本淳熙本岳本鞞作鞞是也○今依訂正

木爲中榦　閩本監本毛本榦作幹下同非也

典瑞大行人聘禮覲禮皆單言繅　宋本繅作藻

以拭物之巾無名率者　監本拭作拭非下同案孔仲遠誤也依說文帥佩巾也帨字古率帥通用故儀禮注云古文帥作率服虔云禮有刷巾其語亦見說文凡儀禮言帨者即左傳之率也

故知藻率正是藻之複名　監本複作複非

凡帶有率無箴功　閩本箴誤葴監本毛本作葴亦非

士以下皆禪不合而率積　監本毛本禪作襌非下同率宋本作繂

削授柎　宋本柎作拊與禮記少儀合

鞶厲游纓　顏師古匡謬正俗云斿旌旗之斿字從㫃訓與旒同傳云鞶厲斿纓是也案周禮司几筵正義文選東京賦李善注引並作斿周易訟卦正義引作旒惠棟云說文無斿字有游字云旌旗之游從㫃汓聲汓與泅同上形下聲按斿之變爲游省爲斿俗爲旒假借爲流其實一也

大夫玄華辟垂 閩本監本毛本華誤革

婦事舅姑施縏袠 毛本縏誤鞶

華路條纓五就 周禮條作絛此因鄭注絛讀爲條遂改作條

木路翦樊鵠纓 周禮翦作前此因鄭注前讀爲緇翦之翦遂改作翦

天子玉琫而珧珌諸侯璗琫而璆珌 監本毛本璗誤盪說文云琫佩刀上飾珌佩刀下飾天子以玉諸侯以金惠棟云爾雅者六經之訓詁也其釋器云黄金謂之璗其美者謂之鏐是璆珌當作鏐珌也

是游有數也 宋本閩本監本毛本游作斿

今當盧也 詩箋亦作今閩本監本毛本誤令

春官神士掌三辰之法 案周禮士作仕毛本誤土

昏明遞市而王 宋本監本毛本市作而不誤閩本作布王宋本監本毛本作正是也

遷九鼎于雒邑 釋文云雒本亦作洛書召誥傳引作洛周禮冢宰正義文選任彥昇奏彈劉整注引並同陳樹華云漢書地理志河南郡有洛陽縣師古曰魚豢云漢火德忌水故洛去水而加佳段玉裁云此本不經之談而顏氏信之且傅會之云如魚氏說則光武以後改爲雒字也魏志黄初元年幸洛陽裴注引魏略曰詔以漢火行也火忌水故洛去水而加佳魏以行次爲土土水之牡也水得土而乃流土得水而乃柔故除佳加水變雒爲洛裴氏引

魏略於此者正謂黃初元年幸洛陽乃有此詔前此皆用雒後此皆用洛魚氏錄魏詔云爾則魏文帝之失也漢以前皆用雒非漢去水加佳也

時但營洛邑　宋本淳熙本纂圖本毛本作雒與傳文合

以臣伐君　案史記伯夷列傳伐作弑

爰采薇矣　史記伯夷列傳爰作采其

臧孫其有後於魯　宋本淳熙本岳本足利本臧孫作故曰不誤○今依訂正

昭王徙鄀　閩本監本毛本鄀誤都

反必告至　閩本監本毛本告作面

命之曰仇　漢書五行志中引作名之曰仇案名卽命也說文云名自命也閔元年傳今名之大以從盈數史記魏世家引名作命禮記祭法黃帝正名百物國語魯語作成命百物史記天官書免七命索隱曰謂免星凡有七名也是命名古同聲同義

其弟以千畝之戰生　漢書五行志中引畝作晦顏師古云晦古畝字也

命之曰成師　史記晉世家漢書五行志命並作名

西河界休縣南有地名千畝　毛詩祈父正義引作介休

異哉君之名子也　石經初刊之作子磨改作之史記名作命

夫名以制義 陳樹華云漢書引傳義作誼案誼義古今字

復禮而行 閩本監本毛本復作履

自古有此言 宋洪邁容齋隨筆引杜注亦作言惠棟校本改作名云宋本作名未知所據何本也

兄其替乎 惠棟云三體石經作其替漢書五行志引傳乎作虖案虖古乎字

則大子多怨仇 監本毛本作仇怨

惠之二十四年 石經作惠之廿四年惠棟云石經凡經傳中二十字作廿三十字作卅此古文春秋左氏傳本文也說文廿二十幷卅三十幷也古文省說文所謂古文乃孔壁中之文也案說文廿字卅字讀如入如𢇁唐人用廿代二十用卅代三十仍讀二十三十其讀不同見廣韻注

故封桓叔于曲沃 顧炎武云石經故誤政案石經不誤

適子爲小宗次者爲貳宗 釋文云小宗本或作爲大宗誤纂圖本閩本監本毛本作次子宋本淳熙本岳本足利本作次者

下不冀望上位 文選王命論李注引冀作敢

惠之三十年 石經作惠之卅年

鄂國以隱五年奔隨 宋本淳熙本岳本纂圖本足利本國作侯

哀侯侵陘庭之田 史記晉世家庭作廷

春秋左傳注疏卷五校勘記

附釋音春秋左傳注疏卷第六 桓三年盡六年

杜氏注　孔穎達疏

經三年春正月公會齊侯于嬴經之首時必書王明此曆天王之所班也其或廢法違常失不班曆故不書王嬴齊邑今泰山嬴縣○經三年正月從此盡十七年皆無王唯十年有二傳以為義或有王字者非嬴音盈

[疏]注經之至嬴縣○正義曰桓公元年二年十年十八年凡四年於春有王九年春無王無月其餘十三年雖春有月悉皆無王穀梁傳曰桓無王其曰王何也謹始也其曰無王何也桓弟弒兄臣弒君天子不能定諸侯不能救百姓不能去以為無王之道遂可以至焉爾元年有王所以治桓也二年有王正與夷之卒也十年有王正終生之卒也十八年書王范甯注云此年書王以王法終治桓之事先儒多用穀梁之說賈逵云不書王弒君易祊田成宋亂無王也元年治桓二年治督十年正曹伯十八年終始治桓杜以正是王正曆從王出故以為王者班曆史乃書王明此曆天王之所班也其或廢法違常失不班曆則諸侯之史不得書王言此十三年無王皆王不班曆故也劉炫規過云然天王失不班曆經不書王乃是國之大事何得傳無異文又昭二十三年以後王室有子朝之亂經皆書王豈是王室猶能班曆又襄二十七年再失閏杜云魯之司曆頓置兩閏又哀十二年十二月螽杜云季孫雖聞仲尼之言而不正曆如杜所注曆既天王所班魯人何得擅改又子朝奔楚其年王室方定王位猶且未定諸侯不知所奉復有何人尚能班曆昭二十三年秋乃書天王居于狄泉則其春未有王矣時未有王曆無所出何故其年亦書王也若春秋之曆必是天王所班則周之錯失不關於魯魯人雖或知之無由輒得改正襄二十七年傳稱司曆過再失閏者是周司曆也魯司曆也而杜釋例云魯之司曆始覺其謬頓置兩閏以應天正若曆為王班當一論王命寧敢專置閏月改易歲年哀十三年十二月螽仲尼曰火猶西流司曆過也杜於釋例又

云季孫雖聞此言猶不卽改明年復螽於是始悟十四年春乃置閏欲以補正時曆既言曆爲王班又稱魯人輒改改之不憚於王亦復何須王曆杜之此言自相矛楯以此立說難得而通又案春秋經之闕文甚多其事非一亦如夫人有氏無姜有姜無氏及大雨霖廧咎如潰之類也此無王者正是闕文耳今刪定知此不書王非是經之闕文必以爲失不班曆者杜之所據雖無明文若必闕文止應一事兩事而已不應一公之內十四年並闕王字杜以周禮有頒告朔于邦國都鄙以有成文故爲此說但齊桓晉文以前翼戴天子王室雖微猶能班曆至靈王景王以後王室卑微曆或諸侯所爲亦遙稟天子正朔所以有子朝之亂經仍稱王不責人所不得也猶如大夫之卒公疾在外雖不與小斂亦同書日之限然則司曆之過魯史所改據此而言有何可責劉君不尋此旨橫生異同以規杜過恐非其義也

○夏齊侯衞侯胥命于蒲申約言以相命而不歃血也蒲衞地在陳留長垣縣西南○約如字又於妙反歃所洽反垣音袁

○六月公會杞侯于郕○秋七月壬辰朔日有食之既無傳既盡也曆家之說謂日光以望時遙奪月光故月食日月同會月奄日故日食食有上下者行有高下日光輪存而中食者相奄密故日光溢出皆既者正相當而相奄間疏也然聖人不言月食日而以自食爲文。闕於所不見

【疏】注既盡至不見○正義曰食既者謂日光盡也故云既盡也月體無光待日照而光生半照卽爲弦全照乃成望望爲日光所照反得奪月光者曆家之說當日之衝有大如日者謂之闇虛闇虛當月則月必滅光故爲月食張衡靈憲曰當日之衝光常不合是謂闇虛在星則星微遇月則月食是言日奪月光故月食也若是日奪月光則應每望常食而望亦有不食者由其道度異也日月異道有時而交交則相犯故日月遞食交在望前朔則日食望則月食交在望後望則月食後月朔則日食交正在朔則日食既前後望不食交正在望則月食既前後朔不食大率一百七十三日有餘而道始一交非交則不相侵犯故朔望不常有食也道不正交則日斜照月故月光更盛道若正交則日衝當月故月光卽滅譬如

火斜照水日斜照鏡則水鏡之光旁照他物若使鏡正當日水正當火則水鏡之光不能有照日之奪月亦猶是也日月同會道度相交月揜日光故日食日奪月光故月食言月食是日光所衝日食是月體所映故日食常在朔月食常在望也食有上下者行有高下謂月在日南從南入食南下北高則食起於下月在日北從北入食則食發於高是其行有高下故食不同也故異義云月高則其食虧於上月下則其食虧於下也日月之體大小正同相揜密者二體相近正映其形故光得溢出而中食也相揜疏者二體相遠月近而日遠自人望之則月之所映者廣故日光不復能見而日食既也日食者實是月映之也但日之所在則月體不見聖人不言月來食日而云有物食之以自食爲文闕於所不見也○公子翬如齊逆女禮君有故則使卿逆

疏注禮君至卿逆○正義曰天子尊無與敵不自親逆使卿逆而上公臨之諸侯則親逆有故得使卿八年祭公逆王后于紀傳曰禮也是當使人天子不親逆也襄十五年傳曰官師從單靖公逆王后于齊卿不行非禮也是知天子之禮當使卿逆而上公臨之也禮記哀公問曰冕而親迎不已重乎孔子對曰合二姓之好以繼先聖之後以爲天地宗廟社稷之主君何謂已重乎此對哀公指言魯事是諸侯正禮當親逆也莊二十四年公如齊逆女丘明不爲之傳以其得禮故也文四年逆婦姜于齊傳曰卿不行非禮也以卿不行爲非禮知君有故得使卿逆也

九月齊侯送姜氏于讙讙魯地濟北蛇丘縣西有下讙亭○已去齊國故不言女未至於魯故不稱夫人○讙呼端反蛇以支反

公會齊侯于讙無傳

夫人姜氏至自齊無傳告於廟也不言翬以至者齊侯送之公受之於讙

○冬齊侯使其弟年來聘

○有年無傳五穀皆熟書有年

疏有年○正義曰年訓爲稔謂歲爲年者取其歲穀一熟之義故禾稼既收農功畢入以其歲豐於常故史書有年於策此書有年宣十六年書大有年穀梁傳曰五穀皆熟爲有年五穀大熟爲大有年杜取穀梁爲說其義亦當然也周禮疾醫以五穀養病鄭玄云五穀麻黍稷麥豆即月令五時所食穀也賈云

桓惡而有年豐異之也言有非其所宜有案昭元年傳曰國無道而年穀和熟天贊之也是言歲豐爲佐助之非妖異之物也君行既惡澤不下流遇有豐年輒以爲異是則無道之世唯宜有大饑不宜有豐年非上天佑民之本意也且言有不宜有傳無其說釋例曰劉賈許因有年大有年之經有鸜鵒來巢書所無之傳以爲經諸言有皆不宜有之辭也據經螟螽不書有傳發於魯之無鸜鵒不以有字爲例也經書十有一年十有一月不可謂不宜有此年不宜有此月也螟螽俱是非常之災亦不可謂其宜有也

傳三年春曲沃武公伐翼次于陘庭韓萬御戎梁弘爲右武公曲沃莊伯子也韓萬莊伯弟也御戎僕也右戎車之右【疏】注武公至之右○正義曰武公莊伯子韓萬莊伯弟世本世家文也周禮戎僕掌馭戎車戎右掌戎車之兵革使故知御爲戎僕右是戎車之右也逐翼侯于汾隰汾隰汾水邊○汾扶云反汾水名下濕曰隰【疏】注汾隰汾水邊○正義曰釋例曰汾水出大原故汾陽縣東南至晉陽縣西南經西河平陽至河東汾陽縣入河爾雅釋地云下溼曰隰知汾隰汾水邊也驂絓而止驂騑馬○驂七南反絓戶卦反騑芳非反【疏】注驂騑馬○正義曰說文云騑驂旁馬是騑驂爲一也初駕馬者以二馬夾轅而已又駕一馬以兩服爲驂故謂之驂又駕一馬乃謂之騑故說文云驂駕三馬也駟一乘也兩服爲主以漸參之兩旁二馬遂名爲驂故總舉一乘則謂之駟指其騑馬則謂之驂詩稱兩驂如舞二馬皆稱驂禮記稱說驂而騁之一馬亦稱驂是本其初參遂以爲名也驂馬在衡外挽靷每絓於木由頸不當衡故也名騑者以驂馬有騑騑之容故少儀云騑騑翼翼是也夜獲之及欒共叔共叔桓叔之傅欒賓之子也身傅翼侯父子各殉所奉之主故并見獲而死○共音恭注同殉似俊反

○會于嬴成昏于齊也公不由媒介自與齊侯會而成昏非禮也○介音界【疏】注公不至禮也○正義曰此成昏謂聘文姜也詩刺魯桓公不能禁制文姜云

取妻如之何匪媒不得既曰得止曷又極止言桓公以媒得文姜此云不由媒者公親會齊侯必無媒也詩舉正法以刺上傳據實事以解經故不同耳○

夏齊侯衛侯胥命于蒲不盟也○公會杞侯于郕杞求成也二年入杞故今來求成○秋

公子翬如齊逆女修先君之好故曰公子昏禮雖奉時君之命其言必稱先君以爲禮辭故公子翬逆女傳言修先君之好公子遂逆女傳稱尊君命互舉其義○好呼報反注同

疏注昏禮至其義○正義曰公子遂逆女傳言尊君命是奉時君之命也此言脩先君之好是稱先君爲辭也翬遂俱是逆女傳文各言其一是互舉其義昏禮納采辭曰某有先人之禮使某也請納采其納徵辭曰某有先人之禮使某也請納徵是男家辭也主人醴賓辭曰子爲事故至於某之室某有先人之禮請醴從者是女家辭也彼士禮也故稱先人若諸侯則稱先君以此知其言必稱先君以爲禮辭

齊侯送姜氏○非禮也凡公女嫁于敵國姊妹則上卿送之以禮於先君公子則下卿送之於大國雖公子亦上卿送之於天子則諸卿皆行公不自送於小國則上大夫送之○齊侯送姜氏本或作送姜氏于讙公子則下卿送公子公女

疏凡公至送之○正義曰昏以相敵爲耦先以敵國爲文然後於大國小國辨其所異姊妹於敵國猶上卿送之於大國則上卿必矣且姊妹禮於先君不以所嫁輕重雖則小國亦使上卿送也於小國則上大夫送之文承公子之下謂送公子非送姊妹也周禮序官唯有中大夫無上大夫也禮記王制曰諸侯之上大夫卿鄭玄云上大夫曰卿則上大夫即卿也又無上大夫矣而此云上大夫者諸侯之制三卿五大夫五人之中又復分爲上下成三年傳曰次國之上卿當大國之中中當其下下當其上大夫小國之上卿當大國之下卿中當其上大夫下當其下大夫是分大夫爲上下也

○冬齊仲年來聘致夫人也古者女出嫁又使大夫隨加聘

問存謙敬序殷勤也在魯而出則曰致女在他國而來則總曰聘故傳以致夫人釋之【疏】注古者至釋之○正義曰經書來聘傳言致夫人是行聘禮而致之也故知使大夫隨加聘問得所以存謙敬序殷勤也其意言不堪事宗廟則欲以之歸也成九年季孫行父如宋致女與此事同而文異故辨之云在魯而出則曰致女在他國而來則總曰聘是詳內略外之文傳嫌其不同故以致夫人釋之○芮伯萬之母芮姜惡芮伯之多寵人也故逐之出居于魏為明年秦侵芮張本芮國在馮翊臨晉縣魏國河東河北縣○芮如銳反國名惡烏路反翊音翼【疏】注為明至北縣○正義曰地理志云馮翊臨晉縣芮鄉故芮國也河東郡河北縣詩魏國也世本芮魏皆姬姓尚書顧命成王將崩有芮伯為卿士名謚不見魏之初封不知何人閔元年晉獻公滅魏芮則不知誰滅之

經四年春正月公狩于郎冬獵曰狩行三驅之禮得田狩之時故傳曰書時禮也周之春夏之冬也田狩從夏時郎非國內之狩地故書地○狩手又反夏戶雅反下同【疏】注冬獵至書地○正義曰冬獵曰狩爾雅釋天文也易比卦九五王用三驅失前禽鄭玄云王者習兵於蒐狩驅禽而射之三則已法軍禮也失前禽者謂禽在前來者不逆而射之旁去又不射唯背走者順而射之不中則已是其所以失之用兵之法亦如之降者不殺奔者不禦皆為敵不敵己加以仁恩養威之道是說三驅之事也狩獵之禮唯有三驅故知行三驅之正禮得田獵之常時故傳曰書時禮也善其得時明禮皆無違矣周之春正月建子即是夏之仲冬也周禮大司馬中冬教大閱遂以狩田是田狩從夏時也釋例曰三王異正朔而夏數為得天雖在周代於言時舉事皆據夏正故公以春狩而傳曰書時禮也隱五年公矢魚于棠傳曰言遠地也僖二十八年天王狩于河陽傳曰言非其地也舉地名者皆言其非地故知此郎非國內之狩地故書地也若國內狩地大野是也哀十四年傳曰西狩於大野經不書大野明其得常地故不書耳由此而言則狩于禚蒐于紅及比蒲昌

間皆非常地故書地也田狩之地須有常者古者民多地狹唯在山澤之間乃有不殖之地故天子諸侯必於其封內擇隙地而爲之僖三十三年傳曰鄭之有原圃猶秦之有具囿也是其諸國各有常狩之處違其常處則犯害。居。民故書地以譏之

○夏天王使宰渠伯糾來聘宰官渠氏伯糾名也王官之宰當以才授位而伯糾攝父之職出聘列國故書名以譏之國史之記必書年以集此公之事書首時以成此年之歲故春秋有空時而無事者今不書秋冬首月史闕文他皆放此○糾居黝反

疏注宰官至放此○正義曰周禮天官有大宰小宰宰夫知宰是官也傳言父在故名知伯糾是名自然渠爲氏矣周禮大宰卿小宰中大夫宰夫下大夫未知伯糾是何宰也貶之乃書名則於法當書字但中下大夫例皆書字則此宰高下猶未可量故注直言王官之宰不指小宰宰夫愼疑故也詩稱濟濟多士書戒無曠庶官爲政有三擇人爲急王官之宰當以才授位今其父居官而使子攝職是王者輕侮爵位遣人二則可故書名以譏之糾之出聘事由於王而貶糾者王不應授糾糾不應受使二者俱有其過貶糾亦所以責王如宰咺之比也春秋編年之書四時畢具乃得爲年此無秋冬知是史闕文也舊史先闕故仲尼因之膏肓何休以爲左氏宰渠伯糾父在故名仍叔之子何以不名又仍叔之子以爲父在稱子伯糾父在何以不稱子鄭箴之云仍叔之子者譏其幼弱故略言子不名之至於伯糾能堪聘事私覿又不失子道故名且字也鄭氏所箴與杜同云伯糾名且字非杜義

傳四年春正月公狩于郎書時禮也。郎非狩地故書時合禮

疏注郎非至合禮○正義曰春秋之世狩獵多矣見於經者無數事焉良由得時得地則常事不書故也以獲麟在於大野得地則不書其地知地時並得則例皆不書此書公狩于郎必是有所譏刺所刺之意在於失常地也但傳於棠與河陽已云言非其地則非地之責於理已見而此狩得時恐幷時亦刺駮出合。禮而非禮自明故注申其意言郎非狩地唯時合禮

以時合。禮。地非禮也公羊傳曰常事不書此何以書譏何譏爾遠也公羊說諸侯遊戲不得過郊故有遠近之言左氏無此義要言遠者亦是譏其失常地也

○夏周宰渠伯糾來聘父在故名○秋秦師侵芮敗焉小之也秦以芮小輕之故爲芮所敗

○冬王師秦師圍魏執芮伯以歸三年芮伯出居魏芮更立君秦爲芮所敗故以芮伯歸將欲納之

經五年春正月甲戌己丑陳侯鮑卒未同盟而書名者來赴以名故也甲戌前年十二月二十一日己丑此年正月六日陳亂故再赴赴雖日異而皆以正月起文故但書正月慎疑審事故從赴兩書○鮑步飽反

【疏】注未同至兩書○正義曰僖二十三年傳例曰赴以名則亦書之檢經傳魯未與陳盟而書鮑名知其來赴以名故也隱八年蔡侯考父卒注云蓋春秋前與惠公盟故赴以名案史記年表隱之元年是陳桓公之二十三年則桓公亦得與惠公盟而云未同盟者以蔡侯之卒去惠尚近故疑與惠公盟此去惠公年月已遠且自隱公以來陳魯未嘗交好於惠公之世亦似無盟故以未同盟解之也以長曆推之知甲戌己丑別月而赴者並言正月故兩書其日而共言正月若其各以月赴亦應兩書其月但此異年之事設令兩以月赴則當以四年云十二月甲戌陳侯鮑卒五年正月己丑陳侯鮑卒

○夏齊侯鄭伯如紀外相朝皆言如齊欲滅紀紀人懼而來告故書

【疏】注外相至故書○正義曰傳言朝經言如知如即朝也下文。周公如曹與此相類故云外相朝皆言如也魯出朝聘例。言如獨言外朝者經有公朝王所以不書云公如故獨云外也朝聘而謂之如者爾雅釋詁云如往也朝者兩君相見揖讓兩楹之間聘者使卿通問鄰國執圭以致君命據行禮而爲言也魯之君臣出適他國始行即書於策未知成禮與否經每有在塗乃復是禮未必成故直云如言其往彼國耳不果必成朝聘也公朝王所則朝訖乃書故指朝言之比齊鄭朝紀亦應朝訖乃告但略外故言如耳外相朝例不書而此獨書者傳言欲以襲紀紀人知之明其懼而告魯故書也

○天王使

仍叔之子來聘仍叔天子之大夫稱仍叔之子本於父字幼弱之辭也譏使童子出聘疏注仍叔至出聘○正義曰天子大夫例皆書字

仍氏叔字知是天子大夫也公羊穀梁皆以仍叔之子爲父老代父從政左氏直云弱也言其幼弱不言父在則是代父嗣位非父在也伯糾身未居官攝行

父事故稱名以貶之此子雖已嗣位而未堪從政故繫父以譏之譏王使童子出聘也蘇氏用公羊穀梁之義以爲父老來聘非父沒義或當然○葬

陳桓公無傳○城祝丘無傳齊鄭將襲紀故○秋蔡人衛人陳人從王伐鄭王自爲伐鄭之主君臣之辭也

王師敗不書不以告○從如字又才用反○大雩傳例曰書不時也失龍見之時○雩音于祭名見賢遍反○螽無傳蚣蝑之屬爲災故書○螽

音終蚣相容反蝑相魚反疏注蚣蝑至故書○正義曰釋蟲云蜇螽蜙蝑楊雄方言云春黍謂之蚣蝑陸機毛詩疏云幽州人謂之春箕春箕卽春黍蝗類

也長而青股鳴者或謂似蝗而小班黑其股狀如瑇瑁又五月中以兩股相切作聲聞十數步爾雅又有蠜螽土螽樊光云皆蜙蝑之屬然則螽之種類多故

言屬以包之傳稱凡物不爲災不書知此爲災故書○冬州公如曹不書奔以朝出也爲下寔來書也曹國今濟陰定陶縣○陶同勞反疏

州公如曹○正義曰周禮公之地封疆方五百里侯四百里伯三百里子二百里男一百里隱五年公羊傳曰天子三公稱公王者之後稱公其餘大國稱侯

小國稱伯子男然則三公之外爵稱公者唯二王之後杞與宋耳此州公及僖五年晉人執虞公並是小國而得稱公者鄭玄王制注以爲殷地三等州百里七

十里五十里武王克殷雖制五等之爵而因殷三等之地及周公制禮大國五百里小國百里所因殷之諸侯亦以功黜陟之其不滿者皆益之地爲百里焉

是以周世有爵尊而國小爵卑而國大者言爵尊國小蓋指此州公虞公也案虞是克商始封非爲殷之餘國鄭玄之言不可通於此矣杜之所解亦無明言

唯世族譜云虞姬姓武王克商封虞仲之庶孫以爲虞仲之後處中國爲西吳後世謂之虞公服虔云春秋前以黜陟之法進爵爲公未知孰是或可嘗爲三

公之官若虢公之屬故稱公也以其無文故備言之劉炫難服云周法二王之後乃得稱公雖復周公大公之勳齊桓晉文之霸位止通侯未升上等州有何功得還公爵若其爵得稱公土亦應廣安得爵爲上公地仍小國若地被兼黜爵亦宜減安得地既削小爵尚尊崇此則理之不通也○注不書至陶縣○正義曰如者朝也以朝出國不得書奔外朝不書以因來向魯故書其本也世本州國姜姓曹國伯爵譜云曹姬姓文王子叔振鐸之後也武王封之陶丘今濟陰定陶縣是也桓公三十五年魯隱公之元年也伯陽立十五年魯哀公之八年而宋滅曹地理志濟陰郡定陶縣詩曹國是也

傳五年春正月甲戌己丑陳侯鮑卒再赴也於是陳亂文公子佗殺太子免而代之佗桓公弟王父也稱文公子明佗非桓公母弟也免桓公大子○佗大河反免音問父音甫公疾病而亂作國人分散故再赴疏公疾病○正義曰鄭玄論語注云病謂疾益困也○夏齊侯鄭伯朝于紀欲以襲之紀人知之○王奪鄭伯政鄭伯不朝奪不使知王政○襲音習疏注奪不使知王政○正義曰隱三年傳稱王貳于虢謂欲分政於虢不復專任鄭伯也及平王崩周人將畀虢公政即周鄭交惡未得與之八年傳曰虢公忌父始作卿士于周於是始與之政共鄭伯分王政矣九年傳曰鄭伯爲王左卿士然則虢公爲右卿士與鄭伯夾輔王也此言王奪鄭伯政全奪與虢不使鄭伯復知王政故鄭伯積恨不復朝王○秋王以諸侯伐鄭鄭伯禦之王爲中軍虢公林父將右軍蔡人衞人屬焉虢公林父王卿士○將音子匠反下及注大將同周公黑肩將左軍陳人屬焉黑肩周桓公也鄭子元請爲左拒以當蔡人衞人子元鄭公子拒方陳○拒俱甫反下同陳直覲反下文之陳及注同爲右拒以當陳人曰陳亂民莫有鬭心若先

犯之必奔王卒顧之必亂蔡衛不枝固將先奔不能相。枝持也○卒尊忽反下同旣而萃於王

卒可以集事從之萃聚也集成也○萃似類反曼伯爲右拒曼伯檀伯○曼音萬疏注曼伯檀伯○正義曰十五年傳曰鄭伯因櫟人殺檀伯昭十一年傳曰鄭京櫟實殺曼伯知一人也祭仲足爲左拒原繁高渠彌。以中軍奉公爲

魚麗之陳先偏後伍伍承彌縫司馬法車戰二十五乘爲偏以車居前以伍次之承偏之隙而彌縫闕漏也五人爲伍此蓋魚麗陳法○麗力之反注同縫扶容反乘繩證反疏注司馬至陳法○正義曰史記稱齊景公之時有田穰苴善用兵景公尊之位爲大司馬六國時齊威王用兵行威大放穰苴之法乃使大夫追論古者司馬兵法而附穰苴其中凡一百五十篇號曰司馬法車戰二十五乘爲偏是彼文也五人爲伍周禮司馬序官文也

戰于繻葛繻葛鄭地○繻音須命二拒曰旝。動而鼓旝旃也通帛爲之蓋今大將之麾也執以爲號令○旝古外反又古活反本亦作檜建大木置石其上發機以磓敵麾許危反疏注旝旃至號令○正義曰旝之爲旃事無所出說者相傳爲然成二年傳張侯曰師之耳目在吾旗鼓進退從之是在軍之士視將旗以進退也今命二拒令旝動而鼓望旗之動鼓以進兵明旝是可觀之物又旝字從。㫃旌旗之類故知旝爲旃也周禮司常通帛爲。旜故云通帛爲之謂通用一絳帛無畫飾也鄭玄云凡旌旗有軍衆者畫異物無者帛而已鄉遂大夫或載旜或載物衆屬軍。吏無所將如鄭之意則將不得建旃而此軍得有旃者僖二十八年傳曰城濮之戰晉中軍風于澤亡大旆之左旃是知戰必有旃故以旝爲旃也鄭氏之言自謂治兵之時出軍所建不廢戰陳之上猶自用旃指麾今時爲軍猶以旌麾號令故云蓋今大將之麾執以爲號令也賈逵以旝爲發石一曰飛石引范蠡兵法作飛石之事以證之說文亦云建大木置石其上發。其機以。追敵與賈同也案范蠡兵法雖有飛石之事不言名爲旝也發石非旌旗之比說文載之㫃部而以飛石

解之爲不類矣且三軍之衆人多路遠發石之動何以可見而使二拒準之爲擊鼓候也注以旃說爲長故從之蔡衛陳皆奔王卒亂

鄭師合以攻之王卒大敗祝聃射王中肩王亦能軍雖軍敗身傷猶殿而不奔故言能軍○射食亦反中

丁仲反殿多見反祝聃請從之公曰君子不欲多上人況敢陵。天子乎苟自救也社稷

無隕多矣鄭於此收兵自退○隕于敏反夜鄭伯使祭足勞王且問左右祭足即祭仲之字蓋名仲字仲足也勞王

問左右言鄭志在苟免王討之。非也○勞力報反注同名仲字仲足一本作名仲字足疏注祭足至非也○正義曰隱元年傳稱祭仲上云祭仲足此云祭足十一年傳云祭封人仲足此人雖名字互見而不知孰字孰名公羊以仲爲字左氏先儒亦以爲字但春秋之例諸侯之卿嘉之乃書字十一年經書祭仲而事無可嘉注意以仲爲名故云名仲字仲足釋例曰伯仲叔季固人字之常然古今亦有以爲名者而公羊守株專謂祭氏以仲爲字既謂之字無辭以善之因託以行權人臣而善其行權逐君是亂人倫壞大教也說左氏者知其不可更云鄭人嘉之以字告故書字此。爲因有告命之例欲以苟免未是春秋之實也宰渠伯糾蕭叔大。心皆以伯叔爲名則仲亦名也傳又曰祭仲足或偏稱仲或偏稱足蓋名仲字足也是辨其名仲之意也凡傳所記事必有意存焉此丁寧說鄭言其志在苟免知其意言王討之。非也

○仍叔之子。弱也仍叔之子來聘童子將命無速反之心久留在魯故經書夏聘傳釋之於末秋疏注仍叔至末秋○正義曰此子來聘傳雖不言聘意蓋爲將伐鄭而遣告魯也經在伐鄭之上傳在伐鄭之下明其必有深意故注者原之以爲童子將命無速反之心久留在魯故經書夏聘傳釋之於末秋譏其夏至而秋。末反也下句更言秋大雩則秋。末爲末注云末秋者上有秋王以諸侯伐鄭此仍叔之文在秋事之末故云末秋也下文更云秋者自爲欲顯天時更別言秋

○秋大雩書不時也十二公傳唯此年及襄二十六

年有兩秋此發雩祭之例欲顯天時以相事故重言秋異於凡事〇重直用反【疏】注十二至凡事〇正義曰上既言秋王以諸侯伐鄭而此復言秋故解之方發雩祭之例須辨雩祭之月欲顯言天時以指怠慢之事故重言秋異於凡事凡事則不須每事重舉時也襄二十六年重言秋者彼注自釋中間有初不言秋則嫌楚客過在他年

凡祀啓蟄而郊

言凡。祀通下三句天地宗廟之事也啓蟄夏正建寅之月祀天南郊〇蟄直立反正音征【疏】注言凡至南郊〇正義曰下三句謂雩嘗烝也雩是祭天嘗烝祭宗廟此無祭地而言祭地者因天連言地耳周禮天神曰祀地祇曰祭人鬼曰享對則別爲三名散則總爲一號禮諸侯不得祭天魯以周公之故得郊祀上帝故雩亦祀帝書傳皆不言魯得祭地蓋不祭地也魯不祭地而注言天地者以發凡言例雖因魯史經文然凡之所論總包天。子及諸國則凡公嫁女於天子諸卿皆行及王曰小童之例是也此凡祀亦總包天子及諸國則有祭地之文故杜連言之釋例云凡祀舉郊雩烝嘗則天神地祇人鬼之祭皆通其他羣祀不錄可知也礿祠及地祇經無其事故不備言亦約文以相包也礿祠之祭過則亦書但無過時者故經不書耳夏小正曰正月啓蟄其傳曰言始發蟄也故漢氏之始以啓蟄爲正月中雨水爲二月節及大初以後更改氣名以雨水爲正月中驚蟄爲二月節以迄于今踵而不改今曆正月雨水中四月小滿中八月秋分中十月小雪中注皆以此四句爲建寅建巳建酉建亥之月則啓蟄當雨水龍見當小滿始殺當秋分閉蟄當小雪晉世之曆亦以雨水爲正月中而釋例云曆法正月節立春啓蟄爲中氣者因傳有啓蟄之文故遠取漢初氣名欲令傳與曆合其餘三者不可強同其名雖則不同其法理亦不異故釋例云案曆法有啓蟄驚蟄而無龍見始殺閉蟄。比古人所名不同然其法推不得有異傳曰火伏而後蟄者畢此謂十月始蟄也至十一月則遂閉之猶二月之驚蟄既啓之後遂驚而走出始蟄之後又自閉塞也是言啓蟄爲正月中閉蟄爲十月中也注以閉蟄爲十月而釋例云十一月遂閉之者以正月半蟄蟲啓戶二月初則驚而走出十月半蟄蟲始閉十一月初則遂閉之傳稱四者皆舉中氣言其至此中氣則卜此祭次月初氣仍是祭限次月中氣乃爲過時既以閉蟄爲建亥之月又言十一月則遂閉之欲見閉蟄以後冬至以前皆得烝祭也故釋例云孟獻子曰啓蟄而郊郊而後耕耕謂春分也言得啓蟄當卜郊不應過春分也春分以前皆得郊則冬至以前皆得烝也釋例又曰僖公襄公夏四月卜郊但譏其非所宜卜而不譏其四月不可郊也以建卯之月猶可郊知建子之月猶可烝也正由節卻月前未涉後月中氣故耳傳本不舉月爲限而舉候以言者釋例曰凡十二月而節氣有二十四共通三百六十六日分爲四時閒之以閏月故節未必恆在其月初而中氣亦不得恆在其月之半是以傳舉天宿氣節爲文而不以月爲正也土功作者不必日月故亦言龍見而畢務戒事也火見而致用水昏正而栽日至而畢此其大準也是言凡候天時皆不以月爲其節有參差故也若周禮不舉天象故以月爲正大司馬職曰中夏獻禽以享礿中冬獻禽以享烝言四時之祭不得後仲月非謂孟月不得。烝也釋例曰周禮祭宗廟以四仲蓋言其下限也下限至於仲月則上限起於孟月烝起建亥之月則嘗起建申之月此言始殺而嘗謂建酉之月亦是下限也若仲是下限則周之正月得爲烝祭春秋之例得常不書而八年書正月烝者釋例云經書正月烝得仲月之時也其夏五月復烝此爲過烝若但書夏五月烝則唯可知其非時故先發正月之烝而繼書五月烝以示非時並明再烝瀆也然仲月雖不過時而月節有前有卻若使節前月卻即爲非禮此秋大雩是建午之月耳而傳言不時明涉其中。節故譏之釋例云龍星之體畢見謂立夏之月得此月則當卜祀過涉次節則以過而書故秋雩書不時此涉周之立秋節也言涉立秋節者謂涉立秋之月中氣節也過涉次節亦謂中節非初節也若始涉初節則不譏之矣如此傳注必是建寅之月方始郊天周之孟春未得郊也禮記明堂位曰魯君孟春乘大輅載弧韣以祀帝於郊季夏六月以禘禮祀周公於太廟季夏周之六月即孟春是周之正月矣又雜記云孟獻子曰正月日至可以有事於上帝七月日至可以有事於祖七月而禘獻子爲之如彼記文則魯郊以周之孟春而傳言啓蟄而郊者禮記後人所錄其言或中或否未必所言皆是正禮襄七年傳孟獻子曰啓蟄而郊禮記左傳俱稱獻子而記言日至傳言啓蟄一人兩說必有謬者若七月而禘獻子爲之時應有七月禘矣烝嘗過則書禘過亦應書何以獻子之時不書七月禘也是知獻子本無此言不得云禮記是而左傳非也明堂位言正月郊者蓋春秋之末魯稍僭後見天子冬至祭天便以正月祀帝記者不察其本遂謂正月爲常明堂位後世之書其末章云魯君臣未嘗相弒也禮樂刑法政俗未嘗相變也春秋之世三君見弒鑿而弔士有誅俗變多矣尚云無之此言既誣則郊亦難信以此知記言孟春非正禮也鄭玄注書多用讖緯言天神有六地祇有二天有天皇大帝又有五方之帝地有崐崘之山神又有神州之神大司樂冬至祭於圜丘者祭天皇大帝北辰之星也月令四時迎氣於四郊所祭者祭五德之帝於大微宮中五帝坐星也春秋緯文耀鉤云大微宮有五帝坐星蒼帝其名曰靈威仰赤帝曰赤熛怒黃帝曰含樞紐白帝曰白招拒黑帝曰汁光紀五德之帝謂此也其夏正郊天祭其所感之帝焉周人木德祭靈威仰也魯無冬至之祭唯祭靈威仰耳唯鄭玄立。此爲。義而先儒悉不然故王肅作聖證論引羣書以證之言郊則圜丘圜丘即郊天體唯一安得有六天也晉武帝王肅之外孫也泰始之初定南北郊祭一地一天用王肅之義杜君身處晉朝共遵王說集解釋例都不言有二天然則杜意天子冬至所祭魯人啓蟄而郊猶是一天但異時祭耳此注直云祀天南郊不言靈威仰明與鄭異也劉炫云夏正郊天后稷配也冬至祭天圜丘以帝嚳配也

龍見而雩龍見建巳之月蒼龍宿之體昏見東方萬物始盛待雨而大故祭天。遠爲百穀祈膏雨○見賢遍反注同宿音秀爲于僞反

疏注龍見至膏雨○正義曰天官東方之星盡爲蒼龍之宿見謂合昏見也雩之言遠也遠爲百穀祈膏雨遠者豫爲秋收言意深遠也穀之種類多故詩每言百穀舉成數也雨之潤物若脂膏然故謂甘雨爲膏雨襄十九年傳曰百穀之仰膏雨是也傳直言雩而經書大雩者賈逵云言大別山川之雩蓋以諸侯雩山川魯得雩上帝故稱大月令云大雩帝用盛樂是雩帝稱大雩也此龍見而雩定在建巳之月而月令記於仲夏章者鄭玄云雩之正當以四月凡周之秋。五月

之中而旱亦脩雩祀而求雨因著正雩於此月失之矣杜君以爲月令秦法非是周典穎子嚴以龍見即是五月釋例曰月令之書出自呂不韋其意欲爲秦制非古典也穎氏因之以爲龍見五月五月之時龍星已過於見此爲強牽天宿以附會。不韋之月令非所據而據既以不安且又自違左氏傳稱秋大雩書不時此秋即穎氏之五月而忘其不時之文而欲以雩祭是言月令不得與傳合也鄭玄禮注云雩之言吁也言吁嗟哭泣以求雨也郊雩俱是祈穀何獨雩爲吁嗟旱而脩雩言吁嗟可矣四月常雩於時未旱何當。也吁嗟也賈服以雩爲遠故杜從之也

**始殺而嘗**建西之月陰氣始殺嘉穀始熟故薦嘗於宗廟

疏注建西至宗廟○正義曰嘗者薦於宗廟以嘗新爲名知必待嘉穀熟乃爲之也詩稱八月其穫穫刈嘉穀在於八月知始殺爲建西之月陰氣始殺也釋例曰詩蒹葭蒼蒼白露爲霜以證始殺百草也月令孟秋白露降季秋霜始降然則七月有白露八月露結九月乃成霜時寒乃漸歲事稍成八月嘉穀熟所薦之物備故以建西之月薦嘗於宗廟案月令孟秋農乃登穀天子嘗新先薦寢廟則似七月穀熟矣七月當嘗嘗祭而云建西之月乃嘗祭者以上下準之始殺嘗祭實起於建申之月今云建西者言其下限然杜獨於嘗祭舉下限者以秋物初熟孝子之祭必待新物故特舉下限而言之哀十三年子服景伯謂吳大宰曰魯將以十月上辛有事於上帝先公季辛而畢彼雖恐吳之辭亦是謂八月嘗祭之驗也何則於時會吳在夏公至在秋景伯言然之時秋之初也若嘗在建申當言九月不應遠指十月知十月是嘗祭之常期周之十月是建西之月也建西是下限耳若節前月卻孟秋物成亦可以孟秋嘗祭故釋例云周禮四仲月言其下限若建申得嘗何以釋例又云始殺而嘗謂建西之月蒹葭蒼蒼白露爲霜又以始殺唯建西之月者以賈服始殺唯據孟秋不通建西之月故釋例破賈服而爲此言也先此則不可十四年八月乙亥嘗乃是建未之月故注云先其時亦過也

**閉蟄而烝**建亥之月昆蟲閉戶萬物皆成可薦者衆故。烝祭宗廟釋例論之備矣○閉必計反又必結反字林方結反烝之承反

疏注建亥至備矣○正義曰傳稱火伏而後蟄者畢周

禮季秋內火則火以季秋入而孟冬伏昆蟲以孟冬蟄故知閉蟄是建亥之月也王制云昆蟲未蟄不以火田鄭玄云昆明也明蟲者得陽而生得陰而藏陰
陽郎寒溫也祭統注云昆蟲謂溫生寒死之蟲也是蟄蟲謂之昆蟲也月令仲春云蟄蟲咸動啓戶始出出言啓戶故蟄言閉戶爾雅釋詁云烝衆也知萬物
皆成可薦者衆故名此祭爲烝過則書卜日有吉否過次節則書以譏慢也【疏】卜日至慢也○正義曰祭必當卜卜有吉否不吉則當改卜次旬則
不可期以一日卜不過三故限以一月過涉次月之節則書之以譏其慢○冬淳于公如曹度其國危遂不復淳于州國
所都城陽淳于縣也國有危難不能自安故出朝而遂不還○度待洛反復音服後不音者皆同難乃旦反

經六年春正月寔來寔實也不言州公者承上五。年冬經如曹閒無異事省文從可知○寔時力反省所景反○夏四月公
會紀。侯于成成魯地在泰山鉅平縣東南○秋八月壬午大閱齊爲大國以戎事徵諸侯之戍嘉美鄭忽而忽欲以有功
爲班怒而訴齊魯人懼之故以非時簡車馬○閱音悅【疏】大閱○正義曰公狩于郎公狩于禚皆書公大蒐大閱不書公者周禮雖四時教戰而遂以田
獵但蒐閱車馬未必皆因田獵田獵從禽未必皆閱車馬何則怠慢之主外作禽荒豈待教戰方始獵也公及齊人狩于禚乃與鄰國共獵必非自教民戰以
矢魚于棠非教戰之事主爲遊戲而斥言公則狩于郎禚亦主爲遊戲故特書公也大蒐大閱國。之之常禮公身雖在非爲遊戲如此之類例不書公定十四
年大蒐于比蒲邾子來會公公身在蒐而經不書公知其法所不書以其國家大事非公私欲故也且比蒲昌閒皆舉蒐地此不言地者蓋在國簡閱未必田
獵昭十八年鄭人簡兵大蒐在於城內此亦當在城內○注齊爲至車馬○正義曰大閱之禮在於仲冬今農時閱兵必有所爲傳不言其意故注者原之於
時四鄰與魯無怨又竟無征伐之處諸侯戍齊經所不見而傳說。鄭忽怒事於大閱之上及十年鄭與齊衞來戰于郎知此大閱是懼鄭忽而畏齊人故以非

時鬬車馬也　蔡人殺陳佗佗立踰年不稱爵者簒立未會諸侯也傳例在莊二十二年【疏】注佗立至二年○正義曰殺陳佗傳無文不言無傳者以傳說此事在莊二十二年不是全無其事故不言無傳○九月丁卯子同生桓公子莊公也十二公唯子同是適夫人之長子備用大子之禮故史書之於策不。稱。大子者書始生也○適丁曆反傳同長丁丈反【疏】注桓公至生也○正義曰適妻長子於法當爲大子故以大子之禮舉之由舉以正禮故史書於策古人之立大子其禮雖則無文蓋亦待其長大特加禮命如今之臨軒策拜始生之時未得即爲大子也以其備用正禮故書其生未得命故不言大子也杜云十二公唯子同是適夫人之長子又云文公哀公其母並無明文未知其母是適以否蓋其父未爲君之前已生縱令是適亦不書也釋例云據公衡之年成公又非穆姜所生杜此注云子同是適夫人之長子備用大子之禮故史書之然則雖適夫人之長子不用大子之禮亦不書也○冬紀侯來朝

傳六年春自曹來朝書曰寔。來不復其國也亦承五年冬傳淳于公如曹也言奔則來行朝禮言朝則遂留不去故變文言。寔來○楚武王侵隨隨國今義陽隨縣【疏】注隨國至隨縣○正義曰世本隨國姬姓不知始封爲誰隨以此年見傳僖二十年經書楚人伐隨自是以後遂爲楚之私屬不與諸侯會同至定四年吳入郢昭王奔隨隨人免之卒復楚國楚人德之使列諸侯哀元年隨侯見經其後不知爲誰所滅　使薳章求成焉薳章楚大夫○薳于委反軍於瑕以待之瑕隨地○瑕下加反隨人使少師董成少師隨大夫董正也○少詩照反注及下同後皆倣此　鬬伯比言于楚子曰吾不得志於漢東也我則使然鬬伯比楚大夫令尹子文之父我張吾三軍而被吾甲兵以武臨之彼則懼而協來謀我故

難間也漢東之國隨爲大隨張必弃。小國張自侈大也○被皮寄反下注被甲同間間廁之間張豬亮反注同一音

如字後昌氏反又式氏反小國離楚之利也少師侈請羸師以張之羸弱也○羸劣追反注及下同熊率且

比曰季梁在何益熊率且比楚大夫季梁隨賢臣○率音律且子余反鬭伯比曰以爲後圖少師得其君

言季梁之諫不過一見從隨侯卒當以少師爲計故云以爲後圖二年蔡侯鄭伯會于鄧始懼楚楚子自此遂盛終於抗衡中國故傳備言其事以終始之○

抗苦浪反【疏】以爲至其君○正義曰言此計今雖無益以爲在後圖謀也言季梁之諫不過一見從耳少師得其君心君將必用其計若用少師則此謀必

合故請示弱希後日之利以王毀軍而納少師從伯比之謀少師歸請追楚師隨侯將許之信楚弱也

季梁止之曰天方授楚楚之羸。其誘我也君何急焉臣聞小之能敵大也小道

大淫所謂道忠於民而信於神也上思利民忠也祝史正辭信也正辭不虛稱君美今

民餒而君逞欲逞快也○餒奴罪反餓也祝史矯舉以祭臣不知其可也詐稱功德以欺鬼神○矯居兆反

【疏】天方授楚○正義曰楚之先君熊繹始封於楚在蠻夷之間食子男之地至此君始彊盛威服鄰國似有天助故云天方授楚。○臣聞至可也○正義曰

臣聞小國之能敵大國也必小國得道大國淫辟如是乃得爲敵也其意言隨未有道而楚未爲淫辟隨不能敵楚也既言隨未有道更說有道之事道猶道

路行不失正名之曰道施於人君則治民事神使之得所乃可稱爲道矣故云所謂道者忠恕於民而誠信於神也此覆說忠信之義於文中心爲忠言中心

愛物也人言爲信謂言不虛妄也在上位者思利於民欲民之安飽是其忠也祝官史官正其言辭不欺誑鬼神是其信也今隨國民皆。飢餒而君快情欲是

不思利民是不忠也祝史詐稱功德以祭鬼神是不正言辭是不信也無忠無
信不可謂道小而無道何以敵大君欲敵之臣不知其可也欲君之下楚也
公曰吾牲牷肥腯粢盛豐備何則不信牲牛羊豕也牷純色完全也腯亦肥也黍稷曰粢在器曰盛○牷音全腯徒忽
反疏注牲牛至曰盛○正義曰諸侯祭用大牢祭以三牲爲主知牲爲三牲牛羊豕也周禮牧人掌共祭祀之牲牷祭用純色故知牷謂純色完全言毛
體全具也曲禮曰豚曰腯肥肥腯共文知腯亦肥也重言肥腯者古人自有複語耳服虔云牛羊曰肥豕曰腯案禮記豚亦稱肥非獨牛羊也粢是黍稷之別
名亦爲諸穀之總號祭之用米黍稷爲多故云黍稷曰粢粢是穀之體也盛謂盛於器故云在器曰盛對曰夫民神之主也言鬼神之
情依民而行是以聖王先成民而後致力於神故奉牲以告曰博碩肥腯謂民力之
普存也博廣也碩大也謂其畜之碩大蕃滋也謂其不疾瘯蠡也謂其備腯咸有也雖告
神以博碩肥腯其實皆當兼此四謂民力適完則六畜既大而滋也皮毛無疥癬兼備而無有所闕○畜吁又反下皆同蕃音煩瘯七木反本又作蔟同蠡力
果反說文作瘰云瘯瘰皮肥也疥音介癬息淺反說文云乾瘍奉盛以告曰絜粢豐盛謂其三時不害而民和
年豐也三時春夏秋奉酒醴以告曰嘉栗旨酒嘉善也栗謹敬也謂其上下皆有嘉德而無
違心也所謂馨香無讒慝也馨香之遠聞○慝他得反聞音問又如字故務其三時脩其五教父義母慈
兄友弟恭子孝親其九族以致其禋祀禋絜敬也九族謂外祖父外祖母從母子及妻父妻母姑之子姊妹之子女子之子幷己之同
族皆外親有服而異族者也○九族杜釋與孔安國鄭玄不同禋音因於是乎民和而神降之福故動則有成今

民各有心而鬼神乏主○民。饑餓也饑音飢君雖獨豐其何福之有君姑脩政而親兄弟之國庶免於難隨侯懼而修政楚不敢伐

疏。夫民至於難○正義曰鬼神之情依人而行故云夫民神之主也以民和乃神說故聖王先成其民而後致力於神言養民使成就然後致孝享由是告神之辭各有成百姓之意祭之所用有牲有食有酒耳聖人文飾辭義為立嘉名以告神季梁舉其告辭解其告意故奉牲以告神曰博碩肥腯者非謂所祭之牲廣大肥充而已乃言民之畜產盡肥充皆所以得博碩肥腯者由四種之謂故又申說四種之事四謂者第一謂民力普偏安存故致第二畜之碩大滋息民力普存所以致之者由民無勞役養畜以時故六畜碩大蕃多滋息民力普存又致第三不有疾病疥癬所以然者由民力普存身無疲苦故所養六畜飲食以理埽刷依法故皮毛身體無疥癬疾病民力普存又致第四備腯咸有所以然者由民力普存人皆逸樂種種養畜羣牲備有也奉盛以告神曰絜粢豐盛者非謂所祭之食絜淨豐多而已乃言民之糧食盡豐多也言豐絜者謂其春夏秋三時農之要節為政不害於民得使盡力耕耘自事生產故百姓和而年歲豐也奉酒醴以告神曰嘉栗旨酒者非謂所祭之酒栗善味美而已乃言百姓之情上下皆善美也言嘉旨者謂其國內上下羣臣及民皆有善德而無違上之心若民心不和則酒食腥穢由上下皆善故酒食馨香非言酒食馨香無腥臊臭穢乃謂民德馨香無讒諛邪惡也所謂馨香總上三者由是王者將說神心先和民志故務其三時使農無廢業脩其五教使家道協和親其九族使內外無怨然後致其絜敬之祀於神明矣於是民俗大和而神降之福故動則有成戰無不克今民各有心或欲從主或欲叛君不得為無違上之心而鬼神乏主百姓。飢餒民力彫竭不得為年歲豐也民既不和則神心不說君雖獨豐其何福之有神所不福民所不與以此敵大必喪其師君且修政撫其民人而親兄弟之國以為外援如是則庶幾可以免於禍難也告牲肥碩言民畜多告粢豐絜言民食多告酒嘉旨不言民酒多而言民德善者酒之與食

俱以米粟爲之於盛已言年豐故於酒變言嘉德重明民和之意○注雖告至所謂○正義曰劉炫云杜以博碩肥腯據牲體而言季梁推。此。出理嫌其不。寔故云其。寔皆當兼此四謂又民力普存非畜之形貌而季梁以之解情又申之民力適完則得生養六畜故六畜既大而滋息也博碩言其形狀大蕃滋言其生乳多碩大蕃滋皆複語也瘯蠡畜之小病故以爲疥癬之疾也不疾者猶言不患此病也○注嘉善至敬也○正義曰嘉善釋詁文也杜訓栗爲謹敬言善敬爲酒粢詩實穎實栗與田事相連故栗爲穗貌此栗與嘉善旨酒相類故栗爲謹敬之心卽論語云使民戰栗與此相似劉炫以栗爲穗貌而規杜過於理恐非○注父義至子孝○正義曰父母於子並爲慈但父主教訓母主撫養撫養在於恩愛故以慈爲名教訓愛而加教故以義爲稱義者宜也教之義方使得其宜弟之於兄亦宜爲友但兄弟相。敬乃有長幼尊卑故分出其弟使之爲共言敬其兄而友愛。○注禋絜至族者也○正義曰釋詁云禋敬也故以禋爲絜敬隱十一年注云絜齊以享謂之禋意亦與此同也漢世儒者說九族有二異義今禮戴尚書歐陽說九族。乃異姓有。屬者父族四五屬之內爲一族父女昆弟適人者與其子爲一族己女昆弟適人者與其子爲一族己之女子子適人者與其子爲一族母族三母之父姓爲一族母之母姓爲一族母女昆弟適人者與其子爲一族妻族二妻之父姓爲一族妻之母姓爲一族古尚書說九族者從高祖至玄孫凡九皆同姓謹案禮緦麻三月以上恩之所及禮爲妻父母有服明在九族中九族不得但施於同姓鄭駁云玄之聞也婦人歸宗女子雖適人字猶繫姓明不得與父兄爲異族其子則然婚禮請期辭曰唯是三族之不虞欲及今三族未有不億度之事而迎婦也如此所云三族不當有異姓異姓其服皆緦。禮雜記下緦麻之服不禁嫁女取婦是爲異姓不在族中明矣周禮小宗伯掌三族之。別。名喪服小記說族之義曰親親以三爲五以五爲九以此言之知高祖至玄孫昭然察矣是鄭從古尚書說以九族爲高祖至玄孫也此注所云猶是禮戴歐陽等說以鄭玄駁云女子不得與父兄爲異族故簡去其母唯取其子以服重者爲先耳其意亦不異也不從古學與鄭說者此言親其九族詩刺不親九族必以九族者疏遠恩情已薄故刺其不親而美其能親耳高祖至父已之所稟承也子至玄孫已之所生育也人之於此誰或不親
而美其能親也詩刺棄其九族豈復上遺父母下棄子孫哉若言棄其九族謂棄其出高祖出曾祖者然則豈亦棄其出曾孫出玄孫者乎又鄭玄爲昏必三
十而娶則人年九十始有曾孫其高祖玄孫無相及之理則是族終無九安得九族而親之三族九族族名雖同而三九數異引三族以難九族爲不相值矣
若緣三及九則三九不異設使高祖喪玄孫死亦應不得爲昏禮何不言九族之不虞也以此知九族皆外親有服而異族者也○夏會于成。
紀來諮謀齊難也齊欲滅紀故來謀之○難乃旦反下同○北戎伐齊。齊使乞師于鄭鄭大子忽
帥師救齊六月大敗戎師獲其二帥大良少良甲首三百以獻於齊甲首被甲者首○帥
所類反少詩照反於是諸侯之大夫戍齊齊人饋之餼生曰餼○饋其媿反遺也餼許既反牲腥曰餼使魯爲
其班後鄭班次也魯親班齊饋則亦使大夫戍齊矣經不書蓋史闕文【疏】注班次至闕文○正義曰劉炫云在戍受饋而使魯爲班明魯人在
矣襄五年戍陳書經此戍齊亦宜書今不書經疑史闕文以史策本闕仲尼不得書之十年說此云北戎病齊諸侯救之或可魯亦往救但傳無魯事之驗魯
必不救須解之不鄭忽以其有功也怒故有郎之師郎師在十年公之未昏於齊也齊侯欲
以文姜妻鄭大子忽大子忽辭人問其故大子曰人各有耦。齊大非吾耦也詩
云自求多福詩大雅文王言求福由己非由人也○妻七計反下及注同在我而已大國何爲君子曰善自
爲謀言獨絜其身謀不及國及其敗戎師也齊侯又請妻之欲以佗女妻之固辭人問其故大子

曰無事於齊吾猶不敢今以君命奔齊之急而受室以歸是以師昏也民其謂我何言必見怪於民遂辭諸鄭伯假父之命以爲辭爲十一年鄭忽出奔衛傳○秋大閱簡車馬也○九月丁卯子同生以大子生之禮舉之接以大牢大牢牛羊豕也以禮接夫人重適也○接如字鄭注禮記作捷讀此者亦或捷音疏注大牢至適也正義曰大牢牢之大者三牲牛羊豕其爲大牢儀禮少牢饋食之禮以羊豕爲少牢以牲多少稱大。少也詩公劉曰執豕于牢周禮充人掌繫祭祀之牲牷祀五帝則繫于牢芻之三月是牢者養牲之處故因以爲名鄭玄詩箋云繫養曰牢是其義也禮記內則曰國君世子生告于君接以大牢文在三日負子之上則三日之內接之矣記云凡接子擇日鄭云雖三日之內必選其吉焉是三日之內擇日接之爲子接母故記稱接子此傳舉之之下即云接以大牢亦以接子爲文其寔接母故云以禮接夫人重適也鄭玄云接讀爲捷捷勝也謂食其母使補虛強氣也此言以禮接之則與鄭異也內則又云接子庶人特豚士特豕大夫少牢國君世子大牢其非冢子則皆降。等卜士負之士妻食之禮世子生三日卜士負之射人以桑弧蓬矢射。天。地四方卜士之妻爲乳母○食音嗣弧音胡蓬步工反射天地食亦反疏注禮世至乳母○正義曰四方以上皆內則文也內則又云卜士之妻大夫之妾使食子食謂乳也故以乳母言之鄭玄云桑弧蓬矢本大古也天地四方男子所有事也士妻大夫之妾謂時自有子者定本直云射四方無天地案禮云桑弧蓬矢六今無天地誤也賈逵云桑者木中之衆蓬者草中之亂取其長大統衆而治亂公與文姜宗婦命之世子生三月君夫人沐浴於外寢立於阼階西。鄉世婦抱子升自西階君命之乃降蓋同宗之婦○阼才故反疏注世子至之婦○正義曰乃降以上皆內則文也鄭玄云子升自西階則人君見世子於路寢也見妾子就側室凡子生皆就側室以其生於側室見於路寢故從外而升階也襄二年葬齊姜傳曰齊

侯使諸姜宗婦來送葬諸姜是同姓之女知宗婦是同宗之婦也公與夫人共命之故使宗婦侍夫人

公問名於申繻對曰名。有五有信有義有象有假有類申繻魯大夫○繻音須以名。生。爲信若唐叔虞魯公子友以德命。爲義若文王名昌武王名發【疏】注若文至名發○正義曰周本紀稱大王見季歷生昌有聖瑞乃言曰我世當有興者其在昌乎則是大王見其有瑞度其當興故名之曰昌欲令昌盛周也其度德命發則無以言之服虔云謂若大王度德命文王曰昌文王命武王曰發似其有舊說也舊說以爲文王見武王之生以爲必發兵誅暴故名曰發以類。命爲象若孔。子首象尼丘【疏】注若孔至尼丘○正義曰孔子世家云叔梁紇與顏氏禱於尼丘得孔子孔子生而首上。汙頂故因名曰丘字仲尼是其象尼丘也取於物爲假若伯魚生人有饋之魚因名之曰鯉○鯉音里【疏】注若伯至曰鯉○正義曰家語本姓篇云孔子年十九娶於宋。幷官氏一歲而生伯魚伯魚生魯昭公以鯉魚賜孔子榮君之賜因名子曰鯉字伯魚此注不言昭公賜而云人有饋之者如家語則伯魚之生當昭公九年昭公庸君孔子尚少未必能尊重聖人禮其生子取其意而。遺其人疑其非昭公故取於父爲類若子同生有與父同者不以國國君之子不自以本國爲名也【疏】注國君至名也○正義曰下云以國則廢名以國不可易須廢名不諱若以他國爲名則不須自廢名也且春秋之世晉侯周衛侯鄭陳侯吳衛侯晉之徒皆以他國爲名以此知不以國者謂國君之子不得自以本國爲名不以山川者亦謂國內之山川下云以山川則廢主。謂。廢。主謂廢國內之所主祭也若他國山川則非其主不須廢也此雖因公之問而對以此法曲禮亦云名子者不以國不以日月不以隱疾不以山川則諸言不以者臣民亦不得以也此注以其言國故特云國君子耳其實雖非國君之子亦不得以國爲名其言廢名廢禮之徒唯謂國君之子若使臣民之名國家不爲之廢也然則臣民之名亦不以山川而孔子魯人尼丘魯山得以丘爲名者蓋以其有象故特以類命非常例也不以官不以山川不以隱疾隱痛疾患辟不祥也疏注隱痛至祥也正義曰鄭玄云隱疾衣中之疾也謂若黑臀黑肱矣疾在外者雖不得言尚可指擿此則無時可辟俗語云隱疾難爲醫案周語單襄公曰吾聞成公之生也其母夢神規其臀以黑曰使有晉國故命之曰黑臀此與叔虞季友復何以異而云不得名也且黑臀黑肱本非疾病以證隱疾非其類也詩稱如有隱憂是隱爲痛也以痛疾爲名則不祥之甚故以爲辟不祥

不以畜牲畜牲六畜疏注畜牲六畜○正義曰爾雅釋畜於馬牛羊豕狗雞之下題曰六畜故鄭衆服虔皆以六畜爲馬牛羊豕犬雞周禮牧人掌牧六牲鄭玄亦以馬牛等六者。爲之然則畜牲一物養之則爲畜共用則爲牲故幷以六畜解六牲

不以器幣幣玉帛疏注幣玉帛○正義曰周禮小行人合六幣圭以馬璋以皮璧以帛琮以錦琥以繡璜以黼然則幣玉帛者謂此圭璋璧琮帛錦繡黼之屬也。以。幣以幣爲玉帛則器者非徒玉器服虔以爲俎豆罍彝犧象之屬皆不可以爲名也

周人以諱事神名。終將諱之君父之名固非臣子所斥然禮既卒哭以木鐸徇曰舍故而諱新謂舍親盡之祖而諱新死者故言以諱事神名終將諱之自父至高祖皆不敢斥言○周人以諱事神名絶句衆家多以名字屬下句鐸待洛反徇似俊反本又作殉同舍音捨下同疏周人至諱之○正義曰自殷以往未有諱法諱始於周周人尊神之故爲之諱名以此諱法敬事明神故言周人以諱事神子生三月爲之立名終久必將諱之故須豫有所辟爲下諸廢張本也終將諱之謂死後乃諱之○注君父至斥言○正義曰君父之名固非臣子所斥謂君父生存之時臣子不得指斥其名也禮稱父前子名君前臣名鄭玄云對至尊無大小皆相名是對父則弟可以名兄對君則子可以名父非此則不可也文十四年傳曰齊公子元不順懿公之爲政也終不曰公曰夫己氏注云猶言某甲是斥君名也彼以不順故斥其名知平常不斥君也成十六年傳曰欒書將載晉侯鍼曰書退國有大任焉得專之注云在君前故子名其父彼以對君故名其父知平常不斥父也雖不斥其名猶未是爲諱曲禮曰卒哭

乃諱鄭玄云敬鬼神之名也諱辟也生者不相辟名衛侯名惡大夫有石惡君臣同名春秋不非是其未爲之諱故得與君同名但言及於君則不斥君名耳既言生已不斥死復爲之加諱欲表爲諱之節故言然以形之禮既卒哭以木鐸徇曰舍故而諱新自寢門至於庫門皆禮記檀弓文也既引其文更解其意謂舍親盡之祖而諱新死者也親盡謂高祖之父服絶廟毀而親情盡也卒哭之後則以鬼神事之故言以諱事神又解終將諱之所諱世數自父上至高祖皆不敢斥言此謂天子諸侯禮也曲禮曰逮事父母則諱王父母不逮事父母則不諱王父母鄭玄云此謂庶人適士以上廟事祖雖不逮事父母猶諱祖以其立廟事之無容不爲之諱也天子諸侯立親廟四故高祖以下皆爲諱親盡乃舍之既言以諱事神則是神名必諱文王名昌武王名發詩雝禘大祖祭文王之廟也其經曰克昌厥後周公制禮臨人有昌本之菹七月之詩周公所作經曰一之日觱發烝民詩曰四方爰發皆不以爲諱而得言之者古人諱者臨時言語有所辟耳至於制作經典則直言不諱曲禮曰詩書不諱臨文不諱是爲詩爲書不辟諱也由作詩不諱故祭得歌之尚書牧誓云今予發武成云周王發武王稱名告衆史官錄而不諱知於法不當諱也金縢云元孫某獨諱者成王啓金縢之書親自讀之諱其父名曰改爲某既讀之後史官始錄依王所讀遂即云某武成牧誓則宣諸衆人宣訖則錄故因而不改也古者諱名不諱字禮以王父字爲氏明其不得諱也屈原云朕皇考曰伯庸是不諱之驗也

故以國則廢名國不可易故廢名【疏】注國不至廢名○正義曰國名受之天子不可輒易若以國爲名終卒之後則廢名不諱若未卒之前誤以本國爲名則改其所名晉之先君唐叔封唐變父稱晉若國不可易而晉得改者蓋王命使改之以官則廢職以山川則廢主改其山川之名【疏】注改其山川之名○正義曰廢主謂廢其所主山川之名不廢其所主之祭知者漢文帝諱恆改北嶽爲常山諱名不廢嶽是也劉炫云廢主謂廢其所主山川不復更得。其祀故須改其山川之名魯改二山是其事也以畜牲則廢祀名。豬則廢。豬名羊則廢羊以器幣則廢禮晉以僖侯廢司徒僖侯名司徒廢爲中軍。疏廢祀廢禮○正義曰祀以牲爲主無牲則祀廢器幣以行禮器少則禮廢祀雖用器少一器而祀不廢且諸禮皆用器幣故以廢禮揔之宋以武公廢司空武公名司空廢爲司城先君獻武廢二山二山具敖也魯獻公名具武公名敖更以其鄉名山。○敖五羔反疏注二山至名山○正義曰晉語云范獻子聘於魯問具敖之山魯人以其鄉對獻子曰不爲具敖乎對曰先君獻武之諱也是其以鄉名山也禮稱舍故而諱新親盡不復更諱計獻子聘魯在昭公之世獻武之諱久已舍矣而尚以鄉對者當諱之時改其山號諱雖已舍山不復名故依本改名以其鄉對猶司徒司空雖歷世多而不復改名也然獻子言之不爲失禮而云名其二諱以自尤者禮入國而問禁入門而問諱獻子入魯不問故以之爲戚耳是以大物不可以命公曰是其生也與吾同物命之曰同物類也謂同日疏注物類也謂同日○正義曰魯世家云桓公六年夫人生子與桓公同日故名之曰同是知同物爲同日也言物類者辨此以爲類命也○冬紀侯來朝請王命以求成于齊公告不能紀微弱不能自通於天子欲因公以請王命公無寵於王故告不能

春秋左傳注疏卷六校勘記　阮元撰盧宣旬摘錄

附釋音春秋左傳注疏卷第六　桓三年盡六年宋本春秋正義卷第六

（經三年）

以王法終治桓之事　案終下當有始字閩本監本毛本亦無穀梁注疏本並脫

又哀十三年十二月螽　宋本三作二非也

其年王室方定　監本毛本定作亂案昭廿三年天王居于狄泉自是以後居無定所至廿六年王子朝奔楚始得入于成周遂定成周以爲都監毛本作亂非也

是周司曆也魯司曆也　案也當讀爲耶如荀子其求物也養生也浦鏜改作非魯誤

哀十三年十二月螽　宋本三作二

而以自食爲文　岳本文下有者字

（傳三年）

至河東汾陽縣入河　宋本作汾陰案水經注云漢書謂之汾陰脽即其地也

騑騑翼翼是也　禮記騑騑作匪匪此因鄭注匪讀如四牡騑騑遂改作騑

故弁見獲而死毛本死作免非也

齊侯送姜氏釋文云本或作送姜氏于讙水經注汶水篇引傳文作齊侯送姜氏于下讙

齊侯送姜氏本或作送姜氏于讙公子則下卿送公子公女此二十三字乃釋文閩本監本毛本誤作注

冬齊仲年來聘致夫人也足利本仲年上補夷字非也

世本芮魏皆姬姓諸本作姓此誤作如今訂正

〔經四年〕

皆無違矣浦鏜正誤矣作失

則狩于禚監本禚作禚非後同

則犯害去白閩本監本毛本去白作民物亦非宋本作居民○今依宋本

〔傳四年〕

故書時合禮岳本書作唯非陳樹華云天放菴飜岳本改作書不誤

駮出合禮宋本毛本作合理

以時合禮地非禮也 宋本地上有知字毛本合禮作合理非

（經五年）

下文周公如曹 宋本周作州不誤

魯出朝聘例言如 宋本監本毛本例下有亦字

楊雄方言云 宋本毛本楊作揚非也案廣韻揚字下不言姓楊字注云姓出弘農天水二望漢書本傳云其先食采於楊因氏焉

春黍謂之蚣蝑 監本春作舂非下同

陸機毛詩疏云 宋本機作璣非

其股狀如瑇瑁又 浦鏜正誤又作文案廣雅疏證引作文段玉裁曰此當作叉叉者今之釵字或爲又或爲文皆非也

爲下實來書也 宋本作寔來與傳合

地理志 宋本志下有云字

（傳五年）

民莫有鬬心 陳樹華云石經凡鬭字俱作鬬非是

不能相枝持也 毛本枝作支文選李善注魏文帝與吳質書引杜注亦作支

高渠彌 史記秦本紀作高渠眯

爲魚麗之陳 後漢書劉表傳注引傳文作魚儷集韻云魚鱺陣名通作麗

旝動而鼓 葉抄釋文旝作檜諸本皆作旝正義云旝字從㫃旗之類

又旝字從於旌旗之類 同宋本作從㫃不誤○今依訂正下說文載之㫃部

周禮司常通帛爲旝 宋本作通帛爲旜是也○今依訂正

衆屬軍史無所將 宋本史作吏不誤○今依訂正

發其機以追敵 宋本亦作追閩本監本毛本作磓其機諸本作以機

況敢陵天子乎 監本毛本陵誤淩

言鄭志在苟免王討之非也 足利本後人記云非異本作罪

此爲因有告命之例 毛本爲作謂非

蕭叔大心 諸本作心此本誤以今訂正

仍叔之子 石經子字下增來聘二字非唐刻也

譏其夏至而秋末反也 監本末誤來

則秋末爲末 閩本監本毛本末誤末

言凡祀通下三句 毛本祀誤事

然凡之所論總包天子及諸國 閩本監本毛本子作地誤

比古人所名不同 閩本監本毛本比誤此

非謂孟月不得蒸也 閩本監本毛本蒸作烝宋本作祭是也

而傳言不時涉其中節 宋本節作氣

唯鄭玄立此爲義 案文獻通考祀后土門引作立爲此義

遠爲百穀祈膏雨 論語先進正義引杜注云雩之言遠也遠爲百穀祈膏雨也按邢氏所引爲完雩之言遠者凡從于之字有迂遠之義也

凡周之秋五月之中而旱 諸本作五月惠棟校本作三月按依月令注作三是也秋三月三字連讀謂夏正之五月六月七月

此爲強牽天宿以附會不韋之月令 宋本不韋上有呂字

何當也吁嗟也 上也字閩本監本毛本作言宋本作已

故烝祭宗廟纂圖本烝作蒸非

（經六年）

不言州公者承上五年冬經如曹監本年誤筆

夏四月公會紀侯于成陸氏穀梁音義曰左氏作杞侯陳樹華云三年書公會杞侯於郕此作紀侯疑傳寫之誤

國之之常禮閩本監本毛本國之之作國家之宋本作國之常禮是也

而傳說鄭忽怒事於大閱之上監本鄭誤郎

篡立未會諸侯也淳熙本無也字足利本後人說云立異本作位

傳例在莊二十二年宋本無例字是也

不稱太子者書始生也案禮記內則正義引作不云世子書始生

（傳六年）

書曰寔來詩韓奕正義云春秋桓六年州公寔來而左傳作實來惠棟云寔當作實石經傳作寔宋本同誤也陳樹華云案傳解經不容立異且公羊穀梁皆作寔來寔訓是是杜注乃云寔實也詩正義似未足據非也案錢大昕云孔氏所據乃服虔本非杜本也覲禮伯父實來注今文實作寔是實即寔之古文春秋公羊穀梁為今文左氏為古文故二傳作寔來左氏作實來杜氏改從二傳失古文之舊矣

故變文言寶來 岳本纂圖本閩本監本毛本寶作寔

楚人德之 毛本德誤得

彼則懼而協來謀我 石經宋本淳熙本岳本纂圖本監本毛本來作以不誤

必弃小國 岳本前後皆作弃唯此處作棄非

楚之羸 顧炎武云石經羸誤作嬴案顧炎武所據乃謬刻石經此處剜闕

天方授楚 宋本此節正義在君何急焉之下

○臣聞至可也 宋本○作疏此節正義在注詐稱功德以欺鬼神之下

今隨國民皆飢餒 閩本監本毛本作饑餒非

粢盛豐備 案惠棟云禹廟殘碑作資盛說文作齍云稷也又云齍或從次作粢字按凡經典言粢盛皆秶盛之誤盜齍粢三字古通用為祭祀之黍稷餈粢二字同用為周禮之粉餈不知何時淆亂而莫有正之者

是以聖王先成民而後致力於神 毛本民誤名詩旱麓篇思齊篇正義引傳文民上並有於字

謂民力之普存也 詩我將篇正義引傳文謂下有其字

謂其不疾瘯蠡也 釋文云瘯本又作蔟同蠡葉抄釋文引說文作族絫云族絫皮肥也錢大昕云說文歺部𣩐字注云畜產疫病也此瘯蠡之

正字蠢孀聲相近故假借爲蠢耳瘯亦俗字當爲族六畜之疫曰族孀或作族
彖彖孀亦聲相近

絜粢豐盛　後漢書列女傳注引傳文絜作潔

兄友弟恭　宋本淳熙本恭作共

禋絜敬也　岳本無也字足利本後人記云禋下異本有祀字

弃己之同族　纂圖本閩本監本毛本弃誤非

民饑餒也　釋文亦作饑宋本足利本作飢

夫民至於難　宋本作對曰夫民至於難閩本監本毛本夫誤今

百姓飢餒　閩本監本毛本飢作饑

季梁推此出理　宋本閩本監本毛本作推出此理

嫌其不寔故云其寔皆當兼此四謂　宋本寔並作實是也

但兄弟相敬　宋本敬作於

言敬其兄而友愛　浦鏜正誤云友愛下疑脫其弟二字

尚書歐陽說九族乃異姓有屬者　宋本乃作反詩葛藟正義引屬上有親字

異姓其服皆緦　宋本緦下有麻字

周禮小宗伯掌三族之别名　閩本監本毛本别作列非浦鏜云名字衍

夏會于成　山井鼎云足利本後人記云成作郕

齊使乞師于鄭　石經宋本淳熙本岳本纂圖本齊下有侯字山井鼎云足利本後人記云異本作齊侯使

人各有耦　文選沈休文奏彈王源注引作人各有偶案耦偶正俗字

接以大牢　釋文接如字鄭注禮記作捷讀此者亦或捷音案爾雅釋詁接捷也

以牲多少稱大少也　閩本監本毛本作大小非也

其寔接母　宋本寔作實不誤

則皆降等　宋本降下有一字

射天地四方　宋本淳熙本足利本無天地二字與定本合孔沖遠云今天地無誤也

立於阼階西鄉　山井鼎云足利本後人記云鄉異本作向案經傳鄉背字多作鄉不作向也

對曰名有五　石經名有二字初作日名有三字後改刊

以名生爲信　論衡詰術篇生字在名字上按以生名以德名以類名語言一例論衡爲長

以德命爲義論衡作德名案命名古同聲同義

以類命爲象顧炎武云石經類誤德案石經類字殘闕右角尙可辨顧炎武所據乃謬刻

若孔子首象尼丘盧文弨校本云禮記曲禮正義引孔子作仲尼

孔子生而首上汙頂案史記孔子世家作圩頂索隱謂圩音烏宂也故孔子頂若反宇

娶於宋幷官氏監本毛本幷作幵宋本作幷段玉裁云作幷與漢禮器碑合

取其意而遺其人毛本遺作疑非

謂廢主謂廢國內之所主宋本無謂廢主三字是也

鄭玄亦以馬牛等六者爲之浦鏜正誤爲疑當字誤

以幣以幣爲玉帛宋本以幣字不重是

周人以諱事神名終將諱之釋文以周人以諱事神名絕句云衆家多以名字屬下句陳樹華云淮南子曰祝則名君高誘注云周人以諱事神敬之至也詩公劉正義引王基曰周人以諱事神書盤庚正義引亦以神字絕句禮記曲禮鄭注引春秋傳曰名終將諱之武進臧琳經義雜記云名終將諱之者即曲禮所謂卒哭乃諱是

以木鐸徇曰釋文亦作徇又云本又作殉同纂圖本閩本監本毛本誤作狥下同

不復更得其祀 宋本其作共

名豬則廢豬 監本毛本豬作猪非

廢爲中軍 纂圖本軍下增也字非

更以其鄉名山 足利本後人記云名山下異本有者也二字

春秋左傳注疏卷六校勘記

附釋音春秋左傳注疏卷第七 桓七年盡十八年

杜氏注　孔穎達疏

經七年春二月己亥焚咸丘。無傳焚火田也咸丘魯地高平鉅野縣南有咸亭譏盡物故書○焚扶云反 疏 注焚火至故書○正義曰咸丘地名以火焚地明為田獵故知焚是火田也不言蒐狩者以火田非蒐狩之法而直書其焚以譏其盡物也釋例曰咸丘魯地非蒐狩常處經不言蒐狩但稱焚咸丘言火田盡物非蒐狩之義是言火田非狩法故不書狩狩既非法雖得地亦譏不復譏其失地。地咸丘知地亦非也禮記王制云昆蟲未蟄不以火田則是已蟄得火田也又爾雅釋天云火田為狩似法得火田而譏其焚者說爾雅者李巡孫炎皆云放火燒草守其下風周禮羅氏蜡則作羅襦鄭云襦細密之羅此時蟄者畢矣可以羅罔圍取禽也今俗放火張羅其遺教然則彼火田者直焚其一叢一聚羅守下風非謂焚其一澤也禮天子不合圍諸侯不掩羣尚不盡取一羣豈容幷焚一澤知其譏盡物故書也沈氏以周禮仲春火弊謂夏之仲春今周之二月乃夏之季冬故譏其盡物義亦通也

○夏穀伯綏來朝○綏須唯反

○鄧侯吾離來朝不總稱朝者各自行朝禮也穀國在南鄉筑陽縣北○筑音竹

傳七年春穀伯鄧侯來朝名賤之也辟陋小國賤之禮不足故書名以春來夏乃行朝禮故經書夏○辟匹亦反本又作僻同 疏 注辟陋至書夏○正義曰傳直云賤之不言賤意以穀鄧是南方諸侯近楚小國明以辟陋小國故賤之也賤之者以其朝禮不足故書名也曲禮云諸侯不生名今生書其名欲比之附庸但實非附庸故仍書其爵介葛盧言來不言朝全不能行朝禮此則行朝禮但禮不足耳傳在春經在夏經書實朝之日故春來至夏乃書之世本鄧為曼姓莊十六年楚文王滅之穀則不知何姓是誰滅之服注云穀鄧密邇於楚不親仁善鄰以自固卒為楚所滅无同好

之救桓又有弑賢兄之惡故賤而名之衛冀隆難杜云傳曰要結外援好事鄰國以衛社稷又云服於有禮社稷之衛穀鄧在南地屬衡岳以越棄彊楚遠朝惡人卒至滅亡故書名以賤之杜駁論先儒自謂一準丘明之傳今。僻陋之語傳本無文杜何所準馮知其辟陋傳又稱莒之辟陋而經無貶文穀鄧辟陋何以書名此杜義不通秦道靜釋云杞桓公來朝用夷禮故曰子杞文公來盟傳云賤之明賤其行夷禮也然則穀鄧二君地接荊蠻來朝書名明是賤其辟陋也此則傳有理例故杜據而言之若必魯桓惡人不合朝聘何以伯糾來聘譏其父在仍叔之子譏其幼弱又魯班齊餼春秋所善美魯桓之有禮責三國之來伐而言遠朝惡人非其辭也

○夏盟向求成于鄭既而背之盟向二邑名隱十一年王以與鄭故求與鄭成○盟音孟向傷亮反背音佩

疏。注盟向至鄭成○正義曰此盟向之邑必有主據之言求成于鄭是主求成也隱十一年王以與鄭傳稱王不能有然則鄭雖得之亦不能有故今始求成既。而背之是背鄭歸王故王遷于郟若主不歸王則王無由得遷之也

○秋鄭人齊人衛人伐盟向王遷盟向之民于郟郟王城○郟古洽反

○冬曲沃伯誘晉小子侯殺之曲沃伯武公也小子侯哀侯子

經八年春正月己卯烝無傳此夏之仲月非爲過而書者爲下五月復烝見瀆也例在五年○烝之承反夏戶雅反爲下于僞反復扶又反見賢遍反

疏。八。年春正月己卯烝○正義曰衛氏難杜云上五年閉蟄而烝謂十月此正月烝則是過時而烝春秋有一貶而起二事者若武氏子來求賻一責天王求賻二責魯之不共此正月烝一責過時二責見瀆何爲不可而云非爲過時者秦氏釋云案周禮四時之祭皆用四仲之月此正月則夏之仲冬何爲不得烝而云過時也又傳無過時之文明知直爲再烝而瀆也

○天王使家父來聘無傳家父天子大夫家氏父字

○夏五月丁丑烝無傳

○秋伐邾無傳

○冬十月雨雪無傳今八月也書時失○雨于付反

○祭公來遂逆

王后于紀祭公諸侯爲天子三公者王使魯主昏故祭公來受命而迎也天子無外故因稱王后卿不書舉重略輕○祭側界反

疏注祭公至略輕○正義曰隱元年云祭伯今而稱公知其爲天子三公公羊亦云祭公者何天子之三公也從周向紀不由魯國縱令因使過魯自當假道而去不須言來也凡言遂者因上事生下事之辭既書其來又言遂逆是先來見魯君然後向紀知王使魯主昏故祭公來受魯命而往迎也凡昏姻皆賓主敵體相對行禮天子嫁女於諸侯使諸侯爲主令與夫家爲禮天子聘后於諸侯亦使諸侯爲主令與后家爲禮嫁女則送女於魯令魯嫁女與人迎后則令魯爲主使魯遣使往逆故祭公受魯命也嫁王女者王姬至魯而後至夫家其王后昏后不來至魯者以王姬至魯待夫家之逆以爲禮故須至魯後則王命已成於魯無事故即歸京師於逆稱王后舉其得王之命后禮已成於歸稱季姜申父母之尊言子尊不加於父母從父母之家而將歸於王據父母之家爲文故於歸申父母之尊也公不獨行必有卿從卿不書舉重略輕也知非卿不行者以傳云禮也釋例曰襄十五年劉夏逆王后于齊傳曰卿不行非禮也知祭公如紀時亦有卿卿不書舉重略輕猶鞌邲之戰唯書郤克林父此天子使公卿之文是杜約彼文知公行必卿從也異義公羊說天子至庶人皆親迎左氏說王者至尊無敵體之義不親迎鄭玄駮之曰文王親迎於渭濱即天子親迎也天子雖尊其無敵於后則夫婦也夫婦判合禮同一體所謂無敵豈施於此哉禮記哀公問曰冕而親迎不已重乎孔子對曰合二姓之好以繼先聖之後以爲天地之主非天子則誰乎是鄭以天子當親迎也此注之意猶以爲天子不親迎者以此時祭公迎后傳言禮也劉夏逆后譏卿不行皆不譏王不親行明是王不當親也文王之迎大姒身爲公子迎在殷世未可據此以爲天子禮也孔子之對哀公自論魯國之法魯周公之後得郊祀上帝故以先聖天地爲言耳其意非說天子禮也且鄭玄注禮自以先聖爲周公及駮異義則以爲天子二三其德自無定矣

傳八年春滅翼曲沃滅之○隨少師有寵楚鬬伯比曰可矣讎有釁不可失也釁瑕隙也

無德者寵國之釁也○釁許覲反注同夏楚子合諸侯于沈鹿沈鹿楚地黃隨不會黃國今弋陽縣○弋餘職反使

薳章讓黃責其不會楚子伐隨軍於漢淮之間季梁請下之弗許而後戰下之請服也○下遐

嫁反注同【疏】漢淮之間○正義曰漢淮二水名漢淮之間漢北淮南禹貢云嶓冢導漾東流為漢又東為滄浪之水過三澨至于大別南入于江孔安國云泉始出山為漾水東南流為沔水至漢中東行為漢水釋例曰漢一名沔水出武都沮縣東經漢中魏興至南陽東南經襄陽至江夏安陸縣入江禹貢又云導淮自桐柏東會于泗沂東入于海釋例曰淮出義陽平氏縣桐柏山東北經汝陰淮南譙國沛國下邳至廣陵縣入海也所以怒我而怠

寇也少師謂隨侯曰必速戰不然將失楚師隨侯禦之望楚師遙見楚師○將失楚師一本無師字季梁曰楚人上左君必左君楚君也無與王遇且攻其右右無良焉必敗偏敗衆

乃攜矣少師曰不當王非敵也弗從不從季梁謀戰于速杞隨師敗績隨侯逸速杞隨地

逸逃也鬬丹獲其戎車與其戎右少師鬬丹楚大夫戎車君所乘兵車也戎右車右也寵之故以為右秋隨及楚

平楚子將不許鬬伯比曰天去其疾矣去疾謂少師見獲而死○去起呂反注同隨未可克也乃盟

而還○冬王命虢仲立晉哀侯之弟緡于晉虢仲王卿士虢公林父○緡亡巾反○祭公來遂逆

王后于紀禮也天子娶於諸侯使同姓諸侯為之主祭公來受命於魯故曰禮

經九年春紀季姜歸于京師季姜桓王后也季字姜紀姓也書字者伸父母之尊○伸音申疏○注季姜至之尊○正義曰時當桓王故云桓王后也公羊傳曰其稱紀季姜何自我言紀父母之於子雖爲天王后猶曰吾季姜是申父母之尊也公羊又曰京師者何天子之居也京者何大也師者何衆也天子之居必以衆大之辭言之○夏四月○秋七月○冬曹伯使其世子射姑來朝曹伯有疾故使其子來朝○射姑音亦又音夜疏注曹伯至來朝○正義曰朝禮當君自親行不應使大子也當享而大子歎明年而曹伯卒知其有疾故使大子來朝也大子不合稱朝攝行父事故言朝也諸經稱世子及衛世叔申經作世字傳皆爲大然則古者世之與大字義通也

傳九年春紀季姜歸于京師凡諸侯之女行唯王后書爲書婦人行例也適諸侯雖告魯猶不書○爲于僞反○巴子使韓服告于楚請與鄧爲好韓服巴行人巴國在巴郡江州縣○好音呼報反疏○注韓服至州縣○正義曰以巴所使故言巴行人行人謂使人也地理志巴郡故巴國江州是其治下縣也昭十三年楚共王與巴姬埋璧則巴國姬姓也此年傳文十六年與秦楚滅庸以後不見蓋楚滅之楚子使道朔將巴客以聘於鄧道朔楚大夫巴客韓服鄧南鄙鄾人攻而奪之幣鄾在今鄧縣南沔水之北○鄾音憂沔面善反殺道朔及巴行人楚子使薳章讓於鄧鄧人弗受言非鄾人所攻夏楚使鬬廉帥師及巴師圍鄾鬬廉楚大夫鄧養甥聃甥帥師救鄾三逐巴師不克二甥皆鄧大夫○聃乃甘反疏三逐巴師不克○正義曰三逐巴師謂鄧師逐巴師也不克謂楚巴不能克鄧故鬬廉設權以誘之鬬廉衡陳其師於巴師之中以戰而北衡橫也分巴師爲二部鬬廉橫陳於其間以與鄧師戰而僞北北走也○

衡如字一音横陳直覲反注同又如字北如字一音佩嵇康音胸背鄧人逐之背巴師而夾攻之楚師僞走鄧師逐之背巴師巴師攻之楚師自前還與戰○背音佩注同夾古洽反又古協反鄧師大敗鄾人宵潰宵夜也○潰戶對反○秋虢仲芮伯梁伯荀。侯賈伯伐曲沃梁國在馮翊夏陽縣荀賈皆國名○夏戶雅反【疏】注梁國至國名○正義曰地理志云馮翊夏陽縣故少梁也是梁在夏陽也僖十七年傳曰惠公之在梁也梁伯妻之梁嬴孕過期既以國配嬴則梁爲嬴姓世本荀賈皆姬姓僖十九年秦人滅梁荀賈不知誰滅之晉大夫有荀氏賈氏蓋晉滅之以賜大夫○冬曹大子來朝賓之以上卿禮也諸侯之適子未誓於天子而攝其君則以皮帛繼子男故賓之以上卿各當其國之上卿○適丁歷反【疏】。注諸侯至上卿○正義曰繼子男以上皆周禮典命職文也鄭玄云誓猶命也言誓者明天子既命以爲之嗣樹子不易也釋例曰周禮諸侯之適子誓於天子則下其君禮一等未誓則以皮帛繼子男此謂公侯伯子男之世子出會朝聘之儀也誓者告於天子正以爲世子受天子報命者也未誓謂在國正之而未告天子者也曹之世子未誓而來故賓之以上卿謂比於諸侯之上卿繼子男之未命數相準故也是言曹大子由未誓之故賓之以上卿謂以賓客待之同上卿之禮也卿禮飧饔積膳之數掌客聘禮略有其事傳不言未誓知曹大子必未誓者若誓則下其君一等而已侯伯之子當如子男不得徒以上卿之禮待之也釋例總論世子故言比於諸侯之上卿此指說曹國故分明辨之云各如其國之上卿僖二十九年傳曰在禮卿不會公侯會伯子男可也昭二十三年傳曰列國之卿當小國之君固周制也然則小國之君乃當大國之卿小國之世子必不得當大國之卿故知各如其國之上卿耳何休膏肓以爲左氏以人子安處父位尤非衰世救失之宜於義左氏爲短鄭箴云必如所言父有老耄罷病孰當理其政預王事也。蘇云誓於天子下君一等未誓繼子男並是降下其君寧是安居父位享曹大子初獻樂奏而歎酒始獻○

享許兩反施父曰：曹大子其有憂乎，非歎所也。施父魯大夫○施色豉反人名字父音甫疏非歎所也○正義曰服虔云古之爲享食所以觀威儀省福禍無喪而慼憂必讎焉今大子臨樂而歎是父將死而兆先見也

經十年春王正月庚申，曹伯終生卒。未同盟而赴以名○夏五月，葬曹桓公。無傳○秋，公會衛侯于桃丘，弗遇。無傳衛侯與公爲會期中背公更與齊鄭故公獨往而不相遇也桃丘衛地濟北東阿縣東南有桃城○中如字一音丁仲反背音佩○冬十有二月丙午，齊侯、衛侯、鄭伯來戰于郎。改侵伐而書來戰善魯之用周班惡三國討有辭○惡烏路反又音烏路反疏注改侵至有辭○正義曰周禮大司馬以九伐之法正邦國賊賢害民則伐之負固不服則侵之然則侵伐者師旅討罪之名也魯以周禮爲班則魯有禮矣三國伐有禮是討有辭矣春秋善魯之用周班不使三國得伐之故改侵伐而書來戰言若三國自來戰而魯人不與戰也釋例曰齊侯衛侯鄭伯來戰于郎夫子善魯人之秉周班惡。三國之伐在。檀故正王爵以表周制去侵伐以見無罪此聖人之所以扶。獎王室敦崇大教故改常例以持見之是其義也

傳十年春，曹桓公卒。終施父之言。○虢仲譖其大夫詹父於王。虢仲王卿士詹父屬大夫○譖側鴆反詹章廉反疏。注虢仲至大夫○正義曰周禮每卿之下皆有大夫傳言譖其大夫知是屬己之大夫非虢大夫者若虢國大夫虢仲自得加罪無爲譖之於王且其若是虢人不得以王師伐虢故也詹父有辭，以王師伐虢。○夏，虢公出奔虞。虞國在河東大陽縣疏。注虞國至陽縣○正義曰譜云虞姬姓也周大王之子大伯之弟仲雍是爲虞仲嗣大伯之後武王克商封虞仲之庶孫以爲虞仲之後處中國爲西吳後世謂之

虞公僖五年晉滅之地理志河東大陽縣周武王封大伯後於此是爲虞公志言大伯後者以仲雍嗣大伯故也○秋秦人納芮伯萬于芮四年圍魏所執者○初虞叔有玉虞叔虞公之弟疏注虞叔虞公之弟○正義曰祭叔既爲祭公之弟知虞叔亦是虞公之弟虞公求旃旃之也○旃之然反弗獻既而悔之曰周諺有之匹夫無罪懷璧其罪人利其璧以璧爲罪○諺音彥疏匹夫無罪○正義曰士大夫以上則有妾媵庶人惟夫妻相匹其名既定雖單亦通故書傳通謂之匹夫匹婦也吾焉用此其以賈害也賈買也○焉於虔反賈音古注同乃獻又求其寶劍叔曰是無厭也無厭將及我將殺我○厭於鹽反下同○遂伐虞公故虞公出奔共池共池地名闕○共音洪一音恭○冬齊衛鄭來戰于郎我有辭也初北戎病齊在六年諸侯救之鄭公子忽有功焉齊人餼諸侯使魯次之魯以周班後鄭鄭人怒請師於齊齊人以衛師助之故不稱侵伐不稱侵伐而以戰爲文明魯直諸侯曲故言我有辭以禮自釋交綏而退無敗績○綏荀佳反先書齊衛王爵也鄭主兵而序齊衛下者以王爵次之也春秋所以見魯猶秉周禮○見賢遍反疏注鄭主至周禮○正義曰傳言先書齊衛則齊衛不合先書當先書鄭也春秋之例主兵者先書此則鄭人主兵鄭宜在先而先序齊衛者王爵齊衛爲侯尊於鄭伯故以王爵尊卑爲序也不依主兵之例而以王爵序者魯班諸侯之戍以王爵爲次鄭忽負功懷怒致有此師故特改常例還以王爵次之見魯猶秉周禮故也

經十有一年春正月齊人衛人鄭人盟于惡曹惡曹地闕○夏五月癸未鄭伯寤生

卒同盟於元年赴以名○秋七月葬鄭莊公無傳三月而葬速○九月宋人執鄭祭仲祭氏仲名不稱行人聽迫脅以逐君罪之也行人例在襄十一年釋例詳之○聽吐定反

疏注祭氏至詳之○正義曰莊二十五年陳侯使女叔來聘傳曰嘉之故不名是諸侯之卿嘉之乃不名則於法當書名祭仲行無可嘉知仲非其字故云祭氏仲名也祭仲鄭卿而至宋見執必是行至宋也行使被執例稱行人此當云執鄭行人而不稱行人者聽宋迫脅以逐出其君罪之故不稱行人昭八年楚人執陳行人干徵師殺之傳曰罪不在行人也以罪不在則稱行人知祭仲罪在其身故去行人也釋例曰祭仲之如宋非會非聘與於見誘而以行人應命不能死節挾僞以篡其君故經不稱行人以罪之是說罪仲之意襄十一年楚人執鄭行人良霄傳曰書曰行人言使人也是變例也傳稱誘祭仲而執之則本非行人故經不言杜必知以行人應命罪之故不稱行人者祭仲若不至宋宋人何得執之既往至宋即是因事而行亦既因事而行便爲使人之例杜以傳文稱誘故序其本意言非聘非會聽宋迫脅故不稱行人罪之輕與齊人執鄭詹文亦何異劉君以祭仲是字鄭人嘉之妄規杜氏就如劉言既云罪其逐君何以嘉而稱字杜以蕭叔非字故知祭仲是名仲既書名爲罪則不稱行人是其貶責劉云祭仲本非行人未知有何所據

突歸于鄭突厲公也爲宋所納故曰歸例在成十八年不稱公子從告也文連祭仲故不言鄭

疏注突厲至言鄭○正義曰成十八年傳例曰諸侯納之曰歸知此爲宋所納故曰歸也突實公子而不稱公子傳無褒貶之例知從告者之辭告者不言公子故不稱也十五年許叔入于許十七年蔡季歸于蔡皆以字繫國突不繫鄭者以文連祭仲祭仲之上已有鄭字蒙上鄭文故不言鄭也以宋人執仲納突乃是一事連書故突得蒙上文其鄭忽奔衛則鄭人別告故不連上文

鄭忽出奔衛忽昭公也莊公既葬不稱爵者鄭人賤之以名赴

疏注忽昭至名赴○正義曰僖九年傳曰宋桓公卒未葬而襄公會諸侯故曰子里克殺奚齊于次書曰殺其君之子未葬也彼以未葬故繫父知既葬則成君此莊公既

葬則忽成君矣宜書鄭伯出奔今書忽之名知鄭人賤之以名赴也其賤之意說在忽之復歸

○柔會宋公陳侯蔡叔盟于折無傳柔魯大夫未賜族者蔡叔蔡大夫叔名也折地闕○折之設反又市列反疏注柔魯至地闕○正義曰以柔不稱族與無駭相類是無族可稱知其未賜族也亦以蔡叔無善可嘉知叔是名叔亦無族蓋亦未賜族也

○公會宋公于夫鍾。無傳夫鍾成地○夫音扶

冬十有二月公會宋公于闞無傳闞魯地在東平須昌縣東南。○闞口暫反須宣踰反

傳十一年春齊衛鄭宋盟于惡曹宋不書經闕疏注宋不書經闕○正義曰丘明作傳本以解經經傳不同皆傳是其實今傳有宋而經無宋知是經之闕文宋為大國傳處鄭下是史文舊闕傳先舉經之所有乃以闕者實之故後言宋耳非謂盟之序列宋在下也服虔以為不書宋宋後盟宋若後盟盟本無宋傳不得言齊衛鄭宋為此盟也傳之上下例不虛舉經文舉此盟者為經闕宋故也

○楚屈瑕將盟貳軫貳軫二國名○屈居勿反楚大夫氏貳音二軫之忍反皆國名鄖人軍於蒲騷將與隨絞州蓼。伐楚師。鄖國在江夏雲。杜縣東南有鄖城。蒲騷鄖邑絞國名州國在南郡華容縣東南蓼國今義陽棘陽縣東南湖陽城○鄖音云國名騷音蕭又音繆絞古卯反蓼音了本或作鄝同隨絞州蓼四國名夏戶雅反鄖本亦作溳音云棘紀力反湖音胡莫敖。患之莫敖楚官名即屈瑕○敖五刀反鬬廉曰鄖人軍其郊必不誡且日虞四邑之至也虞度也四邑隨絞州蓼也邑亦國也○且日人逸反度待洛反疏注邑亦國也○正義曰書云欲宅洛邑傳每云敝邑是也君次於郊郢以禦四邑君謂屈瑕也郊郢楚地○郢以井反又以政反疏注君謂屈瑕也○正義曰禮坊記云禮君不稱天大夫不稱君恐民之惑也然則大夫不得稱君此謂屈瑕為君者楚僭王號縣尹稱公故呼卿為君大夫正法當呼為主昭

元年傳醫和謂趙文子曰主相晉國是其事也祁盈之臣謂祁盈爲君伯有之臣謂伯有爲公是家臣稱其主耳我以銳師宵加於鄖

鄖有虞心而恃其城恃近其城〇近附近之近【疏】鄖有虞心〇正義曰鄖人日虞四邑之至冀其與己合勢有虞度外援之心而又自恃近城故無鬬志莫有鬬志若敗鄖師四邑必離莫敖曰盍請濟師於王盍何不也濟益也〇盍戶各反濟箋計反對曰師克在和不在衆商周之不敵君之所聞也商紂也周武王也傳曰武王有亂臣十人紂有億兆夷人〇億於力反【疏】注商紂至夷人〇正義曰古文尚書泰誓曰受有億兆夷人離心離德予有亂臣十人同心同德昭二十四年傳引之云亦有離德已與本小殊此注改予爲武王又倒其先後者便文耳雖言傳曰非傳本文劉炫云欲以證商周之不敵故先少而後多非便文成軍以出又何濟焉莫敖曰卜之對曰卜以決疑不疑何卜遂敗鄖師於蒲騷卒盟而還卒盟貳軫〇鄭昭公之敗北戎也在六年齊人將妻之昭公辭祭仲曰必取之君多內寵子無大援將不立三公子皆君也子突子亹子儀之母皆有寵〇妻七計反下注同援於眷反亹亡匪反本或作亹弗從〇夏鄭莊公卒初祭封人仲足有寵於莊公祭鄭地陳留長垣縣東北有祭城封人守封疆者因以所守爲氏〇疆居良反莊公使爲卿爲公娶鄧曼生昭公故祭仲立之曼鄧姓〇爲公于僞反曼音萬宋雍氏女於鄭莊公曰雍姞生厲公雍氏姞姓宋大夫也以女妻人曰女〇雍音於恭反女音尼據反注曰女同姞音其吉反又音其秩反雍氏宗有寵於宋莊公故誘祭仲而執之祭仲之如宋非會非聘見誘而以行人應命〇應應對之

應疏。注祭仲至應命○正義曰傳言誘而執之則祭仲被誘如宋在宋見執執不在會知非會也被誘而往知非聘也直爲見誘而以行人應彼宋命也行人謂行往宋耳劉炫云杜欲成不稱行人之義故以行人言之

曰不立突將死亦執厲公而求賂焉祭仲與宋人盟以厲公歸而立之○秋九月丁亥昭公奔衛己亥厲公立

經十有二年春正月○夏六月壬寅公會杞侯莒子盟于曲池曲池魯地魯國汶陽縣北有曲水亭○汶音問○秋七月丁亥公會宋公燕人盟于穀丘穀丘宋地燕人南燕大夫○八月壬辰陳侯躍卒無傳厲公也十一年與魯大夫盟於折不書葬魯不會也壬辰七月二十三日書於八月從赴○躍羊略反

疏注厲公至從赴○正義曰躍爲厲公世本文也莊二十二年傳曰陳厲公蔡出也故蔡人殺五父而立之五父即佗六年殺佗而厲公立也陳世家以佗與五父爲二人言蔡人爲佗殺五父及桓公大子免而立佗是爲厲公立七年大子免之三弟躍林杵臼共殺厲公而躍立是爲利公利公立五月卒林立是爲莊公案傳五父佗一人而世家以爲二人案經蔡人殺佗在桓公卒之明年不得爲佗立七年也佗以六年見殺躍以此年始卒不得爲躍立五月也既以佗爲厲公又妄稱躍爲利公世本本無利公皆是馬遷妄說束晳言馬遷分一人以爲兩人以無爲有謂此事也壬辰是七月二十三日上有七月書於八月之下如此類者注皆謂之日誤今云從赴者以其終不可通蓋欲兩解故也以五年正月甲戌己丑陳侯鮑卒甲戌非正月之日而以正月起文傳言再赴是赴以正月也彼以十二月之日爲正月赴魯知赴者或有以前月之日從後月而赴故因此以示別意

○公會宋公于虛虛宋地○虛去魚反○冬十有一月公會宋公于龜龜宋地○丙戌公會鄭伯盟于武父武父鄭地陳留濟陽縣東北有武父城○父音甫

名有父字者皆同甫音

○丙戌衛侯晉卒無傳重書丙戌非義例因史成文也未同盟而赴以名○重直用反下同

疏注重書至以名○正義曰春秋之中唯此重書日其餘亦應有一日兩事各書日者但更無其日不可復知計赴告之體本應皆以日告史官書策復應各書其日但他國之告或有詳略魯史記注多違舊章致使日與不日無復定準及其仲尼書經不以日月襃貶或略或詳非此所急故日月詳略皆依舊文此重書丙戌非是義例以舊史所重故因史成文耳

○十有二月及鄭師伐宋丁未戰于宋既書伐宋又重書戰者以見宋之無信也莊十一年傳例曰皆陳曰戰尤其無信故以獨戰爲文○見賢遍反陳直覲反

疏注既書至爲文○正義曰春秋之例戰不言伐以其伐可知故略其文也伐者討有罪之辭言戰又言伐者皆是罪彼所伐之國此既書伐宋又重書戰者以見宋之無信言以鍾鼓聲其罪而伐之彼不服罪而反與我戰所以深責之也莊二十八年齊人伐衛衛人及齊人戰此文亦當如彼宜云及宋人戰今直言戰于宋者尤其無信故以獨戰爲文皆陳曰戰戰是敵辭不言及宋戰不使宋得敵也十年郎之戰我有禮彼無禮齊鄭無辭以罪我不令我與彼敵彼自獨戰爲文此戰我有信而宋無信我有辭以責宋不使宋敢敵我我自獨戰爲文郎戰我有辭故言戰不言伐此戰宋無辭故言伐不言與宋戰二者雖文皆獨戰而義存彼此俱是善惡有殊不得相敵故也

傳十二年夏盟于曲池平杞莒也隱四年莒人伐杞自是遂不平○公欲平宋鄭秋公及宋公盟于句瀆之丘句瀆之丘卽穀丘也宋以立厲公故多責賂於鄭鄭人不堪故不平○句古侯反瀆音豆宋成未可知也故又會于虛冬又會于龜宋公辭平故與鄭伯盟于武父宋公貪鄭賂故與公三會而卒辭不與鄭平遂帥師而伐宋戰焉宋無信也君子曰苟信不繼盟無益也詩云君子屢盟亂

是用長無信也詩小雅言無信故數盟數盟則情疏情疏而憾結故云長亂○屢力俱反本又作婁音同長丁丈反注同數音朔下同憾戶暗反

○楚伐絞軍其南門莫敖屈瑕曰絞小而輕輕則寡謀請無扞采樵者以誘之扞衛也樵薪也○輕遣政反扞戶旦反樵在遙反從之絞人獲三十人獲楚人也明日絞人爭出驅楚役徒於山中楚人坐其北門而覆諸山下坐猶守也覆設伏兵而待之○覆扶又反注同大敗之爲城下之盟而還城下盟諸侯所深恥疏注城下至深恥○正義曰宣十五年楚圍宋傳稱華元謂子反曰敝邑易子而食析骸以爨雖然城下之盟有以國斃不能從也寧以國斃不肯從城下之盟是其深恥也必爲深恥者諸侯當好事四鄰以衛社稷相時而動量力而行今乃構怨彊敵兵臨城下力屈勢沮求服受盟是其不知之甚將爲鄰國所笑故深恥之

伐絞之役楚師分涉於彭彭水在新城昌魏縣疏注彭水至魏縣○正義曰釋例云彭水出新城昌魏縣東北至南鄉筑陽縣入漢羅人欲伐之使伯嘉諜之三巡數之羅熊姓國在宜城縣西山中後徙南郡枝江縣伯嘉羅大夫諜伺也巡徧也○諜徒協反數色主反枝質而反伺音笥徧音遍疏注羅熊至徧也○正義曰羅熊姓世本文也説文云軍中反間也謂詐爲敵國之人入其軍中伺候間隙以反報其主故此訓諜爲伺而兵書謂之反間也巡徧也謂巡遶徧行之

經十有三年春二月公會紀侯鄭伯己巳及齊侯宋公衛侯燕人戰齊師宋師衛師燕師敗績大崩曰敗績例在莊十一年或稱人或稱師史異辭也衛宣公未葬惠公稱侯以接鄰國非禮也疏公會至敗績○正義曰傳稱宋多責賂於鄭故以紀魯及齊與宋衛燕戰然則此戰之興本由宋鄭相怨雖復各連同好當以宋鄭爲主其序紀在鄭上宋處齊下者若魯人不與

而鄭國自行則以主兵爲先若與魯同行魯史所記則當以魯爲主不得復先主兵亦既不先主兵卽以大小爲序故紀先鄭也宋使齊爲主猶隱四年州吁伐鄭使宋爲主故齊先宋此以公在會故不以主兵爲先尊卑爲序故紀在鄭先若然莊二十六年會宋人齊人伐徐杜云宋主兵故序齊上彼魯亦在而先主兵者彼是魯之微人所會之國又少此則公自在會及所戰之國歷序又多故不與彼同也戰稱將敗稱師是史策之常法也史所以然者師是將之所帥戰則舉將爲重敗則羣師盡崩固當舉師言敗若其敗還書將則是將身獨敗無以見師之大崩故戰則稱將敗則稱師言其衆師盡敗非獨將身敗也此燕人謂將也楚子傷目故稱楚子敗績此若云燕人敗績則是燕將身傷以此不得不稱師敗唯莊二十八年衛人敗績違常文耳○注大崩至禮也○正義曰言史異辭者決莊二十八年衛人及齊人戰衛人敗績也此敗稱師而彼敗稱人是史異辭也史非一人立辭自異非褒貶之例也此二者於理則師是而人非但不以爲義故合各從其本耳杜以既葬爲成君雖則踰年猶待葬訖故以惠公爲非禮釋例曰父雖未葬喪服在身踰年則於其國內卽位稱君伐鄭之役宋公衛侯是也春秋書魯事皆踰年卽位稱公不可曠年無君則知他國亦同然據父未葬於其國內雖得伸其尊若以接鄰國則違禮失制也是言先君未葬則不得稱爵成君以接鄰國也杜言違禮失制禮制亦無明文案文八年八月天王崩九年春毛伯來求金傳曰不書王命未葬也彼以踰年未葬不得稱王命使是其禮制未可以此知接鄰國則違禮制也

○三月葬衛宣公無傳 ○夏大水無傳 ○秋七月 ○冬十月

傳十三年春楚屈瑕伐羅鬭伯比送之還謂其御曰莫敖必敗舉趾高心不固矣趾足也 遂見楚子曰必濟師難言屈瑕將敗故以益師諷諫○見賢遍反齊箋計反難乃旦反諷方鳳反本亦作風 楚子

辭焉不解其旨故拒之○解戶買反入告夫人鄧曼鄧曼曰大夫其非衆之謂鄧曼楚武王夫人言伯比意不在於益衆也其謂君撫小民以信訓諸司以德而威莫敖以刑也莫敖狃於蒲騷之役將自用也狃忕也蒲騷在十一年○狃女久反忕時世反又時設反必小羅君若不鎮撫其不設備乎夫固謂君訓衆而好鎮撫之撫小民以信也○好呼報反又如字召諸司而勸之以令德訓諸司以德也見莫敖而告諸天之不假易也諸之也言天不借貸慢易之人威莫敖以刑也○易以豉反注同借子夜反貸他代反慢武諫反不然夫豈不知楚師之盡行也楚子使賴人追之不及賴國在義陽隨縣賴人仕於楚者○盡津忍反此類可以意求

【疏】○大夫至行也○正義曰大夫伯比言濟衆者非益衆之謂也其此伯比之意當謂君宜撫慰小人士卒以言信也教訓諸司長率以令德而威懼莫敖以刑罰也莫敖狃於蒲騷之役狃貫也貫於蒲騷之得勝遂恃勝以爲常將自用其心不受規諫必輕小羅國以爲無能君若不以言辭刑罰鎮重撫慰之莫敖其將不設備乎夫謂伯比伯比之意固當謂君教訓衆民而好以言辭鎮撫之○召軍之諸司而勸勉之以善德見莫敖而告之道上天之意不借貸慢易之人不使慢易之人得勝言其必須敬懼也其意當如此耳若其不然此伯比豈不知楚師之盡行也而更請益師乎○注狃忕也○正義曰說文云狃狎也忕習也郭璞云貫忕也今俗語皆然則狃忕皆貫習之義以貫得勝則輕易前敵將自用其意不復持重

莫敖使徇于師曰諫者有刑徇宣令也○徇似俊反及鄢亂次以濟鄢水在襄陽宜城縣入漢○鄢於晚反又於萬反亂次以濟本或作亂次以濟其水

【疏】注鄢水至入漢○正義曰釋例曰鄢水出新城沶鄉縣東南經襄陽至宜城縣入漢

遂無次且不設備及羅羅與盧戎

兩軍之盧戎南蠻○盧如字本或作盧音同大敗之莫敖縊于。荒。谷羣帥囚于冶父縊自經也荒谷冶父皆楚地○縊一豉反荒如字本或作巟音同冶音也以聽刑楚子曰孤之罪也皆免之○宋多責賂於鄭立突賂

鄭不堪命故以紀魯及齊與宋衛燕戰不書所戰後也公後地期而及其戰故不書所戰之地

疏。注公後至之地○正義曰兩敵將戰必豫期戰地公未見紀鄭紀鄭已與齊宋先設戰期公不及設期唯及其戰故言戰而不書所戰之地言此地非公所期故不書也釋例曰桓十三年戰不書所所者期戰所在之地也公會戰而後其期猶及諸侯共其成敗故備書諸國而不書地成十六年傳曰戰之日齊國佐至於師此其類也然則諸戰書日者日即從月計此經當云二月己巳公會紀侯鄭伯今退己巳於鄭伯之下者春秋之例公之出會例多以月要盟戰敗例多以日故己巳之文在公會紀侯鄭伯之下十二年十二月及鄭師伐宋丁未戰于宋亦其類也服虔云下日者公至而後定戰日地之與日當同時設期公既不及期地安得及期日也劉炫云公會紀鄭告廟而行始行即書會也其戰之日則戰罷乃告廟史官雖連并其文而存其本旨己巳是戰日故下日以附戰

○鄭人來請脩好○好呼報反

經十有四年春正月公會鄭伯于曹。脩十二年武父之好以曹地曹與會○好呼報反與音預○無冰無傳書時失○夏五不書月闕文鄭伯使其弟語來盟○秋八月壬申御廩災御廩。公。所親耕以奉粢盛之倉也天火曰災例在宣十六年○廩力錦反倉也

疏注御廩至六年○正義曰傳稱御廩災乙亥嘗書不害也明嘗之所用是御廩之所藏也禮記祭義云天子爲。藉千畝諸侯百畝躬秉耒以事天地山川社稷先古敬之至也穀梁傳曰天子親耕以共粢盛王后親蠶以共祭服國非無良農工女也以爲人之所盡

事其祖禰不若以己所自親者也月令季秋乃命冢宰藏帝。藉之收於神倉鄭玄云重粢盛之委也帝藉所耕千畝也藏祭祀之穀故為神倉以此諸文知御

廩藏公所親耕以奉粢盛之倉也廩即倉之別名周禮廩人為倉人之長其職曰大祭祀則共其接盛鄭玄云接讀為扱扱以授舂人大祭祀之穀。藉田之。收

藏於神倉者不以給小用是公所親耕之粟擬共祭祀藏於倉廩故謂之御廩災其屋而不損其穀故曰書不害也

乙亥嘗先其時亦過也既戒。曰致

齊。廩雖。災苟不害嘉穀則祭不應廢故書以示法○先悉薦反又如字齊側皆反

【疏】注先其至示法○正義曰八月建未未是始殺故云先其時亦過也

周禮大宰祀五帝前期十日帥執事而卜日遂戒享先王亦如之鄭玄云十日者容散齊七日。致齊三日壬申在乙亥之前三日是致齊之初日也既已戒日

致齊御廩雖災苟其不害嘉穀有穀可以共祭祀則祭不應廢故書以示法也若害穀則當廢不可苟用他穀故也先時亦過過則當書但書過已有成例故

傳指言不害故沈氏云杜以先時亦過過則當書傳何以專言不害此丘明之意若非先時有災不害亦書若非御廩有災先時亦書進退明例也服虔云魯

以壬申被災至乙亥而嘗不以災害為恐故衛難杜云若救之則息不害嘉穀則傳當有救火之文若如宋災傳舉救火今直言不害明知不以災為害杜必

為不害嘉穀者秦氏苍云傳所以不載救火者傳以指釋經文略舉其要所以不載救火至於宋鄭之災彼由簡牘備載詳略不等不可相離也

○冬十有二月丁巳齊侯祿父卒無傳隱六年盟於艾○宋人以齊人蔡。人衛。人。陳人伐鄭凡師

能左右之曰以例在僖二十六年

傳十四年春會于曹曹人致餼禮也熟曰饔生曰餼

【疏】注熟曰饔生曰餼○正義曰周禮外內饔皆掌割亨之事亨人

給外內饔之爨亨煮饔者煮肉之名知熟曰饔哀二十四年傳稱晉人餼臧石牛以生牛賜之知生曰餼又聘禮致饔餼五牢飪一牢腥二牢餼二牢飪是熟

肉腥是生肉知餼是未殺鄭玄以爲生牲曰餼唯瓠葉箋云腥曰餼欲以牽爲牽行故餼爲已殺非定解也定解猶以生爲餼傳諸言餼者皆致生物於賓也

○夏鄭子人來尋盟且脩曹之會子人卽弟語也其後爲子人氏○秋八月壬申御廩災乙亥嘗書不害也災其屋救之則息不及穀故曰書不害○冬宋人以諸侯伐鄭報宋之戰也在十二年焚渠門入及大逵渠門鄭城門逵道方九軌○逵九龜反伐東郊取牛首東郊鄭郊牛首鄭邑以大宮之椽歸爲盧門之椽大宮鄭祖廟盧門宋城門告伐而不告入取故不書○大音泰椽直專反榱也圜曰椽方曰桷說文云周謂之椽齊魯謂之桷

經十有五年春二月天王使家父來求車○三月乙未天王崩無傳桓王也夏四月己巳葬齊僖公無傳五月鄭伯突出奔蔡突既篡立權不足以自固又不能倚任祭仲反與小臣造賊盜之計故以自奔爲文罪之也例在昭三年○倚於綺反

疏注突既至三年○正義曰凡諸侯出奔皆被逐而出非自出也舊史書臣以逐君仲尼脩春秋責其不能自固皆以自奔爲文以故此注迹突之惡言其罪之之意釋例曰諸侯奔亡皆迫逐而苟免非自出也傳稱衛孫林父甯殖出其君名在諸侯之策此以臣名赴告之文也仲尼之經更沒逐者主名以自奔爲文責其不能自安自固所犯非徒所逐之臣也言其所犯處多非徒逐者獨惡君不能君故臣亦不臣臣之逐君其罪已著沒其臣名獨見君罪言罪不純在其臣故也衛獻公出奔不名鄭伯突及北燕伯款蔡侯朱等皆書名者從彼告辭故釋例曰衛赴不以名而燕赴以名隨赴而書之義在彼不在此也言責其不能自安自固自奔卽是身罪名與不名不復著義故從告也昭三年傳曰書曰北燕伯款出奔齊罪之也是變例也

鄭世子忽復歸于鄭忽實居君位故今還以復其位之例爲文也稱世子者忽爲大子有母氏之寵宗卿之援有功於諸侯此大子

之威者也而守介節以失大國之助知三公子之彊不從祭仲之言修小善絜小行從匹夫之仁忘社稷之大計故君子謂之善自爲謀言不能謀國也父卒而不能自君鄭人亦不君之出則降名以赴入則逆以大子之禮始於見逐終於見殺三公子更立亂鄭國者實忽之由復歸入例在成十八年○介音界行下孟反　更音庚

疏注忽實至八年○正義曰成十八年傳曰復其位曰復歸忽本既居君位然後出奔故今還以復位之例爲文也經言復歸明是復位之例注言此者以忽之出奔不稱鄭伯歸言世子又非君號非君而稱復歸嫌其不是復位故明之禮父在稱世子忽父之喪於今五年世子非所當稱故迹其稱之意鄭曼所生立爲世子是有母氏之寵也宗卿謂同姓之卿祭仲之女曰雍姬則祭仲姬姓是同宗卿也救齊敗戎是有功也而守介節謂守瑣瑣狷介之節不娶齊女也經書鄭忽出奔不稱鄭伯是降名以赴也今稱世子復歸是逆以大子之禮也逆以大子之禮者以突是庶子無道以出奔更欲擇君莫踰於忽以本是世子故迎之使還爲是世子所以得歸鄭以世子名告不以嘗爲君告時史因其告辭書曰世子實復本位書曰復歸而忽之爲君不能自固始於見逐終於見殺三公子更立爲君亂鄭國者實忽之由釋例與此注盡同其末云故仲尼因以示義言因舊史之文即稱世子示鄭人本有不以爲君之義忽於隱公之世每稱公子六年稱大子則救齊之時已立爲大子故也

○許叔入于許許叔莊公弟也隱十一年鄭使許大夫奉許叔居許東偏鄭莊公既卒乃入居位許人嘉之以字告也叔本不去國雖稱入非國逆例

疏注許叔至逆例○正義曰入者自外之辭本其所自之處言其自許東偏而入于許國非從外國入也鄭莊公以十一年卒許叔今始入者蓋鄭突不使其復忽既得位親仁善鄰存許以德許人冀其爲己之援故此年始得入也小白陽生入皆稱名此叔稱字故云許人嘉之以字告也杜知是字者以蔡。季子來歸亦以書字故知之也杜以傳例云凡去其國國逆而立之曰入嫌此亦爲國逆之例釋例曰諸在例外稱入直是自外入內記事常辭義无所取賈氏雖夫人姜氏之例入皆以爲例由先儒以爲國逆故言許叔本不去國非國逆之正例國逆正例據去國而來許叔本非去國故云非國逆例其實許始復國許叔得還上下交歡同心迎逆指其實事有國逆之理故於釋例云許叔有國逆之
文但非國逆正例耳劉君不達此旨妄規杜失非也○公會齊侯于艾○邾人牟人葛人來朝無傳三人皆附庸之
世子也其君應稱名故其子降稱人牟國今泰山牟縣葛國在梁國寧陵縣東北○牟亡侯反【疏】注三人至東北○正義曰三國俱稱人合行禮知其尊卑
同也以邾子未得王命知牟葛之等是附庸郳黎來來朝附庸書名此若君自親來則亦應稱名若遣臣來聘又不得稱朝曹伯使世子射姑來朝是世子有
稱朝之義知此三人皆附庸世子攝行父事而來朝也諸侯之卿稱名大夫降稱人是人之於名例差一等若附庸其君應稱名故其子降稱人釋例曰王之
世子不名諸侯世子則名會王世子于首止曹世子射姑來朝是也附庸世子稱人邾人牟人葛人來朝是也是言世子稱謂之等級也地理志泰山郡牟縣
故牟國也陳留郡寧陵縣應劭曰故葛伯國然則於晉屬梁國也○秋九月鄭伯突入于櫟櫟鄭別都也今河南陽翟縣未得國
直書入無義例也櫟音歷翟徒歷反○○冬十有一月公會宋公。衛侯陳侯于袲。伐鄭袲宋地在沛國相縣
西南。先行會禮而後伐也○袲昌氏反相息亮反【疏】注先行會禮○正義曰知非不與謀言會者以言于袲故知此行會禮也若不言地直言會則是不
與謀例也召陵會杜注云於召陵先行會禮與此同也
傳十五年春天王使家父來求車非禮也諸侯不貢車服車服上之所以賜下天子不私
求財諸侯有常職貢○祭仲專鄭伯患之使其壻。雍糾殺之將享諸郊雍姬知之謂其
母曰父與夫孰親其母曰人盡夫也父一而已胡可比也婦人在室則天父出則天夫女以爲疑故

母以所生爲本解之遂告祭仲曰雍氏舍其室而將享子於郊吾惑之以告祭仲殺雍糾尸諸周氏之汪汪池也周氏鄭大夫殺而暴其尸以示戮也○舍音捨汪烏黃反暴步卜反公載以出愍其見殺故載其尸共出國曰謀及婦人宜其死也○夏厲公出奔蔡○六月乙亥昭公入○許叔入于許○公會齊侯于艾謀定許也○秋鄭伯因櫟人殺檀伯而遂居櫟檀伯鄭守櫟大夫○檀徒丹反○冬會于袲謀伐鄭將納厲公也弗克而還

經十有六年春正月公會宋公蔡侯衞侯于曹○夏四月公會宋公衞侯陳侯蔡侯伐鄭春既謀之今書會者魯諱議納不正蔡常在衞上今序陳下蓋後至疏注春既至後至○正義曰宣七年傳例云與謀曰及不與謀曰會此春既謀之例當言及今書會者魯諱與諸侯聚議納不正之人故從不與謀之文釋例曰魯既春會于曹以謀伐鄭夏遂與師而更從不與謀之文者厲公簒大子忽之位謀而納之非正故諱之從不與謀之例是其義也諸侯之序以大小爲次班序譜稱自隱至莊十四年四十三歲征伐盟會者凡十六國時無霸主會同不幷無有成序其閒蔡與衞凡七會六在衞上唯此處在陳下故以爲蓋後至也○秋七月公至自伐鄭用飲至之禮故書○冬城向傳曰書時也而下有十一月舊說因謂傳誤此城向亦俱是十一月但本事異各隨本而書之耳經書夏叔弓如滕五月葬滕成公傳云五月叔弓如滕卽知但稱時者未必與下月異也又推校。此年。閏在六月則月却而節前水星可在十一月而正也詩云定之方中作。于楚宮此未正中也功役之事皆總指天象不與言曆數同也故傳之釋經皆通言一時不月別○向失亮反定丁佞反疏注傳曰至月別○正義曰杜以城向與下同月故檢叔弓如滕經傳之異如滕與葬同月知此城向與出奔同月但本事既異各隨本而書之下有月而此無月耳其實同是十一月也但十一月水星昏猶未正故復推校曆數此年月却節前水星可在十一月而正又方者未至之辭故以定之方中爲方欲向中而實未正中十一月可以興土功書時非傳誤也劉炫規過以爲案周語云辰角見而雨畢天根見而水涸駟見而隕霜火見而清風戒寒故先王之教曰雨畢而除道水涸而成梁隕霜而冬裘具清風至而脩城郭故夏令曰九月除道十月成梁營室之中土功其始先儒以爲建戌之月霜始降房星見霜降之後寒風至而心星見鄭玄云辰角見謂九月本天根見謂九月末天根謂氐星是也自然火見是建亥之月又春秋城楚丘是正月而杜引詩云定之方中未正中也定星豈正月未正中乎據此諸文則火見土功必在建亥之月則建戌之月必無土功之理而杜以爲建戌之月得城向者非也今以爲周語之文單子見隙不除道故譏爲此言故所舉時節並在早月也月令孟冬天子始裘單子云隕霜而冬裘具九月已裘是其早也且周語之文據尋常節氣九月而除道十月而與土功杜以此年閏在六月則建戌之月二十一日已得建亥節氣是十月節氣在九月之中土功之事何爲不可諸侯城楚丘自在正月衞人初作宮室必在其前杜云定星方欲正中於理何失劉君廣引周語之文以規杜杜以月却節前何須致難

○十有一月衞侯朔出奔齊惠公也朔讒構取國故不言二公子逐羿之也

傳十六年春正月會于曹謀伐鄭也前年冬謀納厲公不克故復更謀○復扶又反○夏伐鄭秋七月公至自伐鄭以飲至之禮也○冬城向書時也○初衞宣公烝於夷姜生急子夷姜宣公之庶母也上淫曰烝○烝之承反急如字詩作伋上時掌反一音如字

疏○注夷姜至曰烝○正義曰晉獻公烝於齊姜惠公烝於賈君皆是淫父之妾知此亦父妾故云庶母也成二年傳稱楚莊王以夏姬予連尹襄老襄老死其子黑要烝焉淫母而謂之烝知烝是上淫蓋訓烝爲進言自進與之淫

也世家云初宣公愛夫人夷姜烝淫而謂之夫人馬遷謬耳屬諸右公子爲之娶於齊而美公取之生壽及

朔屬壽於左公子左右媵之子因以爲號○屬音燭下同爲于僞反媵羊政反疏注左右至爲號○正義曰公子法無左右明其因母

爲號公羊稱諸侯取一國則二國往媵之以有二媵故分爲左右說公羊者言右媵貴於左媵義或當然此左右公子蓋宣公之兄弟也夷姜縊失寵

而自縊。死宣姜與公子朔構。急子宣姜宣公所取急子之妻構會其過惡○構古豆反會古外反公使諸齊使盜待

諸莘將殺之莘衛地陽平縣西北有莘亭○公使所吏反莘所巾反壽子告之使行行去也不可曰棄父之

命惡用子矣惡安也○惡音烏注同有無父之國則可也及行飲以酒壽子載其旌以先

盜殺之急子至曰我之求也此何罪請殺我乎又殺之二公子故怨惠公十一

月左公子洩。右公子職立公子黔。牟黔。牟羣公子○飲以酒於鴆反一本以作之洩息列反黔其廉反又音琴疏載其

旌○正義曰代之而載其旌蓋旌有。志識故也世家云與太子白旄而告盜曰見白旄者殺之或當以白旄爲旌但馬遷演此文而爲之說其辭至鄙未必其

言可信也惠公奔齊

經十有七年春正月丙辰公會齊侯紀侯盟于黃黃齊地○二月丙午公會邾儀

父盟于趡趡魯地稱字義與蔑盟同二月無丙午丙午三月。四日也日月必有誤○趡翠軌反○夏。五月丙午及齊師戰

于奚奚魯地背陳曰戰○陳直覲反○六月丁丑蔡侯封人卒十。一年大夫盟于折○秋八月蔡季自陳

歸于蔡季蔡侯弟也言歸爲陳所納○癸巳葬蔡桓侯無傳稱侯蓋謬誤三月而葬速疏注稱侯蓋。誤○正義曰五等諸侯卒則各書其爵葬則舉謚稱公禮之常也此無貶責而獨稱侯故云蓋謬誤也釋例曰卒而外赴者皆正爵而稱名慎死考終不敢違大典也書葬者皆從主人私稱客主之人敬各有本謙敬各得其所而後二國之禮成也葬蔡桓侯獨不稱公劉賈許曰桓卒而季歸無臣子之辭也蔡侯無子以弟承位羣臣無廢主社稷不乏祀故傳稱蔡人嘉之非貶所也杞伯稱子傳爲三發蔡侯有貶傳亦宜說史書謬誤疑有闕文是其疑之意也○及宋人衛人伐邾○冬十月朔日有食之甲乙者曆之紀也晦朔者日月之會也日食不可以不存晦朔晦朔須甲乙而可推故日食必以書朔日爲例

傳十七年春盟于黄平齊紀且謀衛故也齊欲滅紀衛逐其君○及邾儀父盟于趡尋蔑之盟也蔑盟在隱元年○夏及齊師戰于奚疆事也爭疆界也○疆居良反注及下皆同於是齊人侵魯疆疆吏來告公曰疆場。之事慎守其一而備其不虞虞度也不度猶不意也○場音亦度待洛反下同疏疆。場。至不虞○正義曰疆場謂界畔也至此易主故名曰場典封疆者不得己往侵人無使人來侵己謹慎守其一家之所有以備不意度之事姑盡所備焉事至而戰又何謁焉齊背盟而來公以信待故不書侵伐○背音佩下同○蔡桓侯卒蔡人召蔡季于陳桓侯無子故召季而立之季內得國人之望外有諸侯之助故書字以善得衆稱歸以明外納○秋蔡季自陳歸于蔡蔡人嘉之也嘉之故以字告○伐邾宋志也邾宋爭疆魯從宋志背趡之盟○冬十月朔日有食之

不書日官失之也天子有日官諸侯有日御日官日御典曆數者疏。注日官至曆數○正義曰周禮太史掌正歲年以序事頒告朔于邦國然則天子掌曆者謂大史也大史下大夫非卿故不在六卿之數傳言居卿則是尊之若卿故知非卿而位從卿故言居卿也平曆數者謂掌作曆數平其遲速而頒於邦國也晦朔弦望交會有期日月五星行道有度曆而數之故曰曆數也日官居卿以底日。禮也日官天子掌曆者不在六卿之數而位從卿故言居卿也底平也謂平曆數○底音旨下同日御不失日以授百官于朝日官平曆以班諸侯諸侯奉之不失天時以授百官○初鄭伯將以高渠彌爲卿昭公惡之固諫不聽昭公立懼其殺己也辛卯弒昭公而立公子亹。公子亹昭公弟○惡烏路反下及注所惡皆同亹音尾君子謂昭公知所惡矣公子達曰公子達魯大夫疏。君子至惡矣○正義曰弒君者人臣之極惡也昭公惡其人其人果行大惡是昭公知所惡矣言昭公惡之不妄也韓子以爲君子言知所惡者非多其知之。明而嫌其心不斷也曰知之若是其。明也而不。如早誅焉以及於死故言知所惡以見其無權也昭公知其惡而不能行其誅致使渠彌含憎懼死以徼幸故昭公不免於弒戒人君使彊於斷也○注公子達魯大夫○正義曰知非鄭人者若是鄭人當在君子之前言之傳先載君子之議後陳子達之言是達聞其言而評之與臧文仲聞蓼六之滅其事相類故知是魯人也高伯其爲戮乎復惡已甚矣。復重也本爲昭公所惡而復弒君重爲惡也○復扶又反注同一音服則乖注意重直用反下同

經十有八年春王正月公會齊侯于濼濼水在濟南曆城縣西北入濟○濼盧篤反又力角反一音洛說文匹沃反

○公與夫人姜氏遂如齊公本與夫人俱行至濼公與齊侯行會禮故先書會濼既會而相隨至齊故曰遂疏公與至如齊○

正義曰僖十一年公及夫人會齊侯于陽穀彼言及此不言及者公羊傳曰公何以不言及夫人夫人外也言夫人淫於齊侯而疏外公故不言及也穀梁傳曰不言及夫人何也以夫人之伉不稱數也言夫人驕伉不可及故舍而不數也杜無明解傳載申繻之言譏公男女相瀆蓋以相褻瀆之故果致大禍時史譏其男女無別故不書及也○注公本至曰遂○正義曰據傳文知其嚮會之時卽與夫人俱行至於濼水之上不言及夫人會者夫人從公行耳其會之時夫人不與既會乃相隨嚮齊故如齊之上。始書夫人公自因會而行故言遂耳

○夏四月丙子公薨于齊不言。戕諱之也。戕例在宣十八年○戕在艮反

丁酉公之喪至自齊無傳告廟也丁酉五月一日有日而無月

○秋七月○冬十有二月

己丑葬我君桓公無傳九月乃葬緩慢也

傳十八年春公將有行遂與姜氏如齊始議行事

申繻。曰女有家男有室無相瀆也謂之有禮易此必敗女安夫之家夫安妻之室違此則爲瀆今公將姜氏如齊故知其當致禍亂○瀆徒木反

【疏】女有家男有室○正義曰沈氏云卿大夫稱家家者內外之大名戶內曰室但男子一家之主職主內外故曰家婦人主閨內之事故爲室也劉炫云釋宮云宮謂之室其內謂之家則家之。與室義無以異欲見男女之別故以室屬之其實室家同也

公會齊侯于濼遂及文姜如齊齊侯通焉公謫之謫讉也○謫直革反責也王又工革反讉遣戰反以告夫人告齊侯

○夏四月丙子享公齊侯爲公設享燕之禮○爲于僞反

使公子彭生乘公公薨于車上車曰乘彭生多力拉公。幹而殺之○乘如字又純證反注同上時掌反拉力荅反幹古旦反

【疏】。注上車至殺之○正義曰莊元年公羊傳曰夫人譖公於齊侯齊侯怒與之飲酒於其出焉使公子彭生送之於其乘焉搚幹而殺之何休云

搚折聲也齊世家云襄公使力士彭生抱上魯君車因搚殺魯桓公下車則死矣搚搚拉音義同也魯人告于齊曰寡君畏君之威不敢寧居來脩舊好禮成而不反無所歸咎惡於諸侯請以彭生除之除恥辱之惡也○好呼報反咎其九反齊人殺彭生不書非卿○秋齊侯師于首止陳師首止首止衛地陳留襄邑縣東南有首鄉子亹會之高渠彌相不知齊欲討己○相息亮反七月戊戌齊人殺子亹而轘高渠彌車裂曰轘○轘音患裂音列

疏注車裂曰轘○正義曰襄二十二年傳稱轘觀起於四竟又曰觀起車裂是其事也周禮滌狼氏誓僕右曰殺誓馭曰車轘然則周法有此刑也

祭仲逆鄭子于陳而立之鄭子昭公弟子儀也是行也祭仲知之故稱疾不往人曰祭仲以知免仲曰信也時人譏祭仲失忠臣之節仲以子亹爲渠彌所立本既不正又不能固位安民宜其見除故卽而然譏者之言以明本意○知音智又如字○周公欲弒莊王而立王子克莊王桓王太子王子克莊王弟子儀○弒申志反辛伯告王遂與王殺周公黑肩王子克奔燕辛伯周大夫初子儀有寵於桓王桓王屬諸周公辛伯諫曰並后妾如后屬音燭○匹嫡庶如嫡○嫡丁曆反注同兩政臣擅命○擅市戰反耦國都如國亂之本也周公弗從故及及於難也○難乃旦反

附釋音春秋左傳注疏卷第七

# 春秋左傳注疏卷七校勘記

阮元撰盧宣旬摘錄

附釋音春秋左傳注疏卷第七桓七年盡十八年宋本春秋正義卷第七

〔經七年〕

高平鉅野縣南有咸亭續漢郡國志作西有咸亭

不復譏其失地地咸丘宋本監本毛本次地字作也

〔傳七年〕

今僻陋之語傳本無文宋本僻作辟與注合

注盟向至鄭成宋本此節正義在注郲王城之下

既而背之監本毛本而誤有

〔經八年〕

春正月己卯烝閩本春上有八年二字

以爲天地之主非天子則誰乎宋本作以爲天地宗廟社稷之主君何謂已重乎此言繼先聖之後爲天地之主非天子則誰乎

明是王不當親也浦鏜正誤云親下當脱迎字

〔傳八年〕

漢淮之閒宋本此節正義在乃盟而還之下

東經漢中魏興閩本監本毛本興作典誤

導淮自桐柏閩本監本毛本柏作栢下同

不從季梁謀淳熙本謀作戰

冬王命虢仲立晉哀侯之弟緡于晉石經作緡于晉顧炎武云石經凡從民字皆改從氏避諱省筆案史記十二諸侯年表作湣

〔經九年〕

〔傳九年〕

注韓服至州縣宋本以下正義二節總入鄧師大敗節注下

此年傳文十六年與秦楚滅庸宋本年下有見字

鄾在今鄧縣南沔水之北文選李善注沈休文齊安陸昭王碑引注文作鄾今鄧鄉縣南江水之北案江字誤

夏楚使鬭廉帥師　石經初刻作楚子使後刊去子字

荀侯　陳樹華云應劭班叔皮北征賦注引作郇侯漢書地理志同

未誓於天子而攝其君　山井鼎云足利本後人記云異本君下有事字

注諸侯至上卿　宋本以下正義二節總入篇末

蘇云誓於天子下君一等　浦鏜正誤蘇改作所

〔經十年〕

惡三國之伐在檀　閩本監本毛本三誤二在檀宋本監本毛本作有禮閩本亦誤在檀

此聖人之所以扶奬王室　宋本奬作弊

〔傳十年〕

終施父之言　纂圖本言下有乎字非也

注虢仲至大夫　宋本以下正義二節總入出奔虞注之下

注虞叔虞公之弟　宋本以下正義二節總入注文共池地名闕之下

周諺有之匹夫無罪　石經此行九字之匹夫三字磨改周諺有之文選李善鸚鵡賦注引作周在有言

故韋昭通謂之匹夫匹婦也 閩本監本毛本亦誤作韋昭宋本作書傳是也○今正

吾焉用此其以賈害也 文選李善鷦鷯賦注引傳文作吾焉用之以賈其害

乃獻又求其寶劍 石經宋本淳熙本岳本足利本獻下有之字

齊人餼諸侯 案說文米部氣字引春秋傳作齊人來氣諸侯又曰或從既作槩或從食作餼惠棟云或從既者禮記既稟稱事是也或從食者今通用也古氣字作气故气為古氣字氣為古餼字許氏引作氣所謂述春秋傳以古文也

則齊衛不合先書 宋本脫則齊衛三字

不依主兵之例 毛本兵作賓非

〔經十一年〕

楚人執陳行人于徵師殺之 宋本于作干是也○今訂正

是說罪重之意 監本毛本重作治亦非宋本正德本作仲是也○依改作仲

公會宋公于夫鍾 纂圖本閩本監本毛本改作夫鐘非

在東平須昌縣東南 郡國志引注文南下有有闞城三字

〔傳十一年〕

將與隨絞州蓼伐楚師　釋文云蓼本或作鄝同陳樹華云詩鄭箋引同

鄖國在江夏雲社縣東南有鄖城　鄖國淳熙本岳本足利本作鄖國宋本同雲社岳本監本毛本並作雲杜不誤按鄖城釋文作溳音云本亦作鄖郡國志引鄖城下有故國二字

莫敖患之　漢書五行志作莫囂顏師古曰莫囂楚官名也字或作敖

注邑亦國也　宋本以下正義四節總入注文卒盟貳軫之下

縣尹稱公　監本毛本尹作令非

傳曰武王有亂臣十人　陳樹華云臣字疑轉寫者所增是也說詳襄二十八年

此注改予爲武王　宋本改改作引按武王有亂臣十人叔孫穆子語見襄二十八年傳孔疏云引予爲武王者非也惟襄廿八年不引紂有億兆夷人之句而昭廿四年萇宏所引有之杜注蓋櫽括其辭耳

祭鄭地　監本祭上有宜字閩本毛本作注亦非

注祭仲至應命　宋本此節正義入厲公立之下

〔經十二年〕

又妄稱躍爲利公　毛本利誤厲

公會宋公于龜石經凡龜字作𪚴

（傳十二年）

詩云君子屢盟釋文屢作婁云本又作屢婁乃古屢字漢書凡屢字俱作婁

數盟則情疏諸本作疏足利本作疎

情疏而憾結釋文亦作而岳本作則非也

絞人獲三十人石經三十作卅

析骸以爨閩本監本毛本析作折非

注彭水至魏縣宋本以下正義二節總入篇末

使伯嘉諜之石經凡諜字作𧩫

說文云軍中反間也宋本云下有諜字是也閩本監本毛本作諜說文云非也

（經十三年）

（傳十三年）

雖復各連同好閩本監本毛本各誤名

謂其御曰 漢書五行志中作謂其馭曰案馭古文御字

舉趾高 漢書五行志作舉止高案儀禮士昏禮注云古文止作趾詩七月篇四之日舉趾漢書食貨志作四之日舉止案說文無趾字止下云下基也象艸木出有止故以止爲足古書足趾字多作止

狃忕也 案忕字从心大聲諸本誤多一點唐初說文有之今本說文改爲愧聞之段玉裁云

蒲騷在十一年 宋本淳熙本足利本下有役字

賴人仕於楚者 案者下脫一〇

大夫至行也 宋本以下正義三節總入皆免之之下

非益衆之謂也 宋本非上有其字

夫謂伯比伯比之意 閩本監本毛本脫伯比二字

召軍之諸司而勸勉之以善德 毛本召誤北

及鄖亂次以濟 釋文云本或作亂次以濟其水案水經注沔水引作以濟淇水乃轉寫其譌爲淇也

羅與盧戎兩軍之 釋文作盧戎云如字本或作廬音同

莫敖縊于荒谷 釋文云荒本或作巟陳樹華云案說文荒當作巟淳熙本監本毛本于作於非也按巟當是古本古字後人改之

注公後至之地宋本此節正義入下節之後

（經十四年）

脩十二年武父之好以曹地曹與會纂圖本監本毛本脫下曹字

公所親耕以奉粢盛之倉也宋本岳本公上有藏字與疏合山井鼎云足利本所上有藏字所乃公字之誤岳本脫也字

天子爲藉千畝閩本監本毛本藉作籍非下同

大祭祀之穀藉田之取藏於神倉者宋本取作收案周禮注作收

既戒曰致齊虞雖灾毛本亦誤曰諸本作日宋本淳熙本足利本虞上有御字灾宋本淳熙本作災同

致齊三日毛本致作至非下戒日致齊同

宋人以齊人蔡人衛人陳人伐鄭公羊衛人在蔡人上

（傳十四年）

以大宮之椽歸爲盧門之椽監本盧誤虛

故不書毛本作故不入誤也

（經十五年）

天王使家父來求車 儀禮士冠禮注引作家甫

諸侯奔亡 閩本監本毛本亡誤也

杜知是字者以蔡季子來歸 宋本以蔡下有季歸於蔡四字此等皆迥非他宋本所能及

公會宋公衛侯陳侯于袲伐鄭 公羊宋公上有齊侯二字說文袲字注引春秋傳曰公會齊侯于袲陳樹華云是袤乃袲之變體而宋公上當有齊侯也

在沛國相縣西南 陳樹華云郡國志引杜預曰在縣西南一名犨一名犨三字似杜注

（傳十五年）

使其壻雍糾殺之 石經壻作揟

（經十六年）

又推校此年閏在六月 淳熙本此誤如閏誤門

作于楚宮 淳熙本足利本于作爲

（傳十六年）

生急子 釋文云急詩作伋詩芃蘭篇正義引傳亦作伋史記漢書古今人表並同

注夷姜至曰烝宋本以下正義三節總入惠公奔齊之下

傳稱楚莊王以夏姬予連尹襄老毛本作連君非也

失寵而自縊死宋本淳熙本岳本纂圖本足利本縊作經

宣姜與公子朔構急子石經初刻構作搆後改從木旁構按說文無从手之搆

左公子洩漢書古今人表洩作泄是也

立公子黔牟閩本監本毛本黔誤黚注同

蓋旌有志識故也閩本監本無志字

〔經十七年〕

丙午三月四日也纂圖本月下增初字非也

夏五月丙午及齊師戰于奚石經宋本無夏字與序疏合

十三年大夫盟于折宋本淳熙本岳本纂圖本足利本三作一不誤○今依訂正

〔傳十七年〕

注稱侯蓋誤宋本蓋下有謬字

疆埸之事 監本埸誤場惠棟云古文作畺易周禮有畺地易地楊統碑疆易不爭呂君碑慎守畺易蓋用此文說文云畺畍也從畕三其畍畫也或從疆土案漢書禮樂志吾易久遠晉灼曰易疆易也又食貨志云瓜瓠果蓏殖於疆易

疆埸至不虞 毛本埸誤亦此節正義宋本在注故不書侵伐之下

日官居卿以底日禮也 石經宋本岳本作底是也顧炎武云五經無底字皆是底字唯左傳襄二九年處而不底昭元年勿使有所壅閉湫底音丁禮反今說文底字有下一畫誤字當從氏非也說詳宣三年傳

注日官至曆數 此節正義閩本監本毛本在注底平也謂平曆數之下宋本入注以授百官之下

辛卯弑昭公而立公子亹 宋本弑作殺非案子亹韓子難篇作子亶

公子達曰 韓子難篇作公子圉

君子至惡矣 宋本以下正義二節總入篇末

非多其知之明 閩本監本毛本明誤名

曰知之若是其明也 毛本明作名非

而不如早誅焉 閩本監本如作于非

戕人君使彊於斷也 毛本彊作疆非也

故知是魯人也宋本無是字

復惡已甚矣惠棟云韓非子復惡作報惡鄭注周禮大司寇云復猶報也杜訓爲重失之

本爲昭公所惡而復弑君文選李善注長笛賦引弑作殺

〔經十八年〕

故如齊之上始書夫人閩本監本毛本始作加

不言戕諱之也戕例在宣十八年宋本淳熙本戕作戕不誤釋文亦作戕

〔傳十八年〕

申繻曰陳樹華云管子大匡篇作申俞

則家之與室義無以異監本毛本與誤爲

拉公幹而殺之陳華云幹玉篇引作骭

注上車至殺之宋本此節正義在注不書非卿之下

陳留襄邑縣東南有首鄉郡國志引杜預曰在襄邑東南有首止城

注車裂曰轘宋本此節正義在是行也節注下

周禮滌狼氏 周禮秋官滌作條杜子春云條當爲滌器之滌此依杜注遂改條爲滌案滌器之滌古音同條毛本狼作狠非也

祭仲逆鄭子于陳而立之 陳樹華云史記作公子嬰於陳而立之是爲鄭子索隱曰左傳以鄭子名子儀此云嬰蓋別有所見也按儀同倪倪卽兒兒小兒也故左作儀史作嬰

時人譏祭仲失忠臣之節 纂圖本監本毛本譏誤知

春秋左傳注疏卷七校勘記

# 附釋音春秋左傳注疏卷第八 莊元年盡十年

杜氏注　孔穎達疏

莊公○陸曰莊公名同桓公子母文姜諡法勝敵克亂曰莊疏正義曰魯世家云莊公名同桓公之子文姜所生即桓六年子同生者也以莊王四年即位諡法勝敵克壯曰莊是歲歲在鶉火

經元年春王正月○三月夫人孫于齊夫人莊公母也魯人責之故出奔內諱奔謂之孫猶孫讓而去○遜本亦作孫音同注及傳同疏元年春王正月○正義曰此月無事而空書月者莊雖不即君位而亦改元朝廟與民更始史書其事見此月公宜即位而父弒母出不忍即位故空書其文閔僖亦然○注夫人莊公母至而去○正義曰夫人孫意傳文不明故云魯人責之蓋責其訴公於齊侯而使公見殺故慚懼而出奔也公羊傳曰孫者何孫猶孫也內諱奔謂之孫穀梁傳曰孫之爲言猶孫也諱奔也杜用彼爲說昔帝堯孫位以讓虞舜故假彼美事而爲之名猶孫讓而去釋例曰使若不爲臣子所逐自孫位而去者○夏單伯送王姬無傳單伯天子卿也單采地伯爵也王將嫁女於齊既命魯爲主故單伯送女不稱使也王姬不稱字以王爲尊且別於內女也天子嫁女於諸侯使同姓諸侯主之不親昏尊卑不敵○單音善采七代反別彼列反疏注單伯至不敵○正義曰檢經上下公卿書爵大夫書字單作書爵故爲卿也單者天子畿內地名人君賜臣以邑令采取賦稅謂之采地禮運曰諸侯有國以處其子孫大夫有采以處其子孫是謂食邑爲采地單氏世仕王朝此及文公之世皆云單伯成公以下常稱單子知伯子皆爵也此時稱伯後降爲子耳又解不稱王使之意王於時將遣魯主昏必先有命豈得未嘗命魯徑送女來故知王已命魯爲主魯已承受王命單伯送女付魯而已不復重宣王命故不稱使也十一年

王姬不云王使送者爲送者微也以姬繫王不稱女字以王爲尊故繫之於王且以別於內女內女則以字配姓謂之伯姬是也公羊傳曰使我主之曷爲使我主之天子嫁女乎諸侯必使諸侯同姓者主之諸侯嫁女于大夫必使大夫同姓者主之所以然者昬之行禮必賓主相敵天子於諸侯諸侯於大夫不親昬者尊卑不敵故也二王之後雖王所賓客示崇先代而已不得即與王敵嫁於二王之後亦使諸侯主之秦漢以來使三公主之呼爲公主○秋築王姬之館于外公在諒闇慮齊侯當親迎不忍便以禮接於廟又不敢逆王命故築舍於外○諒音梁又音亮迎魚敬反

疏注公在至於外○正義曰穀梁傳曰築之外變之正也仇讎之人非所以接昬姻也衰麻非所以接弁冕也其意言公與齊爲讎又身有重服不得與齊侯爲禮故築于外也左氏先儒亦用此爲說杜案傳文稱請以彭生除之齊人雖爲殺彭生心實讎齊但不敢逆王命故以諒闇爲辭故築館于外杜謂諸侯之喪既葬則衰麻除矣不得以喪服爲言也若讎不除服未釋則諸侯之國同姓多矣天王不應強使魯侯冒斬衰接父讎與之行吉禮也以此益明杜諒闇之言爲得其實徒以昬姻吉禮行事在廟公在諒闇之內慮齊侯當來親迎不可便以全吉之禮接賓於廟又讎除服釋不敢逆王命辭主昬故築舍於外使齊侯從外迎之○

冬十月乙亥陳侯林卒無傳未同盟而赴以名○王使榮叔來錫桓公命無傳榮叔周大夫榮氏叔字錫賜也追命桓公褒稱其德若昭七年王追命衛襄之比○比必利反

疏注榮叔之比○正義曰公羊傳曰錫者何賜也命者何加我服也又詩唐風無衣之篇晉人爲其君請命於天子之使以無衣爲辭則王錫諸侯當有服也傳稱王賜晉惠公命受玉惰則王賜又有玉也但賜諸侯以玉者欲使執而朝覲所以合瑞今追命桓公若追命衛襄之比止應褒稱其德賜之策書或當有服以表尊卑不復合瑞未必有玉也釋例曰天子錫命其詳未聞諸侯或即位而見錫或歷年乃加錫或已薨而追錫魯桓薨後見錫則亦衛襄之比也魯文即位見錫則亦晉惠之比也魯成八年齊靈二十三年乃見錫隨恩所加得失存乎其

事言存乎其事者觀其錫之早晚知恩之厚薄觀其人之善惡知事之得失故傳不復顯言其是非也杜於追命衛襄之下注云命如今之哀策魏晉以來唯天子崩乃有哀策將葬於是遣奠讀之陳大行功德敘臣子哀情非此類也人臣之喪不作哀策良臣既卒或贈之以官褒德敘哀載之於策將葬賜其家以告柩如今哀策蓋此謂也

○王姬歸于齊無傳不書逆公不與接

疏注不書逆公不與接○正義曰成九年伯姬歸于宋杜云宋不使卿逆非禮以逆者非卿故不書此云公不與接者杜意以公不與接雖卿亦不書也所與知者十一年齊侯來逆共姬而經不書故也又嫁伯姬于宋魯與宋無故此時有故知不與接也春秋之例送女不書者取受我而厚之此單伯書者爲逆至於魯不至於齊故也

○齊師遷紀郱鄑郚無傳齊欲滅紀故徙其三邑之民而取其地郱在東莞臨朐縣東南郚在朱虛縣東南北海都昌縣西有訾城○郱蒲丁反鄑子斯反郚音吾朐其俱反訾子斯反

疏注齊欲至訾城○正義曰齊人遷此三邑非三邑之人自遷也故知齊欲滅紀故徙其三邑之民而取其地也蘇氏云直取其地不取其民故云遷不云取不言所往之處者志在去之而已非欲安存其人故與宋人遷宿文同其又異於郱遷也釋例曰郱遷于夷儀則以自遷爲文宋人遷宿齊人遷陽則以宋齊爲文各從彼此所遷之實記注之常辭亦非例也郱在東莞言郡郚郡在朱虛不言郡者釋例土地名朱虛亦屬東莞使之蒙上郡

傳元年春不稱即位文姜出故也文姜與桓俱行而桓爲齊所殺故不敢還莊公父弒母出故不忍行即位之禮據文姜未還故傳稱文姜出也姜於是感公意而還不書不告廟○父殺音試一音如字

疏注文姜至告廟○正義曰不稱即位爲文姜出故也則即位之日文姜未還故知莊公以父弒母出不忍行其即位之禮也經書三月夫人孫于齊則是夫人來而復去故知文姜於是感公意而還也三月以來經傳皆無夫人還事故解之還不書不告廟釋例曰文姜之身終始七如齊再如莒皆以淫行書行而不書反則元年之還亦不告廟推此可知也公羊傳曰夫人固在齊矣其言

孫于齊何念母也正月以存君念母以首事穀梁傳曰接練時錄母之變始。人之也其意言文姜往年如齊至此年三月猶不反三月練祭念及其母乃書其出奔非三月始從魯去也左氏先儒皆用此說杜不然者史之所書據實而錄未有虛書其事者也夫人若遂不還則孫已久矣何故至是三月始言孫于齊乎公若念及於母自可迎使來歸何以反書其孫豈莊公召命史官使書其母孫乎又禮三年之喪期月而練桓公以往年四月薨至今年三月未得一期何故已得為練而云接練錄變存君念母也若以經無還文即言留齊不反則自是以後亦無還文二年夫人會齊侯于禚豈復自齊會之哉以此知三月始從魯去也

○三月夫人孫于齊不稱姜氏絕不為親禮也

姜氏齊姓於文姜之義宜與齊絕而復奔齊故於其奔去姜氏以示義○復扶又反去起呂反

【疏】注姜氏至示義○正義曰文姜終始皆稱姜氏唯此一文獨異故傳解其意云不稱姜氏絕不為親言於夫人之義宜與齊絕不復為親也姜氏者齊之姓也禮婦人在家則天父出嫁則天夫之為夫斬衰三年為兄大功九月今兄殺己夫於文姜之義宜與齊絕姜意不與齊絕而復奔之故於其奔也特去姜氏去姜氏者若言夫人不是齊女不姓姜氏以示應絕之義應絕不絕所以刺文姜也傳言禮者為夫絕兄禮之意也公羊傳曰夫人何以不稱姜氏貶曷為貶與弒公也其與弒公柰何夫人譖公於齊侯公曰同非吾子齊侯之子也齊侯怒使公子彭生搚幹而殺之穀梁傳亦云不言氏姓貶之也左氏先儒取二傳為說言傳稱絕不為親禮也謂莊公絕母不復以之為親為父絕母得禮尊父之義故曰禮也杜不然者釋例曰文姜與公如齊以淫見譴懼而歸訴於襄公襄公殺公而委罪於彭生弒公之謀姜所不與疑懼而自留於齊莊公感其不反以謝即位之禮故姜氏自齊而還魯魯人探情以責之故復出奔夫子以為姜氏罪不與弒於莊公之義當以母淫於齊而絕其齊親內全母子之道故經不稱姜氏傳曰絕不為親禮也明絕之於齊也文姜稱夫人明母義存也哀姜外淫故孫稱姜氏明義異也觀此解之意夫。宜與齊絕釋例之文言莊公宜與齊絕者夫人猶尚宜絕莊公固宜絕

矣先儒謂莊公宜與母絕杜意莊公宜與齊絕故偏據莊公爲文所以排舊說耳其實夫人及公俱當與齊絕也○秋築王姬之館于外爲外禮也齊彊魯弱又委罪於彭生魯不能讎齊然喪制未闋故異其禮得禮之變○未闋苦穴反

【疏】注齊彊之變○正義曰傳不直言禮而云爲外禮者築之是常未足褒美正爲築之于外是應變之禮故解其意齊彊魯弱又委罪彭生魯既不能讎齊雖內實深讎外若無怨既不敢辭王命又不欲見齊侯因其喪制未闋故異其禮爲之於外是其得禮之變也樂息爲闋則闋訓爲息也未闋言其未止息也王姬之館必築之者公羊傳曰主王姬者必爲之改築於路寢則不可小寢則嫌羣公子之舍則以卑矣其道必爲之改築者也穀梁傳曰於廟則已尊於寢則已卑爲之築節矣鄭箴膏肓云宮廟朝廷各有定處無所館天子之女故宜築于宮外是言須築之意也但杜意若其內不恨齊非有喪制不須築於城之外耳此言外者謂城之外說公羊穀梁者亦以爲城外然王姬來嫁必須築館所以十一年王姬不築館者或因其舊館或築而不書也

經二年春王二月葬陳莊公無傳魯往會之故書例在昭六年○夏公子慶父帥師伐於餘丘無傳於餘丘國名也莊公時年十五則慶父莊公庶兄

【疏】二年注於餘至庶兄○正義曰公羊穀梁皆以於餘丘爲邾之別邑左氏無傳正以春秋之至未有伐人之邑而不繫國者此無所繫故知是國釋例注闕不知其處蓋近魯小國也莊公時年十五者以桓六年生至此二年爲十五莊二十七年公羊傳曰公子慶父公子牙公子友皆莊公之母弟也左氏先儒用此爲說杜以不然故明之釋例曰經書公子慶父伐於餘丘而公羊以爲莊公母弟計其年歲既未能統軍又無晉悼王孫滿幼知之文此蓋公羊之妄而先儒曾不覺悟取以爲左氏義今推案傳之上下羽父之弒隱公皆諮謀於桓公則桓公已成人也傳曰生桓公而惠公薨指明仲子唯有此男非謂生在薨年也桓以成人而弒隱卽位乃娶於齊自應有長庶故氏曰孟此明證也公疾問後於叔牙牙稱慶

父材疑同母也傳稱季友文姜之愛子與公同生故以死奉般情義相推考之左氏肯若符契是杜明其異母之意也氏曰孟氏傳文實然而經稱仲孫杜無明釋八年傳稱仲慶父其舉謚稱之則謂之共仲蓋慶父雖爲庶長而以仲爲字其後子孫以字爲氏是以經書仲孫時人以其庶長稱孟故傳稱孟孫其以謚配字而謂之共仲猶臧僖伯管敬仲之類也劉炫云蓋慶父自稱仲欲同於正適言己少次莊公爲三家之長故以莊公爲伯而自稱仲春秋之例皆傳言實而經順其意經稱當時之事書其自稱之辭其人自稱仲孫不得不書爲仲傳序已適之事舉其時人之語時人呼爲孟氏不得不以孟錄論語云孟孫問孝於我是時人呼云孟氏也楚公子棄疾弒君取國改名爲居經書楚子居卒是從其自稱也○秋七月齊王姬卒無傳魯爲之主比之內女【疏】注魯爲至內女○正義曰他國夫人之卒例皆不書唯魯女爲諸侯之妻書其卒耳王姬非是內女亦書其卒爲比之內女故也檀弓曰齊。告王姬之喪魯莊公爲之大功或曰由魯嫁故爲之服姊妹之服是其比內女也○冬十有二。月夫人姜氏會齊侯于禚夫人行不以禮故還皆不書不告廟。也。禚齊地○禚諸若反○乙酉宋公馮卒無傳再與桓同盟○馮皮冰反【疏】注再與桓同盟也○正義曰桓十一年盟于折十二年于穀丘是再也

傳二年冬夫人姜氏會齊侯于禚書姦也文姜前與公俱如齊後懼而出奔至此始與齊好會會非夫人之事顯然書之傳曰書姦姦在夫人文姜。比年出會其義皆同

經三年春王正月溺會齊師伐衛溺魯大夫疾其專命而行故去氏○溺乃狄反去起呂反【疏】。三。年注溺魯至去氏○正義曰隱四年翬會宋公陳侯蔡人衛人伐鄭傳曰羽父請以師會之公弗許固請而行故書曰翬帥師疾之也彼不稱公子傳言疾之今溺亦不稱公子傳亦

言疾之知其事與釁同疾其專命而行故去氏也公子非氏貶與氏同故言氏也〇夏四月葬宋莊公無傳〇五月葬桓王〇秋紀季以酅入于齊季紀侯弟酅紀邑在齊國東安平縣齊欲滅紀故季以邑入齊爲附庸先祀不廢社稷有奉故書字貴之〇酅戸圭反本又作攜

【疏】注季紀至貴之〇正義曰公羊傳曰紀季者何紀侯之弟也何以不名賢也何賢乎紀季請後五廟以存姑姊妹穀梁傳曰酅紀之邑也入于齊者以酅事齊也杜取彼爲說知季是紀侯之弟以酅邑入齊爲附庸之君附屬齊國也諸侯之卿例當書名善其能自存立故書字貴之也釋例曰齊侯鄭伯詐朝于紀侯以襲之紀人大懼而謀難於魯請王命以求成于齊公告不能齊遂偪之遷其三邑國有旦夕之危而不能自入爲附庸故分季以酅使請事于齊大去之後季爲附庸先祀不廢社稷有奉季之力也故書字不書名書入不書叛也判分也傳曰始分爲紀侯大去張本也劉賈謂紀季以酅奔齊不言叛不能專酅也傳稱紀侯不能下齊以與紀季季非叛也紀亡之後叔姬歸于酅明爲附庸猶得專酅故可歸也是杜具説貴之意也以叔姬歸酅知酅爲附庸附庸之君雖無爵命而分地建國南面之主得立宗廟守祭祀僖二十一年傳曰任宿須句顓臾皆風姓也實司大皥與有濟之祀論語云夫顓臾昔者先王以爲東蒙主須句顓臾皆附庸也得祀所出之祖主其竟內山川明得祀先君奉社稷〇冬公次于滑滑鄭地在陳留襄邑縣西北傳例曰凡師過信爲次兵未有所加所次則書之既書兵所加則不書其所次以事爲宜非虛次〇滑乎八反又干八反

【疏】注滑鄭至虛次〇正義曰此解略而釋例詳釋例曰凡師一宿爲舍再宿爲信過信爲次此周公之典以詳錄師出入行止遲速因爲之名也兵事尚速老師費財不可以久故春秋告命三日以上必記其次舍之與不書者輕碎不以告也兵未有所加所次則書之以示遲速公次于滑師次于信郎是也既書兵所加則不書其所次以事爲宜非虛次諸久兵而不書次是也既書兵所加而又書次者義在取於次遂伐楚次于涇盟于牡丘遂次于匡是也所記或次在事前次以成事也或次

在事後事成而次也皆隨事實無義例也杜言既書兵所加則不書其次者或
伐或戰曠日持久其間必有三日之次既書戰伐則不書次雖次在事前次在
事後皆不書也既書兵所加而又書次者義在取於次齊侯伐楚楚彊齊欲綏
之以德故不速進而次于陘盟于牡丘本為救徐。各使大夫救徐次匡以為之
援義取於次故書兵所加而又書其次次在事前謂僖元年齊師宋師曹師次
于聶北救邢也次在事後謂襄二十三年叔孫豹帥師救晉次于雍榆也聶北
之下公羊傳曰曷為先。先言次而後言救君也雍榆之下公羊傳曰曷為。言救
而後言次先通君命也左氏先儒取彼為說言齊桓君也進止自由故先次後
救叔孫臣也先通君命故先救後次杜以傳無此言故改正其謬言此二事或
次以成事或事成而次皆隨事實先後而書之無義例也先儒又言書次者皆
美之辭釋例曰叔孫救晉次于雍榆傳曰禮者善其宗助盟主非以次為禮也
齊桓次于聶北救邢亦以存邢具其器用師人無私見善不在次也而賈氏皆
即以為善次次之與否自是臨時用兵之宜非禮之所素制也言非素制者非
禮家制此。名以為善號也沈氏云將會鄭伯非軍旅而書次者古者君行師從
卿行旅從故亦
從師行之例也

傳三年春溺會齊師伐衛疾之也傳重明上例○重直用反○夏五月葬桓王緩也以桓十五年三月崩七。年乃葬故曰緩○秋紀季以酅入于齊紀於是乎始判判分也言分為附庸始於此○冬公次于滑將會鄭伯謀紀故也鄭伯辭以難厲公在櫟故○難乃旦反櫟音歷或音書灼反凡師一宿為舍再宿為信過信為次為經書次例也舍宿不書輕也言凡師通君臣【疏】。傳注為經至君臣○正義曰舍者。軍行一日止而舍息也信者

住經再宿得相信問也穀梁傳曰次止也則次亦止舍之名過信以上雖多日
亦為次不復別立名也通君臣者公次于滑君也叔孫豹次于雍榆臣也但是

師行皆從此例君將不言帥師故止云公次亦師次也非師之次則不在此例釋例譏賈氏云若魯公次乾侯之比非爲用師不應在例而復例之亦爲濫也

經四年春王二月夫人姜氏享齊侯于祝丘無傳享。食也兩君相見之禮非夫人所用直書以見其失祝丘魯地○食音嗣又如字本或作會以見賢遍反 疏 四年注享食至魯地○正義曰鄭玄儀禮注云饗謂。享大牢以飲賓則享是飲酒大禮與會小別而以享爲會者言夫人與齊侯會而設享禮故書享齊侯也定十年夾谷之會傳稱齊侯將。享公孔丘拒之乃不果享是享者兩君相見之禮二十年穀梁傳曰婦人不言會言會非正也饗甚矣是享非夫人所當用也禮不合用而夫人用之故直書以見其失也定本享會作享食。也○三月紀伯姬卒無傳隱。二年裂繻所逆者內女唯諸侯夫人卒葬皆書恩成於敵體 疏 注隱二至敵體○正義曰穀梁傳曰外夫人不卒此其言卒何也吾女也適諸侯則尊同以吾爲之變卒之也爲之變者爲之服也禮諸侯絕期尊同則爲之變服服大功九月恩成於敵禮故書其卒適大夫則略之釋例曰內女唯諸侯夫人卒乃書恩成於敵體其非適諸侯則略之以服制相準也生書其來而死不錄其卒從外大夫之比也○夏齊侯陳侯鄭伯遇于垂無傳○紀侯大去其國以國與季季奉社稷故不言滅不見迫逐故不言奔大去者不反之辭 疏 注以國至之辭○正義曰傳稱紀侯不能下齊以與紀季是往年分酅與之紀國猶在今則全以紀。與之故云以國與季釋例曰紀侯力弱慮窮自以列國不忍屈臣於齊使季以酅求安而脫身外寓季果爲附庸社稷有奉故不言滅不見迫逐故不言奔大去者不反之辭蓋時史卽實而言仲尼弗改故傳不言故書書曰也是說大去之意也滅人國者皆毀其宗廟遷其社稷紀季雖降爲附庸得自立廟社而其國不滅也諸侯之奔皆彼逐而出此則不見迫逐故不言奔持史謂之大去仲尼以爲得理故因而用之十二年叔姬歸于酅則紀季雖全得紀國亦不移就紀都紀之宗廟社稷皆遷之於酅承祀如本故爲不滅雖云國祚不滅其實爲齊所吞紀之器物財

賄亦應爲齊。得成二年傳稱紀甗玉磬目之以紀得非滅紀所得也季既入臣於齊縱使齊不自取必應以之爲賂假令季以賂齊亦是滅紀所得也○

六月乙丑齊侯葬紀伯姬無傳紀季入酅爲齊附庸則紀侯大去其國齊侯加禮初附以崇厚義故攝伯姬之喪而以紀國夫人禮葬之

疏注紀季至葬之○正義曰紀侯由齊大去則是齊爲紀讎而葬其夫人故解其意云云雖爲齊侯所葬亦由魯往會之故書釋例曰紀侯大去其國令弟納邑附齊齊侯嘉而愍之恩及伯姬。姬魯女故以來告大夫會葬故書齊侯葬紀伯姬也不書謚者亡國之婦夫妻皆降莫與之謚而賈許方以諸侯禮說又失之也

○秋七月○冬公及齊人狩于禚無傳公越竟與齊微者俱狩失禮可知○狩于又反竟音境本又作境

傳四年春王正月楚武王荆尸授師孑。焉以伐隨尸陳也荆亦楚也更爲楚陳兵之法。揚雄方言孑者戟也然則楚始於此參用戟爲陳○孑吉熱反方言云楚謂戟爲孑爲陳直覲反

疏注尸陳至爲陳○正義曰尸陳也釋詁文荆卽楚之舊邑故云荆亦楚也楚本小國地狹民少雖時復出師未自爲。法式今始言荆尸則武王初爲此楚國陳兵之法名曰荆尸使後人用之宣十二年傳稱荆尸而舉是遵行之也楊雄以爾雅釋古今之語作書擬之采異方之語謂之方言方言云戟謂之孑郭璞云取名於鉤孑也戟是擊刺之兵有上刺之刃又有下鉤之刃故以鉤孑爲名也始云授師孑焉是往前未以此器授師故云然則楚始於此參用戟爲陳言參用之者參雜用之陳之所用非專用戟

將齊入告夫人鄧曼曰余心蕩將授兵于廟故齊蕩動散也○將齊側皆反注同

鄧曼歎曰王祿盡矣盈而蕩天之道也先君其知之矣故臨武事將發大命而蕩王心焉楚爲小國。僻陋在夷至此武王始起其衆僭號稱王陳兵授師志意盈滿臨齊而散故鄧曼以天地鬼神爲徵應之符○僻匹亦反僭子念反應應對之應

若師徒無虧王薨於行國

之福也王薨於行不死於敵王遂行卒於樠木之下樠木木名○樠朗蕩反又莫昆反又武元反疏注樠木木名○正義曰此字之音或爲曼或爲朗若以㒼爲聲當作曼以兩爲聲當作朗字體難定。或兩爲之音杜直云木名不知。木何所似木有似榆者俗呼爲朗榆蓋爲朗也

令尹鬭祁莫敖屈重除道。梁溠。營軍臨隨隨人懼行成時。祕王喪故爲奇兵更開直道溠水在義陽厥縣西東南入鄖水梁橋也隨人不意其至故懼而行成○重直用反一音直容反溠高貴鄉公音側嫁反水名字林壯加反鄖音云或作員疏注時祕至行成○正義曰除道謂除治新路故知更開直道梁溠爲作梁於溠故爲橋也釋例曰義陽厥縣西有㴵水源出縣北從縣西東南至隨縣入鄖水杜以㴵解溠蓋聲相近而字轉耳

莫敖以王命入盟隨侯且請爲會於漢汭而還汭內也謂漢西○汭如銳反水曲曰汭

濟漢而後發喪疏且請至發喪正義曰莫敖既與隨侯盟且又請隨侯。與楚爲會禮於漢水之汭而我還楚也隨侯畏楚遂從莫敖爲會禮會訖隨侯因濟漢還國而後發王喪也

○紀侯不能下齊以。與紀季不能降屈事齊盡以國與季明季不叛○下遐嫁反

夏紀侯大去其國違齊難也違辟也○難乃旦反

經五年春王正月○夏夫人姜氏如齊師無傳書姦疏五。年。夫人至齊師○正義曰於時齊無征伐之事不知師在何處蓋齊侯疆理紀地有師在紀杜云書姦姦發夫人當向紀地從之不言會者往其軍內就齊侯耳不行會禮

○秋郳犁來來朝附庸國也東海昌慮縣東北有郳城犁來名○郳五兮反國名後爲小邾犁力兮反慮如字又力於反

○冬公會齊人宋人陳人蔡人伐衞

傳五年秋郳犂來來朝名未王命也未受爵命爲諸侯傳發附庸稱名例也其後數從齊桓以尊周室王命以爲小邾子〇數音朔

疏注未受至邾子〇正義曰郳者附庸之國犂來其君之名傳言未王命者解其稱名之意由未得爵命爲諸侯故稱名也經書其名傳言未王命此傳所發即是附庸稱名之例例當稱名故儀父稱字爲貴之也郳之上世出於邾國世本云邾顏居邾肥徙郳宋仲子注云邾顏別封小子肥於郳爲小邾子則顏是邾君肥始封郳譜云小邾邾俠之後也夷父顏有功於周其子友別封爲附庸居郳〇曾孫犂來始見春秋附從齊桓以尊周室命爲小邾子穆公之孫惠公以下春秋後六世而楚滅之世本言肥杜譜言友當是一人僖七年經書小邾子來朝知齊桓請王命命之

〇冬伐衛納惠公也惠公朔也桓十六年出奔齊

經六年春王正月王人子突救衛王人王之微官也雖官卑而見授以大事故稱人而又稱字

疏〇六〇年注王人至稱字〇正義曰昭十二年傳稱叔孫昭子三命踰父兄則昭子之父叔孫豹再命也再命而名見於經知諸侯之卿再命三命皆書名一命乃稱人諸侯之臣既然則王朝之臣亦然周禮王之上士三命中士再命下士一命故杜以爲劉夏石尙稱名氏者上士中士也稱王人者下士也僖八年公羊傳曰王人微者知此王人亦微者故云王人王之微官也春秋之世二字而子在上者皆是字故知子突是字救衛必以師救而文不稱師於例爲將卑師少以卑官而帥少師救衛不能使衛侯不入是無功也無功而稱字者以朔既讒構取國而又不能於民王意卽定黔牟不欲使朔得入故遣師救之時史惡諸侯逆王命故尊王使言子突雖則官卑蒙王授以大事故稱人而又稱字貴王人所以責諸侯也釋例曰莊六年五國諸侯犯逆王命以納衛朔大其事故字王人謂之子突是說進之意也進之不稱名而越稱字者王之上士下士爵同而命異耳進之同中士未足以爲榮故超從大夫之例稱字以貴之也文二年垂隴之會晉士穀堪

其事即書名氏似若真爲卿然故不復稱人此責子突止爲敦。責諸侯非是人實堪進故稱人依其本班稱字見其別有所爲耳穀梁傳曰王人卑者也。名貴之也善救衛也救者善則伐者不正矣杜意取彼爲說唯以子突爲字耳范甯注穀梁亦云此名當爲字誤爾○夏六月衛侯朔入于衛朔爲諸侯所納不稱歸而以國逆爲文朔懼失衆心以國逆告也歸入例在成十八年疏注朔爲至八年○正義曰去年齊宋陳蔡伐衛傳曰納惠公也此年衛侯得入則是諸侯納之當言歸而經書入成十五年宋華元奔晉宋人迎而反之當言復歸而經書歸釋例曰朔懼有違衆之犯而以國逆告華元實國逆欲挾晉以自助故以外納赴春秋從而書之示二子之情也凡諸侯外納有三一者以言語告請得入蔡季歸于蔡是也二者與師送入其國楚人圍。陳納頓子于頓是也三者所納之君別在他國而諸侯師伐彼國令其得入今公及諸侯伐衛是也○秋公至自伐衛。無。傳告於廟也○螟無傳爲災螟亡丁反○○冬齊人來歸衛俘公羊穀梁經傳皆言衛寶此傳亦言寶唯此經言俘疑經誤俘因也○俘芳夫反疏注公羊至因也○正義曰釋例曰齊人來歸衛寶公羊穀梁經傳及左氏傳皆同唯左氏經獨言衛俘考三家經傳有六而其五皆言寶此必左氏經之獨誤也案說文保從人𤓰省聲古文保不省然則古字通用寶或。保字與俘相似故誤作俘耳杜既以爲誤而又解俘爲因是其不敢正決故且從之

傳六年春王人救衛○夏衛侯入放公子黔牟于周放甯跪于秦殺左公子洩右公子職甯跪衛大夫宥之以遠曰放甯乃定反跪其毀反宥音又○乃卽位君子以二公子之立黔牟爲不度矣夫能固位者必度於。本末而後立衷焉不知其本不謀知本之不枝弗強本末終始也衷節適也譬之樹木本弱者其枝必披非人力所能強成○度待洛反下同衷丁仲反注同王音忠強其丈反注同披普靡反又普知反

詩云本枝百世詩大雅言文王本枝俱茂蕃滋百世也○蕃音煩【疏】君子至百世○正義曰君子以二公子之立黔牟也爲不知揆度形勢矣夫立人爲君使能自堅固其位者必當揆度於本末度其本者謂其人才德賢善根本牢固度其末者謂其久終能保有邦國蕃育子孫知其堪能自固而後立其衷焉衷謂節適言使得節適時乃立之也若不能知其本之可立與否則不當謀之如似樹木知其根本之弱不能生長枝葉以喻所立之人材力劣弱不能保有邦國蕃育子孫則不須自強立之詩以樹木本幹喻適枝葉喻庶言文王子孫本幹枝葉適子庶子皆傳國百世由文王之德堪使蕃滋故也劉炫云度其本謂思所立之人有母氏之寵有先君之愛有彊臣之援爲國人所信服也度其末謂思所立之人有度量有知謀有治術爲下民所愛樂也

○冬齊人來歸衛寶文姜請之也公親與齊共伐衛事畢而還文姜淫於齊侯故求其所獲珍寶使以歸魯欲說魯以謝慚○說音悅

○楚文王伐申過鄧鄧祁侯曰吾甥也祁謚也姊妹之子曰甥○祁巨支反字林上尸反【疏】注祁謚至曰甥○正義曰謚法經典不易曰祁衛有石祁子亦謚也釋親云謂我舅者吾謂之甥是姊妹之子曰甥止而享之騅甥聃甥養甥請殺楚子皆鄧甥仕於舅氏也○騅音佳鄧侯弗許三甥曰亡鄧國者必此人也若不早圖後君噬齊若齧腹齊喻不可及○噬市制反齊粗兮反齧五結反其及圖之乎圖之此爲時矣鄧侯曰人將不食吾餘言自害其甥必爲人所賤【疏】人將不食吾餘○正義曰食謂噉之爲甥設享而因享害之所有餘食更爲人設之將賤吾不肯復食噉吾之餘食也膏肓以爲楚鄧彊弱相懸若從三甥之言楚子雖死鄧滅曾不旋踵若刳腹去疾炊炭止沸左氏爲短鄭箴云楚之彊盛從滅鄧以後於時楚未爲彊何得云彊弱相懸蘇氏云三甥既有此語左氏因史記之文錄其實事非君子之論何以非之對曰若不從三臣抑社稷實

不血食而君焉取餘言君無復餘○焉於虔反復扶又反下文同弗從還年楚子伐鄧伐申還之年十六年楚復伐鄧滅之魯莊公十六年楚終強盛為經書楚事張本

疏注魯莊公十六年○正義曰知非楚文王十六年者以文王莊五年即位至十九年卒唯十五年耳

經七年春。夫人姜氏會齊侯于防防魯地○夏四月辛卯夜恆。星不見恆常也謂常見之星辛卯四月五日月光尚微蓋時無雲日光不以昏沒○不見賢遍反注及傳皆同

疏。七。年注恆常至昏沒○正義曰恆常釋詁文夜者自昏至旦之總名但此經不言夜中則此言夜者夜未至中謂初昏之後耳非竟夜不見星也穀梁夜作昔傳曰日入至於星出謂之昔不見者可以見也必如彼言星出以前名之曰昔則名昔之時法當未有星矣何以怪其不見而書為異也明經所言夜者夜昏之後星應見之時而不見耳公羊傳曰恆星者何列星也言天官列宿常見之星也於時周之四月則夏之仲春月令仲春之月日在奎昏弧中鄭玄云弧在輿鬼南則於時南方之星盡當列見謂常見之星者謂南方星也杜以長曆校之知辛卯是四月五日也杜以五日月光尚微不能奄星使不見若有雲蔽當時復無雲蓋日光不以昏沒是故以為異也

夜中星隕。如雨如而也夜半乃有雲星落而且雨其數多皆記異也日光不匿恆星不見而云夜中者以水漏知之○夜中夜半也丁仲反又如字隕于閔反落也匿女力反

疏注如而至知之○正義曰。羊說如雨者言其狀似雨也此傳言星隕如雨與雨偕也偕訓為俱與雨俱下不得為狀似雨也故轉如為而謂星落而且雨其數多與。雜下所落非一星也非常為異害物為災此二事雖是天之變異不見物被災害皆記異也星隕非常固可記異雨乃常事亦言之者見星之隕其勢宜明時乃陰雨雨內見星所以為異主言星之異不言雨之為異也夜之早晚以星為驗日光不匿恆星不見而云夜中者以水漏知之漏者晝

夜百刻於時春分之月夜當五十刻二十五刻而夜半也○秋大水傳無○無麥苗今五月周之秋平地出水漂殺熟麥及五稼之苗○

漂匹妙反又匹遙反疏注今五至之苗○正義曰直言無麥苗似是麥之苗而知麥苗別者公羊傳曰曷為先言無麥而後言無苗待無麥然後書無苗如彼傳文知麥苗別也且此秋今之五月麥已熟矣不得方云麥之無苗故知熟麥及五稼之苗皆為水漂殺也種之曰稼斂之曰穡月令五時食穀黍稷麻麥豆周禮謂之五穀故云五稼之苗何休云禾初生曰苗秀曰禾○冬夫人姜氏會齊侯于穀無傳穀齊地今濟北穀城縣

傳七年春文姜會齊侯于防齊志也文姜數與齊侯會至齊地則姦發夫人至魯地則齊侯之志故傳略舉二端以言之○數音朔疏注文姜至言之○正義曰文姜數與齊侯會者二年于禚四年于祝丘五年如齊師此年于防于穀是也哀十五年傳稱齊致禚媚杏於衛則禚是齊地定五年傳稱季平子行東野卒于房則防是魯地傳於齊地言書姦於魯地言齊志故知至齊地則姦發夫人至魯地則齊侯之志也二年會之始此年會之末故傳略舉二端以言之明其餘意同也杜于禚于穀皆言齊地于祝丘言魯地見其有二意若其不然桓五年經書城祝丘祝丘魯地不須解之釋例曰婦人無外事見兄弟不踰閾故其他行非禮所及亦例所不存而當其時實有出入或以事宜或以淫縱小君之行不得不書故直書其行而其善惡各繫於本會于禚傳稱書姦夫人入齊地也會于防傳稱齊志齊侯入魯地也於經無例傳以實言之○夏恆星不見夜明也星隕如雨與雨偕也偕俱也○偕音皆○秋無麥苗不害嘉穀也黍稷尚可更種故曰不害嘉穀

經八年春王正月師次于郎以俟陳人蔡人無傳期共伐郕陳蔡不至故駐師于郎以待之疏八年注期共至待之○正義曰唯言以俟陳蔡不知何故待之下有師及齊師圍郕或與陳蔡同討故云期共伐郕陳蔡不至故待之賈逵及說穀梁者皆云陳蔡欲伐魯故

待之陳蔡於魯竟絕路遙春秋以來未嘗構怨何因輒伐魯也又俟者相須同行之辭非防寇拒敵之稱若是畏其來伐當謂之禦不得稱俟故知期共伐郕耳何休服虔亦言欲共伐郕

○甲午治兵治兵於廟習號令將以圍郕

【疏】注治兵至圍郕○正義曰周禮中春教振旅中秋教治兵穀梁傳曰出曰治兵習戰也入曰振旅習戰也公羊傳曰出曰祠兵入曰振旅其禮一也皆習戰也釋天云出爲治兵尚威武也入爲振旅反尊卑也孫炎云出則幼賤在前貴勇力也入則尊老在前復常法也彼言治兵振旅皆謂因田獵而選車徒教戰法習號令知此治兵亦是習號令此治兵於廟欲就尊嚴之處使之畏威用命耳但軍旅之衆非廟內所容止應告於宗廟出在門巷習之昭十八年傳稱鄭人簡兵大蒐將爲蒐除杜云治兵於廟城內地迫故除廣之是告於廟習於巷也下有圍郕知治兵爲圍郕也沈云周禮中秋治兵月令孟春令云是月也不可以稱兵所以甲午治兵者以爲圍郕故非時治兵猶如備難而城雖非時不譏沈又云治兵之禮必須告廟告廟雖是內事治兵乃是外事故雖告廟仍用甲午且治兵則征伐之類又爲圍郕雖在郊內亦用剛日甲午治兵公羊以爲祠兵謂殺牲饗士卒

○夏師及齊師圍郕郕降于齊師二國同討而齊獨納郕○降戶江反傳皆同

【疏】師及至齊師○正義曰於例將卑師衆稱師此直言師則公不自將傳稱仲慶父請伐齊師師聞郕降齊師在國請耳非是軍中請也

○秋師還時史善公克己復禮全軍而還故特書師還

【疏】注時史至師還○正義曰春秋之例公行征伐還則書至命將出師未有書師還者也慶父請伐齊師欲以自圍郕之師迴伐齊師若用其言則方相戰鬬師或喪敗公乃自責無德引罪歸己時史善公克己復禮全軍而還喜其得還故特書師還也傳言君子是以善魯莊公君子謂當時之史書此師還以善魯莊公也仲尼以爲得理故因而用之克己復禮論語文也克勝也己雖恨齊勝情而止責己而不責於人合於人合於禮意僖三十年秦晉圍鄭傳稱秦人竊與鄭盟子犯請擊秦師晉侯不許與此事同而彼無善文者魯莊中平之主能有善事故爲可嘉晉文身爲霸主

而私自恨鄭引秦共伐而秦人背之失其所與則爲不知得免不知之譏已爲幸矣雖不從子犯未足可尚時史不善其事故仲尼亦無褒文○冬十
有一月癸未齊無知弒其君諸兒稱臣臣之罪也○兒如字一音五兮反
傳八年春治兵于廟禮也夏師及齊師圍郕郕降于齊師仲慶父請伐齊師齊不
與魯共其功故欲伐之公曰不可我實不德齊師何罪罪我之由夏書曰皐陶邁種德夏書
逸書也稱皐陶能勉種德邁勉也○夏戶雅反後放此陶音遙德乃降疏。夏書至乃降○正義曰此虞書。皐。陶謨之文以述禹事故傳謂之夏書孔
安國以爲邁行種布降下也言皐陶能行布其德德乃下洽於民故民歸之今引之斷章取證降義當言皐陶能布行其德由其有德乃爲人降服也杜不見
古文故以爲逸書以邁爲勉言皐陶能勉力種樹功德不知德乃降亦是書文謂爲莊公之語故隔從下注言能慕皐陶之種德乃人自降服之自恨不能如
皐陶也姑務脩德以待時乎言苟有德乃爲人所降服姑且也秋師還君子是以善魯莊公傳言經所
以郎用舊史之文○齊侯使連稱管至父戍葵丘連稱管至父皆齊大夫戍守也葵丘齊地臨淄縣西有地名葵丘○稱尺
證反又如字瓜時而往曰及瓜而代期戍公問不至問命也○期音基本亦作朞請代弗許故謀
作亂僖公之母弟曰夷仲年生公孫無知有寵於僖公衣服禮秩如適適大子○適丁
歷反注同襄公絀之二人因之以作亂二人連稱管至父○絀勑律反連稱有從妹在公宮無寵使
伺公之間隙○從才用反下從者間公皆同間如字注同或古莧反非曰捷吾以女爲夫人捷克也宣無知之言○捷在接反女

音汝〇冬十二月齊侯游于姑棼遂田于貝丘姑棼貝丘皆齊地田獵也樂安博昌縣南有地名貝丘〇棼扶云反貝補蓋反樂音洛見大豕從者曰公子彭生也公見大豕而從者見彭生皆妖鬼公怒曰彭生敢見射之豕人立而啼公懼隊于車傷足喪屨反誅屨於徒人費誅責也〇敢見賢遍反射食亦反啼田兮反隊直類反喪息浪反屨九具反費音祕弗得鞭之見血走出遇賊于門劫而束之費曰我奚御哉袒而示之背信之費請先入詐欲助賊〇御魚呂反袒音但伏公而出鬭死于門中石之紛如死于階下石之紛如齊小臣鬬死〇紛敷文反遂入殺孟陽于牀孟陽亦小臣代公居牀〇牀士良反曰非君也不類見公之足于戶下遂弒之而立無知經書十一月癸未長曆推之月六日也傳云十二月傳誤初襄公立無常政令無常鮑叔牙曰君使民慢亂將作矣奉公子小白出奔莒鮑叔牙小白傅小白僖公庶子〇鮑步卯反亂作管夷吾召忽奉公子糾來奔管夷吾召忽皆子糾傅也子糾小白庶兄來不書皆非卿也爲九年公伐齊納子糾齊小白入于齊傳〇召時照反糾居黝反初公孫無知虐于雍廩雍廩齊大夫爲殺無知傳〇廩力錦反

經九年春齊人殺無知無知弒君而立未列於會故不書爵例在成十六年**疏**九年注無知至六年〇正義曰無知弒君自立則是爲齊君矣而不言弒其君者爲未列於會故不書爵不書爵者正謂不書弒其君也釋例曰諸侯不受先君之命而簒立得與諸侯會者則以成君書之齊商人蔡侯般之屬是也若未得接於諸侯則不稱爵楚公子棄疾殺公子比蔡人殺陳佗齊人殺無知衛人殺州吁公子瑕之屬是也諸侯簒立雖以會諸侯爲

正此列國之制也至於國內策名委質即君臣之分已定故雖殺不成君亦與成君同義也是言殺而不稱君之義也曹伯負芻殺大子而自立成十五年晉侯討而執之十六年曹人請于晉曰若有罪則君列侯會矣是列會則成君故指彼以爲例

○公及齊大夫盟于蔇齊亂無君故大夫得敵於公蓋欲迎子糾也來者非一人故不稱名。蔇魯地琅邪繒縣北有蔇亭○蔇其器反繒才陵反

疏注齊亂至蔇亭○正義曰僖二十九年傳曰在禮卿不會公侯會伯子男可也是大夫不得敵公也若敵公則經沒公不書而貶卿稱人翟泉之盟是也此不沒公者齊亂無君故大夫得敵公既得敵公當書名氏而直言齊大夫者來者非一人故不稱名也文十年宋人殺其大夫傳曰不稱名衆也是衆則不得書名

○夏公伐齊納子。糾

疏公伐齊納子糾○正義曰公羊傳曰糾者何公子糾也何以不稱公子君前臣名也何休曰嫌當爲齊君在魯君前不爲臣禮故去公子見臣於魯也賈逵云不言公子次正也公羊之說不可通於左氏次正不稱公子其事又無所出案今定本經文糾之上且有子字自外入內不稱公子者多唯有楚公子比稱公子蓋告辭有詳略故爲文不同此有伐齊之文故不須言于齊納捷菑于邾爲無伐邾之文故須言于邾

齊小白入于齊二公子各有黨故雖盟而迎子糾當須伐乃得入又出在小白之後小白稱入從國逆之文本無位

疏注二公至無位○正義曰傳稱鮑叔牙以小白奔莒管夷吾召忽奉子糾來奔則二子在國寵均勢敵故國內各有其黨令齊大夫來盟于蔇直是子糾之黨來迎子糾耳小白之黨猶自向莒迎小白也若其舉國同心共推子糾來迎即宜付之不須以盟要之今既與之盟而興師送糾是二公子各自有黨須伐乃得入故公伐齊也昭十三年傳稱桓公有國高以爲內主則國子高子是小白之黨也彼云小白既早公送子糾又遲公伐齊納子糾始行即書小白入齊得告乃書故至齊之時出小白之後然傳例曰凡去國國逆而立之曰入小白稱入從國逆之文以其本無位也若本有位則當云復歸賈服以爲齊大夫來迎子糾公不亟遣而盟以要之齊人歸迎小白謂迎小白者疑是盟蔇

大夫故杜言各自有黨以解之〇秋七月丁酉葬齊襄公無傳九月乃葬亂故〇八月庚申及齊師戰于乾時我師敗績小白既定而公猶不退師歷時而戰戰遂大敗不稱公戰公敗諱之乾時齊地時水在樂安界岐流旱則竭涸故曰乾時〇乾音干岐其宜反又巨移反涸戶各反【疏】注小白至乾時〇正義曰公以夏伐齊已出小白之後齊人得葬襄公便是國寧位定公可退而不退戰而敗績是公之罪時史書策不稱公戰公敗爲公諱也若言此戰非公是將卑師衆故直言師戰師敗耳此戰雖諱猶書敗升陘之戰敗亦不書者彼爲獲公胄恥諱之深故不書敗也〇九月齊人取子糾殺之公子爲賊亂則書齊實告殺而書齊取殺者時史惡齊志在譎以求管仲非不忍其親故極言之〇惡烏路反譎古穴反【疏】取子糾殺之〇正義曰此名糾耳稱子者公羊傳曰其稱子糾何貴也其貴奈何宜爲君者也何休云以君薨稱子某言之者著其宜爲君從未踰年君例賈逵云稱子者愍之案定本上納子糾已稱子則此言子非愍之也沈云齊人稱子糾故魯史從其所稱而經書子糾知者傳云子糾親也請君討之豈復是愍之乎劉與賈同注公子至言之〇正義曰諸侯之臣爲卿乃見經公子爲賊亂者則書其名不問位之貴賤釋例曰禍福不告則不書然則國之大事見告則皆承告而書貴賤各以所告爲文也福莫大於享國有家禍莫甚於骨肉相殘故公子取國及爲亂見殺者亦皆書之不必繫於爲卿故子糾意恢以公子見書於經也是說公子書經之意也〇冬浚洙無傳洙水在魯城北下合泗浚深之爲齊備〇浚蘇俊反深也洙音殊水名泗音四【疏】注洙水至齊備〇正義曰釋例云洙水出魯國東北西南入沂水下合泗公羊傳曰洙者何水也浚之者何深之也曷爲深之畏齊也是畏齊故深之爲阻固也

傳九年春雍廩殺無知〇公及齊大夫盟于蔇齊無君也〇夏公伐齊納子糾

桓公自莒先入桓公小白○秋師及齊師戰于乾時我師敗績公喪戎路傳乘而歸戎路兵車傳乘乘他車○喪息浪反傳直專反又丁戀反傳乘繩證反注傳乘字同乘他如字○秦子梁子以公旗辟于下道二子公御及戎右也以誤齊師○辟音避本亦作辟一音婢亦反是以皆止止獲鮑叔帥師來言曰子糾親也請君討之鮑叔乘勝而進軍志在生得管仲故託不忍之辭管召讎也請受而甘心焉管仲射桓公故曰讎甘心言欲快意戮殺之○召詩照反讎市由反射食亦反乃殺子糾于生竇生竇魯地○竇音豆召忽死之管仲請囚鮑叔受之及堂阜而稅之堂阜齊地東莞蒙陰縣西北有夷吾亭或曰鮑叔解夷吾縛於此因以爲名○稅本又作說同上活反一音失銳反解古買反縛扶略反歸而以告曰管夷吾治於高傒高傒齊卿高敬仲也言管仲治理政事之才多於敬仲○治直吏反注同傒音兮使相可也

【疏】○鮑叔至可也○正義曰此傳大略世有管子書者或是後人所錄其言甚詳其小匡篇曰桓公自莒反於齊使鮑叔牙爲宰鮑叔辭曰君有加惠於臣使臣不凍餒則是君之賜也若必治國家則非臣之所能也其唯管夷吾乎臣之所不如夷吾者五寬惠愛民臣不如也治國不失秉臣不如也忠信可結於諸侯臣不如也制禮義可法於四方臣不如也介胄執枹立於軍門使百姓皆知勇臣不如也夫管子民之父母也將欲治其子不可棄其父母公曰管夷吾親射寡人中鉤殆於死今乃用之可乎鮑叔曰彼爲其君勤也君若宥而反之其爲君猶是也公曰然則爲之奈何鮑叔曰君使人請之魯公曰夫施伯魯之謀臣也彼知吾將用之必不吾與鮑叔曰君詔使者曰寡君有不令之臣在君之國願請之以戮於羣臣魯君必諾且施伯之知夷吾之才必將致魯之政夷吾受之則魯能弱齊矣夷吾不受彼知其將反齊必殺之君亟請之不然無及公乃使鮑叔行成曰公子糾親也請君討之魯人

爲殺公子糾又曰管仲讎也請受而戮之魯君許諾施伯謂魯侯曰勿與非戮之也將用其政也管仲天下之賢人今齊求而得之則必長爲魯國憂君何不殺之而授其屍魯君曰諾將殺管仲鮑叔進曰殺之齊是戮齊也殺之魯是戮魯也寡君願先得之以徇於國爲羣臣戮若不生得是君與寡君之賊比也非敝邑之所請也使臣不敢受命於是乎魯君乃不殺遂生束縛而以與齊鮑叔受而哭之三舉施伯從而笑之謂大夫曰管仲必不死矣鮑叔之不忍戮賢人其知稱賢以自成也至於堂阜之上鮑叔祓而浴之三桓公親迎於郊遂與歸禮之於廟三酌而問爲政焉外傳齊語與管子大同管子當是本耳管子無治於高傒之言鮑叔之美管子其言非一說者各記所聞故不同耳公從之○相息亮反

經十年春王正月公敗齊師于長勺齊人雖成列魯以權譎稽之列成而不得用故以未陳爲文例在十一年長勺魯地○勺上酌反陳直覲反十一年經注同疏十年注齊人至魯地○正義曰例稱敵未陳曰敗某師皆陳曰戰此傳稱齊人成陳擊鼓不應稱敗齊師故解之孫子兵書曰晉稽之使失其先後謂稽留彼敵不時與戰使先後失其次第魯以曹劌之語權謀譎詐以稽留之列成而不得用與未陳相似故以未陳爲文釋例曰長勺之役雖俱陳而鼓音不齊攜李之後越人患吳之整以死士亂吳雖皆已陳猶以獨克爲文舉其權詐是也此注稽或作掩誤耳今定本作稽

○二月公侵宋無傳侵例在二十九年

○三月宋人遷宿無傳宋強遷之而取其地故文異於邢遷○強其丈反

○夏六月齊師宋師次于郎不言侵伐齊爲兵主背蒐之盟義與長勺同○背音佩傳同疏注不言至勺同○正義曰此春敗齊師于長勺傳稱齊師伐我則今次于郎亦是欲來伐我而經並不稱侵伐侵伐者責罪之文也桓十年齊侯鄭伯來戰于郎傳曰我有辭也故不稱侵伐則知此與長勺不書侵伐亦爲我有辭也我有辭者齊來伐我爲公伐齊納子糾來報伐也公之伐齊大夫來盟于蒐許以子糾爲君。令魯伐齊納子糾彼自背盟伐魯非責魯也魯有此辭故齊人不合伐也杜言二公子各有黨則迎子糾者非小白之徒而責齊背盟者言彼蔇盟大夫背盟而從小白誤公使伐齊耳不言桓公背盟也杜以傳於長勺之役有伐我之語故就傳爲解而以此同之

公敗宋師于乘丘乘丘魯地乘繩證反

○秋九月荊敗蔡師于莘荊楚本號後改爲楚楚辟陋在夷於此始通上國然告命之辭猶未合典禮故不稱將帥莘蔡地○莘所巾反將率子匠反率又作帥同所類反

疏注荊楚至蔡地○正義曰荊楚一木二名故以爲國號亦得二名終莊公之世經皆書荊僖之元年乃書楚人伐鄭蓋於爾時始改爲楚以後常稱楚也他國雖將有尊卑師有多少或稱師或稱將不得直書國名史之書策承彼告辭此直稱國知其告命之辭未合典禮故不稱將帥也

以蔡侯獻舞歸獻舞祭季

疏以蔡侯獻舞歸○正義曰穀梁傳曰以歸猶愈乎執也杜於隱七年注云但言以歸非執也則以歸者直將與其歸不被因執其恥輕於執也釋例得獲例曰敵國交兵亦有兵器之獲欲殊別君臣故於君曰滅於臣曰獲國君者社稷之主百姓之望當與社稷宗廟共其存亡者也而見獲於敵國雖存若亡死之與生皆與滅同至於偏軍元帥君之臣僕出身致命榮辱得失自其常事故傳曰胡子髡沈子逞滅獲陳夏齧君臣之辭也如杜此言師敗身虜亦應稱滅此不言滅而云以歸者釋例所云據宗廟社稷已亡而君見獲於敵君身雖在與亡無異皆以滅爲文則定六年鄭遊速帥師滅許以許男斯歸是也若社稷宗廟不亡君身見獲於敵則云以歸此蔡侯獻舞歸是也劉炫云在陳死則稱滅以還者則言以歸以規杜氏非也

○冬十月齊師滅譚譚國在濟南平陵縣西南傳曰譚無禮此直釋所以見滅經無義例他皆放此滅例在文十五年○譚徒南反

譚子奔莒不言出奔國滅無所出

疏注不言至所出○正義曰公羊傳曰何以不言出國已滅矣無所出也

傳十年春齊師伐我不書侵伐齊背蔇之盟我有辭

公將戰曹劌請見曹劌魯人○劌古衛反見賢遍反下同

疏

注曹劌魯人○正義曰史記作曹沫亦云魯人

其鄉人曰肉食者謀之又何間焉

肉食在位者間猶與也○間間廁之間注同與音預

【疏】注肉食至與也○正義曰孟子論庶人云五畝之宅樹之以桑五十者可以衣帛雞豚狗彘之畜無失其時七十者可以食肉是賤人不得食肉故云在位者也襄二十八年傳說子雅子尾之食云公膳日雙雞昭四年傳說頒冰之法云食肉之祿冰皆與焉大夫命婦喪浴用冰蓋位爲大夫乃得食肉也間謂間雜言不應間其中而爲之謀故云間猶與也

劌曰肉食者鄙未能遠謀乃入見問何以戰公曰衣食所安

【疏】衣食所安○正義曰公意衣食二者雖所以安身然亦不敢專己有之必以之分人

弗敢專也必以分人對曰小惠未徧民弗從也

分公衣食所惠不過左右故曰未徧○徧音遍注同

公曰犧牲玉帛

【疏】犧牲玉帛○正義曰四者皆祭神之物曲禮曰天子以犧牛諸侯以肥牛鄭玄云犧純毛也肥養於滌也然則牲謂三牲牛羊豕也犧者牲之純色也魯自得用天子之禮要犧牲相配之語未必爲得用乃言之也

弗敢加也必以信

祝辭不敢以小爲大以惡爲美○犧許宜反

對曰小信未孚神弗福也

孚大信也

【疏】注孚大信也○正義曰孚亦信耳以言小信未孚故解孚爲大信以形之

公曰小大之獄雖不能察必以情

必盡己情察審也

對曰忠之屬也

上思利民忠也○屬音蜀

【疏】注上思利民忠也○正義曰桓六年傳文也言以情審察不用使之有枉則是思欲利民故爲忠之屬也

可以一戰戰則請從公與之乘

共乘兵車○從才用反乘繩證反

戰于長勺公將鼓之劌曰未可齊人三鼓劌曰可矣齊師敗績公將馳之劌曰未可下視其轍

視車跡也○三息暫反又如字轍直列反

登軾而望之

【疏】登軾而望之○正義曰考工記云兵車之廣六尺有六寸三分車

廣去一以爲隧隧謂輿內前後深四尺四寸也三分其隧一在前二在後以揉其式式在輿間從前量之深一尺四寸三分寸之二也以其廣之半爲之式崇崇三尺三寸也謂當車輿之內去前軫一尺四寸三分寸之二下去車板三尺三寸橫施一木名之曰軾得使人空於其後時依倚之曹劌登軾得臣云君馮軾皆謂此也 曰可矣遂逐齊師既克公問其故對曰夫戰勇氣也一鼓作氣再而衰三而竭彼竭我盈故克之夫大國難測也懼有伏焉恐詐奔○軾音式伏如字舊扶又反吾視其轍亂望其旗靡故逐之旗靡轍亂怖遽○旗音其靡音美怖普布反遽其據反○夏六月齊師宋師次于郎公子偃曰宋師不整可敗也公子偃魯大夫宋敗齊必還請擊之公弗許自雩門竊出蒙皐比而先犯之雩門魯南城門皐比虎皮○雩音于比音毗注同 疏 注雩門至虎皮○正義曰雩門爲魯南城門蓋時人猶以名之故知也僖二十八年傳稱胥臣蒙馬以虎皮此云蒙皐比而先犯之事與彼同知皐比是虎皮也以胥臣之事譬之必知定是虎皮其名曰皐比則其義未聞樂記云倒載干戈包之以虎皮名之曰建櫜鄭玄以爲兵甲之衣曰櫜櫜韜也而其字或作建皐故服虔引以解此公從之大敗宋師于乘丘齊師乃還○蔡哀侯娶于陳息侯亦娶焉息嬀將歸過蔡蔡侯曰吾姨也妻之姊妹曰姨 疏 注妻之姊妹曰姨○正義曰釋親云妻之姊妹同出爲姨孫炎云同出俱已嫁也止而見之弗賓不禮敬也息侯聞之怒使謂楚文王曰伐我吾求救於蔡而伐之楚子從之秋九月楚敗蔡師于莘以蔡侯獻舞歸○齊侯之出也過譚譚不禮焉及其入也諸侯皆賀譚

又不至。以九年入過古禾反○冬齊師滅譚譚無禮也。譚子奔莒同盟故也。傳言譚不能及遠所以亡

附釋音春秋左傳注疏卷第八

# 春秋左傳注疏卷八校勘記　阮元撰盧宣旬摘錄

附釋音春秋左傳注疏卷第八莊元年盡十年宋本春秋正義卷第八石經春秋經傳集解莊公第三盡卅二年

〔莊公〕

卽桓六年子同生者也浦鏜正誤者疑是字之誤或下脫是字盧文弨校本者作是字按不當作是

〔經元年〕

元年春王正月宋本無元年春三字此節正義在春王正月下閩本監本毛本同

夫人孫于齊釋文孫作遜云本亦作孫段玉裁云此二字妄人互易之昭廿五年音義可證古經典無遜字

注夫人莊公母至而去宋本無莊公母三字此節正義在夫人孫于齊下閩本監本毛本同

成公以下當稱單子宋本當作常是也○今訂作常

謂之伯姬是也宋本伯姬下有叔姬二字閩本監本毛本亦脫

不可便以全吉之禮接賓於廟重修監本全誤金

注榮叔至之比諸本有至字此本脫

今追命桓公毛本今誤令

〔傳元年〕

三月以來經傳皆無夫人還事 浦鏜正誤來作前

接練時錄母之變始人之也 閩本監本毛本人誤念

夫宜與齊絶 宋本閩本監本毛本夫下有人字

所以排舊說耳 監本毛本排誤非

注齊彊至之變 諸本有至字此本脫

〔經二年〕

二年注於餘至庶兄 宋本閩本監本毛本脫二年二字

正以春秋之至 宋本之至作上下不誤毛本至作旨

齊告王姬之喪 案禮記告作轂鄭注云轂當爲告聲之誤遂改轂爲告

冬十有二月 七經孟子考文云足利本二作一非

不告廟也禚齊地 淳熙本脫也字按玉篇禾部禚云齊地名而示部禚字不云地名蓋顧希馮所據春秋字从禾說文無禚

〔傳二年〕

文姜此年出會 宋本淳熙本岳本纂圖本閩本監本毛本此作比是也○今依訂正

〔經三年〕

三年注溺會至去氏 宋本閩本監本毛本脫三年二字

請後五廟以存姑姊妹 毛本後誤復

齊侯鄭伯詐朝于紀侯以襲之 宋本下侯字作欲

寔司大皡 宋本寔作實案皡當作皥从日不从白也說詳僖廿一年傳

各使大夫救徐 閩本監本毛本各誤名

曷爲先先言次而後言救君也 宋本先字不重

曷爲言救而後言次 宋本言上有先字是也

非禮家制此名 宋本名上有次字是也

〔傳三年〕

傳重盟上例 釋文亦作盟宋本淳熙本纂圖本岳本監本毛本作明不誤○今訂作明

七年乃葬故曰緩 岳本年作月非也

傳注爲經至君臣 宋本監本毛本無傳字

舍者軍行一日止而舍息也 閩本監本軍誤君

〔經四年〕

享食也 釋文云食音嗣又如字本或作會正義引定本云享會作享食

饗謂享大牢以飲賓通之享皆作享也 閩本監本毛本享作享案古享獻之享亨飪之亨

傳稱齊侯將享公 毛本享作亨

定本享會作享食也 宋本無也字

隱二年 纂圖本二誤三

今則全以紀與之 宋本與上有國字

亦應爲齊得 宋本齊下有所字

恩及伯姬姬魯女 宋本作伯姬伯姬魯女

〔傳四年〕

授師孑焉 宋本孑作子案毛居正六經正誤從孑

揚雄方言宋本淳熙本閩本監本揚作楊是也此本正義亦作揚○今改作楊

注尸陳至爲陳宋本以下正義四節總入濟漢而後發喪句下

未自爲法式宋本法作灋

僻陋在夷宋本淳熙本僻作辟釋文云僻匹亦反案陳樹華云釋文當作辟若本作僻無煩音切矣此皆傳寫之誤

或兩爲之音宋本或作故

不知木何所似毛本木誤本

除道梁溠說文引作除涂梁溠

時祕王喪閩本監本祕作秘俗字

且又請隨侯與楚爲會禮於漢水之汭閩本監本毛本與誤畏

以與紀季山井鼎云足利本及宋板後人記云以下異本有國字非

〔經五年〕

五年夫人至齊師諸本脫五年二字

〔傳五年〕

曾孫犂來 監本毛本曾誤會

〔經六年〕

春王正月 公羊穀梁正作三

六年注王人至稱字 諸本脱六年二字

止爲敦責諸侯 宋本責作賁非也

名貴之也 宋本名上有稱字是也

楚人圍陳納頓子于頓是也 毛本陳作成誤

無傳告於廟也 閩本無傳二字空缺

寶或作保字與俘相似 閩本監本毛本亦脱作字據宋本補

〔傳六年〕

必度於本末 岳本於誤其

注祁謚至曰甥 宋本以下正義三節總入十六年節注下

雖甥聃甥養甥請殺楚子 纂圖本閩本監本毛本眲作聃誤石經宋本作眲後同是也

後君噬齊 淳熙本齊作臍玉篇引亦作臍

若齧腹齊 釋文標齧也兩字臧禮堂云若上當有噬齧也三字

楚子雖死鄧滅曾不旋踵 毛本曾誤會

〔經七年〕

七年春夫人姜氏 纂圖本監本毛本春下衍秋字

恒星不見 岳本纂圖本監本毛本恒作恆案石經避唐穆宗諱宋本避宋真宗諱後同○今訂正

七年注恆常至昏沒 諸本脫七年二字

夜中星隕如雨 論衡藝增篇引作星霣如雨周禮大司樂正義引作星霣而雨公羊作霣字林云霣即隕字也

正義曰羊說如雨者 宋本閩本監本毛本羊上有公字

與雜下所落非一星也 宋本監本毛本與下有兩字是也

〔傳七年〕

傳稱季平子行東野卒于房 宋本亦作房與定五年傳合案隱元年宣八年成十七年正義引並作房閩本監本毛本改作防

〔經八年〕

八年注期共至待之　諸本脫八年二字

入則尊老在前復常法也　閩本監本毛本法作灋下同

知此治兵亦是習號令　宋本令下有也字

杜云治兵於廣　宋本閩本監本毛本廣作廟不誤

時史善公克己復禮　宋本已作己不誤正義同

責己而不責於人合於人合於禮意　案合於人三字衍文宋本閩本監本毛本無

齊無知弑其君諸兒　纂圖本閩本監本毛本弑作殺非

〔傳八年〕

夏書至乃降　宋本此節正義在秋師還節注下

此虞書皐陶謨之文　陳樹華云皐陶謨當作大禹謨

冬十二月　石經十下有有字

隊于車　石經隊作墜

劫而束之纂圖本閩本監本毛本劫作刼非

經書十一月癸未閩本一作二誤

長曆推之月六日也山井鼎云足利本後人記云月六日異本作十一月六日

〔經九年〕

是言殺而不稱君之義也宋本監本毛本義作意

故不稱名毛本名誤君

夏公伐齊納子糾臧琳云子字衍文沿唐定本之誤正義於此引賈逵云不言公子次正也又於後九月齊人取子糾殺之下引賈逵云稱子者慜之可證賈景仲本於此無子字

故杜言各自有黨以規之閩本規作解宋本監本毛本作排

時水在樂安界岐流旱則竭涸宋本岐作歧俗字

〔傳九年〕

鮑叔帥師來言曰案石經叔帥師來四字重刻

及堂追而稅之案文選解嘲注引作脫釋文亦作稅云本又作說

東莞蒙陰縣西北有夷吾亭淳熙本脱北字

或曰鮑叔解夷吾縛於此閩本監本縛誤縛

鮑叔至可也宋本此節正義在公從之句下

使臣不凍餒毛本餒誤綏

臣之所不如夷吾者閩本如誤加

寡君願生得之以徇於國監本毛本徇作狥非也

遂生束縛而以與齊浦鏜正誤據管子以上增柙字

鮑叔之不忍戮賢人其知知稱賢以自成也案管子知字不重

（經十年）

魯以權譎稽之正義云此注稽或作掩誤耳今定本作稽

十年注齊人至魯地諸本脱十年二字

權謀譎詐宋本權上有設字

令魯伐齊納子糾閩本監本毛本令誤今

楚辟陋在夷於此始通中國　重修監本在誤淮宋本淳熙本中作上是也

故不稱將帥　釋文帥作率又作帥按正義作將帥

荆楚一木二名　監本毛本一木誤一本

〔傳十年〕

注曹劌魯人　宋本以下正義七節總入吾視其轍亂節注下

史記作曹沫　閩本監本沫誤洙

七十者可以食肉　宋本作肉食

冰皆與焉　閩本監本毛本冰作氷非下同

間謂間雜　毛本謂作爲非

視車跡也　案文選李善注七命引注文轍車跡也

深一尺四寸三分寸之二也　監本毛本作寸之三非也

旗靡轍亂怖遽　釋文遽下有也字

注雩門至虎皮　宋本此節正義在公從之節下

注妻之姊妹曰姨　宋本此節正義在秋九月節下

冬齊師滅譚譚無禮也　山井鼎云足利本後人記云禮下異本有故字非也

春秋左傳注疏卷八校勘記

# 附釋音春秋左傳注疏卷第九 莊十一年盡二十二年

杜氏注　孔穎達疏

經十有一年春王正月無傳○夏五月戊寅公敗宋師于鄑鄑魯地傳例曰敵未陳曰敗某師○鄑子斯反疏。十。一。年公敗宋師于鄑○正義曰往年公敗宋師于乘丘今爲乘丘之役侵我則是報復前怨魯當無辭亦不稱侵伐者莊立以來未嘗犯宋宋黨齊伐我故。敗于乘丘今復重來更是宋之可責非魯罪也○秋宋大水公使弔之故書○冬王姬歸于齊魯主昏不書齊侯逆不見公

傳十一年夏宋爲乘丘之役故侵我公禦之宋師未陳而薄之敗諸鄑凡師敵未陳曰敗某師通謂設權譎變詐以勝敵彼我不得成列成列而不得用故以未陳獨敗爲文○爲乘于僞反陳直覲反下及注皆同疏。注通謂至爲文○正義曰設權譎變詐以勝敵者謂若長勺之役待齊人三鼓氣衰乃擊之定十四年檇李之役越子患吳之整使罪人屬劍自剄吳師屬之目越子因而伐之此二者敵雖已陳設權勝之成列而不得用也此及昭元年晉荀吳敗狄于大鹵傳皆云未陳而薄之是其未成列也彼我不得成列與成列而不得用皆以未陳獨敗爲文言彼不能拒而此獨克之也昭五年叔弓敗莒師于蚡泉傳曰莒未陳也此已發例彼復發者釋例曰魯敗宋莒再發未陳之例者嫌君臣有異也皆陳曰戰堅而有備各得其所成敗決於志力者也疏注堅而至者也○正義曰戰者共鬬之辭彼此成列權無所施故爲各得其所成敗決於志力者也兩國交戰必有勝負或有未至成敗各自收斂故有言戰不言敗者桓十年齊侯鄭伯來戰于郎十二年及鄭師伐宋丁

未戰于宋如此之類交戰而未至於敗故不書敗也或有彼實未陳應從未陳之例亦書戰者或有實敗而不書敗者皆從告辭也釋例曰令狐之役晉人潛師夜起而書戰者晉諱背其前意而夜薄秦師以戰告也河曲之戰秦晉交綏長岸之戰吳楚兩敗交綏並退軍士未憖吳楚俱病莫肯以告故皆書戰而不書敗也邲之戰上軍先陳林父乃敗故書戰又書敗也

**大崩曰敗績**師徒橈敗若沮岸崩山喪其功績故曰敗績○橈乃孝反一音乃巧反沮在呂反壞也一音子餘反岸崩謂之沮喪息浪反

【疏】注師徒至敗績○正義曰師徒橈敗成二年傳文穀梁傳曰高曰崩厚曰崩解其師非高厚而稱崩意沮訓壞也沮岸謂河岸崩也師旅大敗似岸崩山崩也績訓為功喪其功績故曰敗績○唯成十六年言楚子鄭師敗績者釋例曰鄢陵之戰楚師徒未大崩楚子傷目而退故指事而言也言楚子身敗非師敗也故言楚子敗績僖十五年晉侯及秦伯戰于韓獲晉侯其君被獲而不書敗者晉侯戎馬還濘而止為秦所獲師不大崩故不書敗也城濮之戰傳稱楚左右師潰子玉收其卒而止故不敗是二軍敗而經書敗績鄢陵之戰傳稱子反曰臣之卒實奔是一軍敗而杜云師未大崩然則績者是大崩之名敗多存少乃稱敗績敗少存多則不稱敗績也

**得儁曰克**謂若大叔段之比才力足以服眾威權足以自固進不成為外寇強敵退復狡壯有二君之難而實非二君克而勝之則不言彼敗績但書所克之名○儁音俊本或作俊比必利反復扶又反狡交卯反下測亮反難乃旦反

【疏】注謂若至之名○正義曰克訓勝也戰勝其師獲得其軍內之雄儁者故云得儁曰克春秋稱克者唯有叔段一事而已既非敵國相伐又非君之討臣而於戰陳之例別立此名彼傳復云如二君故曰克故具迹叔段之事以充之凡例乃是舊典非獨為段發故云叔段之比釋例與此盡同

**覆而敗之曰取某師**覆謂威力兼備若羅網所掩覆一軍皆見禽制故以取為文

【疏】注覆謂至為文○正義曰取謂盡取無遺漏之意也哀九年宋皇瑗取鄭師于雍丘傳稱皇瑗圍鄭師每日遷舍壘合鄭師哭是自知盡死無逃逸之路也又曰使有能者無死是其合軍之內死生在

宋也取狀如此而云覆而敗之知其如羅網掩覆一軍皆見禽制故以取爲文服虔云覆隱也設伏而敗之謂攻其無備出其不意敵人不知敗之易故曰取卽如服言與未陳何異而別以爲例謂之取也荀吳敗狄于大原於越敗吳于檇李並攻其無備出其不意而經不言取鄭二公子敗燕師于北制鄭人大敗戎師是設伏敗之而傳不言取服謂此爲取何也宋圍鄭師壘合而哭自知必敗非敵人不知而書取何也京師敗曰王師敗績于某王者無敵於天下天下非所得與戰者然春秋之世據有其事事列於經則不得不因申其義有時而敗則以自敗爲文明天下莫之得校○京師敗本或作京師敗績者非校音教【疏】注王者至得校○正義曰此亦周公舊凡杜解舊凡之意得有王師敗績者以周公制禮理包盛衰故周禮載大喪及王師不功之事故舊凡例有敗績之文杜以尊卑逆順言之天王不應有戰敗之事遂申說凡例故云無敵於天下天下非所得與戰者然春秋之世據有其事成元年王師敗績于茅戎是事列於經丘明不得不因申舊凡之義蘇氏之說義亦如此沈氏不解杜意以京師敗績非周公舊凡是孔子新意丘明爲傳不得不因申孔子新意之義劉炫亦不達杜旨謂杜與沈氏意同非也○秋宋大水公使弔焉曰天作淫雨害於粢盛若之何不弔不爲天所愍弔對曰孤實不敬天降之災又以爲君憂拜命之辱謝辱厚命臧文仲曰宋其與乎臧文仲魯大夫禹湯罪己。其興也悖焉。悖盛貌○悖蒲忽反一作勃同桀紂罪人其亡也忽焉忽速貌○紂直久反【疏】禹湯罪己桀紂罪人○正義曰湯誥云其爾萬方有罪在予一人是罪己也泰誓數紂之罪云焚炙忠良刳剔孕婦是罪人也禹桀之時書多亡矣固亦應有此事沈引帝王世紀云禹見罪人下車泣之是罪己也桀殺關龍逢是罪人也且列國有凶稱孤禮也列國諸侯無凶則常稱寡人【疏】注列國至寡人○正義曰列國謂大國也曲禮曰庶方小侯自稱曰孤諸侯與民言自稱曰寡人其

在凶服曰適子孤鄭玄云與臣言亦自謂寡人是無凶則常稱寡人有凶則稱孤也言懼而名禮其庶乎言懼罪己名禮稱孤其庶庶幾
於與○言懼而名禮絕句或以名絕句者非既而聞之曰公子御說之辭也宋莊公子○御魚呂反本或作禦說音悅臧
孫達曰是宜為君有恤民之心【疏】既而至之心○正義曰謂御說明年為君之後方始聞之聞之時已為君故云是人宜其
為君也傳以御說有禮故以此言實之○冬齊侯來逆共姬○齊桓公也○共音恭○乘丘之役在十年公以金
僕姑射南宮長萬金僕姑矢名南宮長萬宋大夫○射食亦反長丁丈反【疏】注金僕姑矢名○正義曰用之射人必知是矢其名僕姑
其義未聞公右歂孫生搏之搏取也不書獲萬時未為卿○歂市專反搏音博【疏】公右歂孫生搏之○正義曰檀弓云魯莊公及宋人
戰于乘丘縣賁父御卜國為右車右與此不同者禮記後人所錄聞於所聞之口其事未必實也案傳云公子偃先犯宋師公從而大敗之則本非交戰禮記
稱馬驚敗績公隊佐車授綏御與車右皆死之必如記言則是魯師敗績安得稱公敗宋師于乘丘傳記不同固當記文妄耳宋人請之宋公
靳之戲而相愧曰靳魯聽其得還○靳居覲反服云恥而惡之曰靳【疏】注戲而相愧曰靳至得還○正義曰服虔云恥而惡之曰靳傳稱宋人請之若
是恥惡其人不應為之請魯故杜以為戲而相愧曰靳鄭玄注禮記儒行云遭人名為儒而以儒靳故相戲俗有靳故之語知是戲而相愧之名也公羊傳以
為宋萬與閔公博婦人皆在側萬曰甚矣魯侯之淑魯侯之美閔公矜此婦人妬其言曰此虜也魯侯之美惡乎至何休云惡乎至猶何所至萬怒搏閔公絕
其脰是其靳之事也曰始吾敬子今子魯囚也吾弗敬子矣病之萬不以為戲而以為己病為宋萬弒君傳

經十有二年春王三月紀叔姬歸于酅無傳紀侯去國而死叔姬歸魯紀季自定於齊而後歸之全守節義以終婦道

故繫之紀而以初嫁爲文賢之也來歸不書非寧且非大歸○酅音攜 疏十二年注紀侯至大歸○正義曰公羊傳曰其言歸于酅何隱之也何隱爾其國亡矣徒歸于叔爾穀梁傳曰其曰歸何吾女也夫國喜得其所故言歸焉爾杜略取彼意爲說釋例與此盡同大意以其賢愍其國亡乃依附於叔故書之耳

○夏四月○秋八月甲午宋萬弑其君捷及其大夫仇牧捷閔公不書葬亂也萬及仇牧皆宋卿仇牧稱名不警而遇賊無善事可褒○警居領反 疏注捷閔至可褒○正義曰隱十一年公羊傳曰君弑臣不討賊非臣也子不復讎非子也葬生者之事也春秋君弑賊不討不書葬以爲不繫乎臣子也左氏無此義故杜明之不書葬爲亂故也凡葬魯不會則不書若使宋亂不葬魯本無可會之理兼見此義故言亂也萬及仇牧並名見於經知皆卿也萬不書氏者釋例曰宋萬買氏以爲未賜族案傳稱南宮長萬則爲己氏南宮不得爲未賜族也推尋經文自莊公以上諸弑君者皆不書氏閔公以下皆書氏亦足明時史之異同非仲尼所皆貶也是杜意以爲史有詳略无義例也文八年宋人殺其大夫司馬傳曰司馬握節以死故書以官然則有善可褒當變文以見義此仇牧書名不警而遇賊無善可褒故不變其文公羊書其不畏彊禦故言此以異之○冬

十月宋萬出奔陳奔例在宣十年

傳十二年秋宋萬弑閔公于蒙澤蒙澤宋地梁國有蒙縣 疏注蒙澤至蒙縣○正義曰昭十三年楚弑其君虔于乾谿書地此弑閔公于蒙澤不書地者釋例曰先儒旁采二傳橫生異例宋之蒙澤楚之乾谿俱在國內閔公之弑則以不書蒙澤國內爲義楚弑靈王復以地乾谿爲失所明仲尼本不以爲義例則丘明亦無異文也是亦言史自詳略無義例也遇仇牧于門批而殺之手批之也○批普迷反又蒲穴反字林云擊也父節反遇大宰督于東宮之西又殺之殺督不書宋不以告○大音泰立子游子游宋公子

【疏】注子游宋公子○正義曰世族譜子游雜人不知何公之子羣公子奔蕭公子御說奔亳蕭宋邑今沛國蕭縣亳宋邑蒙縣西北有亳城○亳步各反南宮牛猛獲帥師圍亳牛長萬之子猛獲其黨○冬十月蕭叔大心叔蕭大夫名【疏】注叔蕭大夫名○正義曰卿大夫采邑之長則謂之宰公邑之長則曰大夫此則是宋蕭邑大夫也以此年有功宋人以蕭邑別封其人爲附庸二十三年經書蕭叔朝公附庸例稱名故杜以叔爲名及戴武宣穆莊之族宋五公之子孫以曹師伐之殺南宮牛于師殺子游于宋立桓公桓公御說猛獲奔衛南宮萬奔陳以乘車輦其母一日而至乘車非兵車駕人曰輦宋去陳二百六十里言萬之多力南宮萬奔陳本或作長萬長衍字也下亦然乘繩證反注同○宋人請猛獲于衛衛人欲勿與石祁子曰不可石祁子衛大夫天下之惡一也惡於宋而保於我保之何補得一夫而失一國與惡而弃好非謀也宋衛本同好國好呼報反注同○衛人歸之亦請南宮萬于陳以賂【疏】于陳以賂正義曰斷以賂爲句言用賂請于陳也請猛獲于衛不言以賂蓋於衛無賂陳人使婦人飲之酒而以犀革裹之比及宋手足皆見宋人皆醢之醢肉醬并醢猛獲故言皆○亦請南宮長萬於陳以賂絕句飲於鴆反犀音西裹音果比必利反見賢遍反醢音海

經十有三年春齊侯宋人陳人蔡人邾人會于北杏北杏齊地杏戶猛反○夏六月齊人滅遂遂國在濟北蛇丘縣東北○蛇音移○秋七月○冬公會齊侯盟于柯此柯今濟北東阿齊之阿邑猶祝柯

今爲祝阿〇柯古何反

傳十三年春會于北杏以平宋亂宋有弑君之亂齊桓欲脩霸業疏〇十三年傳注宋有至霸業〇正義曰桓二年會于稷以成宋亂者爲會之意欲平除宋督弑君之賊此云平宋亂者宋萬已誅宋新立君其位未定齊桓欲脩霸業爲會以安定之非欲平除新君故宋人聽命來列於會也遂人不至〇夏齊人滅遂而戍之戍守也〇冬盟于柯始及齊平也始與齊桓通好〇好呼報反〇宋人背北杏之會〇背音佩十四年經注同

經十有四年春齊人陳人曹人伐宋背北杏會故〇夏單伯會伐宋既伐宋單伯乃至故曰會伐宋單伯周大夫疏〇十四年注既伐至大夫〇正義曰傳稱諸侯伐宋齊請師于周則伐事已成單伯始至故云會伐宋言來就宋地會之也元年注云單伯天子卿也此云周大夫者大夫亦卿之揔號故兩言之〇秋七月荆入蔡入例在文十五年〇冬單伯會齊侯宋公衛侯鄭伯于鄄鄄衛地今東郡鄄城也齊桓脩霸業卒平宋亂宋人服從欲歸功天子故赴以單伯會諸侯爲文〇于鄄音絹甄城音絹一音真或音旃又舉然反或作鄄疏單伯至于鄄〇正義曰春秋因魯史之文魯史自書其事會他國者皆言已往會之不問君之與臣會諸侯者皆魯人在會字之上若微人往會則會上無字直言其會明魯往會之微人不合書名書其所爲之事而已十六年會齊侯宋公陳侯衛侯鄭伯許男滑伯滕子同盟于幽是也若魯人不與而諸侯自會則幷序諸侯言會于某十五年齊侯宋公陳侯衛侯鄭伯會于鄄是也雖霸主召會諸侯霸主之身列在諸侯之上耳不言霸主會諸侯以其俱是王臣不得與諸侯爲主故也若霸主之國遣大夫往會諸侯雖政在霸國大夫名列諸侯之下由非諸侯之主列位從其班爵文

十四年公會宋公陳侯衞侯鄭伯許男曹伯晉趙盾同盟于新城是也若王臣在會不問尊卑皆列諸侯之上僖八年公會王人齊侯宋公衞侯許男曹伯陳世子款盟于洮九年公會宰周公齊侯宋子衞侯鄭伯許男曹伯于葵丘是也此會魯人不與單伯宜列在諸侯之上下言會于鄄耳今會字乃在齊侯之上是齊桓歸功天子故赴以單伯會諸侯為文所以尊天子示名義也此會魯自不與魯所與者皆魯人在上史文以魯為主耳當會之時以大小為序魯不在上也釋例曰魯為春秋主常列諸侯上非其實次也子帛卿也依魯大夫之比列於莒上故傳曰魯故也叔孫豹曰宋衞吾匹也又曰諸侯之會寡君未嘗後衞君是魯在衞上也宋既先代之後又襄公一合諸侯以紹齊桓之伯宋在齊上則魯次宋也

傳十四年春諸侯伐宋齊請師于周齊欲崇天子故請師假王命以示大順經書人傳諸侯者揔衆國之辭

疏注齊欲至之辭○正義曰齊既以諸侯伐宋而更請師于周者齊桓始脩霸業方欲尊崇天子故請師假王命以示大順耳非慮伐不克而藉王威也經書人而傳言諸侯先儒以為諸如此輩皆是諸侯之身釋例曰傳滅入例衞侯燬滅邢同姓故名又云穀伯綏鄧侯吾離來朝名賤之也又云不書蔡許之君乘楚車也謂之失位此皆貶諸侯之例例不稱人也諸侯在事傳有明文而經稱人者凡十一條丘明不示其義而諸儒皆據案生意原無所出貶諸侯而去爵稱人是為君臣同文非正等差之謂也又澶淵大夫之會傳曰不義其人案經皆去名稱人至諸侯親城緣陵傳亦曰不書其人而經總稱諸侯此大夫及諸侯經傳所以為別也通校春秋自宣公五年以下百數十年諸侯之咎甚多而皆無貶稱人者益明此蓋當時告命記注之異非仲尼所以為例故也是言諸侯之貶或書名或沒而不書必不得稱人故以此經書人傳言諸侯為總衆國之辭僖元年齊師宋師曹師救邢於例將卑師衆稱師則三國皆大夫帥也傳稱諸侯救邢亦是總衆國之辭與此同也

夏單伯會之取成于宋而還○鄭厲公自櫟侵鄭厲公以桓十五年入

櫟遂居之○櫟音歷及大陵獲傅瑕大陵鄭地傅瑕鄭大夫傅瑕曰苟舍我吾請納君與之盟而赦之六月甲子傅瑕殺鄭子及其二子而納厲公鄭子莊四年稱伯會諸侯今見殺不稱君無謚者微弱臣子不以君禮成喪告諸侯○舍音捨鄭子子儀初內蛇與外蛇鬭於鄭南門中內蛇死六年而厲公入【疏】六年而厲公入○服虔云蛇北方水物水成數六故六年而厲公入公聞之問於申繻曰猶有妖乎對曰人之所忌其氣燄以取之妖由人興也尚書洛誥無若火始燄燄未盛而進退之時以喻人心不堅正○蛇市奢反繻音須妖於驕反燄以音豔誥古報反人無舋焉妖不自作人弃常則妖興故有妖【疏】猶有至有妖○正義曰公聞厲公之入問於申繻曰猶有蛇妖而厲公得入乎古者由猶二字義得通用申繻對公曰人之所忌謂子儀畏懼厲公心不堅正其畏忌之氣燄燄未盛而進退之時以取此妖來應人也蛇鬭之事由人興也若使人無舋隙焉則妖孽不能自作人棄其常則妖自興以此故有妖棄常謂既不能彊又不能弱失常度也厲公入遂殺傅瑕使謂原繁曰傅瑕貳言有二心於○舋許靳反己周有常刑既伏其罪矣納我而無二心者吾皆許之上大夫之事吾願與伯父圖之上大夫卿也伯父謂原繁疑原繁有二心且寡人出伯父無裏言無納我之言○裏音里入又不念寡人不親附己寡人憾焉對曰先君桓公命我先人典司宗祏桓公鄭始受封君也宗祏宗廟中藏主石室言己世爲宗廟守臣○憾戶暗反祏音石藏主石函也守手又反【疏】注桓公至守臣○正義曰桓公初封西鄭蓋其畿內之國周禮王子母弟有功者得立祖王之廟故桓公始封爲君即命臣使典宗祏宗祏者慮有非常

火災於廟之北壁內爲石室以藏木主有事則出而祭之既祭納於石室祏字從示神之也社稷有主而外其心其何貳如之苟主社稷國內之民其誰不爲臣臣無二心天之制也子儀在位十四年矣子儀鄭子也而謀召君者庸非二乎庸用也莊公之子猶有八人若皆以官爵行賂勸貳而可以濟事君其若之何臣聞命矣乃縊而死○莊公之子猶有八人傳唯見四人子忽子亹子儀並死獨厲公在八人名字記傳無聞縊一賜反○蔡哀侯爲莘故繩息嬀以語楚子○莘役在十年繩譽也○爲莘于僞反下所巾反語魚據反繩食承反說文作譝譽音餘又如字疏注繩譽也○正義曰字書繩作譝字從言訓爲譽楚子如息以食入享遂滅息○爲設享食之具○食音嗣注同以息嬀歸生堵敖及成王焉未言未與王言○堵敖丁古反下五羔反杜云楚人謂未成君爲敖史記作杜敖楚子問之對曰吾一婦人而事二夫縱弗能死其又奚言楚子以蔡侯滅息遂伐蔡欲以說息嬀○說音悅秋七月楚入蔡君子曰商書所謂惡之易也如火之燎于原不可鄉邇其猶可撲滅者其如蔡哀侯乎商書盤庚言惡易長而難滅○易以豉反注同燎力召反又力弔反鄉許亮反撲普卜反般步丹反本又作盤長丁丈反○冬會于鄄宋服故也

經十有五年春齊侯宋公陳侯衛侯鄭伯會于鄄○夏夫人姜氏如齊無傳夫人文姜齊桓公姊妹父母在則禮有歸寧沒則使卿寧疏注夫人至卿寧○正義曰文姜僖公之女故爲桓公姊妹詩美后妃之德云歸寧父母是父母在則禮有

歸寧襄十二年傳曰秦嬴歸于楚楚司馬子庚聘于秦爲夫人寧禮也是父母沒則使卿寧兄弟不得自歸也但不知今桓公有母以否故杜不明言得失

○秋宋人齊人邾人伐郳宋主兵故序齊上○郳五兮反○鄭人侵宋○冬十月

傳十五年春復會焉齊始霸也始爲諸侯長○復扶又反長丁丈反○秋諸侯爲宋伐郳郳附庸屬宋而叛故齊桓爲之伐郳○爲宋于僞反○鄭人閒之而侵宋○閒閒廁之閒一本作閒

經十有六年春王正月○夏宋人齊人衛人伐鄭宋主兵也班序上下以國大小爲次征伐則以主兵爲先春秋之常也他皆放此疏十六年注宋主至放此○正義曰往年齊桓始霸未敢即尸其任救患討罪今爲宋伐鄭仍使宋自報怨故宋主兵序於齊上也諸侯會許男在曹滑之上班序上下以國大小爲次不以爵之尊卑也隱五年邾人鄭人伐宋附庸在伯爵之上是以主兵爲先也歷檢上下皆然知是春秋常法禮記祭義云有虞氏貴德而尚齒夏后氏貴爵而尚齒殷人貴富而尚齒周人貴親而尚齒而春秋序會不先同姓而大國在上者孔子脩春秋有變周之文從殷之質故也○秋荆伐鄭○冬十有二月會齊侯宋公陳侯衛侯鄭伯許男滑伯滕子同盟于幽書會魯會之不書其人微者也言同盟服異也陳國小每盟會皆在衛下齊桓始霸楚亦始彊陳侯介於二大國之間而爲三恪之客故齊桓因而進之遂班在衛上終於春秋滑國都費河南緱氏縣幽宋地○介音界爲三恪苦各反本或作爲三恪之客費扶味反又音祕緱古侯反一音苦侯反疏注書會至宋地○正義曰公羊傳曰同盟者何同欲也穀梁傳曰同者同尊周也杜云服異者亦是同其欲同尊周也書同盟者當盟之時告神稱同釋例曰盟者假神明以要不信故載辭或稱同以服異爲言也是言載辭稱同也二十七年同盟于幽傳曰陳鄭服也文十四年同盟于新

城傳曰從於楚者服且謀邾也成五年同盟于蟲牢傳曰鄭服也七年同盟于馬陵傳曰尋蟲牢之盟且莒服故也襄三年同盟于雞澤傳曰晉爲鄭服故合諸侯二十五年同盟于重丘傳曰齊成故也昭十三年同盟于平丘傳曰齊服也如此之類皆是服異故稱同也喪服繼父不同居傳曰嘗同居乃爲異居未嘗同居則不爲異居春秋同盟亦猶是也嘗同盟而異乃稱服異未嘗同盟則不爲服異故盟不稱同也僖二年齊侯宋公江人黃人盟于貫傳曰服江黃也定四年陳許頓胡楚之屬國皆來會于召陵其下云公及諸侯盟于皐鼬二盟並不稱同皆爲未嘗同盟非服異故不稱同也應稱同而不稱同者僖五年首止之盟鄭伯逃歸七年盟于甯母鄭伯使大子華聽命於會而不稱同者鄭心未服故傳稱子華請去三族管仲曰君其勿許鄭必受盟是甯母之時鄭未服也八年盟于洮鄭伯乞盟傳稱請服也而洮盟不稱同者鄭伯始請服耳未列于會故不稱同也文十五年夏晉郤缺帥師伐蔡戊申入蔡其冬諸侯盟于扈傳稱晉侯宋公衞侯蔡侯陳侯鄭伯許男曹伯盟于扈則是蔡新來服不稱同者傳稱郤缺入蔡以城下之盟而還是則蔡已先服故不稱同也宣十二年同盟于清丘傳曰恤病討貳十七年同盟于斷道傳曰討貳也成九年同盟于蒲傳曰爲歸汶陽之田故諸侯貳於晉晉人懼會於蒲以尋馬陵之盟十五年同盟于戚傳曰討曹成公也十七年同盟于柯陵傳曰尋戚之盟也十八年同盟于虛朾傳曰謀救宋也此六盟皆非服異稱同盟者清丘斷道與蒲於時諸侯已有二心同心討貳故稱同盟戚與虛。朾同心疾惡故稱同盟柯陵之盟鄭人不服欲令諸侯同心伐鄭故稱同盟猶襄十八年諸侯同心疾齊稱同圍齊自此以前陳在衞下今在上知齊桓始進之釋例班序譜自隱至莊十四年四十三歲衞與陳凡四會衞在陳上自莊十五年盡僖十七年三十五歲凡八會陳在衞上故知是齊桓進之遂班在衞上終於春秋也

○邾子克卒無傳克儀父名稱子者蓋齊桓請王命以爲諸侯再同盟

[疏]注克儀至同盟○正義曰北杏之會邾人在焉今而稱子故云蓋齊侯請王命以爲諸侯得爲子爵見經也隱元年盟于蔑桓十七年盟于趡是再同盟也

傳十六年夏諸侯伐鄭宋故也鄭侵宋故○宋故也本或作爲宋故○鄭伯自櫟入在十四年緩告于楚秋楚伐鄭及櫟爲不禮故也鄭伯治與於雍糾之亂者在桓十五年○爲于僞反與音預九月殺公子閼刖強鉏二子祭仲黨斷足曰刖○公子閼安末反案隱十一年鄭有公孫閼距此三十五年不容復有公子閼若非閼字誤則子當爲孫刖音月又五刮反鉏仕魚反斷丁管反疏注二子至曰刖○正義曰周禮司刑刖罪五百尚書呂刑剕罰之屬五百孔安國云刖足曰剕釋言云跳刖也李巡曰斷足曰刖也說文云刖絶也則剕刖是斷絶之名斬足之罪故云斷足曰刖公父定叔出奔衛共叔段之孫定謚也○父音甫王如字共音恭三年而復之曰不可使共叔無後於鄭使以十月入曰良月也就盈數焉數滿於十疏注滿於十○正義曰易繫辭云天一地二天三地四天五地六天七地八天九地十至十而止是數滿於十也閔元年傳曰萬盈數也數至十則小盈至萬則大盈傳具載定叔事者服虔云定叔之祖共叔段有伐君之罪宜世不長而云不可使共叔无後於鄭言其刑之偏頗鄭厲公以孽篡適同惡相恤故黨於共叔欲令其後不絶傳所以惡厲公也君子謂強鉏不能衛其足言其不能早辟害○冬同盟于幽鄭成也○王使虢公命曲沃伯以一軍爲晉侯曲沃武公遂并晉國僖王因就命爲晉侯小國故一軍○并如字王必政反疏注曲沃至一軍○正義曰桓八年傳稱曲沃武公滅翼其年冬王命虢仲立晉哀侯之弟緡于晉至是乃并之也晉世家云曲沃武公伐晉侯緡滅之盡以是寶器賂獻於周僖王僖王命曲沃武公爲晉君列爲諸侯於是盡并晉地而有之曲沃武公已即位二十七年矣自桓叔始封曲沃以至武公滅晉凡六十七歲而卒代晉爲諸侯是僖王命之事也周禮小國一軍晉土地雖大以初并晉國故以小國之禮命之初晉武公

伐夷執夷詭諸夷詭諸周大夫夷采地名○詭九委反采七代反後放此蔿國請而免之蔿國周大夫既而○蔿于委反弗報詭諸不報施於蔿國○施始豉反故子國作亂謂晉人曰與我伐夷而取其地使晉取夷地遂以晉師伐夷殺夷詭諸周公忌父出奔虢周公忌父王卿士辟子國之難○難乃旦反惠王立而復之魯桓十五年經書桓王崩魯莊三年經書葬桓王自此以來周有莊王又有僖王崩葬皆不見於經傳王室微弱不能復自通於諸侯故傳因周公忌父之事而見惠王惠王立在此年之末○不見賢遍反下同復自扶又反【疏】注魯桓至之末○正義曰史記十二諸侯年表云莊王元年當魯桓十六年即位十五年而崩僖王元年當魯莊十三年即位五年而崩惠王元年當魯莊十八年即位在十八年而此年傳說惠王之立者杜云傳因周公忌父之事而見惠王立在此年之末是杜以周公忌父此年出奔至惠王立而得復與史記不違

經十有七年春齊人執鄭詹齊桓始。霸鄭既伐宋又不朝齊詹為鄭執政大臣詣齊見執不稱行人罪之也行人例在襄十一年諸執大夫皆稱人以執之大夫賤故○詹之廉反始伯音霸又如字本又作霸【疏】十七年注齊桓至賤故○正義曰僖七年傳曰鄭有叔詹堵叔師叔先言詹是詹最貴也且傳稱鄭不朝也以君不朝而詹被執明詹是執政大臣為不道君使朝故執之也若詹不至齊則無由被執知是詣齊見執蓋聘齊也昭八年楚人執陳行人干徵師殺之傳曰罪不在行人也無罪乃稱行人知不稱行人罪之也襄十一年楚人執鄭行人良霄傳曰書曰行人言使人也言使人者言非使人之罪也書曰者是仲尼新意故指以為例也執諸侯有稱人稱侯之異執大夫者悉皆稱人以執之為大夫賤故也劉炫以此注云詣齊見執釋例曰詹本非出使謂二者自相矛楯今知非者齊以鄭不朝而責於鄭鄭令詹。請齊謝罪齊人執之故釋例云元非出聘之使集解云詣齊被執二文雖異事實

同耳劉炫不尋此意乃爲規過非也○夏齊人殲于遂。殲盡也齊人戍遂翫而无備遂人討而盡殺之故時史因以自盡爲文○遂殲子廉反
翫五亂反而盡津忍反疏注殲盡至爲文○正義曰殲盡也釋詁文舍人曰殲衆之盡也時史惡其輕敵而以自盡爲文罪齊戍也釋例曰齊人殲于遂鄭
棄其師亦時史卽事以安文或從赴辭故傳亦不顯明義例也○秋鄭詹自齊逃來無傳詹不能伏節守死以解國患而遁逃苟免書逃以
以賤之○遁徒遜反疏注詹不至賤之○正義曰伏節守死以解國患當如昭元年叔孫豹之居位待罪也逃居匹夫逃竄故云書逃以賤之鄭詹自齊逃
來過魯而後歸鄭故書之○冬多麋。無傳麋多則害五稼故以災書○麋亡悲反疏注麋多至災書○正義曰麋是澤獸魯所常有是年暴多
多則害五稼故言多以災書也

傳十七年春齊人執鄭詹鄭不朝也○夏遂因氏頜氏工婁氏須遂氏饗齊戍
醉而殺之齊人殲焉饗酒食也四族遂之彊宗齊滅遂戍之在十三年○頜烏納反又苦荅反婁力侯反饗本作享

經十有八年春王三月日有食之無傳不書日官失之疏十八年注不書日官失之○正義曰經亦無朔字當云不書朔
與日注不言朔脫也○夏公追戎于濟西戎來侵魯公逐之於濟水之西○秋有蜮。蜮短狐也蓋以含沙射人爲災○蜮本又
作蜮音或本草謂之射工短弧本又作斷同丁管反弧又作狐音胡射人食亦反疏注蜮短至爲災○正義曰穀梁傳曰蜮射人者也洪範五行傳曰蜮
如鼈三足生於南越南越婦人多淫故其地多蜮淫女惑亂之氣所生也陸機毛詩義疏云蜮短狐也一名射景如鼈三足在江淮水中人在岸上景見水中
投人景則殺之故曰射景或謂含沙射人入皮肌其創如疥服虔云徧身濩濩或或故爲災沈氏云此有蜮傳重發例者以螟螽與蜚同是害禾稼此蜮則害

人故傳特發之○冬十月

傳十八年春虢公晉侯朝王王饗醴命之宥王之覲羣后始則行饗禮先置醴酒示不忘。故飲宴則命以幣物宥助也所以助。歡敬之意言備設○醴音禮宥音又【疏】注王之至備設○正義曰王饗醴命之宥者王爲之設饗。禮置醴酒命之以幣物所以助歡也宥助釋詁文周禮掌客王待諸侯之禮上公三饗三食三燕侯伯。三饗再食再燕子男壹饗壹食壹燕三禮先言饗是王之覲羣后始則行饗禮也酒正辨五齊之名一曰泛齊二曰醴齊三曰盎齊四曰。醍齊五曰沈齊鄭注云泛者成而滓浮泛泛然醴猶。體也成而汁滓相將如今恬酒矣盎猶翁也成而翁翁然葱白色緹者成而紅赤沈者成而滓沈如今造清矣自醴以上尤濁然則以其尤濁故先置之示不忘古也知者禮運云燔黍捭豚下即云以燔以炙以爲醴酪是醴酒在先而有故曰先置醴酒云不忘古也詩序曰鹿鳴燕羣臣嘉賓也既飲食之又實幣帛筐篚以將其厚意聘禮云若不親食使大夫朝服致之以侑幣致饗以酬幣亦如之是饗禮有酬幣也禮主人酌酒於賓曰獻賓荅主人曰酢主人又酌以酬賓曰酬。幣蓋於酬酒之時賜之幣也所賜之物即下。玉馬是也傳稱饗醴命宥言其備設盛禮也此注命之宥者命在下以幣物宥助僖二十八年命晉侯。助以束帛以將厚意皆命不同者以彼有命晉侯之事故也皆賜玉五瑴。馬三匹非禮也雙玉爲瑴○瑴音角字又作珏【疏】注雙玉爲瑴○正義曰蒼頡篇瑴作珏雙玉爲瑴故字從兩玉王命諸侯名位不同禮亦異數不以禮假人侯而與公同賜是借人禮○借子夜反【疏】注侯而至人禮○正義曰虢君不知何爵稱公謂爲三公也周禮王之三公八命侯伯七命是其名位不同也其禮各以命數爲節是禮亦異數也今侯而與公同賜是借人禮也假借同義取者假爲上聲借爲入聲與者假借皆爲去聲○虢公晉侯鄭伯使原莊公逆王后于陳陳嬀歸于京師號晉朝王鄭伯又以齊執其卿故求王爲援皆在周倡義爲王定昬陳人敬從得同姓宗國之禮故傳詳其事不書不告○爲王于僞反實惠后陳嬀後號惠后寵愛少子亂周室事在僖二十四年故傳於此並正其后稱○夏公追戎于濟西不言其來諱之也戎來侵魯魯人不知去乃追之故諱不言其來疏注戎來至其來○正義曰傳例有鐘鼓曰伐無曰侵戎之來也魯人不知宜無鐘鼓故以侵言之釋例曰戎之入魯魯人不知去而遠追又無其獲邊竟不備候不在疆所以爲諱諱此君之闕亦所以示戒將來之君也○秋有蜚爲災也

○初楚武王克權使鬭緡尹之權國名南郡當陽縣東南有權城鬭緡楚大夫○緡亡巾反疏鬭緡尹之○正義曰尹訓正也楚官多以尹爲名此滅權爲邑使緡爲長故曰尹也以叛圍而殺之緡以權叛○以叛絶句本或作畔俗字也遷權於那處那處楚地南郡編縣東南有那口城○那處那又作鄀[illegible]乃多反下昌呂反又昌慮反編必綿反一音步典反使閻敖尹之閻敖楚大夫及文王即位與巴人伐申而驚其師驚巴師巴人叛楚而伐那處取之遂門于楚攻楚城門閻敖游涌而逸涌水在南郡華容縣閻敖既不能守城又游涌水而走○涌音勇水名楚子殺之其族爲亂冬巴人因之以伐楚

經十有九年春王正月○夏四月○秋公子結媵陳人之婦于鄄遂及齊侯宋公盟無傳公子結魯大夫公羊穀梁皆以爲魯女媵陳侯之婦其稱陳人之婦未入國略言也大夫出竟有可以安社稷利國家者則專之可也結在鄄聞齊宋有會權事之宜去其本職遂與二君爲盟故備書之本非魯公意而又失媵陳之好故冬各來伐○媵以證反又繩證反送也竟音境好呼報反疏

十九年注公子至來伐○正義曰公羊傳曰媵者何諸侯娶一國則二國往媵之媵不書此何以書為其有遂事書大夫無遂事此其言遂何聘禮大夫受命不受辭出竟有可以安社稷利國家者則專之可也穀梁文雖不明其意亦為魯女左氏無傳取彼為說故云公羊穀梁皆以為魯女媵陳侯之婦穀梁傳曰其曰陳人之婦略之也以未入國略而不言陳侯夫人成九年伯姬歸于宋晉衛齊三國來媵然則為人媵者皆送至嫁女之國使之從適而行此鄄是衛之東地蓋陳取衛女為婦魯使公子結送媵向衛至鄄聞齊宋為會將謀伐魯故權事之宜去其本職不復送女至衛遂與二君會盟故備書之也送女至鄄停女會盟鄄是盟處故言于鄄非本期送女使至鄄也既盟之後遂不復送女其盟本非公意又失媵陳之好故至冬而三國來伐結之此盟於魯無益故無嘉善之文文八年冬十月壬午公子遂會晉趙盾盟于衡雍乙酉公子遂會雒戎盟于暴四日之間不容反報亦是專命而盟患難俱解故再稱名氏珍而貴之與此異也宣十二年宋華椒承羣僞之言以誤其國宋人被伐而貶華椒今三國伐魯不貶公子結者結之為盟本欲安社稷利國家與華椒事異故不貶

○夫人姜氏如莒無傳非父母國而往書姦疏注非父至書姦○正義曰此既無傳不知何為如莒婦人不以禮出為姦故曰書姦○

冬齊人宋人陳人伐我西鄙無傳幽之盟魯使微者會鄄之盟又使媵臣行所以受敵鄙邊邑

傳十九年春楚子禦之大敗於津禦巴人為巴人所敗津楚地或曰江陵縣有津鄉還鬻拳弗納遂伐黃鬻拳楚大閽黃嬴姓國今弋陽縣○鬻音育拳求圓反閽音昏守門人也嬴音盈姓也字從女疏。注黃嬴姓○正義曰世本文敗黃師于踖陵踖陵黃地○踖在亦反一音七略反還及湫有疾南郡鄀縣東南有湫城○湫子小反鄀音若夏六月庚申卒鬻拳葬諸夕室夕室地名○夕朝夕之夕亦自殺也而葬於經。皇經皇冢前闕生守門故死不失職○經田結反經皇闕也疏注經皇至失職○正義曰鬻拳自殺以殉當是近墓之地宣十四年傳稱楚子聞宋殺申舟投袂而起屨及於窒皇劍及於寢門之外則窒皇近於門外當是寢門闕也知此經皇亦是冢前闕也且此人生爲大閽職掌守門明此亦是守門示死不失職也餘書无經皇之名蓋唯楚有此號也初鬻拳強諫楚子楚子弗從臨之以兵懼而從之鬻拳曰吾懼君以兵罪莫大焉遂自刖也楚人以爲大閽謂之大伯若今城門校尉官○強其丈反大伯音泰校戶教反字從木疏注以爲大閽謂之大伯○正義曰周禮天官閽人掌守。王宮之中門之禁鄭玄云閽人司昏晨以啓閉者刑人墨者使守門秋官掌戮墨者使守門刖者使守囿則閽人不使刖而鬻拳得爲閽者周禮地官之屬有司門下大夫二人掌授管鍵以啓閉國門鄭玄云若今城門校尉主王城十二門此注亦云若今城門校尉官然則鬻拳本是大臣楚人以其賢而使典此職非爲刑而役之其爲大閽者當如地官之司門非天官之閽人亦主晨昏開閉通以閽爲名焉謂之大伯伯長也爲門官之長也使其後掌之使其子孫常主此官君子曰鬻拳可謂愛君矣諫以自納於刑刑猶不忘納君於善言愛君明非臣法也楚能盡其忠愛所以興疏注言愛君明非臣法也○正義曰何休膏肓云人臣諫君非有死亡之急而以兵臨君開篡弒之路左氏以爲愛君於義左氏爲短故注言此以釋何休之難○初王姚嬖于莊王生子頽王姚莊王之妾也姚姓也○姚羊消反嬖必計反頽徒回反子頽有寵蔿國爲之師及惠王即位周惠王莊王孫取蔿國之圃以爲囿圃園也囿苑也○圃必古反又音布囿音又徐于自反苑於阮反疏注圃園也囿苑也○正義曰冢宰職云園圃毓草木鄭玄云樹果蓏曰圃園其樊也詩云折柳樊圃成十八年築鹿囿然則圃以蕃爲之所以樹果蓏囿則築牆爲之所以養禽獸二者相類故取圃爲囿邊伯之宮近於王宮王取之邊伯周大夫○近附近之近王奪子禽祝跪與詹父田三子周大夫○跪求委反而收膳夫之秩膳夫石速也秩祿也○收式周反故蔿國邊伯石速詹父子禽祝跪作亂因蘇氏蘇氏周大夫桓王奪其十二邑以與鄭自此以來遂不和○秋五大夫奉子頹以伐王石速士也故不在五大夫數不克出奔溫溫蘇氏邑蘇子奉子頹以奔衛衛師燕師伐周燕南燕○冬立子頹

經二十年春王二月夫人姜氏如莒無傳○夏齊大災無傳來告以火故書天火曰災例在宣十六年疏○二○十○年○注來告至六年○正義曰襄九年三十年宋災昭九年陳災十八年宋衛陳鄭災皆不言大知此來告以大故書大也○秋七月○冬齊人伐戎無傳

傳二十年春鄭伯和王室不克克能也執燕仲父燕仲父南燕伯爲伐周故○爲伐于僞反下文同疏○注燕仲父南燕伯○正義曰譜亦云南燕伯爵不知所出服虔亦云南燕伯爵夏鄭伯遂以王歸王處于櫟秋王及鄭伯入于鄔鄔王所取鄭邑○鄔烏苦反遂入成周取其寶器而還冬王子頹享五大夫樂及徧舞皆舞六代之樂○徧音遍疏○注皆舞六代之樂○正義曰言樂及徧舞則業之所有舞悉周徧故知皆舞六代之樂也周禮大司樂以樂舞教國子舞雲門大卷大咸大磬大夏大濩大武鄭玄云此周所存六代之樂也傳記所說雲門大卷黃帝也大咸堯也大韶舜也大夏禹也大濩湯也大武周武王也是爲六代奏黃鍾歌大呂舞雲門以祀天神奏大蔟歌應鍾舞咸池以祭地示奏姑洗歌南呂舞大磬以祀四望奏蕤賓歌林鍾舞大夏以祭山川奏夷則歌中

呂舞大濩以享先妣奏無射歌夾鐘舞大武以享先祖鄭伯聞之見虢叔。叔虢公字曰寡人聞之哀樂失時殃咎必至今王子頹歌舞不倦樂禍也夫司寇行戮司寇刑官○樂音洛殃咎上於度反下巨九反君爲之不舉去盛饌○去起呂反饌仕眷反【疏】注去盛饌○正義曰周禮膳夫職曰王日一舉鼎十有二物皆有俎以樂侑食大喪則不舉大荒則不舉大札則不舉天地有災則不舉邦有大故則不舉鄭玄云殺牲盛饌曰舉襄二十六年傳曰古之治民者將刑爲之不舉不舉則徹樂是不舉者貶膳食徹聲樂也而況敢樂禍乎奸王之位禍孰大焉臨禍忘憂憂必及之盍納王乎虢公曰寡人之願也○奸音干盍胡獵反何不也

經二十有一年春王正月○夏五月辛酉鄭伯突卒十六年與魯大夫盟于幽○秋七月戊戌夫人姜氏薨無傳薨寢祔姑赴於諸侯故具小君禮書之○祔音附【疏】二十一年注薨寢至書之正義曰經無所闕禮具可知杜爲此注者以先儒之說使莊公絕母子之親故於此明之知母子不絕下葬注亦然○冬十有二月葬鄭厲公無傳八月。葬緩慢也

傳二十一年春胥命于弭夏同伐王城鄭虢相命。弭鄭地○弭面爾反鄭伯將王自圉門入虢叔自北門入殺王子頹及五大夫鄭伯享王于闕西辟樂備闕象魏也樂備備六代之樂○圉魚呂反辟蒲歷反【疏】注闕象魏也○正義曰定二年雉門及兩觀災注云兩觀闕也禮運云昔者仲尼與於蜡賓事畢出遊於觀之上鄭玄云觀闕也釋宮云觀謂之闕郭璞云宮門雙闕周禮大宰正月之吉縣治象之法于象魏使萬民觀治象鄭衆云象魏闕也哀三年魯災傳稱季桓子御公立于象魏之外命藏

象魏曰舊章不可亡也由此言之則觀闕象魏其事一也劉熙釋名云闕在門兩旁中央闕然爲道也然則其上縣法象其狀巍巍然高大謂之象魏使人觀之謂之觀也闕西辟者辟是旁側之語也服虔云西辟西偏也當謂兩觀之內道之西也

王與之武公之略自虎牢以東略界也鄭武公傅平王平王賜之自虎牢以東後失其地故惠王今復與之虎牢河南成皐縣○復扶又反

【疏】注略界至皐縣○正義曰孟子云仁政必自經界始昭七年傳曰天子經略諸侯正封封略之內何非君土孟子經界即傳之經略且云封略之內封是竟則知略是界也武公東鄭之始封君也言武公之略則是武公舊竟若其由來不失不須今日復與故知後失其地惠王今復與之隱十一年王取鄭劉蔿邘之田于鄭蓋桓王之世失之也

原伯曰鄭伯效尤其亦將有咎原伯原莊公也言效子頹舞偏樂○效戶教反偏音遍

五月鄭厲公卒王巡虢守。巡守於虢國也天子省方謂之巡守○守音狩本或作狩後放此注同

【疏】注巡守至巡守○正義曰孟子云諸侯朝天子曰述職天子適諸侯曰巡守守者守也言諸侯爲天子守土天子時巡行之易稱后不省方故云天子省方謂之巡守

虢公爲王宮于玤玤虢地○玤蒲項反

王與之酒泉酒泉周邑

鄭伯之享王也王以后之鞶鑑予之后王后也鞶帶而以鑑爲飾也今西方羌胡爲然古之遺服○鞶步干反又蒲官反紳帶也鑑工暫反鏡也

【疏】注后王至遺服○正義曰鞶是帶也鑑是鏡也此與定六年傳皆鞶鑑雙言則鞶鑑一物故知以鏡飾帶舉今羌胡之服以明之

虢公請器王予之爵爵飲酒器

鄭伯由是始惡於王爲僖二十四年鄭執王使張本○惡烏路反又如字使所吏反

【疏】虢公至於王○正義曰鄭伯謂厲公子文公也服虔云鞶鑑王后婦人之物非所以賜有功爵飲酒器玉爵也一升曰爵爵人之所貴者言鄭伯以其父得賜不如虢公爲是始惡於王積而成怨僖二十四年遂執王使此爲彼張本

○冬王歸自虢傳言王之偏也

經二十二年春王正月肆大眚無傳赦有罪也易稱赦過宥罪書稱眚災肆赦傳稱肆眚圍鄭皆放赦罪人。蕩滌衆。故以新其心有時而用之非制所常故書○眚所景反盪音蕩本又作蕩滌徒歷反

【疏】二十二年注赦有至故書○正義曰肆大眚者肆緩也眚過也緩縱大過是赦有罪也大罪猶赦則小罪亦赦之猶今赦書大辟罪以下悉皆原免也易解卦象云雷雨作解君子以赦過宥罪解卦坎下震上震爲雷坎爲雨雷動雨下而萬物解散故君子以此卦象而放赦有過寬宥罪人也書稱眚災肆赦舜典文孔安國云眚過災害肆緩也過而有害當緩赦之肆眚圍鄭襄九年傳文也此諸言肆眚者皆是放赦罪人蕩滌衆故除其瑕穢以新其心也必其國有大患非赦不解或上有嘉慶須布大恩如是乃行此事故釋例曰天有四時得以成歲雷霆以振之霜雪以齊之春陽以。煖之雲雨以潤之然後能相育也天且弗違而況於人乎物不可終否故受之以同人同人者與人同也解天下之至結成天下之亹亹肆大眚之謂也堯曰咨爾舜有罪不敢赦所以須待革命有時而用之非制所常故書之也杜唯言有時用之亦不知此時何以須赦穀梁傳曰肆大眚爲嫌天子之葬也其意言文姜有罪不合以禮而葬若不赦不復書葬嫌天子許之明須赦而後得葬故爲赦也賈逵以文姜爲有罪故赦而後葬以說臣子也魯大赦國中罪過欲令文姜之過因是得除以葬文姜杜不明說要文姜出奔之日。尙稱夫人夫人之名未嘗有貶何須以赦除之此赦必不爲文姜。但夫人以去年七月薨十一月則當合葬乃至此年正月經七月始葬如此遲緩必是國家有事須赦解之但不知其所由耳

經○癸丑葬我小君文姜無傳反哭成喪故稱小君○陳人殺其公子御。寇宣公太子也陳人惡其殺太子之名故不稱君父以國討公子告○御音禦本亦作禦惡烏路反

【疏】注宣公至子告○正義曰傳言大子必是大子也僖五年晉侯殺其世子申生稱君稱世子此不然者釋例曰古者討殺其大夫各以罪狀宣告諸侯所以懲不義重刑戮也晉侯使以殺大子申生之故來告衞殺孔達傳載其辭辭雖有臨時之狀其告則常也然則殺大夫

公子當以罪狀告人此傳不說御寇之罪則陳人不以罪告而經書公子是惡殺大子之名故不稱君父以國討公子告○夏五月疏。告夏五月○正義曰釋例曰年之四時雖或無事必空書首月以紀時變以明曆數莊公獨稱夏五月及經四時有不具者丘明無文皆闕繆也○秋七月

丙申及齊高傒盟于防無傳高傒齊之貴卿而與魯之微者盟齊桓謙接諸侯以崇霸業○冬公如齊納幣無傳公不使卿而親納幣非禮也母喪未再期而圖昏二傳不見所譏左氏又無傳失禮明故○見賢遍反又如字疏注公不至明故○正義曰釋例曰宋公使華元來聘聘不應使卿故傳但言聘共姬也使公孫壽來。納。幣應使卿故傳明言其得禮也是納幣當使卿公不使卿親納幣非禮也

傳二十二年春陳人殺其大子御寇傳稱太子以實言陳公子完與顓孫奔齊公子完顓孫皆御。寇之黨○顓音專顓孫自齊來奔不書非卿齊侯使敬仲為卿敬仲陳公子完辭曰羇旅之臣羇寄也旅客也幸若獲宥及於寬政宥赦也赦其不閑於教訓而免於罪戾弛於負擔弛去離也○弛失氏反擔丁暫反離力智反君之惠也所獲多矣敢辱高位以速官謗敢不敢也謗布浪反○請以死告以死自誓詩云翹翹車乘招我以弓豈不欲往畏我友朋逸詩也翹翹遠貌古者聘士以弓言雖貪顯命懼為朋友所譏責○翹祁堯反乘繩證反使為工正。掌百工之官飲桓公酒樂齊桓賢之故就其家會據主人之辭故言飲桓公酒○飲於鴆反注同樂音洛下注同疏。注齊桓至公酒○正義曰春秋之世設享禮以召君者皆大臣擅寵如衛公叔文子宋桓魋之徒始為之耳為之非禮法也敬仲羇旅之臣且知禮者也必不召公臨已知是桓公賢之自就其家會也據敬仲為主。人辭故言飲公酒耳公曰以火繼之辭

曰臣卜其晝未卜其夜不敢疏臣卜至不敢○正義曰服虔云臣將享君必卜之示戒慎也此桓公自就其家非敬仲發心請享不得言將享必卜也蓋桓公告其往日乃卜之耳言未卜其夜者詩云厭厭夜飲在宗載考鄭玄云考成也夜飲之禮在宗室同姓則成於庶姓讓之則止引此敬仲之事云此之謂不成是言敬仲非齊同姓故不敢也君子曰酒以成禮不繼以淫義也夜飲為淫樂以君成禮弗納於淫仁也初懿氏卜妻敬仲懿氏陳大夫龜曰卜○妻七計反疏注龜曰卜○正義曰曲禮文也周禮大卜掌三兆之法一曰玉兆二曰瓦兆三曰原兆其經兆之體皆百有二十其頌皆千有二百鄭玄云兆者灼龜發於火其形可占者其象似玉瓦原之璺罅是用名之焉原原田也頌謂繇也每體十繇然則卜人所占之語古人謂之爲繇其辭視兆而作出於臨時之占或是舊辭或是新造猶如筮者引周易或別造辭卜之繇辭未必皆在其頌千有二百之中也此傳鳳皇于飛下盡莫之與京襄十年傳稱衛卜禦寇姜氏問繇曰兆如山陵有夫出征而喪其雄哀九年傳稱晉趙鞅卜救鄭遇水適火史龜曰是謂沈陽可以興兵利以伐姜不利子商三者皆是繇辭其辭也韻則繇辭法當韻也郭璞撰自所卜事謂之辭林其辭皆韻習於古也其妻占之曰吉懿氏妻是謂鳳皇于飛和鳴鏘鏘雄曰鳳雌曰皇雄雌俱飛相和而鳴鏘鏘然猶敬仲夫妻相隨適齊有聲譽○和如字又戶臥反注同鏘七羊反本又作將將疏注雄曰至聲譽○正義曰釋鳥云鶠鳳其雌皇郭璞云瑞應鳥說文云鳳神鳥也天老曰鳳之象也鴻前麐後蛇頸魚尾鸛顙鴛思龍文龜背燕頷雞喙五色備舉出於東方君子之國翱翔四海之外過崐崙飲砥柱濯羽弱水莫宿丹穴見則天下大安寧從鳥凡聲鳳飛則羣鳥從之以萬數故古文鳳作朋字山海經云丹穴之山有鳥焉其狀如鶴五采而文名曰鳳皇首文曰德翼文曰順背文曰義膺文曰仁腹文曰信是鳥也飲食則自歌自舞是說鳳皇有之狀也鳳皇雄雌俱飛喻敬仲夫妻相隨鏘鏘鳴之聲故以喻有聲譽也

嬀之後將育于姜嬀陳姓姜齊姓五世其昌並于正卿八世之後莫之與京京大也○並于本或作並爲誤【疏】五世至與京○正義曰五世其昌言其始昌盛也並于正卿位與卿並得爲上大夫也莫之與京謂無與之比大言其位最高也五世八世當是卜兆之閒有其象傳言其占之辭不言其知之意固非後學所得詳之陳厲公蔡出也姊妹之子曰出【疏】注姊妹之子曰出○正義曰釋親云男子謂姊妹之子爲出言姊妹出嫁而生子也故蔡人殺五父而立之五父陳佗也殺陳佗在桓六年○佗大多反生敬仲其少也周史有以周易見陳侯者周大史也○少詩照反見如字又賢遍反大音泰【疏】注周大史也○正義曰直言周史知是大史者周禮大史掌書昭二年傳稱韓宣子觀書於大史氏此以周易見陳侯故知是大史也以周易見者自以知周易見陳侯言己明易能筮故陳侯使之筮也陳侯使筮之蓍曰筮○筮上制反蓍音尸【疏】注蓍曰筮○正義曰曲禮文也其揲蓍求卦之法則易繫辭具焉遇觀䷓坤下巽上觀○古亂反注皆同之否䷋坤下乾上否觀六四爻變而爲否○否備矣反注皆同【疏】遇觀之否正義曰此注坤下巽上觀坤下乾上否及六四爻變諸如此輩皆據周易之文知之劉炫規過云下巽之上否者爲觀卦之否爻屯之比者屯卦之比爻皆不取後卦之義今刪定以爲不然何者以閔元年畢萬筮仕遇屯之比云屯固比入僖十五年晉獻公筮嫁伯姬得歸妹之睽云士刲羊亦無衁歸妹上六爻辭又云歸妹睽孤寇張之弧睽之上九爻辭又云歸妹之睽猶無相也昭五年明夷之謙云明夷于飛垂其翼又云謙不足飛不翔此之等類皆取前後二卦以占吉凶今人之筮亦皆如此故賈服及杜並皆同焉劉炫苟異前儒好爲別見以規杜氏非也沈云遇者不期而會之名筮者所得卦之吉凶非有宿契逢遇而已故謂之遇劉炫云下體坤坤爲地爲衆上體巽巽爲風爲木互體有艮艮爲門闕地上有木而爲門闕宮室之象宮室而可風化使天下之衆觀焉故謂之觀也下體坤

坤爲地上體乾乾爲天天不下降地不上騰天地不通其氣上下否塞故謂之否也曰是謂觀國之光利用賓于王此周易觀卦六四爻辭易之爲書六爻皆有變象又有互體聖人隨其義而論之〇爻戶交反此其代陳有國乎不在此其在異國非此其身在其子孫疏是謂至子孫〇正義曰觀國之光利用賓于王二句周易文也此先云〇不在此其在異國後云非此其身在其子孫所以在下覆結先云其在後乎後云在異國者其在異國之下更欲演說異國是大嶽姜姓其言稍多且須以結末故進其在後乎於上先解之也庭實旅百以下方解利用賓于王則上句故曰觀國之下未須賓王之句而再言利用賓于王者蓋以觀國之光卽是朝王之事直言觀光以文不足故連言賓王但未解賓王之義故於下更重解之傳稱引詩斷章則引易論事易未必如本此言觀國之光謂所爲筮者觀他人有國之光榮也此有國之人利用爲賓客於王朝也其意言見其子孫有國作賓於王家耳非其身也〇代陳有國言代陳正適子孫有其國家陳滅此與是代之也〇注此周至論之〇正義曰易之爲書揲蓍求爻重爻爲卦爻有七八九六其七八者六爻並皆不變卦下摠爲之辭名之曰彖彖者才也摠論一卦之才德若乾元亨利貞之類皆是也其九六者當爻有變每爻別爲其辭名之曰象象者像也指言一爻所象若乾初九潛龍勿用之類皆是也不變者聚而爲彖其變者散而爲象計每於一卦當書兩體但以此爻陰陽既同唯變否有異且每爻異辭不可爻作二畫從上可知故不畫二也傳之筮者指取易義不爲論卦丘明不畫卦也諸爲注者皆言上體下體若其畫卦示人則當不煩此注注亦不畫卦也今書有畫卦者當是後之學者自恐不識私畫以備忘遂傳之耳每爻各有象辭是六爻皆有變象二至四三至五兩體交互各成一卦先儒謂之互體聖人隨其義而論之或取互體言其取義爲常也光遠而自他有耀者也疏光遠至耀者也正義曰易稱觀國之光故解其光義言光在此處遠照於他物從他物之上而有明耀者也謂光能遠照於他物有明故下云照之以天光是也

坤土也巽風也乾天也風爲天於土上山也巽變爲乾故曰風爲天自二至四有艮象艮爲山○乾其然反疏
於土上山也○正義曰六四之爻位在坤上坤爲土地山是地之高者居於土上是爲土上山也又巽變爲坤六四變爲九四從二至四互體有艮之象艮爲
山故言山也有山之材而照之以天光於是乎居土上山則材之所生上有乾下有坤故言居土上照之以天光
故曰觀國之光利用賓于王四爲諸侯變而之乾有國朝王之象疏有山至于王○正義曰山則材之所注此人有山之材言
其必大富也上天以明臨下照之以天光言天子臨照之也於是乎又居於土上既富矣而彼天照又復居有土地是爲國君之象也易位四爲諸侯變而爲
乾乾爲天子是有國朝王之象故曰觀國之光利用賓于王庭實旅百奉之以玉帛天地之美具焉故曰利
用賓于王艮爲門庭乾爲金玉坤爲布帛諸侯朝王陳。贄幣之象旅陳也百言物備○摯音至本又作贄同疏庭實至于王○正義曰觀禮侯
氏執圭見王王受圭禮成乃出又入行享禮獻國之所有此說行享禮也旅陳也庭之所實。陳有百品。言物備也奉之以玉帛謂執玉帛而致享禮。彼天之照
有地之材天子賜之土田國君獻國所有天地之美備具焉朝王之儀畢足矣故曰利用賓于王○注艮爲至物備○正義曰易說卦艮爲門闕乾爲金玉坤
爲布帛杜以門內有庭傳言庭實故改言艮爲門庭耳杜言諸侯朝王陳贄幣之象者謂陳之以行享禮也觀禮侯氏既見王乃云四享皆束帛加璧庭實唯
國所有鄭玄云四當爲三大行人職曰諸侯廟中將。幣皆三享其禮差又無取於四也初享或用馬或用虎豹之皮其次享三牲魚腊籩豆之實龜也金也丹
漆絲纊竹箭也其餘無常貨此物非一國所能有唯國所有分爲三享皆以璧帛致之禮器云大饗其王事與三牲魚腊四海九州之美味也籩豆之薦四時
之和氣也內金示和也束帛加璧尊德也龜爲前列先知也金次之見情也丹漆絲纊竹箭與衆共財也其餘無常貨各以其國之所有則致遠物也郊特牲

曰旅幣無方所以別土地之宜而節遠邇之期也龜爲前列先知也以鍾次之以和居參之也虎豹之皮示服猛也束帛加璧往德也鄭玄觀禮之注所言出
於彼也杜言贄幣即鄭所謂璧帛也此奉之以玉帛執以致庭實耳其玉帛不入王也覲禮侯氏致享執玉致命王撫之而已不受之也又曰侯氏降授宰幣
是庭實之幣皆庭受之唯馬受之於門外耳旅陳釋詁文也百者言其物備也猶有觀焉故曰其在後乎因觀文以傳。占故言猶有
觀非在己之言故知在子孫○觀古亂反疏注因觀至子孫○正義曰以卦名觀故因觀文以傳占也觀者視他之辭此賓王之事若所爲筮者身自當有
則不應觀他此卦猶有觀焉觀非在己之言其人觀他有之故知在其子孫也風行而著於土疏風行而著於土○正義曰服虔云巽在坤
上故爲著土也一曰巽爲風復爲木風吹木實落去更生他土而長育是爲在異國故曰其在異國乎若在異國必姜姓
也姜大嶽之後也姜姓之先爲堯四嶽○著直略反大嶽音泰下音岳疏注姜姓至四嶽○正義曰周語稱堯命禹治水共之從孫四嶽
佐之胙四嶽國命爲侯伯賜姓曰姜氏曰有呂賈逵云共共工也從孫同姓。未嗣之孫四岳官名大岳也主四岳之祭焉然則以其主嶽之祀尊之故稱大也
山嶽則配天物莫能兩大陳衰此其昌乎變而象艮故知當興於大嶽之後得大嶽之權則有配天之大功故知陳
必衰疏注變而至必衰○正義曰六四爻變爲九四與二共爲艮象艮爲山故知與於山嶽之國姜姓大岳之後知其將育于姜地之高者莫過於山詩云
崧高維嶽駿極于天言其大能至天故山嶽則配天也且乾在上艮在下亦是山嶽配天之象此人子孫養於大嶽之後官尊位貴得大嶽之權則其功德有
配天之大然天子其功配天今縱得大嶽之權唯諸侯耳言配天者以其功大故甚言之物莫能兩大此有興兆故名陳必衰也及陳之初亡
也昭八年楚滅陳陳桓子始大於齊桓子敬仲五世孫陳無。宇疏注桓子至無宇○正義曰史記田完世家完卒謚爲敬仲仲生。穉孟

夷夷生滑孟莊莊生文子須無文子生桓子無宇是為敬仲五世孫也 其後亡也 哀十七年楚復滅陳○復扶又反 成子得政 成子陳常也敬仲八世孫陳完有禮於齊子孫世不忘德德協於卜故傳備言其終始卜筮者聖人所以定猶豫決疑似因生義教者也尚書洪範通龜筮以同卿士之數南蒯卜亂而遇元吉惠伯荅以忠信則可臧會卜僭遂獲其應丘明故舉諸縣驗於行事者以示來世而君子志其善者遠者他皆放此○豫音預本亦作預蒯居怪反僭子念反應應對之應縣音玄

疏注成子至放此○正義曰沈氏云世家桓子生武子啓及僖子乞乞卒子常代之是為田成子是於敬仲為七世言八世者據其相代在位為八世也成子弒簡公專齊政是莫之與大也成子生襄子磐磐生莊子白白生大公和和遷齊康公於海上和立為齊侯和孫咸王稱王四世而秦滅之作傳之時宏之子孫已盛故傳備言其終始也世家云敬仲之如齊以陳字為田氏左傳終始稱陳田必非敬仲所改未知何時改耳左傳之初至此始有卜筮故杜於此通說之曲禮曰卜筮者先聖王之所以使民決嫌疑定猶與也是先王立之本意也因而生義教謂教人以行義行善則德協於卜行惡則遇吉反凶必以行義乃可卜也洪範曰汝則有大疑謀及乃心謀及卿士謀及庶人謀及卜筮謀及卿士而以卜筮同之是通龜筮以同卿士之數也南蒯卜為亂不信則不可臧會卜為僭不信乃遂吉二事相反故特引之言卜筮應入行也南蒯在昭十二年臧會在昭二十五年南蒯筮而言卜者卜筮通言耳杜引洪範者欲明龜筮未必神靈故云以同卿士之數言龜筮所見纔與卿士同耳又引南蒯者明吉凶由行不由卜筮欲使人脩德行不可純信卜筮也又引臧會者吉凶亦由卜筮不可專在於行欲使人敬龜筮也故丘明舉縣驗於行事者以示來世脩德行敬龜筮言驗於行事者南蒯則行驗而龜筮不驗臧會則行不驗而龜筮驗言君子志其善者遠者善者謂勸人脩德行敬龜筮是也遠者謂舉其大綱勸人為善長久遠道非有臨時應驗此遠者即上善者指其事謂之善指其教謂之遠劉炫云計春秋之時卜筮多矣丘明所載唯二十許事舉其縣驗於行事者其不驗者不載之君子

之人當記其忠之善者知之遠者他皆放此

附釋音春秋左傳注疏卷第九

## 春秋左傳注疏卷九校勘記

附釋音春秋左傳注疏卷第九莊十一年盡二十二年　阮元撰盧宣旬摘録

〔經十一年〕

十一年公敗宋師于鄑　諸本脱十一年三字

故敗于乘邱　毛本敗誤敢

〔傳十一年〕

注通謂至爲文　宋本以下正義六節摠入京師敗節注下

師徒撓敗　宋本撓作橈正義同釋文亦作橈是也○今訂從宋本

故曰敗績　宋本績字下有諸言敗績者皆云某師敗績十一字

然則績者是大崩之名　閩本監本毛本則作敗宋本作然則敗績者不誤

得儁曰克　淳熙本足利本儁作雋釋文云本或作儁諸本皆作儁案漢書陳湯傳注引作儁玉篇云儁同儁

故具迹叔段之事以充之　浦鏜正誤迹作述

釋例與此盡同　監本此字脱

禹湯罪己其與也悖焉石經宋本岳本作己不誤淳熙本纂圖本閩本監本毛本誤作已甚之已正義同釋文悖一作勃五經文字云悖俗作勃案吕覽當染篇漢書陳蕃傳注引並作勃非爾雅釋詁正義引又作淳然

禹湯罪己桀紂罪人宋本以下正義三節揔入臧孫達曰節之下

公子御說之辭也釋文云御本或作禦與史記漢書古今人表同

搏取也宋本搏作傳誤

注金僕姑矢名宋本以下正義三節揔入曰始吾敬子節注下

安得稱公敗宋師于乘邱宋本安上有經字是也

注戲而相愧曰靳至得還宋本作注戲而至得還

〔經十二年〕

十二年注紀侯至大歸各本脱十二年三字

夫國喜得其所宋本夫作失與穀梁合

不書葬亂也山井鼎云足利本後人記云亂下有故字非也

公羊書其不畏彊禦宋本閩本監本毛本書作害

〔傳十二年〕

注蒙澤至蒙縣 宋本以下正義四節揔入皆臨之注下

楚弑其君虔于乾谿 宋本楚下有公子比自晉歸于楚八字與昭十三年經合

批而殺之 案今說文作搋無批字玉篇引傳正作搋而殺之

手批之也 宋本淳熙本無也字

蒙縣西北有亳城 案郡國志水經注廿三引作薄城古字通

猛獲其黨一 宋本淳熙本岳本纂圖本無一字此誤衍山井鼎云足利本無其字非也

○冬十月蕭叔大心 宋本岳本冬上無○此本誤衍

南宮萬奔陳 釋文云本或作長萬長衍字也下亦然案下文亦請南宮萬于陳釋文作南宮長萬傳寫之失

斷以賂為句 宋本斷作繼非

〔經十三年〕

〔傳十三年〕

十三年傳注宋有至霸業 各本脫十三年傳四字宋本此節正義在注戍守也之下

遂人不至○案宋本岳本無○此誤衍

〔經十四年〕

十四年注既伐至大夫諸本脱十四年三字○補案各本全書正義標起止並不標年皆與此同後不悉出

鄄衛地今東郡鄄城也淳熙本閩本纂圖本監本毛本鄄城作甄城釋文亦作甄云或作鄄案集韻云鄄地名在衛通作甄

陳世子款盟于洮監本毛本款作欵俗款字

宋在齊上則魯次宋也宋本宋在作或在不誤

〔傳十四年〕

經書人傳諸侯者宋本淳熙本岳本纂圖本足利本傳下有言字岳本脱者字

注齊欲至之辭宋本此節正義在夏單伯會之節下

先儒以爲諸如此輩閩本輩誤輦

非正等差之謂也宋本正作止是也

初内蛇與外蛇鬭於鄭南門中内蛇死石經初刻虵後改蛇

六年而厲公入閩本監本毛本脱而厲公三字宋本以下正義三節揔入乃縊而死句下

○服虔云　宋本監本毛本○下有正義曰三字

其氣惔以取之　石經初刻惔作炎是也改作惔大誤釋文亦作炎案漢書五行志藝文志引傳文並作其氣炎以取之顏師古注炎讀與惔同

蓋其畿內之國　宋本其作是不誤

○莊公之子猶有八人傳唯見四人子忽子亹子儀並死獨厲公在八人名字記傳無聞　案卅四字乃釋文自此本誤入正義閩本監本毛本並仍其繆○補案此本不誤

繩息嬀以語楚子　釋文繩說文作譝廣雅云譝譽也

宰役在十年　各本作莘役此本誤作莘役

注繩譽也　宋本此節正義入秋七月節注下

商書盤庚　釋文作般庚云本又作盤庚案周禮司勳注作般庚漢石經尚書殘碑般作股唐元度云石經舟皆作月

〔經十五年〕

〔傳十五年〕

〔經十六年〕　宋本春秋正義卷第九

往年齊桓始霸　宋本始作治非

戚與虛柯宋本閩本監本毛本柯作村是也○今依訂正

〔傳十六年〕

注二子至曰刖宋本以下正義二節揔入注言其不能早辟害之下

注滿於十宋本注下有數字是也

傳稱曲沃武滅翼宋本監本毛本武下有公字不誤

盡以是寶器賂獻於周僖王宋本閩本監本毛本是作其不誤

〔經十七年〕

齊桓始霸閩本監本毛本霸作伯釋文亦作伯音霸云本又作霸

鄭令詹請齊謝罪宋本請作詰不誤

夏齊人殲于遂漢書地理志注引遂作隧

翫而无備宋本无作無是

逃居匹夫逃竄宋本閩本監本毛本居作若不誤

冬多麋葉抄釋文麋作麇非也案石經此處缺諸本作麋釋文亡悲反則從米麋是也

〈傳十七年〉

〈經十八年〉

秋有蜮釋文蜮本又作蜮漢書引經文作蜮說文云蜮短狐也

蜮短弧也盧文弨曰按弧字是也能含沙射人故名之短弧釋文亦作短弧云本又作狐宋本淳熙本岳本並作狐釋文短本又作斷

或謂含沙射人入皮肌浦鏜正誤云皮當作人盧文弨云穀梁疏作射人入人皮肌

〈傳十八年〉

示不忘故宋本岳本纂圖本監本毛本作忘古是也案正義作古

所以助歡敬之意纂圖本閩本監本毛本歡作勸非正義所以助歡也同

注王之至備設宋本以下正義三節揔入王命諸侯節注下

王爲之設饗禮毛本禮誤醴

侯伯三饗再食再燕監本毛本三作二非也

四曰醍齊宋本醍作緹字周禮作緹按緹正字醍俗字

然醴猶體也毛本體作躰俗字

主人又酌以酬賓曰酬幣宋本幣上有謂之酬三字是也

所賜之物卽下玉馬是也監本玉作王非

命晉侯助以束帛宋本晉侯下有宥注云命晉侯六字與僖廿八年傳注合

皆賜玉五瑴釋文云瑴字又作珏正義引倉頡篇瑴作珏雙玉爲瑴故字從兩玉說文瑴字云珏或從㱿岳本作瑴是也

宜無鐘鼓故以侵言之宋本監本毛本不重故字是也

鬭緡尹之宋本此節正義在以伐楚句下

遷權於那處石經初刻同改刻郍岳本作那與釋文合下並同

（經十九年）

（傳十九年）

注黄嬴姓宋本以下正義四節摠入君子曰節注下

而葬於經皇惠棟云經與窒通

掌守主宮之中門之禁宋本閩本監本毛本主作王是也

生子頹石經宋本足利本頹作穨案六經正誤云說文作穨臨川與國本並作穨當從之後同

姚姓也 宋本淳熙本無也字

及惠王即位 石經初刻有脫文及惠王即四字改刊時補正

注圃園也囿苑也 宋本此節正義在冬立子穨之下

園其樊也 重修監本樊作棥誤

〔經二十年〕

來告以火 岳本纂圖本閩本監本毛本火作大是也按正義亦作大

二十年注來告至六年 各本脫二十年三字此節正義宋本在齊人伐戎句注下

〔傳二十年〕

注燕仲父南燕伯 宋本以下正義三節揔入寡人之願也句下

大磬大夏 閩本監本毛本磬作罄非下舞大磬同

奏黃鍾 閩本監本鍾作鐘下同

奏大蔟 閩本監本蔟作簇非

奏蕤賓 補案蕤周禮作蕤

叔虢公字淳熙本字誤子纂圖本閩本監本毛本作虢叔公字非也

（經二十一年）

八月葬緩慢也宋本淳熙本岳本足利本月下有乃字是也

（傳二十一年）

鄭虢相命岳本命下有也字

闕象魏也宋本以下正義五節揔入冬王歸自虢注下

王巡虢守山井鼎引林唐翁直解作王巡守虢非釋文云守本或作狩後放此注同

玤虢地纂圖本毛本地作也誤

鞶帶而以鑑爲飾也宋本淳熙本鑑作鏡定六年傳注同

今西方羌胡爲然古之遺服宋本淳熙本岳本爲作猶是

（經二十二年）

經二十二年石經此處殘闕宋本淳熙本岳本足利本十下有有字是也

蕩滌衆故宋本岳本纂圖本閩本監本毛本蕩作盪釋文亦作盪云本又作蕩案正義作蕩衆下山井鼎云足利本有惡字

春陽以煖之　毛本煖作暖

尙稱夫人　監本毛本尙作常非也

此赦必不爲文姜　宋本姜下有也字

陳人殺其公子御寇　釋文云御本亦作禦案公羊穀梁皆作禦

疏告夏五月　監本毛本疏誤注此本告字衍

使公孫壽來納幣　宋本重納幣二字是也

〔傳二十二年〕

皆御寇之黨　監本寇誤光

使爲工正　毛本正誤政

注齊桓至公酒　宋本以下正義二十二節揔入篇末

敬仲羈旅之臣　宋本羈作羇俗字

據敬仲爲主人辭　宋本人下有之字

其象似玉瓦原之疊鏬　毛本疊作疉非也

頌爲絲也宋本閩本監本爲作謂

此傳鳳凰于飛宋本作鳳皇是也

郭璞撰自所卜事謂之辭林按隋書經籍志有周易新林易洞林皆郭璞撰此作辭誤

是謂鳳皇于飛監本毛本皇作凰俗字注同

莫宿丹穴案說文丹作風淮南子作風穴

鳳皇雄雌俱飛毛本雄雌二字誤倒

言已明易能筮宋本已作己不誤

觀六四爻變而爲否宋本無爻字

爲觀卦之否爻浦鏜正誤爲改作謂

得歸妹之睽云睽各本作暌非宋本不誤下同

互體有艮毛本有作爲非

艮爲門闕監本闕誤關下同

若乾初九潛龍勿用之類閩本用誤毋

當書兩體 宋本監本毛本書作畫是也

今書有畫卦者 閩本書作畫非

聖人隨其義而論之 宋本論之下有或取爻象四字是也

諸侯朝王陳贄幣之象 纂圖本閩本監本毛本贄作摯釋文亦作摯云本又作贄同

陳有百品言物備也 毛本陳誤成宋本重百品二字閩本監本毛本亦脫

謂執玉帛而致享禮 宋本禮下有也字

諸侯廟中將幣皆三享 毛本幣誤備

因觀文以傳占 宋本淳熙本岳本纂圖本足利本傳作博是也正義同

姜大嶽之後也 周禮馬質正義引作大岳案說文岳古文嶽

從孫同姓末嗣之孫 宋本作末是也

桓子敬仲五世孫陳無宇 纂圖本閩本監本毛本宇誤字

仲生穉孟夷 閩本監本毛本穉誤釋

臧會卜僭 淳熙本卜作十非

及僖子乞乞卒子常代之代各本作僖此本誤僖今訂正宋本常作恆毛本代誤伐

成子弑簡公監本毛本弑作殺非

汝則有大疑閩本監本毛本有大二字誤倒

欲使人敬龜筮也宋本龜作卜是也

當記其忠之善者監本毛本忠作志

春秋左傳注疏卷九校勘記

附釋音春秋左傳注疏卷第十 莊二十三年盡三十二年

杜氏注 孔穎達疏

經二十有三年春公至自齊無傳 ○祭叔來聘無傳穀梁以祭叔為祭公來聘魯天子內臣不得外交故不言使不與其得使聘○祭側界反為于僞反 疏 二十三年注穀梁至使聘○正義曰諸言聘者皆言某侯使某來聘此不言使左氏無傳故取穀梁為說穀梁傳云其不言使何也天子之內臣也不正其外交故不與使也然則言內臣不得外交必是畿內之國畿內之國非為祭耳傳不言為祭公來聘杜言為祭公來聘者但祭叔連祭為文必是祭人虞叔。子虞公之弟此祭叔或是祭公之弟故以為為祭公來聘天子內臣不得外交諸侯故不言使不與其得使聘也魯受其聘行其禮故書聘耳二十五年陳女叔來聘嘉之故不名此無可嘉亦稱叔者杜意叔為名為字無以可知故不明言 ○夏公如齊觀社齊因祭社蒐軍實故公往觀之 疏 注齊因至觀之○正義曰魯語說此事云夫齊棄大公之法而觀民於社社孔晁云聚民於社觀戎器也襄二十四年傳稱楚子使薳啓。彊如齊齊社蒐軍實使客觀之知此亦然故公往觀之釋例曰凡公出朝聘奔喪會葬皆但書如不言其事此春秋之常然則喪葬常事故不書觀社非常故特書 公至自齊無傳 ○荊人來聘無傳不書荊子使某來聘君臣同辭者蓋楚之始通未成其禮 疏 注不書至其禮○正義曰釋例曰楚之君臣最多混錯此乃楚之初興未閑周之典禮告命之辭自生同異楚武王熊達始居江漢之間然猶未能自同列國故稱荊敗蔡師荊人來聘從其所居之稱而總其君臣是言楚之始通未成其禮之意言君臣同辭者此云荊人來聘是臣來也僖二十一年楚人使宜申來獻捷言使則是君也而經亦書楚人是君臣同辭 ○公及齊侯遇于穀無傳○穀音谷 ○蕭叔朝公無傳蕭附庸國叔名就穀朝公故不

言來凡在外朝則禮不得具嘉禮不野合疏注蕭附至野合○正義曰無爵而稱朝知是附庸國也郲儀父貴之乃書字此無所貴知叔爲名也公羊傳曰
其言朝公何公在外也文連遇于穀是就穀朝公穀是齊地故不言來也定十四年大蒐于比蒲郲子來會公比蒲魯地故言來也穀梁傳曰朝於廟正也於
外非正也是言在外行朝則禮不得具定十年傳稱嘉樂不野合知嘉禮亦不野合嘉禮謂善禮非五禮之嘉也朝於五禮屬賓○秋丹桓宮
楹桓公廟也楹柱也○楹音盈○冬十有一月曹伯射姑卒無傳未同盟而赴以名○射示亦反又音亦○十有
二月甲寅公會齊侯盟于扈無傳扈鄭地在滎陽卷縣西北○扈音戶卷音權字林丘權反韋昭丘云反說文丘粉反
傳二十三年夏公如齊觀社非禮也曹劌諫曰不可夫禮所以整民也故會以
訓上下之則制財用之節貢賦多少朝以正班爵之義帥長幼之序征伐以討其不
然不然不用命○長丁丈反疏。夫禮至不然○正義曰夫禮者所以整理天下之民民謂甿庶貴賤者皆是也諸侯會聚所謀皆是尊王室脩臣禮故會
以訓上下之則以諸侯事天子訓在下事其君也於會必號令諸國出貢賦多少卽是制財用之節度也禮使小國朝大國是朝以正班爵之等義也爵同則
小國在下是帥長幼之次序也諸侯之序以爵不以年此言長幼謂國大小也沈氏云爵同者據年之長幼故云帥長幼之序不朝不會則征討之故言征伐
以討其不然諸侯有王從王事王有巡守。省四方以大習之大習會朝之禮非是君不舉矣君舉
必書書於策書而不法後嗣何觀○晉桓莊之族偪桓叔莊伯之子孫強盛偪迫公室○偪彼力反獻公
患之士蔿曰去富子則羣公子可謀也已士蔿晉大夫富子二族之富強者○蔿于委反去起呂反下同公曰

爾試其事士蔿與羣公子謀譖富子而去之以罪狀誣之同族惡其富強故士蔿得因而間之用其所親爲譖則似信離其骨肉則黨弱羣公子終所以見滅○惡烏路反間間廁之間○秋丹桓宮之楹

經二十有四年春王三月刻桓宮桷刻鏤也桷椽也將。逆夫人故爲盛飾○刻音克桷音角字林云齊魯謂榱爲桷椽直專反疏二十四年注刻鏤至盛飾○正義曰釋器云金謂之鏤木謂之刻刻木鏤金其事相類故以刻爲鏤也桷謂之榱榱即椽也穀梁傳曰刻桷非正也夫人所以崇宗廟也取非禮與非正而加之於宗廟以飾夫人非正也刻桓宮桷丹桓宮楹斥言桓宮以惡莊也是言丹楹刻桷皆爲將逆夫人故爲盛飾○葬曹莊公無傳○夏公如齊逆女無傳親逆禮也疏注親逆禮也○正義曰公羊傳曰何以書親。迎禮也親逆是正禮有故得使卿逆亦無譏也○秋公至自齊無傳八月丁丑夫人姜氏入哀姜也公羊傳以爲姜氏要公不與公俱入蓋以孟任故丁丑入而明日乃朝廟○要於遙反任音壬後孟任皆同疏注哀姜至朝廟○正義曰公羊傳曰其言入何難也其難奈何夫人不可使入與公有所約然後入唯言有所要不知要何事故云蓋以孟任故也明日戊寅大夫宗婦覿用幣夫人若未朝廟不得受臣覿禮知明日乃朝廟既朝乃見大夫宗婦杜言朝廟者爲覿用幣發也書入不書至者釋例曰莊公顧割臂之盟崇寵孟任故卽位二十三年乃娶元妃雖丹楹刻桷身自納幣而有孟任之嫌故與姜氏俱反而異入經所以不以至禮書也戊寅大夫宗婦覿用幣宗婦同姓大夫之婦禮小君至大夫執贄以見明臣子之道莊公欲奢夸夫人故使大夫宗婦同贄俱見○覿徒歷反見賢遍反下同夸苦瓜反疏注宗婦至俱見○正義曰襄二年葬齊姜傳稱齊侯使諸姜宗婦來送葬諸姜是同姓之女知宗婦是同姓大夫之婦也禮小君至大夫執贄以見明臣子之道禮亦無此文士相見禮稱大夫始見於君執贄夫人尊與君同臣始爲臣有見君之禮明小君初至亦當有禮以見也且傳唯譏婦贄不宜用幣不言覿之爲非知其禮當然也大夫當用羔鴈用幣亦爲非禮也莊公欲奢夸夫人故使男女同贄惡其男女無別且譏。僭爲失禮故書之

○大水無傳○冬戎侵曹無傳○曹羈出奔陳無傳羈蓋曹世子也先君既葬而不稱爵者微弱不能自定曹人以名赴【疏】注羈蓋至名赴○正義曰此事左氏穀梁並無傳公羊以曹羈爲曹大夫三諫不從而出奔杜以此經書曹羈出奔陳赤歸于曹與鄭忽出奔衞。突歸于鄭其文相類○故附彼爲之說。稱蓋爲疑辭微弱不能自定曹人以名赴亦如鄭忽之出奔

赤歸于曹無傳赤曹僖公也蓋爲戎所納故曰歸【疏】注赤曹至曰歸○正義曰史記曹世家與年表皆云僖公名夷三家經傳有五而皆言赤杜以鄭突類之知赤是曹君故以赤爲僖公書有舛誤何必史記是而杜說非也傳例曰諸侯納之曰歸以戎侵曹而赤歸故云蓋爲戎所納也賈逵以爲羈是曹君赤是戎之外孫故戎侵曹逐羈而立赤亦以意言之無所據也

○郭公無傳蓋經闕誤也自曹羈以下公羊穀梁之說既不了又不可通之於左氏故不采用【疏】注蓋經至采用○正義曰公羊穀梁並以赤歸于曹郭公連文爲句言郭公名。赤失國而歸于曹是爲說不了故不采用

傳二十四年春刻其桷皆非禮也幷非丹楹故言皆【疏】。注幷非丹楹故言皆○正義曰穀梁傳曰禮楹天子諸侯黝堊大夫。蒼士黈丹楹非禮也注云黝堊黑色黈黃色又曰禮天子之桷斲之礱之加密石焉諸侯之桷斲之礱之大夫斲之士斲本刻桷非正也加密石注云以細石磨之晉語云天子之室斲其椽而礱之加密石焉諸侯礱之大夫斲之士首之言雖小異要知正禮楹不丹桷不刻故云皆非禮也

御。孫諫曰臣聞之儉。德之共也。侈惡之大也御孫魯大夫○御魚呂反本亦作禦侈昌紙反又戶氏反先君有共德而君納諸大惡無乃不可乎以不丹楹刻桷爲共

○秋哀姜至公使宗婦覿用幣非禮也傳不

言大夫唯舉非常【疏】注傳不至非常○正義曰士相見禮云天下大夫相見以鴈上大夫相見以羔如士相見之禮始見於君執摯鄭玄云士大夫一也如彼禮文大夫始見於君用羔鴈始見夫人亦當然然則大夫用幣亦非常而以大夫爲常者禮孤執皮帛則諸侯之臣有執帛者矣大夫執帛唯上僭耳其帛猶是男子所執婦人執幣則全非常事御孫唯諫婦人不宜執幣丘明爲諫發傳故唯舉非常也左傳諸爲諫者或言諫曰或不言諫意在載辭不爲例也

御孫曰男贄大者玉帛公侯伯子男執玉諸侯世子附庸孤卿執帛○贄真二反【疏】注公侯至執帛○正義曰周禮大宗伯職云公執桓圭侯執信圭伯執躬圭子執穀璧男執蒲璧是公侯伯子男皆執玉也典命職曰凡諸侯之適子誓於天子攝其君則下其君之禮一等未誓則以皮帛繼子男公之孤四命以皮帛眡小國之君是諸侯世子與孤卿執帛也附庸雖則無文而爲一國之主來則謂之爲朝未有爵命不合執玉明與世子同執帛也且哀七年傳稱禹合諸侯於塗山執玉帛者萬國附庸是國明執帛者附庸也鄭玄周禮注云皮帛者束帛而表以皮爲之飾皮虎豹皮帛如今璧色繒也周禮以玉作六瑞以禽作六摯則瑞贄有異而此傳玉帛同言贄者鄭玄曲禮注云摯之言至也當謂執之見人以表至誠也典瑞注云瑞節信也禮天子執冒以見諸侯諸侯執圭璧以朝天子天子以冒冒之以爲信故以瑞爲名皮帛以下無此合信之事故以贄爲名其實皆以表至誠故傳通以贄言之凡贄皆以爵不以命數也

小者禽鳥卿執羔大夫執鴈士執雉【疏】注卿執至執雉○正義曰周禮大宗伯職文也鄭玄云羔取其羣而不失其類鴈取其候時而行雉取其守介而死不失其節鶩取其不飛遷雞取其守時而動曲禮曰飾羔鴈者以繢言天子之臣飾羔鴈以布又畫之諸侯之臣飾以布不畫之自雉以下無飾

以章物也章所執之物別貴賤○別彼列反

女贄不過榛栗棗脩以告虔也榛小栗脩脯虔敬也皆取其名以示敬○榛側巾反脩鍛脯加薑桂曰脩虔音乾【疏】注榛小至示敬○正義曰曲禮云婦人之贄椇榛脯脩棗栗鄭玄云婦人無外事見

以羞物也榠樝木名榠枳也有實今邳。郯之東食之樝實似。栗而小鄭又注周禮腊人云薄析曰脯。捶之而施薑桂曰鍛脩然則脩脯大同故以脩爲脯也虔敬釋詁文皆取其名以示敬者先儒以爲栗取其戰栗也棗取其早起也脩取其自脩也唯榛無說蓋以榛聲近虔取其虔於事也今男女同贄是無別也男女之別國之大節也而由夫人亂之無乃不可乎○晉士蔿又與羣公子謀使殺游氏之二子游氏二子亦桓莊之族士蔿告晉侯曰可矣不過二年君必無患

經二十有五年春陳侯使女叔來聘女叔陳卿女氏叔字○女音汝陳大夫氏○夏五月癸丑衞侯朔卒無傳惠公也書名十六年與內大夫盟于幽○六月辛未朔日有食之鼓用牲于社鼓伐鼓也用牲以祭社傳例曰非常也疏二。十。五。年。注。伐至常也○正義曰尚書召誥云用牲于郊牛二如此之類言用牲者皆用之以祭知此用牲以祭社也鼓之所用必是伐之伐理可見故不言伐鼓牲不言用則牲無所施於文不足故言用牲傳稱正月之朔慝未作日有食之於是乎用幣于社伐鼓于朝正月謂周六月也此經雖書六月杜以長曆校之此是七月七。日用鼓非常月也鼓當于朝而此鼓于社非其處也社應用幣而於社用牲非所用也一舉而有三失故譏之○伯姬歸于杞無傳不書逆女逆者微○秋大水鼓用牲于社于門門國門也傳例曰亦非常也疏注門國門也○正義曰祭法云天子立七祀諸侯立五祀其門皆曰國門知此門亦國門國門謂城門也傳稱天災有幣無牲非日月之眚不鼓則鼓與牲二事皆失故譏之○冬公子友如陳無傳報女叔之聘諸侯出朝聘皆書如不果彼國必成其禮故不稱朝聘春秋之常也公子友莊公之母弟稱

公子者史策之通言。母弟至親，異於他臣，其相殺害，則稱弟以示義。至於嘉好之事，兄弟篤睦，非例所興，或稱弟，或稱公子，仍舊史之文也。母弟例在宣十七年。○好，呼報反，傳同。【疏】注「報女至七年」。○正義曰：魯出朝聘，多有在道復者，假令得到彼國，尚不知受之以否，故皆書如。如者，往也，直言往彼而已，不得果彼國必成其禮，故不稱朝聘，爲春秋之常也。僖二十八年「公朝于王所」，朝訖乃書，故即稱爲朝。此公子友，莊公之母弟也，於莊世稱公子；昭元年陳公子招，陳哀公母弟也，於哀世稱公子，故解之，稱公子者，史策之通言也。釋例曰：「庶弟不得稱弟，而母弟。得稱公子，秦伯之弟鍼適晉，女叔齊曰『秦公子必歸』，此公子亦國之常言，得兩通之證也。」是言公子以母弟得通言之意也。釋例又曰：「兄而害弟，則稱弟以章兄罪；弟又害兄，則云弟以罪弟身。統論其義，兄弟二人交相殺害，各有曲直。存弟則示兄曲也。」是言其相殺害則稱弟以示義也。釋例又曰：「若夫朝聘盟會嘉好之事，此乃兄弟之篤睦，非義例之所興，故仍舊史之策，或稱弟，或稱公子。踐土之盟叔武不稱弟，此其義也。」案經桓三年「齊侯使其弟年來聘」，十四年「鄭伯使其弟語來盟」，成十年「衞侯之弟黑背帥師侵鄭」，彼皆稱弟；季友、陳招並稱公子，俱無褒貶，所稱不同，知是史文之異，不爲義例，仲尼無所見義，故仍舊史耳。

傳二十五年春，陳女叔來聘，始結陳好也。嘉之，故不名。季友相魯，原仲相陳，二人有舊，故女。來聘，季友冬亦報聘，嘉好接備。卿以字爲嘉，則稱名其常也。○相，魯息亮反，下同。○

○夏六月辛未朔，日有食之，鼓，用牲于社，非常也。非常鼓之月。長曆推之，辛未實七月朔，置閏失所，故致月錯。○【疏】。注「非常至月錯」。○正義曰：此及文十五年、昭十七年皆書六月朔日有食之。昭十七年傳稱祝史請所用幣，昭子許之，平子禦之，曰：「止也。唯正月朔，慝未作，日有食之，於是乎有伐鼓用幣，禮也。其餘則否。」大史曰：「在此月也。」經書六月而史言在此月，則知傳言正月之朔慝未作者，謂此周之六月，夏之四月也。文十五年傳直說天子諸侯鼓幣異禮，不言非常，知彼言六月直六月也。此亦六月而云非常下句始言唯正月之朔有用幣伐鼓之禮明此經雖書六月實非六月故云非常鼓之月長曆推此辛未爲七月之朔由置閏失所故致月錯不應置閏而置閏誤使七月爲六月也釋例曰莊二十五年經書六月辛未朔日有食之實是七月朔非六月故傳云非常也唯正月之朔有用幣伐鼓明此食非用幣伐鼓常月因變而起曆誤也文十五年經文皆同而更復發傳曰非禮者明前傳欲以審正陽之月後傳發例欲以明諸侯之禮此乃聖賢之微旨而先儒所未喻也劉炫云知非五月朔者昭二十四年五月日有食之傳云日過分而未至。非。若是五月亦應云過分而未至也今言慝未作則是已作之辭故知非五月案二十四年八月丁丑夫人姜氏入從彼推之則六月辛未朔非有差錯杜云置閏失所者以二十四年八月以前誤置一閏非是八月以來始錯也○

唯正月之朔慝未作正月夏之四月周之六月謂正陽之月今書六月而傳云唯者明此月非正陽月也慝陰氣○月正音政正月建巳之月慝他得反夏戶雅反○【疏】注正月至陰氣○正義曰昭十七年傳大史論正月之事云當夏四月是謂孟夏知正月是夏之四月周之六月也詩云正月繁霜鄭玄云夏之四月建巳純陽用事是謂正月爲正陽之月則慝惡也人情愛陽而惡陰故。謂陰爲惡故。云慝陰氣也未作謂陰氣未起也○

日有食之於是乎用幣于社伐鼓于朝日食曆之常也然食於正陽之月則諸侯用幣于社請救於上公伐鼓于朝退而自責以明陰不宜侵陽臣不宜掩君以示大義○【疏】注日食至大義○正義曰古之曆書亡矣漢興以來草創其術三統以爲五月二十三分月之二十而日月交會近世爲曆者皆以爲一百七十三日有餘而日一食是日食者曆之常也古之聖王因事設戒夫以昭昭大明照臨下土忽爾殲亡俾晝作夜其爲怪異莫斯之甚故立求神請救之禮責躬罪己之法正陽之月陽氣尤盛於此尤盛之月而爲弱陰所侵故尤忌之社是上公之神尊於諸侯故用幣于社請救於上公伐鼓于朝退而自攻責也日食者月揜之也日者陽之精月者陰之精日君道也月臣道也以明陰不宜侵陽臣不宜揜君以示大義也昭二十九年傳曰

故有五行之官是謂五官實列受氏姓封爲上公祀爲貴神社稷五祀是尊是奉故杜以社爲上公之神○秋大水鼓用牲于社于門亦非常也失常禮○凡天災有幣無牲天災日月食大水也祈請而已不用牲也疏注天災至牲也○正義曰傳言亦非常亦上日食也但日食之鼓非常月伐鼓于社非常禮大水用牲亦非常禮俱是非常故亦前也傳既亦前即發凡例知天災之言兼日食大水也天之見異所以譴告人君欲令改過脩善非爲求人飲食既遇天災隨時即告唯當告請而已是故有幣無牲若乃亢旱歷時霖雨不止然後禱祀羣神求弭災沴者設禮以祭祭必有牲詩雲漢之篇美宣王爲旱禱請自郊徂宮無所不祭云靡神不舉靡愛斯牲是其爲旱禱祭皆用牲也祭法曰埋少牢於泰昭祭時也相近於坎壇祭寒暑也王宮祭日也夜明祭月也幽禜祭星也雩禜祭水旱也鄭玄云凡此以下皆祭用少牢寒暑不時則或禳之或祈之是說祈禱之祭皆用牲

非日月之眚。不鼓。眚猶災也月侵日爲眚陰陽逆順之事賢聖所重故特鼓之○眚所景反疏注眚猶至鼓之○正義曰易稱是謂災眚書稱眚災肆赦是眚災相類故云眚猶災也月侵日爲眚陰犯陽爲逆逆順之事賢聖所重故見其逆事而特鼓之此據日食爲說耳傳稱日月之眚日月並言則月食亦有鼓周禮大僕職云凡軍旅田役贊王鼓救日月亦如之是日食月食皆有鼓也穀梁傳曰天子救日置五麾陳五兵五鼓諸侯置三麾陳三鼓三兵大夫擊門士擊柝左氏雖無傳義或然也○晉士蔿使羣公子盡殺游氏之族乃城聚而處之聚晉邑○聚才喩反

冬晉侯圍聚盡殺羣公子卒如士蔿之計

經二十有六年春公伐戎無傳○夏公至自伐戎無傳○曹殺其大夫無傳不稱名非其罪例在文七年疏二十六年注不稱至七年○正義曰文七年傳稱書曰宋人殺其大夫不稱名衆也且言非其罪也是仲尼新意變例也○秋公會

宋人齊人伐徐無傳宋序齊上主兵○冬十有二月癸亥朔日有食之無傳

傳二十六年春晉士蔿爲大司空大司空卿官疏注大司空卿官○正義曰傳於比年以來說士蔿爲獻公設計晉國以安今又言大司空明任以卿位也直言司空者是大夫卽司空亞旅皆受一命之服是也晉自文公以後世爲盟主征伐諸國卿以軍將爲名司空非復卿官故文二年司空士穀非卿也雖則非卿職掌不異成十八年傳曰右行辛爲司空使脩士蔿之法是其典事同也○夏士蔿城絳以深其宮絳晉所都也今平陽絳邑縣○秋虢人侵晉冬虢人又侵晉爲傳明年晉將伐虢張本此年經傳各自言其事者或經是直文或策書雖存而簡牘散落不究其本末故傳不復申解但言傳事而已○牘徒木反究音救復扶又反解居蟹反疏注爲傳至而已○正義曰此年傳不解經經傳各自言事伐戎日食體例已舉或可經是直文不須傳說曹殺大夫宋齊伐徐或須說其所以此去丘明已遠或是簡牘散落不復能知故耳上二十年亦傳不解經彼經皆是直文故就此一說言下以明上

經二十有七年春公會杞伯姬于洮伯姬莊公女洮魯地○洮徒刀反疏二十七年注伯姬莊公女○正義曰上二十五年始歸于杞莊公無母而此來寧知是莊公女也會女非常故於此言女以辯之○夏六月公會齊侯宋公陳侯鄭伯同盟于幽○秋公子友如陳葬原仲原仲陳大夫原氏仲字也禮臣既卒不名故稱字季友違禮會外大夫葬具見其事亦所以知譏○見賢遍反疏注原仲至知譏○正義曰玉藻記云士於君所言大夫沒矣則稱謚若字桓二年穀梁傳曰子既死父不忍稱其名臣既死君不忍稱其名是禮臣卒不名陳人不稱其名故魯史亦書其字○冬杞伯姬來傳例曰歸寧○莒慶來逆叔姬無傳

慶莒大夫叔姬莊公女卿自爲逆則稱字例在宣五年○爲于僞反○杞伯來朝無傳杞稱伯者蓋爲時王所黜○黜勑律反疏注杞稱至所黜○正義曰桓二年杞侯來朝十二年公會杞侯莒子盟于曲池自爾以來不見經傳從此稱伯終於春秋故云蓋爲時王所黜於時周王當桓莊僖惠不知何王黜之○公會齊侯于城濮無傳城濮衛地將討衛也○濮音卜

傳二十七年春公會杞伯姬于洮非事也非諸侯之事○天子非展義不巡守天子巡守所以宣布德義諸侯非民事不舉卿非君命不越竟○竟音境○夏同盟于幽陳鄭服也二十二年陳亂而齊納敬仲二十五年鄭文公之四年獲成於楚皆有二心於齊今始服也疏注二十至服也○正義曰比年以來陳鄭無不服之狀此言其服故注者原之二十一年鄭厲公卒二十五年是鄭文公之四年也文十七年傳稱鄭子家與趙宣子書云文公四年二月壬戌爲齊侵蔡亦獲成於楚是二十五年既與楚平故至此始服也○秋公子友如陳葬原仲非禮也原仲季友之舊也○冬杞伯姬來歸寧也寧問父母安否凡諸侯之女歸寧曰來出曰來歸歸不反之辭夫人歸寧曰如某出曰歸于某疏凡諸至于某○正義曰釋例曰歸寧者女子既嫁有時而歸問父母之寧否父母沒則使卿歸問兄弟也出者謂犯七出而見絕者也歸者有所往之稱來者有所反之言故嫁謂之歸而寧謂之來見絕而出則以來歸爲辭來而不反也如某者非終安之稱歸于某者亦不反之辭是解其文異之意也此杞伯姬寧也宣十六年郯伯姬來歸出也文九年夫人姜氏如齊歸寧也魯之夫人無被出者文十八年夫人姜氏歸于齊雖子死自去歸而不反亦出之類故與出同文○晉侯將伐虢士蔿曰不可虢公驕若驟得勝於我必弃

其民弃民不養之〇無衆而後伐之欲禦我誰與夫禮樂慈愛戰所畜也夫民讓事樂和愛親哀喪而後可用也上之使民以義讓哀樂爲本言不可力強〇畜勑六反下及注皆同哀樂音洛強其丈反〇疏夫禮至用也〇正義曰禮樂慈愛謂國君教民民間有此四者畜聚此事然後可與人戰故云戰所畜也士蔿既言其目更以其義覆之禮尚謙讓讓事謂禮也樂以和親樂和謂樂也慈謂愛之深也愛親謂慈也愛極然後哀喪哀喪謂愛也民間有此四事然後可用以戰虢弗畜也亟戰將饑言虢不畜義讓而力戰〇亟欺冀反饑居疑反又音機〇王使召伯廖賜齊侯命召伯廖王卿士賜命爲侯伯〇召音邵廖力彫反疏注召伯至侯伯〇正義曰召伯稱爵知是王之卿士召康公之封召也當在西都畿內釋例曰扶風雍縣東南有召亭也春秋時召伯猶是召公之後西都既已賜秦則東都別有召地不復知其所在僖二十八年傳稱王命尹氏王子虎策命晉侯爲侯伯則知此賜齊侯命者亦賜命爲侯伯也彼注云周禮九命作伯則此亦九命之伯謂九州之長爲二伯也僖元年傳曰凡侯伯救患分災討罪禮也注云侯伯州長也彼主說齊桓之事亦謂九州之長非州牧也言州長者兼見州牧之事耳且請伐衞以其立子頹也立子頹在十九年〇

經二十有八年春王三月甲寅齊人伐衞衞人及齊人戰衞人敗績齊侯稱人者諱取賂而還以賤者告不地者史失之疏二十八年注齊侯至失之〇正義曰傳稱齊侯而經書人知其諱取賂以賤者告也詩美僖公之伐淮夷得其元龜象齒大賂南金襄十一年傳稱晉侯伐鄭受鄭之賂告於諸侯皆不以爲諱而此諱之者彼服罪致賂乃以得賂爲榮此舍罪受賂故以受之爲恥會于稷舍宋督取郜鼎亦此之類也戰皆書地此獨不地知是史失之也莊十年公羊傳曰戰不言伐圍不言戰入不言圍滅不言入書其重者左無此義而泓韓鞌鄢令狐

河曲鄍陵城濮大棘彭衙長岸柏舉之屬皆書戰不書伐此書伐又書戰襄十八年諸侯同圍齊言圍不言伐文十五年晉郤缺伐蔡戊申入蔡書伐又書入
丘明無文杜不為說皆是從告而書史有詳略無義例也此經既言齊人伐衛以不言齊及衛戰而言衛人及齊人戰者公羊以為伐人者為客被伐者為主以
主及客故使衛人主齊尋案經傳令狐河曲大棘彭衙長岸泓韓之屬皆以主及客也乾時升陘及箕皆魯與人戰以魯為主城濮鄢陵與邲外楚而內晉也
柏舉內蔡而外楚也被伐為主或如公羊之說○夏四月丁未邾子瑣卒無傳未同盟而赴以名○瑣素果反○秋荊伐
鄭公會齊人宋人救鄭○冬築郿郿魯下邑傳例曰邑曰築○郿亡悲反疏注郿魯至曰築○正義曰國都為上邑為
下故云魯下邑成十八年築鹿囿傳曰書不時也此傳唯發城築之例不言時與不時者春秋重土功無備而興作者傳每事各言時與不時以別有所備禦
如書旱雩之別過雩也其有所畏懼而興作者唯一發而已襄十九年城西郛傳曰懼齊也是其事也此年大無麥禾時歲饑虛恐或侵伐故築之以備難從
西郛之例故不發傳也○大無麥禾書於冬者五穀畢入計食不足而後書也疏注書於至書也○正義曰麥孰於夏禾成在秋而書於冬
者計食不足而後總書之此年不言水旱而得無麥禾者服虔曰陰陽不和土氣不養故禾麥不成也傳言饑而經不書者得齊之糴救民之急不至於饑也
傳言饑者指未糴之前說告糴之意故言饑也臧孫辰告糴于齊臧孫辰魯大夫臧文仲○辰徒歷反疏臧孫至于齊○正義曰何休云
買穀曰糴告糴者將貨財告齊以買穀魯語云文仲以鬯圭與玉磬如齊告糴曰不腆先君之敝器敢告滯積以紓執事齊人歸其玉而與之糴公羊傳曰何
以不稱使以為臧孫辰之私行也君子之為國也必有三年之委一年不熟告糴饑也穀梁亦然據經魯臣出使例不言使何以當怪此也傳言告糴禮也必
不得如二傳之說服虔云不言如重穀急辭以其情急於糴故不言如齊告糴乞師則情緩於穀故云如楚乞師○注臧孫至文仲○正義曰世本孝公生僖

伯彊彊生哀伯達達生伯氏缾缾生文仲辰辰是臧僖伯曾孫

傳二十八年春齊侯伐衛戰敗衛師數之以王命取賂而還○晉獻公娶于賈無子賈姬姓國也○烝於齊姜齊姜武公妾烝之承反生秦穆夫人及太子申生又娶二女於戎大戎狐姬生重耳大戎唐叔子孫別在戎狄者○重直龍反疏注大戎至狄者○正義曰晉語云狐氏出自唐叔狐伯行之子實生重耳又曰狐偃其舅也小戎子生夷吾小戎允姓之戎子女也○疏注小戎至女也○正義曰昭九年傳稱晉率陰戎伐潁王使辭於晉曰先王居檮杌于四裔故允姓之姦居于瓜州知戎為允姓也凡言子者通男女也知子謂女也二戎相對為大小也晉伐驪戎驪戎男女以驪姬驪戎在京兆新豐縣其君姬姓其爵男也納女於人曰女○驪力知反女以昵據反注曰女同歸生奚齊其娣生卓子驪姬嬖欲立其子賂外嬖梁五與東關嬖五姓梁名五在閨闥之外者東關嬖五別在關塞者亦名五皆大夫為獻公所嬖幸視聽外事○卓勑角反闔音圭闔吐達反塞素代反使言於公曰曲沃君之宗也曲沃桓叔所封先君宗廟所在蒲與二屈君之疆也蒲今平陽蒲子縣二屈今平陽北屈縣或云二當為北○屈勿反一音居勿反疆居良反下同不可以無主宗邑無主則民不威疆場無主則啟戎心戎之生心民慢其政國之患也若使大子主曲沃而重耳夷吾主蒲與屈則可以威民而懼戎且旌君伐旌章也伐功也○場音亦使俱曰狄之廣莫於晉為都晉之啟土不亦宜乎廣莫狄地之曠絕也都謂蒲。子。北屈也言遣二

公子出都之則晉方當大開土界獻公末決故復使二五俱說此矣○復扶又反 晉侯說之夏使大子居曲沃重耳居
蒲城夷吾居屈羣公子皆鄙 鄙。邊邑說音悅 ○唯二姬之子在絳二五卒與驪姬譖羣
公子而立奚齊晉人謂之二耦。 二耜相耦廣一尺共起一伐言二人俱共墾傷晉室若此○譖責鴆反耜音似廣古曠反墾苦
狠反 ○楚令尹子元欲蠱文夫人 文王夫人息嬀也子元文王弟蠱惑以淫事○蠱音古惑也 疏。蠱文夫人○正義曰昭元
年傳稱周易女惑男謂之蠱知蠱謂惑以淫事 爲館於其宮側而振萬焉 振動也萬舞也 夫人聞之泣曰先君
以是舞也習戎備也今令尹不尋諸仇讎而於未亡人之側不亦異乎 尋用也婦人既
寡自稱未亡人 御人以告子元 御人夫人之侍人 子元曰婦人不忘襲讎我反忘之秋子元以
車六百乘伐鄭入于桔柣之門 桔柣鄭遠郊之門也○乘繩證反桔戶結反柣待結反 疏○注桔柣至門也○正義曰此已
入一門矣又云入自純門又是入一門矣復言縣門不發則更有一門矣不發是城門則知純門外郭門桔柣遠郊門也尚書費誓序云東郊弗開是郊有門
也○ 子元鬭御彊鬭梧耿之不比爲旆。 子元自與三子特建旆以居前。廣充幅長尋曰旐繼旐曰旆○御魚呂反本亦作禦
下注反禦同彊其良反又居良反梧音吾比弁里反旆蒲貝反長直亮反旐音兆 疏注子元至曰旆○正義曰軍行之次旆最在先故宣十二年傳稱令
尹南轅反旆是旆居前而殿在後也釋文云緇廣充幅長尋曰旐繼旐曰旆郭璞云旐帛全幅長八尺旆帛續旐末爲燕尾者 鬭班王孫游王
孫喜殿 三子在後爲反禦○殿丁見反 衆車入自純門及逵市 純門鄭外郭門也逵市郭內縣道上市○純如字逵求龜反

門不發楚言而出子元曰鄭有人焉縣門施於內城門鄭示楚以閑暇故不閉城門出兵而效楚言故子元畏之不敢進○縣音玄注同諸侯救鄭楚師夜遁鄭人將奔桐丘許昌縣東北有桐丘城○遁徒困反諜告曰楚幕有烏乃止諜間也幕帳也○諜音牒幕音莫間間廁之間○冬饑臧孫辰告糴于齊禮也經書大無麥禾傳言饑又先書饑在築郿上者說始糴經在下須得糴嫌或諱饑故曰禮○築郿非都也凡邑有宗廟先君之主曰都無曰邑邑曰築都曰城周禮四縣為都四井為邑然宗廟所在則雖邑曰都尊之也言凡邑則他築非例

疏注周禮至非例○正義曰周禮小司徒職云九夫為井四井為邑四邑為丘四丘為甸四甸為縣四縣為都注引此者以證都大邑小耳經傳之言都邑者非是都則四縣邑皆四井此傳所發乃為小邑發例大者皆名都都則悉書曰城小邑有宗廟則雖小曰都無乃為邑邑則曰築都則曰城為尊宗廟故小邑與大都同名釋例曰若有先君宗廟雖小曰都尊其所居而大之也然則都而無廟固宜稱城城漆是也而穎氏唯繫於有無君之廟患漆本非魯邑因說曰漆有邾之舊廟是使魯人尊邾之廢廟與先君同非經傳意也又解傳言凡邑則主為邑言則他築非例也若築臺築囿築王姬之館則皆稱為築無大小之異○

經二十有九年春新延廄傳例曰書不時言新者皆舊物不可用更造之辭○廄居又反

疏注二十九年注傳例至之辭○正義曰馬之所處謂之廄延是廄之名名之曰延其義不可知也公羊傳曰新延廄者何脩舊也謂舊廄敝壞不可因而補治故言新為更造之辭也傳言新作延廄而經無作字傳二十年新作南門定二年新作雉門及兩觀皆言新作而此獨無作是作傳之後轉寫闕文也釋例曰言新意所起言作以興事通謂興起功役之事也總而言之不復分別因舊而與造新也經書延廄稱新而不言作傳言新作延廄書不時也此稱經文而以不時為譏義不在作也然尋傳足以知

經闕作字也而劉賈云言新有故木言作有新木言廄不書作所用之木非公命也凡諸興造固當有新固當有因今爲春秋微義直記別此門此觀有新木故木既已鄙近且材木者立廄之具也公命立廄則衆用皆隨之矣有所用之木非公命也此爲匠人受命立廄而盜共其用豈然乎哉焉

○夏鄭人侵許傳例曰無鐘鼓曰侵○秋有蜚傳例曰爲災○蜚扶味反○冬十有二月紀叔姬卒無傳紀國雖滅叔姬執節守義故繫之紀賢而錄之○城諸及防諸防皆魯邑傳例曰書時也諸非備難而興作傳皆重云時以釋之他皆放此諸今城陽縣○難乃旦反重直用反

【疏】城諸及防○正義曰此言城諸及防文十二年城諸及鄆定十四年城莒父及霄襄十年傳晉師城梧及制同時城二邑者皆言及穀梁傳曰以及小也何休云諸君邑防臣邑言及別君臣之義賈逵云言及先後之辭杜不爲注先後之辭是也

傳二十九年春新作延廄書不時也經無作字蓋闕凡馬日中而出日中而入日中春秋分也治廄當以秋分因馬向入而脩之今以春作故曰不時○向許亮反本或作嚮

【疏】注日中至不時○正義曰中者謂日之長短與夜中分故春秋二節謂之春分秋分也釋例曰春秋分而晝夜等謂之日中凡馬春分百草始繁則牧於坰野秋分農功始藏水寒草枯則皆還廄此周典之制也今春而作廄已失民務又違馬節故書不時也

○夏鄭人侵許凡師有鐘鼓曰伐聲其罪無曰侵鐘鼓無聲輕曰襲掩其不備○輕遣政反

【疏】凡師至曰襲○正義曰釋例曰侵伐襲者師旅討罪之名也鳴鐘鼓以聲其過曰伐寢鐘鼓以入其竟曰侵掩其不備曰襲此所以別興師用兵之狀也然則春秋之世兵加於人唯此三名擊鼓斬木俱名爲伐鳴鐘鼓聲其罪往討伐之若擊鼓斬木然侵者加陵之意寢其鐘鼓潛入其竟往侵陵之襲者重衣之名倍道輕行掩其不備忽然而至若披衣然立此三名制討罪之等級也周禮大司馬掌九伐之法賊賢害民則伐之負固不服則侵

之天子討罪無掩襲之事唯侵伐二名名與禮合而禮更有七名馮弱犯寡則眚之暴內陵外則壇之野荒民散則削之賊殺其親則正之放弑其君則殘之犯令陵政則杜之內外亂鳥獸行則滅之彼謂王者行兵此據當時實事時無其事則傳不爲例其滅與入爲例故不列於此○秋有蜚爲災也凡物不爲災不書○冬十二月城諸及防書時也凡土功龍見而畢務戒事也謂今九月周十一月龍星角亢晨見東方三務始畢戒民以土功事○十見賢遍反注下皆同亢苦浪反又音剛【疏】凡土至而畢○正義曰釋例曰都邑者人之聚也國家之藩衛百姓之保障不固則敗不脩則壞故雖不臨寇必於農隙備其守禦無妨民務傳曰龍見而畢務戒事也謂夏之九月周之十一月龍星角亢晨見東方於是納其禾稼三務始畢而戒民以土功事也火見而致用大火星次角亢而晨見於是致其用也水昏正而栽謂夏之十月定星昏而中於是樹板榦而興作焉日至而畢謂日既南至微陽始動故土功息傳既顯稱凡例而書時書不時各重發者皆以別無備而興作如書旱雩之別過雩也若城西郛傳特曰懼齊此其意也然則此發例者止謂預脩備禦非有當時之急故擇閑月而爲之若當時有急則不拘此制畢者竟也畢務謂農務竟而民閑也日至而畢謂土功竟也冬至之後當更脩來年農事不得復興土功也○注謂今至功事○正義曰今之九月則季秋也月令季秋之月日在房漢書律曆志論星之度數云角十二亢九氐十五自角之初至房初三十六度晨謂夜之將旦於晨之時日體在房故角亢見在東方也東方之宿盡爲龍星角即蒼龍角也故角亢專得龍名戒謂令語之也春夏秋三時之務始畢民將閑暇故預令語民將有土功之事使自備也火見而致用大火心星次角亢見者致築作之物【疏】注大火至之物○正義曰襄九年傳曰心爲大火星度心五尾十八月令孟冬之月日在尾自心初至於尾末二十三度十月之初心星次角亢之後而晨見東方也致築作之物謂板榦畚挶諸是城之所用皆致之於作所也水昏正而栽謂今十月定星昏而中於是樹板榦

而與作○栽，字林才代反，一音再。說文云：築牆長板。定，多佞反。【疏】注謂今至與作○正義曰：五行北方水，故北方之宿爲水星。言水昏正者，夜之初昏，水星有正中者耳，非北方七宿皆正中也。詩云定之方中，作于楚宮。釋文云：營室謂之定。孫炎云：定，正也。天下作宮室者，皆以營室爲正。周語。云營室之中，土功其始。是定星昏而正，爲土功之大候。故知水昏正謂十月定星昏而正中時也。鄭玄詩箋云：定星昏中而正，謂小雪時。小雪，十月之中氣。月令仲冬之月，昏東壁中。室十六度，日行一度，是十月半而室中，十一月初而壁中。禮記中庸云：栽者培之。栽者，樹立之語，故知樹板榦而起首興作也。釋詁云：楨翰，榦也。舍人曰：楨，正也，築牆所立兩木也。翰，所以當牆之兩邊鄣土者也。然則榦在牆之兩端，樹立之即楨是也；榦則在兩邊鄣土，即板是也。板榦既異，而云樹板榦者，因。類連言耳。

日至而畢。日南至，微陽始動，故土功息。○樊皮叛王。樊皮，周大夫。樊，其采地；皮，名。

經三十年春王正月○夏次于成。無傳。將卑師少，故直言次。齊將降鄣，故設備。○將卑，子匠反。降，戶江反，下文注同。鄣音章，下同。【疏】三十年注將卑至設備○正義曰：於例將卑師少稱人。人謂大夫身也。大夫卑，名氏不見，故稱人。他國可言某人，魯事不得自稱魯人，故魯之大夫使出者，皆言其所爲之事而已。此大夫帥師而次于成，故直言次也。穀梁傳曰：次，止也，有畏也。欲救鄣而不能，是爲降鄣，故設備也。○秋七月齊人降鄣。無傳。鄣，紀附庸國，東平無鹽縣東北有鄣城。小國孤危，不能自固，蓋齊遙以兵威脅使降附。【疏】注鄣紀至降附○正義曰：公羊、穀梁傳並云鄣，紀之遺邑也。釋例曰：劉、賈依二傳以爲鄣。紀之遺邑，計紀侯去國至此二十七年，紀侯猶不堪齊而去，則邑不得獨存。此蓋附庸小國，若鄑、郚者也。是言鄣爲附庸之意。不言鄣降于齊，而云齊人降鄣，又不言侵伐，故云蓋以兵威脅使降附。○八月癸亥葬紀叔姬。無傳。以賢錄也。無臣子，故不作謚。○九月庚午朔日有食之，鼓用牲于社。無傳。○冬公及齊侯遇于魯濟。濟水歷齊魯界在齊界爲齊濟在魯界爲魯濟蓋魯地○濟子禮反疏注濟水至魯地○正義曰釋例曰濟水自滎陽卷縣東經陳留至濟陰北經高平東平至濟北東北經濟南至樂安博昌縣入海案高平東平魯西界也濟南樂安齊竟內也指言魯濟故疑魯地遇于魯地濟水之邊○齊人伐山戎山戎北狄

傳三十年春王命虢公討樊皮夏四月丙辰虢公入樊執樊仲皮歸于京師○

楚公子元歸自伐鄭而處王宮欲逐蠱文夫人鬬射師諫則執而梏之射師鬭廉也足曰桎手曰梏○射食亦反又食夜反梏古毒反桎之實反疏○注射師至曰梏正義曰杜此注與譜並以射師與鬭廉爲一人不知何據也服虔云射師若敖子鬭班也射師被梏不言舍之何以得殺子元也知射師與班必非一人也杜譜以爲鬭射師若敖子鬭班若敖孫周禮掌囚上罪梏拲而桎中罪桎梏下罪梏。梏拲。兵文拲施於手知梏亦手也鄭玄亦云在手曰梏在足曰桎是先儒同此說也易大畜六四童牛之梏牛云梏者牛雖無手謂梏前足也○秋申公鬭班殺子元申楚縣○楚僭號縣尹皆稱公○僭子念反鬭穀於菟爲令尹自毁其家以紓楚國之難鬭穀於菟令尹子文也毁減紓緩也○穀奴走反楚人謂乳曰穀漢書作穀音同於音烏菟音徒紓音舒一音直汝反難乃旦反下注同○冬遇于魯濟謀山戎也以其病燕故也齊桓行霸故欲爲燕謀難燕國今薊縣○爲于僞反薊音計

經三十有一年春築臺于郎無傳刺奢且非土功之時○刺七賜反○夏四月薛伯卒無傳未同盟○築臺于薛無傳薛魯地○六月齊侯來獻戎捷傳例曰諸侯不相遺俘捷獲也獻奉上之辭齊侯以獻捷禮來故書以示

遞○捷在妾反遺唯季反傳同俘音孚疏三十一年注傳例至示過○正義曰捷勝也戰勝而有獲獻其獲故以捷爲獲也釋例曰歸者遺也獻者自下奉上之稱遺者敵體相與之辭傳曰諸侯不相遺俘齊侯楚大夫辭稱獻失禮遺俘故因其來辭見自卑也以其大卑故書以示過此經言獻捷傳言遺俘則是獻捷獻因俘也襄八年邢丘之會傳稱鄭伯獻捷于會又曰獲司馬燮獻于邢丘是獻俘謂之捷也襄二十五年鄭公孫舍之帥師入陳傳稱司空致地司徒致民是不以俘因歸也亦云子產獻捷于晉然則無因而獻其功空有器物亦稱捷也○秋築臺于秦無傳東平范縣西北有秦亭○

冬不雨無傳不書旱不爲災例在僖三年

傳三十一年夏六月齊侯來獻戎捷非禮也凡諸侯有四夷之功則獻于王王以警于夷以警懼夷狄○警音景懼戒懼也中國則否諸侯不相遺俘雖夷狄俘猶不以相遺

經三十有二年春城小穀小穀齊邑濟地穀城縣城中有管仲井大都以名通者則不繫國疏三十二年注小穀至繫國○正義曰傳稱爲管仲知是齊邑管仲所食采邑也吳滅州來晉滅下陽如此之類皆不繫國知大都以名通者則不繫國也華亥向寧入于宋南里以叛南里非大都不得以名通故繫之宋耳賈逵云不繫齊者世其祿然則彼不繫者豈皆世其祿乎○夏宋公齊侯遇于梁丘齊善宋之請見故進其班梁丘在高平昌邑縣西南○秋七月癸巳公子牙卒牙慶父同母弟僖叔也飲酖而死不以罪告故得書卒書日者公有疾不責公不與小斂○酖音鴆本亦作鴆與音預斂力豔反○八月癸亥公薨于路寢路寢正寢也公薨皆書其所詳凶變疏注路寢至凶變○正義曰公羊傳曰路寢者何正寢也喪大記曰男子不死於婦人之手婦人不死於男子之手君夫人卒于路寢鄭玄云言死必於正處也

是甍于路寢得其正也言詳凶變者釋例云詳內事謹凶變○冬十月己未。子般卒子般莊公大子先君未葬故不稱爵不。書殺諱
之也○般音班殺音試一音如字下同疏注子般至諱之也○正義曰傳稱公疾問後於叔牙若已有大子則不應須問當問之時似未有大子也季友
以死奉般酖殺叔牙蓋於爾時始命爲大子公薨而般立知其爲大子也子惡之死也直書子卒不書名此子般及子野皆書名者釋例曰公子惡魯之正適
嗣位免喪則魯君也襄仲倚齊而弒之國以爲諱故不稱君若言君之子也及子般子野或見殺或不勝喪言罪則不足成貶爲孝而滅性故直略而書卒也
又曰未成君而卒若君未葬則嗣子書名在喪之禮也既。葬則嗣君諒闇臣復吉免喪則成君也文公既葬襄仲殺惡及視書曰子卒與未成君同文所以
爲諱也如杜此言未葬之前生則直稱爲子死則書曰子某卒猶外諸侯生稱其爵死書其名以爲禮之常也既葬則嗣子成君以。理而卒當稱公薨全成君
也子惡父既葬魯人諱其弒不得稱君其實已葬不得從子般子野未葬之例故書子卒而不稱名以示似未成君其實已成爲君上不得同閔公下不得同
般野故直書爲子繫之於父若言君之子也公羊以爲君存稱世子君薨稱子某既葬稱子踰年稱公據子般子野卒似欲當然但左氏稱宋桓公卒未葬而
襄公會諸侯故曰子卽發例曰凡在喪公侯曰子是未葬稱子傳之明文不得如公羊說也○公子慶父如齊無傳慶父既殺子般季友
出奔國人不與故懼而適齊欲以求援時無君假赴告之禮而行○狄伐邢無傳邢國在廣平襄國縣疏狄伐邢注無傳○正義曰明年有傳
而言無者明年自爲管仲之言發端耳非說此年伐邢之事故言無傳

傳三十二年春城小穀。爲管仲也公感齊桓之德故爲管仲城私邑○爲于僞反注及下同○齊侯爲楚伐
鄭之故請會于諸侯楚伐鄭在二十八年謀爲鄭報楚宋公請先見于齊侯夏遇于梁丘○見賢遍

反又如字○秋七月有神降于莘有神聲以接人莘虢地○莘所巾反[疏]注有神至虢地○正義曰易稱神也者妙萬物而爲言者也雖復鬼神之神亦無形象可見今言神降則人皆聞知故知有神謂有神聲以接人也吳孫權時有神自稱王表言語與人無異而形不可見今此神降于莘蓋亦王表之類神者氣也當在人上今下接人故稱降也國語說此事稱內史過對王云昔昭王娶於房曰房后實有爽德協於丹朱丹朱馮身以儀之生穆王焉若由是觀之其丹朱之神乎下說神居莘而虢公請土內史過往聞虢請命知莘是虢地惠王問諸內史過曰是何故也內史過周大夫○過古禾反對曰國之將興明神降之監。其德也將亡神又降之觀其惡也故有得神以興亦有以亡虞夏商周皆有之亦有神異○監本又作鑑古暫反[疏]虞夏商周皆有之○正義曰國語內史過曰夏之興也祝融降於崇山其亡也。回祿信於。黔隧商之興也檮杌次於丕山其亡也夷羊在牧周之興也鸑鷟鳴於岐山其衰也杜伯射宣王於鎬是夏商周之所有也其虞則國語不言焉未知其所謂也服虔云虞舜祖考來格鳳皇來儀百獸率舞案虞書夔說舜樂所致非神降也必其傳會尚書以爲得神以興則虞舜得神以亡者又安在也王曰若之何對曰以其物享焉其至之日亦其物也享祭也若以甲乙日至祭先脾玉用蒼服上青以此類祭之○脾婢支反[疏]注享祭至祭之○正義曰此降莘之神非祀典所載神必須祭故內史過令以其物享之其物不知所謂更以至日釋之謂此神初降之日以其至日之物也月令春其日甲乙夏其日丙丁中央土其日戊己秋其日庚辛冬其日壬癸所用之物月令具有其文注引甲乙所用舉一隅也丙丁日至祭用肺玉服皆赤也戊己日至祭用心玉服皆黃也庚辛日至祭用肝玉服皆白也壬癸日至祭用腎玉服皆玄也王從之內史過往聞虢請命聞虢請於神求賜土田之命反曰虢必亡矣虐而聽於神神居莘六月【疏】神居莘六月○正義曰國語稱惠王十五年神降于莘年表惠王五年是魯莊公之十八年則此年惠王十五年也上云七月神降則今年七月降也居莘六月虢公使祝史享焉則今年十二月也內史過往已聞虢請命則過至虢亦十二月也傳先說王事使了後論虢事以終內史之言故文倒耳虢公使祝應宗區史嚚享焉神賜之土田祝大祝宗宗人史大史應區嚚皆名○區丘于反嚚五巾反大祝音泰下同史嚚曰虢其亡乎吾聞之國將興聽於民政順民心將亡聽於神求福於神神聰明正直而壹者也依人而行唯德是與虢多涼德其何土之能得涼薄也爲傳二年晉滅下陽傳○涼音良【疏】神聰至能得○正義曰國語曰耳目心之樞機也故必聽和而視正聽和則聰視正則明然則所謂聰明者不聽淫辭不視邪人之謂也襄七年傳曰正直爲正正曲爲直言正者能自正直者能正人曲而壹者言其一心不二意也依人而行謂善則就之惡則去之虢多薄德神所不依其何土之能得言賜之土田必虛妄也若神所不依則不應賜土而言神賜之土田者神厭其人不告以實猶晉獻公筮以驪姬爲夫人亦云吉耳○

初公築臺臨黨氏黨氏魯大夫築臺書不告廟○黨音掌見孟任從之閟孟任黨氏女閟不從公○閟音祕【疏】從之閟○正義曰服虔云從之言欲與通也而以夫人言許之許以爲夫人割臂盟公生子般焉雩講于梁氏女公子觀之雩祭天也講肄也梁氏魯大夫女公子子般妹○肄音四又以二反【疏】注雩祭至肄也○正義曰魯以周公之故得郊祀上天故雩亦祭天也文四年傳曰臣以爲肄業及之也肄謂習業故講爲肄圉人犖自牆外與之戲圉人掌養馬者慢言戲之○犖音洛又力角反【疏】注圉人掌養馬者○正義曰周禮圉人掌養馬芻牧之事昭七年傳曰馬有圉牛有牧子般怒使鞭之公曰不

如殺之是不可鞭犖有力焉能投蓋于稷門蓋覆也稷門魯南城門走而自投接其屋之。桷反覆門上○覆芳服

反【疏】注蓋覆至門上○正義曰稷門爲魯南城門蓋時人猶以名之故知也投蓋者謂自投其身以蓋物故以爲走而自投反覆門上劉炫規過云公言犖有力焉如杜此說勁捷耳非有力也當謂投車蓋過於稷門今知不然者周禮車蓋以物帛爲之輕而扤風非可投之物且傳直云投蓋于稷門不云過稷門明知自投反覆稷門之上今時猶然且游楚超乘而出女曰子南夫也則勁捷之人亦是勇力之事劉君以勁捷非力而規杜氏非也公疾問後於叔牙對曰慶父材蓋欲進其同母兄問於季友對曰臣以死奉般季友莊公母弟故欲立般公曰鄉者牙曰慶父材成季使以君命命僖叔待于鍼巫氏成季季友也鍼巫氏魯大夫○鄉許亮反鍼其廉反使鍼季酖之酖鳥名其羽有毒以畫酒飲之則死○畫音獲【疏】注酖鳥至則死○正義曰說文云酖毒鳥也一名運日廣雅云鴆鳥雄曰運日雌曰陰諧廣志曰鴆鳥形似鷹大如鴞毛黑喙長七八寸黃赤如金食蛇及橡實常居高山巔晉語諸公讚云鴆鳥食蝮以羽翮擽酒水中飲之則殺人舊制鴆不得渡江有重法石崇爲南中郎得鴆以與王愷養之大如鵝喙長尺餘純食蛇虺司隸。傅祗於愷家得此鳥奏之宣示百官燒於都街是說鴆鳥之狀也以其因酒毒人故字或爲酖曰飲此則有後於魯國不然死且無後飲之歸及逵泉而卒立叔孫氏逵泉魯地不以罪誅故得立後世其祿○八月癸亥公薨于路寢子般即位次于黨氏即喪位次舍也○冬十月己未共仲使圉人犖賊子般于黨氏共仲慶父○共音恭成季奔陳出奔不書國亂史失之立閔公閔公莊公庶子於是年八歲○閔亡謹反【疏】注閔公至八歲○正義曰傳稱閔公哀姜之娣叔姜之子哀姜以二十四

年八月始入娣必與適俱行當以二十五年生子故云八歲

附釋音春秋左傳注疏卷第十

春秋左傳注疏卷十校勘記　阮元撰盧宣旬摘錄

附釋音春秋左傳注疏卷第十莊二十三年盡三十二年

（經二十三年）

虞叔子虞公之弟　宋本子作是不誤

傳稱楚子使薳啓疆如齊　宋本疆作彊案傳文作彊

匽鄭地在滎陽　纂圖本閩本監本毛本滎誤滎淳熙本作熒亦俗字足利本作熒从火是也說詳隱元年○後凡誤从水並改定校不悉出

（傳二十三年）

夫禮至不然　宋本此節正義在後嗣何觀之下

王有巡守　纂圖本毛本守作狩

（經二十四年）

將逆夫人故爲威飾　纂圖本閩本監本毛本逆作迎非

何以書親迎禮也　案公羊作迎閩本監本毛本誤逆

且譏僭爲失禮故書之閩本毛本僭作譖非

侯歸于鄭補各本侯作矦此本侯字誤○今訂正

稱蓋爲疑辭閩本監本毛本脫稱字

言郭公名赤毛本赤誤亦

（傳二十四年）

注幷非丹楹故言皆宋本此節正義在注文以不丹楹刻桷爲共下

大夫薈案穀梁傳薈作倉

御孫諫曰釋文御本亦作禦漢書古今人表同

儉德之共也案弘明集引作儉者德之恭

注傳不至非常宋本以下正義四節總入無乃不可乎之下

天下大夫相見以鴈閩本監本毛本天作夫並衍文

始見於君執摯閩本監本毛本摯作贄下節正義以禽作六摯則瑞摯同

典瑞注云瑞節信也浦鏜正誤節作符案周禮注亦作符然說文云卪瑞信也瑞以玉爲信也古瑞卪二字互訓正義所據鄭

注爲古本而今本作符不必從也

凡贄皆以爵不以命數閩本監本毛本命作名

今郯郯之東食之榛實似栗而小案禮記注亦作郯宋本作剡非也毛本栗誤力

捶之而施薑桂曰鍛脩閩本監本毛本捶作棰非也

〔經二十五年〕

二十五年注伐至常也各本脫二十五年四字宋本伐上有鼓字是也

七日用鼓非常月也宋本作七月是也

而毋弟得稱公子閩本監本毛本得作獨非

存弟則示兄曲也襄廿七年正義引作書弟非

〔傳二十五年〕

故女來聘宋本淳熙本岳本閩本監本毛本女下有叔字此本脫

注非常至月錯宋本以下正義三節揔入日有食之節注下

非若是五月宋本監本毛本非作此是也若毛本誤日

故謂陰爲惡故云慝陰氣也 宋本謂誤爲云字毛本作日

皆以爲一百七十三日有餘而日一食 宋本監本毛本三作二元和李銳云作三是也宋書景初術會通七十九萬一百一十以日法四千五百五十九除之得一百七十三日餘一千四百三之類

凡天災有幣無牲 監本天誤大

注天災至牲也 宋本以下正義二節揔入非日月之眚不鼓注下

幽禜祭星也雩禜祭水旱也 禮記禜作宗鄭注云宗當爲禜之誤正義遂改爲禜

非日月之眚不鼓 閩本監本毛本眚作青非注及正義同

〔經二十六年〕

例在文七年 監本文作支非也

二十六年注不稱至七年 各本脫二十六年四字宋本此節正義在日有食之注下

〔傳二十六年〕

注大司空卿官 宋本此節正義在以深其宮注下

〔經二十七年〕

夏六月公會齊侯宋公陳侯鄭伯同盟于幽 纂圖本閩本監本毛本六月下脫公字

注杞稱至所黜 宋本此節正義在公會齊侯于城濮注下

（傳二十七年）

此杞伯姬寧也 宋本姬下有來字

故與出同文 閩本監本毛本同文誤倒

夫禮至用也 宋本此節正義在虢弗畜也節注下

士蔿既言其目更以其義覆之 宋本目作自按目字是也目謂禮樂慈愛四者下以讓事樂和愛親哀喪分釋之

注召伯至侯伯 宋本此節正義在且請伐衞節注下

稱王命尹氏王子虎策命晉侯爲侯伯 宋本氏下有及字與傳文合

（經二十八年）

此舍罪受賂故以受之爲恥 重脩監本舍作會非也

左無此義 宋本左下有氏字

麥孰於夏 閩本監本毛本孰作熟下不熟同

〔傳二十八年〕

大戎狐姬生重耳 毛本重作仲誤

注大戎至狄者 宋本以下正義二節摠入晉人謂之二五耦注下

卽謂蒲子北屈也 浦鏜正誤子作與是也北毛本誤比

鄗邊邑 山井鼎云足利本邊上後人補在字

晉人謂之二耦 補各本二耦作二五耦此本誤脫五字

蠱文夫人 宋本以下正義三節摠入諜告曰節注下

子元鬬御彊鬬梧耿之不比爲旆 釋文云御本亦作禦纂圖本閩本監本毛本彊誤疆閩本監本毛本旆作斾非也

廣充幅 宋本淳熙本岳本足利本同閩本明監本毛本廣上有緇字與正義合

釋文云緇廣充幅 宋本文作天是也

旆帛續旐末爲燕尾者 閩本監本旐作旄非也

許昌縣東北有桐丘城 足利本桐作同非案水經注廿二引注許昌上有潁川二字

而潁氏唯繫於有無君之廟 宋本監本毛本無作先不誤

是使魯人尊郲之廢廟　宋本是作曩

非經傳意也　毛本意改義

〔經二十九年〕

新延廏　石經宋本岳本毛本廏作廄釋文亦作廄後同

更造之辭　淳熙本辭下有廄字案廄字當在〇下因釋文而誤衍於此

通謂興起功役之事也　宋本無也字

無鍾鼓曰侵　宋本岳本閩本鍾作鐘

傳例曰爲災　毛本脫曰字

諸今城陽縣　宋本淳熙本岳本足利本城陽下有諸字是也按上諸謂經文之諸下諸謂晉時縣名之諸

定十四年城莒父及宵　監本毛本宵作齊非也

以及小也　宋本毛本以下有大字不誤監本及字闕

〔傳二十九年〕

凡師有鍾鼓曰伐　石經宋本岳本閩本鍾作鐘下注同

若披衣然閩本監本毛本披作被

內外亂鳥獸行則滅之案周禮作外內亂

凡土至而畢毛本而畢作畢務宋本以下正義四節揔入日至而畢注下

於是樹板榦而興作焉宋本閩本榦作榦監本毛本作幹並非

謂板榦畚梮閩本監本毛本榦作幹宋本作榦下同梮宋本作搗字按梮字說文所無乃周禮輂字之俗體此處當用梮

水昏正而栽蔡氏月令章句引傳栽下有築字

周語云宋本云作曰

然則榦在牆之兩端樹立之宋本端下有當字

因親連言耳補各本親作類此親字誤也今訂正

〔經三十年〕

秋七月齊人降鄣淳熙本鄣誤彰

〔傳三十年〕

以爲鄣紀之遺邑宋本監本毛本紀作杞非也

注射師至梏宋本此節正義在注紓緩也之下

下罪梏梏拲兵文監本毛本梏梏作梏牿非也宋本兵作共不誤毛本作異亦非監本初作異後改兵

申楚縣宋本淳熙本足利本縣下有也字

毀滅案毀訓滅與說文缺也壞也義合閩本監本毛本滅作滅非也

冬遇于魯濟謀山戎也石經初刻謀下無伐字重刻增入非是

（經三十一年）

齊侯來獻戎捷說文引作齊人

三十一年注傳例至示過各本脫三十一年四字宋本此節正義在冬不雨注之下

獻其獲宋本其下有所字

鄭公孫舍之帥師入陳監本帥師二字誤倒

（傳三十一年）

（經三十二年）

濟地穀城縣城中有管仲井各本地作北

飲酖而死釋文酖本亦作鴆正義云以其因酒毒人故字或爲酖字按據說文酖樂酒也丁含切然則於六書爲同音假借

君夫人卒于露寢毛本于作於非

冬十月己未閩本監本毛本己作已非

不書殺諱之也閩本監本毛本書作言非也

旣葬則嗣君諒闇閩本監本毛本葬作喪非也

旣葬則嗣子成君以理而卒閩本監本毛本理作禮

〔傳三十二年〕

春城小穀爲管仲也顧炎武日知錄據范甯穀梁解以小穀爲魯邑而疑左氏之誤孫志祖云春秋之言穀者除炎武所引外尚有宣十四年公孫歸父會齊侯于穀襄十九年晉士匄侵齊至穀又成十七年傳齊國殺慶克以穀叛則齊地之名穀而不名小穀灼然矣小穀應屬魯邑左氏不應謬誤若此後讀公羊疏云二傳作小穀與左氏異始悟左氏經本作城穀此與申無宇所言齊桓公城穀而寘管仲焉誤正合故杜注以爲齊邑又引濟北穀城縣中有管仲井以實之今經傳及注俱作小穀者乃後人據二傳之文而誤加之左氏也惜杜氏手定本已亡無從是正

注有神至虢地宋本以下正義五節揔入號多涼德注下

監其德也釋文監本又作鑑案古鑑字多作監

其士也回祿信於黔隧案後漢書楊賜傳注引作黔今國語周語作聆與說文同回毛本誤向

年表惠王五年是魯莊公之十八年宋本五作元與年表合

上云七月神降閩本監本毛本神降二字誤倒

從之閟宋本以下正義六節摠入立閔公注下

講肆也案肆當爲肄字之誤宋本纂圖本閩本監本毛本作肄正義同閩本正義故講爲肄仍作肆

接其屋之桷閩本監本桷誤捔毛本作觕亦非

說文云酖毒鳥也段玉裁校改酖作鴆

廣志曰監本毛本曰作云

司隸傳祇於愷家得此鳥奏之閩本監本傅誤傳

春秋左傳注疏卷十校勘記

# 附釋音春秋左傳注疏卷第十一 閔元年盡二年

杜氏注　孔穎達疏

閔公○陸曰閔公名啓方莊公之子母叔姜史記云名開謚法在國遭難曰閔【疏】正義曰魯世家閔公名開莊公之子惠王十六年即位杜世族譜云名啓方漢景帝諱啓啓開因是而亂杜譜云啓方從世本文謚法在國逢難曰閔是歲歲在大梁

經元年春王正月○齊人救邢○夏六月辛酉葬我君莊公○秋八月公及齊侯盟于落姑落姑齊地季子來歸季子公子友之字季子忠於社稷爲國人所思故賢而字之齊侯許納故曰歸【疏】元年注季子至曰歸○正義曰季是友之字也子者男子之美稱國人賢而思之得其還魯喜而呼曰季子來歸史因其言而書之傳稱請復季友齊侯許之是得齊之力齊侯許納故曰歸也○冬齊仲孫來仲孫齊大夫以事出疆因來省魯難非齊侯命故不稱使也還使齊侯務寧魯難故嘉而字之來者事實省難其志也故經但書仲孫之來而傳尋仲孫之志○疆居良反難乃旦反下及傳同【疏】注仲孫至之志○正義曰傳稱仲孫湫則名湫而字仲孫也杜言以事出疆或使向他國因來省魯難非齊侯命之使來來而不稱君命故不言齊侯使也諸侯之卿例當書名此人還國使齊侯務寧魯難明年即有高子來盟是齊侯用其言魯人知其事不書其名嘉而字之杜云稱字嘉之則仲孫是字猶楚之孫伯或亦以孫爲字也來者身來至魯是事實也省難心自省之是其志也雖志在省難不告魯人云己省其難故經據實事但書仲孫之來傳尋仲孫之志言其來省難也

傳元年春不書卽位亂故也國亂不得成禮○狄人伐邢狄伐邢在往年冬管敬仲言於齊侯

曰戎狄豺狼不可厭也敬仲管夷吾○豺士皆反狼音郎厭一鹽反諸夏親暱不可弃也諸夏中國也暱近也
○夏戶雅反暱女一反宴安酖毒不可懷也以宴安比之酖毒○宴於見反本又作晏音同一音烏諫反酖直蔭反詩云豈
不懷歸畏此簡書詩小雅。美文王爲西伯勞來諸侯之詩○勞來力報反下力代反疏。戎狄至簡書○正義曰
不可厭足也言其當伐戎狄也諸夏之國皆親近之人不可遺棄也言其當救
邢也宴安自逸若酖毒之藥不可懷戀也言其當自勞也詩小雅出車之篇美
文王勞來諸侯令賢臣出使此臣在外思歸而以王事自勉言我豈不思歸乎
誠思歸也但畏此簡書來告急耳諸侯有事則書之於簡遣使執簡以告命告
則須救故畏而不歸也此簡書者同有所惡則相憂之謂也請救邢以從簡書
傳稱勤則不匱安則敗名齊侯縱心宴安不欲征伐安則自損其身故言酖毒
以勸之釋獸云豺狗足郭璞云腳似狗說文云豺狼屬狗聲釋獸又云狼牡貛
。牝狼舍人曰牡名貛牝名狼陸機毛詩義疏云狼鳴能小能大善爲小兒啼聲
以誘人去數十步其猛。健者雖善用兵者不能免也二者皆貪殘之獸故比戎
狄也○注敬仲管夷吾○正義曰敬諡仲字管氏夷吾名。
○注諸夏至近也○正義曰此言諸夏襄四年傳魏絳云諸華必叛華夏皆謂
中國也中國而謂之華夏者夏大也言有禮儀之大有文章之華也暱近釋詁
文舍人曰暱戚之近也言中國諸侯情親而路近簡書同惡相恤之謂也同恤所惡請救邢以從簡書齊人
救邢○夏六月葬莊公亂故是以緩十一月乃葬○秋八月公及齊侯盟于落姑請
復季友也閔公初立國家多難以季子忠賢故請霸主而復之齊侯許之使召諸陳公次于郎以待之非師
旅之事故不書次季子來歸嘉之也○冬齊仲孫湫來省難湫仲孫名○湫子小反書曰仲孫亦

嘉之也仲孫歸曰不去慶父魯難未已時慶父亦還魯去起呂反下同○公曰若之何而去之

對曰難不已將自斃斃踣也○斃婢世反踣薄比反君其待之公曰魯可取乎對曰不可猶秉

周禮周禮所以本也臣聞之國將亡本必先顛而後枝葉從之魯不弃周禮未

可動也君其務寧魯難而親之親有禮因重固能重能固則當就成之疏注能重至成之○正義曰服虔云重不可動因其不可動而堅固之杜以此傳四句相類間攜貳攜貳皆間之覆昏亂昏亂皆敗之知此重固皆因之則非因重而固之間攜貳離而相疑者則當因而間之○間間廁之間注同覆昏亂覆敗也○覆芳服反注同霸王之器也霸王所用故以器為喻○王于況反注同

○晉侯作二軍晉本一軍見莊十六年○見賢遍反公將上軍大子申生將下軍趙夙御戎畢萬為右為公御右也夙趙衰兄畢萬魏犨祖父○將子匠反下及注同衰初危反犨尺由反疏注為公至祖父○正義曰史記趙世家夙生共孟孟生趙衰晉語云趙衰先君之戎御趙夙之弟也杜以夙為衰兄從晉語也魏世家畢萬生武子世本畢萬生芒季季生武仲州州即犨也杜以萬為犨之祖父依世本也以滅耿滅霍滅魏平陽皮氏縣東南有耿鄉永安縣東北有霍大山三國皆姬姓○耿古幸反國名還為大子城曲沃賜趙夙耿賜畢萬魏以為大夫士蔿曰大子不得立矣分之都城而位以卿先為之極又焉得立位以卿謂將下軍○還為于偽反焉於虔反不如逃之無使罪至為吳大伯不亦可乎大伯周大王之適子知其父欲立季歷故讓位而適吳○大音泰注同適子丁歷反本又作嫡疏注大伯至適吳○正義曰史記吳世家云

吳大伯弟仲雍皆周大王之子而王季歷之兄也季歷賢而有聖子昌大王欲立季歷以及昌於是大伯仲雍二人乃奔荆蠻以辟季歷季歷果立是爲王季是大伯讓位適吳之事猶有令名與其及也言雖去猶有令名勝於留而及禍疏猶有至及也〇正義曰言逃雖失國猶有善名與其留而及禍也何者爲勝勸之使逃且諺曰心苟無瑕何恤乎無家天若祚大子其無晉乎爲晉殺申生傳〇諺音彥祚在路反卜偃曰畢萬之後必大卜偃晉掌卜大夫萬盈數也魏大名也疏萬盈至名也〇正義曰以筭法從一至萬每十則改名至萬以後稱一萬十萬百萬千萬萬萬始名億從是以往皆以萬爲極是至萬則數滿也論語云巍巍乎其有成功是巍爲高大之名以是始賞天啓之矣天子曰兆民諸侯曰萬民今名之大以從盈數其必有衆以魏從萬有衆象初畢萬筮仕於晉遇屯䷂震下坎上屯〇屯張倫反之比䷇坤下坎上比屯初九變而爲比〇比毗志反注及下同〇疏遇屯之比〇正義曰震下坎上爲屯說卦云震動也坎象云坎險也動而遇險有屯難之象坤下坎上爲比說卦坎爲水坤爲地水潤下而地受之相親比之象也辛廖占之曰吉〇辛廖晉大夫廖力彫反疏注辛廖晉大夫〇正義曰杜云辛廖晉大夫則以畢萬筮仕在晉國而筮劉炫云若在晉國而筮何得云筮仕於晉又辛甲辛有並是周人何故辛廖獨爲晉大夫今知不然者傳以畢萬是畢國子孫今乃筮仕於晉言於晉以對畢耳非謂筮時在他國也案昭十五年傳云及辛有之二子董之晉於是乎有董史注云辛有周人二子適晉爲大史則辛氏雖出於周枝流於晉劉炫用服氏之說以爲畢萬在周筮仕於晉又以晉國不得有姓辛而規杜過其義非也屯固比入吉孰大焉其必蕃昌屯險難所以爲堅固比親密所以得入〇蕃音煩震爲土震變爲坤車從馬震爲車坤爲馬疏注震爲車坤爲馬正

義曰晉語云司空季子占公子重耳之筮云震車也坤象云利牝馬之貞是坤爲馬也下注震爲足震爲長男坤爲母坤爲衆皆說卦文也足居之震爲足兄長之震爲長男○長丁丈反母覆之坤爲母衆歸之坤爲衆六體不易初一爻變有此六義不可易也合而能固安而能殺公侯之卦也比合屯固坤安震殺故曰公侯之卦疏注比合至之卦正義曰震之爲殺傳無明文晉語云震車也車有威武昭二十五年傳云爲刑罰威獄以類其震震曜殺戮是震爲威武殺戮之意故震爲殺也公侯之子孫必復其始畢。萬。公高之後傳爲魏之子孫衆多張本疏必復其始○正義曰萬是畢公之後公侯之子孫必當復其初始言此人子孫又將爲公侯也及春秋之後三家分晉而魏爲諸侯是其筮之驗也

經二年春王正月齊人遷陽無傳陽國名蓋齊人偪徙之疏注陽國至徙之○正義曰世本無有陽國不知何姓杜世族譜土地名闕不知所在與宋人遷宿文同知陽是國名蓋齊人偪遷之○夏五月乙酉吉禘于莊公三年喪畢致新死者之主於廟廟之遠主當遷入祧因是大祭以審昭穆謂之禘莊公喪制未闋時別立廟廟成而。吉祭又不於大廟故詳書以示譏○禘大計反祧他彫反昭上饒反闋苦穴反大廟音泰疏注三年至示譏○正義曰僖三十三年傳曰凡君薨卒哭而祔祔而作主特祀於主烝嘗禘於廟禘祀爲吉祭說喪事而言禘知禘是喪終而吉祭也襄十五年晉悼公卒十六年傳稱晉人荅穆叔云以寡君之未禘祀知三年喪畢乃爲禘也喪畢而爲禘祭知致新死之主於廟也新主入廟則遠主當遷知其遷入祧者祭法云天子七廟有二祧則祧是遠祖廟也周禮守祧掌守先王先公之廟祧其遺衣服藏焉廟之遠主其廟既遷主無所處固當遷入祧也鄭玄以二祧爲文王武王之廟遷主入廟當各從其班穆入文祧昭入武祧禮諸侯五廟更無別祧則當謂太祖之廟爲祧也遠主初始入祧新死

之主又當與先君相接故禮因是而爲大祭以審序昭穆故謂之禘禘者諦也言使昭穆之次審諦而不亂也莊公以其三十二年八月薨至此年五月唯二十二月故喪制未闋也公羊傳曰其言于莊公何未可以稱宮廟也曷爲未可以稱宮廟在三年之中矣三年之中未得以禮遷廟而特云莊公知爲莊公別立廟廟成而吉祭也僖八年禘于大廟文二年大事于大廟宣八年有事于大廟彼言大事有事亦禘祭也則禘禮必于大廟今未可以吉祭而爲吉祭又不于大廟故詳書以示譏也既云吉禘又云于莊公是其詳也

○秋八月辛丑公薨實弑書薨又不地者皆史策諱之

○九月夫人姜氏孫于邾哀姜外淫故孫稱姜氏○孫音遜注同

【疏】注哀姜至姜氏正義曰此決莊元年夫人孫于齊不稱姜氏也賈服之說皆以爲文姜殺夫罪重故去姜氏哀姜殺子罪輕故不去姜氏故杜爲此言以異之言外淫者謂以外姓爲淫

○公子慶父出奔莒弑閔公故

○冬齊高子來盟無傳蓋高傒也齊侯使來平魯亂僖公新立因遂結盟故不稱使也魯人貴之故不書名子男子之美稱○美稱尺證反

【疏】注蓋高至美稱○正義曰莊二十二年及齊高傒盟于防自爾以來不見經傳故云蓋高傒也往年仲孫湫勸齊侯使寗魯難今而高子適魯知齊侯使來平魯亂也當齊侯初命高子之時慶父未出僖公未立及其至魯值僖公新立因遂與魯結盟而立之不云齊侯使者盟非齊侯之命故不稱使也齊侯不使之盟而高子輒爲盟者齊侯使之來平魯亂新君既立遂盟而安之亦足稱齊侯之意其盟非專擅也魯人不能自安高子盟以安之魯人貴之故不書其名子者男子之美稱故呼之曰高子穀梁傳曰其曰來喜之也其曰高子貴之也盟立僖公也然則盟立僖公必僖公共盟不言公及齊高子盟者桓十四年鄭伯使其弟語來盟文十五年宋華孫來盟皆不言公及則不書公者春秋之常也晉荀庚衞孫良夫並爲來聘既行聘禮更與公盟非是直爲盟來故聘後別言及耳

○十有二月狄入衞書入不能有其地例在襄十三年

○鄭棄其師高克見惡久不得還師潰而克奔陳

故克狀其事以告魯也○惡烏路反瀆戶內反疏注高克至魯也○正義曰此事詩序具焉大夫出奔多是本國來告傳稱晉侯使以殺大子申生之故來告又衛殺孔達告於諸侯是其本國告也宣十年傳例曰凡諸侯之大夫違告於諸侯曰某氏之守臣某失守宗廟敢告是大夫私家之告辭昭二十六年王子朝奔楚傳稱告于諸侯是奔者自告也此鄭文公心惡高克而欲得遠之克既奔陳無罪可告故杜以為高克自狀其事以告魯魯史以為克若將師出奔是為棄師之道不書高克出奔而書鄭棄其師者案詩序云公子素惡高克進之不以禮文公退之不以道危國亡師之本是棄其師也穀梁傳曰鄭棄其師惡其長也兼不反其衆則是棄其師也

傳二年春虢公敗犬戎于渭汭犬戎西戎別在中國者渭水出隴西東入河水之隈曲曰汭○汭如銳反隈烏回反疏注犬戎至曰汭○正義曰西方曰戎知犬戎是西戎別在中國者也釋例曰渭水出隴西狄道縣鳥鼠同穴山東經南安天水洛陽扶風始平京兆至弘農華陰縣入河釋丘云隩隈厓內為隩外為隈李巡曰厓內近水為隩孫炎云內隈曲裏也彼雖不言汭汭即隩也而汭字以內為聲明是水之隈曲之內也舟之僑曰無德而祿殃也殃將至矣遂奔晉舟之僑虢大夫○僑音喬注同○夏吉禘于莊公速也

○初公傅奪卜齮田公不禁卜齮魯大夫也公即位年八歲知愛其傅而遂成其意以奪齮田齮怨其傅并及公故慶父因之○齮魚綺反疏注卜齮至因之○正義曰莊公三十二年注云閔公於是年八歲此云即位年八歲者閔公之年歲傳文不明服虔於莊三十二年注云閔公於是年九歲於此注云公即位時年九歲僖二年注云閔公死時年九歲杜知其不可故於莊公之末注言年八歲以異之嗣子位定於初喪言即位者亦謂初立之年也。秋八月辛丑共仲使卜齮賊公于武闈宮中小門謂之闈○共音恭闈音韋一音暉疏注宮中小門謂之闈○正義曰釋宮云宮中之門謂之闈其小者謂之閨小閨謂之閤彼就小門之內更別以爲二名大率宮中之門皆小故云宮中小門也名之曰武則其義未聞○成季以僖公適邾僖公閔公庶兄成風之子共仲奔莒乃入立之以賂求共仲于莒莒人歸之及密使公子魚請密魯地琅琊費縣北有密如亭公子魚奚斯也○費音祕又扶未反不許哭而往共仲曰奚斯之聲也乃縊慶父之罪雖重季子推親親之恩欲同之叔牙存孟氏之族故略其罪不書殺又不書卒○縊一賜反疏注慶父至書卒○正義曰叔牙云慶父材者始有黨慶父之心本其惡未顯見故季子隱之而書其卒若自死然慶父弒二君其罪已彰著討當書其誅殺季子推親親之恩欲同之叔牙存孟氏之族故略其罪不書殺也又不可全同叔牙故又不書卒慶父子孫終爲孟氏是季子推親親之恩枉正法耳閔公哀姜之娣叔姜之子也故齊人立之共仲通於哀姜哀姜欲立之閔公之死也哀姜與知之故孫于邾齊人取而殺之于夷以其尸歸爲僖元年齊人殺哀姜傳夷魯地○與音預孫音遜僖公請而葬之哀姜之罪已重而僖公請其喪還者外欲固齊以居厚內存母子不絕之義爲國家之大計○成季之將生也桓公使卜楚丘之父卜之卜楚丘魯掌卜大夫曰男也其名曰友在公之右在右言用事閒于兩社爲公室輔兩社周社亳社兩社之閒朝廷執政所在○亳步各反疏注兩社至所在正義曰王者取五色之土封以爲社若封諸侯隨方割其土包之以白茅賜之使立國社魯是周之諸侯故國社謂之周社哀四年亳社災是魯國有亳社穀梁傳曰亳社者亳之社也亳亡國也亡國之社以爲廟屏戒也則亳社在宗廟之前也周禮大宗伯建掌國之神位右社稷左宗廟則諸侯亦當然定二年雉門及兩觀災則兩觀在雉門外也禮

運云昔者仲尼與於蜡賓事畢出遊於觀之上蜡祭在廟故出廟而遊於觀也由此言之宗廟社稷在雉門之外分左右。廟也鄭玄考校禮文以為魯制三門庫雉路天子諸侯皆三朝圖宗人之嘉事則有路寢庭朝日出視朝則在路門之外其詢國危詢國遷詢立君周禮朝士所掌外朝之位者乃在雉門之外耳雉門之外左有亳社右有周社間於兩社是在兩社之間朝廷詢謀大事則在此處是執政之所在也季氏亡則魯不昌疏季。氏。亡。則魯。不。昌。○正義曰服虔云謂季友出奔魯弒二君案傳子般既死乃云成季奔陳閔公既死乃云成季適邾皆君死乃出奔非由出奔乃致君死杜雖無注義必不然當謂季友子孫與魯升降從此以後季氏世為上卿終於春秋禮記稱悼公之喪季昭子問為君何食以後雖則無文當是與魯俱滅也又筮之遇大有䷍乾下離上大有之乾䷀乾下乾上乾大有六五變而為乾曰同復于父敬如君所筮者之辭也乾為君父離變為乾故曰同復于父見敬與君同疏注筮者至君同○正義曰此雖六五爻變不取周易之文筮者推演卦意自為其辭也離變是乾子還變為乾故云同復于父言其尊與父同也國人敬之其敬如君之處所言其貴與君同也說卦乾為君父言其身之尊則云同復于父言其為人所敬則云敬如君所屬意異故分為二也及生有文在其手曰友遂以命之遂以為名○冬十二月狄人伐衛衛懿公好鶴疏衛。懿。公。好。鶴。○正義曰陸機毛詩義疏云鶴形狀大如鵝長腳青翼高三尺餘赤目赤頰喙長四寸餘多純白或有蒼色蒼色者今人謂之赤頰常夜半鳴故淮南子曰雞知將旦鶴知夜半其鳴高亮聞八九里雌者聲差下今吳人園囿中及士大夫家皆養之鶴有乘軒者軒大夫車○好鶴呼報反下戶各反軒許元反疏注軒大夫車○正義曰定十三年傳稱齊侯斂諸大夫之軒故杜云軒大夫車也服虔云車有藩曰軒將戰國人受甲者皆曰使鶴鶴實有祿位余焉能戰公與石祁子玦與甯莊子矢使守（莊子甯速也玦玉玦○爲於虔反玦古穴反守手又反下告守及注同）曰以此贊國擇利而爲之（贊助也玦示以當決斷矢示以禦難○斷丁亂反難乃旦反）與夫人繡衣曰聽於二子（取其文章順序）渠孔御戎子伯爲右黃夷前驅孔嬰齊殿（傳言衛侯失民有素雖臨事而戒猶無所及○殿丁練反）及狄人戰于熒澤衛師敗績遂滅衛（此熒澤當在河北君死國散經不書滅者狄不能赴衛之君臣皆盡無復文告齊桓爲之告諸侯言狄已去言衛之存故但以。人爲文○熒戶扃反無復扶又反下復逐同爲之于僞反下文爲衛同）【疏】注此熒澤當在河北○正義曰禹貢豫州熒波既豬導沇水入于河溢爲熒。是。熒在河南此時衛都河北爲狄所敗乃東徙渡河故知此熒澤當在河北但沇水入河乃泆被河南多故專得熒名其北雖少亦稱熒也衛侯不去其旗是以甚敗狄人囚史華龍滑與禮孔以逐衛人二人曰我大史也實掌其祭不先國不可得也（夷狄畏鬼故恐言當先白神○去起呂反藏也一云除也華胡化反大音泰恐丘勇反）乃先之至則告守曰不可待也（守石甯二大夫）夜與國人出狄入衛遂從之又敗諸河（衛將東走渡河狄復逐而敗之）

初惠公之卽位也少（蓋年十五六○少詩照反）【疏】注蓋年十五六正義曰衛宣公以隱四年立桓十二年卒終始二十年耳卽位之後乃納急子之妻生壽及朔朔既有兄知其蓋年十五六耳齊人使昭伯烝於宣姜不可強之（昭伯惠公庶兄宣公子頑也昭伯不可○烝之承反強其丈反）生齊子戴公文公宋桓夫人許穆夫人文公爲衛之多患也先適齊及敗宋桓公逆諸河（迎衛敗衆）宵濟（夜渡畏狄）衛之遺民男女七百有三十人益之

以共滕之民爲五千人共及滕衞別邑○共音恭立戴公以廬于曹。廬舍也曹衞下邑戴公名申。立。其年卒而立文公○廬力居反于曹詩作漕音同【疏】注廬舍至文公○正義曰周禮秋官野廬氏。掌道。路宿息地官遺人云凡國野之道十里有廬廬有飲食是廬爲舍也廬于曹者言隨宜寄舍耳曹邑雖闕不知其處當在河東近楚丘也戴公名申世本世家文經傳皆云十二月狄入衞衞人東徙渡河收集離散乃立戴公此年之末文公即位計戴公爲君不過十數日耳言。立一年卒者滅而復興一不是嗣位故成喪爲謚文公繼世而立明年始爲元年故戴公雖復日少亦稱一年年表亦以此年爲戴公元年今定本云以其年卒許穆夫人賦載馳載馳詩衞風也許穆夫人痛衞之亡思歸唁之不可故作詩以言志○唁音彥齊侯使公子無虧帥車三百乘甲士三千人以戍曹無虧齊桓公子武孟也車甲之賦異於常故傳別見之○虧去危反乘繩證反下及注同見賢遍反歸公乘馬祭服五稱牛羊豕雞狗皆三百與門材歸遺也四馬曰乘衣。單複具曰稱門材使先立門戶○稱尺證反反狗音茍遺于乘反單複音丹下方服反【疏】注歸遺至門戶○正義曰歸者不反之辭故爲遺也周禮校人云乘馬一師四圉圉養一馬故云四馬曰乘以乘車幷師五人必篤四馬故也喪大記曰袍必有表不。禪衣必有裳謂之一稱是衣。禪複具曰稱歸夫人魚軒魚軒夫人車以魚皮爲飾【疏】注魚軒至爲飾○正義曰詩云象弭魚服此云魚軒則用魚爲飾其皮可以飾器物者唯魚獸耳故云以魚皮爲飾陸機毛詩義疏云魚獸似。猪東海有之其皮背上有班文腹下有純青今人以爲弓鞬步叉者也其皮。雖乾燥。爲弓鞬矢服經年海水將潮及天陰毛皆起水潮還及晴則毛復如故雖在數千里外可以知海水之潮。自相感也重錦三十兩重錦錦之熟細者以二丈雙行故曰兩三十兩三十四也【疏】注重錦至四也○正義曰服虔云重牢也杜以其遺夫人貴美不貴牢故以爲錦之。熟細者雜記曰納幣一束束五兩兩五尋八尺

曰尋則五尋四丈謂之兩者分爲兩段故也謂之匹者兩兩合卷若匹偶然也○鄭人惡高克使帥師次于河上久而
弗召師潰而歸高克奔陳高克鄭大夫也好利而不顧其君文公惡之而不能遠故使帥師而不召○惡烏路反注同好呼報反遠
于萬反鄭人爲之賦清人清人詩鄭風也刺文公退臣不以道危國亡師之本○爲于僞反○晉侯使大子申生
伐東山皐落氏赤狄別種也皐落其氏族○皐古刀反種章勇反【疏】注赤狄至氏族○正義曰狄有赤狄白狄成十三年傳晉侯使呂相
絶秦云白狄及君同州則白狄與秦相近當在晉西此云東山當在晉東宣十五年晉師滅赤狄潞氏潞則上黨潞縣在晉之東此云伐東山皐落氏知此亦
在晉東是赤狄別種也皐落其氏族也此族之人狄之渠帥也里克諫曰大子奉冢祀社稷之粢盛里克晉大夫冢大也
○粢盛上音咨下音成以朝夕視君膳者也膳廚膳○朝如字又張遙反膳市戰反【疏】注膳廚膳○正義曰鄭玄膳夫注云膳之
言善也今時美物曰珍膳是膳者美食之名廚者造食之處故云膳廚膳也禮記云文王之爲世子食上必在視寒煖之節食下問所膳命膳宰然後退是太
子朝夕視君膳者也故曰冢子君行則守有守則從從曰撫軍。守曰監國古之制也夫師
師專行謀帥師者必專謀軍事○則守手又反下同從才用反下同監古銜反誓軍旅宣號令也君與國政之所圖也
非大子之事也國政正卿師在制命而已命將軍所制稟命則不威專命則不孝故君之
嗣適。不可以帥師君失其官帥師不威將焉用之大子統帥是失其官也專命則不孝是爲帥必不威也○
適丁歷反本又作嫡下配適同焉於虔反且臣聞皐落氏將戰君其舍之公曰寡人有子未知其誰

立焉不對而退見大子大子曰吾其廢乎對曰告之以臨民謂居曲沃教之以軍旅謂將下軍○謂將子匠反下將上軍並同不共是懼何故廢乎疏對曰告之至廢乎○正義曰克謂大子還曲沃告百姓以臨示下民之事并教之軍旅之法不共是二事爲懼矣何故憂其廢乎且子懼不孝無懼弗得立脩己。而不責人。則免於難大子帥師公衣之偏衣偏衣左右異色其半似公服○共音恭本又作供難乃旦反下同公衣之偏於既反下衣身之偏衣之純衣之尨服注衣之同疏注偏衣至公服○正義曰下云服其身則衣之純言此偏衣不純知其左右異色也又云衣身之偏言公以身衣之偏半衣大子知其半似公服也佩之金玦以金爲玦狐突御戎先友爲右狐突伯行重耳外祖父也爲梁餘子養御罕夷先丹木爲右罕夷晉下軍卿也梁餘子養爲罕夷御羊舌大夫爲尉羊舌大夫叔向祖父也尉軍尉○向許丈反先友曰衣身之偏偏半也握兵之要謂佩金玦將上軍在此行也子其勉之偏躬無慝分身衣之半非惡意也○慝他得反兵要遠災威權在己可以遠害○遠于萬反注及下同親以無災又何患焉狐突歎曰時事之徵也歎以先友爲不知君心衣身之章也章貴賤佩衷之旗也旗表也所以表明其中心○衷音忠旗音其故敬其事則命以始賞以春夏服其身則衣之純必以純色爲服用其衷則佩之度衷中也佩玉者士君子常度今命以時卒閟其事也冬十二月閟盡之時○閟音秘衣之尨服遠其躬也尨雜色○尨莫江反佩以金玦弃其衷也服以遠之時以閟。之。尨。涼冬殺金寒玦離胡可恃也寒涼殺離言無溫潤玦如環而缺不連雖欲勉之狄可盡乎梁餘子養曰帥師者受命於廟受脤。於社脤宜社之肉盛以。脤器○脤市軫反祭社之肉盛音成有常服矣不獲而尨命可知也。韋弁服軍之常也尨偏衣死而不孝不如逃之罕夷曰尨奇無常雜色奇怪非常之服金玦不復雖復何爲君有心矣有害大子之心先丹木曰是服也狂夫阻之阻疑也言雖狂夫猶知有疑○阻莊呂反曰盡敵而反曰公辭○盡子忍反下盡敵同敵可盡乎雖盡敵。猶有內讒不如違之違去也狐突欲行行亦去也羊舌大夫曰不可違命不孝弃事不忠雖知其寒惡不可取子其死之寒薄也

疏狐突至死之○正義曰傳之上下諸言某御戎某爲右者謂國君自將太子亦然者攝君之事故與君同文也傳歷言將帥御右者以下各有言故此舉其目先友不知君有害太子之心故推此衣佩以爲善事勸之狐突歎先友不知君意乃極言時衣佩三者反覆以荅之罕夷唯舉服佩二事故云尨奇無常金玦不復也其梁餘子養先丹木唯言服舉其重者故子養云不獲而尨命可知也先丹木云是服也狂夫阻之是皆勸太子之行也狐突以衆言同己故決意欲行羊舌大夫乃以忠孝之事勸之使留各以意之所見故其言或深或淺○注羊舌至軍尉○正義曰羊舌氏也爵爲大夫號曰羊舌大夫不知其。如何也此人生羊舌職職生叔向故爲叔向祖父譜云羊舌氏晉之公族羊舌其所食邑也或曰羊舌氏姓李名果有人盗羊而遺其頭不敢不受受而埋之後盗羊事發辭連李氏李氏掘羊頭而示之以明己不食。唯識其舌舌存得免號曰羊舌。氏也或曰者不知誰爲此言杜所不從記異聞耳○服以至時也○正義曰服以遠之覆上衣之尨服也時以閟之覆上命以時卒也上先時後服此先服後時者以下連尨涼冬殺之文又欲使冬殺與金寒相近冬殺是時故退之

在下言尨涼則申上衣之尨服也冬殺則申上命以時卒也尨涼據服冬殺據時耳金寒玦離申上佩以金玦也金是秋之寒氣故言金寒也○注脤宜至脤器○正義曰釋天云起大事動大衆必先有事乎社而後出謂之宜知出兵必祭社祭社名爲宜周禮大宗伯以脤膰之禮親兄弟之國定十四年天王使石尙來歸脤知脤是器物可執之以賜人也今言受脤於社明是祭社之肉盛以脤器賜元帥也地官掌蜃祭祀共蜃器之蜃鄭玄云蜃大蛤。蜃之器以。蜃飾因名焉○注阻疑也○正義曰劉炫云阻疑以意訓耳今言猶云阻疑是阻得爲疑也言雖狂夫猶知於此服有疑也服虔云阻止也方相之士蒙玄衣朱裳主索室中毆疫號之爲狂夫止此服言君與大子以狂夫所止之服衣之晉語云且是之衣也狂夫阻之衣也韋昭云狂夫方相氏之士也阻古詛字也將服是衣必先詛之是由無正訓各以意解劉以爲方相氏狂夫所服玄衣朱裳左右同色不得爲偏衣也當服此衣非是意所止也詛乃服之文無所出故杜別爲此解○注曰公辭○正義曰言公辭者當以公賜之偏衣金玦推其義理原公之意而爲之作辭非公出言作此辭也

大子將戰狐突諫曰不可昔辛伯諗周桓公諗告也事在桓十八年○諗音審說文云深謀云內寵並后外寵二政嬖子配適大都耦國亂之本也周公弗從故及於難今亂本成矣驪姬爲內寵二五爲外寵奚齊爲嬖子曲沃爲大都故曰亂本成矣【疏】注驪姬至成矣○正義曰辛伯之語先有成文其內寵之徒不爲晉發故劉炫云二五嬖賤不得爲二政大子不以曲沃作亂不得爲大都而杜云驪姬爲內寵二五爲外寵奚齊爲嬖子曲沃爲大都者今刪定以爲辛伯之言雖不爲晉要晉國之亂事理相當故且以事託之二五爲耦墾傷晉室曲沃彊大太子奔之又築屈與蒲終爲禍難但此據太子故以曲沃爲文劉君不達此時而爲規過違傳意也立可必乎孝而安民子其圖之奉身爲孝不戰爲安民與其危身以速罪也有功益見害故言孰與危身以召罪【疏】孝而至罪

也○正義曰去則孝而安民留則危身召罪等與其危身以召罪也豈若孝而安民乎勸使逃也○成風聞成季之繇乃事之成風莊公之妾僖公之母也繇卦兆之占辭○繇直救反而屬僖公焉故成季立之○屬章欲反○僖之元年齊桓公遷邢于夷儀二年封衛于楚丘邢遷如歸衛國忘亡忘其滅亡之困○衛文公大布之衣大帛之冠大布麤布大帛厚繒蓋用諸侯諒闇之服○衛文公大布之衣本或作衣大布之衣誤○繒疾陵反諒音良又音亮務材訓農通商惠工加惠於百工賞其利器用敬教勸學授方任能方百事之宜也疏務材至任能○正義曰務材務在植材用也訓農訓民。勸農業也通商通商販之路。令貨利往來也惠工加恩惠於百工賞其利器用也敬教敬民五教也勸學勸民學問也授方授民以事皆有方法也任能其所委任信能用人也元年革車三十乘季年乃三百乘衛文公以此年冬立齊桓公始平魯亂故傳因言齊之所以霸衛之所由興革車兵車季年在僖二十五年蓋招懷。迸散故能致十倍之衆○乘繩證反下同迸必諍反

# 附釋音春秋左傳注疏卷第十一

# 春秋左傳注疏卷十一校勘記　阮元撰盧宣旬摘録

附釋音春秋左傳注疏卷第十一　閔元年盡二年宋本春秋正義卷十後並同石經春秋經傳集解閔公第四盡二年

〔閔公〕

〔經元年〕

元年注季子至曰歸　宋本無元年二字

〔傳元年〕

詩小雅矣　宋本淳熙本岳本足利本矣作也

戎狄至簡書　宋本以下正義三節總入齊人救邢句下

狠牡貛牝狠　山井鼎云宋板牝作牡下同按作牡狠非也

善爲小兒喑聲　閩本監本毛本作喑宋本作啼是也

其猛健者　宋本作健閩本監本毛本作捷

夷吾名　宋本名下有也字

時慶父亦還魯　宋本淳熙本足利本亦下有已字

大伯周大王之適子 釋文云適本又作嫡淳熙本作嫡

乃奔荆蠻以辟季歷 宋本辟作辟不誤○今訂正

是魏爲高大之名 宋本作是魏巍魏二字一正一俗今人分别其音古人則字形字音皆不别

畢萬公高之後 宋本淳熙本足利本作萬畢是也

（經二年）

廟成而吉祭 纂圖本毛本吉作言誤

（傳二年）

言卽位者亦謂初立之年也 監本毛本年誤命

宮中之門謂之衛 宋本監本毛本衛作闈不誤○今訂正

小閨謂之閤 毛本閤作閣非也

外欲固齊以居厚 淳熙本以作已按以已古通用

分左右廟也 宋本廟作廂不誤

季氏亡則魯不昌 宋本無此七字

衛懿公好鶴　宋本無此五字

及狄人戰于熒澤　監本毛本熒作滎非案宋監本毛本注文作熒正義誤滎

故但以人爲文　宋本淳熙本岳本足利本人作入是也

是熒在河南　宋本無是熒二字非也

立戴公以廬于曹　釋文云曹詩作漕音同案詩鄘箋引亦作漕惠棟云詩序曹字從水旁曹傳作曹古文省也按說文漕者水轉穀也地名字不必从水今本毛詩鄭箋恐非

戴公名申　宋本申作甲案史記衛世家作申

立其年卒　正義云今定本作以其年卒按其年卒據正義則孔本作一年卒故發明之今本作其誤

掌道路宿息　監本毛本重掌字脫路字

言立一年卒者　宋本無立字

衣單複具曰稱　案儀禮士喪禮釋文引單作禪正義本作禪

袍必有表不禪　監本毛本禪誤禪下同

魚獸似豬　閩本監本毛本豬改猪

其皮雖乾燥爲弓鞬矢服 浦鏜據詩正義雖改難爲上增以字

自相感也 浦鏜據詩正義自上增氣字

故以爲錦之熟細者 宋本熟作孰

晉侯使大子申生 纂圖本毛本侯誤人

從曰撫軍 顧炎武云石經軍誤國案石經此處闕炎武所據乃繆刻也

故君之嗣適 釋文適本又作嫡下配適同

脩己而不責人 石經宋本岳本巳作己不誤石經人字上有於字似後人所增

時以閟之 淳熙本閟誤也

尨涼 案惠棟云說文引作牻椋云牻白黑雜毛牛椋牻牛也古文省少或借涼爲椋沈彤云案廣韻椋牻牛駁色蓋說文脫駁色二字牻椋謂牻服色駁也否則冬與金玦皆有義而牻獨無乎上文偏衣卽牻服蓋分織牻牛白黑毛爲之下所謂奇無常也

受脤於社 詩大明緜鄭箋云春秋傳曰蜃宜社之肉正義曰左傳無此文而言傳曰衍字也閔二年左傳曰帥師者受命於廟受蜃於社也按據說文裖社肉也以蜃爲器盛之則亦可謂肉爲脤故左傳直云受蜃於社也此云受脤於社脤乃裖之俗字耳其古本必作裖或作蜃也

盛以脤器 段玉裁校本脤作蜃是也

命可知也 足利本也作矣非也

雖盡敵 石經敵字上後人旁增外字非也

不知其名何也 宋本如作名不誤

唯識其舌舌存得免號曰羊舌氏也 毛本唯誤誰氏誤是

蜃之器以蜃飾因名焉 監本毛本蜃作脤不誤案周禮注作蜃

外寵二政 案惠棟云二讀爲王貳于虢之貳韓非子引此正作貳

故曰亂本成矣 宋本足利本無矣字

注驪姬至本成 此節正義宋本在立可必乎之下

大帛之冠 案鄭氏注雜記引春秋傳曰衛文公大布之衣大白之冠正義引傳亦作大白

勸農業也 宋本勸作勸是也

令貨利往來也 閩本監本毛本令作合非也

蓋招懷迸散 監本毛本迸作逃非也

春秋左傳注疏卷十一校勘記

# 附釋音春秋左傳注疏卷第十二 僖元年盡五年

杜氏注　孔穎達疏

僖公○陸曰僖公名申莊公之子閔公之兄母成風謚法小心畏忌曰僖【疏】正義曰魯世家僖公名申莊公之子閔公庶兄其母成風所生也惠王十八年即位謚法小心畏忌曰僖是歲歲在鶉首

經元年春王正月○齊師宋師曹伯次于聶北救邢齊師諸侯之師救邢次于聶北者案兵觀釁以待事也次例在莊三年聶北邢地○聶女輒反釁許覲反【疏】齊師至邢地○正義曰公羊穀梁皆以爲齊師宋師曹師皆是侯伯之身公羊稱不與諸侯專封故變稱師耳此時方始救邢邢本不滅何以言其封也左氏無此義將卑師衆稱師此三國皆師多而大夫將故名氏不見並稱師公羊以爲此言次于聶北救邢與襄二十三年叔孫豹救晉次于雍榆二事相反爲之作說言此是君也進止自由彼是臣也先通君命賈服取以爲說杜以傳無此事故不用其言釋例曰所記或次在事前次以成事也或次在事後事成而次也皆隨事實無義例也此時狄人尚強未可即擊案兵觀釁以待其事須可擊乃擊之故次在事前

○夏六月邢遷于夷儀邢遷如歸故以自遷爲辭夷儀邢地【疏】注邢遷至邢地○正義曰傳稱師逐狄人具邢器用而遷之則是諸侯遷邢也而文作邢自遷者以邢遷如歸故以自遷爲文公羊傳曰遷者何其意也遷之者何非其意也言邢遷于夷儀許遷于白羽者皆是其國之意自欲遷之宋人遷宿齊人遷陽者他人強遷其國之意不欲遷也

齊師宋師曹師城邢傳例曰救患分災禮也一事而再列三國於文不可一言諸侯師故【疏】注傳例至師故○正義曰春秋之例先會而後盟者會則具序諸國盟則總稱諸侯公羊謂之前目而後凡此上文已列三國之師救邢

救邢與城邢猶是一事相連耳而再列三國之師不依前目後凡者於文不可言諸侯師故也案此十五年歷序諸侯盟于牡丘下書諸侯之大夫救徐襄二十七年歷序諸國大夫會于宋下云諸侯大夫盟于宋此不言諸侯之師城邢者此與會盟小異十四年諸侯城緣陵爲其事有闕故總稱諸侯此若云諸侯之師城邢似爲其事有闕總書爲貶故雖則煩文而再列三國

○秋七月戊辰夫人姜氏薨于夷齊人以歸傳在閔二年不言齊人殺諱之書地者明在外薨

疏注傳在至外薨○正義曰傳在閔二年者彼因孫于邾遂終言之實齊人殺之諱故不言殺也夫人之薨例不書地書地者明其在外而薨若言夫人自行至夷遇疾而薨齊人乃以其喪歸耳

○楚人伐鄭荊始改號曰楚

疏注荊始改號曰楚○正義曰此前常呼爲荊此後遂稱爲楚據其見經爲言故云荊始改號莊二十八年仍書荊伐鄭自爾至今不知何年改

○八月公會齊侯宋公鄭伯曹伯邾人于檉檉宋地陳國陳縣西北有檉城公及其會而不書盟還不以盟告○檉敕呈反

疏注檉宋至盟告○正義曰經書會于檉傳言盟于犖犖即檉也而經不書盟釋例曰盟于鄧盟于犖盟于咸公既在會而不書其盟以理推之會在盟前知。非後盟也蓋公還告會而不告盟也

○九月公敗邾師于偃。偃。邾地

○冬十月壬午公子友帥師敗莒師于酈獲莒挐。酈魯地。挐莒子之弟不書弟者非卿非卿則不應書嘉季友之功故特書其所獲大夫生死皆曰獲獲例在昭二十三年○酈力知反挐女居反又女加反

疏注酈魯至三年正義曰傳言莒子之弟而經不書弟者諸侯之臣爲卿乃見經見經則備書名氏若言莒子之弟挐則是爲卿之備文此不書弟見其非卿也傳曰非卿也嘉獲之也以非卿不應書經嘉季友之功能獲莒之大將故特書所獲以美季子公羊亦云此何以書大季子之獲也釋例曰莒。挐非卿非卿則不應書今嘉獲故特書之特書猶不稱弟明諸書弟者皆卿也

○十有二月丁巳夫人氏之喪至自

齊僖公請而葬之故告於廟而書喪至也齊侯。既殺哀姜以其尸歸絕之於魯僖公請其喪而還不稱姜闕。文。疏注僖公至闕文○正義曰齊人治哀姜之罪取而殺之則位絕於魯非復魯之夫人其死不合書之於策以僖公請而葬之外欲固齊以居厚內存母子不絕之義故具書於經薨葬備禮諱之若言無罪而自死然既諱其殺不宜有貶公羊傳曰夫人何以不稱姜氏貶曷為貶與弒公也穀梁傳曰其不言姜以其弒二子貶之也或曰為齊桓諱殺同姓也賈逵云殺子輕故但貶姜然則姜氏者夫人之姓二字共為一義不得去姜存氏去氏存姜若其必有所貶自可替其尊號去一姜字復何所明於薨於葬未嘗有貶何故喪至獨去一姜公羊傳又曰曷為不於弒焉貶貶必於其重者莫重乎其以喪至也案禮之成否在於薨葬何以喪至獨得為重喪至已加貶責於葬不應備文何故葬我小君復得成禮正以薨葬備禮知其無所貶責故。杜以經無姜字直是闕文公羊穀梁見其文闕妄為之說耳

傳元年春不稱即位公出故也國亂身出復入故即位之禮有闕○復扶又反下文同公出復入不書諱之也諱國惡禮也掩惡揚善義。存君親故通有諱例皆當時臣子率意而隱故無深淺常準聖賢從之以通人理有時而聽之可也○準之尹反疏元年至禮也○正義曰去年八月閔公死僖公出奔邾九月慶父出奔莒公即位歸魯言公出故者公出而復歸即位之禮有闕為往年公出奔之故非言應即位之時公在外也齊小白陽生之徒皆出而復入經書其入僖公類之亦應書入往年公出復入不書諱之國內有亂致令公出不書公出復入諱國亂也國亂國之惡事諱國惡是禮也時史諱而不書仲尼因而不改嫌諱非禮故以禮居之○注掩惡至可也○正義曰坊記曰善則稱君過則稱己則民作忠善則稱親過則稱己則民作孝是掩惡揚善之義義存君與親也君親之惡務欲掩之是故聖賢作法通有諱例諱雖有例而事無定體或諱大不諱小或諱小不諱大皆當時臣子率己之意而為之隱故無。深。淺常準隱十年公羊傳曰於外大惡書小惡不書於內大惡諱小惡書必如彼言是有常準歷檢春

秋都無定例納鼎惡於易田諱田而不諱鼎公入小於公出諱入而不諱孫是其無常準也既無常準隨諱深淺舊史有所辟諱聖賢因而從之以通人事之理故容有掩惡之法釋例曰有時而聽之則可也正以爲後法則不經故不奪其所諱亦不爲之定制言若正爲後法每事皆諱則爲惡者無復忌憚居上者不知所懲不可盡令諱也人之所極唯君與親纔有小惡卽發其短非復臣子之心全無愛敬之義是故不抑不勸有時聽之以爲諱惡者禮也無隱者直也二者俱通以爲世教也

○諸侯救邢實大夫而曰諸侯總衆國之辭疏注實大至之辭○正義曰於例將卑師衆稱師三國並稱爲師是皆大夫將也實大夫也而曰諸侯總衆國之辭也桓五年蔡人衛人陳人從王伐鄭傳曰王以諸侯伐鄭彼亦大夫將總衆國而稱諸侯也先儒以爲此役諸侯身行故言此以異之

邢人潰出奔師奔走北之師也邢潰不書不告也○潰戶內反師遂逐狄人具邢器用而還之師無私焉皆撰具還之無所私取○撰仕眷反又仕轉反疏注皆撰至私取○正義曰邢人潰而奔師弃其家之器物師逐狄人爲之斂聚皆撰具以還邢人師人無所私取善齊桓委任得人人用兵嚴整也

○夏邢遷于夷儀諸侯城之救患也凡侯伯救患分災討罪禮也侯伯州長也分穀帛○分甫問反又如字長丁丈反疏注侯伯至穀帛○正義曰此因齊侯發例齊侯之爲侯伯當是王之二伯此言州長必是九州之長但州牧。於。是竟內亦當救患討罪○以州牧亦掌此事故言州長以包之有災害者分之財物知分者分穀帛也

秋楚人伐鄭鄭卽齊故也盟于犖謀救鄭也犖卽檉也地有二名○犖音洛又力角反

○九月公敗邾師于偃虛丘之戍將歸者也虛丘邾地邾人既送哀姜還齊人殺之因戍虛丘欲以侵魯公以義求齊齊送姜氏之喪邾人懼乃歸故。公要而敗之○虛起居反要於遙反疏注虛丘至敗之○正義曰犖之盟也邾人在焉公既盟而敗其師傳不明言其故直云虛丘之戍不知虛

丘誰地何故戍之服虔云虛丘魯邑魯有亂邾使兵戍虛丘魯與邾無怨因兵將還要而敗之所以惡僖公也邾之於魯本無怨惡僖公奔邾則爲之外主國亂則戍其内邑無故而敗其師亡信背義莫斯之甚非僖公作頌之主所當行也杜以爲不然故别爲此說此說亦無所據要其理當然也案十二月夫人之喪始至此九月敗邾師而云以義求齊齊送姜氏之喪者夫人以七月薨公即求齊齊既許之邾聞許而將歸魯得許而敗邾師耳○冬莒人來求賂求還慶父之賂公子友敗諸酈獲莒子之弟挐非卿也嘉獲之也莒既不能爲魯討慶父受魯之賂而又重來其求無厭故嘉季友之獲而書○爲魯于僞反重來直用反厭於鹽反公賜季友汶陽之田及費汶陽田汶水北地汶水出泰山萊蕪縣西入濟○汶音問費音秘萊音來疏汶陽至入濟○正義曰水北曰陽故知汶水北地釋例曰汶水出泰山萊蕪縣西南經濟北至東平須昌縣入濟○夫人氏之喪至自齊君子以齊人殺哀姜也爲已甚矣女子從人者也言女子有三從之義在夫家有罪非父母家所宜討也

經二年春王正月城楚丘楚丘衛邑不言城衛衛未遷疏注楚丘至未遷○正義曰此決城邢也彼既遷訖乃爲城之不言城夷儀而言城邢邢已遷也此則先城楚丘將以封衛言城楚丘不言城衛衛未遷也○夏五月辛巳葬我小君哀姜無傳反哭成喪故稱小君例在定十五年○虞師晉師滅下陽下陽虢邑在河東大陽縣晉於此始赴見經滅例在襄十三年○大音泰一音如字見賢遍反○秋九月齊侯宋公江人黃人盟于貫。貫宋地梁國蒙縣西北有。貫城。貫與貰字相似江國在汝南安陽縣○貫古亂反貰市夜反又音世疏江人黃人○正義曰公羊穀梁皆云江人黃人遠國之辭言其實是君也以其遠國降而稱人賈云江黃稱人刺不度德善鄰特齊背楚終爲楚所滅其意雖異皆以江人黃人爲國君親來杜以諸侯之貶不至稱人則。稱人者皆是其國之大夫耳齊桓威德稍盛遠國來服齊桓謙以接遠故與宋公會之○冬十月不雨傳在三年○楚人侵鄭

傳二年春諸侯城楚丘而封衛焉君死國滅故傳言封【疏】注君死至言封○正義曰封者聚土之名也天子之建諸侯必分之土地立其疆界聚土爲封以記之故建國謂之封國衛是舊國今云封者以其君死國滅更封建之故云封也不書所會後也諸侯既罷而魯後至諱不及期故以獨城爲文○晉荀息請以屈產之乘與垂棘之璧假道於虞【疏】。假道於虞○正義曰聘禮云若過他邦至于竟使次介假道束帛將命于朝下大夫取以入告出許是禮過他國必假道也聘尙假道況乎伐國故請以璧馬假借也穀梁傳曰借道乎虞以伐虢荀息荀叔也屈地生良馬垂棘出美玉故以爲名四馬曰乘自晉適虢途出於虞故。借道○屈求勿反又居勿反注同乘繩證反注同公曰是吾寶也對曰若得道於虞猶外府也公曰宮之奇存焉宮之奇虞忠臣○奇其宜反對曰宮之奇之爲人也懦。而不能強。諫懦弱也○懦本又作糯乃亂反又乃貨反字林作愞音乃亂反強其良反又其丈反且少長於君君暱之雖諫將不聽親而狎之必輕其言○少詩照反長丁丈反暱女乙反乃使荀息假道於虞曰冀爲不道入自顛軨。伐鄍三門前是冀伐虞至鄍鄍虞邑河東大陽縣東北有顛軨坂○軨音零鄍亡丁反坂音反【疏】注前是至軨坂○正義曰服虔以爲冀爲不道伐鄍三門謂冀伐晉也冀之既病亦唯君故謂虞助晉也將欲假道稱前恩以誘之案傳荀息以寶假道公尙慮虞不許則晉之於虞舊非與國若其嘗經助晉則是昔來通好何憂乎不許而請進國之美寶尙畏宮之奇諫乎故杜以爲冀自

伐虞虞自報冀以虞能報冀晉不能報虢言己弱以示其恥言虞彊以說其心此雖無文理必然也冀之既病則亦唯君故言虞報伐

冀使病將欲假道故稱虞彊以說其心冀國名平陽皮氏縣東北有冀亭○說音悅今虢爲不道保於逆。旅逆旅客舍也虢稍遣人分

依客舍以聚。衆抄晉邊邑○抄初教反又楚稍反強取物【疏】注逆旅至邊邑○正義曰晉語云陽處父過甯舍於逆旅甯。嬴氏知逆旅是客舍也逆迎也旅

客也迎止賓客之處也保者固守之語知其分依客舍伺候抄晉邊邑既又入而保之觀其此語則虢晉接鄰但向其都邑須過虞竟當以從彼詣虢路遙山

險易來往故也難以侵敝邑之南鄙敢請假道以請罪于虢問虢伐己以何罪虞公許之且請

先伐虢喜於厚賂而欲求媚宮之奇諫不聽遂起師夏晉里克荀息帥師會虞師伐虢滅

下陽晉猶主兵不信虞【疏】注晉猶至信虞○正義曰如傳之言直云會虞伐虢未知誰爲兵主但下云先書虞賄故也若虞爲兵主自當。在先不須

云先書虞也明晉實爲主而仲尼先書虞故知晉猶。主。兵不信虞也先書虞賄故也虞非倡兵之首而先書之惡貪賄也○賄呼罪反惡烏路

反○秋盟于貫服江黃也江黃楚與國也始來服齊故爲合諸侯○爲于僞反下同○齊寺人貂始漏師于

多魚寺人。內奄官。豎貂也多魚地名闕齊桓多嬖寵內則如夫人者六人外則幸。豎貂易牙之等終以此亂國傳言貂於此始擅貴寵漏洩桓公軍事爲

齊亂張本○寺如字又音侍寺人奄官名貂音彫豎上主反擅時戰反洩息列反又以制反【疏】注寺人至張本○正義曰周禮內宰之屬有內小臣奄上

士四人寺人王之正內五人內豎倍寺人之數寺人掌王之內人及女宮之戒令內豎掌內外之通令皆掌婦人之事是自內小臣以下皆用奄人爲官也鄭

玄云豎未冠者之官名然則此人名貂幼童爲內豎之官以爲齊侯所寵後雖年長遂呼爲豎貂焉此時爲寺人之官故稱寺人貂也言漏師者漏泄師之密

謀也漏師已是大罪此云始者言其終又甚焉故言始以爲齊亂張本○虢公敗戎于桑田桑田虢地在弘農陝縣東北晉卜偃曰虢必亡矣亡下陽不懼而又有功是天奪之鑒鑒所以自照而益其疾也驕則生疾必易晉而不撫其民矣不可以五稔稔熟也爲下五年晉滅虢張本○易以豉反稔入甚反○冬楚人伐鄭鬬章囚鄭聃伯經書侵傳言伐本以伐興權行侵掠爲後年楚伐鄭鄭伯欲成張本○聃乃甘反掠音亮

經三年春王正月不雨夏四月不雨一時不雨則書首月傳例曰不曰旱不爲災疏三年注一時至爲災○正義曰一時不雨則書首月者解去冬今春也書首月者皆竟時不雨次月不雨不復書也故夏四月不雨五月不雨不復書六月得雨乃書之此由不雨日久方始追。書其事每時一書所以詳其文也不於去年冬十月及今年正月不雨注必於夏四月不雨注者以下有六月雨既備書則五月不雨亦應備書今唯云夏四月不雨故注云一時不雨則書首月以解五月不書不雨之意文二年自十有二月不雨至于秋七月十三年自正月不雨至于秋七月二者皆總書不雨又不書得雨之月與此年書不雨文異者穀梁傳曰一時言不雨者閔雨也閔雨者有志乎民者也六月雨雨云者喜雨也喜雨者有志乎民者也文二年傳曰歷時而言不雨文不憂雨也不憂雨者無志乎民也言僖有憂民之志故每時一書文無憂民之志是以歷時總書賈逵取以爲說杜既不注或亦史異辭也○徐人取舒無傳徐國在下邳僮縣東南舒國今廬江舒縣勝國而不用大師亦曰取例在襄十三年○邳皮悲反僮音童廬力居反疏注徐國至三年○正義曰諸侯相滅亡者多是土壤鄰接思啓封疆今檢杜注徐在下邳舒在廬江相去甚遠而越竟滅國無傳無注不知所以襄十三年傳例曰凡書取言易也用大師焉曰滅然則滅之與取俱是絕其國家有其土地難則稱滅易則爲取釋例曰用大師起大衆重力以陷敵因而有之故。曰勝國通以滅爲文也取者乘其衰亂或受其潰叛或用小師而不頓兵勞力則直言取如取如攜言其易也是勝國而不用大師亦爲取也○六月雨示旱不竟夏○秋齊侯宋公江人黃人會于陽穀陽穀齊地在東平須昌縣北○冬公子友如齊涖盟涖臨也○涖音利又音類【疏】注涖臨也○正義曰公羊傳曰涖盟者何往盟乎彼也來盟者何來盟于我也盟者殺牲歃血告誓神明人臨其上從我去者出我之意故言往彼臨視從外至者我共臨視故直舉其來○楚人伐鄭

傳三年春不雨夏六月雨自十月不雨至于五月不曰旱不爲災也周六月夏四月於播種五稼無損○夏戶雅反○秋會于陽穀謀伐楚也二年楚侵鄭故○齊侯爲陽穀之會來尋盟冬公子友如齊涖盟公時不會陽穀故齊侯自陽穀遣人詣魯求尋盟魯使上卿詣齊受盟謙也○爲于僞反○楚人伐鄭鄭伯欲成孔叔不可曰齊方勤我孔叔鄭大夫勤恤鄭難○難乃旦反弃德不祥祥善也○齊侯與蔡姬乘舟于囿蕩公蔡姬齊侯夫人蕩搖也囿苑也蓋魚池在苑中○囿音又公懼變色禁之不可公怒歸之未絕之也蔡人嫁之爲明年齊侵蔡傳

經四年春王正月公會齊侯宋公陳侯衞侯鄭伯許男曹伯侵蔡蔡潰民逃其上曰潰例在文三年遂伐楚次于陘遂兩事之辭楚強齊欲綏之以德故不速進而次陘陘楚地潁川召陵縣南有陘亭○陘音刑召上照反傳皆同【疏】注遂兩事之辭○正義曰桓八年祭公來遂逆王后于紀公羊傳曰遂者何生事也謂本無向紀之心至魯始生意也穀梁傳曰遂繼事之辭也此

云兩事之辭謂既有上事復爲下事不以本謀有心無心爲異也此齊侯先有伐楚之心因行而侵蔡耳三十年襄仲將聘于周遂初聘于晉桓十八年公將有行遂與姜氏如齊如此之類本謀爲二事也六年諸侯伐鄭楚人圍許諸侯遂救許莊十九年公子結媵陳人之婦于鄄遂及齊侯宋公盟如此之類本無謀而因事便行也但是兩事皆稱爲遂故曰兩事之辭不別本謀與否

○夏許男新臣卒。未同盟而赴以名

疏許男新臣卒○正義曰成十三年曹伯盧卒于師此不言于師者穀梁傳曰諸侯死於國不地死於外地死於師何爲不地內桓師也注云齊桓威德洽著諸侯安之雖卒於外與其在國同賈逵云不言於師善會主加禮若卒於國左氏無此義釋例曰若卒于朝會或書師或書地者史之成文非義所存然則或言于師或不言于師亦是史有詳略無義例也注稱赴以名者公雖在軍死須相赴史得赴乃書耳

○楚屈完來盟于師盟于召陵屈完楚大夫也楚子遣完。如師以觀齊屈完覩齊之盛因而求盟故不稱使以完來盟爲文齊桓退舍以禮楚故盟召陵召陵潁川縣也

疏注屈完至縣也○正義曰公羊傳曰屈完者何楚大夫也何以不稱使尊屈完也曷爲尊屈完以當桓公也其意言屈完楚之貴者尊之以敵齊侯若屈完足以自專無假君命不爲楚子所使故作自來之文服虔取以爲說案孔子曰君使臣以禮臣事君以忠此聖人之明訓也今乃尊人之臣許其不爲君使輕人之主以爲不合使臣是乃縱羣下以覬。覦教。强臣以專恣約之以禮豈當然乎故杜別爲此解楚子本使屈完如師以觀齊師之强弱强則欲服弱則欲拒屈完觀齊之盛因。而求盟盟非楚子之意故不稱使以屈完自來盟爲文穀梁傳曰其不言使權在屈完也是其權。時之。使自。來與齊盟也完之本意欲即盟於軍齊桓嘉其來服退舍以禮楚言來盟于師書屈完之意也盟于召陵書實盟之所也成二年齊侯使國佐如師不言來而此言來者彼既云如師不須稱來此不言如師故云來耳此既云來盟不復須言及屈完盟彼無來盟之文故別言及國佐盟意異於此故文不同服虔云言來者外楚也嫌楚無罪言來以外之來者。自外之文非別罪之所

在。若以言來即爲罪楚則仲孫高子之來也復外齊而罪之乎且惡楚者當惡其辟在蠻夷負固不服不服之日容可外之服而又外欲何爲也○齊人執陳轅。濤塗轅濤塗陳大夫○袁陳大夫氏也本多作轅濤音桃○秋及江人黃人伐陳受齊命討陳之罪而以與謀爲文者時齊不行使魯爲主與謀例在宣七年○與音預下同[疏]注受齊至七年○正義曰直言及江黃者將卑師少故不言主。師言微者及之宣七年傳例曰凡師出與謀曰及不與謀曰會而春秋征伐受命於盟主者實是與謀皆不言及釋例曰盟主之令則上行乎下非匹敵和成之類故雖或先謀皆從不與謀之例然則此伐陳者受齊之命討陳之罪亦是上行乎下而經書及者於時齊師不行使魯爲主魯與江黃謀之然後共伐故以與謀爲文○

八月公至自伐楚無傳告于廟○葬許穆公○冬十有二月公孫茲帥師會齊人宋人衛人鄭人許人曹人侵陳公孫茲叔牙子叔孫戴伯

傳四年春齊侯以諸侯之師侵蔡蔡潰遂伐楚楚子使與師言曰君處北海寡人處南海唯是風馬牛不相及也楚界猶未至南海因齊處北海遂稱所近牛馬風逸蓋末界之微事故以取喻○近附近之近[疏]注楚界至取喻○正義曰襄十。三年傳稱楚子囊述共王之德撫有蠻夷奄征南海唯言征南海耳其竟未必至南海也因齊實處北海遂稱所近言其相去遠也服虔云風放也牝牡相誘謂之風尚書稱馬牛其風此言風馬牛謂馬牛風逸牝牡相誘蓋是末界之微事言此事不相及故以取喻不相干也不虞君之涉吾地也何故管仲對曰昔召康公命我先君大公召康公周大保召公奭也○大音泰注同奭音釋[疏]注。召康公○正義曰諡法安樂撫民曰康曰五侯九伯女實征之以夾輔周室五等諸侯

九州之伯皆得征討其罪齊桓因此命以夸楚○女音汝夾古洽反舊古協反夸苦瓜反

[疏]注五等至夸楚○正義曰大公為王官之伯得以王命征討天下隨罪所在各致其罰故五等諸侯九州之伯皆得征討其罪齊桓因大公有此王命言己上世先公得征討有罪所以夸楚也鄭玄以為周之制每州以一侯為牧二伯佐之九州有九侯十八伯大公為東西大伯中分天下者當各統四侯半一侯不可分故言五侯其伯則各有九耳侯為牧伯佐之言是周制其事無所出也且征者征其所統之國非征侯伯之身何當校計人數以充五九之言即如其言使伯佐牧二伯共佐治而已非是分州之半復安得征九伯也校數煩碎非復人情故先儒無同之者

賜我先君履東至于海西至于河

[疏]東至于海西至于河○正義曰釋例曰海自遼西北平漁陽章武渤海樂陵樂安北海東萊城陽東海廣陵吳郡會稽五十四郡之東界以東河出西平西南二千里從西平東北經金城故北地朔方五原至故雲中南經平陽河東之西界東經河東河內之南界東北經汲郡頓丘陽平平原樂陵之東南入海杜之此言據其當時之河耳禹貢導河積石至于龍門南至于華陰東至于底柱又東至于孟津東過洛汭至于大伾北過降水至于大陸又北播為九河同為逆河入于海案驗其地自大伾以上河道不改大伾以下即是汲郡以東河水東流秦漢以來始然也古之河道自大伾而北過降水故迹不可復知其大陸則趙地之廣澤也大陸以北播為九河九河故道河間成平以南平原鬲縣以北其九河者徒駭一大史二馬頰三覆釜四胡蘇五簡六絜七鉤盤八鬲津九徒駭最西以次而東故鄭注禹貢河閒弓高縣往往有其處中侯云齊桓霸遏八流以自廣計桓公之時齊之西竟當在南至九河之最西徒駭蓋是齊之西界其東至于海當盡樂安北海之東界也

南至于穆陵北至于無棣

穆陵無棣皆齊竟也履所踐履之界齊桓又因以自言其盛○棣大計反竟音境下皆同

爾貢包茅不入王祭不共無以縮酒寡人是徵

包裹束也茅菁茅也束茅而灌之以酒為縮酒尚書包匭菁茅茅之為異未審○共音恭

本亦作供下及注同縮所六反裹音果菁子丁反苞或作包匭音軌本或作軌【疏】注包裹至未審○正義曰禹貢荆州包匭菁茅孔安國云其所包裹而致者匭匣也菁以爲菹茅以縮酒郊特牲云縮酌用茅鄭玄云泲之以茅縮去滓也周禮甸師祭祀共蕭茅鄭興云蕭字或爲莤莤讀爲縮束茅立之祭前沃酒其上酒滲下去若神飲之故謂之縮縮滲也故齊桓公責楚不貢包茅王祭不共無以縮酒杜用彼鄭興之說也孔安國以菁與茅別杜云茅菁茅則以菁茅爲一特令荆州貢茅必當異於餘處但更無傳說故云茅之爲異未審也沈氏云太史公封禪書云江淮之間一茅三脊杜云未審者以三脊之茅比目之魚比翼之鳥皆是靈物不可常貢故杜云未審也

昭王南征而不復寡人是問昭王成王之孫南巡守涉漢船壞而溺周人諱而不赴諸侯不知其故故問之○守手又反溺乃歷反【疏】注昭王至問之○正義曰昭王成王之孫周本紀文也呂氏春秋季夏紀云周昭王親將征荆蠻辛餘靡長且多力爲王右還反涉漢梁敗。王及祭公。隕于漢中辛餘靡振王北濟反振祭公高誘注引此傳云昭王之不復君其問諸水濱由此言之昭王爲沒於漢辛餘靡焉得振王北濟也振王爲虛誠如高誘之注又稱梁敗復非船壞舊說皆言漢濱之人以膠膠船故得水而壞昭王溺焉不知本出何書

對曰貢之不入寡君之罪也敢不共給昭王之不復君其問諸水濱。昭王時漢非楚竟故不受罪○濱音賓【疏】注昭王至受罪○正義曰楚世家成王封熊繹於楚以子男之田國居丹陽宋仲子云丹陽南郡枝江縣也枝江去漢其路甚遠昭王時漢非楚竟故不受罪也

師進次于陘楚不服罪故復進師○復扶又反

夏楚子使屈完如師如陘之師觀強弱

師退次于召陵完請盟故

齊侯陳諸侯之師與屈完乘而觀之乘共載○乘繩證反注同

齊侯曰豈不穀是爲先君之好是繼與不穀同好如何言諸侯之附從非爲己乃尋先君之好謙而自廣因求與楚同好孤

寡不穀諸侯謙稱○是爲于僞反注同好呼報反下及注同稱尺證反疏言諸至謙稱○正義曰諸侯之交必稱先君以相接此時諸侯有會宋陳衛鄭
許曹桓公以前皆嘗與齊交接故齊侯稱繼先君之好謙以自廣也老子曰孤寡不穀王侯之謙稱也曲禮云諸侯與民言自稱寡人庶方小侯自稱曰孤其
在四夷雖大曰子於內自稱不穀禮記雖爲定例事在臨時所稱此齊侯自稱不穀襄王出奔亦稱不穀皆出自當時之意耳爾雅訓穀爲善穀是養人之物
言我不似穀之養人是謙也對曰君惠徼福於敝邑之社稷辱收寡君寡君之願也齊侯曰
以此衆戰誰能禦之以此攻城何城不克對曰君若以德綏諸侯誰敢不服君
若以力楚國方城以爲城漢水以爲池方城山在南陽葉縣南以言竟土之遠漢水出武都至江夏南入江言其險固
以當城池○徼古堯反要也漢以爲池本或作漢水以爲池水衍字葉始涉反當丁浪反雖衆無所用之屈完及諸侯盟○
陳轅濤塗謂鄭申侯曰師出於陳鄭之閒國必甚病申侯鄭大夫當有共給之費故○費芳味反若
出於東方觀兵於東夷循海而歸其可也東夷郯莒徐夷也觀兵示威○郯音談申侯曰善濤塗
以告齊侯許之許出東方申侯見曰師老矣若出於東方而遇敵懼不可用也若出
於陳鄭之閒共其資糧屝屨其可也屝草屨○見賢遍反糧音良屝符費反疏資糧屝屨○正義曰少儀云君將適
他臣如致金玉貨貝於君則曰致馬資於有司鄭玄云資猶用也然則諸所費用之物皆爲資也糧謂米粟行道之食也屝屨俱是在足之物善惡異名耳揚
雄方言云屝麤屨也絲作之曰履麻作之曰屝不借粗者謂之屨喪服傳曰疏屨者藨蒯之菲也是屝用草爲之也注云草屨者履屨通言耳相形以曉人也

定本爲草屨齊侯說與之虎牢還以鄭邑賜之○說音悅執轅濤塗○秋伐陳討不忠也以濤塗爲誤軍道○許穆公卒于師葬之以侯禮也男而以侯禮加一等凡諸侯薨于朝會加一等諸侯命有三等公爲上等侯伯中等子男爲下等死王事加二等謂以死勤。事疏○諸侯薨至二等○正義曰沈氏云朝會亦王事而別言死王事者謂因王事或戰陳而死故別其文也於是有以衮斂衮衣公服也謂加二等○衮古本反衮冕上公服斂力驗反○冬叔孫戴伯帥師會諸侯之師侵陳陳成歸轅濤塗陳服罪故歸其大夫戴謚也○初晉獻公欲以驪姬爲夫人卜之不吉筮之吉疏卜之不吉筮之吉○正義曰曲禮云卜筮不相襲鄭玄云卜不吉則又筮筮不吉則又卜是瀆龜。筮也晉獻公卜娶驪姬不吉公曰筮之是也如彼記文卜之不吉不合更筮但獻公既愛驪姬欲必尊其位故卜既不吉更令筮之冀乎筮而得吉所以遂己心也詩云我龜既厭不我告猶鄭玄云卜筮數而瀆龜龜。靈厭之不復告其所圖之吉凶由是貫瀆龜筮不復告之以實故終實不吉而筮稱其吉是筮非不知而不以實告也周禮筮人云凡國之大事先筮而後卜鄭玄云當用卜者先筮之卽事漸也於筮之凶則止不卜而傳稱桓公卜季友晉獻公卜驪姬晉文公卜納王趙鞅卜救鄭皆先卜而後筮者周禮言其正法耳春秋之世臨時請問者或卜或筮出自當時之心不必皆先筮後卜崔靈恩以爲國之大事先筮而後卜筮凶則止不卜者筮必以三代之法若三法皆凶則止不卜若兩法是凶一法爲吉名爲筮逆猶是疑限故更卜以決之則洪範筮逆龜從是也故大卜掌三兆三易儀禮特牲少牢筮皆占是筮有衆占之法則靈恩之說義亦可通旅公曰從筮卜人曰筮短龜長不如從長物生而後有象象而後有滋滋而後有數龜象筮數故象長數短○不如依字讀或音而據反疏注物生至數短○正義曰。筮數以上皆十五年傳。文象者物初生之形數者物滋見之狀凡物皆先有形象乃有滋息是數從象生也龜以本象金木水火土之兆以示人故爲長筮以末數七八九六之策以示人故爲短周禮占人掌占龜鄭玄云占人亦占筮言掌占龜者筮短龜長主於長者亦用此傳爲說案易繫辭云蓍之德圓而神卦之德方以知神以知來知以藏往然則知來藏往是爲極妙雖龜之長無以加此聖人演筮以爲易所知豈短於卜卜人欲令公舍筮從卜故云筮短龜長非是龜能實長杜欲成筮短龜長之意故引傳文以證之若至理而言卜筮實無長短

且其繇曰專之渝攘公之羭繇卜兆辭渝變也攘除也羭美也言變乃除公之美〇繇直救反渝羊朱反下羭同音攘如羊反一薰一蕕。十年尚猶有臭薰香草蕕臭草十年有臭言善易消惡難除〇薰許云反蕕音由易以豉反

疏專之至有臭〇正義曰言公若專心愛之公心必將改變變乃除公之美公先有美此人將除去之薰是香草蕕是臭草一薰一蕕言分數正等使之相和雖積十年尚猶有臭氣香氣盡而臭氣存言善惡聚而多少敵善不能止惡而惡能消善〇注繇卜至之美〇正義曰筮卦之辭亦名爲繇但此是卜人之言知是卜兆辭也卜人舉此辭以止公則兆頌舊有此辭非卜人始爲之也卜人言其辭而不言其意不知得何兆此義何所出也渝變攘除皆釋言文也釋畜云夏羊牡羭牝羖則羭是羊之名美善之字皆從羊故羭爲美也變乃除公之美言公心必變而除公美也〇注薰香至難除〇正義曰此傳之意言善惡相雜二字皆從草知是香草臭草也月令五時各言其臭中央土云其臭香易繫辭云其臭如蘭傳稱在君之臭味則臭是氣之總名元非善惡之稱但既謂善氣爲香故專以惡氣爲臭耳十是數之小成故舉以爲言焉十年香氣盡矣惡氣尚存言善易消而惡難滅也杜知蕕是臭者内則云牛夜鳴則庮彼庮亦是臭義其字雖異其意亦同尚猶有臭猶則尚之義重言之耳猶尚書云弗遑暇食遑則暇也

必不可弗聽立之生奚齊其娣生卓子及將立奚齊既與中大夫成謀姬謂大子曰君夢

齊姜必速祭之齊姜大子母言求食○卓吐濁反大子祭于曲沃歸胙于公。胙祭之酒肉○胙才故反公田姬寘諸宮。六日公至毒而獻之毒酒經宿輒敗而經六日明公之惑○寘之豉反公祭之地地墳與犬犬斃。與小臣小臣亦斃【疏】公田至亦斃○正義曰晉語說此事云公田驪姬受胙乃寘酖於酒寘堇於肉公至召申生獻公祭地地墳申生恐而出驪姬與犬肉犬斃飲小臣酒亦斃此傳既略。元空當如國語也賈逵云堇烏頭也穀梁傳曰以酖爲酒藥脯以毒○注毒酒至之惑○正義曰毒酒經宿便敗而公不怪其六日仍得如故明公之惑於驪姬不以六日爲怪也姬泣曰賊由大子大子奔新城新城曲沃○墳扶粉反斃婢世反公殺其傳。杜原款或謂大子子辭君必辯焉以六日之狀自理○款苦管反辯兵免反大子曰君非姬氏居不安食不飽我辭姬必有罪君老矣吾又不樂吾自理則姬死姬死則君必不樂不樂爲由吾也○樂音洛注同曰子其行乎大子曰君實不察其罪被此名也以出人誰納我十二月戊申縊于新城姬遂譖二公子曰皆知之重耳奔蒲夷吾奔屈二子時在朝爲明年晉殺申生傳○被皮寄反又皮綺反縊一賜反譖側鴆反

經五年春晉侯殺其世子申生稱晉侯惡用讒書春從告○惡烏路反【疏】注稱晉至從告○正義曰公羊傳曰曷爲直稱晉侯以殺殺世子母弟直稱君者甚之也言父子相殘惡之甚者是惡其用讒殺大子故斥言晉侯以罪之罪晉侯則申生無罪也傳稱晉侯使以殺大子申生之故來告實以去年死告稱今年殺故以今年書也釋例曰晉魯久不交使而告殺申生則所告不必嘗有玉帛之使但欲廣聲其罪耳言廣聲其罪則晉

侯謂譏言爲實誣加大子以罪時史知其實改告而書之此傳不言書曰則是舊史然也○杞伯姬來朝其子無傳伯姬來寧寧成風也

朝其子者時子年在十歲左右因有諸侯子得行朝義而卒不成朝禮故繫於母而曰朝其子○杞伯姬來絕句來歸寧朝其子猶言其子朝【疏】注伯姬至其子○正義曰伯姬未必是成風所生但哀姜既死成風得爲夫人繼非其母亦得歸寧也沈氏云伯姬以莊二十五年六月歸于杞假令後年生子則其年十四矣杜云十歲左右者以其從母言朝故云十歲左右也桓九年曹伯使世子射姑來朝是諸侯之子得有攝君之禮行朝之義但此子幼弱而卒不成朝故繫於母而曰朝其子也若其能行朝禮則世子當如射姑伯姬別言來耳

○夏公孫茲如牟叔孫戴伯娶於牟卿非君命不越竟故奉公命聘於牟因自爲逆○竟音境爲于僞反【疏】注叔孫至爲逆○正義曰牟是附庸之國唯桓十五年邾人牟人葛人來朝自爾以來更不朝聘於魯魯不應使卿聘此小國當是叔孫聘妻已定但卿非君命不得越竟故諸公請使奉君命以聘因自爲逆婦故傳稱娶焉明其因娶而聘

○公及齊侯宋公陳侯衛侯鄭伯許男曹伯會王世子于首止惠王大子鄭也不名而殊會尊之也首止衛地陳留襄邑縣東南有首鄉

○秋八月諸侯盟于首止間無異事復稱諸侯者王世子不盟故也王之世子尊與王同齊桓行霸翼戴天子尊崇王室故殊貴世子○復扶又反【疏】注間無至世子○正義曰公羊傳曰諸侯何以不序一事而再見者前目而後凡也言此諸侯還是上會之諸侯故從省文不復序也昭十三年秋公會劉子晉侯云云于平丘八月甲戌同盟于平丘不言諸侯者爲間無異事故也九年夏公會宰周公齊侯云云于葵丘九月諸侯盟于葵丘言諸侯者爲其間有伯姬卒故也此會盟之間無他異事復稱諸侯者爲王世子不盟故也穀梁傳曰復舉諸侯何也尊王世子而不敢與盟也釋例曰未有臣而盟君臣而盟君是子可盟父故春秋王世子以下會諸侯者皆同會而不同盟是解復言諸侯者見王世子不與盟也王世子者王之

儲副周禮膳夫掌養王及后世子歲終則會唯王及后世子之膳不會是其尊與王同也齊桓行霸翼戴天子尊崇王室故殊貴王之世子於會則歷序諸侯言會王世子則王世子不序諸侯之列也盟則諸侯自盟世子不與是殊貴世子也鄭伯逃歸不盟逃其師而歸。之逃例在文三年疏注逃其。三年○正義曰禮君行師從卿行旅從雖則會盟必有師旅鄭伯棄其師衆輕身逃歸釋例曰國君而逃師棄盟違其典儀棄其章服羣臣不知其謀社稷不保其安此與匹夫逃竄無異故例在上曰逃是言稱逃之意也逃在盟前辟盟而逃故云逃歸不盟公還先告會盟故後書鄭伯○楚人滅弦弦子奔黃弦國在弋陽。軑縣東南○軑音犬○九月戊申朔日有食之無傳○冬晉人執虞公虞公貪璧馬之寶距絕忠諫稱人以執同於無道於其民之例例在成十五年所以罪虞且言易也晉侯脩虞之祀而歸其職貢於王故不以滅同姓為譏○易以豉反疏注虞公至為譏○正義曰書晉人執虞公則從無道於民之例虞公於傳未有不道之狀但虞公貪璧馬之寶拒絕忠諫諫者所以安存社稷保祐下民志在貪寶無恤民之意即為不道於民是故稱人以執之也寶是滅其國而言執其君者所以罪虞公且言執之易釋例曰虞公昧於貨賄貪以自亡國非其國臣非其臣晉人取之若執一夫故稱人以執而不言滅罪虞且言易也二十五年衛侯燬滅邢傳曰同姓也故名虞亦晉之同姓不言晉侯名者傳稱晉侯脩虞祀且歸其職貢於王以是之故不以滅同姓為譏謂不書晉侯名也

傳五年春王正月辛亥朔日南至周正月今十一月冬至之日日南極公既視朔遂登觀臺以望而書禮也視朔親告朔也觀臺臺上構屋可以遠觀者也朔旦冬至曆數之所始治曆者因此則可以明其術數審別陰陽敘事訓民魯君不能常脩此禮故善公之得禮○登觀古亂反注同臺以望絕句而書本或作而書雲物非也別彼列反凡分至啓閉必書雲物分春秋分

也至冬夏至也啓立春立夏閉立秋立冬雲物氣色災變也傳重申周典不言公者日官掌其職○重直用反爲備故也素察妖祥逆爲之備

【疏】辛亥至備故也○正義曰辛亥朔者月一日也日南至者冬至日也天子班朔於諸侯諸侯受而藏之於大祖廟每月之朔告廟受而行之諸侯有觀臺所以望氣祥也公既親自行此視朔之禮遂以其日往登觀臺之上以瞻望雲及物之氣色而書其所見之物是禮也凡春秋分冬夏至立春立夏爲啓立秋立冬爲閉用此八節之日必登觀臺書其所見雲物氣色若有雲物變異則是歲之妖祥既見其事後必有驗書之者爲豫備故也視朔者月朔之禮也登臺者至日之禮也公常以一日視朔至日登臺但此朔卽是至日故視朔而遂登臺也○注周正至南極○正義曰日之行天有南有北常立八尺之表以候景之短長夏至之景尺有五寸日最長而景最短是謂日北至也自是以後日稍近南冬至之景一丈三尺日最短而景最長是謂日南至也冬至者十一月之中氣中氣者月半之氣也月朔而已得中氣是必前月閏閏前之月則中氣在晦閏後之月則中氣在朔閏者聚殘餘分之月其月無中氣半屬前月半屬後月是去年閏十二月十六日已得此年正月朔大雪節故此正月朔得冬至也而杜長曆僖元年閏十一月此年閏十二月又閏之相去曆家大率三十二月耳杜於此閏相去凡五十月不與曆數同者杜推勘春秋日月上下置閏或稀或概自準春秋時法故不與常曆同○注視朔至得禮○正義曰視朔者公既告廟受朔卽聽視此朔之政是其親告朔也禮天子曰靈臺諸侯曰觀臺釋宮云四方而高曰臺臺上構屋可以遠觀望故謂之觀臺也古之爲曆者皆舉其大數周年有三百六十五日四分日之一分爲十二月則一月各有三十日十六分日之七是故從前月初節至後月初節必三十日有餘也其日月之行天也日行遲月行疾每二十九日過半而月及日謂之一月故從朔至朔唯二十九日過半耳計一歲則有餘十一日而不得周年故作閏月以補之計十九年而有七閏古曆十九年爲一章以其閏餘盡故也步曆之始以朔旦冬至爲首曆之上元其年是十一月朔旦冬至至十九年閏餘盡復得十一月朔旦冬至故以

十九年爲一章積章成部積部成紀治曆者以此章部爲法因此可以明其術數推之而知氣朔也審別陰陽寒暑不失其時也所以陳敘時事教訓下民魯君不能常脩此事故善公之得禮也○注分春至其職○正義曰一年分爲四時時皆九十餘日春之半秋之半晝夜長短等晝夜中分百刻故春秋之半稱春秋分也冬之半夏之半晝夜長短極極訓爲至故冬夏之半稱冬夏至也四時之氣寒暑不同春夏生物秋冬殺物生物則當啓殺物則當閉故立春立夏爲啓立秋立冬爲閉。言物謂氣色。者謂非雲而別有氣色杜恐與雲相亂故別云氣色也周禮保章氏以五雲之物辯吉凶水旱降豐荒之祲象鄭玄云物色也視日旁雲氣之色降下也知水旱所下之國鄭衆云以二至二分觀雲色青爲蟲白爲喪赤爲兵荒黑爲水黃爲豐衆之此言蓋出占候之書計雲氣之占不啻盡此而已但世絕其學故莫能知焉左傳諸所發凡皆是周之舊典既言禮也更復發凡是重申周典也直言必書雲物不更云公是日官掌其職非公所當親也劉炫規云書雲物亦是公親爲之但上文有公既視朔故下文去公字耳今刪定知不然者上言公既視朔是傳家之語下。云必書雲物是周公舊凡舊凡之文包諸侯天子若諸侯稱公書雲物則天子當稱王書雲物是知舊凡元無王公之文日官掌其事若以上文有公既視朔故知公字然則周公舊凡豈豫知自公既視朔沒去公字乎苟生異見妄規杜氏非也

○晉侯使以殺大子申生之故來告釋經必須告乃書

初晉侯使士蔿爲二公子築蒲與屈不慎寘薪焉不謹慎○爲于僞反下乃爲同寘之豉反【疏】注不謹慎○正義曰不謹慎所爲多寘薪於中焉若今。椎木夷吾訴之公使讓之譴讓之○譴弃戰反士蔿稽首而對曰【疏】士蔿稽首○正義曰周禮大祝辨九拜一曰稽首二曰頓首三曰空首鄭玄云稽首拜頭至地也頓首拜頭叩地也空首拜頭至手所謂拜手也鄭唯解此三者拜之形容所以爲異也稽首頭至地頭下緩至地也頓首頭不至地暫一叩之而已尚書每稱拜手稽首者初爲拜頭至手乃復。叩頭以至地至手是爲拜

手至地乃爲稽首然則凡爲稽首者皆先爲拜手乃成稽首故尚書拜手稽首連言之傳雖不言拜手當亦先爲拜手乃爲稽首稽首拜手共成一拜之禮此其爲敬之極故臣於君乃然孔安國以爲盡禮致敬知此是禮之極盡也大祝九拜又云四曰振動五曰吉拜六曰凶拜七曰奇拜八曰褒拜九曰肅拜鄭玄云振動戰栗變動之拜。拜而後稽顙謂齊衰不杖以下者凶拜稽顙而後拜謂三年服者奇拜謂一拜荅臣下拜褒拜再拜拜神與尸肅拜今時撎也介者不拜說者又以爲稽首臣拜君也頓首謂敵者相拜也空手謂君荅臣拜也

臣聞之無喪而感憂必讎焉讎猶對也無戎而城讎必保焉保而守之寇讎之保又何慎焉守官廢命不敬固讎之保不忠失忠與敬何以事君詩云懷德惟寧宗子惟城詩大雅懷德以安則宗子之固若城

疏詩云至惟城○正義曰詩大雅板之七章懷和也寧安也和其德以撫民則其國惟安矣但能以德安國則宗子之固若城

君其脩德而固宗子何城如之言城不如固宗子三年將尋師焉焉用慎尋用也○焉用於虔反退而賦曰狐裘尨茸一國三公吾誰適從士蔿自作詩也尨茸亂貌公與二公子爲三言城不堅則爲公子所訴爲公所讓堅之則爲固讎不忠無以事君故不知所從○尨莫江反又音蒙茸如容反又音戎適從丁歷反及難公使寺人披伐蒲重耳曰君父之命不校乃徇曰校者吾讎也踰。垣而走披斬其袪遂出奔翟袪袂也○難乃旦反披普皮反校音教徇似浚反垣音袁袪起魚反翟音狄袂面世反

疏注袪袂也○正義曰禮深衣記云袂之長短反詘之及肘喪服云袂屬幅袪尺二寸幅謂衣之身也袂屬於幅長於手反屈至肘則從幅盡於袖口總名爲袂其袂近口又別名爲袪此斬其袪斬其袖之末也詩唐風羔裘傳云袪袂末鄭玄玉藻注云袪袂口也但袂是總名得以袂表袪故云袪袂

○夏公孫茲如牟娶焉。○因聘而娶故傳實其事○娶七喻反本又作取○會于首止會王大子鄭謀寧周也惠王以惠后故將廢大子鄭而立王子帶故齊桓帥諸侯會王大子以定其位疏注惠王至其位○正義曰二十四年傳曰不穀不德得罪于母氏之寵子帶書曰天王出居于鄭辟母弟之難也如彼傳文則襄王與子帶俱是惠后所生但其母鍾愛其少子故欲廢大子而立之周本紀云襄王母早死後母曰惠后生叔帶與傳不同史記繆也七年惠王崩襄王畏子帶不敢發喪知此時有廢大子之意故齊桓帥諸侯會大子定其位安王國也○陳轅宣仲怨鄭申侯之反己。於召陵宣仲轅濤塗故勸之城其賜邑齊桓所賜虎牢曰美城之大名也子孫不忘吾助子請乃爲之請於諸侯而城之美樓櫓之備美設○美城之絕句櫓音魯遂譖諸鄭伯曰美城其賜邑將以叛也申侯由是得罪爲七年鄭殺申侯傳○秋諸侯盟王使周公召鄭伯曰吾撫女以從楚輔之以晉可以少安周公宰孔也王恨齊桓定大子之位故召鄭伯使叛齊也晉楚不服於齊故以鎭安鄭諸侯盟本或此下更有于首止三字非女音汝○秋鄭伯喜於王命而懼其不朝於齊也故逃歸不盟孔叔止之曰國君不可以輕輕則失親孔叔鄭大夫親黨援也○輕遣正反下同失親患必至病而乞盟所喪多矣君必悔之弗聽逃其師而歸喪息浪反○楚鬭穀於菟滅弦弦子奔黃於是江黃道柏。方睦於齊皆弦姻也姻外親也道國在汝南安陽縣南柏國名汝南西平縣有栢亭弦子恃之而不事楚又不設備故亡○晉侯復假道於虞以伐虢宮之奇諫曰：虢，虞之表也。虢亡，虞必從之。晉不可啓，寇不可翫。翫習也。○復扶又反，下六年經同，注同。一之謂甚，其可再乎。爲二年假晉道滅下陽。諺所謂輔車相依，脣亡齒寒者，其虞虢之謂也。輔，頰輔。車，牙車。○車尺奢反。【疏】注輔頰輔車牙車○正義曰：易咸卦上九咸其輔頰舌，三者並言，則各爲一物。廣雅云：輔，頰也。則輔頰爲一。釋名曰：頤或曰輔車，其骨彊，可以輔持其口，或謂牙車，牙所載也，或謂頷車也。衞風碩人云：巧笑倩兮。毛傳云：好口輔也。如此諸文，牙車、頷車，牙下骨之名也。頰之與輔，口旁肌之名也。蓋輔車一處分爲二名耳。輔爲外表，車是內骨，故云相依也。公曰：晉，吾宗也，豈害我哉？對曰：大伯、虞仲，大王之昭也。大伯不從，是以不嗣。大伯、虞仲皆大王之子，不從父命，俱讓適吳。仲雍支子別封西吳，虞公其後也。穆生昭，昭生穆，以世次計，故大伯、虞仲於周爲昭。○大音泰，下及注同。昭上饒反，注同，後昭穆放此。虢仲、虢叔，王季之穆也。王季者，大伯、虞仲之母弟也。虢仲、虢叔，王季之子，文王之母弟也。仲、叔皆虢君字。【疏】注王季至君字○正義曰：大伯、虞仲辟季歷適荊蠻，若有適庶，不須相辟，知其皆同母也。周本紀云：古公有長子曰大伯，次曰虞仲，大姜生季歷。如史記之文，似王季與大伯別母，馬遷之言疏繆耳。此言虢仲、虢叔，王季之穆，國語稱文王敬友二虢，故亦以爲文王母弟之言。事無所出，仲、叔皆文王之時虢君字也。據傳文，鄭滅一虢，晉滅一虢，不知誰是仲後，誰是叔後。賈逵云：虢仲封東虢，制是也；虢叔封西虢，虢公是也。馬融云：虢叔，同母弟；虢仲，異母弟。虢仲封下陽，虢叔封上陽。案傳上陽、下陽同是虢國之邑，不得分封二人也。若二虢共處，鄭復安得虢國而滅之？雖賈之言亦無明證，各以意斷，不可審知。爲文王卿士，勳在王室，藏於盟府。盟府，司盟之官。【疏】注盟府司盟之官○正義曰：周禮司盟掌盟載之法，會同則掌其盟約之載，既盟則貳之。鄭玄云：貳之者，寫副當以授六官。唯言會同之盟，不掌勳功之事，而得有二號之勳藏在盟府者凡諸侯初受封爵必有盟誓之言檀弓云衞大史柳莊死公與之邑裘氏與縣潘氏書而納諸棺曰世世萬子孫毋變也其言即盟誓之辭也漢書功臣侯表記高祖即位八載天下乃平始論功而定封侯者一百四十三人封爵之誓曰使黄河如帶泰山若礪國以永存爰及苗裔其誓即盟之類事必有因於古明知以勳受封必有盟要其辭當藏於司盟之府也

將號是滅何愛於虞且虞能親於桓莊乎其愛之也

疏 其愛之也○正義曰愛之謂愛虞也虞豈能親於桓莊乎其當愛此虞也服虔其作甚注云愛之甚當謂愛桓莊之族甚也愛之若甚何以誅之且文勢不順又改字失真繆之甚也

桓莊之族何罪而以爲戮不唯偪乎桓叔莊伯之族晉獻公之從祖昆弟獻公患其偪盡殺之事在莊二十五年○偪彼力反

疏 注桓叔至五年○正義曰莊伯之族從父昆弟也桓叔之族從祖昆弟也唯言從祖昆弟舉疏者而略言耳

親以寵偪猶尚害之況以國乎公曰吾享祀豐絜神必據我據猶安也○享與兩反

對曰臣聞之鬼神非人實親惟德是依故周書曰皇天無親惟德是輔周書逸書

又曰黍稷非馨明德惟馨馨香之遠聞○聞音問又如字

又曰民不易物惟德繄物黍稷牲玉無德則不見饗有德則見饗言物一而異用○繄烏兮反是也

疏 周書至繄物○正義曰皇天無親惟德是輔蔡仲之命文也黍稷非馨明德惟馨君陳文也人不易物惟德其物旅獒文也杜不見古文故以爲逸書此傳與書異者其作繄師授不同字改易耳其意亦不異也民不易物者設有二人俱以物祭其祭相似不改易此物唯有德者繄此乃是物無德而薦神所不享則此物不是物也

如是則非德民不和神不享矣神所馮依將在德矣若晉取虞而明德以薦馨香神其吐之乎弗聽許晉使宮之奇以其

族行行去也○馮皮冰反下注同使所吏反疏。以其族行○正義曰晉語云宮之奇諫而不聽出謂其子曰將亡矣吾不去懼及焉以其帑適西山韋昭云西山國西界也曰虞不臘矣臘歲終祭衆神之名○臘力盍反疏虞不臘矣○正義曰月令孟冬臘門閭及先祖五祀臘之見於傳記者唯月令與此二文而已秦本紀惠王十二年初臘始皇三十一年更改臘曰嘉平蔡邕獨斷云臘者歲終大祭縱吏民宴飲非迎氣故但送不迎應劭風俗通云案禮。夏曰嘉平殷曰清祀周曰大蜡漢。驚臘臘者獵也田獵取獸祭先祖也此言虞不臘矣明當時有臘祭周時獵與大蜡各爲一祭。秦漢改曰臘不蜡而爲臘。矣在此行也晉不更舉矣不更舉兵八月甲午晉侯圍上陽上陽號國都在弘農陝縣東南問於卜偃曰吾其濟乎對曰克之公曰何時對曰童謠云丙之晨龍尾伏辰龍尾尾星也日月之會曰辰日在尾故尾。星伏不見○謠音遙見賢遍反均服振振取虢之旂戎事上下同服振振。盛貌旂軍之旌旗○均如字同也字書作袀音同振音真注同鶉之賁賁天策焞焞火中成軍虢公其奔鶉鶉火星也賁賁爲星之體也天策傅說星時近日星微焞焞無光。耀也言丙子平旦鶉火中軍事有成功也此已上皆童謠言也童。齓之子未有念慮之感而會成嬉戲之言似若有馮者其言或中或否博覽之士能懼思之人兼而志之。以。爲。鑒。戒以爲將來之驗有益於世教○鶉述春反又常倫反賁音奔焞他門反說音悅近附近之近上時掌反齓初問反又恥問反毀齒也嬉戲許宜反中丁仲反其九月十月之交乎以星驗推之知九月十月之交謂夏之九月十月也交晦朔交會○夏戶雅反下同丙子旦日在尾月在策是夜日月合朔於尾月行疾故至旦而過在策鶉火中必是時也疏童謠至時也○正義曰釋樂云徒歌謂之謠言無樂而空歌其聲逍遙然也於時有童穉之子爲此謠歌之辭故卜偃取以對公也夜之向明爲晨日月聚會爲辰星宿不見爲伏言乙日夜半之後丙日將旦之時龍尾之星伏在合辰之下當是之時軍人上下均同其服振振然而威旂者晉軍旂也而往取虢故云取虢之旂南方鶉鳥之星其體賁賁然見於南方天策之星近日焞焞然無光耀甚微也鶉火之次正中於南方爾時其當成軍事也虢公其當奔走也既引童謠之言乃復指其時日在夏之九月十月之交乎謂九月十月晦朔之交也十月朔丙子之日平旦時日體在尾星月在天策星鶉火正中於南方必是時克之○注龍尾至不見○正義曰東方七宿皆爲蒼龍之宿其龍南首北尾角是龍角尾卽龍尾故云龍尾尾星也日月之會爲辰昭七年傳文於時日體在尾尾星與日同處共日俱出入故常伏不見也丙之晨者說文云晨早昧爽也謂夜將旦雞鳴時也○注戎事上下同服○正義曰周禮司服職云凡兵事韋弁服鄭玄云韋弁以韎韋爲弁又以爲衣裳今時伍伯緹衣古兵服之遺色然則在兵之服皆韋弁均服者謂兵戎之事貴賤上下均同此服也○注鶉鶉至世教○正義曰南方七宿皆爲朱鳥之宿其鳥西首東尾故未爲鶉首午爲鶉火巳爲鶉尾鶉火星者謂柳星張也天策傳說星史記天官書之文莊子云傳說得之以騎箕尾傳說殷高宗之相死而託神於此星故名爲傳說星也傳說之星在尾之末合朔在尾故其星近日星微焞焞然無光耀也說文云齓毀齒也男八月齒生八歲而齓女七月齒生七歲而齓童齓之子未有念慮之感不解自爲文辭而蠱聚集會成此嬉遊遨戲之言其言韻而有理似若有神馮之者其言或中或否不可常用博覽之士及能懼思之人兼而志之以爲鑒戒以爲將來之驗有益於世教故書傳時有采用之者文三年傳曰孟明之臣也其不解也能懼思也能懼思之人謂孟明之類也○注是夜至在策○正義曰以三統曆推之此夜是月小餘盡夜半合朔在尾十四度從乙夜半至平旦日行四分度之一月行三度有餘故丙子旦日在尾星月在天策鶉火之次正中也月令孟冬之月日在尾昏危中旦七星中七星則鶉火次之星也

冬十二月丙子朔晉滅虢虢公醜奔京師不書不告也周十二月夏之十月師還館于虞遂襲虞滅之

執虞公及其大夫井伯以媵秦穆姬秦穆姬晉獻公女送女曰媵以屈辱之而脩虞祀且歸其職貢於王虞所命祀疏。虞所命祀○正義曰虞受王所命之祀謂天子命虞使祀其竟內山川之神也既滅其國故代虞祭之○故書曰晉人執虞公罪虞且言易也。○易以豉反

附釋音春秋左傳注疏卷第十二

春秋左傳注疏卷十二校勘記　阮元撰盧宣旬摘錄

附釋音春秋左傳注疏卷第十二 僖元年盡五年宋本春秋正義卷第十一石經春秋經傳集解僖上第五岳本纂圖本僖下有公字釋文同並盡十五年

〔僖公〕史記漢書五行志律曆志僖並作釐案史漢多作釐

〔經元年〕

齊師宋師曹伯次于聶北救邢 石經曹伯作曹師不誤案莊三年經冬公次于滑正義襄廿三年傳八月叔孫豹帥師救晉次于雍榆正義並作曹師

齊人以歸 石經以下有尸字似後人依閔二年傳增入不足爲據

知非後盟也 閩本監本毛本非作其案隱十年襄五年正義並作非是也

偃邾地 此三字監本毛本並脫

公子友帥師敗莒師于酈獲莒拏 石經宋本淳熙本岳本足利本拏作挐是也釋文亦作挐傳同

拏莒子之弟 纂圖本閩本監本毛本拏作挐非此本正義不誤

莒釋非卿 補 案釋當作挐各本皆不誤今訂正

齊侯既殺哀姜淳熙本既誤旺

不稱姜闕文淳熙本脱文字

故其以經無姜字宋本閩本監本毛本其作杜不誤○今依訂正

〔傳元年〕

義存君親淳熙本存誤有

故無深淺常準閩本監本毛本深淺誤倒

但州牧於是竟内宋本監本毛本是作其盧文弨校云於是作是其非也

故公要而敗之纂圖本閩本監本毛本脱公字

邾之於魯宋本毛本於作與

君子以齊人殺哀姜也石經宋本淳熙本岳本足利本人下有之字

非父母家所宜討也閩本監本毛本脱家字

〔經二年〕

梁國蒙縣西北有貫城貫與貰字相似宋本纂圖本閩本監本毛本作貰城貰與貫不誤岳本作貫與貫字形相近

而誤水經注引無與字郡國志注引與上有字字
則稱人者宋本則下有此字是也
〔傳二年〕
假道於虞宋本此節正義在以伐虢注下
途出於虞故借道宋本閩本纂圖本監本毛本借作假
懦而不能強諫釋文云懦本又作㼿強宋本作彊
入自顛軨水經注四引作巔軨
保於逆旅荀子作御旅御與迓通尚書迓字皆作御
虢稍遣人分依客舍以聚衆抄晉邊邑釋文無衆字
舍於逆旅甯嬴氏閩本監本毛本嬴作贏非也
自當有先宋本有作在不誤○今訂正
故知晉猶主兵閩本監本毛本主兵誤倒
寺人內奄官豎貂也淳熙本內誤多豎誤豎宋本作臀亦非下同

〔經三年〕

方始追事其事閩本監本毛本作追敘宋本作追書不誤○今訂作書

故曰勝國通以滅爲文也浦鏜正誤曰下疑脫滅故二字案浦鏜非釋例曰作名

或用小師而不頓兵勞力浦鏜正誤小作少頓閩本監本毛本作煩非也襄十三年正義引亦作頓

秋齊侯宋公江人黃人會于陽穀淳熙本齊誤徐

冬公子友如齊涖盟顧炎武云石經涖誤泣案石經不誤炎武所據乃謬刻也

注盟乎彼也閩本監本毛本乎作于非也

〔傳三年〕

夏六月雨石經六作四是也

於播種五稼無損足利本無種字

三年楚侵鄭故淳熙本岳本三作二不誤○今訂作二

祥喜也補各本喜作善此本誤喜今訂正

未絶之也石經宋本淳熙本作末之絶也

〔經四年〕

夏許男新臣卒 毛本臣誤城

楚子遣完如師以觀齊 閩本監本毛本如誤于

是乃縱羣下以覬覦 宋本覦誤覬

教強臣以專恣 宋本強作彊下同○案此本強宋本皆作彊後不悉出

因而求盟 宋本而作則非

是其權時之便 宋本時作盟便作宜

自來與齊盟也 宋本來作求

來者自外之文 宋本自作目非也

若以言來卽爲罪楚 宋本若作君

〔傳四年〕

齊人執陳轅濤塗 釋文轅作袁云本多作轅案公羊穀梁作袁宋王應麟云轅與袁同

故不言主師 監本師作帥非

襄十三年傳閩本監本毛本三誤二

召康公宋本以下正義二節總入曰五侯九伯注下

何當校計人數監本毛本校計誤作計較閩本亦作較

西至于河各本有至字此本脫今補正

東至于海西至于河宋本此節正義在無棣注下

其大陸則趙地之廣澤也閩本監本毛本脫地字

絜七宋本絜作潔俗字

當盡樂安北海之東界也宋本海作界非也

爾貢包茅不入詩伐木正義後漢書公孫瓚傳注李善注藉田賦冊魏公九錫文並作苞茅不入文選六代論作苞茅不貢高誘注淮南子同茅作茆案作苞是也史記樂書苞之以虎皮字從艸自石經始去艸頭後人往往仍之

王祭不共釋文共本亦作供下及注同案詩伐木篇正義李善注冊魏公九錫文高誘注淮南子顏師古注漢書刑法志作供說文引傳亦作供

無以縮酒正義曰郊特牲云縮酌用茅鄭玄云泲之以茅縮去滓也周禮甸師祭祀共蕭茅鄭興云蕭字或爲莤莤讀爲縮藏琳云說文引春秋作無以莤酒又詩伐木有酒湑我傳湑莤之也箋云王有酒則泲莤之據說文知左傳作無以莤酒據甸師注知周禮作祭祀供莤茅蓋毛詩周禮左傳皆古文

故與六書之旨合

包裹束也　宋本岳本裹作褁非

尙書包匭菁茅　釋文匭本或作軌包作苞云或作包段玉裁云穀梁傳疏文選吳都賦劉注引書亦作苞匭菁茅匭訓纏結讀爲糾古音同在第三部也古音簋軌字皆讀如九匭从匚軌聲古文簋字簋黍稷方器也故從匚鄭君於其同音得其義也

泲之以茅縮去滓也　閩本監本毛本泲作涑誤

昭王南征而不復　石經征下旁增沒字非唐刻不足據陳樹華云高誘注呂氏春秋音初引作沒而不復似本有沒字也按高誘注或自以意增未可爲典要

王及祭公隕于漢中　各本作王此本誤三今訂正浦鏜正誤據呂氏春秋音初篇隕作抎

君其問諸水濱　說文瀕字注云水厓人所賓附頻蹙不前而止從頁從涉案陳樹華云廣雅濱厓也頻頻比也徐鉉曰今俗別作水濱非是又案大雅不云自頻傳頻厓也鄭氏云頻當作濱正義曰以水厓之濱其字不應作頻故破之也傳作頻者蓋以古多假借或通用故也

君惠徼福於敝邑之社稷　釋文徼作儌是

漢水以爲池　釋文無水字云或作漢水以爲池水字衍案臧琳云杜注云方城山在南陽葉縣南漢水出武都至江夏南入江則方城者山名漢者水名傳文漢不云水猶之方城不言山也

當有共給之費故 監本毛本共作供非

君將適也 各本也作他與少儀合此本也字誤今訂正

屝麄屨也 宋本麄作麤不誤閩本監本毛本作粗〇今訂作麤

不借粗者謂之屨 閩本監本毛本不借二字脫案不借字詳方言釋名儀禮注

是屝用草爲之也 閩本監本屝誤菲毛本作非亦誤

注云草屨者 案屨當作履故下云履屨通言耳今注文作屨從定本也

侯伯中等 宋本淳熙本纂圖本中上有爲字

謂以死勤事 宋本勤下有王字

諸侯薨至二等 宋本此節正義在注謂加二等之下

是瀆龜筮也 宋本筮作筴與鄭注曲禮合

龜靈厭之 閩本監本毛本靈誤虛

筮數以上皆十五年傳文云浦鏜正誤筮作有不誤文閩本監本毛本誤作

一薰一蕕 案鄭注內則引作一薰一庮字雖異而音義並同也

歸胙于公　顧炎武云石經脫胙字案石經此處闕炎武所據

姬寘諸宮六日　顧炎武云石經宮誤作公案石經此處刓闕乃謬刻也

與犬犬斃　說文引傳斃作獘頓仆也从犬敝聲或作斃五經文字云獘字注云見春秋傳又作斃同說詳隱元年釋文校勘記

當如國語也　補此本當上空一字各本直接上文不空

公殺其傅杜原款　顧炎武云石經傅誤傳案石經此處闕

〔經五年〕

逃其師而歸之　宋本淳熙本岳本足利本之作也

注逃其三年　宋本閩本監本毛本其下有至字是也

弦國在弋陽軑縣東南　宋本岳本軑作軑葉抄釋文亦作軑是也案漢書地里志江夏郡有軑縣後漢書王霸傳子符徙封軑侯即是地也

〔傳五年〕

曆家大率三十二月耳　毛本二作三

言物謂氣色者　浦鏜正誤言作雲色下有災變也三字依注增補也

下云必書雲物閩本監本毛本云作文非

若今椎木宋本監本毛本椎作榷是也

乃復叩頭以至地宋本叩作申

拜而後稽顙宋本拜上有吉拜二字與周禮大祝注合

喻垣而走石經宋本淳熙本岳本足利本喻作踰不誤○今依訂正

夏公孫茲如牟娶焉釋文娶作取云本又作娶○案此娶取互誤

陳轅宣仲怨鄭申侯之反已於召陵石經宋本岳本已作己不誤

於是江黃道栢方睦於齊岳本足利本栢作柏案六經正誤云與國本作柏

一之謂甚纂圖本閩本監本毛本謂誤爲

爲二年假晉道滅下陽齊召南云爲字訛當作謂

諺所謂輔車相依案玉篇引作酺車相依

口旁朋之名也宋本監本毛本朋作肌不誤○今依訂正

各以意斷閩本監本毛本斷作解

注桓叔至五年 宋本此節正義在況以國乎之下

以其族行 宋本以下正義二節總入虞不臘矣注下

案禮夏曰嘉平 宋本夏上有傳字

漢騖臘 監本作騖亦非宋本作漢改曰臘不誤

言漢改曰臘 浦鏜云秦誤言

不蜡而爲臘矣 宋本矣作耳

均服振振 釋文均如字同也字書均作袀周禮司几筵疏引傳文作均段玉裁云賈服杜君等皆爲袀袀同也今本疏袀字譌均

振振盛貌 段玉裁云李善注閑居賦盛作威

焞焞無光耀也 陳樹華云耀當作燿

童齔之子 岳本纂圖本作童齓釋文同也按今說文作齓从七段玉裁云當从匕匕音化

以爲鑒戒以爲將來之驗 纂圖本閩本監本毛本脫以爲鑒戒四字

今時伍伯緹衣 宋本伍作五按段玉裁校周禮司服注云玉海引作伍伯賈疏訓伍爲行疑與宰夫注五伯本異

注虞所命祀 宋本此節正義在且言易也之下

公言易也石經宋本淳熙本岳本足利本公作且不誤

春秋左傳注疏卷十二校勘記

# 附釋音春秋左傳注疏卷第十三 僖六年盡十四年

杜氏注　孔穎達疏

經六年春王正月○夏公會齊侯宋公陳侯衛侯曹伯伐鄭圍新城新城鄭新密今滎陽密縣○秋楚人圍許楚子不親圍以圍者告諸侯遂救許皆伐鄭之諸侯故不復更敘○冬公至自伐鄭無傳

疏公至自伐鄭○正義曰二十八年公會晉侯云云于溫諸侯遂圍許二十九年公至自圍許此年會伐鄭遂救許不稱至自救許而云至自伐鄭與溫會反者釋例曰諸若此類事勢相接或以始致或以終致蓋時史之異也此事當由公至自告廟所告不同史依告而書不爲義例

傳六年春晉侯使賈華伐屈夷吾不能守盟而行賈華晉大夫非不欲校力將不能守言不如重耳之賢奔狄郤芮曰後出同走罪也嫌與重耳同謀而相隨○郤去逆反芮如銳反不如之梁梁近秦而幸焉乃之梁以梁爲秦所親幸秦既大國且穆姬在焉故欲因以求入○近附近之近○夏諸侯伐鄭以其逃首止之盟故也首止盟在五年圍新密鄭所以不時城也實新密而經言新城者鄭以非時興土功齊桓聲其罪以告諸侯

疏注實新至諸侯○正義曰密是邑名鄭人新築密邑故傳稱新密經不稱圍新密言圍新城傳云鄭所以不時城也解經言新城之意鄭以非時築城違禮害民齊桓聲其罪以告諸侯故書新城以新城爲鄭之罪狀劉炫云先王之制諸侯無故不造城造城則攻其所造司馬法曰產城攻其所產是也

○秋楚子圍許以救鄭諸侯救許乃還○冬蔡穆侯將許僖公以見楚子於武城楚子退舍

武城猶有忿志而諸侯各罷兵故蔡。將許君歸楚武城楚地在南陽宛縣北○見賢遍反罷皮罵反又皮買反宛於阮反許男面縛。銜璧大夫衰絰士輿櫬縛手於後唯見其面以璧爲。贄手縛故銜之櫬棺也將受死故衰絰○衰七雷反絰直結反注同櫬初覲反贄音至一音置如字縛如字舊扶臥反楚子問諸逢伯逢伯楚大夫對曰昔武王克殷微子啓如是微子啓紂庶兄宋之祖也

【疏】注微子至祖也○正義曰案宋世家云微子開者殷帝乙之首子而帝紂之庶兄周武王克殷微子乃持其祭器造於軍門肉袒面縛左牽羊右把茅膝行而前以告於是武王乃釋微子復其位成王誅武庚乃命微子代殷之後國於宋史記之言多有錯謬微子手縛於後故以口銜璧又焉得牽羊把茅也此皆馬遷之妄耳

武王親釋其縛受其璧而祓之祓除凶之禮○祓芳弗反徐音廢說文云除惡之祭也

【疏】注祓除凶之禮○正義曰周禮女巫掌歲時祓除謂之祓除明是除凶之禮也襄二十九年稱公臨。楚喪使巫以桃茢先祓殯此亦當以桃茢祓之

焚其櫬禮而命之使復其所楚子從之

經七年春齊人伐鄭○夏小邾子來朝無傳郳犂來始得王命而來朝也邾之別封故曰小邾○鄭殺其大夫申侯申侯鄭卿專利而不厭故稱名以殺罪之也例在文六年○厭於鹽反傳同○秋七月公會齊侯宋公陳世子款鄭世子華盟于甯母。高平方與縣東有泥母亭音如甯○母如字又音無注同方音房與音預泥乃麗反又音甯王奴兮反○曹伯班卒無傳五年同盟于首止○公子友如齊無傳罷盟而聘謝不敏也○冬葬曹昭公無傳

傳七年春齊人伐鄭孔叔言於鄭伯曰諺有之曰心則不競何憚於病競。強也憚難也

○悍徒旦反難乃旦反下及八年經傳並同 疏 ○七年○傳心則至於病○正義曰競彊也言心則不能彊盛則當須屈服於人何得難於屈弱之病而不下

齊既不能彊又不能弱所以斃也國危矣請下齊以救國公曰吾知其所由來

矣 疏 ○吾知其所由來矣○正義曰孔叔既請鄭伯下齊公初欲下齊不知何事得而來得說於齊後更云吾知其說齊所由來矣謂由殺申侯說齊之事得

來矣姑少待我（欲以申侯說○下戶嫁反）對曰朝不及夕何以待君（朝如字）○夏鄭殺申侯以說

于齊且用陳轅濤塗之譖也（濤塗譖在五年）初申侯申出也（姊妹之子為出）有寵於楚文王文

王將死與之璧使行曰唯我知女女專利而不厭予取予求不女疵瑕也（從我取從我求。我不以女為罪釁○女音汝下皆同疵似斯反又疾移反釁許靳反下文同）後之人將求多於女（謂嗣君也求多以禮義大望責之）女必不免我死女必速行無適小國將不女容焉（政狹法峻○狹音洽）既葬出奔鄭又

有寵於厲公子文聞其死也曰古人有言曰知臣莫若君弗可改也已○秋盟

于甯母謀鄭故也管仲言於齊侯曰臣聞之招攜以禮懷遠以德（攜離也）德禮不

易無人不懷齊侯脩禮於諸侯諸侯官受方物（諸侯官司各於齊受其方所當貢天子之物）疏 注諸侯至之物○正義曰周禮大行人云侯服貢祀物甸服貢嬪物男服貢器物采服貢服物衛服貢材物要服貢貨物鄭玄云祀貢者犧牲之屬嬪物絲枲也器物尊彝之屬服物玄纁絺纊也材物八材也貨物龜貝也如彼禮文諸侯所貢之物皆以服數為差尚書禹貢任土作貢皆貢土地所生不計路之遠近然則周禮

雖依服數亦貢土地所生不宜遠求他方之物以貢王也王室盛明之時每國貢有常職天子既衰諸侯惰慢貢賦之事無復定準故霸主總帥諸侯尊崇天子量其國之大小號令所出之物傳言諸侯各使官司取齊約束受其方所當貢天子之物言其一聽齊令美齊侯能以禮服諸侯鄭伯使大子華聽命於會言於齊侯曰洩氏孔氏子人氏三族實違君命三施鄭大夫○洩息列反若君去之以爲成我以鄭爲內臣君亦無所不利焉以鄭事齊如封內臣○去起呂反齊侯將許之管仲曰君以禮與信屬諸侯而以姦終之無乃不可乎子父不奸之謂禮守命共時之謂信守君命共時事○奸音干共音恭注同違此二者姦莫大焉公曰諸侯有討於鄭未捷今苟有釁從之不亦可乎子華犯父命是其釁隙○隙去逆反對曰君若綏之以德加之以訓辭而帥諸侯以討鄭鄭將覆亡之不暇豈敢不懼若揔其罪人以臨之總將領也子華奸父之命。即罪人○覆芳服反鄭有辭矣何懼以大義爲辭且夫合諸侯以崇德也會而列姦何以示後嗣列姦用子華

疏注列姦用子華○正義曰經書齊侯宋公陳世子款鄭世子華盟于甯母則已列於會矣管仲方云會而列姦何以示後嗣者桓公列之於會直是列其身耳管仲言列姦者謂將用其姦謀故杜云列姦用子華也不受子華之請即是會不列姦他國無事可記齊史無所。不隱故下句言他國記姦則廢君盟齊史隱諱則損盛德也

夫諸侯之會其德刑禮義無國不記記姦之位位會位也子華爲姦人而列在會位將爲諸侯所記君盟替矣替廢也○替他計反作而不記非盛德也君舉必書雖。復齊。史隱諱亦損

戚德○復扶又反君其勿許鄭必受盟夫子華既爲大子而求介於大國以弱其國亦必不免介因也介音界鄭有叔詹堵叔師叔三良爲政未可間也齊侯辭焉子華由是得罪於鄭○冬鄭伯使請盟于齊以齊侯不聽子華故○堵丁古反又音者間間廁之間○閏月惠王崩

襄王惡大叔帶之難襄王惠王大子鄭也大叔帶襄王弟惠后之子也有寵於惠后惠后欲立之未及而卒○惡烏路反大音泰叔又作牀懼不立不發喪而告難于齊爲八年盟洮傳○洮他刀反

經八年春王正月公會王人齊侯宋公衛侯許男曹伯陳世子款盟于洮王人與諸侯盟不譏者王室有難故洮曹地

疏注王人至曹地○正義曰公羊傳曰王人微者曷爲序乎諸侯之上先王命也穀梁傳曰王人之先諸侯何也貴王命也弁冕雖舊必加於首周室雖衰必先諸侯釋例以爲中士稱名下士稱人此言王人是天子之下士也諸侯相與爲盟所以同奬王室天子之臣不與諸侯同盟釋例曰未有臣而盟君君臣而盟君是子可盟父故春秋王世子以下會諸侯者皆同會而不同盟是言王臣正法不與諸侯盟也二十八年踐土之盟傳稱王子虎盟諸侯于王庭杜云王子虎臨盟不同歃故不書宣七年傳曰諸侯盟于黑壤王叔桓公臨之以謀不睦杜云王叔桓公衛天子之命以監臨諸侯不同歃尊卑之别也哀十三年傳曰公會單平公晉定公吳夫差于黄池杜云平公周卿士也不書尊之不與會此三者王臣皆不與盟是其正法然也若天子初立王室不安命臣使結盟諸侯以安王室雖非正法事勢宜然既無褒美。亦無貶責此王人與諸侯盟不譏者王室有難王勑使來盟故也文十年及蘇子盟于女栗傳曰頃王立故也襄三年公會單子晉侯云云盟于雞澤杜云周靈王新即位使王官伯出與諸侯盟以安王室皆事與此同以情義可許故都無貶責二十九年翟泉之盟於時諸侯。輯睦王室無虞而王子虎下盟列國以瀆大典故貶稱王人是依禮不合故據法貶之春秋王臣與諸侯會盟凡十有餘事譏與不譏皆從此例

鄭伯乞盟新服未與會故不序列別言乞盟○與音預下同

【疏】注新服至乞盟○正義曰鄭伯往年使子華聽命心猶未服齊桓拒子華之請故今始服從齊桓以其新服尚未與之會故不序列而別言乞盟止言。乞盟不知與盟以否傳稱鄭伯乞盟請服也既言請服義無不受當是既盟之後而別與之盟諸言乞師皆乞得其師知此乞盟亦乞得其盟但盟理可見不復別言盟耳

○夏狄伐晉○秋七月禘于大廟用致夫人禘三年大祭之名大廟周公廟致者致新死之主於廟而列之昭穆夫人淫而與殺不薨於寢於禮不應致故僖公疑其禮歷三禘今果行之嫌異常故書之○大音泰殺音試

【疏】注禘三至書之○正義曰釋天云禘大祭也言其大於四時之祭故為三年大祭之名言每積三年而一為此祭也大廟廟之大者故為周公廟釋例曰三年喪畢致新死之主以進於廟廟之遠主當遷入祧於是乃大祭於大廟以審定昭穆謂之禘是說致者致新死之主於廟而列之昭穆也此致致哀姜也哀姜薨已多年非復新死而於今始致者傳發凡例夫人不薨于寢則不致哀姜例不應致故僖公疑其禮喪畢之日不作禘祭之禮以致之既不為哀姜作喪畢禘祭其禘自從閔公數之二年除閔喪為禘至五年復禘今八年復禘姜死以來已歷三禘今因禘祭果復行之三年一禘禘自是常不為夫人禘祭因禘而致夫人嫌其異於常禮故史官書之若其不致夫人則此禘得常不書為用致夫人而書之耳

○冬十有二月丁未天王崩實以前年閏月崩以今年十二月丁未告

傳八年春盟于洮謀王室也鄭伯乞盟請服也襄王定位而後發喪王人會洮還而後王定位

○晉里克帥師梁由靡御虢射為右以敗狄于采桑傳言前年事也平陽北屈縣西南有采桑津○

射食亦反梁由靡曰狄無恥從之必大克不恥走故可逐里克曰懼之而已無速衆狄恐怨深而羣黨來報虢射曰期年狄必至示之弱矣○期音基本或作朞注同○夏狄伐晉報采桑之役也復期月明期年之言驗○秋禘而致哀姜焉非禮也凡夫人不薨于寢不殯于廟不赴于同不祔于姑則弗致也寢小寢同同盟將葬又不以殯過廟據經哀姜薨葬之文則為殯廟赴同祔姑今當以不薨于寢不得致也○祔音附【疏】凡夫至致也○正義曰夫人薨葬之禮有赴同祔姑反哭三事而已此說致之禮加以薨寢殯廟而不言反哭者蓋以致於廟者終始成其傳死生之禮畢不薨于寢死不得其所也不殯于廟葬之不以禮也死葬非禮則先神恥之故不具四事皆不合致反哭者直為書葬以否假使不書其葬夫人之禮亦成自是生者之可譏非為死者之有失雖不反哭亦得致之故於此不言反哭也○注寢小至致也○正義曰喪大記云男子不死於婦人之手婦人不死於男子之手君夫人卒於路寢既言婦人不死於男子之手必不得死於君之路寢言夫人卒於路寢謂卒於夫人之大寢對君路寢為小故云小寢也同者同盟之國也檀弓曰喪之朝也順死者之孝心也其哀離其室也故至於祖考之廟而後行殷朝而殯於祖周朝而遂葬士喪禮朝而遂葬與記正同知周法不殯於廟而此傳及襄四年皆云不殯于廟以為失禮知其將葬之時不以殯過廟耳殯過廟者將葬之時從殯宮出告廟乃葬非是殯尸於廟中也據經哀姜薨葬之文知其赴同祔姑可矣亦知其殯於廟者以元年十二月喪至二年五月始葬明至則殯於寢也既殯於寢自然葬當朝廟故據葬文亦知殯廟唯當以不薨於寢不得致耳○冬王人來告喪難故也是以緩有大叔帶之難○宋公疾大子茲父固請曰目夷長且仁君其立之茲父襄公也目夷茲父庶兄子魚也○父音甫長丁丈反公命子魚子魚

辭曰能以國讓仁孰大焉臣不及也且又不順立庶不順禮遂走而退

經九年春王三月丁丑宋公御說卒四同盟○御魚呂反說音悅 疏注四同盟○正義曰御說以莊十三年即位十六年盟于幽十九年于鄄二十七年于幽僖元年于檉四年于召陵五年于首止七年于甯母八年于洮皆魯宋俱在是為八同盟不數莊公之盟檉盟經不書亦不數故云四同盟劉君乃數莊公之盟又不數召陵以為六同盟而規杜非也 ○夏公會宰周公齊侯宋子衛侯鄭伯許男曹伯于葵丘周公宰孔也宰官周采地天子三公不字宋子襄公也傳例曰在喪公侯曰子陳留外黃縣東有葵丘 疏注周公至葵丘○正義曰傳稱王使宰孔賜齊侯胙知周公即宰孔也其官為大宰采地名為周天子三公故稱公孔則其名也穀梁傳曰天子之宰通於四海其意言宰者六官之長官名通於海內是故書其官名也通于四海者當謂大宰之長官耳其屬官不應得通而宰咺宰渠伯糾則必非長官亦稱為宰者蓋自宰夫以上皆通也釋例曰今案春秋以考之其稱公者皆三公非五等之公也是言祭公周公皆三公也釋例又曰王之公卿皆書爵則卿亦不字杜云三公不字者以入春秋以來家父南季皆大夫稱字宰周公文承其後故云不字不於祭公逆王后注者因歷序諸國而言之莊八年傳曰連稱管至父戍葵丘杜云齊地臨淄縣西有地名葵丘知此葵丘與彼異者傳稱齊侯不務德而勤遠略西為此會則此地遠處齊西不得近在臨淄故釋例以為宋地陳留外黃縣東有葵丘或曰河東汾陰縣為葵丘非也經書夏會葵丘九月乃盟晉為地主無緣欲會而不及盟也是說不同之意 ○秋七月乙酉伯姬卒無傳公羊穀梁曰未適人故不稱國已許嫁則以成人之禮書不復殤也婦人許嫁而笄猶丈夫之冠○復扶又反殤式羊反笄古兮反冠古喚反 疏注公羊至之冠○正義曰公羊傳曰此未適人何以卒許嫁矣婦人許嫁字而笄之死則以成人之喪治之穀梁傳意亦與之同嫁於大夫死不書卒此

許嫁者嫁於國君也但未往彼國不成彼國之婦故不稱國也喪服小記曰男子冠而婦人笄其義一也是許嫁而笄猶丈夫之冠也禮男子冠而不爲殤婦人笄而不爲殤故以成人之喪治之爲之服成人之服禮姊妹在室期出嫁大功檀弓曰姑姊妹之薄也蓋有受我而厚之者爲夫厚之故我降之也曾子問云取女有吉日而女死如之何孔子曰壻齊衰而弔既葬而除之其夫不爲服則兄弟不爲降禮諸侯絶旁期此爲將嫁於諸侯故書其卒既書其卒當服其本服爲之齊衰期也但於時服否不可知耳

○九月戊辰諸侯盟于葵丘夏會葵丘次伯姬卒文不相比故重言諸侯宰孔先歸不與盟○比毗志反重直用反與音預【疏】注夏會至與盟○正義曰平丘會後即盟不言諸侯爲間無異事故也此亦會後爲盟間有伯姬卒盟會文不相比故重言諸侯又傳稱宰孔先歸則宰孔不盟杜云宰孔先歸不與盟者欲見縱無伯姬之卒亦當重言諸侯

○甲子晉侯佹諸卒未同盟而赴以名甲子九月十一日戊辰十五日也書在盟後從赴○佹九委反【疏】注未同至從赴○正義曰甲子在戊辰之前而書在盟後從赴從赴者赴在盟後也春秋之世史失其守赴告之文多違禮制計諸侯之薨當具以薨之月日告於鄰國隱三年傳曰壬戌平王崩赴以庚戌故書之是赴者妄稱日也襄二十八年傳曰王人來告喪問崩日以甲寅告故書之是元赴不以日被問乃稱日也文十四年傳曰七月乙卯夜齊商人弒舍齊人定懿公使來告難故書以九月是赴者不言死月魯史不復審問即書以來告之月也此甲子晉侯卒蓋赴以日而不以月魯史不復審問書其來告之日唯稱甲子而已不知甲子是何月之日故在戊辰後也若赴以九月告魯魯史當推其日之先後不得甲子在戊辰後也明告不以月故書其日耳

○冬晉里奚克殺其君之子奚齊獻公未葬奚齊未成君故稱君之子奚齊受命繼位無罪故里克稱名○殺如字傳同公羊音試

傳九年春宋桓公卒未葬而襄公會諸侯故曰子凡在喪王曰小童公侯曰子

在喪未葬也小童者童蒙幼。末之稱子者。繼父之辭公侯位尊上連王者下絕伯子男周康王在喪稱予一人釗禮稱亦不言小童或所稱之辭各有所施此謂王自稱之辭非諸。下所得書故經無其事傳通取舊典之文以事相接○稱尺證反釗古堯反又音昭

疏注在喪至相接○正義曰既言桓公未葬即發在喪之例知其在喪謂未葬也童者未冠之名童而又小故為童蒙幼末之稱易蒙卦云匪我求童蒙童蒙求我蒙謂闇。昧也幼童於事多闇昧是以謂之童蒙焉曲禮曰夫人自稱於其君曰小童鄭玄云小童若云未成人也王崩未葬嗣王自稱亦言己未成人也子者對父之名故云繫父之辭以未成君故繫於父不忍絕之稱也諸侯爵有五等唯言公侯曰子以公侯尊也傳稱在禮卿不會公侯會伯子男可也又子產云鄭伯男也使從公侯之貢懼弗給也是公侯之尊絕於伯子男也此既言王即云公侯是其與王相連特為公侯立稱伯子男不得同之也春秋無伯子男在喪之事既不為立稱又不得成君不知其當何所稱也然案桓十一年鄭忽出奔衛莊二十四年曹。羈出奔陳杜云先君既葬不稱爵者國人賤之以名赴則既葬稱爵未葬稱名也周康王在喪稱予一人釗尚書康王之誥也曲禮云君天下者曰天子朝諸侯分職授政曰余一人天子未除喪曰余小子是禮天子自稱亦不言小童也此言王曰小童必有稱之時或所稱之辭各有所施但不知施何處耳如曲禮之文天子未除喪曰余小子則是未得稱一人而康王在喪稱予一人釗者當以諸侯列土之君將欲各歸其國故正其成君之稱以答諸侯也此小童者王謙自稱之辭非諸。下所得書故經無其事其公侯曰子乃是史書之文二者非相類之事而辯為一凡是傳通取舊典之文以事類相接耳非言小童是策書之例也釋例郊雩烝嘗例不傳云地。祇及礿祠者經無其事故傳略而不言此王曰小童亦經無其事所以言之者郊雩例多故經無者略之此王曰小童與公侯相接其文簡約經雖無事亦。連而言之釋例曰位彌高者事彌重重慮周於經遠故儀制異於凡人存其實篤其志足以敘親疏之情通萬事之理而已故諸列國之君在喪或不得已而脩會盟之事唯公侯特稱子以別尊卑是言獨為公侯立稱之意春秋

公侯稱子皆是其父未葬唯二十五年公會衛子莒慶盟于洮於時衛文公已葬而成公稱子釋例曰衛文公欲平莒於魯未終而薨故衛子尋父之志魯人由此亦脩文公之好此孝子之至感人情之所篤故成公雖已免喪至於此盟降從在喪之名故經隨而書子傳從而釋之云脩文公之好也○夏會于葵丘尋盟且脩好禮也○好呼報反下干好弁注同

王使宰孔賜齊侯胙胙祭肉尊之比二王後○胙才素反【疏】注胙祭至王後○正義曰傳稱大子祭于曲沃歸胙于公此天子有事于文武賜齊侯以胙知胙是祭肉也周禮大宗伯以脤膰之禮親兄弟之國鄭玄云脤膰社稷宗廟之肉以賜同姓之國同福祿也脤膰卽胙肉也言親兄弟之國則異姓不合賜也二十四年傳曰宋先代之後也於周爲客天子有事膰焉是言二王之後禮合得之今賜齊侯是尊之比二王後也曰天子有事于文武有祭事也使孔賜伯舅胙天子謂異姓諸侯曰伯舅【疏】注天子至伯舅○正義曰曲禮曰五官之長曰伯天子同姓謂之伯父異姓謂之伯舅鄭玄云謂爲三公者周禮九命作伯齊桓是九命之伯故以伯舅呼之齊侯將下拜孔曰且有後命天子使孔曰以伯舅耋老加勞賜一級無下拜七十曰耋級等也○耋田節反一音他結反勞力報反級音急【疏】注七十曰耋級等也○正義曰釋言云耋老也舍人云年六十稱也郭璞云八十爲耋釋名云八十曰耋耋鐵也皮黑如鐵彼說或云六十或云八十杜云七十曰耋者耋之年齒既無明文曲禮云七十曰老爾雅以耋爲老故以爲七十曲禮升階之法云涉級聚足是級爲等也法當下拜賜之勿下是進一等對曰天威不違顏咫尺言天鑒察不遠威嚴常在顏面之前八寸曰咫○咫之氏反【疏】注言天至曰咫○正義曰顏謂額也楊雄方言云顏額謂顙也中夏謂之額東齊謂之顙河潁淮泗之間謂之顏魯語云肅慎氏貢楛矢長尺有咫賈逵亦云八寸曰咫說文云周制寸尺咫尋皆以人之體爲法中婦人手長八寸謂之咫周尺也小白余敢貪天子

之命無下拜小白齊侯名余身也【疏】注小白至身也○正義曰諸自稱余者當稱名之處耳齊侯既稱小白而復言余故解之余身釋詁文舍人曰余卑謙之身也孫炎曰余舒遲之身也郭璞曰今人亦自呼為身恐隕越于下隕越顛墜也據天王居上故言恐顛墜于下○墜直類反以遺天子羞敢不下拜下拜登受拜堂下受胙於堂上○遺于季反【疏】下拜登受○正義曰以覲禮天子賜侯氏以車服諸公奉篋服如命書于其上升自西階東面大史氏右侯氏升西面立大史述命侯氏降兩階之間北面再拜稽首升成拜彼侯氏降階再拜是此下拜也升成拜是此登受○秋齊侯盟諸侯于葵丘曰凡我同盟之人既盟之後言歸于好義取脩好故傳顯其盟辭宰孔先歸既會先諸侯去○先悉薦反遇晉侯曰可無會也晉侯欲來會葵丘齊侯不務德而勤遠略故北伐山戎在莊三十一年南伐楚在四年西為此會也東略之不知西則否矣言或向東必不能復西略○復扶又反下不復會同其在亂乎君務靖亂無勤於行在存也微戒獻公言晉將有亂晉侯乃還不復會齊○九月晉獻公卒里克丕鄭欲納文公故以三公子之徒作亂丕鄭晉大夫三公子申生重耳夷吾○丕普悲反初獻公使荀息傅奚齊公疾召之曰以是藐諸孤言其幼賤與諸子縣藐○藐妙小反又亡角反縣音玄【疏】注言其至縣藐○正義曰藐者縣遠之言諸子皆長而奚齊獨幼是小大相去縣藐也藐諸孤者言年既幼穉縣藐於諸子之孤辱在大夫其若之何欲屈辱荀息使保護之荀息稽首而對曰臣竭其股肱之力加之以忠貞其濟君之靈也不濟則以死繼之公曰何謂忠貞對曰公家

之利知無不爲忠也送往事居耦俱無猜貞也往死者居生者耦兩也送死事生兩無疑恨所謂正也○猜七
才反疑也及里克將殺奚齊先告荀息曰三怨將作三公子之徒秦晉輔之子將何如荀
息曰將死之里克曰無益也荀叔曰吾與先君言矣不可以貳能欲復言而愛
身乎荀叔荀息也復言言可復也【疏】。能欲復言而愛身乎○正義曰意能欲使前言可反復而行之得愛惜身命不死乎雖無益也將
焉辟之且人之欲善誰不如我我欲無貳而能謂人已乎言不能止里克使不忠於申生等○焉於
虔反下文焉能克同○冬十月里克殺奚齊于次次喪寢書曰殺其君之子未葬也荀息將
死之人曰不如立卓子而輔之荀息立公子卓以葬十一月里克殺公子卓于
朝荀息死之君子曰詩所謂白圭之玷尚可磨也斯言之玷不可爲也詩大雅言此言
之。缺難治甚於白圭○玷丁簟反又丁念反缺也荀息有焉有此詩人重言之義○齊侯以諸侯之師伐晉及高
梁而還討晉亂也高梁晉地在平陽。縣西南令不及魯故不書前已發不書例今復重發嫌霸者異於凡諸侯○令力政
反本又作命復扶又反重直用反○晉郤芮使夷吾重賂秦以求入郤芮郤克祖父從夷吾者○從才用反曰人
實有國我何愛焉言國非己之有何愛而不以賂秦入而能民土於何有從之能得民不患無土齊隰
朋帥師會秦師納晉惠公隰朋齊大夫惠公夷吾○隰音習秦伯謂郤芮曰公子誰恃對曰臣

聞亡人無黨有黨必有讎言夷吾無黨無黨則無讎易出易入以微勸秦○易並以豉反【疏】注言夷至勸秦○正義曰秦伯問公子誰恃問公子於晉國之臣倚恃誰爲内主也對言夷吾無黨無讎者夷吾由無黨故往前易出無讎故此時易入言易出易入以微勸秦使納之夷吾弱不好弄弄戲也○好呼報反能鬭不過有節制長亦不改不識其他公謂公孫枝曰夷吾其定乎公孫枝秦大夫子桑也○長丁丈反對曰臣聞之唯則定國詩曰不識不知順帝之則文王之謂也詩大雅帝天也則法也言文王闇行自然合天之法又曰不僭不賊鮮不爲則僭過差也賊傷害也皆忌克也能不然則可爲人法則○僭子念反下注同鮮息淺反無好無惡不忌不克之謂也今其言多忌克既僭而賊○好呼報反又如字惡烏路反難哉言能自定難公曰忌則多怨又焉能克是吾利也其言雖多忌適足以自害不能勝人也秦伯慮其還害己故曰是吾利【疏】唯則至利也○正義曰唯身有則者乃能定國也詩美文王之德不記識古事不學知今事常順天之法則而行之爲此行者文王之謂也又曰人行不僭差不賊害能如此者少不爲人所法則言必爲人所法則也此二詩所云者無所偏好無所私惡不爲忌差不好勝人之謂也今其此夷吾之言多有所忌多欲陵人以此而求安定難哉今其言後忌克覆上不忌不克上既有無好無惡不覆之者以身行忌克則有私好私惡之心舉忌克足以包好惡也公曰多忌於人則多爲人怨又焉能勝人此乃是吾之利也無好無惡言文王之行也不忌不克述抑篇之義也引二詩於前以此言結之○注詩大至之法○正義曰詩大雅皇矣之篇也則法釋詁文彼鄭箋云其爲人不識古不知今順天之法而行之是言闇行自然合天地之法也禮記稱天無私覆地無私載合天地法者即無偏好無私惡之謂也○注僭過至法則○正義曰詩大雅抑之篇也彼毛傳云僭差也鄭玄云不殘賊是

賊爲害也心有所忌則多過差志在陵人必多爲賊害下云不忌不克覆述此文故言僭賊者皆忌克也○注其言至吾利○正義曰心忌前人則人亦忌己志在陵人則人亦陵己若使人皆忌之人皆陵之是適足以自害不能勝人也秦伯聞其忌克慮其還來害己故以不能勝人爲是吾利也○宋襄公卽位以公子目夷爲仁使爲左師以聽政於是宋治故魚氏世爲左師○治直吏反

經十年春王正月公如齊無傳○狄滅溫溫子奔衛蓋中國之狄滅而居其土地○晉里克弒其君卓及其大夫荀息弒卓在前年而以今春書者從赴也獻公既葬卓以免喪故稱君也荀息稱名者雖欲復言本無遠謀從君於昏【疏】注弒卓至於昏○正義曰傳於前年甚詳經以今年書之明赴以今年弒也傳稱立公子卓以葬是免喪始死故稱君也文七年宋人殺其大夫傳曰不稱名衆也且言非其罪也死者不稱名非其罪故知稱名者皆有罪也荀息稱名者不知奚齊卓子之不可立又不能誅里克以存君是其雖欲復言本無遠謀也襄十九年齊殺其大夫高厚傳稱從君於昏獻公惑於驪姬殺適立庶荀息知其事而爲之傅奚齊是其從君於昏也○夏齊侯許男伐北戎無傳北戎山戎○晉殺其大夫里克奚齊者先君所命卓子又以在國嗣位罪未爲無道而里克親爲三怨之主累弒二君故稱名以罪之【疏】注奚齊至罪之○正義曰宣四年傳例曰弒君稱君君無道也稱臣臣之罪也里克殺奚齊弒卓子皆書里克之名是奚齊與卓子未爲無道也殺大夫傳言不稱名者爲無罪則稱名爲有罪故今稱里克之名以罪之○秋七月○冬大雨雪無傳平地尺爲大雪○雨于付反

傳十年春狄滅温蘇子無信也蘇子叛王卽狄又不能於狄狄人伐之王不救

故滅蘇子奔衛蘇子周司寇蘇公之後也國於温故曰温子叛王事在莊十九年疏注蘇子至九年○正義曰尚書立政云司寇蘇公成十一年傳曰昔周克商蘇忿生以温爲司寇以此知蘇子司寇蘇公之後也國名爲蘇所都之邑名爲温故温蘇遞見於經是得兩稱故也○夏四月周公忌父王子黨會齊隰朋立晉侯周公忌父周卿士王子黨周大夫晉侯殺里克以說自解說不篡○篡初患反將殺里克公使謂之曰微子則不及此雖然子弒二君與一大夫爲子君者不亦難乎對曰不有廢也君何以興欲加之罪其無辭乎言欲加己罪不患無辭疏欲加至辭乎○正義曰言君今欲加臣之罪其畏無辭以罪臣乎言必方便有辭耳臣聞命矣伏劍而死於是丕鄭聘于秦且謝緩賂故不及丕鄭里克黨以在秦故不及里克俱死○晉侯改葬共大子共大子申生也○共音恭本亦作恭大音泰秋狐突適下國下國曲沃新城疏注下國曲沃新城○正義曰曲沃邑也而稱國者晉昭侯嘗以此邑封桓叔桓叔國之三世武公始幷晉國遷居而就之此曲沃晉之舊國故謂之爲下國也遇大子大子使登僕忽如夢而相見狐突本爲申生御故復使登車爲僕○復扶又反下文及注同而告之曰夷吾無禮疏夷吾無禮○正義曰賈逵云烝於獻公夫人賈君故曰無禮馬融云申生不自明而死夷吾改葬之章父之過故曰無禮杜不爲注當以鬼神之意難得而知夷吾無禮或非一事不可指言故不說也余得請於帝矣請罰夷吾將以晉畀秦秦將祀余對曰臣聞之神不歆非類民不祀非族疏神不至非族○

正義曰傳稱非我族類其心必異則類族一也皆謂非其子孫妄祀他人父祖則鬼神不歆享之耳祭法云聖王之制祭祀也法施於民則祀之以死勤事則祀之以勞定國則祀之能禦大菑則祀之能捍大患則祀之若農棄爲稷后土爲社社稷功被天下乃令率土報功如此之徒非獨歆己之族若功不被於下民名不載於祀典唯其子孫祀之神亦不歆他族然則秦非晉類而使祀申生祀之大失也晉無罪而滅以畀秦刑之濫也。天豈不違此事而待狐突之言方改圖者民之與神不相雜擾雖理有大歸非曲爲小惠豈有一人寃枉即能訴天天受人訴之辭便將滅國此事本是妖夢假託上天非天實爲之人能改易傳言鬼神所馮有時而信非言此事實是天心不可執其言而以人事爲難也是君祀無乃殄乎歆饗也殄絕也○畀必利反下注同歆許金反且民何罪失刑乏祀君其圖之。君曰諾吾將復請七日新城西偏將有巫者而見我焉新城曲沃也將因巫而見○偏匹綿反【疏】七日至我焉○正義曰申生謂狐突云更經七日於新城西偏將有巫者而與之俱見我焉故杜云將因巫而見許之遂不見狐突許其言申生之象亦沒○見賢遍反又如字及期而往告之曰帝許我罰有罪矣敝於韓敝敗也韓晉地獨敝惠公故言罰有罪明不復以晉畀秦夷吾忌克多怨終於失國雖改葬加謚申生猶忿傳言鬼神所馮有時而信○馮皮冰反【疏】注敝敗至而信○正義曰晉語云惠公即位出共世子而改葬之臭徹於外國人誦之曰貞之不報孰是人斯而有是臭也貞爲不聽信爲不誠不更厥正大命其傾猶兮違兮心之哀兮歲之二七其靡有徵兮郭偃曰甚哉善之難也君改葬其君以爲榮也而惡滋章十四年君之。冢祀其替乎亦是申生猶忿之事丕鄭之如秦也言於秦伯曰呂甥郤稱冀芮實爲不從若重問以召之三子晉大夫不從不與秦賂問聘問之幣○稱尺證反又如字【疏】注三子至之幣○正義曰曲禮云凡以弓劍苞苴簞笥問人者鄭玄云問猶遺

也重問謂多以財貨遺之也下云幣重而言甘故云問聘問之幣也臣出晉君君納重耳蔑不濟矣蔑無也○冬秦
伯使泠至報問且召三子。泠至秦大夫○泠力丁反郤芮曰幣重而言甘誘我也遂殺丕鄭
祁舉祁舉晉大夫及七輿大夫侯伯七命副車七乘○乘繩證反【疏】七輿大夫○正義曰周禮大行人云侯伯七命貳車七乘貳
副也每車一大夫主之謂之七輿大夫服虔云。上軍之輿帥七人屬申生者襄二十三年下軍輿帥七人往前申生將上軍今七輿大夫爲申生報怨欒盈將
下軍故七輿大夫與欒氏炫謂服言是左行共華右行賈華叔堅騅歂纍虎特宮山祁皆里丕之
黨也七子七輿大夫○行戶剛反下同共音恭騅音隹歂市專反纍力追反祁巨之反字林上尸反丕豹奔秦丕豹丕鄭之子言於
秦伯曰晉侯背大主而忌小怨民弗與也伐之必出大主秦也小怨里丕○背音佩公曰失衆
焉能殺謂殺里丕之黨○焉於虔反違禍誰能出君謂豹辟禍也爲明年晉殺丕鄭傳
經十有一年春晉殺其大夫丕鄭父。以私怨謀亂國書名罪之書春從告○夏公及夫人姜氏會
齊侯于陽穀無傳婦人送迎不出門見兄弟不踰閾與公俱會齊侯非禮○閾音域門限也一音況域反○秋八月大雩無傳
過時故書○冬楚人伐黃
傳十一年春晉侯使以丕鄭之亂來告釋經書在今年○天王使召武公內史過賜晉
侯命天王周襄王召武公周卿士內史過周大夫。諸侯卽位天子賜之命圭爲瑞○過古禾反受玉惰。過歸告王曰晉侯其

無後乎王賜之命而惰於受瑞先自弃也已其何繼之有禮國之幹也敬禮之輿也不敬則禮不行禮不行則上下昏何以長世爲惠公不終張本○惰徒臥反長直良反又丁丈反

疏天王至長世○正義曰召武公亦名過周語云襄王使召公過及内史過賜晉惠公命晉侯執玉卑拜不稽首内史過歸以告王曰晉不亡其君必無後不敬王命棄其禮也執玉卑替其質也拜不稽首無其王也替質無鎮無王無人晉侯無王人亦將無之欲替其鎮人亦將替之其言多而小異孔晁云左丘明集其典雅令辭與經相發明者以爲春秋傳其高論善言别爲國語凡左傳國語有事同而辭異者以其詳於左傳而略於國語詳於國語而略於左傳○

夏揚拒泉皐伊雒之戎

疏伊雒之戎○正義曰釋例曰諸雜戎居伊水雒水之間者河南雒陽縣西南有戎城伊水出上雒盧氏縣熊耳山東北至河南雒陽縣入雒雒水出上雒縣冢領山東北經弘農至河南鞏縣入河

同伐京師入王城焚東門揚拒泉皐皆戎邑及諸雜戎居伊水雒水之間者今伊闕北有泉亭○拒俱字反皐古刀反王子帶召之也王子帶甘昭公也召戎欲因以篡位秦晉伐戎以救周秋晉侯平戎于王爲二十四年天王出居鄭傳○黃人不歸楚貢冬楚人伐黃黃人特齊故

經十有二年春王三月庚午日有食之無傳不書朔官失之○夏楚人滅黃○秋七月○冬十有二月丁丑陳侯杵臼卒無傳遣世子與僖公同盟甯毋及洮○杵昌呂反臼其九反

傳十二年春諸侯城衛楚丘之郛懼狄難也楚丘衛國都郛郭也爲明年春狄侵衛傳○郛芳夫反難乃旦反下

同疏注楚丘至衛傳○正義曰衛以二年遷於楚丘諸侯爲之築其城至此爲之築其郛公羊傳曰郛者何郛也不單言衛楚丘者見楚丘未有郛也諸侯不告魯不與故不書無經而爲傳者其言必有所爲故云爲狄侵衛傳○黃人恃諸侯之睦于齊也不共楚職曰自郢及我九百里焉能害我○共音恭焉於虔反夏楚滅黃郢楚都○王以戎難故討王子帶子帶前年召戎伐周秋王子帶奔齊○冬齊侯使管夷吾平戎于王使隰朋平戎于晉平和也前年晉救周伐戎故戎與周晉不和王以上卿之禮饗管仲管仲辭曰臣賤有司也有天子之二守國高在國子高子天子所命爲齊守臣皆上卿也莊二十二年高傒始見經僖二十八年國歸父乃見傳歸父之父曰懿仲高傒之子曰莊子不知今當誰世○守手又反注同見賢遍反下同若節春秋來承王命何以禮焉節時也陪臣敢辭諸侯之臣曰陪臣○陪步回反王曰舅氏伯舅之使故曰舅氏○使所吏反余嘉乃勳應乃懿德謂督不忘往踐乃職無逆朕命功勳美德可謂正而不可忘者不言位而言職者管仲位卑而執齊政故欲以職尊之○督音篤疏余嘉至朕命○正義曰余朕皆我也乃女也應當也懿美也督正也言我善女功勳當女美德謂女功德正而不可忘宜受此禮往居女職無得逆我之命欲令受上卿之禮管仲受下卿之禮而還管仲不敢以職自高卒受本位之禮君子曰管氏之世祀也宜哉疏○君子至宜哉○正義曰丘明之意假稱君子論管氏應合世祀也宜哉而遂不世祀子孫絕滅是行善無驗故杜注云傳亦舉其無驗是也讓不忘其上詩曰愷。悌。君子神所勞矣詩大雅愷樂也悌易也言樂易君子爲神所勞來故世祀也管仲之後於齊沒不復見傳亦舉其無驗○愷本亦作凱開在反愷音弟本亦作弟勞力報反注同樂音洛下同易以豉反下同來力代反復扶又反【疏】注詩大至無驗○正義曰詩大雅旱麓之篇愷樂悌
易皆釋詁文樂易言志度弘簡忻樂而和易也世族譜管氏出自周穆王成十一年傳有齊管于奚譜以爲雜人則非管仲之子孫也哀十六年傳稱楚。白公
殺齊管脩杜云管脩楚賢大夫故齊管仲之後是管仲之後於齊沒不復見也

經十有三年春狄侵衞傳在前年春○夏四月葬陳宣公無傳○公會齊侯宋公陳侯
衞侯鄭伯許男曹伯于鹹鹹衞地東郡濮陽縣東南有鹹城○濮音卜○秋九月大雩無傳書過○冬公
子友如齊無傳

傳十三年春齊侯使仲孫湫聘于周且言王子帶前年王子帶奔齊言欲復之事畢不與王
言不言子帶事歸復命曰未可王怒未怠其十年乎不十年王弗召也○夏會于鹹
淮夷病杞故且謀王室也。○秋爲戎難故。諸侯戍周齊仲孫湫致之戍守也致諸侯。戍卒
于周○爲于僞反下注欲爲同難乃旦反卒子忽反○冬晉荐饑麥禾皆不熟○荐在薦反重也饑音飢【疏】。晉荐饑○正義曰釋天云穀不
熟爲饑仍饑爲荐李巡曰穀不成熟曰饑連歲不熟曰荐使乞糴于秦秦伯謂子桑與諸乎對曰重施而報
君將何求言不損秦○糴直歷反施式豉反下同重施而不報其民必攜攜而討焉無衆必敗不義
故民離謂百里與諸乎百里秦大夫對曰天災流行國家代有救災恤鄰道也行道有

福平鄭之子豹在秦請伐晉欲為父報怨秦伯曰其君是惡其民何罪秦於是乎輸粟于晉自雍及絳相繼雍秦國都絳晉國都雍於用反絳古巷反○命之曰汎舟之役從渭水運入河汾○汎芳劍反汾扶云反【疏】注從水運入河汾○正義曰秦都雍雍臨渭晉都絳絳臨汾渭水從雍而東至弘農華陰縣入河從河逆流而北上至河東汾陰縣乃東入汾逆流東行而通絳故杜云從渭水運入河汾也

經十有四年春諸侯城緣陵緣陵杞邑辟淮夷遷都於緣陵○夏六月季姬及鄫子遇于防使鄫子來朝季姬魯女鄫夫人也鄫子本無朝志為季姬所召而來故言使鄫子來朝鄫國今琅邪鄫縣○鄫似綾反本或作繒○秋八月辛卯沙鹿崩沙鹿山名平陽元城縣東有沙鹿土山在晉地災害繫於所災所害故不繫國【疏】注沙鹿至繫國○正義曰公羊傳曰沙鹿者何河上之邑也穀梁傳曰林屬於山為鹿沙山名也服虔云沙山名鹿山足林屬於山曰鹿取穀梁為說也漢書元后傳稱后祖翁孺自東平陵徙魏郡元城委粟里元城建公曰昔春秋沙鹿崩晉史卜之曰陰為陽雄土火相乘故有沙鹿崩後六百四十五年宜有聖女興今王翁孺徙正值其地日月當之元城郭東有五鹿之虛即沙鹿地計爾時去聖猶近所言當得其實故以沙鹿為山名依漢書為義也沙鹿實是晉地不言晉沙鹿者凡有災害繫於所災所害之處不繫於所屬之國故不繫晉也釋例曰陳既已滅降為楚縣而書陳災者猶晉之梁山沙鹿崩不書晉也災害繫於所災所害故以所在為名災為陳災成周宣榭火害為梁山沙鹿崩山崩必有所害故所災所害別言之○狄侵鄭無傳○冬蔡侯肸卒無傳未同盟而赴以名○肸許乙反

傳十四年春諸侯城緣陵而遷杞焉不書其人有闕也闕謂器用不具城池未固而去為惠不終也澶

淵之會既而無歸大夫不書而國別稱人今此總曰諸侯君臣之辭不言城杞杞未遷也○澶市然反【疏】注闕謂至還也○正義曰元年齊師宋師曹師城邢傳稱具邢器用而還之師無私焉是器用具而城池固故具列三國之師詳其文以美之也今此總云諸侯城緣陵不言某侯某侯與城邢文異不具書其所城之人為其有闕也知闕為器用不具城池不固而去為惠不終故總言諸侯以譏之凡諸侯盟會不歷序其人總言諸侯者皆是譏之辭文十五年諸侯盟于扈傳曰書曰諸侯無能為也十七年諸侯會于扈傳曰書曰諸侯無功也是其總言諸侯皆譏辭也十六年會于淮傳稱城鄫役人病不果城而還亦是為惠不終而淮會具書其人者淮之會為謀鄫且東略非為城鄫而聚會既會之後乃欲城鄫而不果本意不城鄫無可貶也先儒以為諸侯有過貶而稱人杜據澶淵之會與此傳文知諸侯之貶不至稱人故釋例曰傳滅入例衞侯燬滅邢同姓故名又云穀伯綏鄧侯吾離來朝名賤之也又云不書蔡許之君乘楚車也謂之失位此皆諸侯貶之例例不稱人也諸侯在事傳有明文而經稱人者凡十一條丘明不示其義而諸儒皆據案生意原無所出貶諸侯而去爵稱人是為君臣同文非正等差之謂也又澶淵大夫之會傳曰不書其人案經皆去名稱人至諸侯親城緣陵傳亦曰不書其人而經總稱諸侯此大夫及諸侯經傳所以為別也通校春秋自宣公五年以下百數十年諸侯之咎甚○多而皆無貶稱人者益明此蓋當時告命注記之異非仲尼所以為例故也

鄫季姬來寧公怒止之以鄫子之不朝也。來寧不書而後年書歸鄫更嫁之文也明公絕鄫昏既來朝而還○還戶關反

夏遇于防而使來朝○秋八月辛卯沙鹿崩晉卜偃曰期年將有大咎幾亡國國主山川山崩川竭亡國之徵○期音基咎其九反幾音祈又音機【疏】注國主至之徵○正義曰成五年傳曰國主山川故山崩川竭君為之不舉周語幽王二年西周三川皆震伯陽父曰昔伊雒竭而夏亡河竭而商亡國必依山川山崩川竭亡國之徵也卜偃明達災異以山崩為亡國之徵知其將有大

咎不言知之意非末學者所得詳也釋例曰天人之際或異而無感或感而不可知沙鹿崩因謂期年將有大咎梁山崩則云山有。朽。壤而自崩此皆聖賢之讜言達者所宜先識是說卜偃之言非後人所能測○冬秦饑使乞糴于晉晉人弗與慶鄭曰背施無親慶鄭晉大夫○背音佩後皆同施式豉反注及下而施毛十五年皆同幸災不仁貪愛不祥怒鄰不義四德皆失何以守國虢射曰皮之不存毛將安傅虢射惠公舅也皮以喻所許秦城毛以喻糴言既背秦施爲怨以深雖與之糴猶無皮而施毛。○傅音附【疏】注虢射惠公舅正義曰晉語云秦饑惠公命輸之粟虢射請勿與慶鄭請與之公曰非鄭之所知也遂不與秦侵晉至于韓公謂慶鄭曰寇深矣柰何慶鄭曰非鄭之所知也君其訊射也公曰舅所病也是虢射爲惠公之舅也慶鄭曰弃信背鄰患孰恤之無信患作失援必斃是則然矣虢射曰無損於怨而厚於寇不如勿與言與秦粟不足解怨適足使秦強慶鄭曰背施幸災民所弃也近猶讎之況怨敵乎弗聽退曰君其悔是哉

附釋音春秋左傳注疏卷第十三

春秋左傳注疏卷十三校勘記　阮元撰盧宣旬摘錄

附釋音春秋左傳注疏卷第十三　僖六年盡十四年

〔經六年〕

今滎陽密縣　淳熙本足利本滎作熒是也

〔傳六年〕

非不欲校　閩本校作效誤

故欲因以求入　岳本入誤作之

故傳稱新密　閩本監本毛本脫新字

諸侯救許　石經救作捄誤案石經自楚子圍許至諸侯救許十一字皆重刻

故蔡將許君歸楚　宋本將上有侯字

許男面縛銜璧　閩本作縛面誤倒

以璧爲贄　釋文贄作質云本又作贄

注祓除凶之禮　宋本此節正義在楚子從之之下

稱公臨楚喪閩本監本毛本脱楚字

（經七年）

盟于甯母葉抄釋文亦作毋石經宋本岳本纂圖本監本毛本皆作毋

（傳七年）

競強也宋本強作彊正義同此正義亦作彊

七年傳心則至於病各本脱七年傳三字宋本正義入姑少待我注下

既不能彊足利本彊作強

吾知其所由來矣宋本此節正義在心則至於病疏後

我不以女爲罪釁宋本纂圖本閩本監本毛本無我字

弗可改也已顧炎武云石經改誤故案石經此處闕炎武所據乃謬刻也

若君去之以爲成石經宋本作君若不誤

即罪人淳熙本即誤其

齊史無所不隱宋本不作可

雖復齊史隱諱　監本復誤後淳熙本史作更亦非

〔經八年〕

所以同奬王室　閩本監本毛本奬作獎

天子之臣不與諸侯同盟　宋本同作共

亦無貶責　閩本監本毛本亦作又

於時諸侯輯睦　閩本監本毛本輯作新按廿九年杜注作輯

止言乞盟　閩本乞作與非也

〔傳八年〕

而後王定位　宋本淳熙本岳本足利本作位定不誤

期年狄必至　北宋刻釋文云期本或作基注同也按基古文假借字亦見儀禮

明期年之言驗　纂圖本閩本監本毛本脫驗字

不祔于姑　釋文亦作祔閩本監本毛本作祔非也

則爲殯廟赴同祔姑　淳熙本則誤前

（經九年）

十九年于郢　宋本郢作郢不誤○今訂作郢

宰周公文承其後　監本毛本文作又

知此葵邱與彼異者　閩本監本毛本脫知此葵邱四字

既葬而除之　宋本除作降非也

甲子晉侯佹諸卒　纂圖本監本閩本毛本佹作詭案穀梁釋文云左氏作佹諸則作佹爲是

問崩曰以甲寅告　監本毛本寅誤子

冬晉里奚克殺其君之子奚齊　各本無上奚字是也山井鼎引足利本里下有其字即奚字之誤

（傳九年）

小童者童蒙幼末之稱　纂圖本閩本監本毛本末作穉非正義同

子者繼父之辭　各本作繼按正義作繫

非諸夏所得書　宋本岳本足利本夏作下不誤

蒙謂闇昧也　毛本昧作暗非也

曹羈出奔陳　監本毛本羈作羇按莊廿四年經作羈閩本作奇非也

非諸下所得書　閩本毛本下作王誤也

不云地祗及礿祠者　宋本祗作祇是也○今正

亦言而言之　宋本監本毛本上言字作連不誤○今依訂正

胙祭肉　案周禮大宗伯職疏引作膰肉

注天子至伯舅　宋本以下正義五節總入下拜登受注下

以伯舅耋老　石經宋本淳熙本岳本纂圖本毛本耋作耊是也釋文同

涉級聚足　案禮記曲禮涉作拾鄭注拾當爲涉聲之誤孔氏因改爲涉

是進一等　閩本監本毛本等作級非

中婦人手長八寸謂之咫　重修監本中改申非也

隕越顛墜也　宋本淳熙本足利本墜作隊是正字釋文亦作隊下同

月堂下受胙於堂上　纂圖本閩本監本毛本月作自亦非宋本淳熙本岳本足利本作拜不誤

○秋齊侯盟諸侯于葵邱　監本○誤注字毛本誤傳字

諸侯欲求會葵邱宋本岳本纂圖本監本毛本諸作晉求會宋本淳熙本監本毛本作來會不誤

言或向東纂圖本監本毛本或作復非

君務靖亂無勤於行李注文選三國名臣序贊引靖作靜勤作懃

送死事生兩無疑恨纂圖本閩本監本毛本疑作猜

能欲復言而愛身乎宋本此節正義在將焉辟之句下

言此言之缺宋本缺作闕陳樹華云史記正義引作玷字按說文㓠缺也引詩白圭之㓠

高粱晉地在平陽縣西南案二十四年注縣上有楊氏二字案釋地作楊縣氏亦衍又晉書地里志楊縣屬平陽郡可證也

〔經十年〕

卓以免喪宋本淳熙本岳本足利本以作已

北伐山戎宋本淳熙本纂圖本監本毛本伐作戎不誤〇今依訂正

〔傳十年〕

子弒二君夫宋本纂圖本弒作殺字按宋本是也實舉其事故曰殺二君與一大夫

言欲加己罪宋本岳本已作己淳熙本作以非也

欲加至辭乎　宋本此節正義在臣聞命矣節注下

注下國曲沃新城　宋本以下正義五節總入及期而往注下

天豈不違此事　閩本監本毛本天作夫非也

乏祀爲無主祭也　考文引足利本有此七字在君其圖之句下盧文弨校本爲疑謂

十四年君之冢祀其替乎　閩本監本毛本冢作家誤也

三子至之幣　宋本以下正義二節總入後出君注下

上軍之輿帥七人　陳樹華云上字當作下前申生將上軍句上亦當作下也按閔二年傳云公將上軍大子申生將下軍陳樹華所訂是也

冬秦伯使泠至報問　毛本泠作冷誤注同

〔經十一年〕

晉殺其大夫㔻鄭父　公羊疏云左氏經無父字然則今諸本有父者衍文也

〔傳十一年〕

受玉惰　案說文惰字下云不敬引春秋傳曰執玉惰

其何繼之有 纂圖本閩本監本毛本其誤而

孔晁云 毛本晁作鼂亦非

伊雒之戈 宋本此節正義在同伐京師句下

〔經十二年〕

〔傳十二年〕

不單言衞楚邱者 宋本楚上有而言衞三字

夏楚滅黄 石經初刻楚人滅黄後刊去人字

應乃懿德 惠棟云應讀曰膺言膺受女匡輔之美德也古人皆以應爲膺

君子至宜哉 宋本以下正義二節總入管氏之世祀也注下

詩曰愷悌君子 釋文愷作凱注同云本亦作愷悌本亦作弟

傳稱楚曰公殺齊管脩 宋本曰作白是也

〔經十三年〕

〔傳十三年〕

秋爲戎難故監本秋上〇誤注淳熙本故譌致

致諸侯戍卒于周葉抄釋文戍作戎

晉薦饑宋本以下正義二節總入篇末

注從水運入河汾宋本閩本監本毛本水上有渭字是也

〔經十四年〕

季姬及鄫子遇于防釋文云鄫本或作繒案公羊穀梁作繒

鄫國今琅邪鄫縣毛本邪改琊非

平陽元城縣東有沙鹿土山在晉地案晉書地里志元城屬陽平郡此本及諸本並誤作平陽二十三年傳出於五鹿注亦云陽平元城縣

林屬於山爲鹿沙山名也閩本監本毛本鹿沙誤倒

〔傳十四年〕

公怒止之顧炎武云石經止誤上案石經此處闕炎武所據乃謬刻閩本亦誤作上

則云山有朽壞而自崩宋本閩本監本毛本朽作朽不誤壞閩本監本毛本誤作壞

猶無皮而施毛宋本毛本下有也字

春秋左傳注疏卷十三校勘記

# 附釋音春秋左傳注疏卷第十四 僖十五年盡二十一年

杜氏注　孔穎達疏

經十有五年春王正月公如齊無傳諸侯五年再相朝禮也例在文十五年

疏注諸侯至五年○正義曰文十五年曹伯來朝傳曰禮也諸侯五年再相朝以脩王命古之制也杜云十一年曹伯來朝雖至此乃來亦五年也此十年公如齊至此則六年非五年再朝之事杜引之者以去朝歲亦五年故引證之劉炫云杜云禮者謂文十五年傳爲禮此仍。非禮也

○楚人伐徐○三月公會齊侯宋公陳侯衞侯鄭伯許男曹伯盟于牡丘牡丘地名闕○牡茂后反遂次于匡匡衞地在陳留長垣縣西南公孫敖帥師及諸侯之大夫救徐公孫敖慶父之子諸侯既盟次匡皆遣大夫將兵救徐故不復具列國別也○復扶又反○夏五月日有食之○秋七月齊師曹師伐厲厲楚與國義陽隨縣北有厲鄉八月螽。無傳爲災○螽音終本亦作蠓○九月公至自會無傳○季姬歸于鄫無傳來寧不書此書者以明中絕○中丁仲反又如字○己卯晦震夷伯之廟夷伯魯大夫展氏之祖父夷謚伯字震者雷電擊之大夫既卒書字○晦音悔

疏注夷伯至書字○正義曰公羊穀梁傳皆以晦爲冥謂晝日闇冥也杜以長曆推己卯晦九月三十日春秋值朔書朔值晦書晦無義例也傳稱於是展氏有隱慝焉知此夷伯展氏之祖父也大夫之謚多連字稱之不知夷伯其名爲何又不知今之展氏其人是誰故漫言祖父耳謚法安人好靜曰夷是夷爲謚也伯是其字也說文云震。劈。歷振物者電陰陽激曜也然則震是劈歷而言雷電擊之者。劈。歷有聲有光雷電之大者耳故言雷電以明之玉藻云士於君所言大夫沒矣則稱謚若字是大夫既沒禮。書

其字也○冬宋人伐曹楚人敗徐于婁林婁林徐地下邳僮縣東南有婁亭○婁力俟反邳蒲悲反○十有一月壬戌晉侯及秦伯戰于韓獲晉侯例得大夫曰獲晉侯背施無親愎諫違卜故貶絕下從衆臣之例而不言以歸不書敗績晉師不大崩○愎皮逼反【疏】注例得至大崩○正義曰諸侯與大夫因戰而被殺者昭二十三年傳例君死曰滅大夫死曰獲其被囚虜者大夫生死同名皆稱爲獲國君生獲則曰以歸蔡侯獻舞沈子嘉胡子豹之類皆是也今此晉侯。稱獲故解之不書敗績晉侯之車還濘而被執耳其師不大崩也

傳十五年春楚人伐徐徐卽諸夏故也三月盟于牡丘尋葵丘之盟且救徐也葵丘盟在九年○夏戶雅反下注同○孟穆伯帥師及諸侯之師救徐諸侯次于匡以待之○夏五月日有食之不書朔與日官失之也【疏】夏五月至失之○正義曰桓十七年已有例此重發者沈氏云彼直不書日今朔日皆不書故重發之○秋伐厲以救徐也○晉侯之入也秦穆姬屬賈君焉晉侯入在九年穆姬申生姊秦穆夫人賈君晉獻公次妃賈女也○屬音燭【疏】注。晉侯至女也○正義曰莊二十八年傳曰晉獻公娶于賈無子烝於齊姜生秦穆夫人及大子申生先言穆姬後言申生知是申生姊也言娶于賈則是正妃杜言次妃者蓋杜別有所見也晉世家云申生母齊桓女也同母女弟爲秦穆夫人夷吾母重耳母女弟也案傳申生之母本是武公之妾武公末年齊桓始立不得爲齊桓女也虢射惠公之舅狐偃文公之舅二母不得爲姊妹也皆馬遷之妄。耳且曰盡納羣公子羣公子晉武獻之族宣二年傳曰驪姬之亂詛無畜羣公子○詛莊據反晉侯烝於。賈君又不納羣公子是以穆姬怨之晉侯許賂中大夫中大夫國內執政里平等○烝之承反【疏】注中大至平等○正義曰

晉語稱夷吾謂秦公子縶曰中大夫里克與我矣吾命之以汾陽之田百萬丕鄭與我矣吾命之以負蔡之田七十萬此外猶應更有賂也既而皆背之賂秦伯以河外列城五東盡虢略南及華山內及解梁城既而不與河外河南也東盡虢略從河南而東盡虢界也解梁城今河東解縣也華山在弘農華陰縣西南○解音蟹注及下注同。疏注河外至西南○正義曰河自龍門而南至華陰而東晉在西河之東南河之北以河北為內河南為外虢略虢之竟界也獻公滅虢而有之今許以賂秦列城五者自華山而東盡虢之東界其間有五城也傳稱許君焦瑕蓋。焦。瑕是其二其餘三城不可知也列城猶列國言。是城之大者解梁城則在河北非此河外五城之數也晉饑秦輸之粟在十三年秦饑晉閉之糴在十四年故秦伯伐晉卜徒父筮之吉徒父秦之掌龜卜者卜人而用筮不能通三易之占故據其所見雜占而言之疏注徒父至言之○正義曰徒父以卜冠名知是掌龜卜者卜人當卜而今用筮知其本非所掌不能通三易之占其卦遇蠱不引易文是據其所見雜占而言之劉炫云案成十六年筮卦遇復云南國蹙射其元王中厥目亦是雜占則筮法亦用雜占不必皆取易辭而云不能通三易之占者今刪定以為此云涉河侯車敗又云千乘三去獲其雄狐了无周易片意又云卜徒父筮之是卜人掌筮故杜云不能通三易而成十六年非卜人為筮且南國蹙雖非是辭還是周易之象不與此同劉君以彼難此而規杜過非也涉河侯車敗詰之秦伯之軍涉河則晉侯車敗也秦伯不解謂敗在己故詰之○詰起吉反疏注秦伯至詰之○正義曰如杜此意則下千乘三去謂晉侯之乘車三度敗壞而去三去之後而獲晉君也劉炫以為侯者五等總名國君大號以涉河侯車敗為秦伯車敗又云韓戰之前秦晉未有交兵何得言晉侯車有三敗以為秦伯車三敗也今刪定知不然者以秦是伯爵晉實是侯爵既云侯車敗故知是晉侯車敗秦伯乍聞車敗謂敗在己不達其旨故致詰問也又以韓戰之前秦晉未有交兵何得言晉侯車有三敗者此謂車有敗壞非兵敗也劉君數生異見以規杜非也對曰乃大吉也三敗必獲晉君其卦遇蠱䷑巽下艮上蠱○蠱音古【疏】注巽下艮上蠱○正義曰艮剛巽柔剛上而柔下巽順艮止既順而止無所爭競可以有事故曰蠱序卦曰蠱者事也曰千乘三去三去之餘獲其雄狐夫狐蠱必其君也於周易利涉大川往有事也亦秦勝晉之卦也今此所言蓋卜筮書雜辭以狐蠱為君其義欲以喻晉惠公其象未聞○乘繩證反去起居反又起據反一音起呂反下同【疏】注於周至未聞○正義曰筮者若取周易則其事可推此不引易意不可知故杜舍此傳文而以周易言之蠱卦象云利涉大川往有事也秦晉隔河往而有事亦是秦勝晉之卦也今此所言不出於易蓋卜筮之書別有雜辭此雜辭不出周易無可據而推求故云其象未聞蠱之貞風也其悔山也內卦為貞外卦為悔巽為風秦象艮為山晉象【疏】注內卦至晉象○正義曰筮之畫卦從下而始故以下為內上為貞外此言貞風悔山知內為貞外為悔洪範論筮云曰貞曰悔是筮之二體有貞悔之名也貞正也筮者先為下體而以上卦重之是內為正也乾之上九稱亢龍有悔從下而上物極則悔是外為悔也凡筮者先為其內後為其外內卦為己身外卦為他人故巽為秦象艮為晉象歲云秋矣我落其實而取其材所以克也周九月夏之七月孟秋也艮為山山有木今歲秋風吹落山木之實則材為人所取已實落材亡不敗何待三敗及韓晉侯車三壞【疏】注晉侯車三壞○正義曰謂晉之車乘三度與秦戰而敗壞非謂晉侯親乘之車也杜言晉侯車壞者成上侯車敗之文故也且晉之車總屬晉侯亦得云晉侯車也劉炫云此一句是史家序事充卜人之語言秦伯之車三經敗壞乃至於韓而晉始懼晉侯謂慶鄭曰寇深矣若之何對曰君實深之可若何公曰不孫卜右慶鄭吉弗使惡其不孫不以為車右此夷吾之多忌○孫音

遜注同惡烏路反 步揚御戎家僕徒爲右步揚郤犨之父 乘小駟鄭入也鄭所獻馬名小駟○駟音四 慶鄭曰古者大事必乘其產生其水土而知其人心安其教訓而服習其道唯所納之無不如志今乘異產以從戎事及懼而變將與人易變易人意 亂氣狡憤陰血周作張脈僨興外彊中乾狡戾也憤動也氣狡憤於外則血脈必周身而作隨氣張動外雖有彊形而內實乾竭○狡古卯反憤扶粉反張中亮反注同脈音麥僨方問反 疏亂氣至中乾○正義曰言馬之亂氣狡戾而憤懣陰血偏身而動作張脈動起外雖有彊形內實乾竭外爲陽內爲陰血在膚內故稱陰血血既動作脈必張起故言張脈也氣憤於外內必乾燥內血爲力故內潤則彊內乾則弱言乾竭者竭盡也內乾則力盡 進退不可周旋不能君必悔之弗聽九月晉侯逆秦師使韓簡視師韓簡晉大夫韓萬之孫 復曰師少於我鬭士倍我公曰何故對曰出因其資謂奔梁求秦 入用其寵爲秦所納 饑食其粟三施而無報是以來也今又擊之我怠秦奮倍猶未也公曰一夫不可狃況國乎狃忕也言辟秦則使忕來○施式氏反年未注同狃女九反忕時世反又時設反 遂使請戰曰寡人不佞能合其衆而不能離也君若不還無所逃命秦伯使公孫枝對曰君之未入寡人懼之入而未定列猶吾憂也列位也 苟列定矣敢不承命韓簡退曰吾幸而得囚得囚爲幸言必敗 壬戌戰于韓原九月十三日 疏注九月十三日○正義曰以經書十一月壬戌恐與經壬戌相亂故顯言之下注云十一

月壬戌十四日是也晉戎馬還濘而止濘泥也還便旋也小駟不調故隋泥中○濘乃定反隋大果反公號慶鄭慶鄭曰

愎諫違卜愎戾也○號戶刀反王戶報反固敗是求又何逃焉遂去之梁由靡御韓簡號射為

右輅。秦伯將止之輅迎也止獲也○輅五嫁反鄭以救公誤之遂失秦伯秦獲晉侯以歸經書

十一月壬戌十四日經從赴晉大夫反首拔舍從之反首亂頭髮。下垂也拔草舍止壞形毀服○拔蒲末反注皆同秦伯使

辭焉曰二三子何其慼也寡人之從君而西也亦晉之妖夢是踐豈敢以至狐突

不寐而與神言故謂之妖夢申生言帝許罰有罪今將晉君而西以厭息此語踐厭也○厭於冉反一音於甲反又於輒反下同晉大夫三拜

稽首曰君履后土而戴皇天皇天后土實聞君之言羣臣敢在下風穆姬聞晉

侯將至以大子罃弘與女簡璧登臺而履薪焉。罃康公名弘其母弟也簡璧罃弘姊妹古之宮閉者皆居之臺

以抗絕之穆姬欲自罪故登臺而薦之以薪左右上下者皆履柴乃得通○罃於耕反履如字徐本作屨九具反抗苦浪反薦在薦反上時掌反【疏】注罃

康至得通○正義曰文十八年秦伯罃卒即此康公也罃弘連文即言與女簡璧知弘是罃弟簡璧是其姊妹也劉向列女傳說此事云與大子罃公子弘與

女簡璧亦以簡璧為女也此言登臺履薪是自因之事哀八年傳稱邾子又無道吳子囚諸樓臺栫之以棘以此二文知古之宮閉者皆居之於臺以抗絕之

俗本作屨者履是在足之服故踐者亦稱屨是以誤焉定本作履薪使以免服衰絰逆且告免衰絰遭喪之服令行人服此服迎秦伯

且告將以恥辱自殺○免音問又作絻音同衰七雷反絰大結反令力呈反下同【疏】注免衰至自殺○正義曰初死則有免服成則衰絰皆為遭喪之服

傳文於此或有曰上天降災使我兩君相見不以玉帛而以興戎若晉君朝以入則婢子夕以死夕以入則朝以死唯君裁之左傳本無此言後人妄增之耳何以知其然二十二年傳曰寡君之使婢子侍執巾櫛杜云婢子婦人之卑稱若此有婢子不當舍此而注彼也又此注云且告夫人將以恥辱自殺若有此辭不煩彼注服虔解誼其文甚煩傳本若有此文服虔必應多解何由四十餘字不解一言亦至二十二年始解婢子明是本無之也今定本亦無

曰上天降災使我兩君匪以玉帛相見而以興戎若晉君朝以入則婢子夕以死夕以入則朝以死唯君裁之乃舍諸靈臺在京兆鄠縣周之故臺亦所以抗絕令不得通外內。自曰上天降災此凡四十七字檢古本皆無晁杜注亦不得有有是後人加也鄠音戶

大夫請以入公曰獲晉侯以厚歸也既而喪歸焉用之。若將晉侯入則夫人或自殺○焉於虔反

大夫其何有焉何有猶何得

且晉人慼憂以重我謂反首拔舍

天地以要我不圖晉憂重其怒也我食吾言背天地也食消也○要於遙反重直用反下同

重怒難任背天不祥必歸晉君任當也○任音壬注及下同

公子縶曰不如殺之無聚慝焉公子縶秦大夫恐夷吾歸復相聚為惡○縶張執反又丁立反慝他得反後同復扶又反

子桑曰歸之而質其大子必得大成晉未可滅而殺其君祇以成惡祇適也○質音置下注質秦同祇音支

且史佚有言曰無始禍史佚周武王時大史名佚○佚音逸大音泰

無怙亂恃人亂為己利○怙音戶

無重怒重怒難任陵人不祥乃許晉平晉侯使郤乞告瑕呂飴甥且召之郤乞晉大夫也瑕呂飴甥即呂甥也蓋姓瑕呂名飴甥字子金晉侯聞秦將許之平

子金教之言（故告呂甥召使迎己○飴音怡）曰朝國人而以君命賞（恐國人不從故先賞之於朝）且告之曰孤雖歸辱社稷矣其卜貳圉也（貳代也圉惠公大子懷公）衆皆哭（哀君不還國）晉於是乎作爰田（分公田之稅應入公者爰之於所賞之衆○爰于元反）疏○作爰田○正義曰服虔孔晁皆云爰易也賞衆以田易其疆畔杜言爰之於所賞之衆則亦以爰爲易謂舊入公者今改易與所賞之衆呂甥曰君亡之不恤而羣臣是憂惠之至也將若君何衆曰何爲而可對曰征繕以輔孺子（征賦也繕治也孺子大子圉○孺如喻反）諸侯聞之喪君有君羣臣輯睦甲兵益多好我者勸惡我者懼庶有益乎衆說晉於是乎作州兵（五黨爲州州二千五百家也因此又使州長各繕甲兵○喪息浪反後同輯音集又七入反好呼報反惡烏路反說音悅長丁丈反下長男同）疏○作州兵○正義曰周禮鄉大夫以歲時登其夫家之衆寡辨其可任者州長則否今以州長管人既少督察易精故使州長治之初晉獻公筮嫁伯姬於秦遇歸妹䷵（兌下震上歸妹）之睽䷥（兌下離上睽歸妹上六變而爲睽○睽苦圭反徐音圭）疏○遇歸妹之睽○正義曰兌下震上爲歸妹震爲長男兌爲少女兌說也震動也少陰而承長陽說以動是嫁妹之象婦人謂嫁爲歸故名此卦爲歸妹兌下離上爲睽兌爲澤離爲火火動而上澤動而下乖離之象故名此卦爲睽睽乖也史蘇占之曰不吉（史蘇晉卜筮之史）疏○史蘇至之史○正義曰易歸妹上六爻辭女承筐無實士刲羊無血無攸利此引彼文而以血爲衁實爲貺唯倒其句改兩字而加二亦耳其意亦不異也二句以外皆史蘇自衍卦意而爲之辭非易文也易之爻辭亦名爲繇故云其繇曰刲刺也貺賜也刺所以求血士刲羊亦無血筐所以承賜女承筐亦無賜皆所求無獲是不吉之象西方鄰國有責讓

之言不可報償也嫁妹者欲其與夫和親而其爻變爲睽歸妹之值睽爻既嫁而更乖張猶如無助者也言夫不助妻故乖離也震變爲離離還變爲震震爲雷離爲火震變爲離是雷變爲火以其雷爲火爲此嬴敗姬言秦將敗晉也震爲車上六爻在震體則無其應是爲車則脫其輹離爲火上九爻在離體則失其位是爲火則焚其旗車敗旗焚是不利於行師若其行師敗於宗族之丘邑也以其變爲睽卦復就睽卦求之睽卦則上九孤絕失位是乖離而孤獨也孤獨無助遇寇難則張之弧弧弓也遇寇張弓怖懼警備亦是不吉之象姪其從姑言兄子其當從至姑家與同處也在姑家六年其將逋亡逃歸其本國而棄遺其家室言將棄妻而獨歸也歸家之明年其將死於高梁之虛筮嫁女而得此卦是不吉之象

其繇曰士刲羊亦無衁也女承筐亦無貺也周易歸妹上六爻辭也衁血也貺賜也刲羊士之功承筐女之職上六無應所求不獲故下刲無血上承無實不吉之象也離爲中女震爲長男故稱士女○繇直救反刲苦圭反刺割也衁音荒筐曲方反貺音況本亦作況應應對之應下無應同中丁仲反

**疏**注周易至士女○正義曰易之爻辭無二亦字傳文加之言男亦猶女女亦猶男其意同也易言衁而此言衁知衁是血也貺賜釋詁文刲刺也廚宰男子之事故刲羊士之功也筐篚婦人所掌故承筐女之職也上爻與二其位相值一陰一陽乃爲相應上三俱是陰爻是爲無應動而無人應之所求無獲故下刺無血上承無實是不吉之象上爻變則是震爲離離爲中女故稱女承筐震爲長男男稱士故爲士刲羊王弼以兌爲羊羊謂三也上六處卦之窮仰無所承下又無應爲女而上承則虛筐而莫之與爲士而下命則刲羊而無血不應所命也言士發命而莫之應女承筐而莫之與是不吉之象服虔以離爲戈兵兌爲羊震變爲離是用兵刺羊之象也三至五有坎象坎爲血血在羊上故刺無血也震爲竹竹爲筐震變爲離離爲火火動而上其施不下故筐無實也此士刲羊女承筐是歸妹上六爻辭直據上六之一爻故杜云上六無應所求不獲故下刲無血上承無實與王輔嗣同則不須變爲離卦自有士女之義今杜云離爲中女便是據變

之後。始有。女承筐之象既爲離卦則上九有應所以與易說卦不同者但易之所論當卦爲義此既用筮法震變爲離故以離震雜說其理與易不同故服虔亦稱離爲戈兵用變爲說也

西鄰責言不可償也將嫁女於西而遇不吉之卦故知有責讓之言不可報償○責側介反又如字償市亮反又音常

疏注將嫁至報償○正義曰如杜此言直以遇卦不吉則知言不可償不知其象何所出也服虔以爲三至五爲坎坎爲月月生西方故爲西鄰坎爲水兌爲澤澤聚水故坎責之澤澤償水則竭故責言不可償此取象甚迂杜言虛而不經謂此類也

歸妹之睽猶無相也歸妹女嫁之卦睽乖離之象故曰無相相助也○相息亮反注同

疏注歸妹至助也○正義曰杜意嫁女而遇睽離之爻即是無相助也不知其象所出服虔云兌爲金離爲火金火相遇而相害故無助也

震之離亦離之震二卦變而氣相通

疏注二卦至相通○正義曰爲震與離通也震既與離通則離亦與震通言此二卦相通者與下張本震爲雷雷是動離爲火震之離離是動來適火離之震是火往適動欲明火之動熾之意

爲雷爲火爲嬴敗姬嬴秦姓姬晉姓震爲雷離爲火火動熾而害其母女嫁反害其家之象故曰爲嬴敗姬○嬴音盈

疏注嬴秦至敗姬○正義曰震爲雷離爲火說卦文服虔云離爲日爲火秦嬴姓水位三至五有坎象水勝火故爲嬴敗姬

車說其輹火焚其旗不利行師敗于宗丘輹車下縛也丘猶邑也震爲車離爲火上六爻在震則無應故車。脫輹在離則失位故火焚旗言皆失車火之用也車敗旗焚故不利行師火還害母故敗不出國近在宗邑○說吐活反注同輹音福又音服案車旁著畐音福老子所云三十輻共一轂是也車旁著复音服是車下伏兔縛如字又扶叔反

疏注輹車至宗邑○正義曰子夏易傳云輹車下伏兔也今人謂之車屐形如伏兔以繩縛於軸因名縛也土之高者曰丘衆之所聚爲邑故丘猶邑也晉語震爲車也說卦離爲火。上爻在震則無應故車脫輹三亦陰爻是無應也在離則失位故火焚其旗初三五奇爲陽位二四上耦爲陰位在離則

變爲陽而居陰位是失位也師行必乘車而建旗車敗旗焚故不利行師也火還害母故敗不出國近在宗邑也服虔云五至三有坎爲水象震爲車車得水而脫其輹也震爲龍龍爲諸侯旗離之震故火焚其旗也震東方木兌西方金木遇金必敗韓有先君之宗廟故曰宗丘歸妹睽孤寇張之弧此睽上九爻辭也處睽之極故曰睽孤失位孤絶故遇寇難而有弓矢之警皆不吉之象○難乃旦反警音景疏注此睽至之象○正義曰睽卦上九云上九睽孤見豕負塗載鬼一車先張之弧後。說之弧匪寇。昬媾往遇雨則吉彼文甚多此略取之先張之弧謂見寇而張弓故曰遇寇難而有弓矢之警皆不吉之象服虔云坎爲弧寇爲弓故曰寇張之弧姪其從姑震爲木離爲火火從木生離爲震妹於。火爲姑謂我姪者我謂之姑謂子圉質秦○姪待結反字林文一反疏注震爲至質秦○正義曰釋親云父之姊妹爲姑女子謂晜弟之子爲姪是謂我姪者我謂之姑六年其逋逃歸其國而弃其家逋亡也家謂子圉。婦懷嬴○逋補吾反疏注逋亡至懷嬴○正義曰桓十八年傳曰女有家男有室室家通言耳夫謂妻爲家棄其家謂棄其妻故爲懷嬴也子圉以十七年質于秦二十二年逃歸是六年乃逋也明年其死於。高梁之虛惠公死之明年文公入殺懷公于高梁高梁晉地在平陽楊氏縣西南凡筮者用周易則其象可推非此而往則臨時占者或取於象或取於氣或取於時日。旺相以成其占若盡附會以爻象則。構虛而不經故略言其歸趣他皆。放此○虛去魚反王于況反相息亮反構本又作講各依字讀疏注惠公至放此正義曰圉以二十二年歸二十三年惠公死二十四年二月殺懷公于高梁是爲惠公死之明年也此筮歸之意言六年逋明年死則是逃歸之明年而云惠公死之明年者以二月卽死據夏正言之猶是逃歸之明年也但周正已改故以惠公證之耳春秋筮事既多此占最少其象故杜因而明之云用周易則其象可推非周易則不可得知本意所取不在周易。若盡皆附會爻象以求其事則象非其類事非其實。全。構虛而不經故略言歸趣而已不能盡得其象也陰陽書以爲春則。爲

木王火相土死金囚水休時曰王相謂此也

及惠公在秦曰先君若從史蘇之占吾不及此夫韓簡侍曰龜象也筮數也物生而後有象象而後有滋滋而後有數先君之敗德及可數乎史蘇是占勿從何益言龜以象示筮以數告象數相因而生然後有占占所以知吉凶不能變吉凶故先君敗德非筮數所生雖復不從史蘇不能益禍○夫音扶先君之敗德及絕句可數乎一讀及可數乎數色主反復扶又反

【疏】○韓簡至何益○正義曰卜之用龜灼以出兆是龜以金木水火土之象而告人筮之用蓍揲以爲卦是筮以陰陽蓍策之數而告人也凡是動植飛走之物物既生訖而後有其形象既爲形象而後滋多滋多而後始有頭數其意言龜以象而示人筮以數而告人惠公之意以先君若從史蘇之占不嫁伯姬於秦己便不及此禍尤先君不從卜筮也韓簡之意以爲惠公及禍自由先君獻公廢適立庶之敗德不由卜筮故云先君之敗德既定致公今及此禍可由筮數始生之乎敗德有其象數。龜筮從後而知因嫁女於秦見於筮兆故云史蘇是占縱使當時不從何能加益此禍明禍敗既定龜筮知之從之不能損不從不能益也○注言龜至益禍○正義曰謂象生而後有數是數因象而生也若易之卦象則因數而生故先揲蓍而後得卦是象從數生也上云龜象筮數下直言數不言象者上總論卜筮故龜筮並言當時唯筮伯姬故下直舉數耳

詩曰下民之孽匪降自天僔沓背憎職競由人詩小雅言民之有邪惡非天所降僔沓面語背相憎疾皆人競所主作因以諷諫惠公有以召此禍也○孽魚列反僔尊本反沓徒合反邪似嗟反諷方鳳反

【疏】○詩曰至由人○正義曰詩小雅十月之交篇也下民之有邪惡妖孽非是下自上天今小人僔僔沓沓相對譚語背則相。憎主於競逐爲惡者由人耳因以諷諫惠公言善惡由公耳

○震夷伯之廟罪之也於是展氏有隱慝焉隱惡非法所得尊貴罪所不加是以聖人因天地之變自然之妖以

感動之知逵之主則識先聖之情以自厲中下之主亦信妖祥以不妄神道助教。唯此爲深〇知音智【疏】注隱惡至爲深〇正義曰隱訓惡也隱蔽之惡不見於外非法令所得繩也其人尊貴非刑罰所能加也忽有震破其廟乃是幽冥加罪聖人因天地之變自然之妖故章其事以感動𢡟行之人使自懲肅也知逵之主則識先聖之情知此欲以懼愚人也中下之主亦信此妖祥之事謂身爲惡行神必加禍以此不妄動作易稱聖人以神道設教故云神道助教唯此事爲深因此遂汎解春秋諸有妖祥之事皆爲此也〇冬宋人伐曹討舊怨也莊十四年曹與諸侯伐宋〇楚敗徐于婁林徐恃救也恃齊救〇十月晉陰飴甥會秦伯盟于王城陰飴甥即呂甥也食采於陰故曰陰飴甥王城秦地馮翊臨晉縣東有三城今名武鄉秦伯曰晉國和乎對曰不和小人恥失其君而悼喪其親痛其親爲秦所殺不憚征繕以立圉也曰必報讎寧事戎狄君子愛其君而知其罪不憚征繕以待秦命曰必報德有死無二以此不和秦伯曰國謂君何對曰小人慼謂之不免君子恕以爲必歸小人曰我毒秦秦豈歸君毒謂三施不報〇憚徒旦反君子曰我知罪矣秦必歸君貳而執之服而舍之德莫厚焉刑莫威焉服者懷德貳者畏刑此一役也言還惠公使諸侯威服復可當一事之功〇舍知字又音捨還音環【疏】注言還至之功〇正義曰服虔云一役者謂韓戰之役知不然者呂甥之言勸秦伯而納晉侯假稱君子之意若納晉君可以更當一役之功欲深勸秦伯若直論韓戰之役於秦未有深利何肯納也故杜別爲其說劉炫以服義規之雖於理亦通未爲殊絶秦可以霸納而不定廢而不立以德爲怨秦不其然秦伯曰是吾心也改館晉侯饋七牢焉牛羊豕各一爲一牢○饋其位反蛾析謂慶鄭曰盍行乎蛾析晉大夫也○蛾魚綺反本或作蟻一音五何反析星曆反本或作晳盍戶臘反對曰陷君於敗謂呼不往誤晉師失秦伯敗而不死又使失刑非人臣也臣而不臣行將焉入十一月晉侯歸丁丑殺慶鄭而後入丁丑月二十九日○焉於虔反是歲晉又饑秦伯又餼之粟曰吾怨其君而矜其民且吾聞唐叔之封也箕子曰其後必大晉其庸可冀乎唐叔晉始封之君武王之子箕子殷王帝乙之子紂之庶兄○餼許氣反疏注唐叔至庶兄○正義曰唐叔晉始封之君晉世家文也宋世家云箕子者紂親戚也止云親戚不知爲父也兄也鄭玄王肅皆以箕子爲紂之諸父服杜以爲紂之庶兄既無正文各以其意言耳歷檢諸書不見箕子之名唯司馬彪注莊子云胥餘箕子名不知其然否姑樹德焉以待能者於是秦始征晉河東置官司焉征賦也

經十有六年春王正月戊申朔隕石于宋五隕落也聞其隕視之石數之五各隨其聞見先後而記之莊七年星隕如雨見星之隕而隊於四遠若山若水不見在地之驗此則見在地之驗而不見始隕之星史各據事而書○隕丁敏反數色主反隊直類反疏注隕落至而書○正義曰隕落釋詁文公羊傳曰曷爲先言霣而後言石霣石記聞聞其磌然視之則石察之則五是隨聞見先後而記之也傳稱隕星也則石亦是星而與星隕文倒故解之彼見星之隕不見在地之驗此見在地之石不見始隕之星史各據事而書故文異也三十三年書隕霜者亦見在地之霜不見在天之驗故霜上言隕與此同也星石霜言隕雪雹螽言雨者其狀似雨者稱雨不似雨者即稱隕也是月六鷁退飛過宋都是月

隕石之月重言是月嫌同日。鷁水鳥高飛遇風而退宋人以爲災告於諸侯故書○是月本或作是日鷁五歷反本或作鶂音同六其數也過古禾反重直用反傳注同【疏】注是月至故書○正義曰月令諸言是月皆是前事之月知此是隕石之月也石隕鷁退俱是宋事事相類而同時告故重言是月嫌同日也告者不以鷁退之日告故言是月以異之鷁水鳥者相傳爲然春秋考異郵云鷁者毛羽之蟲生陰而屬於陽洪範五行傳曰鷁者陽禽鷁字或作鶂廣志云鷁古退飛者今以其首爲船頭莊子云鷁之相視眸子不運而風化博物志云雄雌相視則孕或曰雄鳴上風雌承下風則亦孕是也鳥飛不能自退傳言風也是鳥高飛遇風而退却也公羊傳曰視之則六察之則鷁徐而察之則退飛是亦隨見先後而書之魯史而記宋事知其宋人以爲災告於諸侯故書○

三月壬申公子季友卒無傳稱字者貴之公與。小斂故書日○與音預斂力驗反公與小斂本亦公與斂【疏】注稱字至書日○正義曰季是其字友是其名猶如仲遂叔肸之類皆名字雙舉劉炫以季爲氏而規杜過非也炫云季友仲遂皆生賜族非字也○夏四月丙申鄫季姬卒無傳○鄫似陵反○秋七月甲子公孫茲卒無傳○冬十有二月公會齊侯宋公陳侯衞侯鄭伯許男邢侯曹伯于淮臨淮郡左右○邢音刑淮音懷【疏】注臨淮郡左右○正義曰淮水發源入海其路甚長會于淮者必是會于水旁不得會于水內杜欲指其處無以可明故云臨淮郡左右

傳十六年春隕石于宋五隕星也但言星則嫌星使石隕故重言隕星【疏】注但言至隕星○正義曰下云風也是風使鷁退此若直言星也則嫌是星使石隕故重言隕星以明所隕之石即是星也易稱在天成象在地成形則星之在上其形不可知也古今之說星隕至地皆言爲石經書在地之驗故言隕石傳本在天之時故言隕星不知星之在上其形本是石也爲當既隕始變爲石聖賢不說難得而知六鷁退飛過

宋都風也六鷁遇迅風而退飛風高不爲物害故不記風之異○迅音信又音峻疾也周內史叔興聘于宋宋襄公問焉曰是何祥也吉凶焉在祥吉凶之先見者襄公以爲石隕鷁退能爲禍福之始故問其所在○焉於虔反見賢遍反又如字

【疏】注祥吉至所在○正義曰中庸云國家將興必有禎祥國家將亡必有妖孽則事之先見善惡異名吉之先見謂之祥凶之先見謂之妖此總云祥者彼對文耳書序云亳有祥桑穀共生于朝五行傳云青祥白祥之類惡事亦稱爲祥祥是總名公問是何祥也吉凶焉在故杜幷以吉凶解之言吉凶先見皆爲祥也襄公以爲石隕鷁退能爲禍福之始故問其所在蓋當慮其在己故問之

對曰今茲魯多大喪今茲此歲明年齊有亂君將得諸侯而不終魯喪齊亂宋襄公不終別以政刑吉凶他占知之

【疏】注魯喪至知之○正義曰此三者叔興止言其事不說知之所由或觀政教刑法或他事別有占驗故云別以政刑他占知之言知之不由石鷁也劉炫云政者若周大夫入陳竟見官職不脩君臣南冠知夏氏知簡夷將亂子貢見公執玉卑知其替死也刑者若夷吾忌克多怨君子知其不終也吉凶有二陰陽調序四海玉燭時吉也陰陽錯逆寒暑失度民多癘疫五穀不登時凶也父慈子孝君義臣忠人吉也父不父子不子君不君臣不臣人凶也

退而告人曰君失問是陰陽之事非吉凶所生也言石隕鷁退陰陽錯逆所爲非人所生襄公不知陰陽而問人事故曰君失問叔興自以對非其實恐爲有識所譏故退而告人○錯七落反

【疏】注言石至告人○正義曰劉炫云言是陰陽之事也則知事由陰陽若陰陽順序則物皆得性必無妖異故云陰陽錯逆所爲非人吉凶所生也傳稱天反時爲災地反物爲妖人反德爲亂亂則妖災生洪範咎徵曰狂恆雨若之類皆言人有愆失乃致陰陽錯逆而云陰陽錯逆非人所生者石隕鷁飛事由陰陽錯逆陰陽錯逆乃是人行所致襄公不問己行何失致有此異乃謂既有此異將來始有吉凶故荅云是乃陰陽之事非將來吉凶所生言將來

若有吉凶協此石鷁之異耳非始從石鷁而出也襄公不知陰陽錯逆爲既往之咎乃謂將來吉凶出石鷁之間是不知陰陽而空問人事故云君失問也叔興若以實對當云由君德失致有此異今乃別以政刑他占橫說齊亂魯喪自以對非其實恐爲有譏所譏故退而告人以此言也服虔云鷁退風咎君行所致非吉凶所從生襄公不問己行何失而致此變但問吉凶焉在以爲石隕鷁退吉凶何從而生故云君失問是劉炫用服義爲說也今刪定以杜注云石鷁陰陽錯逆所爲非人所生則陰陽錯逆自然有此非由人事之失致此錯逆又吉凶不由石鷁所生故傳云是陰陽之事非吉凶所生是吉凶不由石鷁石鷁不由於人則吉凶之來別由人行得失耳故釋例云或異而無感或感而不可知如此之類是也其傳云亂則妖災生洪範曰狂恒雨若此皆假之陰陽以爲勸戒神道助教非實辭也但聖賢之說未知孰是故兩載其義以俟後賢

吉凶由人吾不敢逆君故也積善餘慶積惡餘殃故曰吉凶由人君問吉凶不敢逆之故假他占以對○殃於良反

疏注積善至以對○正義曰積善餘慶積惡餘殃易文言文也言將來吉凶由人行所致行善則有吉行惡則有凶吉凶自由於君不從石鷁而出吾不敢逆君之心故假他占以告之

○夏齊伐厲不克救徐而還十五年齊伐厲以救徐

○秋狄侵晉取狐廚受鐸涉汾及昆都因晉敗也狐廚受鐸昆都晉三邑平陽臨汾縣西北有狐谷亭汾水出大原南入河○狐音胡廚直誅反鐸徒各反汾扶云反水名大原音泰

疏注狐廚至入河○正義曰汾水從平陽南流折而西入于河臨汾縣在汾水北狐谷疑是狐廚乃在縣之西北則狐廚受鐸皆在汾北狄自北而侵南涉汾水至于昆都昆都在汾南也

○王以戎難告于齊齊徵諸侯而戍周。十一年戎伐京師以來遂爲王室難○難乃旦反注同

○冬十一月乙卯鄭殺子華終管仲之言事在七年

○十二月會于淮謀鄫且東略也鄫爲淮夷所病故○爲于僞反

城鄫役人病

有夜登丘而呼曰齊有亂不果城而還役人遇厲氣不堪久駐故作妖言○呼火故反還音旋

經十有七年春齊人徐人伐英氏○英於京反○夏滅項項國今汝陰項縣公在會別遣師滅項不言師諱之○項胡講反國名魯滅之也二傳以爲齊滅疏注項國至諱之○正義曰知非師少不言師而言諱之者沈云襄十三年傳云用大師焉曰滅此既稱滅故知用大師劉炫云案傳齊人以爲討討其滅國非討用師既不諱滅何以諱師炫謂將卑師少稱人不可自言魯人故不稱師炫不達此旨以爲將卑師少以規杜過非也○秋夫人姜氏會齊侯于卞卞今魯國卞縣○卞皮彥反疏夫人至于卞○正義曰婦人送迎不出門見兄弟不踰閾今出會齊侯無譏文者凡夫人之行得禮失禮直書其事善惡自明故於文悉無褒貶此時公爲齊人所止夫人會以釋之縱使違禮不合貶責○九月公至自會公既見執于齊猶以會致者諱之○冬十有二月乙亥齊侯小白卒與僖公八同盟赴以名疏注與僖至以名○正義曰元年盟于犖三年公子友如齊涖盟五年于首止七年于寗母八年于洮九年于葵丘十五年于牡丘四年與屈完盟于召陵諸侯皆在公亦與焉故爲八也同盟相赴以名主謂當時兩君但與其父盟亦得以名赴其子耳與僖盟既多故不復通數莊閔也

傳十七年春齊人爲徐伐英氏以報婁林之役也英氏楚與國婁林役在十五年○爲于僞反○夏晉大子圉爲質於秦秦歸河東而妻之秦征河東置官司在十五年○圉魚呂反質音致下同妻七計反下同惠公之在梁也梁伯妻之梁嬴孕過期過十月不產懷子曰孕○嬴音盈下同孕以證反過古禾反疏注過十至曰孕○正義曰十月而產婦人大期又家語云人十月而生故知過期過十月也易稱婦孕不育說文云孕懷子也卜招父與其子卜之卜招

父梁大卜○招上遙反大音泰其子曰將生一男一女招曰然男爲人臣女爲人妾故名男曰圉女曰妾圉養馬者不聘曰妾【疏】注圉養至曰妾○正義曰昭七年傳曰馬有圉牛有牧內則云聘則爲妻奔則爲妾是也及子圉西質妾爲宦女焉宦事秦爲妾○宦音患○師滅項師魯師淮之會公有諸侯之事未歸而取項淮會在前年冬諸侯之事會同講禮之事齊人以爲討而止公內諱執皆言止○秋聲姜以公故會齊侯于卞聲姜僖公夫人齊女九月公至書曰至自會猶有諸侯之事焉且諱之也恥見執故託會以告廟【疏】猶有至諱之也○正義曰實無諸侯之事而言至自會者尚似有諸侯之事焉○齊侯之夫人三王姬徐嬴蔡姬皆無子齊侯好內多內寵內嬖如夫人者六人長衛姬生武孟武孟公子無虧○好呼報反嬖必計反長丁丈反下注同少衛姬生惠公公子元○少詩照反鄭姬生孝公公子昭葛嬴生昭公公子潘○潘判丹反密姬生懿公公子商人宋華子生公子雍華氏之女子姓○華戶化反公與管仲屬孝公於宋襄公以爲大子雍巫有寵於衛共姬因寺人貂以薦羞於公雍巫雍人名巫即易牙○屬音燭共音恭本亦作恭貂音彫易音亦【疏】注雍巫至易牙○正義曰周禮掌食之官有內雍外雍此人爲雍官名巫而字易牙也亦有寵公許之立武孟易牙既有寵於公爲長衛姬請立武孟○爲于僞反管仲卒五公子皆求立冬十月乙亥齊桓公卒乙亥十月八日易牙入與寺人貂因內寵以殺羣吏內寵內官之有權寵者而立公子無虧孝

公奔宋十二月乙亥赴辛巳夜殯〇六十七日乃殯殯必刃反

經十有八年春王正月宋公曹伯衛人邾人伐齊納孝公〇夏師救齊無傳〇五月戊寅宋師及齊師戰于甗齊師敗績無虧既死曹衛邾先去魯亦罷歸故宋師獨與齊戰不稱宋公不親戰也大崩曰敗績甗齊地〇甗魚免反又魚偃反又音言一音彥〇狄救齊無傳救四公子之徒〇秋八月丁亥葬齊桓公十一月而葬亂故八月無丁亥日誤〇冬邢人狄人伐衛狄稱人者史異辭傳無義例【疏】注狄稱至義例〇正義曰決上狄救齊不稱人也於例將卑師衆稱師將卑師少稱人謂中夏諸侯之例此稱邢人是將卑師少者夷狄既無爵命非有君臣之別文多稱戎稱狄今君臣同文或單稱狄或稱狄人是時史異辭非褒貶也穀梁傳曰狄其稱人何也善累而後進之伐衛所以救齊也其意以為上已救齊今復伐衛救齊故進之稱人左氏無此義故為史異辭

傳十八年春宋襄公以諸侯伐齊三月齊人殺無虧以說宋〇說音悅又如字〇鄭伯始朝于楚中國無霸故楚子賜之金既而悔之與之盟曰無以鑄兵楚金利故〇鑄之樹反【疏】注楚金利〇正義曰考工記云吳越之劍是也故以鑄三鍾〇古者以銅為兵傳言楚無霸者遠略〇齊人將立孝公不勝四公子之徒遂與宋人戰無虧已死故曰四公子〇勝音升又升證反夏五月宋敗齊師于甗立孝公而還〇秋八月葬齊桓公孝公立而後得葬〇冬邢人狄人伐衛圍菟圃衛侯以國讓父

兄子弟及朝衆曰苟能治之燬請從焉燬衛文公名○菟音徒圃布古反又音布燬吁委反衆不可不聽衛侯讓而從。師于訾婁陳師訾婁訾婁衛邑○訾子斯反婁郎句反又郎鉤反狄師還獨言狄還則邢留距衛言邢所以終爲衛所滅

○梁伯益其國而不能實也多築城邑而無民以實之命曰新里秦取之

經十有九年春王三月宋人執滕子嬰齊稱人以執宋以罪及民告例在成十五年傳例不以名爲義書名及不書名皆從赴嬰於盈反○【疏】注稱人至從赴正義曰此云宋人執滕子下云邾人執鄫子二君於傳無不道之狀而皆稱人以執是宋公欲重其罪以罪及民告故史從而書之以示虛實釋例曰凡諸侯無加民之惡而稱人以執皆時之赴告欲重其罪以加民爲辭國史承之書之於策而簡牘之記具存夫子因示虛實故傳隨而著其本狀以明得失也滕子鄫子皆稱人見執宋欲重二國之罪故以不道赴或名或不名從所告之文也傳具載子魚之辭以虐二國之君見義明非罪也杜言書名從赴者諸侯被執其罪與不罪直以執者稱人稱侯爲異傳例不以書名爲義釋例曰諸見執者已在罪賤之地書名與否非例所加故但言執某侯也其意言被執已是罪賤書名更無可加故不復以名爲義既不以爲義而被執者有名與不名知其皆從赴也○夏六月

宋公曹人邾人盟于曹南無傳曹雖與盟而猶不服不肯致餼無地主之禮故不以國地而曰曹南所以及秋而見圍○與音預下亦與同餼許氣反【疏】注曹雖至見圍○正義曰哀十二年傳曰諸侯之會侯伯致禮地主歸餼桓十四年公會鄭伯于曹傳曰曹人致餼禮也春秋諸會於國都者即以國都名爲會地地主不序於列此會地於曹南則在曹之都也在曹之都而曹人在列是曹雖與盟而心猶不服秋宋人圍曹傳曰討不服也以不服而被圍知此地以曹南即是不服之狀明是不肯致餼無地主之禮以此故不以國地而曰曹南所以及秋而見圍以秋見圍知此時不服故注言之

鄫子會盟于邾不及曹南之盟諸侯既罷鄫乃會之於邾故不言如會疏注不及至如會○正義曰諸侯盟于曹南鄫子欲往會之未至於曹諸侯既罷以邾既盟訖故如邾會之本意欲往會盟未至於曹諸侯已去其實至於邾國故書會盟于邾言其意欲盟也二十八年踐土盟下云陳侯如會彼謂往至會所此不至會所故書其所至而不言如會襄七年鄬之會下鄭伯髡頑如會未見諸侯丙戌卒于鄵亦不至會所而云如會者其意欲會而在道身喪故亦書其所至義與此同但卒執事異故文異耳鄫子不及曹南而至於邾國蓋宋公知其在邾故使邾子執之

己酉邾人執鄫子用之稱人以執宋以罪及民告也鄫雖失大國會盟之信然宋用之爲罰已虐故直書用之言若用畜產也不書社赴不及也不書宋使邾而以邾自用爲文南面之君善惡自專不得託之於他命○畜許又反疏注稱人至他命○正義曰昭十一年楚執蔡世子友用之與此執鄫子用之皆惡其無道直書用之言其若用畜牲所以惡楚宋也惡宋而以邾自用爲文者南面之君善惡自專不得託之他命事實惡宋亦所以惡邾也傳稱用之于社而經不書于社故云赴不及也劉炫規過云執蔡世子友用之不言岡山此何須云于社今刪定知不然者以莊二十五年鼓用牲于社今鄫子既同畜牲而用當云邾人用鄫子于社今不云于社故知赴不及則昭十一年執蔡世子友用之亦赴不及也

○秋宋人圍曹衞人伐邢伐邢在圍曹前經書在後從赴

○冬會陳人蔡人楚人鄭人盟于齊地於齊齊亦與盟疏注地於至與盟○正義曰地於齊者言即以齊爲所盟之地也傳稱陳穆公請脩桓公之好而爲此盟明是齊亦與盟而地於齊而齊不序諸盟會以國都而地主不列於序者地主亦與盟會皆以此而知之耳

○梁亡以自亡爲文非取者之罪所以惡梁○惡烏路反疏注以自至惡梁○正義曰諸侯受命天子分地建國無相滅之理此以自亡爲文不書所取之國以爲梁國自亡非復取者之罪所以深惡梁耳非言秦得滅人國也釋例曰作事不時則怨讟動於民彼梁伯者虛興無慮之功詐稱無害

之寇遂溝其宮以盪百姓之心開大國之志是妖釁之先徵自亡之實應故不言秦滅梁而以自亡爲文

傳十九年春遂城而居之承前年傳取新里故不復言秦也爲此冬梁亡傳○復扶又反○宋人執滕宣公○

夏宋。公使邾文公用鄫子于次睢。之社欲以屬東夷睢水受汴東經陳留梁譙沛彭城縣入泗此水次有妖神東夷皆社。祠之蓋殺人而用祭○睢音雖屬朱欲反譙在消反沛音貝泗音四祠音辭或音祀疏傳欲以屬東夷○正義曰屬訓聚也殺鄫子以懼東夷使東夷聚來歸己也齊桓以德屬諸侯諸侯聚歸齊桓○注睢水至用祭○正義曰釋例曰汴水自滎陽受河睢水受汴東經陳留梁國譙郡沛國至彭城縣入泗凡水首從水出謂之受流歸他水謂之入漢書之例爲然言汴從河出睢從汴出也次謂水旁也下云用諸淫昏之鬼則此祀不在祀典故云此水次有妖神妖神而謂之社傳言以屬東夷則此是東夷之神故言東夷皆社祠之劉炫云案昭十年季平子伐莒獻俘始用人於亳社彼亳社舊不用人杜何以知此社殺人而用祭乎今知不然者彼傳云始用人於亳社故知舊來不用此云使邾文公用鄫子于次睢之社既不言始明知舊俗用之劉取彼而規杜過非也

司馬子魚曰古者六畜不相爲用司馬子魚公子目夷也六畜不相爲用謂若祭馬先不用馬○畜許又反注同爲用于僞反下爲人同又如字注放此疏司馬至用馬○正義曰爾雅釋畜馬牛羊豕犬雞謂之六畜周禮謂之六牲養之曰畜用之曰牲其實一物也此云六畜不相爲用昭十一年傳曰五牲不相爲用彼注不云馬而以其餘當之明其俱爲祭祀所用彼此同也周禮校人春祭馬祖鄭玄云馬祖天駟也孝經說曰房爲龍馬六畜之言先祖者唯此一文而已以外牛羊之等其祖不知爲何神也謂若祭馬先不用馬略舉一隅據有文者言之耳沈氏云春秋說天苑主牛又有天雞天狗天豕以馬祖類之此等各有其祖

小事不用大牲疏小事不用大牲○正義曰雜。記言釁廟用羊門夾室皆用雞隱十一年傳

稱鄭伯之詛使卒出豭行出犬雞如此之類皆是。不用大牲也而況敢用人乎祭祀以爲人也民神之主也用

人其誰饗之。齊桓公存三亡國以屬諸侯三亡國魯衛邢【疏】注三亡國魯衛邢○正義曰齊語云魯有夫人慶父

之亂二君弑死國絕無嗣桓公使高子存之狄人攻邢桓公築夷儀以封之狄人攻衛衛人出廬于曹桓公城楚丘以封之是也衛則狄滅之矣魯邢不滅而

言亡者美大齊桓之功耳義士猶曰薄德謂欲因亂取魯緩救邢衛今一會而虐二國之君宋公三月以會召諸侯執

滕子六月而會盟其月二十二日執鄫子故云一會而虐二國之君又用諸淫昏之鬼非周社故將以求霸不亦難乎

得死爲幸恐其亡國○秋衛人伐邢以報菟圃之役邢不速退所以獨見伐於是衛大旱卜有

事於山川不吉有事祭也寗莊子曰昔周饑克殷而年豐今邢方無道諸侯無伯伯長

也○長丁丈反天其或者欲使衛討邢乎從之師興而雨○宋人圍曹討不服也曹南盟不

脩地主之禮故子魚言於宋公曰文王聞崇德亂而伐之軍三旬而不降崇崇侯虎降戶江反下○

同退脩教而復伐之。因壘而降復往攻之備不改前而崇自服○復扶又反注同一本作而復伐之伐衍字也壘力軌反軍壘

詩曰刑于寡妻至于兄弟以御于家邦詩大雅言文王之教自近及遠寡妻嫡妻謂大姒也刑法也○御如字治也詩

音五嫁反迎也嫡或作適丁歷反大姒音泰姒音似今君德無乃猶有所闕而以伐人若之何盍姑內省

德乎無闕而後動○盍胡臘反○陳穆公請脩好於諸侯以無忘齊桓之德冬盟于

齊脩桓公之好也宋襄暴虐故思齊桓○好呼報反下同○梁亾不書其主自取之也不書取梁者主名

初梁伯好土功亟城而弗處民罷而弗堪則曰某寇將至乃溝公宮溝。塹○亟欺冀反罷音皮塹七豔反曰秦將襲我民懼而潰秦遂取梁○潰戶外反

經二十年春新作南門魯城南門也本名稷門僖公更高大之今猶不與諸門同。改名。高門也言新以易舊言作以興事皆更造之文也疏注魯城至文也○正義曰魯城南門本名稷門今新作者新脩彼稷門更令高大因改名高門此事非有所據魯人相傳云然今時魯人其言猶如此也新者易舊之意作者興事之辭皆是更造之文也劉賈先儒皆云言新有故。不言作有新。不故爲此言以異之釋例曰言新意所起言作以興事通謂興起功役之事總而言之不復分别因舊與造新也○夏郜子來朝無傳郜姬姓國○郜古報反字林工竺反疏注郜姬姓國○正義曰二十四年傳富辰所云郜之初封文王之子聃季之弟以後更無所聞唯此年一見而已無時君謚號不知誰滅之○五月乙巳西宮災無傳西宮公別宮也天火曰災例在宣十六年疏注西宮至六年○正義曰穀梁以西宮爲閔公之廟禮宗廟在左不得稱西宮也公羊傳曰西宮者何小寢也小寢則曷爲謂之西宮有西宮則有東宮矣此注取公羊爲說故云公別宮也○鄭人入滑入例在襄十三年○滑于八反○秋齊人狄人盟于邢○冬楚人伐隨

傳二十年春新作南門書不時也失土功之時凡啓塞從時門戶道橋謂之啓城郭牆。塹謂之塞皆官民之開閉不可一日而闕故特隨壞時而治之今僖公脩飾城門非開閉之急故以土功之制譏之傳嫌啓塞皆從土功之時故別起從時之例○塞素則反疏

注門戶至之例○正義曰傳唯言啓塞從時不知啓塞之言意何所謂服虔云闔扇所以開鍵閉所以塞月令仲春脩闔扇孟冬脩鍵閉從時從此時也傳既云作門不時更發從時之例則啓塞之事當是城門之類安得以爲闔扇鍵閉細小之物乎若是仲春孟冬傳何以不言春冬而直云從時知從何時豈丘明作傳不了待月令而後明哉故杜更爲別說雖杜之言亦無明證正以門戶道橋所以開人行路故以爲啓城郭牆塹所以障蔽往來故以爲塞雖言無所據而理在可通此二事者皆官民之所開閉終當須之不可一日而闕言從時者特從壞時而脩之不得拘以土功時月也此新作南門者當一時不是傾壞僖公欲脩飾使高大耳非開閉之急得待土功閒月今以日至之後興造此門故以土功之制譏之云書不時也傳既譏僖公作門不時嫌門戶牆塹之類交急之事亦待土功之月故別起從時之例言啓塞不須待時其新作門須待時耳杜云城郭謂之塞亦得從壞時而治之所以春秋築城每云書不時者謂非因破壞而輒脩理故謂之不時釋例曰門戶道橋城郭牆塹官民之開閉不可一日闕者也故特隨壞時而脩之皆當其時而訖不必用土功之常時也故傳既曰書不時又曰啓塞從時重發以明二義其他急事亦包之也魯城南面三門隱公元年開一門故今南有四門僖公意更繕治高大稷門非啓塞之義而以日至之後興功故經書春傳曰書不時言失土功之時也啓塞之事猶得從宜而脩之

○滑人叛鄭而服於衛夏鄭公子士洩堵寇帥師入滑公子士鄭文公子洩堵寇鄭大夫○洩息列反堵丁古反王又音者○秋齊狄盟于邢爲邢謀衛難也於是衛方病邢○爲于僞反難乃旦反○隨以漢東諸侯叛楚冬楚鬬穀於菟帥師伐隨取成而還君子曰隨之見伐不量力也量力而動其過鮮矣善敗由己而由人乎哉詩曰豈不夙夜謂行多露詩召南言豈不欲早暮而行懼多露之濡己以喻違禮而行必有汙辱是亦量

宜相時而動之義○轂奴口反於音烏菟音徒鮮息淺反下同召上照反暮本亦作莫音暮汙汙穢之汙一音烏路反相息亮反○宋襄公欲

合諸侯臧文仲聞之曰以欲從人則可屈己之欲從衆之善以人從欲鮮濟爲明年鹿上盟傳

經二十有一年春狄侵衛無傳爲邢故○爲于僞反下爲邾同○宋人齊人楚人盟于鹿上鹿上宋地汝陰有原鹿縣宋爲盟主故在齊人上○夏大旱雩不獲雨故書旱自夏及秋五稼皆不收【疏】注雩不至不收○正義曰春秋之例旱則脩雩雩必爲旱而經或書雩或書旱者雩而得雨喜雩有益書雩不書旱雩不得雨則書旱明災成此時雩不獲雨故書旱也周之夏即今之二月三月四月也於時方欲下種此月不雨未能成災而書夏大旱者此後雖得少雨而終是不堪生殖從夏及秋五稼悉皆不收不收之後擇最旱之月而書之故書夏大旱也劉炫云大旱而不書饑者傳云是歲也饑而不害故不書饑○秋宋公楚子陳侯蔡侯鄭伯許男曹伯會于盂盂宋地楚始與中國行會禮故稱爵○盂音于執宋公以伐宋不言楚執宋公者宋無德而爭盟爲諸侯所疾故揔見衆國共執之文○爲見賢遍反○冬公伐邾無傳爲邾滅須句故○句其俱反傳同○楚人使宜申來獻捷無傳獻宋捷也不言宋者秋伐宋冬來獻捷事不異年從可知不稱楚子使來不稱君命行禮○獻軒建反捷在接反○十有二月癸丑公會諸侯盟于薄釋宋公諸侯既與楚共伐宋宋服故爲薄盟以釋之公本無會期聞盟而往故書公會諸侯○薄如字【疏】注諸侯至諸侯○正義曰諸侯之被執者皆不書其釋釋而公不與又不告故魯史不得書之此由公往與盟見其得釋故書之耳文七年公會諸侯晉大夫盟于扈傳曰公後至故不書所會凡會諸侯不書所會後也後至不書其國辟不敏也此盟亦總言諸侯不書其國似是公之後期故解之魯先不屬楚公本無會期聞盟而往故書公會諸侯非

後期也公非後期而總書諸侯者此則會盂之諸侯也一事而再見者前目而後凡自謂前已歷序故後總言耳非爲魯公變文也

傳二十一年春宋人爲鹿上之盟以求諸侯於楚楚人許之公子目夷曰小國爭盟禍也宋其亡乎幸而後敗敗謂軍敗○夏大旱公欲焚巫尫巫尫女巫也主祈禱請雨者或以爲尫非巫也瘠病之人其面上向俗謂天哀其病恐雨入其鼻故爲之旱是以公欲焚之○尫烏黃反禱丁老反或丁報反瘠在亦反向本亦作嚮許亮反故爲于僞反疏注巫尫至焚之○正義曰周禮女巫職云旱暵則舞雩此以爲旱欲焚之故知巫尫女巫也幷以巫尫爲女巫則尫是劣弱之稱當以女巫尫弱故稱尫也或以爲尫非巫也巫是禱神之人尫是瘠病之人二者非一物也尫是病人天恐雨入其鼻俗有此說不出傳記義或當然故兩解之也檀弓云歲旱穆公召縣子而問焉曰天久不雨吾欲暴尫而奚若曰天則不雨而暴人之疾子虐無乃不可與鄭玄云尫者面鄉天覬天哀而雨之又曰然則吾欲暴巫而奚若鄭玄云巫主接神亦覬天哀而雨之彼欲暴人疾而求雨故鄭玄以爲覬天哀而下雨此欲燒殺以求雨故杜以爲天哀之而不雨意異故解異也禮記既言暴尫又別言暴巫巫尫非一物記言暴人之疾則尫是病人或說是也臧文仲曰非旱備也脩城郭貶食省用務穡勸分穡儉也勸分有無相濟○貶彼檢反省所景反疏注穡儉也○正義曰穡是愛惜之義故爲儉也襄二十四年穀梁傳曰五穀不升謂之大侵大侵之禮君食不兼味臺榭不塗弛侯廷道不除百官布而不制鬼神禱而不祀曲禮云歲凶年穀不登君膳不祭肺馬不食穀如此之類皆是務爲儉也務爲儉穡而脩城郭者服虔云國家凶荒則無道之國乘而加兵故脩城郭爲守備也此其務也巫尫何爲天欲殺之則如勿生若能爲旱焚之滋甚公從之是歲也饑而不害不傷害民○秋諸侯會

宋公于孟子魚曰禍其在此乎君欲已甚其何以堪之於是楚執宋公以伐宋冬會于薄以釋之子魚曰禍猶未也未足以懲君爲二十二年戰泓傳○任宿懲直升反泓烏宏反

須句顓臾風姓也實司大皞與有濟之祀司主也大皞伏羲四國伏羲之後故主其祀任今任城縣也顓臾在泰山南武陽縣東北須句在東平須昌縣西北四國封近於濟故世祀之○任音壬注同顓音專臾羊朱反風姓也本或作皆風姓大音泰皞胡老反濟子禮反注及下注同義本或作戲許宜反近附近之近以服事諸夏與諸夏同服王事○夏戶雅反注及下同邾人滅須句須句子來奔因成風也須句成風家成風爲之言於公曰崇明祀保小寡周禮也明祀大皞有濟之祀保安也○爲于僞反蠻夷猾夏周禍也此邾滅須句而曰蠻夷昭二十三年叔孫豹曰邾又夷也然則邾雖曹姓之國迫近諸戎雜用夷禮故極言之猾夏亂諸夏○猾于八反叔孫豹百教反案杜注所引是叔孫婼語今傳本多作豹恐是傳寫誤也宜爲婼婼音勑若反【疏】注此邾至諸夏○正義曰蠻夷猾夏舜典文猾訓爲亂故云亂諸夏也此注引昭二十三年傳當云叔孫婼曰偏檢古本皆作豹字蓋注後即寫誤若封須句是崇皞濟而脩祀紓禍也紓解也爲明年伐邾傳○紓音舒

附釋音春秋左傳注疏卷第十四

春秋左傳注疏卷十四校勘記　阮元撰盧宣旬摘錄

附釋音春秋左傳注疏卷第十四　僖十五年盡廿一年

〔經十五年〕

此仍非禮也　閩本監本毛本非誤爲

八月螽　釋文螽本亦作蝝案公羊作蝝

說文云震劈歷振物者　宋本亦作劈歷下同閩本監本毛本作霹靂非也

禮書其字也　宋本禮下有當字

今此晉侯稱獲　監本毛本稱作生非也

〔傳十五年〕

注晉侯至女也　宋本以下正義三節總入既而皆背之節注下

皆馬遷之妄耳　閩本監本毛本耳作也非

晉侯烝於賈君　纂圖本閩本監本毛本於改于非也

蓋焦瑕是其二　閩本監本毛本脫焦瑕二字

言是城之大者　閩本監本毛本是作其非

注秦伯至詰之　宋本以下正義五節入注文晉侯車三壞之下

千乘三去　惠士奇云上林賦江河爲阹注云遮禽獸爲阹阹即去實一字

變化人意　宋本岳本化作易不誤○今依訂正

狃忕也　淳熙本岳本纂圖本閩本忕作忲非釋文亦作忲案毛氏六經正誤云忕从大小之大非从犬㹜之犬也按字从心大聲說文本有此字見詩釋文正義今說文作愧非也

得因爲幸言必敗　纂圖本閩本監本毛本爲作謂非也

九月十三日　宋本此節正義在注文故隋泥中之下

輅秦伯　顧炎武云石經輅誤轄案石經不誤

反首亂頭髮下垂也　宋本淳熙本足利本下上有反字

登臺而履薪焉　釋文履云徐本作屨正義云俗本作屨定本作履

注罃康至得通　宋本以下正義二節總入注文將以恥辱自殺之下

使以免服衰絰逆　釋文免作絻云又作免案當作免

不當舍此而注彼也　閩本監本毛本注作往非

不煩彼注　宋本彼作此

曰上天降災使我兩君匪以玉帛相見而以興戎若晉君朝以入則婢子夕以死夕以入則朝以死惟君裁之　案正義云左傳本無此言後人妄增之今定本亦無葉抄釋文云此凡四十二字檢古本皆無尋杜注亦不得有有是後人加也正義作使我兩君兩見不以玉帛與諸本亦異

亦所以杜絶　宋本淳熙本岳本纂圖本足利本杜作抗不誤

自曰上天降災　案自曰以下三十字乃釋文閩本監本毛本誤入注宋本淳熙本岳本所無

若將晉侯入　岳本若誤君翻岳本仍改作若

衹以成惡　釋文亦作衹石經宋本淳熙本監本毛本作衹是也纂圖本誤衹段玉裁云凡古衹適也如詩亦衹以異衹攪我心之類皆从衣从氏石經廣韻不誤○今訂正

且召之　顧炎武云且誤國案石經此處闕炎武所據非唐刻也

作爰田　宋本以下正義二節總入注文又使州長各繕甲兵之下

乃改易與所賞之衆　宋本乃作今不誤○今依作乃

羣臣輯睦案郭璞爾雅注引作百姓輯睦邢昺云案僖十五年及成十六年皆云羣臣輯睦其是乎

辨其可任者閩本監本毛本辨作辯按周禮作辨

遇歸妹之睽宋本以下正義十二節總入明年其死于高梁之虛注下

是嫁妹之象閩本監本毛本嫁作歸非

而以血爲衁宋本衁作衁不誤○今依訂正

以其震爲火爲此嬴敗姬監本毛本其下衍爲字此上脱爲字

上爻與二宋本二作三不誤

始有女承筐之象監本毛本始誤如宋本女作此

故車脱輹案傳文脱作說釋文同又云注同則此亦當作說也

說卦離爲火宋本火下有也字

後說之弧閩本監本毛本說作脱非也

匪寇昬媾閩本監本毛本昬作婚

於火爲姑諸本作火沈彤云當作兑

家謂子圉婦懷嬴宋本婦作歸非

明年其死於高粱之虛宋本纂圖本閩本監本毛本於作于非

或取于時日旺相補各本旺作王案釋文出王于況反是讀作旺字當作王

則構虛而不經宋本構作搆乃慶元合刻時避宋高宗諱釋文作講云本亦作構依字讀

他皆放此監本毛本放改倣正義至放此同

若盡皆附會爻象以求其事閩本監本毛本若誤者

全構虛而不經監本毛本全誤今宋本構作搆

陰陽書以爲春則爲木王宋本則下無爲字

韓簡至何益宋本以下正義三節總入詩曰節注下

龜筮從後而知閩本監本毛本龜筮誤倒

背則相憎重修監本憎誤僧

唯此爲深纂圖本閩本監本毛本唯改惟○案此本唯閩監毛本皆改作惟

蛾析謂慶鄭曰釋文蛾本或作蟻析作晳本或作析案惠棟云婁壽曰古蛾與蟻通漢書白蛾羣飛扶服蛾伏陳球後碑蜂聚蛾動仲秋下旬

碑蛾附皆與蟻同陳樹華云禮記蛾子時術之蛾音蟻後漢書皇甫嵩傳時人謂之黄巾亦名爲蛾賊注云蛾音魚綺反卽蟻字也

注唐叔至庶兄 宋本此節正義在姑樹德焉節注下

（經十六年）宋本春秋正義卷第十二石經春秋經傳集解僖中第六岳本中上有公字並盡廿六年

隕石于宋五 案周禮大司樂正義引左傳作霣石說文引作磒石

見星之隕而隊於四遠 淳熙本纂圖本閩本監本毛本隊作墜俗字

曷爲先言霣而後言石霣石記聞 宋本毛本霣作霣按公羊作霣

不似兩者卽稱隕也 宋本無也字

是月六鷁退飛過宋都 石經月下旁增也字是後人妄加案公羊穀梁六鷁作六鶂釋文云本或作鶂說文引傳亦作鶂史記宋微子世家索隱引同然則三傳經文本皆作鶂字按說文作鶃引六鶃退飛無鷁字

鷁水鳥 李善注文選西都賦引作鶂水鳥也

公與小斂 釋文無小字云本亦作公與小斂

（傳十六年）

魯喪齊亂宋襄公不終 淳熙本脫宋字襄誤喪宋本足利本無公字

齊徵諸侯而戍周 石經無而字

（經十七年）

（傳十七年）

多內寵 案漢書五行志注李善注文選范蔚宗後漢書皇后紀論引無內字陳樹華云上有齊侯好內下有內嬖如夫人者六人之文則此句內字似贅疑涉後因內寵之文而衍且杜氏不應舍此句而注下句也

此人爲雍官 閩本監本毛本官作宜非也按作雍者饔之省

乙亥月八日 閩本監本毛本亥下衍十字

（經十八年）

（傳十八年）

注楚金利 宋本此節正義在故以鑄三鍾注下

故以鑄三鍾 石經宋本淳熙本岳本纂圖本閩本監本毛本鍾作鐘

而從師于訾婁 石經宋本淳熙本岳本足利本從作後是也

（經十九年）

注地於至與盟　毛本於下衍齊齊亦三字

〔傳十九年〕

夏宋公使邾文公　石經宋下有襄字乃後人所增非原刊也

用鄫子于次睢之社　淳熙本纂圖本監本毛本睢作雎非也

東夷皆社祠之　閩本纂圖本監本毛本作祀之非也

雜記言釁廟用羊　毛本記作紀非也

皆是不用大牲也　監本毛本不作以誤也

用人其誰饗之　案風俗通義引作用人其誰享之

退脩教而復伐之　釋文云一本作而復伐之伐衍字也宋本無案襄十一年注引此文有伐字詩皇矣篇正義引同李善注文選陳琳爲曹洪與魏文帝書引作退而脩德復伐之蓋以意增損也

溝壍　岳本壍作塹釋文亦作塹按玉篇引注作塹

〔經二十年〕

改名高門也　案水經泗水注引作故名南門也

言新有故木　監本毛本木誤在

言作有新在　宋本在作木不誤

（傳二十年）

城郭牆塹謂之塞　宋本淳熙本岳本塹作塹是也○今訂正

城郭牆塹　閩本毛本塹作塹非下同

（經二十一年）

故總見衆國共執之文　淳熙本見作○非也

公會諸侯晉大夫盟于扈　監本毛本晉作及非也

（傳二十一年）

公欲焚巫尫　石經宋本岳本尫作尪葉抄釋文亦作尪下準此

穆公召縣子而問焉　宋本焉作然案檀弓作然

尪者面鄉天　閩本監本毛本鄉作嚮檀弓注作鄉

又曰然則吾欲暴巫而奚若　宋本閩本監本毛本脫然則二字

務稽案論衡明雩篇李善注册魏公九錫文並作務窬

實司大皞與有濟之祀案玉篇日部暤字注云大暤蒼精之君伏羲氏也廣韻亦作大暤五經文字云皞古帝號皆從日月之日從白者誤石經宋本作暤下同釋文同

叔孫豹曰釋文云豹宜爲婼今傳本多作豹恐是傳寫誤也案正義亦云當云叔孫婼曰徧檢古本皆作豹字

春秋左傳注疏卷十四校勘記

# 附釋音春秋左傳注疏卷第十五 僖二十二年盡二十四年

杜氏注　　孔穎達疏

經二十有二年春公伐邾取須句須句雖別國而削弱不能自通爲魯私屬若顓臾之比魯謂之社稷之臣故滅奔及反其君皆略不備書。惟書伐邾取須句○比必二反疏注須句至須句○正義曰上傳云須句子則須句子爵故云雖別國而不能自通爲魯私屬若襄公之世鄫國屬魯故知如顓臾之比略不備書也○夏宋公衛侯許男滕子伐鄭○秋八月丁未及邾人戰于升陘升陘魯地邾人縣公冑于魚門故深恥之不言公又不言師敗績○陘音刑縣音玄冑直救反○冬十有一月己巳朔宋公及楚人戰于泓宋師敗績泓水名宋伐鄭楚救之故戰也楚告命不以主帥人數故略稱人○帥所類反

傳二十二年春伐邾取須句反其君焉禮也得恤寡小之禮○三月鄭伯如楚○夏宋公伐鄭子魚曰所謂禍在此矣怒鄭至楚故伐之爲下泓戰起○初平王之東遷也周幽王爲犬戎所滅平王嗣。位故東遷洛邑辛有適伊川見被髮而祭於野者辛有周大夫伊川周地伊水也○被皮寄反下注同曰不及百年此其戎乎其禮先亡矣被髮而祭有象夷狄疏其禮先亡矣○正義曰其中國之禮先亡矣秋秦晉遷陸渾之戎于伊川允姓之戎居陸渾在秦晉西北二國誘而徙之伊川遂從戎號至今爲陸渾縣也計此去辛有過百年而云不及百年傳舉其事驗不必其年信○渾戶門反一音胡困反疏注允姓至年信○正義曰昭九年傳曰先王居檮杌于四裔故允姓之姦居于瓜州伯父惠公歸自

秦而誘以來是此戎爲允姓也彼注云瓜州今敦煌則陸渾是敦煌之地名也徙之伊川復以陸渾爲名故至今爲陸渾縣十一年傳稱伊洛之戎同伐京師
則伊洛先有戎矣而以今始遷戎爲辛有言驗者蓋今之遷戎始居被髮祭野之處故耳○晉大子圉爲質於秦將逃歸謂
嬴氏曰與子歸乎嬴氏秦所妻子圉懷嬴也○質音致妻七計反對曰子晉大子而辱於秦子之欲歸
不亦宜乎寡君之使婢子侍執巾櫛婢子婦人之卑稱也○櫛側己反稱尺證反下之稱同【疏】注婢子婦人之卑稱
○正義曰曲禮云夫人自稱於其君曰小童世婦以下自稱曰婢子是婢子爲婦人之卑稱以固子也從子而歸弃君命也
不敢從亦不敢言遂逃歸傳終史蘇之占○富辰言於王曰請召大叔富辰周大夫大叔王子帶十二
年奔齊○大叔音泰注同詩曰協比其鄰昏姻孔云詩小雅言王者爲政先和協近親則昏姻甚相歸附也鄰猶近也孔甚也云旋
也○比毗志反【疏】詩曰至孔云○正義曰詩小雅正月之篇也毛傳云洽合鄰近云旋也言王者和合親比其近親則昏姻甚迴旋而相歸附其詩之意欲
令王親親以及遠吾兄弟之不協焉能怨諸侯之不睦王說王子帶自齊復歸于京師
王召之也傳終仲孫湫之言也爲二十四年天王出居于鄭起○焉於虔反說音悅湫子小反○邾人以須句故出師公
卑邾不設備而禦之卑小也○禦本亦作御音魚呂反臧文仲曰國無小不可易也無備雖衆
不可恃也詩曰戰戰兢兢如臨深淵如履薄冰詩小雅言常戒懼○易以豉反下同兢居陵反本或作矜又
曰敬之敬之天惟顯思顯明也思猶辭也命不易哉周頌言有國宜敬戒天明臨下奉承其命甚難【疏】敬之至易哉○

正義曰詩周頌羣臣進戒成王之辭言爲國君者宜敬之哉敬之哉天之道唯明見思言天之臨下善惡必察奉承天命不易哉言其承天命甚爲難先王之明德猶無不難也無不懼也況我小國乎君其無謂邾小蠭◦蠆◦有毒疏蠭蠆有毒○正義曰說文云蠭飛蟲螫人者也蠆毒蟲也方言云燕趙謂蠭爲蠓螉其小者謂之蠮螉通俗文云蠆長尾謂之蠍蠍毒傷人曰蛆◦張◦列◦反字或作蠚而況國乎弗聽八月丁未公及邾師戰于升◦陘◦我師敗績邾人獲公冑縣諸魚門冑兜鍪魚門邾城門○蠭芳容反本又作蠭俗作蜂皆同蠆敕邁反一音敕戒反字林作蠆丑介反又他割反升陘本亦作登陘縣音玄兜丁侯反鍪莫侯反疏注冑兜鍪○正義曰說文云冑兜鍪首鎧也書傳皆云冑無兜鍪之文言兜鍪舉今以曉古蓋秦漢以來語○楚人伐宋以救鄭宋公將戰大司馬固諫曰天之弃商久矣君將興之弗可赦也已大司馬固莊公之孫公孫固也言君興天所弃必不可不如赦楚勿與戰弗聽○冬十一月己巳朔宋公及楚人戰于泓宋人既成列楚人未既濟未盡渡泓水司馬曰子魚也彼衆我寡及其未既濟也請擊之公曰不可既濟而未成列又以告公曰未可既陳而後擊之宋師敗績公傷股門官殲焉門官守門者師行則在君左右殲盡也○陳直覲反殲子廉反疏注門官至盡也正義曰周禮虎賁氏掌先後王而趨以卒伍軍旅會同亦如之舍則守王閑王在國則守王宮國有大故則守王門諸侯之禮亡其官屬不可得而知此門官蓋亦天子虎賁氏之類故在國則守門師行則在君左右近公故盡死也殲盡釋詁文舍人云殲衆之盡也國人皆咎公公曰君子不重傷不禽二毛二毛頭白有二色○

咎其九反重直用反下同古之爲軍也不以阻隘也不因阻隘以求勝○隘於賣反寡人雖亡國之餘宋商紂之後不鼓不成列恥以詐勝【疏】不鼓不成列○正義曰軍法鳴鼓以戰因謂交戰爲鼓彼不成列而鼓以擊之是詐以求勝故注云恥以詐勝

子魚曰君未知戰勍敵之人隘而不列天贊我也勍強也言楚在險隘不得陳列天所以佐宋○勍其京反阻而鼓之不亦可乎猶有懼焉雖因阻擊之猶恐不勝且今之勍者皆吾敵也【疏】且今至吾敵也○正義曰用兵之法前敵無問彊弱不可遺留且復若留彊者還爲己害故曰且今之陳上不被損傷材力彊者皆能與吾相敵若其不殺還來害我是以雖及胡者獲則取之何有恩義於二毛之人雖及胡耇【疏】雖及胡耇○正義曰諡法保民耆艾曰胡胡是老之稱也釋詁云耇壽也舍人曰耇觀也血氣精華觀竭言色赤黑如狗矣孫炎曰耇面如凍梨色似浮垢老人壽徵也獲則取之何有於二毛今之勍者謂與吾競者胡耇元老之稱○耇音苟

明恥教戰求殺敵也明設刑戮以恥不果傷未及死如何勿重言尚能害己若愛重傷則如勿傷愛其二毛則如服焉言苟不欲傷殺敵人則本可不須鬭【疏】若愛至服焉○正義曰如猶不如古人之語然猶似敢即不敢若愛彼重傷則不如本勿傷之若愛其二毛不欲傷害則不如早服從之何須與戰三軍以利用也爲利興○爲于僞反金鼓以聲氣也鼓以佐士衆之聲氣【疏】注鼓以至聲氣○正義曰言金鼓以聲氣謂金鼓佐士衆之聲氣下文聲盛致志者謂士衆由聞金鼓聲氣滿盛能致勇武之志以擊前敵爲此前敵儳巖未陳鼓而擊之可也注不言金當以金有止衆之時不是盡以聲氣故也周禮鼓人掌教六鼓四金之音聲以節聲樂以和軍旅以正田役以金錞和鼓以金鐲節鼓以金鐃止鼓以金鐸通鼓是錞鐲鐸皆助鼓以聲氣其鐃則鳴之以止鼓大司馬教戰法亦云三刺

之後乃鼓退鳴鐃且却哀十一年傳。書曰此行也吾聞鼓而已不聞金矣杜云鼓以進軍金以退軍不聞金言將死也是金有止鼓之時非盡用以聲氣注不言金見此意也利而用之阻隘可也聲盛致志鼓儳可也儳巖未整陳○儳仕銜反又仕減反陳直覲反又如字

○丙子晨鄭文夫人芊氏姜氏勞楚子於柯澤楚子還過鄭鄭文公夫人芊氏楚女姜氏齊女也柯澤鄭地○芊彌爾反楚姓也勞力報反柯音哥【疏】注楚子至鄭地○正義曰以芊是楚姓姜是齊姓故云楚女齊女耳亦無明文言之二者共以夫人冠之蓋俱是夫人禮無二適而有兩夫人者當時僭恣不如禮也楚子使師縉示之俘馘師縉楚樂師也俘所得囚馘所截耳○縉音晉俘芳扶反囚也馘古獲反戰所獲【疏】注師縉至截耳○正義曰書傳所言師曠。師曹。師觸之類皆是樂師知此師縉亦樂師也釋詁云俘取也馘獲也李巡云囚敵曰俘伐執之曰取郭璞云今以獲賊耳爲馘毛詩傳曰殺而獻其耳曰馘鄭箋云馘所格者左耳也然則俘者生執囚之馘者殺其人截取其左耳欲以計功也君子曰非禮也婦人送迎不出門見兄弟不踰閾閾門限○閾音域一音況域反【疏】注閾門限○正義曰釋宮云。柣謂之閾孫炎曰柣門限也經傳諸注皆以閾爲門限謂門下橫木爲外內之限也戎事不邇女器邇近也器物也言俘馘非近婦人之物○近如字又附近之近下同

丁丑楚子入饗。于鄭爲鄭所。饗○爲于僞反九獻用上公之禮九獻酒而禮畢【疏】注用上至禮畢○正義曰周禮大行人云上公九獻侯伯七獻子男五獻案儀禮主人酌以獻賓賓酢主人主人又酌以。酬賓乃成一獻之禮九獻者九爲獻酬而禮始畢也楚。賓子爵以霸主自許故鄭以極禮待之庭實旅百。庭中所陳品數。百也【疏】注庭中至百也○正義曰饗禮既亡庭實所有及所加籩豆無以言之然鄭注周禮享禮兼燕禮食禮與。飧禮略同掌客云饔餼之禮其死牢如。飧之陳上公。飧五牢飪一牢陳在西階之前正鼎九牛一羊二豕

三魚四腊五腸胃六膚七鮮魚八鮮腊九從北南陳又有陪鼎三。膷鼎一在牛鼎之後臐鼎一在羊鼎之後膮鼎一在豕鼎之後腥四牢陳於東階之前牢引九鼎無陪鼎也侯伯。飧四牢飪一牢腥三牢子男。飧二牢飪一牢腥二牢其陳列皆如上公又上公醯六十甕從陳於庭碑東醢六十甕從陳於碑西侯伯醯醢百甕子男八十甕其陳如上公又上公米百有二十筥橫陳於醯醢之間侯伯百筥子男八十筥陳如上公此。飧禮庭實之物饔餼亦然掌客上公豆四十侯伯三十二子男二十四鄭注云公四十豆堂上十六西夾東夾各十二侯伯三十二豆堂上十二西夾東夾各十子男二十四豆堂上十二西夾東夾各六然籩數亦然其籩豆之物者周禮籩人掌四籩之實朝事之籩其實豐蕡白黑形鹽膴鮑魚鱐饋食之籩其實棗栗桃乾䕩榛實加籩之實菱芡栗脯羞籩之實糗餌粉餈醢人掌四豆之實朝事之豆其實韭菹醓醢昌本麋臡菁菹鹿臡茆菹。麋臡饋食之豆其實葵菹蠃醢脾析蠯醢蜃蚳醢豚。拍魚醢加豆之實芹菹兎醢深蒲醓醢。箈菹雁醢。筍菹魚醢羞豆之實酏食糝食此等所陳雖爲祭祀下云賓客亦如之是賓客與祭祀不異故三十年饗有昌歜白黑形鹽公食大夫禮亦有昌本之屬此云加籩豆六品必是此等之物但傳文不具無以言之

加籩豆六品食物六品加於籩。豆籩豆禮食器饗畢夜出文芉送于軍取鄭二姬以歸二姬文芉女也叔詹曰楚王其不沒乎不以壽終○詹章廉反沒門忽反爲禮卒於無別無別不可謂禮將何以沒諸侯是以知其不遂霸也言楚子所以師敗城濮終爲商臣所弒○卒子恤反別彼列反下同濮音卜弒音試

經二十有三年春齊侯伐宋圍緡。緡宋邑高平昌邑縣東南有東緡城○緡亡巾反○夏五月庚寅宋公茲父卒三同盟【疏】注三同盟○正義曰茲父以九年即位其年盟于葵丘十五年于牡丘唯與魯同此二盟而已而云三者并數盟于薄釋

宋公也案經盟于薄始云釋宋公則盟薄之時宋公未得與盟而數之者以凡盟之法皆舍其前惡結其後好故宣十五年楚人圍宋圍後始盟及城下之盟皆是其事今釋宣公之後恐楚人伐宋宋公恨楚故盟以結之若未釋宋公之前何須盟誓但經文欲顯公會之事故盟在釋前劉炫以宋公不與薄盟而規杜云非也

○秋楚人伐陳【疏】楚人伐陳○正義曰傳稱楚成得臣帥師伐陳則是楚之貴卿也而稱人者釋例曰楚之君臣最多混錯此乃楚之初興未閑周之典禮告命之書自生異同猶秦之辟陋不與中國準故成二年以上春秋未以入例也如杜彼言楚不以得臣名告故稱人耳

○冬十有一月杞子卒傳例曰不書名未同盟也杞入春秋稱侯莊二十七年絀稱伯至此用夷禮貶稱子○絀本又黜勑律反

傳二十三年春齊侯伐宋圍緡以討其不與盟于齊也十九年盟于齊以無忘桓公之德而宋獨不會復召齊人共盟鹿上故今討之○與音預復扶又反下不復成嫁同

○夏五月宋襄公卒傷於泓故也終子魚之言得死爲幸

○秋楚成得臣帥師伐陳討其貳於宋也成得臣子玉也遂取焦夷城頓而還焦今譙縣也夷一名城父今譙郡城父縣二地皆陳邑頓國今汝陰南頓縣○焦子消反子文以爲之功使爲令尹叔伯曰子若國何叔伯楚大夫薳呂臣也以爲子玉不任令尹○薳爲彼反不任音壬對曰吾以靖國也夫有大功而無貴仕貴仕貴位○靖音靜其人能靖者與有幾言必矜功爲亂不可不賞○其人能靖者與絶句與音餘幾居宜反

○九月晉惠公卒經在明年從赴懷公命無從亡人懷公子圉亡人重耳○重直龍反期期而不至無赦狐突之子毛及偃從重耳在秦弗召偃子犯也○期期上如字下音基下亦作朞下注未期亦音基從才用反後皆同○冬懷公執

狐突曰子來則免未期而執突以不召子故對曰子之能仕父教之忠古之制也策名委質
貳乃辟也名書於所臣之策屈膝而君事之則不可以貳辟罪也○質如字辟婢亦反注同膝星歷反○【疏】注名書至罪也○正義曰策簡策也
質形體也古之仕者於所臣之人書己名於策以明繫屬之也拜則屈膝而委身體於地以明敬奉之也名繫於彼所事之君則不可以貳心辟罪釋詁文○
今臣之子名在重耳有年數矣若又召之教之貳也父教子貳何以事君刑之
不濫君之明也臣之願也淫刑以逞。誰則無罪臣聞命矣乃殺之卜偃稱疾不
出曰周書有之乃大明服周書康誥言君能大明則民服○濫力暫反○己則不明而殺人以逞不亦
難乎民不見德而唯戮是聞其何後之有言懷公必無後於晉爲二十四年殺懷公張本○逞勅景反本亦作逞之
○十一月杞成公卒書曰子杞夷也成公始行夷禮以終其身故於卒貶之杞實稱伯仲尼以文貶稱子故傳言書曰子
以明之○【疏】注成公至明之○正義曰何休膏肓難左氏云杞子卒豈當用夷禮死乎故解之此杞成公始行夷禮以終其身故於卒貶之卒者人之終於
終貶之見其終身行夷禮也於時杞實稱伯唯此獨稱子是仲尼以文貶之稱子貶之而曰子者曲禮曰其在東夷北狄西戎南蠻雖大曰子四夷之君爵不
過子故貶之爲子言如夷狄之大國耳不書名未同盟也凡諸侯同盟死則赴以名禮也隱七年已見今
重發不書名者疑降爵故也此凡又爲國史承告而書例○見賢遍反重而用反下重詳同又爲于僞反又如字赴以名則亦書之謂未
同盟不然則否謂同盟而不以名告辟不敏也敏猶審也同盟然後告名赴者之禮也承赴然後書策史官之制也內外之宜不同故傳

重詳其義疏不書至敏也○正義曰隱七年已有例矣今重發者釋例曰杞侯降爵嫌有異同。盟傳重發不書之例又更發凡者以明雖甍赴有法若或違
之國史亦承告而書不必改正也赴以名則亦書之者謂諸侯雖不同盟或以名赴也不然則否辟不敏者謂雖同盟而赴不以名則亦不書名以審違謬也
○晉公子重耳之及於難也晉人伐諸蒲城事在五年難乃旦反蒲城人欲戰重耳不可
曰保君父之命而享其生祿享受也保猶恃也○疏享其生祿○正義曰人以祿生故謂之生祿○於是乎得人
以祿致衆有人而校罪莫大焉校報也○校音教吾其奔也遂奔狄從者狐偃趙衰衰趙夙弟○衰
初危反顛頡魏武子武子魏犫○頡戶結反犫尺由反○司空季子胥臣臼季也時狐毛賈佗皆從而獨舉此五人賢而有大功○
臼其九反佗徒何反疏胥臣至大功○正義曰胥臣氏也臣名也晉有臼邑蓋食采於臼邑字。季子而爲司空之官故名氏互見也不言狐毛賈佗而獨舉此
五人者賢而有大功故也顛頡歸晉尋即被戮而言大功者當爲從亡之時有大功也晉語稱公子長事賈佗佗非不賢蓋傳文意之所在便即言之未必五
人皆賢於賈佗狄人伐廧咎如。廧咎如赤狄之別種也隗姓○廧在良反咎古刀反隗五罪反下文皆同疏注廧咎至隗姓○正義曰成三
年晉郤克衞孫良夫伐廧咎如傳曰討赤狄之餘焉彼言赤狄之餘知是赤狄之別種也女曰叔隗季隗知爲隗姓也獲其二女叔隗季
隗納諸公子公子取季隗生伯儵叔劉以叔隗妻趙衰生盾盾趙宣子○儵直由反妻七計反下
同盾徒本反將適齊謂季隗曰待我二十五年不來而後嫁對曰我二十五年矣又
如是而嫁則就木焉言將死入木。不復成嫁○請待子處狄十二年而行以五年奔狄至十六年而去○請待

子絕句○過衛衛文公不禮焉出於五鹿（五鹿衛地今衛縣西北有地名五鹿陽平元城縣東亦有五鹿）乞食於野人野人與之塊公子怒欲鞭之子犯曰天賜也（得土有國之祥故以爲天賜○塊苦對反又苦怪反）稽首受而載之

【疏】乞食至載之○正義曰晉語云過五鹿乞食於野人野人舉塊以與之公子怒將鞭之子犯曰天賜也民以土服又何求焉天事必象十二年必獲此土二三子志之歲在壽星及鶉尾其有此土乎天以命矣復於壽星獲於諸侯天之道也由是始之有此其以戊申乎所以申土也再拜稽首受而載之○

及齊齊桓公妻之有馬二十乘（四馬爲乘八十四也○乘繩證反注及下皆同）公子安之從者以爲不可將行謀於桑下（齊桓既卒知孝公不可恃故○）蠶妾在其上以告姜氏姜氏殺之（姜氏重耳妻恐孝公怒其去故殺妾以滅口○）

【疏】及齊至殺之○正義曰晉語云齊侯妻之甚善焉有馬二十乘將死於齊而已曰民生安樂孰知其他桓公卒孝公即位諸侯叛齊子犯知齊之不可以動而知文公之安齊有終焉之心而欲行而患之與從者謀於桑下蠶妾在焉莫知其在也妾告姜氏姜氏殺之而

謂公子曰子有四方之志其聞之者吾殺之矣公子曰無之姜曰行也懷與安實敗名公子不可姜與子犯謀醉而遣之醒以戈逐子犯（無去志故怒○敗必邁反醒星頂反）

【疏】醒以戈逐子犯○正義曰晉語云逐子犯曰若無所濟吾食舅氏之肉其知饜乎舅犯走且對曰若無所濟吾未知死所誰能與豺狼爭食若克有成公子無亦晉之柔嘉是以甘食偃之肉腥臊將焉用之遂行○

及曹曹共公聞其駢脅欲觀其裸浴薄而觀之（薄迫也駢脅合幹○共音恭聞其駢幹絕句駢薄賢反脅許業反說文云駢脅幷也廣雅云脅幹謂之肋通俗云腋下謂之脅欲觀如字絕句一讀至裸字絕句裸力果

反又戶化反浴音欲薄如字國語云薄簾也幹古旦反○【疏】及曹至觀之○正義曰斷其裸以上爲句裸謂赤體無衣也駢脅非裸不見故欲觀其裸伺其浴乃逼迫以觀之晉語云曹共公聞其駢脅欲觀其狀止其舍諜其將浴設微薄而觀之孔晁云諜候也微蔽也○注薄迫。也。駢。脅合幹○正義曰薄者逼近之意故爲迫也說文云駢脅幷幹也肋脅骨也廣雅云脅幹謂之肋孔晁云聞公子脅幹是一骨故欲觀之通俗文曰腋下謂之脅如此諸說則脅是腋下之名其骨謂之肋幹是肋之別名駢訓比也骨相比迫若一骨然僖負羈。之妻曰吾觀晉公子之從者皆足以相國若以相若遂以爲傳相○羈紀宜反相息亮反下及注同夫子必反其國反其國必得志於諸侯得志於諸侯而誅無禮曹其首也子盍蚤自貳焉自貳自別異於曹○盍戶臘反蚤音早別彼列反乃饋盤飧寘璧焉臣無竟外之交故用盤藏璧飧中不欲令人見○饋其貴反遺也飧音孫說文云餔也字林云水澆飯也寘之豉反竟音境令力呈反公子受飧反璧及宋宋襄公贈之以馬二十乘贈送也及鄭鄭文公亦不禮焉叔詹諫曰臣聞天之所啓。【疏】天之所啓○正義曰啓開也凡是天開道者非人所能及欲令鄭伯禮之人弗及也啓開也晉公子有三焉天其或者【疏】天其或者○。正義曰天意不可必知故言或者或者謂天意或當然也將建諸君其禮焉男女同姓其生不蕃蕃息也○蕃音煩注同【疏】男女至不蕃○正義曰禮取妻不取同姓。辟違禮而取故其生子不能蕃息昌盛也晉語曰同姓不。昏懼不殖也又曰異姓則異德異德則異類異類雖近男女相及以生民也同姓則同德同德則同心同心則同志同志雖遠男女不相及畏黷故也黷則生怨怨亂育災災育滅姓是故取辟同姓畏亂災也周禮不得取同姓彼遂演說其意耳未必取同姓者皆滅姓也晉公子姬出也而至于今一也犬戎狐姬之子故曰姬出離外之患出奔在外而天下不靖晉國殆將啓之二也有三士足以上人而從之三也國語狐偃趙衰賈佗三人皆卿才○從如字一音才用反疏注國語至卿才○正義曰晉語云僖負羈言於曹伯曰晉公子生十七年而亡卿才三人從之可謂賢乎宋公孫固言於襄公曰晉公子好善不厭父事狐偃師事趙衰而長事賈佗此三人者實左右之公子居則下之動則諮焉僖負羈言有卿才公孫固說其名氏知是一物故并引之晉鄭同儕儕等也○儕士皆反其過子弟固將禮焉況天之所啓乎弗聽及楚楚子饗之曰公子若反晉國則何以報不穀對曰子女玉帛則君有之羽毛齒革則君地生焉其波及晉國者君之餘也其何以報君曰雖然何以報我對曰若以君之靈得反晉國晉楚治兵遇於中原其辟君三舍若不獲命三退不得楚止命也○過王古禾反其左執鞭弭右屬櫜鞬以與君周旋弭弓末無緣者櫜以受箭鞬以受弓屬著也周旋相追逐也○弭莫爾反爾雅云弓有緣者謂之弓無緣者謂之弭屬音燭注同櫜古刀反受箭器鞬九言反弓衣緣悅絹反疏注弭弓至逐也○正義曰釋器云弓有緣者謂之弓無緣者謂之弭李巡曰骨飾兩頭曰弓不以骨飾兩頭曰弭孫炎曰緣謂繳束而漆之弭謂不以繳束骨飾兩頭者也二說雖反俱以弭爲弓末也詩云載櫜弓矢則弓矢所藏俱名櫜也昭元年傳伍舉請垂櫜而入注云示無弓則櫜亦受弓之物方言云弓藏謂之鞬此櫜鞬二物必一弓一矢以鞬是受弓故云櫜以受箭因對文而分之耳孔晁云馬鞭及弓分在兩手欲辟右帶櫜鞬之文故云左執子玉請殺之畏其志大楚子曰晉公子廣而儉志廣而體儉文而有禮其

從者肅而寬肅敬也忠而能力【疏】廣而至能力○正義曰廣大者失於奢僭故美其能儉也文華者失於傲慢故美其能有禮也能敬者失於褊急故美其能寬容也忠誠者未必有力故美其能勤也此四者每兩事相反而美其能兼有之晉侯無親外內惡之晉侯惠公。也○惡烏路反吾聞姬姓唐叔之後其後衰者也其將由晉公子乎天將興之誰能廢之違天必有大咎乃送諸秦秦伯納女五人懷嬴與焉懷嬴子圉妻子圉諡懷公故號爲懷嬴○咎其九反與焉音預奉匜沃盥既而揮之匜沃盥器也揮湔也○奉芳勇反匜以支反一音以紙反說文云似羹魁柄中有道可注水盥古緩反揮許韋反湔音薦王音贊一音箭又音牋【疏】注匜沃至湔也○正義曰說文云匜似羹魁柄中有道可以注水盥澡手也從臼水臨皿然則匜者盛水器也盥謂洗手也沃謂澆。水也懷嬴奉匜盛水爲公子澆水令公子洗手既而以。濕手揮之使水湔汙其衣故云揮湔也怒曰秦晉匹也何以卑我匹敵也公子懼降服而囚去上服自拘囚以謝之○去起呂反拘音俱【疏】注去上至謝之○正義曰晉語說此事云公子欲辭司空季子子犯子餘勸取之乃歸女而納幣且逆孔晁云歸懷嬴更以賓妾禮迎之也服虔云申意於楚子。伸於知。己降服於懷嬴屈於不知己他日公享之子犯曰吾不如衰之文也有文辭也○衰初危反下同請使衰從公子賦河水河水逸詩義取河水朝宗于海海喻秦公賦六月六月詩小雅道尹吉甫佐宣王征伐喻公子還晉必能匡王國古者禮會因古詩以見意故言賦詩斷章也其全稱詩篇者多取首章之義他皆放此○見賢遍反斷端緩反【疏】注六月至放此○正義曰杜言全引詩篇者多取首章之義劉炫規過云案春秋賦詩有雖舉篇名不取首章之義者故襄二十七年公孫段賦桑扈趙孟曰匪交匪敖乃是卒章又昭元年云令尹賦大明之首章既特言首章明知舉篇名者不是首章今刪定知不然者以文四年賦湛露云天子當陽又文十三年文子賦四月是皆取首章若取餘章者傳皆指言其事則賦載馳之四章綠衣之卒章是也所以令尹特言大明首章者令尹意特取首章明德故傳指言首章與餘別也杜言多取首章言多則非是總皆如此劉以春秋賦詩有不取首章以規杜氏非也

趙衰曰重耳拜賜公子降拜稽首公降一級而辭焉下階一級辭公子稽首○級音急衰曰君稱所以佐天子者命重耳重耳敢不拜詩首章言匡王國次章言佐天子故趙衰因通言之爲明年秦伯納之張本

經二十有四年春王正月○夏狄伐鄭○秋七月○冬天王出居于鄭襄王也天子以天下爲家故所在稱居天子無外而書出者譏王蔽於匹夫之孝不顧天下之重因其辟母弟之難書出言其自絕於周○蔽必世反難乃旦反

【疏】天王出居于鄭○正義曰出居實出奔也出謂出畿內居若移居然天子以天下爲家所在皆得安居故爲天子別立此名釋例曰天子以天下爲家故傳曰凡自周無出今以出居爲名而不書奔殊之於別國

晉侯夷吾卒文公定位而後告未同盟而赴以名

傳二十四年春王正月秦伯納之不書不告入也納重耳也及河子犯以璧授公子曰臣負羈紲從君巡於天下羈馬羈紲馬繮○羈紀宜反說文云馬絡頭也紲息列反說文云繫也從才用反又如字繮居良反

【疏】注羈馬羈紲馬繮○正義曰說文云羈馬絡頭也又曰馬絆紲係也少儀云犬則執紲牛則執紖馬則執靮服虔云一曰犬繮曰紲古者行則有犬杜今正以紲爲馬繮者紲是係之別名係馬係狗皆得稱紲對文耳散則可以通巡於天下用馬爲多故主於馬耳

彼臣之罪甚多矣臣猶

知之而況君乎請由此亡公子曰所。不與舅氏同心者有如白水子犯重耳舅也言與舅氏同心之明如此白水猶詩言謂予不信有如皦日○皦古了反疏注子犯至皦日○正義曰諸言有如皆是誓辭有如日有如河有如皦日有如白水皆取明白之義言心之明白如日如水也有如上帝有如先君言上帝先君明見其心意亦同也投其璧于河質信於河○質音致濟河圍令狐入桑泉取臼衰桑泉在河東解縣西解縣東南有臼城○令力丁反衰初危反解戶買反二月甲午晉師軍于廬柳懷公遣軍距重耳○廬力居反柳力久反秦伯使公子縶如晉師師退軍于郇解縣西北有郇城○縶張立反郇音荀辛丑狐偃及秦晉之大夫盟于郇壬寅公子入于晉師丙午入于曲沃丁未朝于武宮文公之祖武公廟戊申使殺懷公于高梁不書亦不告也懷公奔高梁高梁在平陽。楊縣西南再發不告者言外諸侯入及見殺亦皆須告乃書于策呂郤畏偪呂甥郤。芮惠公舊臣故畏爲文公所偪害○偪音逼爲于僞反將焚公宮而弒。晉侯寺人披請見公使讓之且辭焉辭不見○弒音試又作殺寺本又作侍披普皮反請見賢遍反曰蒲城之役在五年君命一宿女卽至郎日至○女音汝下皆同其後余從狄君以田渭濱田獵○渭音謂水名濱音賓女爲惠公來求殺余命女三宿女中宿至雖有君命何其速也夫袪猶在披所斬文公衣袂也○爲于僞反中丁仲反下注中鉤同女中宿至或無至字袪起魚反袂滅制反疏夫袪猶在○正義曰夫辭也彼時斬袪之恨。今日。猶。在女其行乎對曰臣謂君之入也其知之矣知君人之道若猶未也又將及難君命無二古之制也除君之惡唯力是視蒲人狄人余何有焉當二君世君爲蒲狄之人於我有何義○難乃旦反下及注皆同今君卽位其無蒲狄乎【疏】蒲人至狄乎○正義曰言獻公之時君爲蒲邑人惠公之時君爲狄國人余未事君何有恩義於君。爲今君卽位其無蒲狄乎言有人在蒲在狄爲君猶是也齊桓公置射鉤而使管仲相乾時之役管仲射桓公中帶鉤○射食亦反注同相息亮反君若易之何辱命焉言。若反齊桓己將自去不須辱君命行者甚衆豈唯刑臣披奄人故稱刑臣○甚衆一本甚作其【疏】行者至刑臣○正義曰公言女其行乎欲使之出奔也公若反齊桓念舊惡則出奔者甚衆多矣豈唯刑臣一人乎言畏罪者皆將去公見之以難告告呂郤欲焚公宮三月晉侯潛會秦伯于王城己丑晦公宮火瑕甥郤芮不獲公乃如河上秦伯誘而殺之晉侯逆夫人嬴氏以歸。秦穆公女文嬴也秦伯送衞於晉三千人實紀綱之僕新有呂郤之難國未。輯睦故以兵衞文公諸門戶僕隸之事皆秦卒共之爲之紀綱○輯音集又七入反本亦作集卒子忽反共音恭本亦作供【疏】注新有至紀綱○正義曰新有呂郤之難國未輯睦恐晉人情不可信故秦伯以兵衞文公也說文云綱維紘繩也紀絲別也則綱是維之大繩紀者別理絲縷諸門戶僕隸之事皆使秦卒共之與晉人爲紀綱謂爲維之首領主帥也初晉侯之豎頭須守藏者也頭須一曰里鳧須豎左右小吏○豎上注反藏才浪反下同里鳧須房乎反韓詩外傳云晉文公亡過曹里鳧須從因盜重耳資而亡重耳無糧餒不能行介子推割股以食重耳然後能行【疏】注頭須至小吏○正義曰一曰里鳧須者史記謂之里鳧須與傳文不同必有一謬故辨出其別不敢正之鄭玄周禮注云豎未冠者之官名其出也竊藏以逃文公出時盡用以求納之求納文公盡津忍反○及入求見公辭焉以沐謂僕人曰沐則心覆【疏】沐則心覆○正義曰韋昭云沐則低頭故心反覆也心覆則圖反宜吾不得見也居者爲社稷之守行者爲羈紲之僕其亦可也何必罪居者國君而讎匹夫懼者甚衆矣僕人以告公遽見之言弃小怨所以能安衆○求見賢遍反下得見同覆芳服反下同守手又反又如字甚衆本或作其衆遽其據反狄人歸季隗于晉而請其二子二子伯儵叔劉文公妻趙衰生原同屏括樓嬰原屏。樓三子之邑○妻七計反屏步平反括古活反趙姬請逆盾與其母趙姬文公女也盾狄女叔隗之子子餘辭子餘趙衰字姬曰得寵而忘舊何以使人必逆之固請許之來以盾爲才固請于公以爲嫡子而使其三子下之以叔隗爲內子而己下之卿之嫡妻爲內子皆非此年事蓋因狄人歸季隗遂終言叔隗○嫡本亦作適丁歷反注下遐嫁反下同○晉侯賞從亡者介之推不言祿祿亦弗及介推文公微臣之語助○從才用反介音界推昌誰反推曰獻公之子九人唯君在矣惠懷無親外內弃之天未絕晉必將有主主晉祀者非君而誰天實置之而二三子以爲己力不亦誣乎竊人之財猶謂之盜況貪天之功以爲己力乎下義其罪上賞其姦上下相蒙蒙欺也難與處矣【疏】下義至處矣○正義曰在下者以貪天之功爲立君之義是下義其罪也在上者以立君之勳賞盜天之罪是上賞其姦也居下者義其罪是下欺上也居上者賞其姦是上欺下也如此上下相欺蒙難可與並居處矣其母曰盍亦求之以死誰懟對曰尤而效之罪又甚焉且出怨言不食其食怨言謂上下相蒙難與處○盍戶臘反懟直類反其母曰亦使知之若何既不求之且欲令推達言於文公○令力呈反對曰言身之文也身將隱焉用文之是求顯也其母曰能如是乎與女偕隱偕俱也○焉於虔反女音汝遂隱而死晉侯求之不獲以綿上爲之田曰以志吾過且旌善人旌表也西河界休縣南有地名綿上○鄭之入滑也滑人聽命入滑在二十一年師還又卽衞鄭公子士洩堵俞彌帥師伐滑堵俞彌鄭大夫○俞羊朱反彌亡皮反王使伯服游孫伯如鄭請滑二子周大夫鄭伯怨惠王之入而不與厲公爵也事在莊二十一年又怨襄王之與衞滑也怨王助衞爲滑請○爲于僞反故不聽王命而執二子王怒將以狄伐鄭富辰諫曰不可臣聞之大上以德撫民無親疎也○聽吐鄭反而執二子本或作而執其二子其衍字也大音泰其次親親以相及也親先以及疏推恩以行義疏大上至及也○正義曰曲禮云大上貴德其次務施報鄭玄以大上爲帝皇之世其次謂三王以來則以大上其次爲世代之先後也襄二十四年傳曰大上立德其次立功其次立言杜以立德謂黃帝堯舜立功謂禹稷立言謂史佚周任則以人之賢愚爲上次非復年代之先後也然則大上謂人之最大上上聖之人也以德撫民唯能是用不簡親疎也其次聖之人則親其所親以漸相及而至於遠人爲下周公親親之事張本也周公亦是上聖不以德而先親者制法爲後不獨爲身聖人之身不恃親也昔周公弔二叔之不咸故封建親戚以蕃屏

周。弔傷也咸同也周公傷夏殷之叔世疏其咸以至滅亡故廣封其兄弟○蕃方元反親管蔡郕霍魯衛毛聃郜雍曹滕畢原酆郇文之昭也十六國皆文王子也管國在滎陽京縣東北雍國在河內山陽縣西畢國在長安縣西北酆國在始平鄠縣東○郕音成聃乃甘反雍於用反注同酆音豐郇音荀邘晉應韓武之穆也四國皆武王子應國在襄陽城父縣西。韓國在河東郡界河內野王縣西北有邘城○邘音于凡蔣邢茅胙祭周公之胤也胤嗣也蔣在弋陽期思縣。高平昌邑縣西。有茅鄉東郡燕縣西南有胙亭○蔣將丈反茅亡交反胙才故反下注祭胙同祭則界反

疏昔周至胤也○正義曰伯仲叔季長幼之次也故通謂國衰為叔世將亡為季世昔周公傷彼夏殷二國叔世疏其親戚令使宗族之不同心以相匡輔至於滅亡故封立親戚為諸侯之君以為蕃籬屏蔽周室言之封此以下文武周公之子孫為二十六國也此二十六國武王克商之後下及成康之世乃可封建畢矣非是一時封建非盡周公所為富辰盡以其事屬周公者以武王克殷封周公為輔又攝政制禮成一代大法雖非悉周公所為皆是周公之法故歸之於周公耳昭二十八年傳曰昔武王克商光有天下兄弟之國十有五人姬姓之國四十人彼言由其克商乃得封建兄弟歸功於武王耳亦非武王之時已建五十五國其後不復封人也昭二十六年傳曰昔武王克殷成王靖四方康王息民並建母弟以蕃屏周昭九年傳曰文。武成康之建母弟以蕃屏周則康王之世尚有封國非獨周公時也且見於經傳者管叔蔡叔霍叔周公攝政之初以流言見黜則三叔之國已是武王封矣尙書康誥之篇周公營洛之時始封康叔于。衛洛誥之篇周公致政之月始封伯禽于魯書傳稱成王削桐葉為珪以封唐叔如此之類不得為武王封也凡蔣邢茅胙祭周公之胤也豈周公自封哉。固當成王即政之後或至康王之時始封之耳○注弔傷至兄弟○正義曰弔傷俱是悼往之辭咸訓為皆故為同也昭六年傳曰夏有亂政而作禹刑商有亂政而作湯刑周有亂政而作九刑三辟之興皆叔世也彼叔世。為三代之末世知此二叔

亦二代之末世也二代之末疏其親戚以至滅亡周公創其如此故制禮設法親其所親廣封兄弟以自蕃衛也蕃屏者分地以建諸侯使與京師作蕃籬屏扞也鄭衆賈逵皆以二叔爲管叔蔡叔傷其不和睦而流言作亂故封建親戚鄭玄詩箋亦然案其封建之中方有管蔡豈傷其作亂始封建之馬融以爲夏殷叔世故杜同之○注十六至縣東○正義曰文之昭者自后稷以後一昭一穆文王於次爲穆故文子爲昭武子爲穆昭二十八年傳稱武王兄弟之國十五人此十六彼十五者人異故說異耳非武王時十五而周公加一也此十六國所在之地蔡郕魯衛郜曹滕七國當時皆在已經解訖霍在閔元年原在隱十一年郇在此年春亦已解訖其毛聃闕故唯解管雍畢酆也武穆四國晉時見在故唯解應韓邘也周公之胤邢國見在隱五年解訖凡祭闕故唯解蔣茅胙也

召穆公思周德之不類故糾合宗族于成周而作詩類善也糾收也召穆公周卿士名虎采地扶風雍縣東南有召亭周厲王之時周德衰微兄弟道缺召穆公于東都收會宗族特作此周公之樂歌常棣詩屬小雅○召上照反注同糾居黝反棣大計反字林大內反○

曰常棣之華鄂不韡韡常棣棣也鄂鄂然華外發不韡韡言韡韡以喻兄弟和睦則強盛而有光輝韡韡然○鄂五各反不方九反韡韋鬼反

凡今之人莫如兄弟言致韡韡之盛莫如親兄弟○其四章曰兄弟鬩于牆外禦其侮鬩訟爭貌言內雖不和猶宜外扞異族之侵侮○鬩呼歷反毛詩傳云狠也禦魚呂反下同侮亡甫反詩作務爭爭鬭之爭本又作諍扞戶旦反

疏召穆至其侮○正義曰常棣之詩周公所作故周語說此事云周文公之詩曰即明是周公作也召穆公厲王時人於時周德既衰兄弟道缺召穆公思周德之不善致使兄弟之恩缺收合宗族於成周爲設燕會而作此周公樂歌之詩曰常棣之木華鄂鄂然外發之時豈不韡韡而光明乎以衆華俱外發實韡韡而光明以喻兄弟衆多而相和睦豈不彊盛而有光輝乎言兄弟和睦實彊盛而有光輝兄弟和睦則彊盛如是然則凡今日天下之人欲致此韡韡之

威莫如兄弟之相親也其四章曰兄弟或有自不相善可爭訟于牆內若有他人侵之則同心合意外禦其他人之侵侮也○注類善至小雅○正義曰類善釋詁文糾者聚合之意故爲收也召穆公厲王宣王之臣詩江漢序云命召公平淮夷經曰王命召虎是也思周德之不善故知是厲王之時周德衰微兄弟道缺也召穆公於東都會宗族蓋當宣王之時若當厲王之時天子疏之召公雖則聚會不能使之親也於會之上作此周公之樂歌欲感切宗族使相親也劉炫云杜云常棣詩屬小雅明是周公所作也○注常棣至韡韡然○正義曰常棣棣釋木文也舍人曰常棣一名棣郭璞曰今關西山中有棣樹子似櫻桃可啖鄂鄂然華外發者華聚而發於外鄂鄂然而光明也不韡韡乎言其實韡韡也古之人語有聲而倒者詩文多有此類○注鬩訟爭貌○正義曰釋言云鬩很也孫炎云相很戾也李巡本作恨注云相怨恨以心相怨恨而爲鬩是爲爭訟貌也

如是則兄弟雖有小忿不廢懿親懿美也今天子不忍小忿以棄鄭親其若之何庸勳親親暱近尊賢德之大者也庸用也暱親也○暱女乙反即聾從昧與頑用嚚姦之大者也【疏】○庸勳至姦之大○正義曰親暱尊是愛敬之辭也即從與是依就之意也其庸即用也用其有功勳者親其親族親者暱其道路近者尊其有賢行者此四事是德之大者也即訓就也就其耳聾者從其目昧者與其心頑者用其口嚚者此四事是姦之大者也勳親近賢據事上爲名聾昧頑嚚據身上爲名以狄無他事故於耳目心口之上爲惡名耳下文名以四事覆之唯棄嬖寵而用三良是言鄭伯之賢與上文倒隨便言耳杜言三良叔詹堵叔師叔所謂尊賢如杜此注則謂鄭伯尊賢與上文尊賢乖者能用三良則是鄭伯之賢王則當尊此鄭伯但杜注省略耳弃德崇姦禍之大者也崇聚也○聾鹿工反昧音妹嚚魚巾反鄭有平惠之勳平王東遷晉鄭是依惠王出奔虢鄭納之是其勳也又有厲宣之親鄭始封之祖桓公友周厲王之子宣王之母弟弃嬖寵

而用三良 七年殺孌臣申侯十六年殺寵子子華也三良叔詹堵叔師叔所謂尊賢○堵丁古反又音者 於諸姬爲近 道近當暱之 四德具矣耳不聽五聲之和爲聾目不別五色之章爲昧心不則德。義。之經爲頑口不道忠信之言爲嚚狄皆則之四姦具矣周之有懿德也猶曰莫如兄弟故封建之 當周公時故言周之有懿德○別彼列反 其懷柔天下也猶懼有外侮扞禦侮者莫如親親故以親屏周召穆公亦云 周公作詩召公歌之故言亦云 今周德既衰於是乎又渝周召以從諸姦無乃不可乎 變周召親兄弟之道○渝羊朱反變也 民未忘禍王又興之 前有子頹之亂中有叔帶召狄故曰民未忘禍○頹徒回反 其若文武何 言將廢文武之功業 王弗聽使頹叔桃子出狄師 二子周大夫○桃如字本或作姚亦宜音桃 ○夏狄伐鄭取櫟王德狄人 【疏】。王德狄人正義曰荷其恩者謂之爲德古人有此語也 將以其女爲后富辰諫曰不可臣聞之曰報者倦矣施者未厭 施功勞也有勞則望報過甚○櫟力狄反施如字注同厭於豔反又於鹽反 狄固貪惏 【疏】。狄固貪惏○正義曰方言云殺人取財曰惏 王又啓之女德無極婦怨無終 婦女之志近之則不知止足遠之則忿怨無已終猶已也○惏力南反方言云殺人而取其財曰惏近附近之近遠于萬反 狄必爲患王又弗聽初甘昭公有寵於惠后 甘昭公王子帶也食邑於甘河南縣西南有甘水 惠后將立之未及而卒昭公奔齊 奔齊在十二年 王復之 在二十二年 又通於隗氏 隗氏王所立狄后 王替隗氏 替廢

也○替他計反頹叔桃子曰我實使狄狄其怨我遂奉大叔以狄師攻王王御士將禦
之周禮王之御士十二人疏注周禮至二人○正義曰周禮無御士之官唯夏官大僕之屬有御僕。下士十有二人掌王之燕令鄭玄云燕居時之令
以親近王故欲爲王禦寇王曰先后其謂我何先后惠后也誅大叔恐違先后志寧使諸侯圖之王遂出及
坎欿國人納之坎欿周地在河南鞏縣東○坎苦感反欿大感反鞏九勇反秋頹叔桃子奉大叔以狄師伐
周大敗周師獲周公忌父原伯毛伯富辰原毛皆采邑○疏注原毛皆采邑○正義曰此原伯毛伯蓋是文王之子
原毛之後世爲王臣仍爲伯爵或本封絕滅食采畿內故云皆采邑也王出適鄭處于氾。鄭南氾也在襄城縣南○氾音凡後皆同疏
注鄭南至縣南○正義曰南氾是襄城縣南則鄭之西南之竟南近於楚西近於周故王處于氾及楚伐鄭師于氾皆以爲南氾其東氾在中牟縣南去鄭城
既近三十年秦晉圍鄭秦軍氾南故爲東氾各隨其所近而言也大叔以隗氏居于溫○鄭子華之弟子臧出
奔宋十六年殺子華故○好聚鷸冠鷸鳥名聚鷸羽以爲冠非法之服○好呼報反鷸尹橘反翠鳥也疏注鷸鳥至之服○正義曰釋鳥
云翠鷸李巡曰鷸一名爲翠其羽可以爲飾樊光云青羽出交州郭璞云似燕紺。色生鬱林說文云翠青羽雀也案漢書尉。佗獻文帝翠鳥。毛然則鷸羽可以
飾器物聚此鷸羽以爲冠也鄭伯聞而惡之惡其服非法○惡烏路反使盜誘之八月盜殺之于陳宋之
閒君子曰服之不衷身之災也衷猶適也○衷音忠一音丁仲反注同詩曰彼己之子不稱其服
詩曹風刺小人在位言彼人之德不稱其服○己音記稱尺證反注及下同刺七賜反子臧之服不稱也夫詩曰自詒伊

慼其子臧之謂矣詩小雅詒遺也慼憂也取其自遺憂○之服一本作之及夫音扶詒以支反遺唯季反下同夏書曰地平天成稱也夏書逸書地平其化天成其施上下相稱爲宜○夏戸雅反後夏書皆放此施始豉反疏注夏書至爲宜○正義曰此是大禹謨之文以說禹事故傳通以其篇爲夏書彼孔安國云水土治曰平五行序曰成水土既治是地平其化五行既序是天成其施杜雖不見孔傳於義亦不相違也

○宋及楚平宋成公如楚還入於鄭鄭伯將享之問禮於皇武子皇武子鄭卿對曰宋先代之後也於周爲客天子有事膰焉有事祭宗廟也膰祭肉尊之故賜以祭胙○膰符袁反周禮又作鐇字音義皆同有喪拜焉宋弔周喪王特拜謝之疏注宋弔至謝之○正義曰禮弔喪之法皆主人拜其弔者謝其勤勞弔者不荅拜以其爲事而來不自同於賓客此皆據弔及主人敵禮以上若其臣下來弔則主人不拜宋是先代之後王以敵禮待之故拜其來弔其餘諸侯則否豐厚可也鄭伯從之享宋公有加禮也禮物事事加厚善鄭能尊先代○享宋公有加絕句禮也一本無也字讀則總爲句

○冬王使來告難曰不穀不德得罪于母弟之寵子帶鄙在鄭地氾鄙野也○難乃旦反下同敢告叔父天子謂同姓諸侯曰叔父臧文仲對曰天子蒙塵于外敢不奔問官守官守王之羣臣○守手又反注及下同王使簡師父告于晉使左鄢父告于秦二子周大夫○鄢於晚反天子無出書曰天王出居于鄭辟母弟之難也叔帶襄王同母弟天子凶服降名禮也凶服素服降名稱不穀

○鄭伯與孔將鉏石甲父侯宣多省視官具于氾三子鄭大夫省官司具器用○鉏仕居反疏省視官具○正義曰鄭伯

與三大夫每日親自省視當國官司令而後聽其私政禮也得先君後己之具其器用送之于氾而後聽其私政也禮○聽吐定反○

衞人將伐邢禮至曰不得其守國不可得也禮至衞大夫守謂邢正卿國子我請昆弟仕焉乃往得仕爲明年滅邢傳

附釋音春秋左傳注疏卷第十五

春秋左傳注疏卷十五校勘記　阮元撰盧宣旬摘錄

附釋音春秋左傳注疏卷第十五　僖二十二年盡二十四年

〔經二十二年〕

須句雖別國　山井鼎云別國諸本皆然唯宋板改作列國不知據何本也

唯書伐邾取須句　纂圖本閩本監本毛本唯作惟

〔傳二十二年〕

平王嗣位　宋本淳熙本岳本足利本位作立

婢子婦人之卑稱也　宋本淳熙本足利本無也字

詩小雅言常戒懼　宋本常作嘗

天惟顯思　岳本惟作維非

蠭蠆有毒　釋文蠭本又作蠭俗作蜂蠆字林作蠤

張列反字或作蛬　宋本張列反三字作雙行

公及邾師戰于升陘　釋文升作登云本亦作升陘案玉篇郅胡經切鄉名在高密引傳作戰於升郅

隘而不列李善注魏都賦辨亡論顏延年陽給事誄陸士衡弔魏武帝文引作隘而不成列今諸本無成字

前敵無問彊弱閩本問誤間毛本弱作焉亦非

書曰此行也宋本書上有陳字是也

書傳所言師曠師曹觸師觸之類閩本毛本曠誤矌宋本曹下有師字

柣謂之閾閩本監本毛本柣誤秩

丁丑楚子入饗于鄭此亦當作享也宋本淳熙本足利本饗作享石經此處闕下饗畢作享畢

爲鄭所饗足利本饗作享

主人又酌以酢賓宋本監本毛本酢作酬

楚賓子爵各本賓作賓

庭實旅百足利本百作伯注同

兼燕禮食禮與飱禮略同毛本飱誤餐下如飱公飱侯伯飱子男飱此飱並誤作餐案當作飧

腳鼎一閩本監本毛本腳作腳非也

牢引九鼎無陪鼎也宋本監本毛本引作别字按當作列

茆菹麇臡 宋本麇作麏是也

豚拍魚醢 毛本拍誤柏

箈菹鴈醢 毛本箈字墨釘

荀菹魚醢 宋本監本毛本作筍此本誤荀

（經二十三年）

春齊侯伐宋圍緍 釋文亦作緍石經經傳皆作緍避唐太宗諱

而規杜云非也 宋本云作氏不誤

（傳二十三年）

逞刑以逞 釋文逞作呈云本或作逞按作呈字是古文假借

嫌有異同盟傳重發不書之例 宋本監本毛本盟作故

字季子而爲司空之官 宋本閩本監本毛本作季此本誤乎今訂正

狄人伐廧咎如 石經廧作廬釋文亦作廬毛氏六經正誤以作廬爲非案九經字樣云廬音牆左傳廬咎如

請待子 請上石經旁增然字非唐刻也

懷其安實敗名石經宋本岳本其作與案岳珂九經三傳沿革例云建本及諸俗本多作懷其安今從監本蜀本及諸善本作與字是也〇今依訂正

醉而遣之石經醉字上有飲之酒三字乃後人所增也

欲觀其裸宋本岳本纂圖本毛本裸作祼釋文亦作祼〇今訂作裸

注薄迫也駢脅合幹宋本作注薄迫至合幹

僖負羈之妻曰纂圖本閩本監本毛本羈作覊俗字

臣聞天之所啓監本啓下誤衍注字

正義曰天意不可必知宋本此節正義在將建諸句下

辟違禮而取考文辟作譬盧文弨校本亦作譬

晉語曰同姓不昏監本毛本昏作婚

犬戎狐姬之子宋本淳熙本岳本足利本犬作大

而天下不靖晉國石經宋本淳熙本岳本纂圖本閩本監本毛本無下字此本誤衍

國語狐偃趙衰賈佗三人皆卿才淳熙本衰誤襄

其過子弟盧文弨校本過下增王字非也

三退不得楚止命也閩本止作王非也

晉侯惠公也岳本脫也字

沃謂澆水也毛本水作手非

既而以濕手揮之毛本濕作溼案經典多以濕爲溼

伸於知己宋本伸作申已作己

〔經二十四年〕

殊之於別國閩本監本毛本別作列

〔傳二十四年〕

春王正月石經此行十一字初刻似脫王字

臣負羈紲案說文引作臣負羈紲水經注四亦引作紲石經避廟諱偏傍作絏閩本監本毛本羈作羇

馬則執靮宋本靮作靮不誤與少儀合○今依訂正

係馬係狗監本毛本狗誤駒

所不與舅氏同心者禮記檀弓正義引傳所下有反國二字案晉詞多云所不襄二十五年傳所不與崔慶者論語予所不者是也檀弓

正義反國二字疑後人妄加

有如皦日宋本作皦注及正義同

高梁在平陽楊縣西南監本毛本楊作揚非也

呂甥郤丙宋本岳本纂圖本毛本丙作芮不誤淳熙本監本作芮亦非○今訂作芮

將焚公宮而弑晉侯釋文弑作殺案李善幽通賦注引傳作殺後漢書宦者傳論注引同

蒲城之役宋本役作役說文云古文役从人

彼時斬袪之恨今日猶在監本毛本脫今日猶在四字

余未事君何有恩義於君焉毛本焉誤爲

言若反齊桓岳本若誤君

秦穆公女文嬴也淳熙本文作之非

國未輯睦釋文輯本亦作集案集輯古多通用

屏括摟嬰摟石經宋本淳熙本岳本足利本作樓不誤注同

入滑在二十一年宋本淳熙本岳本纂圖本足利本作二十年是也

推恩以行義宋本淳熙本岳本足利本行作成

以蕃屏周李善注文選曹子建求通親親表任彦升齊竟陵文宣王行狀並作以藩屏周室

應國在襄陽城父縣西宋本淳熙本岳本足利本西下有南字段玉裁校作襄城父城縣西南是也

馬平昌邑縣西有茅鄉宋本淳熙本岳本纂圖本監本毛本馬作高不誤案惠棟校本西下增南字蓋據後漢書郡國志

文武成康之建母弟監本毛本文武誤武王

封康叔于南補各本南作衞是也今依訂正

周當成王卽政之後宋本周作固是也

彼叔世爲三代之末世宋本爲作謂

非武王時十五而周公加一也毛本一作之誤

周公之胤監本毛本胤誤亂

隱七年解訖段玉裁校本七作五是也

鄂不韡韡石經韡韡宋本淳熙本岳本纂圖本足利本韡韡作韡韡注同釋文亦作

豈不韡韡而光明乎　宋本韡韡作韡韡下同

暱近　李善注宣德皇后令引作昵近案昵爲暱之或體

庸勳至姦之大　宋本此節正義在注崇聚也之下

心不則德義之經爲頑　淳熙本德義誤倒

王德狄人　宋本此節正義在將以其女爲后之下

狄固貪惏　宋本此節正義在王又啓之句下

下士十有二人　毛本下作卜非也

處于氾　石經作氾岳本作氾釋文亦作氾盧文弨云當從釋文下同〇今從釋文

郭璞云似燕紺色　閩本監本毛本紺作組非也

案漢書尉他獻文帝翠鳥毛　閩本監本毛本他作佗毛宋本作干與漢書南粵傳合

天子有事膰焉　釋文云周禮作膰字音義皆同案說文膰字下云宗廟火孰肉从炙番聲春秋傳曰天子有事膰焉

得罪于母弟之寵子帶　宋本無弟字考文提要據僖五年正義弟作氏是也

春秋左傳注疏卷十五校勘記

杜氏注　孔穎達疏

經二十有五年，春王正月丙午，衞侯燬滅邢。衞邢同姬姓，惡其親親相滅，故稱名罪之。○燬，況委反。惡，烏路反。

疏　注衞邢至罪之○正義曰：曲禮曰「諸侯不生名，滅同姓名」，傳云同姓也，故名。然則諸侯位貴居尊，故不斥其名，書名則是罪絕之事，故云罪之也。○

夏四月癸酉，衞侯燬卒。無傳。五同盟。○

疏　注五同盟○正義曰：燬以元年即位，四年盟于召陵，五年于首止，八年于洮，九年于葵丘，十五年于牡丘，皆魯衞俱在，是五同盟也。

○宋蕩伯姬來逆婦。無傳。伯姬，魯女，爲宋大夫蕩氏妻也。自爲其子來逆。稱婦，姑存之辭。婦人越竟迎婦，非禮，故書。○爲，于僞反。竟音境。○

疏　注伯姬至故書○正義曰：伯姬魯女而以宋蕩冠之，知爲宋大夫蕩氏妻也。婦者，對姑之文，姑即伯姬，故知自爲子來逆婦。公羊傳曰：「宋蕩伯姬者何？蕩氏之母也。其稱婦何？有姑之辭也。」穀梁傳曰：「婦人既嫁，不踰竟。」是婦人越竟逆婦，非禮也，以非禮故書之。紀裂繻來逆女，此云逆婦者，姑自來逆，故即稱婦也。宋有蕩氏者，宋桓公生公子蕩，蕩生公孫壽，壽生蕩意諸，意諸之後以蕩爲氏，則此人字蕩也，故云蕩氏妻。○

○宋殺其大夫。無傳。其事則未聞。於例爲大夫無罪，故不稱名。

○秋，楚人圍陳，納頓子于頓。頓迫於陳而出奔楚，故楚圍陳以納頓子。不言遂，明一事也。子玉稱人，從告。頓子不言歸，與師見納故。○

疏　頓頓迫至納故○正義曰：圍陳而納頓子，明頓子迫於陳而出奔也。楚人納之，知其出奔楚也。公羊傳曰：「何以不言遂？兩之也。」一舉兵而行此兩意，非因前生後，故不言遂，明此圍陳納頓子正是一事。釋例曰：「傳稱諸侯納之曰歸。今經諸稱納者，皆有興師見納之事，不待例而自明，故但言納，不復言歸。」納不須兩見，故云頓子不言歸，與師見納故。○

○葬衞文公。無傳。○

冬十有二月癸亥公會衞子莒慶盟于洮洮魯地衞文公既葬成公不稱爵者述父之志降名從未成君故書子以善之莒慶不稱氏未賜族○洮吐刀反○【疏】注洮魯至賜族○正義曰八年盟于洮杜云曹地三十一年魯始得曹田此時不得爲魯地注誤耳禮先君既葬則嗣子成君此文公既葬成公不稱爵者釋例曰文公欲平莒於魯未終而薨故衞子尋父之志魯人由此亦脩文公之好此孝子之至感而人情之所篤故成公雖已免喪至於此盟會降以在喪自名猶武王伐紂稱大子發故經隨而書子傳從而釋之曰脩文公之好也是說書子善之事

傳二十五年春衞人伐邢二禮從國子巡城掖以赴外殺之【疏】掖以赴外○正義曰說文云掖持臂也謂執持其臂投之城外也掖本持臂之名遂謂臂。下。脅。上爲掖是因名轉而相生也○正月丙午衞侯燬滅邢同姓也故名禮至爲銘曰余掖殺國子莫余敢止惡其不知恥詐以滅同姓而反銘功於器○掖音亦說文云以手持人臂曰掖惡烏路反○秦伯師于河上將納王狐偃言於晉侯曰求諸侯莫如勤王勤納王也諸侯信之且大義也繼文之業【疏】。繼文之業○正義曰言欲繼文侯之功業而使信義宣布於諸侯今日納王是爲可矣○而信宣於諸侯今爲可矣晉文侯仇爲平王侯伯匡輔周室○仇音求○使卜偃卜之曰吉遇黃帝戰于阪泉之兆黃帝與神農之後姜氏戰于阪泉之野勝之今得其兆故以爲吉○【疏】注黃帝至爲吉○正義曰大戴禮五帝德曰黃帝與赤帝戰于阪泉之野晉語云昔少典娶於有蟜氏生黃帝炎帝黃帝爲姬炎帝爲姜二帝用師以相濟也韋昭注云濟當爲擠擠滅也史記稱黃帝伐炎帝之後于阪泉之野炎帝卽神農也黃帝將戰卜得吉兆今卜復得彼兆故以爲吉也○公曰吾不堪也文公自以爲己當此兆故曰不堪○對曰周禮未改今之王古之帝也[言周德雖衰其命未改今之周王自當帝兆不謂晉]公曰筮之筮之遇大有䷍[乾下離上大有]之睽䷥[兌下離上睽大有九三變而爲睽○]曰吉遇公用享于天子之卦也○[大有九三爻辭也三爲三公而得位變而爲兌兌爲說得位而說故能爲王所宴饗]○戰克而王饗【疏】[戰克而王饗○正義曰卜遇黄帝吉兆是戰克也筮得大有是王享也]吉孰大焉[言卜筮協吉]且是卦也[方更總言二卦之義不繫於一爻]天爲澤以當日天子降心以逆公不亦可乎[乾爲天兌爲澤乾變爲兌而上當離離爲日日之在天垂曜在澤天子在上說心在下是降心逆公之象]大有去睽而復亦其所也[言去睽卦還論大有亦有天子降心之象乾尊離卑降尊下卑亦其義也○下遐嫁反]晉侯辭秦師而下[辭讓秦師使還順流故曰下]三月甲辰次于陽樊右師圍温[大叔在温故]左師逆王○夏四月丁巳王入于王城取大叔于温殺之于隰城戊午晉侯朝王王饗醴命之宥○[既行饗禮而設醴酒又加之以幣帛以助歡也宥助也○隰音習醴音禮宥音又]請隧弗許○[闕地通路曰隧王之葬禮也諸侯皆縣柩而下○隧音遂今之延道闕其月反縣音玄柩其九反]【疏】[注闕地至而下○正義曰隱元年傳曰闕地及泉隧而相見是闕地通路曰隧也天子之葬棺重禮大尤須謹慎去壙遠而闕地通路從遠地而漸邪下之諸侯以下棺輕禮小臨壙上而直縣下之故隧爲王之葬禮諸侯皆縣柩而下故不得用隧晉侯請隧者欲請以王禮葬也]曰王章也[章顯王者與諸侯異]未有代德而有二王亦叔父之所惡也與之陽樊温原欑茅之田○晉於是始起南陽○[在晉山南河北故曰南陽○惡烏路反欑才官反]陽樊不服圍之蒼○

葛呼曰蒼葛。樊。陽人○呼喚故反德以柔中國刑以威四夷宜吾不敢服也此誰非王之親姻其俘之也乃出其民取其土而已○俘芳扶反○秋秦晉伐鄀鄀本在商密秦楚界上小國其後遷於南郡鄀縣○鄀音若國名字林云楚邑楮斫反疏注鄀本至鄀縣○正義曰言本在商密者據在後移都稱舊鄀以爲本耳其實此時在商密後始遷於鄀縣國至彼縣而滅故彼縣專得鄀名當此秦晉伐鄀之時國名爲鄀所都之邑名商密楚以申息之師戍商密者正謂戍鄀國也析是鄀之別邑戍人居析地爲商密之援楚鬭克屈禦寇以申息之師戍商密鬭克申公子儀屈禦寇息公子邊商密鄀別邑今南鄉丹水縣戍守也二子屯兵於析以爲商密援○禦魚呂反屯徒門反援于眷反秦人過析隈入而係輿人以圍商密昏而傅焉析楚邑一名白羽今南鄉析縣隈隱蔽之處係縛輿人詐爲克析得其囚俘者昏而傅城不欲令商密知囚非析人○過古臥反王音戈析星歷反俗作析隈烏回反係音計輿音餘傅音附注同處昌慮反令力呈反宵坎血加書僞與子儀子邊盟者。掘地爲坎以埋盟之餘血加盟書其上○掘其勿反又其月反本又作闕其月反商密人懼曰秦取析矣戍人反矣乃降秦師。因申公子儀息公子邊以歸商密既降析戍亦敗故得因二子○降戶江反後除注降名皆同楚令尹子玉追秦師弗及不復言晉者秦爲兵主○復扶又反遂圍陳納頓子于頓爲頓圍陳○爲于僞反○冬晉侯圍原命三日之糧原不降命去之諜出諜間也○諜音牒間間廁之間曰原將降矣軍吏曰請待之公曰信國之寶也民之所庇也得原失信何以庇之所亡滋多退一舍而原降遷原伯貫

于冀伯貫周守原大夫也○庇必利反又音祕貫古亂反趙衰爲原大夫狐溱爲溫大夫○狐溱狐毛之子溱側巾反

○衛人平莒于我十二月盟于洮脩衞文公之好且及莒平也莒以元年鄙之役怨魯衞文公將平之未及而卒成公追成父志降名以行事故曰脩文公之好○好呼報反注同鄙力知反○晉侯問原守於寺人勃鞮勃鞮披也○守手又反勃步忽反鞮丁兮反對曰昔趙衰以壺飧從徑餒而弗食言其廉且仁不忘君也徑猶行也○飧音孫從才用反舊如字徑古定反一讀以壺飧從絕句讀徑爲經連下句乖於杜意餒如罪反餓也○疏注言其至行也○正義曰杜以徑猶行者以傳文爲徑故釋爲行上讀爲義劉炫改徑爲經謂經歷飢餒下屬爲句輒改其字以規杜氏非也故使處原從披言也衰雖有大功猶簡小善以進之示不遺勞○披普皮反○

經二十有六年春王正月己未公會莒子衞甯速盟于向向莒地甯速衞大夫莊子也○向舒亮反

○齊人侵我西鄙公追齊師至酅不及公逐齊師遠至齊地故書之濟北穀城縣西有地名酅下○酅本又作巂戶圭反注同一音以轉反疏齊人至弗及○正義曰於例將卑師少稱人將卑師衆稱師此來去一也而師人異文者穀梁傳曰其侵也曰人其追也曰師以公之弗及大之也此傳無解或如穀梁之言美公能逐其師若言追大師然變文以美公猶嘉季子之獲而書莒挐也公追戎于濟西不言所至此言至酅者美公遠追能追至齊地故書之也桓十年齊侯衞侯鄭伯來戰于郎傳曰不書侵伐我有辭也此齊人侵我討洮向二盟與莒和好我亦無罪而書侵者於時晉文初起諸侯無伯齊侯是桓公之子欲以盟主自居魯不告齊而私爲此盟非有正禮可辭齊侯容得侵伐故從本文○

○夏齊人伐我北

鄙孝公未入魯竟先使微者伐之○竟音境傳同○衛人伐齊○公子遂。如楚乞師公子遂魯卿也乞不保得之辭疏注公子至之辭○正義曰公子遂名書於經則是卿也而云大夫者大夫是總辭也今定本爲魯卿乞則自我之心得否在於彼國乞者執謙之意不保必得之辭釋例曰凡乞者。深求過理之辭執謙以偪成其。計故雖小國之乞大國大國之乞小國亦皆從不與謀之例臧宣叔卻錡乞師是也然則與謀者彼此合。計同謀共行乞師者取彼之力我獨用之故不從與謀之例公羊傳曰乞者何卑辭也曷爲內外同辭重師也曷爲重師師出不正反戰不正勝穀梁亦同其意以爲兵凶器戰危事用師必有死傷不可必全得歸本不可謂之假借故皆以乞爲名○秋楚人滅夔以夔子歸夔楚同姓國今建平秭歸縣夔有不祀之罪故不譏楚滅同姓○夔求龜反秭音姊○冬楚人伐宋圍緡公以楚師伐齊取穀傳例曰師能左右之曰以○緡亡巾反○公至自伐齊無傳

傳二十六年春王正月公會莒茲㔻公茲㔻時君之號莒夷無諡以號爲稱○㔻普悲反稱尺證反○甯莊子盟于向尋洮之盟也洮盟在前年○齊師侵我西鄙討是二盟也○夏齊孝公伐我北鄙衛人伐齊洮之盟故也公使展喜犒師勞齊師○犒苦報反勞也勞力報反下文同○疏注勞齊師○正義曰犒者以酒食餉饋軍師之名也服虔云以師枯槁故饋之飲食勞苦謂之勞也魯語云使展喜以膏沐犒師○使受命于展禽柳下惠○疏注柳下惠○正義曰魯語展禽對臧文仲云獲聞之是其人氏展名獲字禽柳下是其所食之邑名諡曰惠列女傳柳下惠死門人將諡之妻曰夫子之諡宜爲惠乎門人從以爲。諡莊子云柳下季者季是五十字禽是二十字齊侯未入竟展喜從之曰寡君聞君親舉

玉趾將辱於敝邑使下臣犒執事言執事不敢斥尊○趾音止足也齊侯曰魯人恐乎對曰小人恐矣君子則否齊侯曰室如縣罄。野無青草何恃而不恐如而也時夏四月今之二月野物未成故言居室而資糧縣盡在野則無蔬食之物所以當恐○恐立勇反下及注皆同縣音玄注同罄亦作磬盡也○疏注如而至當恐○正義曰服虔云言室屋皆發撤榱椽在如縣罄孔晃曰縣罄但有桷無覆蓋杜以下云野無青草言在野無青草可食明此在室無資糧可啜故改如爲而言居室而資糧縣盡劉炫云如罄在縣下無粟帛炫乃以服義規杜非也對曰恃先王之命昔周公大公股肱周室夾輔成王成王勞之而賜之盟曰世世子孫無相害也載在盟府載載書也○大音泰下及注同夾古洽反舊音古協反○大師職之職主也大公爲大師兼主司盟之官桓公是以糾合諸侯而謀其不協彌縫其闕而匡救其災昭舊職也及君卽位諸侯之望曰其率桓之功率循也○縫扶容反我敝邑用不。敢保聚用此舊盟故不聚衆保守曰豈其嗣世九年而棄命廢職其若先君何君必不然恃此以不恐齊侯乃還○東門襄仲臧文仲如楚乞師襄仲居東門故以爲氏臧文仲爲襄仲副使故不書○使所吏反○臧孫見子玉而道之伐齊宋以其不臣也言其不臣事周室可以此罪責而伐之○道音導○夔子不祀祝融與鬻熊祝融高辛氏之火正楚之遠祖也鬻熊祝融之十二世孫夔楚之別封故亦世紹其祀○融餘忠反鬻音育○疏祝融至其祀○正義曰楚世家云楚之先出自帝顓頊高陽高陽生稱稱生卷章卷章生重黎重黎爲高辛氏火正帝嚳命曰祝融帝誅重黎而以其弟吳回居火正爲祝融吳回生陸終陸終生季連季連芈姓楚其後也其後中微或在中國或在蠻夷不能紀其世周文王之時季連之苗裔曰鬻熊事文王曾孫熊繹成王封於楚是祝融鬻熊皆爲楚之遠祖也自祝融至鬻熊司馬遷不能紀其世杜言十二世不知出何書故劉炫規杜云計其間出有一千二百年略而言之則百年爲一世計父子爲十二世何以得近千二百年乎今刪定知不然者以其間或兄弟伯叔相及皆爲君故年多而世少或可轉寫誤劉更無別文以意而規杜氏未爲得也○楚人讓之對曰我先王熊摯有疾鬼神弗赦而自竄于夔熊摯楚嫡子有疾不得嗣位故別封爲夔子○摯音至竄七亂反字林又千外反嫡丁歷反○疏注熊摯至夔子正義曰傳言熊摯有疾是以失楚明是適子有疾不得嗣位楚世家無其事不知熊摯是何君之適何時封夔案鄭語孔晁注云熊繹玄孫曰熊摯有疾楚人廢之立其弟熊。延熊摯自棄於夔子孫有功王命爲夔子亦不知何所據也○吾是以失楚又何祀焉廢其常祀而飾辭文過○秋楚成得臣鬬宜申帥師滅夔以夔子歸成得臣令尹子玉也鬬宜申司馬子西也○宋以其善於晉侯也重耳之出也宋襄公贈馬二十乘○乘繩證反叛楚即晉冬楚令尹子玉司馬子西帥師伐宋圍緡公以楚師伐齊取穀凡師能左右之曰以左右謂進退在。己○左右並如字疏凡師至曰以○正義曰能左右者。謂欲左則左欲右則右故注云謂進退在己釋例曰凡師能左右之曰以謂求助於諸侯而專制其用征伐進退帥意而行故變會及之文而曰以施於匹敵相用者若伯主之命則上行於下非例所及也吳雖大國順蔡侯之請自將其衆唯蔡侯之命故亦言以吳子也傳例稱師則諸不言師者皆不用以爲例也以之於言所涉甚多劉賈許。穎既不守例爲斷又亦不能盡通諸以唯雜取晉人執季孫以歸劉子單子以王猛居于皇尹氏毛伯以王子朝奔楚隨示以義數事而已又云諸稱以皆小以大下以上非其宜也尋案晉侯以季孫歸又非下以上也荆以蔡侯歸亦非小以大也寘桓公子雍於穀易牙奉之以爲魯援雍本與孝公爭立故使居穀以偪齊○寘之豉反援于眷反○楚申公叔侯戍之爲二十八年楚子使申叔去穀張本桓公之子七人爲七大夫於楚言孝公不能撫公族

經。二十有七年春杞子來朝○夏六月庚寅齊侯昭卒十九年與魯大夫盟于齊○秋八月乙未葬齊孝公無傳三月而葬速乙巳公子遂帥師入杞弗地曰入八月無乙巳乙巳九月六日○冬楚人陳侯蔡侯鄭伯許男圍宋傳言楚子使子玉去宋經書人者耻不得志以微者告猶序諸侯之上楚主兵故○

疏注傳言至兵故○正義曰此年傳云楚子及諸侯圍宋則是楚子親自來也十二月公會諸侯盟于宋公爲楚子在宋而往會之明與楚子共盟也明年傳晉侯執曹伯分曹衛之田以畀宋人其下始云楚子入居于申使子玉去宋由此而言楚子初來圍宋必親至宋國使子玉主兵明年見晉之盛身始去之獨留子玉於宋耳杜以諸侯之貶不至稱人今言楚人不得爲楚子之身也子玉楚之正卿宜書其名今書曰楚人非子玉也故以耻不得志以微者告也若然莊二十八年齊人伐衞杜云齊侯稱人者諱取賂而還以賤者告二十二年宋公及楚人戰于泓杜云楚告命不以主帥人數故略稱人則以彼二解義亦得通但傳有子玉在宋之文故據子玉解之所以弘通其義也初圍宋在此年冬楚子入居于申乃是明年三月圍至明年不克始是不得志耳非是初圍之時爲不得志也杜意當以此爲明年始。告告以今冬圍耳下句即有公會諸侯于宋楚未來告而公得往會之者公傳聞即往非待告也其書圍宋之事必待專使來告傳聞行言不得書也然。若成十三年公會諸侯伐秦傳稱戰于麻隧秦師敗績而經無戰敗之事杜云時公在師復不須告蓋經文闕漏傳文獨存即如彼言公見其事不復須告此時公會諸侯于宋即是親見宋圍何以不即書之而云待楚告者案檢上下襄十一年公會晉侯云云伐鄭傳稱鄭人行成下言晉趙武入
盟鄭伯鄭子展出盟晉侯杜云二盟不書不告二十五年公會晉侯云云于夷儀傳稱伐齊齊人使隰。鉏請成慶封如師杜云慶封獨使於晉不通諸侯故不
書二十六年傳六月公會晉趙武宋向戌鄭良霄曹人于澶淵晉人執甯喜以歸杜云歸晉而後告諸侯故經書在秋此三事者公雖在會不告不書所言不
須告者皆謂公親行其事麻隧公親在戰故云不復須告此時公往與盟不與圍宋故圍宋之事必待告乃書既以微者來告猶序諸侯之上者春秋之例會
同以國大小爲序征伐則以主兵在前此序諸侯之上由楚主兵故也○十有二月甲戌公會諸侯盟于宋無傳諸侯伐宋
公與楚有好而往會之非後期宋方見圍無嫌於與盟故直以宋地○好呼報反與音預【疏】注諸侯至宋地○正義曰陳蔡鄭許皆是楚之屬國楚子帥而
與之圍宋往年公使公子遂如楚乞師始與之通和好魯非楚之屬國圍宋之事公不與謀直聞其在宋往會之耳非是楚來召公公自往會之非後期也言
此者文七年扈之盟爲公後期不序其國而總曰諸侯此亦總曰諸侯有後期之嫌故明之非爲後期而總稱諸侯即上圍宋之諸侯也一事而再見者前目
而後凡常例也圍稱楚人以微者告魯此與諸侯盟會必是楚子親之不復別言楚子者上已歷序諸侯遂令楚子當楚人之處即從總文故不復曲序之也
凡盟會以國爲地者必國主與其盟會此時宋方見圍無嫌與盟故直以宋地也○

傳二十七年春杞桓公來朝用夷禮故曰子杞先代之後而迫於東夷風俗雜壞言語衣服有時而夷故杞子卒傳言其夷也今稱朝者始於朝禮終而不全異於介葛盧故唯貶其爵○公卑杞杞不共也杞用夷禮故賤之○共音恭本亦作恭下注同

○夏齊孝公卒有齊怨前年齊再伐魯不廢喪紀【疏】不。廢喪紀正義曰周禮小司徒掌喪紀之禁令庖人掌喪紀之庶羞

樂。記曰衰麻哭泣所以節喪紀也言喪紀者多矣喪紀者喪事之總名諸侯相於唯有弔贈故注云弔贈之數不有廢也禮也弔贈之數不。有廢○

秋入杞責無禮也。責不共也○責無禮本或作責禮也○楚子將圍宋使子文治兵於睽子文時不為令尹故云使治兵習號令也睽楚邑○睽苦圭反又音圭○終朝而畢不戮一人終朝自旦及食時也子文欲委重於子玉故略其事○朝如字注同戮音六○子玉復治兵於蔿子玉為令尹故蔿楚邑○復扶又反蔿于委反終日而畢鞭七人貫三人耳疏貫。三人耳○正義曰耳助包也國老皆賀子文疏國老皆賀○正義曰王制云有虞氏養國老於上庠養庶老於下庠然則國老者國之卿大夫士之致仕者也子文飲之酒賀子玉堪其事○貫音官又古亂反飲於鴆反蔿賈尚幼後至不賀蔿賈伯嬴孫叔敖之父幼少也○嬴音盈少詩照反下同○子文問之對曰不知所賀子之傳政於子玉曰以靖國也疏子之至國也○正義曰二十三年子玉伐陳城頓而還子文使為令尹叔伯曰子若國何對曰吾以靖國也夫有大功而無貴仕其人能靖者與有幾子文恐子玉矜功為亂故授令尹冀以靖國家此舉其前言以非之靖諸內而敗諸外所獲幾何子玉之敗子之舉也舉以敗國將何賀焉子玉剛而無禮不可以治民過三百乘其不能以入矣疏過三至入矣○正義曰若使為帥過三百乘其必不能入前敵矣苟入而賀何後之有三百乘二萬二千五百人○傳直專反幾居豈反乘繩證反下同○冬楚子及諸侯圍宋宋公孫固如晉告急公孫固宋莊公孫先軫曰報施救患取威定霸於是乎在矣先軫晉下軍之佐原軫也報宋贈馬之施○軫之忍反施式氏反注同疏注先軫至之施○正義曰劉炫云下蒐于被廬先軫始佐下軍此時未爲下軍之佐以規杜氏知不然者以方欲救宋卽蒐被廬先軫此語與蒐相近不知未蒐之前先軫身作何官故以蒐後下軍之佐明之然先軫後年亦爲中軍帥不云中軍帥者相去既遠又隔下軍之佐故杜不言之狐偃曰楚始得曹而新昏於衛若伐曹衛楚必救之則齊宋免矣前年楚使申叔侯戍穀以偪齊於是乎蒐于被廬晉常以春蒐禮改政令敬其始也被廬晉地○蒐所求反被皮義反廬力居反作三軍閔元年晉獻公作二軍今復大國之禮謀元帥中軍帥○帥所類反注同疏謀元帥○正義曰元長也謂將帥之長軍行則重者居中故晉以中軍爲尊而上軍次之其二軍則上軍爲尊故閔元年晉侯作二軍公將上軍趙衰曰郤縠可臣亟聞其言矣說禮樂而敦詩書詩書義之府也禮樂德之則也德義利之本也疏說禮至本也○正義曰說謂愛樂之敦謂厚重之詩之大旨勸善懲惡書之爲訓尊賢伐罪奉上以道禁民爲非之謂義詩書義之府藏也禮者謙卑恭謹行歸於敬樂者欣喜歡娛事合於愛揆度於內舉措得中之謂德禮樂者德之法則也心說禮樂志重詩書遵禮以布德習詩書以行義有德有義利民之本也晉語云文公問元帥於趙衰對曰郤縠可年五十矣守學彌惇夫好先王之法者德義之府也夫德義生民之本也能敦篤不忘百姓請使郤縠公從之夏書曰賦納以言明試以功車服以庸尚書虞夏書也賦納以言觀其志也明試以功考其事也車服以庸報其勞也賦猶取也庸功也○縠本又作穀同胡木反亟欺冀反數也說音悅君其試之疏夏書至試之○正義曰夏書言用臣之法賦取也取人納用以其言察其言觀其志也分明試用以其功考其功觀其能也而賜之車服以報其庸庸亦功也知其有功乃賜之古人之法如此君其試用之○注尚書至功也○正義曰此古文虞書益稷之篇漢魏諸儒不見古文因伏生之謬從堯典至胤征凡二十

篇總名曰虞夏書以與禹對言故傳通謂大禹謨以下皆爲夏書也古本作敷納以言明庶以功敷作賦庶作試師受不同古字改易耳賦稅者取受之義故爲取也庸功釋詁文舜典云敷奏以言明試以功車服以庸文雖略同此引夏書非舜典也乃使郤穀將中軍郤溱佐之使狐偃將上軍讓於狐毛而佐之狐毛偃之兄○將子匠反下將上將皆同溱側巾反疏○注狐毛偃之兄○正義曰晉語偃辭曰毛之知賢於臣其齒又長毛也不在位不敢聞命命趙衰爲卿讓於欒枝先軫欒枝貞子也欒賓之孫○欒魯官反使欒枝將下軍先軫佐之荀林父御戎魏犫爲右荀林父中行桓子○行戶剛反晉侯始入而教其民二年欲用之二十四年入子犯曰民未知義未安其居無義則苟生疏○注無義則苟生○正義曰未知君臣之義不作長久之圖苟且爲生以過朝夕是未安其居於是乎出定襄王二十五年定襄王以示事君之義入務利民民懷生矣疏○入務至生矣○正義曰利民之事非止一塗晉語說文公爲政云棄責薄斂施舍分災救乏振滯匡困資無輕關易道通賈寬農務穡勸分省用足財利器明德以厚民性皆是利民之事民懷生者謂有懷義之心不復苟且劉炫云生既厚民皆懷戀居處將用之子犯曰民未知信未宣其用宣明也未明於見用之信疏○注未明於見用之信○正義曰信是人之所用若未伐原示信民未明於信是人用故傳云未宣其用云見用者言信見爲人所用於是乎伐原以示之信伐原在二十五年民易資者不求豐焉不詐求多○以明徵其辭重言信○公曰可矣乎子犯曰民未知禮未生其共於是乎大蒐以示之禮蒐順少長明貴賤○長丁丈反作執秩以正其官執秩主爵秩之官○秩直乙反民聽不惑而後用

之出穀戍釋宋圍楚子使申叔去穀子玉去宋一戰而霸文之教也。謂明年戰城濮疏文之教也○正義曰論語云上好禮則民莫敢不敬上好義則民莫敢不服上好信則民莫敢不用情今晉侯以義信禮教民然後用之是文德之教也明年傳君子謂晉於是役也能以德攻注云以文德教民而後用之謂此役也

經二十有八年春晉侯侵曹晉侯伐衛再舉晉侯者曹衛兩來告○公子買戍衛不卒戍刺之公子買魯大夫子叢也內殺大夫皆書刺言用周禮三刺之法示不枉濫也公實畏晉殺子叢而誣叢以廢戍之罪恐不為遠近所信故顯書其罪○刺七賜反殺也叢似東反杠紆往反疏注公子至其罪○正義曰經言買傳言叢蓋名買字叢或字相似而一謬也周禮司刺掌三刺之法以贊司寇聽獄訟一刺曰訊羣臣再刺曰訊羣吏三刺曰訊萬民鄭玄云刺殺也訊而有罪則殺之訊言也內殺大夫此及成十六年刺公子偃皆書刺者若云用彼三刺之法言問臣吏萬民皆言合殺乃始殺之以示不枉濫也此三刺之法位在外朝庫門之外臯門之內故小司寇掌外朝之政三公及州長百姓北面羣臣西面羣吏東面。如此訊之也魯史獨設此名所以異於外也公羊以為內諱殺大夫謂之刺以為諸侯不得專殺故諱言刺之其意小異於此公實畏晉殺子叢以說晉言戍衛者叢之所為又歸罪於叢言不終戍事故殺之恐不為遠近所信故顯書子叢之罪也然魯殺。子叢本有兩意謂楚云不卒戍謂晉云叢欲戍衛今經之所書書謂楚之辭不書謂晉之辭者以魯先與楚同好恐楚疑之故顯書不卒戍之罪以告屬楚諸侯心實畏晉未敢宣露故經不書告晉之辭蘇云公子買不卒戍者告晉楚之辭也謂晉云公子買比來戍衛今不使終其戍事是以殺之謂楚云比令公子買。楚戍衛其買不終戍事是以殺之楚人救衛○三月丙午晉侯入曹執曹伯畀宋人畀與也執諸侯當以歸京師晉欲怒楚使戰故以與宋所謂譎而不

正〇畀必利反注同譎古穴反疏注畀與也〇正義曰劉炫云公羊傳曰畀者何與也其言以畀宋人何與使聽之何休云宋稱人者明聽訟必師斷與其師衆共之穀梁傳曰畀與也其曰人何也不與晉侯畀宋公也注云畀上與下之辭故不以侯畀公案傳執曹伯分曹衛之田以畀宋人則田亦稱人非爲斷獄故云人也若不使晉侯與宋公自可改其畀名何以名之爲畀而使義不得與也若與宋人豈宋國卑賤之人得獨受曹伯而治之乎二傳之言皆不得合左氏當以人爲衆辭舉國而稱之耳

〇夏四月己巳晉侯齊師宋師秦師及楚人戰于城濮楚師敗績宋公齊國歸父秦小子慭既次城濮以師屬晉不與戰也子玉及陳蔡之師不書楚人恥敗告文略也大崩曰敗績〇濮音卜慭魚覲反下與音預

疏注宋公至敗績〇正義曰於例將卑師衆稱師此齊宋秦皆又稱師則將非尊者傳云宋公齊國歸父秦小子慭次于城濮及其交戰唯言晉師陳于莘北說晉之將帥與楚相敵都不言齊宋公卿知其既次城濮以師屬晉不與戰也沈氏云定四年戰于柏舉傳稱蔡侯吳子唐侯伐楚杜云唐侯不書兵屬於吳蔡今宋齊秦屬晉而書之者彼柏舉之戰唐師共屬吳蔡與之同陳故不書此齊宋師等雖屬晉猶異陳故得書之傳稱子玉及陳蔡之師皆在於陳而不書者楚人恥敗告辭略故史不得書之劉炫規過以爲晉人告略今知不然者但於此戰時魯猶屬楚凡禍福相告必同好之國故知楚人來告也楚人來告不言陳蔡者恥其諸國皆在不能敵晉故略言楚人而已若其晉告則應矜其勝事以少敗多何肯略其陳蔡而不告也劉以爲晉人來告而規杜氏非也

楚殺其大夫得臣子玉違其君命以取敗稱名以殺罪之〇衛侯出奔楚〇五月癸丑公會晉侯齊侯宋公蔡侯鄭伯衛子莒子盟于踐土踐土鄭地王子虎臨盟不同歃故不書衛侯出奔其弟叔武攝位受盟非王命所加從未成君之禮故稱子而序鄭伯之下經書癸丑月十八日也傳書癸亥月二十八日經傳必有誤〇賤以淺反土如字或一音杜歃所治反本又

作咟【疏】注踐土至有誤〇正義曰傳稱王子虎盟諸侯于王庭而不書子虎知子虎臨盟不與歃定四年傳稱踐土之盟其載書云王若曰晉重魯申衞武蔡甲午鄭捷齊潘宋王臣莒期其次與會不同者會之班次以國大小爲序及其盟也王臣臨之異姓爲後故載書之次與會異也定四年召陵之會傳稱祝佗言於萇弘曰踐土之盟衞成公不在夷叔其母弟也猶先蔡萇弘說告劉子乃長衞侯於盟如彼傳文則踐土召陵二盟衞皆先蔡而經書諸國之序二會皆蔡在衞先者釋例曰周之宗盟異姓爲後故踐土載書齊宋雖大降於鄭衞斥周而言止謂王官之宰臨盟者也其餘雜盟未必皆然踐土召陵二會蔡在衞上時國次。也至盟乃正其高下者敬恭明神本其始也是言盟會異次之意也如釋例之言王官之宰臨盟乃以異姓爲後則二十九年翟泉之盟王子虎在焉宣七年黑壤之盟王叔桓公臨之彼二盟亦當異姓爲後與會異次也八年洮之盟王人在列杜指王官之宰則卑者未必能別同姓異姓若無王官之伯則以大小。爲序襄二十七年宋之盟晉楚爭先是其餘雜盟不先同姓之文也周禮典命云諸侯之適子誓於天子攝其君則下其君一等未誓則以皮帛繼子男叔武是衞侯之弟未得從世子之法攝位受盟舊無正禮其班位高下出於主會之意以其非王命所加使從未成君之禮故稱子而序於鄭伯之下蓋晉文之意使然

陳侯如會無傳陳本與楚楚敗懼而屬晉來不及盟故曰如會【疏】陳侯如會〇正義曰沈氏云八年鄭伯云乞盟此直云如會者彼及其盟故云乞盟此則不及其盟又陳侯不乞故與彼文異

公朝于王所無傳王在踐土非京師故曰王所【疏】注王在至王所〇正義曰穀梁傳曰朝不言所言所者非其所也是其由非京師故稱王所也公羊傳曰曷爲不言公如京師天子在是也曷爲不言天子在是不與致天子也其意言晉文公召王來踐土左傳於此無召王之事直云作王宮于踐土杜云襄王聞。戰勝自往勞之故爲作宮則以王意自往非晉召之不同公羊說也〇

六月衞侯鄭自楚復歸于衞復其位曰復歸晉人感叔武之賢而復衞侯衞侯之入由于叔武故以國逆爲文例在成十八年

衛元咺出奔晉元咺衛大夫雖爲叔武訟訴失君臣之節故無賢文奔例在宣十年○咺況晚反爲于僞反下爲其同訴本又作愬蘇路反

【疏】注元咺至十年○正義曰宣十年齊崔氏出奔衛傳曰書曰崔氏非其罪也文八年宋司城來奔傳言司城。效節於府人而出故書以官貴之也然書官及氏爲貴則書名不是賢文以元咺訴君於晉所訴雖直令君陷罪失君臣之節故無賢文書其名從本文也

○陳侯款卒無傳凡四同盟

【疏】注凡四同盟○正義曰款以十三年即位十五年盟于牡丘十九年于齊二十一年于薄二十七年于宋魯陳俱在是四同盟也

○秋杞伯姬來無傳莊公女歸寧曰來

○公子遂如齊無傳聘也

○冬公會晉侯齊侯宋公蔡侯鄭伯陳子莒子邾人秦人于温。陳共公稱子先君未葬例在九年宋襄公稱子自在本班陳共公稱子降在鄭下陳懷公稱子而在鄭上傳無義例蓋主會所次非襃貶也○共音恭下共公同

【疏】注陳共至貶也○正義曰陳侯款經不書葬正以稱子知其先君未葬也宋襄稱子九年葵丘會也陳共公稱子此會也陳懷公稱子定四年召陵會也其班次上下傳無義例故疑主會所次非襃貶也桓十六年公會宋公衛侯陳侯蔡侯伐鄭杜云蔡常在衛上今序陳下蓋後至二十九年翟泉之盟秦人在陳蔡之下傳歷序諸侯之卿而有秦小子憖杜云秦小子憖在蔡下者若宋向。戌之後會彼二事班失其次杜以後至釋之知此陳共公稱子降在鄭下非後至者杜以後至爲說亦無明文正以國之大小班序先定今乃退在小國之下因向。戌有後至之譏故取以爲說耳未成君者例無定式不知所由故言蓋爲疑辭疑主會之意亦未必不由後至而降之禮雜記云君薨大子號稱子待猶君也然則待之如君在本班者爲得禮也降其班者出自主會之意

○天王狩于河陽晉地今河內有河陽縣晉實召王爲其辭逆而意順故經以王狩爲辭○狩本又作守音同

壬申公朝于王所壬申十月十日有日而無月史闕文

○晉人執衞侯歸之于京師稱人以執罪及

民也例在成十五年諸侯不得相治故歸之京師【疏】晉人至京師正義曰成十五年晉侯執曹伯歸于京師彼不言之此言之者公羊傳曰歸之于者罪已定矣歸于者罪未定也左氏無此義正是史異辭耳衛元咺自晉復歸于衛元咺與衛侯訟得勝而歸從國逆例者明衛侯無道於民國人與元咺○諸侯遂圍許。會溫諸侯也許。比再會不至故會共伐之○比如字王俾利反因曹伯襄復歸于曹晉感侯獳之言而復曹伯故從國逆。例○獳乃侯反【疏】注晉感至。之例○正義曰侯獳愛君以請此曹伯從國逆之例成十六年曹人再請於晉乃釋成公而云曹伯歸自京師從外納之文者彼國人請君自是恆事此侯獳貨筮史致其誠心晉侯感其言而特釋之所以顯侯獳故從國逆例也遂會諸侯圍許言遂得復而行不歸國也

傳二十八年春晉侯將伐曹假道于衛曹在衛東故衛人弗許還自河南濟從汲郡南渡出衛南而東○汲音急侵曹伐衛正月戊申取五鹿五鹿衛地二月晉郤縠卒原軫將中軍胥臣佐下軍上德也先軫以下軍佐超將中軍故曰上德胥臣司空季子○將子匠反注同胥思徐反晉侯齊侯盟于斂盂斂盂衛地○斂徐音廉又力檢反盂音于衛侯請盟晉人弗許衛侯欲與楚國人不欲故出其君以說于晉衛侯出居于襄牛襄牛衛地○說音悅或如字○公子買戍衛晉伐衛衛楚之昏姻魯欲與楚故戍衛楚人救衛不克公懼於晉殺子叢以說焉召子叢而殺之以謝晉○說音悅謂楚人曰。不卒戍也。謂告楚人言子叢不終戍事而歸故殺之殺子叢在楚救衛下經在上者救衛赴晚至○晉侯圍曹門焉多死攻曹城門曹

人尸諸城上磔晉死人於城上○磔張宅反晉侯患之聽輿人之謀曰稱舍於墓輿衆也舍墓為將發冢○輿音餘為如字又于偽反疏輿人至於墓○正義曰此謀字或作誦涉下文而誤耳其云誦者皆韻如詩賦此稱舍於墓直是計謀之言不得為誦今定本作謀狀還焉曹人兇懼還至曹人墓兇兇恐懼聲○兇凶勇反恐丘勇反為其所得者棺而出之因其兇也而攻之三月丙午入曹數之以其不用僖負羈而乘軒者三百人也且曰獻師軒大夫車言其無德居位者多故責其功狀○棺古患反一音官軒許言反令無入僖負羈之宮而免其族報施也報飧璧之施○施始豉反注同飧音孫魏犫顛頡怒曰勞之不圖報於何有二子各有從亡之勞○頡胡詰反從才用反疏勞之至何有○正義曰二子有從行之勞未得厚賞故言勞苦之大不嘗圖謀其報此小惠於何有義恨公忘己而念彼也爇僖負羈氏爇燒也○爇如悅反魏犫傷於胸公欲殺之而愛其材才力使問且視之病將殺之魏犫束胸見使者曰以君之靈不有寧也言不以病故自安寧○見賢遍反使所吏反距躍三百曲踊三百距躍超越也曲踊跳踊也百猶勵也○距音巨躍羊略反三如字又息暫反百音陌下放此跳徒彫反勵音邁疏注距躍至勵也○正義曰詩稱魚躍易言龍躍則躍是舉身向上之名禮記婦人踊不絕地則踊亦向上之名詩云踊躍用兵則踊躍二事勢相類也說文云躍迅也踊跳也然則躍以疾生名故以距躍為超越言距地向前跳而越物過也曲踊以曲為言則謂向上跳而折復下故以曲踊為跳踊耳言直上向下而已以傷病之人而再言三百不可為六百跳也杜言百猶勵亦不知勵何所謂蓋復訓勵為勉言每跳皆勉力為之乃舍之殺顛頡以徇于師立舟之僑

以爲戎右 舟之僑故號臣閔二年奔晉以代魏犨爲先歸張本○舍如字又音捨下同徇似俊反 宋人使門尹般如晉師告急 門尹般宋大夫○般音班 公曰宋人告急舍之則絕 與晉絕 告楚不許我欲戰矣齊秦未可若之何 未肯戰 先軫曰使宋舍我而賂齊秦 求救於齊秦○舍音捨 藉之告楚。 假借齊秦使爲宋請○藉在亦反借也爲于僞反 我執曹君而分曹衛之田以賜宋人楚愛曹衛必不許也 不許齊秦之請 喜賂怒頑能無戰乎 言齊秦喜得宋賂而怒楚之頑必自戰也不可告請故曰頑 公說執曹伯分曹衛之田以畀宋人楚子入居于申 申在方城內故曰入○說音悅畀必利反 使申叔去穀 二十六年申叔戍穀 使子玉去宋曰無從晉師晉侯在外十九年矣而果得晉國 晉侯生十八年而亡亡十九年而反凡。三十六年至此四十矣 險阻艱難備嘗之矣民之情僞盡知之矣天假之年 獻公之子九人唯文公在故曰天假之年 而除其害 除惠懷呂郤 天之所置其可廢乎軍志曰允當則歸 無求過分軍志兵書○當丁浪反分扶問反 又曰知難而退又曰有德不可敵此三志者晉之謂矣 謂今與晉遇當用此三志

疏 軍志至謂矣○正義曰允當則歸謂信當分理則須歸還無求過分決戰取勝也知難而退謂知前敵之難則須退。辟也有德不可敵謂必知敵彊不須與競也此三志者與晉相遇之謂矣劉炫云此志三云者情有淺深允當則歸謂彼雖可勝得當則還言前人弱於己也知難而退謂勝不可必早自。也斂言前人與己敵也有德不可敵謂必知彼彊不須與競言前人彊於己也三者從弱至彊總言晉之謂矣指言晉彊於己也

子玉使伯棼。請戰 伯棼子越

椒也鬭伯比之孫棼扶云反王扶粉反○曰非敢必有功也願以間執讒慝之口間執猶塞也讒慝若蒍賈之言謂子
玉不能以三百乘入○間間廁之間注同慝吐得反乘繩證反王怒少與之師唯西廣東宮與若敖之六卒實
從之楚子還申遣此兵以就前圍宋之衆楚有左右廣又太子有宮甲分取以給之若敖楚武王之祖父葬若敖者子玉之祖也六卒子玉宗人之兵六
百人言不悉師以益之○廣古曠反注同卒子忽反注同疏注楚子至益之○正義曰宣十二年傳欒武子說楚事云其君之戎分爲二廣廣有一卒卒偏
之兩是楚有左右廣也周禮車僕掌戎路之萃廣車之萃鄭玄云廣車橫陳之車襄十一年鄭人賂晉侯以廣車蓋兵車之名名之爲廣因即以車表兵謂屬
西廣之兵也文元年商臣以宮甲圍成王是東宮兵也周禮司馬凡制軍百人爲卒知六卒六百人也子玉使宛春告於晉師曰
請復衞侯而封曹臣亦釋宋之圍衞侯未出竟曹伯見執在宋已失位故言子復衞封曹○宛於元反又於阮反竟音境
犯曰子玉無禮哉君取一臣取二君取一以釋宋圍惠晉侯臣取二復曹衞爲己功不可失矣言可伐先
軫曰子與之疏○先軫曰子與之○正義曰以子犯言爲無理故先言子與之欲令子犯與子玉復衞封曹既言此以荅子犯然後復言其不可
之理更別爲之立計使私許復曹衞以攜之定人之謂禮楚一言而定三國我一言而亡之我則無
禮何以戰乎不許楚言是棄宋也救而棄之謂諸侯何言將爲諸侯所怪楚有三施我
有三怨怨讎已多將何以戰不如私許復曹衞以攜之私許二國使告絕于楚而後復之攜離也○施
始豉反執宛春以怒楚既戰而後圖之須勝負決乃定計公說乃拘宛春於衞且私許復

曹衛曹衛告絶於楚子玉怒從晉師晉師退軍吏曰以君辟臣辱也且楚師老矣何故退子犯曰師直爲壯曲爲老豈在久矣。微楚之惠不及此重耳過楚楚成王有贈送之惠○説音悦拘音俱過古禾反退三舍辟之所以報也一舍三十里初楚子云若反國何以報我故以退三舍爲報背惠食言疏背惠食言正義曰釋詁云食僞也孫炎云食言之。爲僞尚書湯誓云爾無不信朕不食言孔安國云食盡其言僞不實也哀二十五年傳孟武伯惡。郭重曰何肥也公曰是食言多矣能無肥乎然則食言者言而不行如食之消散後終不行則前言爲僞通。謂僞言爲食言故爾雅訓食爲僞也以亢其雠亢猶當也雠謂楚也○背音佩下及注同亢若浪反我曲楚直其衆素飽不可謂老直氣盈飽疏注直氣盈飽○正義曰素訓爲。空忿怒之深空腹不食直氣盈飽也我退而楚還我將何求若其不還君退臣犯曲在彼矣退三舍楚衆欲止子玉不可夏四月戊辰晉侯宋公齊國歸父崔夭秦小子憖次于城濮國歸父崔夭齊大夫也小子憖秦穆公子也城濮衛地○夭於表反楚師背酅而舍酅丘陵險阻名○酅戶圭反疏注酅丘陵險阻名○正義曰兵法右背山陵前。左水澤楚師背酅而舍知其背丘陵也蓋所舍之處有丘陵名酅其處有險阻也晉侯患之聽輿人之誦恐衆畏險故聽其歌誦曰原田每每舍其舊而新是謀高平曰原喻晉。軍美盛若原田之草每每然可以謀立新功不足念舊惠○每亡回反又梅對反舍音捨公疑焉疑衆謂己背舊謀新子犯曰戰也戰而捷必得諸侯若其不捷表裏山河必無害也晉國外河而內山公曰若楚惠何欒貞子曰漢陽諸姬楚實盡之貞子欒枝也水北曰陽姬姓之國在漢北者楚盡滅之思小惠而忘大耻不如戰也晉侯夢與楚子搏搏手搏搏音博○楚子伏己而盬其腦盬啑也○盬音古腦乃老反啑子荅反又所荅反又子甲反疏注盬啑也○正義曰盬之爲啑未見正訓蓋相傳爲然服虔云如俗語相罵云啑女腦矣是以懼子犯曰吉我得天楚伏其罪吾且柔之矣晉侯上向故得天楚子下向地故伏其罪腦所以柔物。子犯審見事宜故權言以荅夢○向或作嚮許亮反下同子玉使鬭勃請戰鬭勃楚大夫曰請與君之士戲君馮軾而觀之得臣與寓目焉寓寄也○馮皮冰反軾音式與音預寓音遇晉侯使欒枝對曰寡君聞命矣楚君之惠未之敢忘是以在此爲大夫退其敢當君乎既不獲命矣不獲止命爲于僞反○敢煩大夫謂二三子煩鬭勃令戒。敕子玉子西之屬令力呈反○戒爾車乘敬爾君事詰朝將見詰朝平旦○乘繩證反下及注皆同詰起吉反朝如字注同見如字又賢遍反晉車七百乘韅。靷鞅靽五萬二千五百人在背曰韅在胸曰靷在腹曰鞅在後曰靽言駕乘脩備○韅許見反王又去見反說文作韅云著掖皮靷以刃反說文云靷軸也鞅於杖反說文云頸皮也靽音半一云繫也背如字疏注五萬至脩備正義曰說文云韅著掖皮也靷。引軸也鞅頸皮也此注與說文不同蓋以時驗而爲解也驂馬挽車有皮在背者有約胸者有在腹爲帶者有繫絆其足者從馬上而下次之在後正謂在足是也傳唯舉四事文無所結舉其小事皆具言其駕乘脩備明諸事皆備也晉侯登有莘之虛以觀師曰少長有禮其可用也有莘故國名少長猶言大小○莘所巾反虛丘魚反少詩照反注同長丁丈反注同遂伐其木以益其兵伐木以益攻戰之具輿曳柴亦是也○攻如字又音貢己巳晉師陳于莘北胥臣以下軍之佐當陳蔡子玉以若敖之六卒將中軍曰今日必無晉矣子西將左子上將右子西鬭宜申子上鬭勃○陳于直覲反卒子忽反下同將子匠反下及注同胥臣蒙馬以虎皮先犯陳蔡陳蔡奔楚右師潰陳蔡屬楚右師○潰戶內反狐毛設二旆而退之旆大旗也又建二旆而退使若大將稍却○旆蒲具反欒枝使輿曳柴而僞遁曳柴起塵詐爲衆走○遁徒困反楚師馳之原軫郤溱以中軍公族橫擊之公族公所率之軍狐毛狐偃以上軍夾攻子西楚左師潰楚師敗績子玉收其卒而止故不敗三軍唯中完是大崩○夾古洽反又音頰晉師三日館穀館舍也食楚軍穀三日及癸酉而還甲午至于衡雍作王宮于踐土衡雍鄭地今滎陽卷縣襄王聞晉戰勝自往勞之故爲作宮雍於用反卷音權又丘權反勞力報反故爲于僞反下文同○鄉役之三月鄉猶屬也城濮役之前三月○鄉許亮反本又作嚮同屬音燭鄭伯如楚致其師爲楚師既敗而懼鄭伯至而懼○正義曰致其師者致其鄭國之師許以佐楚也戰時雖無鄭師要本心佐楚故既敗而懼使子人九行成于晉子人氏九名○爲于僞反【疏】注子人氏九名○正義曰桓十四年鄭伯使其弟語來盟傳稱子人來盟杜云子人即弟語也其後爲子人氏七年傳子華云泄氏孔氏子人氏三族實違君命今子人九必是語之後也杜譜以九爲雜人謬矣晉欒枝入盟鄭伯五月丙午晉侯及鄭伯盟于衡雍【疏】晉欒至衡雍○正義曰此二盟及上文晉侯齊侯盟于斂盂皆不書者皆不告也丁未獻楚俘于王駟介百乘徒兵

千駟介四馬被甲徒兵步卒○駟音四介音界被皮義反卒子忽反鄭伯傅王用平禮也傅。相也以周平王享晉文侯仇之禮享晉
侯○相息亮反己酉王享醴命晉侯宥。既饗又命晉侯助以束帛以將厚意王命尹氏及王子虎內史叔
興父策命晉侯爲侯伯以策書命晉侯爲伯也周禮九命作伯。尹氏王子虎皆王卿士也叔興父大夫也三官命之以寵晉【疏】。注以
策至寵晉○正義曰周語稱晉文公初立襄王使大宰文公及內史叔興賜文公命注國語者皆以爲大宰文公即王子虎也今尹氏又在王子虎之上故以
爲皆卿士唯叔興是大夫或云皆大夫皆字妄耳九命者大宗伯云一命受職再命受服三命受位四命受器五命賜則六命賜官七命賜國八命作牧九命
作伯賜之大輅。之服戎輅之服大輅金輅戎輅戎車二輅各有服○輅音路【疏】注大輅至有服○正義曰周禮巾車金路鉤樊
纓九就建大旂以賓同姓以封革路龍勒條纓五就建大白以即戎金路以封同姓知大輅是金輅也革路以即戎言戎輅戎車即周禮之革路二輅各有服
者周禮司服侯伯之服自鷩冕而下凡兵事韋弁服金輅祭祀所乘其大輅之服當謂鷩冕之服戎輅之服當謂韋弁服也彤弓一彤矢百
玈。弓矢。千彤赤。弓玈黑。弓弓一矢百則矢千弓十矣諸侯賜弓矢然後專征伐○彤徒冬反玈音盧本或作旅字非也矢千本或作玈弓十玈矢千
後人專輒加也【疏】。注彤赤至征伐○正義曰彤赤玈黑舊說皆然說文彤從丹玈從玄是赤黑之別也周禮司弓矢掌六弓王弓弧弓以。授射甲革椹質者
夾弓庾弓以授射。豻。侯鳥獸者唐弓大弓以授學射者使者勞者鄭玄云勞者勤勞王事若晉文侯文公受王弓矢之賜者考工記弓人云往體多來體寡謂
之夾庾之屬往體寡來體多謂之王弓之屬往體來體若一謂之唐弓之屬然則唐大是弓彊弱之名彤玈是弓所漆之色王弧則合九而成規唐大合七而
成規夾庾合五而成規司弓矢又有八矢枉矢絜矢利火射用諸守城車戰殺矢鍭矢。用諸近射田獵矰矢茀矢用諸弋射恆矢庳矢用諸散射鄭注約考工

記云枉矢之屬五分二在前三在後殺矢之屬三分一在前二在後鍭矢之屬七分三在前四在後恒矢之屬軒輖中其枉殺矰恒弓所用絜鍭茀庳弩所用彼司弓矢既云枉矢絜矢用諸守城車戰此天子賜諸侯弓矢使用之以戰則彤矢旅矢當彼枉矢也但弓矢相配彊弓用重矢弱弓用輕矢既唐弓大弓彊弱中其恒矢軒輖亦中又司弓矢云恒矢庳矢用諸散射鄭玄云散射謂禮射及習射也此賜弓矢則禮樂之事彤矢旅矢或當恒矢也旅弓矢千具於彤而略於旅準之則矢千弓十也諸侯賜弓矢然後專征伐王制文

秬鬯一卣。秬黑黍鬯香酒所以降神。卣器名○秬音巨鬯勑亮反卣音酉又音由爾雅云卣中尊也

疏注秬黑至器名○正義曰秬黑黍釋草文李巡云黑黍一名秬黍周禮鬯人掌共秬鬯而飾之鄭玄云鬯釀秬為酒芬香條暢於上下也鬱人掌祼器凡祭祀之祼事和鬱鬯以實彝而陳之禮祭祀必先祼是用之以降神也釋器云彝卣罍器也李巡曰卣鬯之罇也孫炎曰罇彝為上罍為下卣居中也詩江漢篇述宣王賜召穆公云秬鬯一卣告于文人鄭箋云賜之使祭其宗廟告其先祖也當賜之時實之於卣其祭則陳之於彝也

虎賁三百人

疏虎賁三百○正義曰國語云天子有虎賁習武訓諸侯有旅賁禦災害大夫有貳車備承事士有陪乘告奔走周禮司馬之屬虎賁氏下大夫二人虎士八百人掌先後王而趨以卒。伍車旅會同亦如之舍則守王閑

曰王謂叔父敬服王命以綏四國糾逖王慝逖遠也有惡於王者糾而遠之○賁音奔逖勑歷反慝他得反惡也

疏注逖遠至遠之○正義曰逖遠釋詁文糾者繩治之名有惡於王者敢繩治之而使遠於王也

晉侯三辭從命曰重耳敢再拜。稽。首奉揚天子之丕顯休命稽首首至地丕大也休美也○三息暫反又如字從例放此丕普悲反休許糾反注同

受策以出出入三覲出入猶去來也從來至去凡三見王○見賢遍反

○衛侯聞楚師敗懼出奔楚遂適陳。自襄牛出

使元咺奉叔武以受盟奉使攝君事○使攝

君事並如字或讀連上奉字爲句使音所吏反非也癸亥，王子虎盟諸侯于王庭，踐土宮之庭書踐土別於京師○別彼列反

要言曰：皆獎王室，無相害也。有渝此盟，明神殛之，俾隊其師，無克祚國，獎助也渝變也殛誅也俾使也隊隕也克能也○獎將丈反渝羊朱反殛紀力反本亦作極下是殛同俾本亦作卑必爾反隊直類反祚才故反隕于敏反○疏。注獎助至能也○正義曰勸獎者佐助之意故爲助也餘皆釋言文。注及其玄孫，無有老幼。君子謂是盟也信，信合義謂晉於是役也能以德攻。以文德教民而後用之○攻如字一音公送反

初，楚子玉自爲瓊。弁。玉纓，未之服也。弁以鹿子皮爲之。瓊玉之別名次之以飾弁及纓詩云會弁如星○瓊求營反說文云赤玉弁本又作玣皮彥反會本又作璯古外反又戶外反疏注弁以至如星○正義曰禮稱皮弁明其用皮也知以鹿子皮者相傳爲然至今仍用之詩毛傳云瓊玉之美者則瓊亦玉也選美者飾弁以惡者飾纓耳周禮弁師掌王之皮弁會五采玉璂鄭玄云會縫中也璂讀如綦綦結也皮弁之縫中每貫結五采玉以爲飾謂之綦又諸侯及孤卿大夫之皮弁各以其等爲之鄭玄云孤則璂飾四三命之卿璂飾三再命之大夫璂飾二是諸侯之臣其皮弁得以玉爲飾也弁師又云王五采諸侯三采鄭玄云王璂飾十二上公九侯伯七子男五卿大夫皆二采璂飾各如其命數鄭又云三采朱白蒼二采朱緑其纓之飾則無以言之蓋以玉璂飾纓之朱耳詩云會弁如星衞風淇。澳篇也鄭箋云會謂弁之縫中飾之以玉皪皪而處狀似星也○

先戰，夢河神謂己曰：畀余，余賜女孟。諸。之麋。孟諸宋數澤水草之交曰麋○先如字又悉薦反畀必利反與也女音汝麋亡皮反數素口反疏。注孟諸至曰麋○正義曰釋地云十數宋有孟諸郭璞云今在梁國睢陽縣東北周禮職方氏正東曰青州其澤藪曰望諸禹貢豫州導。荷澤被孟豬明皆是一物而字改易耳釋水云。水草交爲湄李巡曰水中有草木交會曰

湄古字皆得通用故此作麋耳弗致也大心與子西使榮黃諫大心子玉之子子西子玉之族子玉剛愎故因榮黃榮黃榮季

也○愎皮逼反弗聽榮季曰死而利國猶或爲之況瓊玉乎是糞土也而可以濟師將

何愛焉因神之欲以附百姓之願濟師之理○糞弗問反【疏】注因神至之理正義曰劉炫云神道冥昧與人不交楚師之敗未必由此但於時戰

在河旁河神許助若子玉從神所求不惜瓊玉則國人以爲神得所欲必將助己自當三軍用命戰士爭先亦既不遂神心人謂神必不助則衆意皆阻莫不

畏敵且兵凶戰危必有傷殺三軍之命在茲一舉猶尚愛惜此物是無恤民之心在軍之士誰肯競勸故云因神之欲以附百姓之願是濟師之理也禫竈請

用瓘斝禳火非神所求若從而與之則驚動民意且災不可免徒長妖妄故子產不與異於此也弗聽出告二子曰非神敗令

尹令尹其不勤民實自敗也盡心盡力無所愛惜爲勤○盡並津忍反既敗王使謂之曰大夫若入

其若申息之老何申息二邑子弟皆從子玉而死言何以見其父老○從如字又才用反子西孫伯曰得臣將死

二臣止之曰君其將以爲戮孫伯即大心子玉子也二子以此荅王使言欲令子玉往就君戮○使所吏反下前使同令力呈反

及連穀而死至連穀王無赦命故自殺也文十年傳曰城濮之役王使止子玉曰無死不及子西亦自殺縊而縣絕故得不死王時別遣追前使

連穀楚地殺得臣經在踐土盟上傳在下者說晉事畢而次及楚屬文之宜○穀胡木反縊一賜反又於計反縣音玄屬音燭晉侯聞之而後

喜可知也喜見於顏色○見賢遍反曰莫余毒也已蔿呂臣實爲令尹奉己而已不在民矣

言其自守無大志○或訴元咺於衛侯曰立叔武矣其子角從公公使殺之角元咺子○從才用

反又如字咺不廢命奉夷叔以入守夷謚○守手又反疏。注夷謚○正義曰謚法安民好靖曰夷六月晉人復衛侯以叔武受盟於踐土故聽衛侯歸○聽吐丁反甯武子與衛人盟于宛濮武子甯。俞也陳留長垣縣西南有宛亭近濮水○宛於阮反俞羊朱反近附近之近曰天禍衛國君臣不協以及此憂也衛侯欲與楚國人不欲故不和也今天誘其衷衷中也○衷音忠或丁仲反下同使皆降心以相從也不有居者誰守社稷不有行者誰扞牧圉牛曰牧馬曰圉○扞戶旦反牧音木養牛曰牧養馬曰圉不協之故用昭乞盟于爾大神以誘天衷自今日以往既盟之後行者無保其力居者無懼其罪有渝此盟以相及也。以惡相及明神先君是糾是殛國人聞此盟也而後不貳傳言叔武之賢甯武之忠衛侯所以書復歸衛侯先期入不信叔武○先悉薦反甯子先長牂守門以爲使也與之乘而入長牂衛大夫甯子患公之欲速故先入欲安喻國人○牂子郎反使所吏反公子歂犬華仲前驅衛侯遂驅。掩甯子未備二子衛大夫○歂市專反華戶化反又如字叔孫將沐聞君至喜捉髮走出前驅射而殺之。公知其無罪也枕之股而哭之公以叔武尸枕其股○射食亦反下注同枕支鴆反注同歂犬走出手射叔武故公使殺之元咺出奔晉元咺以衛侯驅入殺叔武故至晉愬之○城濮之戰晉中軍風于澤牛馬因風而走皆失之疏。注牛馬至失之○正義曰劉炫規過以爲放牛馬於澤遺失大旆左旂不失牛馬今刪定知不然者若不失牛馬唯亡左旂罪未至重何須殺之以徇牛馬是軍之要用於事尤重故費誓云馬牛其風臣妾逋逃則有常刑今既亡左旃又失牛馬爲罪至重故殺之以徇若牛馬不失又大旃在軍何得因放牛馬而亡左旃故知風於澤者爲别失。馬牛又於軍中亡失大旃之左旃故杜云掌此二事而不脩理劉以爲不失牛馬而規杜過非也亡大旃之左旃大旃旗名繫旐曰旃通帛曰旃○旃章然反爾雅云因章曰旃疏注大旃至曰旃○正義曰釋天云緇廣充幅長尋曰旐繼旐曰旃則旃是旗之尾也今別名大旃則此旃有異於常故以大旃爲旗名上云狐毛設二旆而退之亦此類也通帛爲旜周禮司常文也鄭玄云通帛謂大赤從周正色無飾釋天云因章曰旃孫炎曰因其繒色以爲旗章不晝之是也謂之左旃蓋是左軍所建者此亦於事難明不可強說祁瞞奸命掌此。三事而不脩爲奸軍令○瞞莫干反奸音干司馬殺之以徇于諸侯使茅茷代之師還壬午濟河舟之僑先歸士會攝右權代舟之僑也士會隨武子士蔿之孫○茷扶廢反僑其驕反秋七月丙申振旅愷以入于晉愷樂也○愷開在反樂音洛疏。注愷樂也○正義曰大司馬云若師有功則左執律右秉鉞以先愷樂獻于社注云律所以聽軍聲鉞所以爲將威兵樂曰愷司馬注曰得意則愷樂愷歌示喜也獻俘授馘飲至大賞授數也獻楚俘於廟○馘古獲反數色主反徵會討貳徵召諸侯將冬會于溫殺舟之僑以徇于國民於是大服君子謂文公其能刑矣三罪而民服三罪顛頡祁瞞舟之僑詩云惠此中國以綏四方不失賞刑之謂也詩大雅言賞刑不失則中國受惠四方安靖○冬會于溫討不服也討衛許○衛侯與元咺訟爭殺叔武事甯武子爲輔鍼莊子爲坐士榮爲大士大士治獄官也周禮命夫命婦不躬坐獄訟元咺又不宜與其君對坐故使。叔鍼莊子爲主又使衛之忠臣及其獄官質正元咺傳曰王叔之宰與伯輿之大夫坐獄於王庭各不身親蓋今長吏有罪先驗吏卒之義。○鍼其廉反坐如字或一音才臥反長丁丈反卒子忽反【疏】注大士至之義○正義曰周禮獄官多以士爲名鄭玄云士察也主察獄訟之事者周禮命夫命婦不躬坐獄訟小司寇職文也鄭玄云爲治獄吏。褻尊者也躬身也不身坐必使其屬若子弟也喪服傳曰命夫者其男子之爲大夫者命婦者其婦人之爲大夫妻者凡斷獄訟皆令競者坐而受其辭故云不躬坐也大司寇云以兩造禁民訟以兩劑禁民獄鄭玄云訟謂以財貨相告者獄謂相告以罪名者對文則小別散則可以通獄訟皆爭罪之事也元咺不宜與君對坐故使鍼莊子代衛侯爲坐獄之主甯子爲輔輔莊子也以甯子位高故先言之士榮亦輔莊子舉其官名以其主獄事故亦使輔之與晉之獄官對理質正元咺也所引傳曰在襄十年

衛侯不勝三子辭屈殺士榮刖鍼莊子謂甯俞忠而免之執衛侯歸之于京師寘諸深室。深室別爲因室○刖音月又五割反寘之豉反甯子職納橐饘焉甯俞以君在幽隘故親以衣食爲己職橐衣。饘糜也言其忠。至所慮者深○橐音託饘之然反隘於賣反囊乃郎反糜亡皮反【疏】注甯俞至者深○正義曰甯俞親以衣食爲己職者慮君飢渴且防酖毒也詩毛傳曰小曰橐大曰囊囊橐所以盛衣亦可以盛食宣二年傳曰爲之簞食與肉寘諸橐以與之是也釋言曰餬饘也鬻糜也郭璞曰饘糜也孫炎曰鬻淖糜也然則糜之與鬻稠淖之異名耳

元咺歸于衛立公子瑕瑕謂公子適也○適丁歷反

○是會也晉侯召王以諸侯見且使王狩晉侯大合諸侯而欲尊事天子以爲名義自嫌強大不敢朝周喻王出狩因得盡羣臣之禮皆譎而不正之事○見賢遍反【疏】注晉侯至之事○正義曰晉侯本意止欲大合諸侯之師共尊事天子以爲臣之名義實無覬覦之心但於時周室既衰天子微弱忽然帥九國之師將數十萬衆入京師以臨天子似有篡奪之謀恐爲天子拒逆或復天子怖懼棄位出奔則晉侯心實盡誠無辭可解故自嫌。彊大不敢朝王故召諸侯來會于溫溫去京師路

近因加諷諭令王就會受朝天子不可以受朝爲辭故令假稱出狩若言王自出狩諸侯因會遇王遂共朝王得盡君臣之禮皆孔子所謂譎而不正之事穀梁傳曰全天王之行也爲若將狩而遇諸侯之朝也爲天王諱也是使王狩之意也公羊以爲踐土與此皆是晉侯召王何休云時晉文公年老恐霸功不成故上自天子曰諸侯不可卒致願王居踐土下謂諸侯曰天子在是不可不朝迫使正君臣明王法案温去京師路無百里晉侯已能致之於温何故不能致之於洛何休妄造其辭事非晉侯之意故杜氏正之自嫌彊大不敢朝周耳

**仲尼曰以臣召君不可以訓故書曰天王狩于河陽言非其地也**使若天王自狩以失地故書河陽實以屬晉非王狩地○

疏注使若至狩地○正義曰此傳稱仲尼之語即云書曰明是仲尼新意非舊文也杜以書曰爲仲尼新意亦以此而知之聖人作法所以貽訓後世以臣召君不可以爲教訓故改正舊史舊史當依實而書言晉侯召王且使王狩仲尼書曰天王狩于河陽言天王自來狩獵于河陽之地使若獵失其地故書之以譏王然釋例曰天子諸侯田獵皆於其封內不越國而取諸人河陽實以屬晉非王狩所故言非其地且明德也義在隱其召君之闕是說改史之意也計天王之狩失地不書因此實非王地借之以改舊史若譏王狩然實不譏王也穀梁傳曰水北爲陽山南爲陽温河陽也會于温言小諸侯以河陽言之大天子也然河陽與温止是一地天子來就諸侯假辭以稱狩耳左氏無此義但會指所在之地故言温狩是田獵之所故廣言其地蘇氏云明晉侯之德沒其召君書天子之狩顯其失地便是褒諸侯貶天子所以然者此亦假其失地之文欲明王狩所在非實貶也若隱其召君則全沒不書於義爲可必書天王非地之狩者若全沒其文無以明晉侯尊崇天子之德故書天子出狩諸侯往朝

**且明德也**隱其召君之闕欲以明晉之功德河陽之狩趙盾之弒泄冶之罪皆違凡變例以起大義危疑之理故特稱仲尼以明之○弒音試泄息列反冶音也危疑如字一本危作佹九委反

疏注隱其至明之○正義曰晉侯所以召王志在尊崇天子故改舊史隱其

召君之闕以明晉侯之功德功德謂尊事天子是也丘明爲傳所以寫仲尼之意凡所改易皆是仲尼而於河陽之狩趙盾之弑泄冶之罪此三事特稱仲尼曰者史策所書皆書實事晉侯召王使狩而作自狩之文是言不實也凡例弑君稱君君無道靈公不君而稱臣以弑似君無過也大夫無罪見殺不書其名泄冶忠諫而被殺書名乃罪合死也此三事皆違凡典變舊例以起大義危疑之理恐人不信須聖言以爲證故特稱仲尼以明之

壬申公朝于王所執衛侯經在朝王下傳在上者告執晚

疏壬申公朝于王所○正義曰傳之上下例不虛舉經文此虛舉經者終上晉侯召王以諸侯見之事

丁丑諸侯圍許十月十五日有日。無月

晉侯有疾曹伯之豎侯獳貨筮史豎掌通內外使者史晉史曰以曹爲解以滅曹爲解故○解戶賣反注同又古買反齊桓公爲會而封異姓封邢衛今君爲會而滅同姓曹叔振鐸文之昭也叔振鐸曹始封君文王之子○鐸待洛反先君唐叔武之穆也且合諸侯而滅兄弟非禮也與衛偕命私許復曹衛而不與偕復非信也同罪異罰非刑也衛已復故禮以行義信以守禮刑以正邪舍此三者君將若之何公說復曹伯遂會諸侯于許

晉侯作三行以禦狄荀林父將中行屠擊將右行先蔑將左行晉置上中下三軍。今復增置三行以辟天子六軍之名三行無佐疑大夫帥○邪似嗟反舍音捨說音悅行戶郎反下及注同將子匠反屠音徒擊古狄反又音計蔑亡結反復扶又反

附釋音春秋左傳注疏卷第十六

春秋左傳注疏卷十六校勘記　阮元撰盧宣旬摘錄

附釋音春秋左傳注疏卷第十六僖廿五年至廿八年

〔經二十五年〕

自爲其子來逆　閩本逆誤道

則此人字蕩也　浦鏜校云字作氏

故但言納不復言歸　宋本重歸字是也案歸字下屬爲句

三十一年魯始得曹田　閩本始誤殆

〔傳二十五年〕

掖以赴外　詩衡門篇正義引作持以赴外謂持其臂而投之城外也案說文掖持臂也詩正義作持以意改段玉裁云赴當仆字之誤謂兩持其臂脅自城上投諸城下也作赴則義未顯

遂謂臂下脅上爲掖　閩本實闕下脅上三字

繼文之業　宋本此節正義在注匡輔周室之下

遇公用亨于天子之卦也　石經淳化本岳本纂圖本監本毛本無也字

故能爲王所宴饗　岳本饗下有也字

戰克而王饗　宋本此節正義在注言卜筮協吉之下

筮得大有是王享也　閩本監本毛本享作饗

晉侯朝王王饗醴　石經宋本淳熙本足利本饗作享釋文亦作享云注同國語晉語作饗詩彤弓正義引同劉向新序引作享案作享爲正字作饗爲同音假借左氏多用正字說詳成十二年

闕地通路曰隧　山井鼎云禮喪大記疏引此注闕作闕誤也案李善思元賦注引作掘亦非不知古穿地謂之闕地如闕地及泉其一也

○今訂正

與之陽樊温原欑茅之田　淳熙本監本閩本毛本欑作攢釋文亦作攢非也

晉於是始起南陽　石經宋本淳熙本岳本足利本起作啓不誤

蒼葛呼曰　石經宋本淳熙本岳本蒼作倉注同

蒼葛樊陽人　宋本淳熙本岳本足利本樊陽作陽樊不誤

昏而傳焉　顧炎武云石經傳誤傳案石經此處闕炎武所據乃謬刻也

掘地爲坎　釋文亦作掘云本又作闕字按此掘字必淺人所改

乃降秦師囚申公子儀息公子邊以歸 石經宋本淳熙本岳本重秦師二字

昔趙衰以壺飧從徑餒而弗食 閩本壺誤壼石經宋本飧作飱注同岳本作飧閩本監本毛本作餐案飧字當從夕從食正義曰劉炫改徑為經謂經歷饑餒下屬為句案經徑古多通用如楚詞招魂經堂人奧注經一作徑史記高祖本紀夜徑索隱曰舊音經隸辨徐氏紀產碑雖直徑管卽經營也

謂經歷飢餒 閩本監本毛本飢作饑非

〔經二十六年〕

不及 石經宋本淳熙本岳本纂圖本監本毛本不作弗不誤

齊人至弗及 閩本弗作不非也

而書莒挐也 閩本監本毛本挐作拏非也

公子遂如楚乞師 案惠棟云遂世本作述述與遂古字通秦大夫西乞術本亦作遂是也

魯卿也 正義本卿作大夫云今定本為魯卿

凡乞者○求過理之辭 閩本監本毛本○作有誤宋本作深○今訂從宋本

執謙以逼成其討 宋本討作計與釋例合下合計同○今依訂正

（傳二十六年）

門人從以爲謚　閩本監本毛本謚作惠非宋本謚作諡案當作謚

室如縣罄　釋文罄亦作磬盡也石經此處闕諸本作罄程瑤田通藝錄云左傳室如縣罄字从缶从缶與从石同意罄有房室中空之象室無資糧故曰如縣罄也國語作縣磬韋注言魯府藏空虛但有榱梁如縣磬也假借之凡器中空皆謂之罄如詩云瓶之罄矣是也空則有盡義故又謂盡爲罄詩云罄無不宜是也

我敝邑用不敢保聚　案石經不字上後人旁增是字非唐刻也

明是適子有疾　宋本閩本監本毛本適作嫡

立其弟熊延　閩本監本毛本延誤廷

左右謂進退在己　宋本岳本已作己不誤正義同

能左右者謂欲左則左　宋本謂作爲

劉賈許潁既不守例爲斷　閩本監本毛本潁作頴非也

（經二十七年）宋本春秋正義卷第十三石經春秋經傳集解僖下第七岳本纂圖本僖下有公字並盡三十三年

杜意當以此爲明年始告　監本毛本告作來

然若成十三年公會諸侯伐秦 宋本亦作若閩本監本毛本誤作則

齊人使隰鉏請成 監本毛本鉏誤鉅

（傳二十七年）

不廢喪紀 宋本此節正義在禮也注下

弔贈之數不有廢 足利本有作可

樂記曰 監本毛本記作紀非也

責無禮也 釋文作責禮也本或作責無禮者非顧炎武云石經責誤青案石經此處闕炎武所據乃謬刻

貫三人耳 宋本以下正義四節在何後之有注下

謀元帥 宋本以下正義二節總入德義利之本也之下

郤縠可 釋文縠作穀云本又作縠同顧炎武云石經誤作穀案炎武所據乃謬刻

遵禮以布德 案禮下脫樂字當據宋本閩本監本毛本補

狐毛偃之兄 宋本以下正義二節總入未安其居注下

魏犨爲右 補各本犨作犫下並同

入務至生矣宋本以下正義二節總入未宣其用注下

不詐以求多纂圖本多下有也字非下句注同

公曰可矣乎石經乎字旁增葢初刊時脫去覆勘增正也

謂明年戰城濮纂圖本閩本監本毛本謂作爲非也

（經二十八年）

如此訊之也宋本如作於是也

然魯殺之叢補毛本之叢作子叢是也今依訂正

比令公子買楚戍衞宋本楚上有爲字毛本脫爲楚二字

唯言晉師陳于莘北毛本北作比非宋本作此屬下句

稱君以殺罪之宋本淳熙本岳本足利本君作名不誤

時國次也閩本監本毛本也誤之

則以大小爲序監本毛本爲作無非也

杜云襄王聞戰勝宋本聞下有晉字與傳注合

傳言司城效節於府人而出閩本監本效作効案文八年傳作效

郳人秦人于温石經岳本郳人作郳子與穀梁同公羊作郳婁子按石經是也

若宋向戌之後會宋本戌作戍是也下同

許比再會不至宋本比作此非也

故因會共伐之足利本無會字

故從國逆例宋本足利逆下有之字

注晉感至之例毛本之誤逆此節正義宋本在遂會諸侯圍許注下

（傳二十八年）

謂楚人曰石經宋本無曰字

謂告楚人言子叢不終戌事而歸宋本岳本足利本謂作詐

輿人至於墓宋本此節正義在師遷焉注下

皆韻如詩賦閩本監本毛本皆作音

今定本作謀監本毛本定作先非也

言其無德居位者多淳熙本居作車非也
百猶勵也宋本岳本勵作勱釋文亦作勱字正義同按勵者厲之俗說文所無勱音邁百音陌雙聲也
注距躍至勵也宋本此節正義在以徇于師句下
說文云躍迅也閩本監本毛本迅作退非也
報借齊秦宋本淳熙本岳本足利本報作假是也
凡二十六年宋本足利本二作三是也
則須退辟也宋本辟作避
早自也斂閩本監本毛本也作退亦非宋本作收
子玉使伯棼請戰淳熙本玉誤欲石經此處闕宋本淳熙本岳本纂圖本足利本棼作棼不誤釋文亦作棼注同
先軫曰子與之宋本以下正義三節總入退三舍句下
豈在久矣石經宋本淳熙本岳本足利本矣作乎是也
食言之爲宋本閩本監本毛本爲作僞
孟武伯惡郭重曰宋本都作郭是也

通謂僞言爲食言 宋本謂作爲非

素訓爲上 宋本上作空是也

鄬邱陵險阻名 宋本以下正義二節總入吾且柔之矣注下

前左水澤浦鏜校本左作阻字按史記淮陰侯列傳曰兵法右倍山陵前左水澤倍古背字背猶後也

原田每每 案李善注魏都賦作莓莓賈昌朝羣經音辨引作苺苺實一字也

喻晉君美盛 宋本淳熙本足利本君作軍是也

姬姓之國在漢北者 山井鼎引足利本之作諸

子犯審見事宜 淳熙本子作也非也

令戒勑子玉子西之屬 宋本毛本勑作敕不誤案說文勑勞也從力來聲陸德明云來旁作力俗以爲約勑字是也

韅靷鞅靽 釋文云韅說文作䪱惠棟云案㬎古文以爲顯故傳作韅從古文省

靷宏軸也 案當作引軸

有約胸者 閩本實闕約字

使若大將稍却 纂圖本閩本監本毛本却作卻乃卻之譌

是大崩 淳熙本纂圖本是上衍不字

鄉役之三月 釋文鄉本又作𨞬案說文引傳作𨞬今傳作鄉古文假借

鄭伯至而懼 宋本以下正義二節總入注子人氏九名之下

傳相也 纂圖本相誤規

命晉侯宥 纂圖本閩本監本毛本宥作侑案周禮多用宥爲侑古文假借字也

尹氏王子虎 淳熙本尹作奚非也

注以策至寵晉 宋本以下正義一節入戎輅之服注下

賜之大輅之服 石經宋本岳本纂圖本閩本監本毛本作大輅案後漢書袁紹傳注引作路是也輅乃俗字耳

玈弓矢千 監本毛本旅誤玈釋文云玈本或作旅字非也段玉裁云古音旅盧無魚模斂侈之別如盧即盧聲可證古字假旅爲鑪魏三體石經遺字之存於洪氏者文侯之命篇有旅荒寧等字而誤系之春秋傳其㫃旅二文一篆一隸即盧弓盧矢之盧字也魏時邯戰淳衛敬侯諸家去漢未遠根據尚精蓋左氏最多古文音義云玈本或作旅此正古本之善小雅彤弓音義亦云玈或作旅字者非此皆陸之疏爾玈之字魏人石經隸體不用則起於魏以後昧於假旅之指而改從玄旁也說文無玈字石經矢千上後人據別本旁增十玈二字釋文云本或作玈弓十玈矢千後人專輒加也案詩小雅彤弓正義云傳文直云玈弓矢千定本亦然故服虔云矢千則弓十是本無十玈二字俗本有者誤也

彤赤弓旅黑弓 段玉裁校本弓並作也是也

注彤赤至征伐 宋本以下正義四節總入王愿注下

以服射甲革椹質者 宋本服作授是也

以授射豻侯鳥獸者 宋本豻作犴是也毛本侯誤猴

見諸近射田獵 宋本毛本見作用是也

秬鬯一卣 淳熙本卣誤卤注同

掌先後王而趨以卒伍 閩本監本伍作五非也

重耳敢再拜稽首 此本拜稽二字誤作小字注今訂正

自襄牛出 監本自字上○應作注

皆獎王室 釋文亦作奬淳熙本岳本纂圖本閩本監本毛本作獎

明神殛之 釋文殛本又作極誅也下是糾是殛同爾雅殛誅也小雅菀柳魯頌閟宮正義引並作極是極與殛通也

俾隊其師 釋文俾作卑云本亦作俾

注獎助至能也 宋本此節正義入能以德攻注下

餘皆釋言文注案注字衍宋本無

及其玄孫石經宋本淳熙本岳本纂圖本足利本其作而是也

初楚子玉自爲瓊弁玉纓案說文引作璿弁玉纓張衡集引同釋文弁作𤥨云本又作弁

弁以鹿子皮爲之監本子誤孟

瓊玉之別名淳熙本瓊作璠案璠與瓊同

侯伯七閩本監本侯誤諸宋本毛本侯上衍諸字

衞風淇奥篇也閩本監本毛本奥作澳非也

余賜女孟諸之麋案禹貢作孟豬正義云左傳爾雅作孟諸周禮作望諸聲轉字異正是一地也

注孟諸至曰麋宋本此節正義在弗致也之下

導荷澤宋本荷作菏

水草交爲湄監本水誤氷

則衆意皆阻宋本阻作沮

禆竈請用瓘斝襍火監本毛本斝作斚非也閩本作蕐謬

無所愛惜爲勁 宋本淳熙本岳本纂圖本閩本監本毛本勁作勤不謬

王時別遣追前使 淳熙本遣誤遺

注夷謚 宋本此節正義在亡大旆之左旃注下非是

武子甯俞也 葉抄釋文俞作渝

有渝此盟以相及也 監本有誤者

奄甯子未備 纂圖本閩本監本毛本奄作掩是也

聞君至 纂圖本閩本監本毛本君作公非也

捉髮走出 淳熙本髮誤髪

注牛馬至失之 宋本以下正義總入亡大旆之左旃節注夷謚疏後

爲別失馬牛 閩本監本毛本作失牛馬

掌此三事而不脩 宋本淳熙本岳本足利本三作二是也

注愷樂也 宋本此節正義入討不服也注下

故使叔鍼莊子爲主 宋本淳熙本岳本足利本無叔字是也

先驗吏卒之義岳本義下有也字

爲治獄吏褻尊者也閩本監本毛本褻作藝非也

深室別爲囚室纂圖本監本毛本别作則非也

櫜衣囊宋本衣下有之字

饘糜也宋本岳本足利本作糜也不誤正義同

言其忠至所慮者深宋本至作主

注甯俞至者深宋本此節正義在立公子瑕注下

注晉侯至之事宋本以下正義二節總入言其非地也注下

故自嫌彊大閩本監本毛本彊作強與注合

此亦假其失地之文監本毛本亦誤一

泄治之罪此處泄字宋本淳熙本岳本纂圖本閩本監本毛本並不作洩此本字之僅存者

故改舊史閩本監本毛改作解非

有日無月纂圖本監本毛本無誤有

今復增置三行纂圖本監本毛本今誤合

春秋左傳注疏卷十六校勘記

# 附釋音春秋左傳注疏卷第十七僖二十九年盡三十三年

杜氏注　孔穎達疏

經二十有九年春介葛盧來介東夷國也在城陽黔陬縣葛盧介君名也不稱朝不見公且不能行朝禮雖不見公國賓禮之故書○介音界國名黔巨廉反又音琴陬子侯反又側留反○公至自圍許無傳○夏六月會王人晉人宋人齊人陳人蔡人秦人盟于翟泉翟泉今洛陽城內大倉西南池水也魯侯諱盟天子大夫諸侯大夫又違禮盟公侯。王子虎違禮下盟故不言公會又皆稱人○翟直歷反大倉音泰

疏注翟泉至稱人○正義曰傳曰卿不書罪之也在禮卿不會公侯唯言諸侯之卿會魯君罪耳不言罪魯侯與子虎知其亦有罪者襄二十六年公會晉人鄭良霄宋人曹人于澶淵彼爲趙武敵公貶之稱人而文不沒公此沒公不書明公別有罪五年公及齊侯宋公云云會王世子于首。止王世子不盟也九年公會宰周公云云于葵丘宰周公不盟也往年踐土之會王子虎盟諸侯于王庭宣七年黑壤之會王叔桓公臨之王之公卿皆不與諸侯共盟則知諸侯不合盟王臣王臣不合與於盟今王子虎亦貶稱人知魯侯諱盟天子大夫故沒公不書也王子虎違禮下盟故貶稱人

○秋大雨雹○雨于付反傳同雹蒲學反○冬介葛盧來

傳二十九年春。葛盧來朝舍于昌衍之上魯縣東南有昌平城○衍以善反公在會饋之芻米禮也嫌公行不當致饋故曰禮也○饋其媿反芻初俱反

疏饋之芻米○正義曰周禮掌客天子待諸侯之禮上公饔餼九牢饔五牢餼四牢車禾視死牢牢十車則禾五十車車米視生牢牢十車則米四十車侯伯饔餼七牢禾四十車米三十車子男饔餼五牢禾三十車米二十車芻薪皆倍禾也聘禮卿

饔餼五牢禾米與子男同其附庸執帛與公之孤同則饔餼亦五牢禾三十車米二十車薪芻倍禾則此饋之芻米芻六十車米二十車

○夏公會王子虎晉狐偃宋公孫固齊國歸父陳轅濤塗秦小子憖盟于翟泉尋踐土之盟且謀伐鄭也經書蔡人而傳無名氏即微者秦小子憖在蔡下者若宋向戌之後會○轅音袁濤音桃憖魚覲反向式亮反

疏且謀伐鄭○正義曰晉侯受命鄭伯傅王踐土與溫二會咸在鄭無叛晉之狀而此會謀伐鄭者文公昔嘗過鄭鄭不禮焉城濮戰前鄭復如楚雖以楚敗之後畏威來會晉侯以大義受之內實懷恨此會鄭人不至必有背晉之心故謀伐之也晉語城濮戰下稱文公誅觀狀以伐鄭。及其陴鄭人以名寶行成公不許得叔詹將。亨而舍之左傳無伐鄭之事蓋溫會以後已嘗伐鄭鄭至今未服故此會謀伐明年遂與秦圍之傳曰且貳於楚也楚鄭自知負晉故有。貳心也○注經書至後會○正義曰經若貶卿稱人傳則言其名氏若傳無名氏則本是微人此經書蔡人而傳無名氏此是實蔡之微者秦是大國小子憖名見於傳而在蔡微者之後若宋向戌之後會也襄二十六年公會晉人鄭良霄宋人曹人于澶淵傳曰趙武不書尊公也向戌不書後也鄭先宋不失所也宋是大國常在鄭先向戌既以會公貶又以後至退其班使在鄭下此小子憖既以會公貶又退之在蔡下若彼宋向戌之後會也然向戌後會傳為發之經書良霄以駮向戌之後今小子憖既是後會傳不為發又不書蔡人之名以駮之者但秦辟陋西戎未同中國蔡人又蔡之微者不合書名故傳不發之經不貶責也公孫固序在齊上者蓋為大司馬尊於歸父歸父雖執齊政不廢身非上卿如管仲之類猶文十七年陳公孫寧襄二十七年陳孔奐皆序在衞下杜云非上卿即此類也

卿不書罪之也晉侯始霸翼戴天子諸侯輯睦王室無虞而王子虎下盟列國以瀆大典諸侯大夫上敵公侯虧禮傷教故貶諸大夫諱公與盟○輯音集又七入反瀆徒木反上時掌反又如字與音預

在禮卿不會公侯會伯子男可也大國之卿當小國之

君故可以會伯子男諸卿之見貶亦兼有此闕故傳重發之○重直用反【疏】注大國至發之○正義曰昭二十三年傳叔孫婼曰列國之卿當小國之君固周制也是其可以會伯子男也諸卿見貶兼有此闕謂諸卿既上盟天子大夫又上敵公侯故云兼案杜上注經云諸侯大夫違禮盟公侯又注傳云諸侯大夫上敵公侯則是唯責諸侯大夫上敵公侯不責上盟天子之使而言兼有此闕者以魯君上盟天子之使已諱而不書則諸侯之臣罪在可悉故傳云卿不書罪之略言其事故杜經傳二注唯言敵公侯不云盟王使以其可知故也劉炫以爲直責其敵公侯不責其盟王使以規杜氏必如劉義則是君盟王使乃爲有罪臣盟王使飜無貶責便是君臣易位尊卑失序聖人垂訓豈若是乎○秋大雨雹爲災也○冬介葛盧來以。未見公故復來朝禮之加燕好燕燕禮也好貨也一歲再來故加之○復扶又反好呼報反下同介葛盧聞牛鳴曰是生三犧皆用之矣其音云問之而信傳言人聽或通鳥獸之情○犧許宜反【疏】注傳言至之情○正義曰周禮夷隸掌與鳥言貉隸掌與獸言鄭司農云夷狄之人或曉鳥獸之言鄭玄云夷隸征東夷所獲貉隸征東北夷所獲然則介葛盧是東夷之國其土俗有知者故介葛盧曉之

經三十年春王正月○夏狄侵齊○秋衞殺其大夫元咺及公子瑕咺見殺稱名者訟君求直又先歸立公子瑕非國人所與罪之也瑕立經年未會諸侯故不稱君【疏】注咺見至稱君○正義曰咺既稱名故知以訟君立瑕爲咺之罪狀春秋之世諸侯雖篡弒而立已列於會雖復見弒卽成爲君齊商人蔡侯班之屬是也瑕立雖已經年未會諸侯故不稱君既不成君卽與元咺同爲國討之辭元咺先死故稱及也瑕若成君當據周歂冶廑爲文書曰衞弒其君瑕衞侯鄭歸于衞魯爲之請故從諸侯納之例例在成十八年○爲于僞反

○晉人秦人圍鄭晉軍函陵秦軍氾南各使微者圍鄭故稱人○函音咸氾音凡傳同介人侵蕭無傳冬天王使宰

周公來聘周公天子三公兼冢宰也○兼如字又經念反公子遂如京師遂如晉如京師報宰周公

傳三十年春晉人侵鄭以觀其可攻與否狄間晉之有鄭虞也○間間厠之間夏狄侵

齊齊晉與國○晉侯使醫衍酖衛侯衍醫名晉侯實怨衛侯欲殺而罪不及死故使醫因治疾而加酖毒○衍以善反酖音鴆疏

注衍醫至酖毒○正義曰周禮大司馬以九伐之法正邦國賊殺其親則正之鄭玄云正之者執而治其罪王霸記曰正殺之也春秋僖二十八年晉人執衛侯歸之於京師坐殺其弟叔武如鄭彼言則衛侯合死而云罪不及死者衛侯之心疑叔武耳前驅歂犬卜君意而殺之非衛侯命殺也公知其無罪枕股而哭又命殺獻犬是則殺非公意也故不至死若然則是衛侯無罪而往年衛侯與元咺訟衛侯不勝殺士榮刖鍼莊子者用讒疑賢弟渝盟先期入是衛侯之罪也罪不合死而晉侯心怨欲得殺之故使醫因治疾而加酖毒若不治疾不得使醫故知因治疾也魯語云晉人執衛成公歸之于周使醫酖之不死醫亦不誅臧文仲言於僖公曰夫衛君殆無罪矣今晉侯酖衛侯而不死亦不討其使者諱而惡殺之也是罪不合死之事也

甯俞貨醫使薄其酖不死甯俞視衛侯衣食故得知之公為之請納玉於王與晉侯皆十瑴王許之雙玉曰瑴公本與衛同好故為之請○公為于僞反注同瑴音角好呼報反

秋乃釋衛侯○衛侯使賂周歂冶廑曰苟能納我吾使爾為卿恐元咺距己故賂周冶○歂市專反冶音也廑音覲又音謹人名也漢書音義云音勤字也鄭氏音勤周冶殺元咺及子適子儀子儀瑕母弟不書殺賤也○適丁歷反公入祀先君周冶既服將命服卿服將入廟受命疏注服

鄉至受命○正義曰言祀先君而服將命知其將入廟也必入廟者祭統云古者明君爵有德而祿有功必賜爵祿於大廟示不敢專也命臣必在廟而王制云爵人於朝者朝上詢於衆人位定然後入廟受命今世受官猶然周歂先入及門遇疾而死冶廑辭卿見周歂死而懼

○九月甲午晉侯秦伯圍鄭以其無禮於晉文公亡過鄭鄭不禮之○過古禾反且貳於楚也晉軍函陵秦軍氾。南此東氾也在。滎陽中牟縣。南疏注此東氾○正義曰劉炫云二十四年王出適鄭處于氾注云鄭南氾也釋例土地名傳二十四年氾下云此南氾也周王出居于氾楚伐鄭師于氾襄城縣南氾城是也此年氾下云此東氾也秦軍氾南晉伐鄭師于氾滎陽中牟縣南氾澤是也杜考校既精當不徒爾尋討傳。文未見杜意佚之狐言於鄭伯曰國危矣若使燭之武見秦君師必退佚之狐燭之武皆鄭大夫○佚音逸公從之辭曰臣之壯也猶不如人今老矣無能爲也已公曰吾不能早用子今急而求子是寡人之過也然。鄭亡子亦有不利焉許之夜縋而出縋縣城而下○縋丈僞反縣音玄見秦伯曰秦晉圍鄭鄭既知亡矣若亡鄭而有益於君敢以煩執事執事亦謂秦越國以鄙遠君知其難也設得鄭以爲秦邊邑則越晉而難保焉用亡鄭以倍。鄰。陪益也○焉於虔反下焉取之同倍蒲回反鄰之厚君之薄也若舍鄭。以爲東道主行李之往來共其乏困行李使人○舍音捨又如字共音恭本亦作供使所吏反疏。注行李使人○正義曰襄八年傳云一介行李杜云行李行人也昭十三年傳云行理之命杜云行理使人李理字異爲注則同都不解理字周語行理以節逆之賈逵云理吏也小行人也孔晁注國語其本亦作李

字注云行李行人之官也然則兩字通用本多作理。訓之爲吏故爲行人使人也君亦無所害且君嘗爲晉君賜矣許
君焦瑕朝濟而夕設版焉君之所知也晉君謂惠公也焦瑕晉河外五城之二邑朝濟河而夕設版築以距秦言背秦
之速○朝如字注同版音板背音佩夫晉何厭之有既東封鄭又欲肆其西封封疆也肆。申也○厭於鹽反疆居良
反若不闕秦將焉取之疏不闕秦焉取之○正義曰沈云不闕秦家更何處取之言有心取秦先謀取鄭言滅秦以將利晉益大疆
土闕秦以利晉唯君圖之秦伯說與鄭人盟使杞子逢孫楊孫戍之乃還三子秦大
夫反爲鄭守○說音悅爲于僞反子犯請擊之公曰不可微夫人力不及此請擊秦也夫人謂秦穆公○夫音扶
注同因人之力而敝之不仁失其所與不知以亂易整不武秦晉和整而還相攻更爲亂也○知音智
吾其還也亦去之○初鄭公子蘭出奔晉蘭鄭穆公從於晉侯伐鄭請無與圍鄭許
之使待命于東晉東界○與音預鄭石甲父侯宣多逆以爲大子以求成于晉晉人許
之二子鄭大夫言穆公所以立○冬王使周公閱來聘饗有昌歜白黑形鹽昌歜昌蒲。菹白黑熬稻黑熬黍形
鹽鹽形象虎○閱音悅歜在感反菹莊居反熬稻五刀反疏注昌歜至象虎○正義曰昌歜饗之所設必是籩豆之實周禮醢人朝事之豆其實有昌本麋
臡鄭玄云昌本昌蒲。根切之四寸爲菹彼昌本可以爲菹知此昌歜即是昌蒲菹也齊有邴。歜魯有公甫歜其音爲觸說文云歜盛氣怒也從欠蜀聲此昌歜
之音相傳爲在感反不知其字與彼爲同爲異偏檢書傳昌蒲之草無此別名未知其所由也此云白黑下云嘉穀穀之白黑唯稻黍爲然下云鹽虎形知其

形象虎也辭曰國君文足昭也武可畏也則有備物之饗以象其德薦五味羞嘉穀

鹽虎形嘉穀爇稻黍也以象其文也鹽虎形以象武也以獻其功吾何以堪之

疏辭曰至堪之○正義曰周禮掌客王巡守百官從者所過之國共其積膳三公眡上公之禮卿眡侯伯之禮大夫眡子男之禮宰周公是天子三公其主國待之當尊於國君但周公自謙不敢當比國君耳既云備物之饗以象其德及說備物之下卽云以獻其功功德互見之耳獻其功者獻謂呈見旌表之也備設以象德薦獻以見功故象獻分配爲文

○東門襄仲將聘于周遂初聘于晉公既命襄仲聘周未行故曰將又命自周聘晉故曰遂自入春秋魯始聘晉故曰初

疏注公既至曰初○正義曰經書實行之事傳說將命之初故云命之將聘于周未行又命之遂聘于晉令其從周卽去更不迴也賈服不曉傳意解爲先聘晉後聘周故杜詳說之

經三十有一年春取濟西田晉分曹田以賜魯故不繫曹不用師徒故曰取

疏注晉分至曰取○正義曰濟西之田實是曹地晉文分以賜魯故不繫於曹不繫晉者晉本意賜諸侯不爲己有故亦不繫晉也昭四年傳例曰凡克邑不用師徒曰取取。田取邑義亦同也

○公子遂如晉○夏四月四卜郊不從乃免牲龜曰卜不從不吉也卜郊不吉故免牲免猶縱也

疏注龜曰至縱也○正義曰龜曰卜曲禮文也洪範稽疑云龜從筮從謂從人之心也人心欲吉不從是不吉也卜郊不吉不復爲郊牲無所用故免牲免猶縱放不殺之也穀梁傳曰免牲者爲之緇衣。纁裳有司玄端奉送至于南郊免牛亦然左傳無說其事或然也桓五年傳例曰凡祀啓蟄而郊啓蟄周之三月也今於夏四月卜郊者傳舉節氣有前有却但使春分未過仍得爲郊故四月得卜郊也故釋例曰凡十二月而節氣有二十四共通三百六十六日分爲四時間之以閏月故節不

必得恆在其月初而中氣亦不得恆在其月之半是以傳舉天宿氣節爲文而不以月爲正僖公襄公夏四月卜郊但譏其非所宜卜而不譏其四月不可郊也孟獻子曰啓蟄而郊郊而後耕耕謂春分也言得啓蟄當卜郊不得過春分耳是言四月得郊也周禮太宰職云祀五帝前期十日帥執事而卜日然則將祭必十日之前豫卜之也言四卜郊者蓋三月每旬一卜至四月上旬更一卜乃成爲四卜也此言四卜郊不從襄七年三卜郊不從公羊傳曰曷爲或言三卜或言四卜三卜禮也四卜非禮也三卜何以禮求吉之道三今左傳以爲禮不卜常祀則一卜亦非不云四非而三是異於公羊說

猶三望三望分野之星國中山川皆郊祀望而祭之魯廢郊天而脩其小祀故曰猶猶者可止之辭○分扶問反

疏注三望至之辭○正義曰公羊傳曰三望者何望祭也然則曷祭祭泰山河海鄭玄以爲望者祭山川之名諸侯之祭山川在其地則祭之非其地則不祭且魯竟不及於河禹貢海岱及淮惟徐州徐即魯地三望謂淮海岱也賈逵服虔以爲三望分野之星國中山川今杜亦從之以襄九年傳曰陶唐氏之火正閼伯居商丘祀大火相土因之故商主大火昭元年傳云辰爲商星參爲晉星楚語云天子徧祀羣神品物諸侯二王後祀天地三辰及其土地之山川注國語者皆云諸侯二王後祀天地三辰日月星也非二王後祀分野星辰山川也以此知三望分野之星國內山川其義是也昭七年夏四月甲辰朔日有食之於時夏之二月日在降婁傳稱去衞地如魯地於十二次豕韋衞地降婁魯地魯祭分野之星其祭奎婁之神也此三望者因郊祀天而望祭之於法不獨祭也魯既廢郊天而獨脩小祀故曰猶公羊穀梁皆云猶者可止之辭

○秋七月○冬杞伯姬來求婦無傳自爲其子成昏○爲于僞反○狄圍衞十有二月

衞遷于帝丘辟狄難也帝丘今東郡濮陽縣故帝顓頊之虛故曰帝丘○難乃旦反顓音專頊郭玉反虛起魚反

疏注辟狄至帝丘○正義曰傳稱狄圍衞衞遷于帝丘蓋有阻險可以辟狄難也釋例曰帝丘故帝顓頊之虛故曰帝丘昆吾氏因之故曰昆吾之虛東郡濮陽縣是也

傳三十一年春取濟西田分曹地也二十八年晉文討曹分其地竟界未定至是乃以賜諸侯○竟音境使臧文仲往宿於重館高平方與縣西北有重鄉城○重直龍反注同方音房與音預重館人告曰晉新得諸侯必親其共不速行將無及也從之分曹地自洮以南東傅于濟盡曹地也文仲不書請田而已非聘享會同也濟水自滎陽東過魯之西至樂安入海○洮吐刀反傅音附盡津忍反樂音洛疏重館至曹地也正義曰魯語臧文仲反既復命爲之請曰地之多重館人之力也臣聞之曰善有章雖賤賞也今一言而辟竟其章大矣請賞之乃出而爵之襄仲如晉拜曹田也○夏四月四卜郊不從乃免牲非禮也諸侯不得郊天魯以周公故得用天子禮樂故郊爲魯常祀

疏注諸侯至常祀○正義曰明堂位稱成王幼弱周公踐天子之位以治天下制禮作樂七年致政於成王成王以周公爲有勳勞於天下命魯公世世祀周公以天子之禮樂是以魯君孟春乘大路載弧韣旂十有二旒日月之章祀帝于郊祀以后稷天子之禮也是魯以周公之故得用天子禮樂天子命之則爲常祀故郊爲魯之常祀也記言正月謂周正建子之月與傳啓蟄而郊其月不同禮記是後儒所作不可以難左傳猶三望亦非禮也禮不卜常祀必其時而卜其牲日卜牲與日知吉凶牛卜日曰牲既得吉日則牛改名曰牲疏注既得至曰牲○正義曰上云卜其牲日則牲之與日俱卜之也必當先卜牲而後卜日卜得吉日則改牛爲牲然則牛雖卜吉未得稱牲牲是成用之名不可改名爲牲更卜吉凶明知卜牛在卜日之前也此言免牲是已得吉日牲既成矣成七年乃免牛是未得吉日牲未成也牲成而卜郊上怠慢也怠於古典慢瀆龜策望郊之細也不郊亦無望可也○秋晉蒐于清原作五軍以禦狄二十

八年晉作三行令罷之更爲上下新軍河東聞喜縣北有清原○行戶郞反趙衰爲卿二十七年命趙衰爲卿讓於欒枝今始從原大夫爲新軍
帥○帥所類反【疏】趙衰爲卿○正義曰晉語云文公命趙衰爲卿讓於欒枝先軫後又使爲卿讓於狐偃狐毛卒又使爲卿讓於先且居公曰趙衰三讓其
所讓皆社稷之衞也廢讓是廢德也以趙衰故蒐于清原作五軍使趙衰將新上軍箕鄭佐之胥嬰將下軍先都佐之如彼文止謂趙衰作五軍故特言趙衰
爲卿以見之於時舊三軍之將佐先軫將中軍郤溱佐之先且居將上軍狐偃佐之欒枝將下軍胥臣佐之國語有其文也○冬狄圍衞衞
遷于帝丘卜曰三百年【疏】卜曰三百年○正義曰案史記衞世家及年表衞從此年以後歷十九君積四百三十年衞元君乃徙于
野王元君卒子角代立秦滅衞廢角爲庶人衞成公夢康叔曰相奪予享相夏后啓之孫居帝丘享祭也○上曰音越或人實
反非也相息亮反注及下同夏戶雅反下同【疏】注相夏至祭也○正義曰夏本紀禹生啓啓生太康及仲康仲康生相是爲啓之孫也周禮祭人鬼曰享
公命祀相甯武子不可曰鬼神非其族類不歆其祀歆猶饗也歆許金反○杞鄫何事言杞
鄫夏後當祀相自相之不享於此久矣非衞之罪也言帝丘久不祀相非衞所絕不可以間成王周
公之命祀諸侯受命各有常祀○間間廁之間請改祀命改祀相之命【疏】注改祀相之命○正義曰昭七年傳稱晉居夏虛祀鯀而
晉侯疾瘳此衞居帝丘而不合祀相者祭法云鯀障洪水而殛死載在祀典傳稱實爲夏郊三代祀之周室既衰晉爲盟主當代天子祭絕祀之神故祭鯀爲
得禮相無功德於民惟當子孫自祭故稱杞鄫何事非衞之罪與鯀異也○鄭洩駕惡公子瑕鄭伯亦惡之故公子
瑕出奔楚瑕文公子傳爲納瑕張本洩駕亦鄭大夫隱五年洩駕距此九十年疑非一人○惡烏路反下同

經三十有二年春王正月○夏四月己丑鄭伯捷卒無傳文公也三同盟○捷在妾反疏注文公也三同盟○正義曰經無其葬故言其謚也捷以莊二十二年即位至此與魯十餘同盟言三同盟者但杜數同盟不例若同盟少者數先君之盟或數大夫之盟或數經不書盟而傳載盟者若同盟多者唯數今君或就今君之中數其大會盟之顯著者此言三同盟者皆據王臣臨盟則八年盟于洮九年于葵丘二十八年于踐土是也劉炫不尋杜意而規其謬非也○衛人侵狄報前年狄圍衛○秋衛人及狄盟不地者就狄廬帳盟○就廬力於反帳張亮反疏注不地至帳盟○正義曰會狄于欑函言地今不言地故云就廬帳盟廬帳即是狄人所居之處上云衛人侵狄及狄盟猶若公如晉及晉侯盟是指其所居之處故不言地也劉炫云春秋時戎狄錯居中國此狄無國都處所直云及狄盟盟於狄之處也以狄俗逐水草無城郭宮室故云就廬帳盟○冬十有二月己卯晉侯重耳卒同盟踐土翟泉

傳三十二年春楚鬭章請平于晉晉陽處父報之晉楚始通陽處父晉大夫晉楚自春秋以來始交使命為和同○使所吏反○夏狄有亂衛人侵狄狄請平焉○秋衛人及狄盟○冬晉文公卒庚辰將殯于曲沃殯窆棺也曲沃有舊宮焉○窆彼驗反一本作塗疏注殯窆至宮焉○正義曰周禮鄉師職云大喪及葬與匠師御柩及窆執斧以涖匠師昭十二年傳曰日中而堋禮記皆作封封堋窆聲相近而字改易耳皆謂葬時下棺之名也殯則欑置於西序亦是下棺於地故殯為窆棺也晉武公自曲沃而兼晉國曲沃有舊時宮廟故公卒而往殯焉禮諸侯五日而殯案經文以己卯卒庚辰是卒之明日即將殯者以曲沃路遠故早行耳禮在牀曰尸在棺曰柩下云棺有聲明是斂於棺而後行也出絳柩有聲如牛如牛呴聲○柩其救反禮云在牀曰尸在棺曰

柩呴呼口反卜偃使大夫拜曰君命大事將有西師過軼我擊之必大捷焉聲自柩出故曰
君命大事戎事也卜偃聞秦密謀故因柩聲以正衆心○過古禾反又古臥反軼直結反又音逸杞子自鄭使告于秦三十年秦使大
夫杞子戍鄭曰鄭人使我掌其北門之管管籥也○籥餘若反若潛師以來國可得也穆公訪
諸蹇叔蹇叔曰勞師以襲遠非所聞也蹇叔秦大夫○蹇紀輦反師勞力竭遠主備之無乃
不可乎師之所為鄭必知之勤而無所必有悖心將害良善悖必內反○且行千里其誰
不知公辭焉辭不受其言召孟明西乞白乙使出師於東門之外孟明百里孟明視西乞西乞術白乙
白乙丙【疏】注孟明至乙丙○正義曰世族譜以百里孟明視為百里奚之子則姓百里名視字孟明也古人之言名字者皆先字後名而連言之其術丙
必是名西乞白乙或字或氏不可明也譜云或以為西乞術白乙丙為蹇叔子案傳稱蹇叔之子與師言其在師中而已若是西乞白乙則為將帥不得云與
師也或說必妄記異聞耳蹇叔哭之曰孟子吾見師之出而不見其入也公使謂之曰爾何
知中壽【疏】○中壽○正義曰上壽百二十歲中壽百下壽八十爾墓之木拱矣合手曰拱言其過老悖不可用○孟子本或作孟兮
壽音授又如字拱九勇反蹇叔之子與師哭而送之曰晉人禦師必於殽殽在弘農澠池縣西○殽本又作崤
戶交反劉昌宗音豪澠緜善反緜忍反與羊恕反殽有二陵焉大阜曰陵【疏】注大阜曰陵○正義曰釋地云高平曰陸大陸曰阜大阜曰陵
李巡曰高平謂土地豐正名為陸大陸謂土地高大名曰阜阜最高大為陵其南陵夏后皐之墓也皐夏桀之祖父○皐夏戶雅反注

同皐古刀反【疏】注皐夏桀之祖父○正義曰夏本紀文桀父名發桀名履癸其北陵文王之所辟風雨也此道在二殽之閒南谷中谷深委曲兩山相嶔故可以辟風雨古道由此魏武帝西討巴漢惡其險而更開北山高道○辟音避谷古木反又音欲嶔許金反又音欽本或作嵐力含反惡爲路反【疏】注此道至高道○正義曰此道見在殽是山名俗呼爲土殽石殽其阸道在兩殽之閒山高而曲兩山參差相映其下兩所不及故可以辟風雨也公羊傳曰蹇叔送其子而戒之曰爾即死必於殽之嶔巖是文王之所辟風雨者也此注言兩山相嶔故可以辟風雨者杜氏此言或取公羊之意嶔字蓋從山但嶔巖是山之貌而云相嶔文亦不順未能審杜意也何休云其處險阻隘勢一人可要百故文王過之驅馳常若辟風雨必死是閒以其深險故余收爾骨焉秦師遂東爲明年晉敗秦于殽傳○爲于僞反

經三十有三年春王二月秦人入滑滅而書入不能有其地○齊侯使國歸父來聘○夏四月辛巳晉人及姜戎敗秦師于殽晉侯諱背喪用兵故通以賤者告姜戎姜姓之戎居晉南鄙戎子駒支之先也晉人角之諸戎掎之不同陳故言及○背音佩掎居綺反陳直覲反【疏】注晉侯至言及○正義曰杜以諸侯之貶不至稱人故知諱在喪用兵以賤者告也襄十四年傳戎子駒支自陳此事云謂我諸戎四嶽之裔胄且此云姜戎知是姜姓之戎也角之掎之皆彼傳文耳彼云晉禦其上戎亢其下是不同陳故言及也諸戰之陳共用師不言及者皆同陳也○癸巳葬晉文公○狄侵齊○公伐邾取訾婁○秋公子遂帥師伐邾○晉人敗狄于箕太原陽邑縣南有箕城郤缺稱人者未爲卿○訾子斯反【疏】注大原至爲卿正義曰劉炫云案傳晉侯親兵先軫死敵則將帥非郤缺也而稱人者晉諱而以微人告今知不然者以戰于殽文公未葬故諱其背殯用兵此則文公既葬之後於禮得從

戎事又敗狄有功。又何恥諱而以微者告故杜云郤缺稱人未爲卿劉以晉侯稱人同於殺諱而規杜氏非也○冬十月公如齊十有二月公至自齊○乙巳公薨于小寢小寢內寢也乙巳十一月十二日經書十二月誤○隕霜不殺草李梅實無傳書時失也周十一月今九月霜當微而重重而不能殺草所以爲災○隕于敏反○疏注書時至爲災○正義曰此在十二月下杜以長曆校之乙巳是十一月十二日謂經十二月爲誤遂以此經四事皆爲十一月夏之九月霜不應重重又不能殺草所以爲災也此云隕霜不殺草定元年冬十月隕霜殺菽穀梁傳曰未可以殺而殺舉重可殺而不殺舉輕其意言菽重草輕也○晉人陳人鄭人伐許

傳三十三年春晉。秦師過周北門左右免冑而下王城之北門冑兜鍪兵車非大將御者在中故左右下御不下○冑直救反兜丁侯反鍪亡侯反將子匠反疏注王城至不下○正義曰成二年傳稱晉解張御郤克鄭丘緩爲右張侯曰矢貫予手及肘左輪朱殷傷手而血染左輪是御者在左大將居中也宣十二年傳稱楚許伯御樂伯攝叔爲右樂伯云射左以菆是射在左而御在中也鄭玄詩箋云兵車之法左人持弓右人持矛中人御車故左右。下御不下超乘者三百乘王孫滿尚幼觀之言於王曰秦師輕而無禮必敗謂過天子門不卷甲束兵超乘示勇○乘繩證反下及注皆同輕遣政反下同疏注謂過至示勇正義曰服虔云無禮謂過天子門不櫜甲束兵而但免冑呂氏春秋說此事云師行過周王孫滿曰過天子之城宜櫜甲束兵左右皆下然則過天子門當卷甲束兵以古有此禮或出司馬兵法其書既亡未見其本輕則寡謀無禮則脫脫易也○脫他活反易以豉反入險而脫。又不能謀能無敗乎及滑鄭商人弦高將市於周遇之以乘韋先牛十二犒師商行賈也乘四韋先韋乃入牛古者將獻

遺於人必有以先之○先悉薦反注有以先之同犒若報反賈音古遺唯季反 疏 注商行至先之○正義曰周禮大宰以九職任萬民六曰商賈阜通貨賄

鄭玄云行曰商處曰賈易云商旅不行是商行賈坐而言行賈者相形以曉人也乘車必駕四馬因以乘爲四名禮言乘矢謂四矢此言乘韋謂四韋也遺人之物必以輕先重後故先韋乃入牛○老子云雖有拱璧以先四馬不如坐進此道是古者將獻饋必有以先之

曰寡君聞吾子將步師出於敝邑敢犒從者不腆敝邑爲從者之淹居則具一日之積腆厚也淹久也積芻米菜薪○步師步猶行也從才用反下同腆他典反爲于僞反下爲吾子同積子賜反下同

疏 注腆厚至菜薪○正義曰腆厚淹久經傳常訓也周禮大行人云王待諸侯之禮上公五積侯伯四積子男三積積皆謂米禾芻薪知此亦然案掌客上公五積皆視飧牽鄭注云飧牽謂牽牲以往不殺也亦有米禾芻薪鄭又注云上公飧五牢米二十車禾三十車侯伯四牢米禾皆二十車子男三牢米十車禾二十車芻薪皆倍其禾積旣視飧則米禾芻薪與飧同

行則備一夕之衞且使遽告于鄭遽傳車○遽其據反傳張戀反 疏 注遽傳車○正義曰釋言云馹遽傳也孫炎曰傳車驛馬也則

束載厲兵秣馬矣嚴兵待秦師○秣音末穀馬也說文作䬴云食馬穀也使皇武子辭焉曰吾子淹久於敝邑唯是脯資餼牽竭矣資糧也生曰餼牽謂牛羊豕○餼許氣反牲腥曰餼牲生曰牽 疏 注資糧至羊豕○正義曰聘禮歸飧饔餼五牢飪一牢腥一牢餼一牢以飪是熟肉腥是生肉知餼是未殺故云生曰餼牛羊豕可牽行故云牽謂牛羊豕也

爲吾子之將行也示知其情鄭之有原圃猶秦之有具囿也原圃具囿皆囿名○圃布古反 疏 注原圃具囿皆囿名○正義曰下注云中牟縣西有圃田澤則原圃地名以其地爲囿知與具囿皆囿名也囿者所以養禽獸故令自取其麋鹿焉天子曰苑諸侯曰囿

吾子取其麋鹿以

閒。敝邑若何使秦戍自取麋鹿以爲行資令敝邑得閒暇若何猶如何滎陽中牟縣西有圃田澤○麋亡悲反閒音閑注同令力呈反杞子
奔齊逢孫揚孫奔宋孟明曰。鄭有備矣不可冀也攻之不克圍之不繼吾其還
也滅滑而還○齊國莊子來聘自郊勞至于贈賄禮成而加之以敏迎來曰郊勞送去曰
贈賄敏審當於事○勞力報反注同贈呼罪反當丁浪反又如字疏。注迎來至於事○正義曰聘禮賓至于近郊君使卿朝服用束帛勞及聘事皆畢乃
去賓遂行舍於郊公使卿贈如觀幣是來有郊勞去有贈賄也臧文仲言於公曰國子爲政齊猶有禮君其朝
焉臣聞之服於有禮社稷之衛也爲公如齊傳○晉原軫曰秦違蹇叔而以貪勤民
天奉我也奉與也○奉扶用反注及下同奉不可失敵不可縱縱敵患生違天不祥必伐秦師
欒枝曰未報秦施而伐其師其爲死君乎言以君死故忘秦施○縱子用反下同施始豉反注及下同先軫
曰秦不哀吾喪而伐吾同姓秦則無禮何施之爲言秦以無禮加己施不足顧吾聞之一日
縱敵數世之患也謀及子孫可謂死君乎言不可謂背君○數所主反背音佩遂發命遽興姜戎
子墨衰絰晉文公未葬故襄公稱子以凶服從戎故墨之○衰七雷反絰直結反梁弘御戎萊駒爲右萊音來○夏
四月辛巳敗秦師于殽獲百里孟明視西乞術白乙丙以歸遂墨以葬文公晉
於是始墨後遂常以爲俗記禮所由變文嬴請三帥文嬴晉文公始適秦秦穆公所妻夫人襄公嫡母三帥孟明等○嬴音盈帥所

類反注同妻七計反嫡丁歷反曰彼實構吾二君寡君若得而食之不厭君何辱討焉使歸就戮于秦以逞寡君之志若何公許之先軫朝問秦因公曰夫人請之吾舍之矣先軫怒曰武夫力而拘諸原婦人暫而免諸國暫猶卒也○厭於豔反又於鹽反戮音六逞勑領反拘音俱卒寸忽反墮軍實而長寇讎亡無日矣墮毀也○墮許規反長丁丈反不顧而唾公使陽處父追之及諸河則在舟中矣釋左驂以公命贈孟明欲使還拜謝因而執之○唾他臥反驂七南反孟明稽首曰君之惠不以纍臣釁鼓纍因繫也殺人以血塗鼓謂之釁鼓○纍力追反釁許覲反使歸就戮于秦寡君之以為戮死且不朽若從君惠而免之三年將拜君賜意欲報伐晉秦伯素服郊次待之於郊鄉師而哭曰孤違蹇叔以辱二三子孤之罪也不替孟明孤之過也大夫何罪且吾不以一眚掩大德眚過也○鄉許亮反替他計反眚所景反掩於檢反○狄侵齊因晉喪也○公伐邾取訾婁以報升陘之役在二十二年邾人不設備秋襄仲復伐邾魯亦因晉喪以陵小國○復扶又反○狄伐晉及箕八月戊子晉侯敗狄于箕郤缺獲白狄子白狄狄別種也故西河郡有白部胡○箕音基種章勇反

疏。郤缺獲白狄子○正義曰宣十五年晉師滅赤狄潞氏以潞子嬰兒歸彼書於經而此不書者蓋略賤之不以告也

先軫曰匹夫逞志於君謂不顧而唾○而無討敢不自討乎免冑入狄師死焉狄人歸其

元元首面如生言其有異於人初臼季使過冀見冀缺耨其妻饁之臼季胥臣也冀晉邑耨鉏也野饋曰饁○臼其九反使所吏反過古禾反又古臥反耨乃豆反鉏田也饁于輒反字林于劫反鋤本又作鉏仕居反饋其位反餉也疏注臼季至曰饁○正義曰世本云垂作耨釋器云斪斸謂之定李巡曰鋤也廣雅云定謂之耨呂氏春秋云耨柄尺此其度也其耨六寸所以間稼也高誘注云耨耘苗也六寸所以入苗間也釋名云耨鋤嫗薅禾也釋詁云饁饋也孫炎曰饁野之饋也敬相待如賓與之歸言諸文公曰敬德之聚也能敬必有德德以治民君請用之臣聞之出門如賓如見大賓承事如祭常謹敬也仁之則也公曰其父有罪可乎缺父冀芮欲殺文公在二十四年○芮如銳反殺音試或如字對曰舜之罪也殛鯀其舉也興禹禹鯀子○殛紀力反誅也鯀古本反禹父也管敬仲桓之賊也實相以濟康誥曰父不慈子不祇兄不友弟不共不相及也康誥周書祇敬○實相息亮反不共音恭疏康誥至及也○正義曰此雖言康誥曰直引康誥之意耳非康誥之全文也彼云子弗祇服厥父事大傷厥考心于父不能字厥子乃疾厥子于弟弗念天顯乃弗克恭厥兄兄亦不念鞠子哀大不友于弟曰乃其速由文王作罰刑茲無赦其意言不慈不祇不友不恭各用文王之法刑之不是罪子又罪父刑弟復刑兄是其不相及也詩曰采葑采菲無以下體君取節焉可也詩國風也葑菲之菜上善下惡食之者不以其惡而棄其善言可取其善節○葑芳逢反菲芳匪反疏注詩國至善節○正義曰彼毛傳曰葑須也菲芴也釋草云須葑孫炎曰須一名葑鄭玄坊記注云葑蔓菁也釋草又云菲芴也孫炎曰葍類也陸機毛詩義疏云葑蔓菁幽州人或謂之芥也菲似葍莖麤葉厚而長有毛三月中烝煮為茹滑美又可以為羹是也此二菜其根有惡詩故云上善下惡

食之者取善節也文公以爲下軍大夫反自箕襄公以三命命先且居將中軍且居先軫之子

其父死敵故進之○且子徐反將子匠反【疏】注且居至進之正義曰且居父在之時已將上軍以父死敵故進之以再命命先茅之縣

賞胥臣曰舉郤缺子之功也先茅絕後故取其縣以賞胥臣以一命命郤缺爲卿復與之冀還其

父故邑○復扶又反又音服亦未有軍行雖登卿位未有軍列○行戶剛反○冬公如齊朝且弔有狄師也

反薨于小寢即安也小寢夫人寢也譏公就所安不終于路寢○晉陳鄭伐許討其貳於楚也楚令

尹子上侵陳蔡陳蔡成遂伐鄭將納公子瑕三十一年瑕奔楚○門于桔柣之門瑕覆于

周氏之汪車傾覆池水中○桔戶結反柣大結反覆芳服反注同汪烏黃反外僕髡屯禽之以獻殺瑕以獻鄭伯○髡苦門

反屯徒門反文夫人斂而葬之鄶城之下鄭文公夫人也鄶城故鄶國在滎陽密縣東北傳言穆公所以遂有國○斂力豔反

鄶古外反○晉陽處父侵蔡楚子上救之與晉師夾泜而軍泜水出魯陽縣東經襄城定陵入汝○夾古洽

反一音古協反泜音雉又直里反王又徒死反陽子患之使謂子上曰吾聞之文不犯順武不違敵子

若欲戰則吾退舍子濟而陳欲辟楚使渡成陳而後戰○陳直覲反注同遲速唯命不然紓我紓緩也○

紓音舒一音直呂反老師費財亦無益也師久爲老費芳味反○乃駕以待子上欲涉大孫伯曰不

可晉人無信半涉而薄我悔敗何及不如紓之乃退舍楚退欲使晉渡陽子宣言曰楚

師遁矣遂歸楚師亦歸大子商臣譖子上曰受晉賂而辟之楚之恥也罪莫大焉王殺子上商臣怨子上止王立己故譖之○遁徒困反○葬僖公緩文公元年經書四月葬僖公僖公實以今年十一月薨并閏七月乃葬故傳云緩自此以下遂因說作主祭祀之事文相次也皆當次在經葬僖公下今在此簡編倒錯○編必連反又布千反倒丁老反

疏注文公至倒錯○正義曰經書十二月下云乙巳公薨杜以長曆推之十一月十二日有乙巳乙巳非十二月文元年傳曰於是閏三月非禮也故至四月并閏爲七月禮當五月而葬今乃七月始葬故傳曰緩也左氏爲傳凡有譏者皆先言所譏乃復述其事自此以下不論葬緩既言葬之緩遂因說作主祭祀之事皆事與葬連故文相次耳僖公葬在明年而此年有傳知其當在明年經葬僖公下今在此者簡編倒錯故爾杜以此年空說葬事而其上無經文元年空舉經而其下無傳故謂此年之傳當在彼經之下於理誠爲順序於文失於重疊此云葬僖公彼又云葬僖公重生文者亦既錯謬必乖其本或由編絕之處三字分簡彼有葬無公此有公無葬後人並添足之致使彼此共剩一文耳若其不然不知所以謬也

作主非禮也文二年乃作主遂因葬文通譏之凡君薨卒哭而祔祔而作主特祀於主既葬反虞則免喪故曰卒哭哭止也以新死者之神祔之於祖尸柩已遠孝子思慕故造木主立几筵焉特用喪禮祭祀於寢不同之於宗廟言凡君者謂諸侯以上不通於卿大夫○祔音附烝嘗禘於廟冬祭曰烝秋祭曰嘗新主既立特祀於寢則宗廟四時常祀自如舊也三年禮畢又大禘乃皆同於吉○烝之承反禘大計反

疏凡君至於廟○正義曰釋例云此諸侯之禮故稱君君既葬反虞則免喪故曰卒哭哭止也以新死者之神祔之於祖尸柩既已遠矣神形又不可得而見矣孝子之思彌篤傍徨求索不知所至故造木主立几筵特用喪禮祭祀於寢不同之於宗廟宗廟則復用四時烝嘗之禮也三年喪畢致新死者之主以進於廟廟之遠主當遷入祧於是乃大祭於大

廟以審定昭穆謂之禘此皆自諸侯上達天子之制也其意與此注同文。少詳耳劉炫云既言作主非禮因言作主祭祀吉凶之節凡諸侯之甍葬日而虞從是以後間日二虞七虞之後明日而爲卒哭之祭卒哭之明日而作祔祭以新死之神祔於祖父於此祔祭而作木主以依神其主在寢特用喪禮祭祀於在寢之主其四時常祭礿。祠烝嘗及三年喪畢爲大祀禘祭並行之於廟正禮當如是耳今以葬僖公後積十月始作僖公木主是作主大緩故爲非禮也〇注既葬至大夫〇正義曰檀弓曰既封有司以几筵舍奠於墓左反日中而虞葬日虞弗忍一日離也雜記曰士三虞大夫五諸侯七士虞記曰始虞用柔日再虞皆如初三虞卒哭用剛日如士虞之禮諸侯七虞其六虞用柔日最後虞改用剛日間一日乃卒哭卒哭亦用剛日則諸侯卒哭在葬後十四日也然始免喪與葬不得相遠共在一月之內故杜每云既葬卒哭衰麻除是其不甚相遠然喪事先遠日則葬在月半之後葬後行虞虞後卒哭所以得同月者但卜葬雖先遠日但葬是喪之大事又有虞祔之祭當應及早爲之使得容其虞祔禮云喪事先遠日謂練祥禫除之屬晉平公之喪大夫欲見新君王與文伯宴樽以魯壺皆是既葬之後未卒哭之前雜記曰天子七月而葬九月而卒哭諸侯五月而葬七月而卒哭釋例云禮記後人所作不與春秋同是七虞九虞杜所不用或云杜亦同之解云此注言虞則免喪者謂七虞皆畢乃免喪免喪後日而卒哭也理亦通耳檀弓曰葬日虞是日也以虞易奠卒哭曰成事是日也以吉祭易喪祭是葬前奠而不祭至虞乃爲喪祭卒哭乃爲吉祭也自初死至於卒哭晝夜哭無時謂之卒哭者卒此無時之哭自此以後唯朝夕哭耳天子諸侯則於此除喪全不復哭也檀弓於卒哭之下云明日祔於祖父士虞記亦云卒。哭。明日以其班祔是以新死之神祔之於祖也於此之時葬已多日尸柩既已遠矣孝子思慕彌篤彷徨不知所至故造木主立几筵以依神也作主。致之於寢特用喪祭之禮祭之於寢不同祭之於宗廟也大夫以下不得稱君此言凡君者謂諸侯以上耳不得通於卿大夫也文二年公羊傳曰主者曷用虞主用桑練主用栗鄭玄注禮用公羊之說以爲虞已有主此傳稱祔而作上者虞而作主禮本無文不可以公羊而疑左氏也○注冬祭至於吉○正義曰周禮禮記諸文皆有之也新主既特祀於寢。則其餘宗廟四時常祀自如舊不廢也三年喪畢新主入廟之遠主當遷入祧乃爲大祭於大廟以審昭穆謂之爲禘於是新死者乃得同於吉也釋例曰舊說以爲諸侯喪三年之後乃烝嘗案傳襄公十五年冬十一月晉侯周卒十六年春葬晉悼公改服脩官蒸於曲沃會于溴梁其冬穆叔如晉且言齊故晉人荅以寡君之未禘祀其後晉人徵朝于鄭鄭公孫僑云溴梁之明年公孫夏從寡君以朝于君見於嘗酎與執膰焉此皆春秋之明證也是言之知諸侯卒哭以後時祭不廢之事也釋例又曰凡三年喪畢然後禘於是遂以三年爲節仍計除喪卽吉之月卜日而後行事無復常月也是以經書禘及大事傳唯見莊公之速他無非時之譏也如例所言除喪卽吉禘遂以三年爲常則新君卽位二年而禘五年又禘八年又禘傳八年禘於大廟宣八年有事于大廟定八年從祀先公皆得三年之常期也案元年夫人姜氏薨當以三年喪畢而禘再經三年則九年乃可禘耳而得八年禘者哀姜喪畢不爲作禘八年因禘祭乃致之故計閔公之喪數之耳昭十五年有事於武宮計非禘年而爲禘者釋例曰禘於大廟禮之常也各於其宮時之爲也雖非三年大祭而書禘用禘禮也昭二十五年傳曰將禘於襄公亦其義也三年之禘自國之常常事不書故唯書此數事祭雖得常亦記仲遂叔弓之非常也如杜此言昭十五年雖非禘年用禘禮故稱禘也鄭玄解禮三年一祫五年一禘杜解左傳都不言祫者以左傳無祫語則祫禘正是一祭故杜以審諦昭穆謂之爲禘明其更無祫也古禮多亡未知孰是且使禮傳各從其家而爲之說耳劉炫云以正經無祫文也唯禮記毛詩有祫字耳釋天文禘大祭也則祭無大於禘者若祫大於禘禘焉得稱大乎

春秋左傳注疏卷十七校勘記　阮元撰盧宣旬摘錄

附釋音春秋左傳注疏卷第十七僖二十九年盡三十三年

（經二十九年）

玉子虎違禮下盟宋本淳熙本岳本纂圖本閩本監本毛本玉作王是也

會王世子于首正宋本閩本監本毛本正作止不誤

（傳二十九年）

春葛盧來朝石經宋本淳熙本岳本纂圖本監本毛本春下有介字是也

及其陣浦鏜正誤及作反案國語作反

將亨而舍之宋本亨作烹與國語晉語合

故有貳心也宋本監本毛本貳作二

兼有此闕宋本闕下有者字

冬介葛盧來以未見公閩本監本以下誤增其字

（經三十年）

（傳三十年）

皆十㲄岳本㲄作𣪊非

注服卿至受命宋本此節正義在辭卿注下

秦軍氾南石經氾作汜釋文作氾音凡翻岳本同是也

在熒陽中牟縣南閩本監本毛本脫南字熒誤滎宋本作滎按宋本最善不應亦作滎陽蓋慶元重刻時淺人所改也

尋討傳文閩本監本毛本文作云非也段玉裁云此疏有脫誤

然鄭亡子亦有不利焉石經然上有雖字案碑文乃唐人重刻增入必有所據

焉用亡鄭以倍鄰石經宋本淳熙本岳本足利本倍作陪宋本釋文亦作陪案錢大昕云从𨸏爲正

陪益也閩本監本毛本陪作倍非

若舍鄭以爲東道主補諸本作舍鄭此誤作鄰今訂正

注行李使人宋本此節正義在君亦無所害句下

訓之爲吏監本毛本訓誤順

肆申也宋本申作由非

若不闕秦將焉取之石經作不闕秦焉取之後人于不字上旁增若字焉字上旁增將字刻本輒據石經續補之字妄增唯宋本不誤考文提要同案正義本無若將二字

不闕秦焉取之宋本此節正義在鄭人盟句下

使杞子逢孫楊孫戍之石經宋本淳熙本岳本楊作揚下同

微夫人力不及此石經宋本淳熙本岳本纂圖本監本毛本力上有之字是也

昌歜昌蒲葅葉抄釋文葅作菹宋本正義同是也

昌本昌蒲根各本作根此本誤作相今改正

齊有邴歜閩本歜誤鄙

〔經三十一年〕

取田取邑義亦同也重脩監本田作曰非也

爲之緇衣熏裳宋本閩本監本毛本熏作纁考穀梁傳作纁裳按據儀禮則熏古文纁今文也

皆郊祀望而祭之宋本淳熙本岳本足利本皆下有因字

魯廢郊天而脩其小祀岳本前後並作脩惟此處作修

國中山川監本毛本中誤之

因郊祀天而望祭之監本毛本祀作祭非

蓋有阻險可以避狄難也閩本監本毛本阻險作險阻

〔傳三十一年〕

晉新得諸侯顧炎武云石經新誤親案石經此處闕所據乃謬刻也

東傳于濟顧炎武云石經傳誤傳所據亦謬刻

重館至曹地也宋本無也字非也

注諸侯至常祀宋本以下正義二節揔入可也句下

是以魯君孟春乘大路載弧韣閩本監本毛本路作輅韣作韥按作路作韣是也

不可改名爲牲閩本監本毛本可改名三字誤作吉日不此本修板誤同牲誤性〇今改正

慢瀆龜策監本毛本慢作漫非也

卜曰三百年宋本以下正義二節揔入相奪予享注下

相奪予享岳本予作子翻本仍作予不誤宋本亦誤子

非衞所絶纂圖本毛本絶作滅非

（經三十二年）

故言其謚也案謚當作謚宋本多作謚者必是慶元重刻時所改

而規其謬非也宋本謬作繆

會狄于攢函閩本監本毛本攢作攅非也

故不言地也閩本監本毛本脱也字

以狄俗逐水草閩本監本毛本以作此非也

（傳三十二年）

殯窆棺也釋文窆一本作塗字按塗是也殯用塗不可云窆葬乃云窆

執斧以涖匠師閩本監本毛本涖作蒞

殯則攢置於西序閩本監本毛本攢作攅字按禮記喪大記从木作欑从手者非也說文無欑

中壽宋本以下正義四節揔入余收爾骨焉節注下

晉人禦師必於殽釋文殽本又作崤案後漢書龐參傳云孟明視喪師於崤

殽有二陵焉 毛本有誤在案李善注西都賦引傳作崤

其阨道在兩殽之間 監本毛本阨作阸誤應作阨

是文王之所避風雨者也 閩本監本毛本亦作也與公羊合宋本作故屬下讀

〔經三十三年〕

晉侯韓背喪用兵 宋本岳本纂圖本閩本監本毛本韓作諱案正義亦作諱淳熙本作韠非也

戎子駒友之先也 宋本淳熙本岳本纂圖本閩本監本毛本友作支是也

諸戎掎之 釋文亦作掎纂圖本毛本掎誤犄

晉諱而以微人告 浦鏜正誤人作者

又何恥諱而以微者告 浦鏜正誤又作有

〔傳三十三年〕

春晉秦師過周北門 案晉字衍石經宋本淳熙本岳本纂圖本監本毛本並無

故左右下御不下 閩本上下字誤不

入險而脫 顧炎武云石經入誤人案碑入字右邊闕炎武所據乃謬刻也

故先韋乃入牛　宋本牛下有也字

爲從者之淹　顧炎武云石經淹誤流案石經此處闕炎武所據亦謬刻也

注腆厚至菜薪　宋本以下正義二節揔入且使遽告于鄭注下

皆視飱牽　毛本飱作餐亦非宋本作飧下同○今並改作飧後不悉出

馹遽傳也　閩本監本毛本馹作驛非也

鄭穆公使視客館　視秦三大夫之舍○案傳文七字注文七字此本閩本並脫據石經宋本淳熙本岳本纂圖本監本毛本有此傳注

則束載厲兵秣馬矣　釋文云秣說文作䬴云食馬穀也閩本監本誤作抹

注資糧至羊豕　宋本以下正義二節揔入杞子奔齊節下

歸飧餼五牢　毛本飧作餐非宋本作飧從夕不從歹

猶秦之有具囿也　山井鼎云宋本囿作圃考文所謂宋本即此本也此本初刊似作圃後改從囿盧文弨鍾山札記云宋時本是具圃今本作具囿引初學記水經注高誘呂氏春秋注並作具圃爲是案唐石經宋本淳熙本岳本及諸刻本皆作囿

以閒敝邑若何　石經初刻閒誤閑重勘正

逢孫揚孫奔宋　纂圖本閩本監本毛本揚作楊

孟明曰淳熙本曰誤白

注迎來至於事宋本此節正義在注文爲公如齊傳下

曰彼實構吾二君石經初刻作構是也後改從扌旁宋本監本毛本作搆

○狄侵齊因晉喪也監本○誤注字

郤缺獲白狄子宋本以下正義五節摠入亦未有單行注下

耨柄尺此其度也宋本枘作柄案呂氏春秋任地篇作柄○今訂作柄

欲殺文公纂圖本閩本監本毛本殺作弑

舜之罪也殛鯀石經鯀字改刻初刻似作鮌

祇敬宋本淳熙本岳本纂圖本閩本監本毛本敬下有也字

詩曰采葑采菲宋本曰作云石經此處闕

莖麤葉厚而長宋本麤作麄案麤俗麄字

三月中烝鬻爲茹宋本烝作蒸

詩故云上善下惡閩本詩作時是誤字按詩故謂詩之訓故

外僕髡屯禽之以獻石經宋本凡髡字皆作髠是也○今依訂正

注文公至倒錯宋本此節正義入非禮也注下

乙巳非十二月山井鼎云宋板無二字案此本二字擠增

致使彼此共剩一文耳宋本剩作乘

新主既立特祀於寢宋本岳本足利本無立字與正義合

徬徨求索宋本徬作彷

文少詳耳閩本監本毛本少作小非也

祔祠烝嘗監本毛本祠作祀非也

卒哭明日浦鏜云案士虞禮無卒哭二字當作既夕也案浦鏜說大誤士虞記明日以其班祔注云卒哭之明日也

作主致之於寢閩本監本毛本致作置

則其餘宗廟四時常祀閩本監本毛本則誤而

春秋左傳注疏卷十七校勘記

附釋音春秋左傳注疏卷第十八 文元年盡四年

杜氏注 孔穎達疏

文公陸曰文公名興僖公子母聲姜謚法慈惠愛民曰文忠信接禮曰文疏正義曰魯世家文公名興僖公之子夫人聲姜所生以襄王二十六年即位謚法慈惠愛民曰文是歲歲在降婁

經元年春王正月公即位無傳先君未葬而公即位不可曠年無君疏注先君至無君○正義曰諸侯之禮既葬成君先君雖則未葬既踰年矣而君即位者不可曠年無君故也即位必於歲首若歲首不行此禮餘月不得行之便是曠年無君故雖則未葬亦即行之釋例曰遭喪繼立者每新年正月必改元正位百官以序故國史書即位於策以表之文公成公先君之喪未葬而書即位因三正之始明繼嗣之正表朝儀以同百姓之心此乃國君明分制之大禮譬周康王麻冕黼裳以行事事畢然後反喪服也雖踰年行即位之禮名通於國內必須既葬卒哭乃免喪古之制也且引顧命康王之事以譬此者彼是既殯此是踰年雖時不同取其暫服吉服事相似耳康王之誥云王義嗣德荅拜彼始殯訖即呼為王知諸侯既殯臣子亦呼為公既尸其位名號即成但先君未葬事猶聽於冢宰未得即成為君八年八月天王崩九年春毛伯來求金傳曰不書王命未葬也是踰年未葬不得命臣出使必待卒哭乃免喪也○二月癸亥日有食之無傳癸亥月一日不書朔官失之○天王使叔服來會葬叔氏服字諸侯喪天子使大夫會葬禮也疏注叔氏至禮也正義曰四年風氏薨五年王使榮叔歸含且賵召昭公來會葬傳曰禮也夫人之喪會葬為禮知諸侯之喪天子使大夫會葬為得也蘇氏云外卿來會葬不書此書者尊王使故特書之傳稱內史叔服內史於周禮為中大夫天子大夫例書字知叔氏服字也

○夏四月丁巳葬我君僖公七月而葬緩○天王使毛伯來錫公命毛國伯爵諸侯爲王卿士者諸侯即位天子賜以命圭合瑞爲信僖十一年王賜晉侯命亦其比也○錫星歷反比必利反例也又如字【疏】注毛國至比也○正義曰僖二十四年傳有原伯毛伯杜云原毛皆采邑此毛與彼計是一人而注不同者此毛當是文王之子封爲畿外之國於時諸侯無復有毛或是世事王朝本封絕滅從此以後常稱毛伯國名尚存仍爲伯爵必受得采邑爲畿內諸侯故注彼云采邑此云國也封爵既存故云諸侯爲王卿士者周禮大宗伯以玉作六瑞以等邦國王執鎮圭公執桓圭侯執信圭伯執躬圭子執穀璧男執蒲璧冬官玉人桓圭以下皆謂之命圭是用之以命諸侯也諸侯即位天子賜之以命圭魯是侯爵當賜之以信圭也玉人又云天子執冒四寸以朝諸侯其冒邪刻其下與圭頭相合諸侯執圭以朝天子天子執冒以冒之觀其相當以否所以合瑞爲信也僖十一年晉惠公新立王賜之命此亦新立是其比也傳稱晉侯受玉惰於此知賜命必有玉也公羊傳曰錫者何賜也命者何加我服也唐風無衣之篇晉人爲其君請命於天子之使以無衣爲辭則賜命亦有服杜不言服者主於玉而略之耳○晉侯伐衞晉襄公先告諸侯而伐衞雖大夫親伐而稱晉侯從告辭也○叔孫得臣如京師得臣叔牙之孫○衞人伐晉衞孔達爲政不共盟主與兵鄭國受討喪邑故貶稱人○喪息亮反○秋公孫敖會晉侯于戚戚衞邑在頓丘衞縣西禮卿不會公侯而春秋魯大夫皆不貶者體例已舉故據用魯史成文而已內稱公卒稱薨皆用魯史【疏】注戚衞至魯史○正義曰僖二十九年翟泉之盟諸侯之卿爲會魯侯故貶稱人則魯卿會他諸侯亦合貶而春秋魯大夫皆不貶者貶他國之卿已成體例體例已舉於魯不須加貶理足可明故據用魯史成文不復改易也他國君書卒及爵內常稱公稱薨亦體例已舉皆用魯史也○冬十月丁未楚世子商臣弑其君頵商臣穆王也弑君例在宣四年○頵憂倫反又丘倫反○公

孫敖如齊傳例曰始聘焉禮也

傳元年春王使內史叔服來會葬公孫敖聞其能相人也公孫敖魯大夫慶父之子○相息亮反見其二子焉叔服曰穀也食子難也收子穀文伯難惠叔食子奉祭祀。供養者也收子葬子身也○見賢遍反下注孤見同食音嗣注同難乃旦反又如字供俱用反養餘亮反穀也豐下必有後於魯國豐下蓋面方為八年公孫敖奔莒傳○於是閏三月非禮也於曆法閏當在僖公末年誤於今年三月置閏蓋時達曆者所譏先王之正時也履端於始舉正於中歸餘於終。步曆之始以為術之端首朞之日三百六十有六日日月之行又有遲速而必分為十二月舉中氣以正月有餘日則歸之於終積而為閏故言歸餘於終○朞居其反履端於始序則不愆四時無愆過○愆起虔反舉正於中民則不惑斗建不失其次寒暑不失其常故無疑惑歸餘於終事則不悖。四時得所則事無悖亂○悖必內反【疏】於是至不悖○正義曰於是年魯曆置閏閏三月非禮也言於禮置閏不當在此月也因論置閏之法先王之正時也履端於始履步也謂推步曆之初始以為術曆之端首舉月之正半在於中氣歸其餘分置於終末言於終末乃置閏也更復申之履端於始序則不愆謂四時之序不愆過也舉正於中民視瞻則不疑惑也歸餘於終於時事則不悖亂也此年不合置閏而置閏則不是歸餘於終故為非禮也○注於曆至所譏○正義曰古今曆法推閏月之術皆以閏餘減章歲餘以歲中乘之章閏而一所得為積月命起天正筭外閏所在也其有進退以中氣定之無中氣則閏月也古曆十九年為一章章有七閏。入章三年閏九月六年閏六月九年閏三月十一年閏十一月十四年閏八月十七年閏四月十九年閏十二月此據元首初章若於後漸積餘分大率三十二月則置閏不必恆同初章閏月僖五年正月辛亥朔日南至治曆者皆以彼爲章首之歲漢書律曆志云文公元年距僖五年辛亥二十九歲是歲閏餘十三閏當在十一月後而在三月故傳曰非禮也志之所言閏當在此年十一月後今三月已即置閏是嫌閏月大近前也杜以爲僖三十年閏九月文二年閏正月故言於曆法閏當在僖公末年誤於今年置閏嫌置閏大近後也杜爲長曆置閏疏數無復定準凡爲曆者閏前之月中氣在晦閏後之月中氣在朔僖五年正月朔旦冬至則四年當閏十二月也杜長曆僖元年閏十一月五年閏十二月與常曆不同者杜以襄二十七年再失閏司曆過昭二十年二月己丑日南至哀十二年十二月螽云火猶西流司曆過則春秋之世曆法錯失所置閏月或先或後不與常同杜唯勘經傳上下日月以爲長曆若日月同者則數年不置閏月若日月不同須置閏乃同者則未滿三十二月頻置一閏所以異於常曆故釋例云春秋日有頻月而食者有曠年不食者理不得一如筭以守恆數故曆無有不失也始失於毫毛尚未可覺積而成多以失弦望朔晦則不得不改憲以順之書所謂欽若昊天曆象日月星辰易所謂治曆明時言當順天以求合非苟合以驗天者也故當脩經傳日月以考晦朔以推時驗下又云據經傳微旨考日辰晦朔〇以相發明爲經傳長曆未必得天蓋春秋當時之曆也是杜自言不與常曆同

法步曆至於終〇正義曰日月轉運於天猶如人之行步故推曆謂之步曆步曆之始以爲術之端首謂曆之上元必以日月。全數爲始於前更無餘分以此日爲術之端首故言履端於始也朞之日三百六十有六日謂從冬至至冬至必滿此數乃周天也日月之行有遲有速日行遲月行速凡二十九日過半月行及日謂之一月過半者謂一日於曆法分爲九百四十分月行及日必四百九十九分是過半二十九分今一歲氣周有三百六十五日四分日之一其十二月一周唯三百五十四日是少十一日四分日之一未得氣周細而言之一歲。止少弱十一日所以然者一月有餘分二十九一年十二月有餘分三百四十八是一歲既得三百五十四日又得餘分三百四十八其四分日之一一日爲九百四十分則四分日之一爲二百三十五分。今於餘分三百四十八內取二百。三十五以當卻四分日之一餘分仍有一百一十三其整日唯有一日又以餘分一百一十三減其一日九百四十分唯有八百二十七分是一十一年有餘十日八百二十七分少一百一十三分不成十一日也劉炫云則一歲爲十二月猶有十一日有餘未得一周也分一周之日爲十二月則每月常三十日餘計月及日爲一月則每月唯二十九日餘前朔後朔相去二十九日餘前氣後氣相去三十日餘每月參差氣漸不正但觀中氣所在以爲此月之正取中氣以正月故言舉正於中也月朔之與月節每月剩一日有餘所有餘日歸之於終積成一月則置之爲閏故言歸餘於終○注斗建至疑惑○正義曰閏後之月中氣在朔則斗柄月初已指所建之辰閏前之月中氣在晦則斗柄月末方指所建之辰故舉月之正在於中氣則斗柄常不失其所指之次如是乃得寒暑不失其常

○夏四月丁巳葬僖公傳皆不虛載經文而此經孤見知僖公末年傳宜在此下

○王使毛伯衛來錫公命衛毛伯字○一本作毛伯衛來錫公命一本作天王使

疏○注衛毛伯字○正義曰知是字者以天子公卿例書爵不言名大夫稱字故毛伯雖卿或稱字案僖九年公會宰周公云云杜云三公不字明卿或書字

叔孫得臣如周拜謝賜命

○晉文公之季年諸侯朝晉衛成公不朝使孔達侵鄭伐緜訾及匡孔達衛大夫匡在潁川新汲縣東北○訾子斯反汲居及反

晉襄公既祥諸侯雖諒闇亦因祥祭爲位而哭○諒音良又音亮

疏○注晉襄公既祥○正義曰禮期而小祥晉文公以僖三十二年十二月卒則三十三年十二月爲小祥此云既祥謂小祥也

使告于諸侯而伐衛及南陽今河內地先且居曰效尤禍也尤衛不朝故伐今不朝王是效衛致禍時王在溫故勸之○且子餘反請君朝王臣從師晉侯朝王于溫先且居胥臣伐衛五月辛酉朔晉師圍戚六月戊戌取之獲孫昭子昭子衛大夫食戚邑衛人

使告于陳陳共公曰更伐之我辭之見伐求和不競大甚故使報伐示己力足以距晉○共音恭更古孟反又音庚大音泰又如字衛孔達帥師伐晉君子以爲古古者越國而謀合古之道而失今事霸主之禮故國失其邑身見執辱【疏】注合古至執辱○正義曰釋例云衛孔達爲政不共盟主興兵於鄰國受討喪邑窘而告陳雖從陳之謀僅得自定以謀而濟故君子但言合古而不釋其尤也劉炫云春秋之時天子微弱霸主秉德刑以長諸侯諸侯從時命以事霸主大。字小小事大所以相保持也晉之與衛小大不同而恥於受屈望以彊獲免明王在上理在可然度時之宜則非善。計君子以爲合古之道失當今之宜亦不言其謀全非禮也○秋晉侯疆戚田故公孫敖會之晉取衛田正其疆界○疆居良反注同○初楚子將以商臣爲大子訪諸令尹子上子上曰君之齒未也齒年也言尚少○少詩照反下文同而又多愛黜乃亂也楚國之舉恆在少者舉立也且是人也蠭目而豺聲忍人也能忍行不義○蠭本又作蜂芳逢反豺仕皆反不可立也弗聽既又欲立王子職而黜大子商臣職商臣庶弟。也商臣聞之而未察告其師潘崇曰若之何而察之潘崇曰享江芊。而勿敬也江芊成王妹嫁於江○芊亡氏反史記以爲成王妾從之江芊怒曰呼役夫呼發聲也役夫賤者稱○呼報賀反注同役夫如字稱尺證反宜君王之欲殺女而立職也告潘崇曰信矣潘崇曰能事諸乎問能事職不○女音汝曰不能能行乎曰不能能行大事乎曰能大事謂弒君○弒申志反一本無此注冬十月以宮甲圍成王大子宮甲僖二十八年王以東宮卒從。子玉蓋取此宮甲○卒子忽反從如字又才用反王請食熊蹯而死熊掌難熟冀久將有外救○蹯音煩弗聽丁未王縊諡之曰靈不瞑曰成乃瞑言其。忍甚未斂而加惡諡○瞑亡丁反又亡千反斂力驗反疏注言甚至惡諡○正義曰既見其不瞑目則是未斂於棺故知未斂也禮葬乃加諡未斂而加惡諡言其忍之甚也。冤枉之人衆矣未有能見其靈此事特爲商臣忍甚耳桓譚以爲自縊而死其目未合尸冷乃瞑非由諡之善惡也亂而不損曰靈安民立政曰成穆王立以其爲大子之室與潘崇疏爲大子之室○正義曰商臣今既爲王以其爲大子之時所居室內財物僕妾盡以與潘崇非與其所居之宮室也使爲大師且掌環列之尹環列之尹宮衞之官列兵而環王宮○大音泰環如字又音患○穆伯如齊始聘焉禮也穆伯公孫敖凡君卽位卿出並聘疏。凡君至並聘○正義曰卽位者既葬除喪卽成君之吉位也唯以既葬爲限不以踰年爲斷八年八月天王崩九年春毛伯來求金傳曰不書王命未葬也是未葬雖踰年不得命臣出使也宣十年夏四月齊侯元卒六月葬齊惠公冬齊侯使國佐來聘是既葬未踰年得命臣出使也何休膏育以爲三年之喪使卿出聘於義左氏爲短鄭康成箴云周禮諸侯邦交歲相問殷相聘世相朝左氏合古禮何以難之踐脩舊好要結外援踐猶履行也○好呼報反下及注同要於遙反援于眷反好事鄰國以衞社稷忠信卑讓之道也忠德之正也信德之固也卑讓德之基也傳因此發凡以明諸侯諒闇則國事皆用。吉禮○殽之役在僖三十三年晉人既歸秦師秦大夫及左右皆言於秦伯曰是敗也孟明之罪也必殺之秦伯曰是孤之罪也周芮良夫之詩曰大風有隧貪人敗類詩大雅隧蹊徑也周大夫芮伯刺厲王言貪人之敗善類若大風之行毀壞衆物所在成蹊徑○帥所類反芮如銳反詩大雅桑柔篇隧音遂道也敗必邁反注同蹊音兮徑古定反聽言則對誦言如醉言昏亂之君不好典誦之言聞之若醉得道聽塗說之言喜而荅對○誦似用反昬本亦作惛音昏則匪用其良覆俾我悖覆反也俾使也不用良臣之言反使我爲悖亂○覆芳服反俾本亦作卑必爾反注同是貪故也孤之謂矣孤實貪以禍夫子夫子何罪復使爲政爲明年秦晉戰彭衙傳○復扶又反

經二年春王二月甲子晉侯及秦師戰于彭衙秦師敗績孟明名氏不見非命卿也大崩曰敗績馮翊郃陽縣西北有彭衙城○衙音牙見賢遍反郃戶納反

【疏】注孟明至衙城○正義曰於例將卑師衆稱師今稱秦師知將非尊者故云孟明名氏不見非命卿也傳稱秦伯不廢孟明復使爲政則孟明秦之執政之卿也而言非卿者成二年注云曹大夫常不書而書公子首者首命於國備於禮成爲卿故也然則備卿禮乃成爲卿禮不備則不書秦是辟陋之國不以卿禮成孟明不言孟明非執政也此年晉士縠堪其事故名書於垂隴襄二十九年鄭公孫段攝卿以行名見於城杞況此真卿而不書者以秦辟陋在戎異於中國禮命不足故云非命卿也

○丁丑作僖公主主者殷人以栢周人以栗三年喪終則遷入於廟

【疏】注主者至於廟○正義曰主所用木經無正文公羊傳曰主者曷用虞主用桑練主用栗左傳唯言祔而作主主一而已非虞練再從公羊之言不可通於此也論語哀公問主於宰我宰我對曰夏后氏以松殷人以柏周人以栗先儒舊解或有以爲宗廟主者故杜依用之案古論語及孔鄭皆以爲社主社爲木主者古論不行於世且社主周禮謂之田主無單稱主者以張包周等並爲廟主故杜所依用劉炫就此以規杜過未爲得也

○三月乙巳及晉處父盟處父爲晉正卿不能匡君以禮而親與公盟故貶其族族去則非卿故以微人常稱爲耦以直厭不直不

地者盟晉都○去起呂反稱尺證反厭於涉反[疏]注處父至晉都○正義曰春秋卿則書名氏賤者則稱人外卿之貶例皆稱人魯卿之貶乃去其族去族以稱人相類卽是不爲卿也處父爲晉正卿不能匡君以禮君使盟魯卽從君命親與公盟故貶去其族若言處父是晉之賤人則不復書公直言及晉處父盟若言魯之賤人往與之盟也魯之賤人不合書名舉其所爲之事而已言及不言名是微人之常稱也以微人常稱與處父爲偶若處父亦賤人也魯以微人敵微人直也晉以卿敵公不直也如此書經者以魯之直厭晉之不直也然則不貶處父稱人者貶之稱人則惡名不見貶其族留其名所以惡處父也釋例曰隨此稱人則所罪之名不章故特書處父也翟泉澶淵亦會公侯所以稱人者以其衆卿非一依例總貶不地者盟於晉之都也諸侯會聚盟於他國之都者卽以國名爲盟地魯之君臣獨往他國而與之盟者不復舉國地三年冬公如晉十二月公及晉侯盟是也

○夏六月公孫敖會宋公陳侯鄭伯晉士穀盟于垂隴垂隴鄭地滎陽縣東有隴城士穀出盟諸侯受成於衞故貴而書名氏○穀戶木反本亦作穀同隴力勇反

○自十有二月不雨至于秋七月無傳周七月今五月也不雨足爲災不書旱五月穀猶有收○收如字又手又反

○八月丁卯大事于大廟躋僖公大事禘也躋升也僖公閔公庶兄繼閔而立廟坐宜次閔下今升在閔上故書而譏之時未應吉禘而於大廟行之其譏已明徒以逆祀故特大其事異其文○大音泰注及傳大廟同躋子兮反坐木臥反又如字[疏]注大事至其文○正義曰昭十五年有事于武宮傳稱禘于武宮有事是禘則知大事亦是禘也躋升也釋詁。文公羊傳曰躋者何升也禘祭之禮審諦昭穆諸廟已毀未毀之主皆於太祖廟中以昭穆爲次序父爲昭子爲穆太祖東向昭南向穆北向孫從王父以次而下祭畢則復其廟其兄弟相代則昭穆同班近據春秋以來惠公與莊公當同南面西上隱桓與閔僖亦同北面西上僖是閔之庶兄繼閔而立昭穆雖同位次閔下今升在閔上故書而譏之僖公以其三十三年十一月薨至此年十一月喪服始畢今始八月時未應吉禘而於大廟行之與閔公二年吉禘于莊公其違禮同也彼書吉禘其譏已明則此亦從譏可知不復更譏其速也徒猶空也空以逆祀之故亂國大典故特大其事謂之大事譏逆祀也釋例曰文公二年僖公之喪未終未應行吉禘之禮而於大廟行之其譏已明徒以躋僖而退閔故特大其事異其文定八年亦特書順祀皆所以起非常也有事于武宮及順祀傳皆稱禘則知大事有事于大廟亦禘也

○冬晉人宋人陳人鄭人伐秦

四人皆卿秦穆悔過終用孟明故貶四國大夫以尊秦伯

【疏】注四人至尊秦○正義曰四國大夫傳皆稱名氏是四人皆卿也秦穆悔過終用孟明仲尼特善其事無辭可以寄文故貶四國大夫稱人所以尊崇秦德以諸侯之名無所可加貶大夫以尊秦大夫非有罪也襄八年邢丘之會晉悼霸功既就德立刑行貶諸侯之卿以尊晉侯其事與此同也釋例曰秦伯終用孟明而致敗敗而罪己赦其闕而養其志孟明增修其德以霸西戎夫子嘉之故於伐秦之役貶四國大夫四國大夫奉君命而行今以一義變例故稱尊秦謂之崇德明罪不在四國大夫也

○公子遂如齊納幣

傳曰禮也僖公喪終此年十一月則納幣在十二月也士昏六禮其一納采納徵始有玄纁束帛諸侯則謂之納幣其禮與士禮不同蓋公爲太子時已行昏禮也○纁詩云反

【疏】注傳曰至昏禮○正義曰公羊傳曰此何以書譏何譏爾譏喪娶也娶在三年之外則何譏乎喪娶三年之內不圖昏其意謂此喪服未畢而行昏禮也何休據此作膏肓以左氏爲短今左氏傳謂之禮也必是喪服已終杜以長曆推之知僖公以其三十三年十一月薨至此年十一月喪已畢矣納幣雖則無月以傳言禮則知納在十二月也士昏六禮其一納采次有問名納吉至納徵始有玄纁束帛士謂之納徵諸侯則謂之納幣以其幣帛多其禮大與士禮不同故異其名也案士之昏禮納采問名同日行事納采者納其采擇之禮主人既許賓即問名將歸卜其吉凶也卜而得吉又遣使納吉如納采之禮納吉之後方始納徵徵成也使使納幣以成昏禮也此納幣以前已有三禮須再度遣使一月之內不容三遣適

齊蓋公爲大子時已行昏禮疑在僖公之世已行納采納吉今續而成之也杜言其一納采欲明納徵之前更有昏禮納幣非昏禮之始豫爲下句公爲大子時已行昏禮張本也大子昏禮理自不書雖則公昏唯書納幣其納采納吉亦不書也釋例曰諸侯昏禮亡以士昏禮準之不得唯。止於納幣逆女逆女納幣二事皆必使卿行卿行則書之他禮非卿則不書也宋公使華元來聘聘不應使卿故傳但言聘共姬也使公孫壽來納幣納幣應使卿故傳明言得禮也。君之昏亦唯存納幣逆女此其義。

傳二年春秦孟明視帥師伐晉以報殽之役二月晉侯禦之先且居將中軍趙衰佐之代郤溱〇禦魚呂反將子匠反衰初危反溱側巾反王官無地御戎代梁弘狐鞫。居爲右鞫居續簡伯〇鞫九六反甲子及秦師戰于彭衙秦師敗績晉人謂秦拜賜之師以孟明言三年將拜君賜故。嗤之〇嗤尺之反戰于殽也晉梁弘御戎萊駒爲右戰之明日晉襄公縛秦囚使萊駒以戈斬之囚呼萊駒失戈狼瞫取戈以斬囚禽之以從公乘遂以爲右箕之役箕役在僖三十三年〇呼火故反瞫尺其反字林式衽反乘繩證反先軫黜之而立續簡伯疏箕之至黜之〇正義曰御與車右雖有常員必臨戰更選定之韓之戰上右慶鄭吉是其事也自殽戰之後狼瞫爲右箕之役將戰選右先軫黜之箕戰先軫死。焉非既戰乃黜之也狼瞫怒其友曰盍死之瞫曰吾未獲死所未得可死處〇盍戶臘反處昌慮反其友曰吾與女爲難欲。共殺先軫〇女音汝難乃旦反瞫曰周志有之勇則害上不登於明堂周志周書也明堂祖廟也所以策功序德故不義之士不得升

死而不義非勇也共用之謂勇共用死國用共音恭注同○吾以勇求右無勇而黜亦其所
也言今死而不義更成無勇宜見退謂上不我知黜而宜乃知我矣言今見黜而合宜則吾不得復言上不我知○復扶
又反子姑待之疏周志至待之○正義曰周之志記有之曰有勇以害在上則爲不義之人不得升於明堂若殺先軫則必死死而不義非勇也
如以死共國家之用是之謂勇吾自以有勇之故求爲車右若殺先軫則是無勇無勇而被黜退亦是得其所也吾復安得爲恨吾今恨者謂在上不我知也
言其不知我有勇也若殺先軫即是成爲無勇無勇被黜退則黜而合其宜也乃是在上知我矣不得言在上不我知也子且待之○注周志至得升○正義
曰志者記也謂之周志明是周世之書不知其書何所名也鄭玄以爲明堂在國之陽與祖廟別處左氏舊說及賈逵盧植蔡邕服虔等皆以祖廟與明堂爲
一故杜同之祭統云古者明君必賜爵祿於大廟傳稱公行還告廟舍爵策勳是明堂之中所以策功序德故不義之人不得升之也害上卽是不義故不得
登明堂也及彭衙既陳以其屬馳秦師死焉屬屬己兵陳直覲反○晉師從之大敗秦師君子
謂狼瞫於是乎君子詩曰君子如怒亂庶遄沮詩小雅言君子之怒必以止亂遄疾也沮止也○遄市專反沮
在汝反又曰王赫斯怒爰整其旅詩大雅言文王赫然奮怒則整師旅以討亂○赫火百反怒不作亂而以從
師可謂君子矣○秦伯猶用孟明孟明增脩國政重施於民趙成子言於諸大
夫曰成子趙衰施式豉反○秦師又至將必辟之懼而增德不可當也詩曰毋念爾祖聿
脩厥德詩大雅言念其祖考則宜述脩其德以顯之毋念念也○辟音避毋音無注同孟明念之矣念德不怠其可敵

乎為明年秦人伐晉傳○丁丑作僖公主書不時也過葬十月故曰不時例在僖三十三年疏注過葬至三年○正義曰僖三十三年傳已發例言作主非禮此復云書不時者彼因葬緩遂譏作主之失未辯失之所由於此又言不時以明失禮之狀接成彼義也○晉人以公不朝來討公如晉夏四月己巳晉人使陽處父盟公以恥之使大夫盟公欲以恥辱魯也經書三月乙巳經傳必有誤書曰及晉處父盟以厭之也厭猶損也晉以非禮盟公故文厭之以示譏○厭於涉反注同適晉不書諱之也不書公如晉○公未至六月穆伯會諸侯疏注公未至諸侯○正義曰沈云非公命不書此穆伯會諸侯公未至而書者此公既在外命正卿守國故守國之臣亦合告廟而行故得書之也及晉司空士穀盟于垂隴晉討衛故也討元年衛人伐晉士穀士蔿子○蔿于委反書士穀堪其事也晉司空非卿也以士穀能堪卿事故書○書士穀或作書晉士穀疏注晉司至故書○正義曰曰傳舉司空之官云堪其事乃書之明本不當書故知非卿也成二年傳稱魯賜晉三帥三命之服司空亞旅皆受一命之服是其知司空非卿之文也陳侯為衛請成于晉執孔達以說陳始與衛謀謂可以強得免今晉不聽故更執孔達以苟免也○為于偽反○秋八月丁卯大事于大廟躋僖公逆祀也僖是閔兄不得為父子嘗為臣位應在下。令居閔上故曰逆祀○令力呈反閔上時掌反一本無上字疏注僖是至逆祀○正義曰禮父子異昭穆兄弟昭穆故同僖閔不得為父子同為昭穆耳當閔在僖上今升僖先閔故云逆祀二公位次之逆非昭穆亂也魯語云將躋僖公宗有司曰非昭穆也弗忌曰我為宗伯明者為昭其次為穆何常之有如彼所言。似閔僖異昭穆者位次之逆如昭穆之亂假昭穆以言之非謂異昭穆也若兄弟相代卽異昭穆設令兄弟四人皆立為君則祖父之廟卽已從毀知其理必不然故先儒無作此說於是夏父弗忌爲宗伯宗伯掌宗廟昭穆之禮○夏戶雅反昭上遙反後昭穆之例放此【疏】注宗伯至之禮○正義曰周禮大宗伯掌建邦之天神人鬼地祇之禮小宗伯掌建國之神位辯廟祧之昭穆諸侯之官所掌亦當然也尊僖公且明見曰吾見新鬼大故鬼小新鬼僖公既爲兄死時年又長故鬼閔公死時年少弗忌明言其所見○長丁丈反少詩照反【疏】注新鬼至所見○正義曰且明見者既尊崇僖公且明言其意之所見見其順大小升聖賢也劉炫以爲直據兄弟大小爲義不須云死之長幼以規杜氏今删定知不然者以傳云新鬼大故鬼小則大小之語總該諸事非直獨據兄弟明知亦據年時也先大後小順也躋聖賢明也又以僖公爲聖賢明順禮。也君子以爲失禮【疏】君子以爲失禮○正義曰傳有評論皆託之君子此下盡先姑以來皆是一君子之辭耳引詩二文於詩之下各言君子者君子謂作詩之人此論事君子又引彼作詩君子以爲證耳僖公薨後始作魯頌爲傳之時乃設此辭非當時君子有此言也弗忌之意以先大後小爲順故言明順禮也君子之意以臣不先君爲順故云禮無不順各言其順順不同也魯語展禽云夏父弗忌必有天殃其葬也焚煙達于上孔晁云已葬而柩焚煙達椁外禮無不順祀國之大事也而逆之可謂禮乎子雖齊聖不先父食久矣齊肅也臣繼君猶子繼父○先悉薦反下不先皆同故禹不先鯀湯不先契鯀禹父契湯十三世祖○鯀古本反契息列反殷始封之君【疏】注鯀父至世祖○正義曰鯀禹父夏本紀文也契湯十三世祖殷本紀文契生昭明昭明生相土相土生昌若昌若生曹圉曹圉生冥冥生振振生微微生報丁報丁生報乙報乙生報丙報丙生主壬主壬生主癸主癸生天乙天乙卽湯也下注云不窋后稷子周本紀文服虔云周家祖后稷以配天明不可先也故言不先不窋禹湯異代之王故言不先鯀契也然則文武大聖后稷賢耳非是不可先也下句引詩皇祖后稷

不欲重。文故舉不窋以辟之文武不先不窋○不窋后稷子窋知律反宋祖帝乙鄭祖厲王猶上祖也帝乙
微子父厲王鄭桓公父二國不以帝乙厲王不肖而猶尊尚之○肖悉召反【疏】注帝乙至尚之○正義曰帝乙微子父宋世家文厲王鄭桓公父鄭世家
文微子桓公宋鄭始祖也言宋祖帝乙鄭祖厲王則二國立其廟而祖祀之微子不先帝乙桓公不先厲王猶上祖也言不以不肖猶尊尚之也宋爲王者之
後得祀殷之先王帝乙之廟不毀者蓋以爲其所出故特存焉。周制王子有功德出封者得廟祀所出之王魯以周公之故得立文王之廟襄十一年傳稱魯
爲諸姬臨於周廟周廟文王廟也鄭之桓武世有大功故得立厲王之廟昭十八年傳稱鄭人救火使祝史徙。主祏於周廟周廟厲王廟也是以魯
頌曰春秋匪解享祀不忒皇皇后帝皇祖后稷忒差也皇皇美也后帝天也詩頌僖公郊祭上天配以后稷○
解戶賣反忒他得反差二也【疏】魯頌至后稷○正義曰魯頌閟宮之篇美僖公之德也上皇皇爲美下皇爲君言僖公春秋祭祀非有懈。倦其所享祀不
有差忒所祀之神有皇皇之美者爲君之上天配之以君祖后稷也君子曰禮謂其后稷親而先帝也先稱帝也詩曰
問我諸姑遂及伯姊詩邶風也衛女思歸而不得故願致問於姑姊○邶音佩君子曰禮謂其姊親而先姑
也僖親。文公父夏父弗忌。欲阿時君先其所親故傳以此二詩深責其意仲尼曰臧文仲其不仁者三不知者三
下展禽展禽柳下惠也文仲知柳下惠之賢而使在下位。己欲立而立人。○不知音智下同廢。六關。塞關陽關之屬凡六關所以禁。絕。末遊而
廢之塞悉再反妾織蒲三不仁也家人販席言其與民爭利○販甫萬反作虛器謂居蔡山節藻梲也有其器而無其位故曰虛
○梲章悅反縱逆祀聽夏父躋僖公祀爰居三不知也海鳥曰爰居止於魯東門外文仲以爲神命國人祀之○爰居爾雅一名

雜縣樊光云似鳳皇爰居事見國語莊子云魯侯御而觴之于廟

【疏】仲尼至知也○正義曰魯臣多矣而獨識文仲者以文仲執國之政有大知之名爲不知之事故特譏之其餘則不足責矣論語稱仁者愛人知者不惑故以害於物者爲不仁闇於事者爲不知卑下展禽而不肯舉薦廢去六關而不設防禁妾織蒲席而與民爭利此三事爲不仁也無其位而作虛器不知禮而縱逆祀不識鳥而祀爰居此三事爲不知也○注展禽至立人○正義曰論語云臧文仲其竊位者與知柳下惠之賢而不與立也又曰仁者己欲立而立人知賢不舉是無怨心故爲不仁也○注塞關至廢之○正義曰昭五年傳稱孟丙仲壬之子殺豎牛於塞關之外襄十七年傳稱師自陽關逆臧孫二關見於傳如此之屬凡有六也民以田農爲本商賈爲末農民力以自食商民遊以求食漢書賈誼說上曰今。毆民而歸之農皆著其本各食其力末伎遊食之民轉而緣南畝則畜積足矣杜稱末遊者謂此末伎遊食之民也周禮司關司貨賄之出入掌其治禁是所以禁。絕末遊者今其出入有度今而廢之使末遊之人無所禁約損害農民是不仁也○注家人至爭利○正義曰家語說此事作妾織席知織蒲是爲席以販賣之也大學云食祿之家不與民爭利故以此爲不仁也○注謂居至曰虛○正義曰論語云子曰臧文仲居蔡山節藻棁何如其知也鄭玄云節栭也刻之爲山棁梁上楹也畫以藻文蔡謂國君之守龜山藻節棁天子之廟飾皆非文仲所當有之有其器而無其位故曰虛君子下不僭上其居奢如此是不知也○海鳥至祀之○正義曰魯語云海鳥曰爰居止於魯東門之外三日臧文仲命國人祭之展禽曰越哉臧孫之爲政也夫祀國之大節也節政之所成也故制祭祀以爲國典今無故而加典非政之宜也今海鳥至己不知而祀之以爲國典難以言仁且知矣無功而祀之非仁也弗知而不問非知也今茲海其有災乎夫廣川之鳥獸皆知辟其災是歲海多大風冬。暖

○冬晉先且居宋公子成陳轅選鄭公子歸生伐秦取汪及彭衙而還以報彭衙之役卿不書爲穆公故尊秦也謂之崇

德成音城本或作戌音恤選息兗反汪烏黃反爲于僞反○襄仲如齊納幣禮也凡君即位好舅甥脩昏姻娶元妃以奉粢盛孝也謂諒闇既終嘉好之事通于外內外內之禮始備此除凶之即位也於是遣卿申好舅甥之國脩禮以昏姻也元妃嫡夫人奉粢盛供祭祀○好呼報反注同娶七住反妃芳菲反粢音咨盛音成嫡丁曆反共音恭孝禮之始也

經三年春王正月叔孫得臣會晉人宋人陳人衛人鄭人伐沈沈潰傳例曰民逃其上曰潰沈國名也汝南平輿縣北有沈亭○沈尸甚反潰戶內反輿音餘一音預○夏五月王子虎卒不書爵者天王赴也翟泉之盟雖輒假王命周王因以同盟之例爲赴○爲于僞反又如字本或作來赴疏注不書至爲赴○正義曰王子虎即王叔文公也諡之爲文必當有爵不書爵者畿內之國不得外交諸侯其臣不敢赴魯必天子爲之赴赴以王子爲親不復言其爵也翟泉之盟子虎在列而貶之稱人若王使來盟不應貶責不假王命則不得與盟故知於時輒假王命周王遂以同盟之禮爲之赴魯傳稱來赴弔如同盟禮也是其來赴往弔皆如同盟之禮○秦人伐晉晉人恥不出以微者告○秋楚人圍江○雨螽于宋自上而隋有似於雨宋人以其死爲得天祐。喜而來告故書○雨于付反注及傳同螽音終隋徒火反傳注同祐音又○冬公如晉十有二月己巳公及晉侯盟○晉陽處父帥師伐楚以救江

傳三年春莊叔會諸侯之師伐沈以其服於楚也沈潰凡民逃其上曰潰在上曰逃潰衆散流移若積水之潰自壞之象也國君輕走羣臣不知其謀與匹夫逃竄無異是以在衆曰潰在上曰逃各以類言之○輕如字又遣政反竄

珍倣宋版印

七亂反 疏 凡夫至曰逃○正義曰公羊傳曰潰者何下叛上也國曰潰邑曰叛釋例曰衆保於城城保於德言上能以德附衆以功庇下民信其德恃其固故能交相依懷以衞社稷苟無固志盈城之衆一朝而散如積水之敗故曰潰潰者衆散流遁之辭也國君而逃師棄盟違其典儀棄其車服羣臣不知其謀社稷不保其安此與匹夫逃竄無異是以在衆爲潰在君爲逃以別上下之名無取於別國邑也賈穎以爲舉國曰潰一邑曰叛然案左氏無此義也傳曰陳侯如楚慶氏以陳叛此則舉國不必言潰也叛者舉城而屬他非民潰之謂也是解潰逃之義也傳五年首止之盟鄭伯逃歸襄七年鄬之會陳侯逃歸皆書於經十年傳厥貉之會麇子逃歸不書者於時楚會諸侯魯不與楚不告故不書也襄十六年溴梁之會傳稱高厚逃歸不書於經者釋例云例之潰逃指爲一國一軍一邑君民相須爲用變文以別之也鄭詹見囚於齊自齊逃來此爲逸囚無。下可逃春秋指事而書所謂民逃非在上之逃也而賈氏復申以入例亦不安也如例所言高厚之逃縱有師衆止同逸囚之限非是逃例然鄭詹書而高厚不書者鄭詹爲逃來向魯故書高厚不別赴故不書 ○衞侯如陳拜晉成也 二年陳侯爲衞請成于晉○爲于僞反 ○夏四月乙亥王叔文公卒來赴弔如同盟禮也 王子虎與僖公同盟於翟泉文公是同盟之子故赴以名傳因王子虎異於諸侯王叔又未與文公盟故於此顯示體例也經書五月又不書日從赴也 疏 注王子至赴也○正義曰隱七年傳例曰凡諸侯同盟於是稱名故薨則赴以名者指謂同盟之二君耳不言與其父盟得以名赴其子但同盟稱名則兩君相知君既知之則國內皆知故彼父雖卒得以名赴其子此理雖爾凡例未明王子虎與僖同盟文公是其同盟之子今乃以名赴文是其於禮合赴此類多矣傳因王子虎天子之臣異於諸侯王。叔又未與文公同盟故於此顯示體例則其餘從可知也 ○秦伯伐晉濟河焚舟 示必死也 取王官及郊 王官如晉地 晉人不出遂自茅津濟封殽尸而還 茅津在河東大陽縣西封埋藏之大音泰○遂霸西戎用孟明也君子是以知秦穆公之爲君也舉人之周也周備也不偏以一惡棄其善與人之壹也壹無二心孟明之臣也其不解也能懼思也子桑之忠也其知人也能舉善也子桑公孫枝舉孟明者○解佳買反下同詩曰于以采蘩于沼于沚于以用之公侯之事秦穆有焉詩國風言沼沚之蘩至薄猶采以共公侯以喻秦穆不遺小善○蘩音煩沼之紹反沚音止共音恭夙夜匪解以事一人孟明有焉詩大雅美仲山甫也一人天子也詒厥孫謀以燕翼子子桑有焉詒遺也燕安也翼成也詩大雅美武王能遺其子孫善謀以安成子孫言子桑有舉善之謀○詒以之反遺唯季反疏注詒遺至之謀○正義曰詒遺釋詁文燕之爲安常訓也翼者贊成之義故爲成也詩大雅文王有聲之篇美武王之事言子桑有此義也

○秋雨螽于宋隊而死也螽飛至宋隊地而死若雨○隊直類反

○楚師圍江晉先僕伐楚以救江晉救江在雨螽下故使圍江之經隨在雨螽下疏注晉救至螽下○正義曰先僕救江經無其事但實在雨螽之後不進救江於前而退圍江於下欲令下與處父救江相接故也

○冬晉以江故告于周欲假天子之威以伐楚王叔桓公晉陽處父伐楚以救江桓公周卿士王叔文公之子桓公不書示威名不親伐疏注桓公至親伐○正義曰王叔文公不知何王之子字叔遂以叔爲氏桓公是其子王叔陳生是其後也衛有公叔文子此人蓋以王叔爲氏也門于方城遇息公子朱而還子朱楚大夫伐江之師也聞晉師起而江兵解故晉亦還○帥所類反解音蟹又佳買反晉人懼其無禮於公也請改盟改二年處父之盟公如晉及晉侯盟晉侯饗公賦菁菁者

莪菁菁者莪詩小雅取其既見君子樂且有儀○菁子丁反莪五多反樂音洛下文何樂小國之樂同莊叔以公降拜謝其以公比君子也

曰小國受命於大國敢不愼儀君貺之以大禮何樂如之抑小國之樂大國之

惠也晉侯降辭降階辭讓公登成拜俱還上成拜禮○上時掌反又如字疏注俱還上成拜禮○正義曰燕禮賓降階再拜稽首

公命小臣辭賓升成拜鄭玄云升成拜復再拜稽首也先時君辭之以禮若未成然此莊叔以公降拜晉侯。辭。之禮未成故更登成拜是賓主俱還上成拜禮

也公賦嘉樂嘉樂詩大雅。義取其顯顯令德宜民宜人受祿于天○嘉戶嫁反樂如字注同

經四年春公至自晉無傳○夏逆婦姜于齊稱婦有姑之辭疏逆婦姜于齊○正義曰桓三年齊侯送姜氏于讙注

云已去齊國故不言女未至于魯故不稱夫人然則往逆當稱逆女入國當稱夫人此時逆則卿不行入復不告至其禮輕略異於常。文徒以有姑故稱婦以

齊女則稱姜直云逆婦姜于齊略賤之文也○狄侵齊無傳○秋楚人滅江滅例在。文十五年疏注滅例在十五年○正義

曰案莊十年齊師滅譚注云滅例在文十五年滅弦滅黃滅夔皆不注獨更於此言者沈氏云滅譚爲入春秋之初故須指其例弦黃夔等傳皆載其見滅所

由今滅江傳無事跡恐異於餘滅故更引滅例云在十五年○晉侯伐秦○衛侯使甯俞來聘○俞羊朱反○冬

十有一月壬寅夫人風氏薨僖公母風姓也赴同。祔姑故稱夫人○祔音附疏注僖公至夫人○正義曰杜言此者以成風本

是莊公之妾嫌其不成夫人故明之也釋例曰凡妾子爲君其母猶爲夫人雖先君不命其母母以子貴其適夫人薨則尊得加於臣子內外之禮皆如夫人

矣故姒氏之喪。責以小君不成成風之喪王使會葬傳曰禮也是言適夫人既死妾母於法得成夫人也

傳四年春晉人歸孔達于衛以爲衛之良也故免之二年衛執孔達以說晉○夏衛侯如晉拜謝歸孔達曹伯如晉會正會受貢賦之政也傳言襄公能繼文之業而諸侯服從○逆婦姜于齊卿不行非禮也禮諸侯有故則使卿逆君子是以知出姜之不允於魯也允信也始來不見尊貴故終不爲國人所敬信也文公薨而見出故曰出姜曰貴聘而賤逆之公子遂納幣是貴聘也君而卑之立而廢之君小君也不以夫人禮迎是卑廢之棄信而壞其主在國必亂在家必亡主內主也○壞音怪不允宜哉詩曰畏天之威于時保之敬主之謂也詩頌言畏天威於是保福祿○秋晉侯伐秦圍邧新城以報王官之役邧新城秦邑也王官役在前年○邧願晚反一音元○楚人滅江秦伯爲之降服出次不舉過數降服素服也出次辟正寢不舉去盛饌鄰國之禮有數今秦伯過之○爲于僞反下文注爲賦爲歌皆同去起呂反饌仕眷反疏○注降服至過之○正義曰僖三十三年傳曰秦伯素服郊次意與此同知此降服爲素服也出次出於官而別次舍故云辟正寢也殺牲盛饌曰舉知不舉去盛饌也鄰國之禮有數不知其數幾何以言過數知其必有數耳哀十年傳稱齊人弒悼公之於師吳子三日哭於軍門之外鄰國之數三日也大夫諫公曰同盟滅雖不能救敢不矜乎吾自懼也秦江同盟不告故不書○矜居陵反君子曰詩云惟彼二國其政不獲惟此四國爰究爰度其秦穆之謂矣詩大雅言夏商之君政不得人心故四方諸侯皆懼而謀度其政事也言秦穆亦能感江之滅懼而思政爰於也究度能謀也○究音救度待洛反注同疏君子至謂矣○正義曰徧檢諸本君子曰下皆無詩云則傳文本自略也

詩意言維彼夏商二國其政不得民心致使國家喪滅維此四方之國見其亡滅於是自謀於是自度其政事自懼己之滅亡也此詩所言其秦穆之謂也此詩大雅皇矣之篇

○衛甯武子來聘公與之宴爲賦湛露及彤弓非禮之常公特命樂人以示意故言爲賦湛露彤弓詩小雅○湛直減反彤徒冬反〔疏〕注非禮至小雅○正義曰諸自賦詩以表己志者斷章以取義意不限詩之尊卑若使工人作樂則有常禮穆叔所云肆夏樊遏渠天子所以享元侯也文王大明緜則兩君相見之樂也燕禮者諸侯燕其羣臣及燕聘問之賓禮也歌鹿鳴四牡皇皇者華如彼所云蓋尊卑之常禮也自賦者或全取一篇或止歌一章未有頓賦兩篇者也其使工人歌樂各以二篇爲斷此其所以異也此時武子來聘魯公燕之於法當賦鹿鳴之三今賦湛露彤弓非是禮之常法傳特云爲賦知公特命樂人歌此二篇以示意也此二篇天子燕諸侯之詩公非天子賓非諸侯不知歌此欲示何意蓋以武子有令名歌此疑是試之耳不辭又不荅賦使行人私焉私問之對曰臣以爲肄業及之也肄習也魯人失所賦甯武子佯不知此其愚不可及○肄字又作肆以二反注同佯音陽一音祥〔疏〕注肄習至可及○正義曰說文肆訓爲陳字從長聿聲○肄訓爲習字從聿豸聲古書經傳所作字皆同耳臣以爲工人自習詩業以及此篇非謂歌之以爲己也魯人失於所賦辭則章主之失荅則己當其寵故不辭又不荅佯若不知其所爲如愚人然論語云甯武子其知可及其愚不可及此亦是愚之一事也案燕禮無荅賦之法而怪其不荅賦者非常之賦宜有對荅故也昔諸侯朝正於王朝而受政教也王宴樂之於是乎賦湛露則天子當陽〔疏〕天子當陽○正義曰湛露詩云湛湛露斯匪陽不晞陽謂日也言天子當日諸侯當露也諸侯用命也湛露曰湛湛露斯匪陽不晞晞乾也言露見日而乾猶諸侯稟天子命而行○樂音洛下注宴樂同晞音希諸侯敵王所愾而獻其功敵猶當也愾恨怒也○愾苦愛反〔疏〕諸侯

至其功○正義曰敵者相當之言愾是恨怒之意當王所怒謂往征伐之勝而獻其功也彤弓序云天子賜有功諸侯也王於是乎賜之彤弓一彤矢百玈弓矢千以覺報宴覺明也謂諸侯有四夷之功王賜之弓矢又爲歌彤弓以明報功宴樂○玈音盧覺音角

【疏】注覺明。宴樂○正義曰覺者悟知之意故爲明也使諸侯明己心也莊三十一年傳曰諸侯有四夷之功則獻于王中國則否禮諸侯賜弓矢然後專征伐故有功則賜之以弓矢又歌此彤弓之詩以明天子之心知是報功宴樂今也詩言一朝饗之則是爲設饗禮此云宴者明其爲宴樂耳非言設宴禮也

陪臣來繼舊好方論天子之樂故自稱陪臣○好呼報反君辱貺之其敢干大禮以自取戾貺賜也干犯也戾罪也○貺音況戾力計反○冬成風薨爲明年王使來含賵傳

附釋音春秋左傳注疏卷第十八

春秋左傳注疏卷十八校勘記　阮元撰盧宣旬摘錄

附釋音春秋左傳注疏卷第十八文元年盡四年宋本春秋正義卷第十四石經春秋經傳集解文上第八岳本纂圖本文字下增公字並盡十年

〔文公〕

〔經元年〕

釋例曰　宋本曰作云

名號卽成　毛本卽誤既

王使榮叔歸含且贈　宋本毛本贈作賵是也

天子使大夫會葬爲得也　宋本得下有禮字

本是紀滅　宋本作本封絕滅不誤○今依訂正

〔傳元年〕

食子奉祭祀供養者也　宋本供作共釋文供供俱用反陳樹華云釋文若本作供無煩音切且傳注前後多作共此乃傳寫之誤

歸餘於終　案史記曆書餘作邪注云邪音餘

事則不悖漢書律曆志引傳悖作誖

章有七閏入章三年閏九月閩本監本毛本入作八非

必以日月全數爲始宋本月下有之字是也

一歲止少弱十一日閩本監本毛本止作只

今於餘分三百四十八毛本今作令

內取二百三十五毛本三十作二十

王使毛伯衛來賜公命釋文賜作錫淳熙本纂圖本閩本監本毛本同顧炎武云石經錫誤賜漢書五行志作毛伯賜命案經與傳文往往不同顧炎武以作賜爲誤非是釋文無王使二字云一本作王使一本作天王使

注衛毛伯字宋本此節正義在注謝賜命之下

晉襄公既祥宋本以下正義二節總入注身見執辱之下

以謀而濟監本濟作齊非也

大字小小事大監本毛本字作事非也

則非善計毛本計誤可

職商臣庶弟也　宋本淳熙本岳本纂圖本足利本無也字

享江芉而勿敬也　淳熙本芉作芊亦非顧炎武云石經誤作芊所據乃謬刻宋本岳本纂圖本毛本作芉不誤注同○今訂正

宜君王之欲殺女而立職也　案韓非子作廢女劉知幾史通言語篇引同陳樹華云上云黜商臣似作廢字爲是然江芉怒故甚其辭讀者正不必泥也

王以東宮卒從子玉　纂圖本子誤乎

言其忍甚　纂圖本忍誤忽

冤枉之人衆矣　閩本監本毛本冤作寃非也

爲大子之室　宋本此節正義在注文列兵而環王宮之下

凡君至並聘　宋本此節正義在注文皆用吉禮之下

則國事皆用吉禮　纂圖本毛本吉誤古

〔經二年〕

馮翊郃陽縣西北有彭衙城　宋本淳熙本岳本足利本郃作郤不誤○今訂正

左傳唯言祔而作主　閩本監本毛本祔誤袝

劉炫就所以規杜過今正仁和梁履繩云所下脫見字非宋本所作此是也○

不雨足爲災毛本足誤是

五穀猶有收宋本收下有也字

時未應吉禘重脩監本吉作告非也

釋詁文閩本監本毛本誤云

故貶四國大夫以尊秦伯宋本岳本足利本無伯字

四人至尊秦閩本監本毛本作至秦伯非也

納徵始有玄纁束帛監本毛本始誤如

蓋公爲大子時已行昏禮也宋本岳本足利本無也字

不得唯止於納幣逆女閩本監本毛本止作只

君之昏宋本君上有魯字是也

此其義宋本義下有也字

狐鞫居爲右　葉抄釋文鞫作鞠

故嗤之　葉抄釋文嗤作蚩

先軫死焉　宋本焉作爲屬下讀

欲共殺先軫　纂圖本共作其非也

公未至諸侯　宋本以下正義二節總入注文以苟免也之下

士縠士蔿子　宋本淳熙本岳本纂圖本閩本監本毛本縠並作𣪊

令居閔上　宋本令作今非釋文一本無上字陳樹華云釋文無上字當作無閔字與文義方合

注僖是至逆祀　宋本以下正義三節揔入故鬼小注下

兄弟昭穆故同僖閔不得爲父子　閩本監本毛本故同作同故

似閔僖異昭穆者　宋本似作以

知其理必不然　監本毛本理作禮

明順禮也　毛本禮誤理

昭明生相土相土生昌若　閩本監本土誤士昭監本作相亦非

不欲重文監本毛本文誤耳

故特存焉宋本焉作爲屬下讀

使祝史徙主祏於周廟閩本監本毛本主誤王

非有懈倦宋本倦作惓

僖親文公父纂圖本文誤父

夏父弗忌欲阿時君陳樹華云欲一本作從

已欲立而立人宋本岳本已作己不誤足利本後人記云立人下異本有仁字非也

廢六關顧炎武云石經關誤闕碑文此處闕炎武所據乃謬刻案家語曰置六關王肅云六關關名魯本無此關文仲置之以稅行者故爲不仁傳曰廢六關非也惠棟云廢與置古字通公羊傳去其有聲者廢其無聲者鄭氏荅張逸曰廢置也以廢爲置猶以亂爲治徂爲存故爲今曩爲曏苦爲快臭爲香藏爲去郭璞所謂詁訓義有反覆旁通美惡不嫌同名杜注云六關所以禁絶末遊而廢之非也陳樹華云莊子徐無鬼於是乎爲之調琴廢一於堂廢一於室亦廢訓置之明證

所以禁絶末遊纂圖本末誤未案依正義則絶當作約

今敺民而歸之農閩本監本毛本敺作毆宋本作歐誤

是所以禁絶末遊者宋本絶作約是也

海多大風冬暖宋本作冬煖

（經三年）

汝南平輿縣北有沈亭案史記管蔡世家正義引沈亭作邥亭

不應貶責宋本不上有則字是也

自上而隋毛氏六經正誤云潭本釋文作憜古字借用本作墮作憜者後人妄改宋本作隊蓋因傳文而誤案當作憜爲憜之省文

喜而來告故書閩本監本毛本脫喜字

（傳三年）

各以類言之宋本言作常非也

無下可逃宋本下作不

王叔又未與文公同盟宋本叔作子非也

封埋藏之宋本埋作理非也

君子是以知秦穆公之爲君也石經無公字之爲二字重刻足利本亦無公字案下文云秦穆有焉四年傳其秦穆之謂矣六

年傳秦穆之不爲盟主也宜哉皆無公字諸刻本有者疑衍文

壹無二心　閩本監本毛本二作貳

夙夜匪解　足利本解作懈

言子桑有舉善之謀　纂圖本監本毛本舉善誤倒淳熙本舉誤小

釋詁文　閩本監本毛本文誤云

翼者贊成之義故爲成也　監本毛本爲誤有

隊而死也　石經隊作墜俗字漢書五行志引傳同

欲令下與處父救江相接故也　閩本監本毛本下誤不

聞晉師起而江兵解　纂圖本師作帥非

晉侯辭之禮未成　宋本侯下有降字之作以不誤

義取其顯顯令德　宋本無義字陳樹華云以上注例之不當有也

〔經四年〕

異於常文　宋本閩本監本毛本作文此本誤又今改正

滅例在文十五年宋本無文字是也

赴同祔姑纂圖本閩本監本毛本祔作袝非也

責以小君不成閩本監本毛本責作貴案隱三年正義所引釋例亦作責貴字誤

（傳四年）

君子曰詩云惟彼二國石經云字闕正義云偏檢諸本君子曰下皆無詩云此二字自屬衍文然石經既有未敢遽刪

君子至謂也宋本毛本也作矣不誤○今改正

爲賦湛露及彤弓石經湛字皆作湛避唐敬宗諱此湛字不缺筆爲後人妄加也

各以三篇爲斷宋本三作二不誤

臣以爲肄業及之也釋文作肆業以二反習也注同依字作肄石經及宋本皆作肄

說文肆訓爲陳宋本肆作肄非

肄訓爲習字從聿彖聲浦鏜云䋈誤肄聿帬誤聿彖

天子當陽宋本此節正義在諸侯用命也注下

諸侯敵王所愾而獻其功說文引傳愾作鎎

旅弓矢千石經弓字下旁有千旅二字諸刻本所無此後人妄增也

注覺明宴樂宋本閩本監本毛本明下有至字是也

春秋左傳注疏卷十八校勘記

杜氏注　孔穎達疏

經五年春王正月王使榮叔歸含。且賵珠玉曰含含口實車馬曰賵○含本亦作唅戶暗反說文作琀云送終口中玉賵芳鳳反

疏王使至且賵○正義曰公羊傳曰其言歸含且賵何兼之兼之非禮也賈服云含賵當異人今一人兼兩使故書且以譏之案禮雜記諸侯相弔之禮含。襚賵臨同日而畢與介代有事焉不言遣異使也諸侯相於則唯遣一使而責天子於諸侯必當異人禮何所出而非責王也春秋之世風教陵遲吉凶賀弔罕能如禮王之崩葬魯多不行魯之有喪寧能盡至。全無所譏不含又無貶責既含且賵便責兼之不可是禮備不如不備行禮不如不行豈有如此之理哉左傳舉來含且賵會葬二事乃云禮也則二事俱是得禮無譏兼之之意也言且者見有二禮而已宰咺言來歸此不言來者穀梁傳曰其不言來者不周事之用也賵以早而含以晚其意以為含者所以實口當及未殯而至以其至晚故不言來以責王也案雜記含者執璧將命坐委于殯東南有葦席既葬蒲席然則含襚者所以助喪盡恩示其有禮而已既葬猶尚致之不必以濟其用天子之與鄰國莫不道路長遠赴者猶尚不至責其未殯而來此是理之不通也且來者自外之文非是褒貶之意九年秦人來歸僖公成風之襚襚衣是斂之所用彼最晚矣何以復言來乎言來與不言來史異文耳宰咺秦人歸之既晚故舉其所為之人此夫人新薨言歸含賵為夫人可知故不言歸夫人含賵也何休膏肓以為禮尊不含卑又不兼二禮左氏以為禮於義為短鄭康成箴云禮天子於二王後之喪含為先襚次之賵次之賻次之於諸侯含之賵之小君亦如之於諸侯臣襚之諸侯相於如天子於二王後於卿大夫如天子於諸侯於士如天子於諸侯臣何休云尊不含卑是違禮非經意其一人兼歸二禮亦是為譏如康成言尊不含卑禮無其事康成以為譏一人兼二事者

非左氏意也○注珠玉至曰賵○正義曰周禮玉府大喪共含玉穀梁傳曰貝玉曰含士喪禮含用米貝莊子說發冢之事云徐徐破其頰無傷口中珠是含有用珠者也故云珠玉曰含何休云天子以珠周禮大喪共玉不共珠也莊子所言發冢未必發天子冢也雜記云諸侯相含以璧未知何人用珠耳公羊傳曰含者何口實也孝子不忍虛其親之口故以米貝珠玉實之謂之飯含檀弓曰飯用米貝弗忍虛也不以食道用美焉爾士喪禮用生稻米是不以食道也車馬曰賵公羊傳文○三月辛亥葬我小君成風無傳反哭成喪故曰葬我小君王使召伯來會葬召伯天子卿也召采地伯爵也來不及葬不譏者不失五月之內○召上照反○夏公孫敖如晉無傳○秦人入鄀入例在十五年○鄀音若○秋楚人滅六六國今廬江六縣○廬力居反○冬十月甲申許男業卒無傳與僖公六同盟疏注與僖公六同盟○正義曰業以僖五年即位其年盟于首止八年于洮九年于葵丘十五年于牡丘二十一年于薄二十七年于宋會許俱在是六同盟也

傳五年春王使榮叔來含且賵召昭公來會葬禮也成風莊公之妾天子以夫人禮賵之明母以子貴故曰禮疏注成風至曰禮○正義曰傳舉二事以一禮結之則含賵會葬皆得禮也釋例稱賵賻襚含總謂之贈言以夫人禮贈之指爲賵含也○初鄀叛楚即秦又貳於楚夏秦人入鄀○六人叛楚即東夷秋楚成大心仲歸帥師滅六仲歸子家○冬楚子燮滅蓼蓼國今安豐蓼縣○燮息列反蓼音了字或作鄝音同臧文仲聞六與蓼滅曰皋陶庭堅不祀忽諸德之不建民之無援哀哉蓼與六皆皋陶後也傷二國之君不能建德結援大國忽然而亡○陶音遙○晉陽處父聘于衛反過甯甯嬴從之甯晉邑汲郡脩武縣也嬴逆旅大夫○嬴音盈疏注甯

晉至大夫○正義曰晉語說此事云舍於逆旅寗嬴氏注國語者賈逵孔晁皆以寗嬴為掌逆旅之大夫故杜亦同之劉炫以寗嬴直是逆旅之主非大夫今刪定知不然者若是逆旅之主則身為匹庶是卑賤之人猶如重館人告文仲重丘人罵孫蒯止應稱人而已何得名氏見傳杜以傳載名氏故為逆旅大夫劉炫以為客舍主人而規杜氏非也

及温而還其妻問之嬴曰以剛商書曰沈。漸。剛克高明柔克沈漸猶滯溺也高明猶亢爽也言各當以剛柔勝己本性乃能成全也此在洪範今謂之周書○漸似廉反注沈滯溺一本作帶弱亢古浪反

疏注沈漸至周書○正義曰此傳引周書是洪範之三德也彼說人之三德乃以此言覆之孔安國以此二句為天地之德故注云沈漸謂地雖柔亦有剛能出金石高明謂天言天為剛德亦有柔克不干四時杜以傳證人性即以人事解之沈漸謂人性之沈滯濡溺也高明謂人性之高亢明爽也滯溺者當以剛勝其本性亢爽者當以柔勝其本性必自屈矯己乃能成全不然則沈漸失於弱高明失於剛不能保其身也此文在洪範今謂之周書箕子商人所說故傳謂之商書

夫子壹之其不沒乎陽子性純剛天為剛德猶不干時寒暑相順況在人乎且華而不實怨之所聚也言過其行○行下孟反犯而聚怨不可以定身剛則犯人余懼不獲其利而離其難是以去之為八年晉殺處父傳○難乃旦反

晉趙成子欒貞子霍伯臼季皆卒成子趙衰新上軍帥中軍佐也貞子欒枝下軍帥也霍伯先且居中軍帥也臼季胥臣下軍佐也為六年蒐。於夷傳○帥所類反下同蒐所求反

疏注成子至夷傳○正義曰城濮之戰先軫郤溱將中軍狐毛狐偃將上軍欒枝胥臣將下軍晉語云狐毛卒先且居將上軍清原之蒐三軍如故趙衰箕鄭將新上軍胥嬰先都將新下軍箕之役先軫死先且居將中軍不知誰代且居將上軍也此言趙衰新上軍帥中軍佐弁舉二官二年彭衙之役云先且居將中軍趙衰佐之注云代郤溱是趙

衰新上軍帥中軍佐也

經六年春葬許僖公無傳○夏季孫行父如陳行父季孫友子○秋季孫行父如晉○八月

乙亥晉侯驩卒再同盟○驩喚官反○疏注再同盟○正義曰二年及晉處父盟三年公及晉侯盟是再同盟也○冬十月公

子遂如晉葬晉襄公卿共葬事文襄之制也三月而葬速○共音恭疏注卿共至葬速○正義曰昭三十年傳曰先王之制諸侯之喪士弔大夫送葬昭三年傳曰昔文襄之霸也其務不煩諸侯君薨大夫弔卿共葬事是也晉殺其大夫陽處父處父侵官宜爲國討

故不言賈季殺○晉狐射姑出奔狄射姑狐偃子賈季也奔例在宣十年○射音亦一音夜○閏月不告月猶朝

于廟諸侯每月必告朔聽政因朝宗廟文公以閏非常月故闕不告朔怠慢政事雖朝于廟則如勿朝故曰猶猶者可止之辭○不告月月或作朔誤也

不告朔本或作告月。疏注諸侯至之辭○正義曰周禮大史頒告朔于邦國鄭玄云天子頒朔于諸侯諸侯藏之祖廟至朔朝于廟告而受行之論語云子

貢欲去告朔之餼羊是用特羊告于廟謂之告朔人君即以此日聽視此朔之政謂之視朔十六年公四不視朔僖五年傳曰公既視朔是也視朔者聽治此

月之政亦謂之聽朔玉藻云天子聽朔於南門之外是也其日又以禮祭於宗廟謂之朝廟周禮謂之朝享司尊彝云追享朝享是也其歲首爲之則謂之朝

正襄二十九年正月公在楚傳曰釋不朝正于廟是也告朔視朔聽朔朝廟朝享朝正二禮各有三名同日而爲之也文公以閏非常月故闕不告朔告朔之

禮大朝廟之禮小文公怠慢政事既不告朔雖朝于廟則如勿朝故書猶朝于廟言猶以譏之必於月朔爲此告朔聽朔之禮者釋例曰人君者設官分職以

爲民極遠細事以全委任之責。縱諸下以盡知力之用總成敗以效能否執八柄以明誅賞故自非機事皆委心焉誠信足以相感事實盡而不擁故受位居

職者思。效忠善日夜自進而無所顧忌也天下之紘事無數一日二日萬端人君之明。有所不照人君之力有所不堪則不得不借問近習有時而用之如此則六。卿六遂之長雖躬履此事躬造此官當皆移聽於內官迴心於左右政之粃亂恒必由此聖人知其不可故簡其節敬其事因月朔朝。遷坐正位會羣吏而聽大政考其所行而決其煩疑非徒議將然也乃所以考已然又惡其密聽之亂公也故顯衆以斷之是以上下交泰官人以理萬民以察天下以治也文公謂閏非常月緣以闕禮傳因所闕而明言典制雖朝于廟則如勿朝故經稱猶朝于廟也經稱告月傳言告朔明告月必以朔也每月之朔必朝于廟因聽政事事敬而禮成故告以特羊然則朝廟朝正告朔視朔皆同日之事所從言之異耳是言聽朔朝廟之義也玉藻說天子之禮云聽朔於南門之外諸侯皮弁聽朔於大廟鄭玄以爲明堂在國之陽南門之外謂明堂也諸侯告朔以特羊則天子以特牛與天子用特牛告其帝及其神配以文王武王諸侯用特羊告大祖而已杜以明堂與祖廟爲一但明堂是祭天之處天子告朔雖杜之義亦應告人帝朝享即月祭是也祭法云王立七廟曰考廟王考廟皇考廟顯考廟祖考廟皆月祭之二祧享嘗乃止諸侯立五廟曰考廟王考廟皇考廟皆月祭之顯考廟祖考廟享嘗乃止然則天子告朔於明堂朝享於五廟諸侯告朔於大廟朝享自皇考以下三廟耳皆先告朔後朝廟朝廟小於告朔文公廢其大而行其小故云猶朝于廟公羊傳曰猶者可止之辭也天子玄冕以視朔皮弁以日視朝諸侯皮弁以聽朔朝服以。日視朝其閏月則聽朔於明堂闔門左扉立於其中聽政於路寢門終月故於文王在門爲閏

傳六年春晉蒐于夷舍二軍僖三十一年晉蒐清原作五軍今舍二軍復三軍之制夷晉地前年四卿卒故蒐以謀軍帥○舍音捨注同帥所類反下同

疏注僖三至軍帥○正義曰清原之蒐五軍十卿有先軫郤溱先且居狐偃欒枝胥臣趙衰箕鄭胥嬰先都箕之役先軫死往歲趙衰欒枝先且居胥臣卒八年傳說此蒐之事云晉侯將登。鄭父先都則郤溱狐偃胥嬰亦先卒矣清原十卿唯有箕鄭先都在耳故蒐以謀軍帥服虔云使

射姑代先且居趙盾代趙衰也箕鄭將上軍林父佐也先蔑將下軍先都佐也改蒐于董趙盾將中軍射姑奔狄先克代佐中軍耳使狐射姑將
中軍代先且居將子匠反○趙盾佐之代趙衰也盾趙衰子○盾徒本反陽處父至自溫往年聘衛過溫今始至○過古
禾反改蒐于董易中軍易以趙盾爲帥射姑佐之河東汾陰縣有董亭陽子成季之屬也處父嘗爲趙衰屬大夫【疏】
注處父至大夫○正義曰僖三十一年清原之蒐衰始爲卿三十三年處父已專帥侵蔡則處父之屬成子未有多年蓋情素相親而黨於趙氏耳非專以嘗
爲其屬也故黨於趙氏且謂趙盾能曰使能國之利也是以上之宣子於是乎始爲
國政宣趙盾謚制事典典常也正法罪輕重當○當丁浪反辟刑獄辟猶理也○辟婢亦反後同者更不音董逋逃
董督也○逋補吾反由質要由用也質要券契也治舊洿治理洿穢○洿音烏本又作汙同本秩禮貴賤不失其本續常職
修廢官出滯淹拔賢能也既成以授大傅陽子與大師賈佗使行諸晉國以爲常法賈佗
以公族從文公而不在五人之數○大音泰下同佗徒何反從才用反【疏】宣子至常法○正義曰制事典者正國之百事使有常也正法罪者準所犯輕
重豫爲之法使在後依用之也辟獄刑者有事在官未決斷者令於今理治之也董逋逃者舊有逋逃負罪播越者督察追捕之也由質要者謂斷爭財之獄
用券契正定之也治舊洿者國之舊政洿穢不絜理治改正之也本秩禮者時有僭踰貴賤相濫本其次秩使如舊也續常職者職有廢闕任賢使能令續故
常也出滯淹者賢能之人沈滯田里拔出而官爵之也此謂所爲制作法式者豫爲將來使案而遵行臨時決斷者將爲故事使後人放習故得行諸晉國以
爲常法也○注辟猶理也正義曰辟訓爲法依法斷決是理治之也此與上句所以爲異者正法罪謂準狀制罪爲將來之法若今之造律令也辟獄刑謂有

獄未決斷當時之罪若昭十四年韓宣子命斷舊獄之類是也○注董督也○正義曰釋詁云董督正也俱訓爲正是董得爲督謂督察之也○注由用也質要。契。券○正義曰周禮小宰以官府之八成經邦治四曰聽稱責以傅別六曰聽取予以書契七曰聽賣買以質劑鄭衆云稱責謂貸予也傅別謂券書也聽訟責者以券書決之傅傅著約束於文書也別別爲兩兩家各得一也鄭玄云傅別謂爲大手書於一札中字別之書契謂出予受入之凡要也質劑謂兩書一札同而別之長曰質短曰劑傅別質劑皆今之券書也事異其名耳如彼禮文知質要是契券也○注治理洿穢○正義曰洿者穢之別名不絜之稱也法有不便於民事有不利於國是爲政之洿穢也治理改正使絜清也○注賈佗至之數○正義曰晉語宋公孫固云晉公子長事賈佗又曰賈佗公族也而多識以共敬公子居則下之動則咨焉是以公族從文公也尚書周官大師大傅大保天子三公也宣十六年傳晉侯請于王命士會將中軍且爲大傅則大傅尊於中軍之將與大師皆爲孤卿也周禮上公之國有孤一人王制諸侯三卿晉侯爵也而有三軍六卿復有孤。二人者晉爲霸主多置羣官共時所須不能如禮孤尊於卿法由在上故宣子法成授二孤使行之

○臧文仲以陳衞之睦也欲求好於陳夏季文子聘于陳且娶焉臣非君命不越竟故因聘而自爲娶○好呼報反娶七住反竟音境爲于僞反○秦伯任好卒任好秦穆公名○任音壬以子車氏之三子奄息仲行鍼虎爲殉子車秦大夫氏也以人從葬爲殉○車音居仲本亦作中音仲行戶郎反鍼其廉反殉似俊反殺人從死曰殉字林弋絹反皆秦之良也國人哀之爲之賦黃鳥黃鳥詩秦風義取黃鳥止于棘桑往來得其所傷三良不然○爲于僞反下注爲立聲教爲作善言同君子曰秦穆之不爲盟主也宜哉死而弃民先王違世猶詒之法而況奪之善人乎詩曰人之云亡邦國殄瘁詩大雅言善人

亡則國瘁瘁病○詒以之反瘁似醉反無善人之謂。若之何奪之。古之王者知命之不長疏古之至不長○正義曰知命之不長知其必將有死死不得長生久視故制法度以遺後人非獨為當己之世設善法也並建聖哲以下即位便為之非臨死始為此也下云衆隸賴之而後即命言其施行此事功成乃就死耳非謂設此法以擬死也是以並建聖哲建立聖知以司牧民○王如字一音于況反聖知音智疏注建立至牧民○正義曰此說王者之事或封為諸侯或置之羣官聖哲是人之儁者故總言之耳樹之風聲因土地風俗為立聲教之法疏注因土至之法○正義曰漢書地理志云凡民性有剛柔緩急聲音不同繫水土之風氣故謂之風好惡取舍動靜無常隨君上之情欲故謂之俗王制云廣谷大川異制民生其間者異俗器械異制衣服異宜脩其教不易其俗齊其政不易其宜故聖王為教因其土地風俗為立善聲教也聲教人之所立故言樹之今杜云因土地風俗為立聲教之法如杜此言惟樹以聲而傳云樹之風聲而風亦樹者其實風俗亦是人君教化故孝經云移風易俗孔注尚書云立其善風揚其善聲是也分之采物旌旗衣服各有分制○分扶問反注同疏注旌旗至分制○正義曰采物謂采章物色旌旗衣服尊卑不同名位高下各有品制天子所有分而與之故云分之定四年傳稱分魯公以大路大旂之類皆是也著之話言話善也為作善言遺戒○語戶快反疏注話善至遺戒○正義曰著之話言為作善言遺戒著於竹帛故言著之也為之律度鍾律度量所以治曆明時○量音亮疏注鍾律至明時○正義曰周語云先王之制鍾也律度量衡於是乎生小大器用於是乎出又曰古之神瞽考中聲而量之以制度律均鍾百官軌儀其意言度律之聲以為鍾之均於鍾律取法為度量衡也故漢書律曆志云推曆主律莫不用焉度量衡皆出於黃鍾之律也度者分寸尺丈引所以度長短也本起於黃鍾之長以子穀秬黍之中者一黍之廣度之九十黃鍾之長一黍為一分十分為寸十寸為尺十尺為丈十丈為引而五度審矣量者龠合升斗斛所以量多少也本起於黃鐘之龠以子穀秬黍中者千有二百實其龠合龠爲合十合爲升十升爲斗十斗爲斛而五量嘉矣權者銖兩斤鈞石所以稱輕重也本起黃鐘之重一龠容千二百黍重十二銖兩之爲兩十六兩爲斤三十斤爲鈞四鈞爲石而五衡謹矣權衡一物衡平也權重也稱上謂之衡稱錘謂之權所從言之異耳其鐘者亦起於律故服虔云鳧氏爲鐘各自計律倍而半之黃鐘之管長九寸則黃鐘之鐘長二尺二寸半餘鐘亦各自計律倍而半之度量衡其本俱出於律傳言律度注言度量其言不及衡者文雖不足理實兼之易革卦象云君子以治曆明時此律度量衡皆推曆爲之爲此法以教天下使之明四時也

陳之藝極藝準也極中也貢獻多少之法傳曰貢之無藝又曰貢獻無極疏注藝準至無極○正義曰藝是準限極是中正制貢賦多少之法立其準限中正使不多不少陳之以示民言陳之所引傳曰及又曰皆昭十三年子產辭也

引之表儀引道也表儀猶威儀○道音導下同疏注引道至威儀○正義曰引謂在前故爲道也表章儀飾故猶威儀也威儀禮則王者制之以道民言引之道之不用重文故異之也

予之法制告之訓典訓典先王之書疏注訓典先王之書○正義曰訓典先王之書教訓之典取其言以語之故言告之法制謂王者身自制作己之所有故言予之

教之防利防惡興利疏注防惡興利○正義曰防者防使勿然故爲防惡利。者務生此利故爲興利傳言防利於文不足互見以曉人也此最爲急故特言教之

委之常秩委任也常秩官司之常職疏注委任至常職○正義曰設官分職當委任責成故言委之常秩謂職掌位次故爲官司之常職

道之以禮則使毋失其土宜衆隸賴之而後即命即就也

聖王同之今縱無法以遺後嗣而又收其良以死難以在上矣君子是以知秦之不復東征也不能復征討東方諸侯爲霸主○遺唯季反復扶又反注同

○秋季文子將聘於晉使求遭喪之禮

以行季文子季孫行父也聞晉侯疾故【疏】注季文至疾故○正義曰劉炫以為聘使之法自須造遭喪之禮而行防其未然也非是聞晉侯有疾今知不然者依聘禮出使唯以幣物而行無別齎遭喪之禮若主國有凶則臨時辦備今文子聘晉特求遭喪之禮出聘之後晉侯遂卒考其情。氣有異尋常聞晉侯之疾何為不可劉炫以不聞晉侯之疾而規杜氏恐非其義也其人曰將焉用之其人從者○焉於虔反從才用反文子曰備豫不虞古之善教也求而無之實難難卒得○卒寸忽反過求何害所謂文子三思○三息暫反○

八月乙亥晉襄公卒靈公少晉人以難故欲立長君立少君恐有難○少詩照反注同難乃旦反注及下皆同長丁丈反下皆同趙孟曰立公子雍趙孟趙盾也公子雍文公子襄公庶弟杜祁之子好善而長先君愛之且近於秦秦舊好也置善則固事長則順立愛則孝結舊則安為難故故欲立長君有此四德者難必抒矣抒除也○好呼報反下皆同近附近之近抒直呂反又時呂反【疏】注抒除也○正義曰字有聲相近而為訓者鬼之為言歸也春之為言蠢也其類多矣抒聲近除故為除也服虔作紓。紓緩也賈季曰不如立公子樂樂文公子○樂音岳一音洛辰嬴嬖於二君辰嬴懷嬴也二君懷公文公也○嬖必計反立其子民必安之趙孟曰辰嬴賤班在九人班位也其子何震之有震威也且為二嬖淫也為先君子不能求大而出在小國辟也母淫子辟無威陳小而遠無援將何安焉杜祁以君故讓偪姞而上之杜祁杜伯之後祁姓也偪姞姞姓之女生襄公為世子故杜祁讓使在己上○辟匹亦反又作僻下同祁巨之反偪彼力反姞其吉反又其乙

反疏偪姞○正義曰譜以偪爲國名地闕不知所在以狄故讓季隗而已。次之故班在四以季隗是文公託狄時妻

故復讓之然則杜祁本班在二○隗五罪反復扶又反下將復怨同先君是以愛其子而仕諸秦爲亞卿焉亞次也言

其賢故位尊○亞於嫁反秦大而近足以爲援母義子愛足以威民立之不亦可乎使先蔑

士會如秦逆公子雍先蔑士伯也士會隨季也賈季亦使召公子樂于陳趙孟使殺諸郫郫晉

地○郫婢支反賈季怨陽子之易其班也本中軍帥易以爲佐○帥所類反下命帥同而知其無援於晉也

少族多怨九月賈季使續鞫居殺陽處父鞫居狐氏之族書曰晉殺其大夫侵官也君已命帥處父

易之故曰侵官○冬十月襄仲如晉葬襄公○十一月丙寅晉殺續簡伯簡伯續鞫居十一月無丙

寅丙寅十二月八日也日月必有誤賈季奔狄宣子使臾駢送其帑帑妻子也宣子以賈季中軍之佐同官故○臾羊朱反駢

蒲賢反又蒲丁反帑音奴疏。注帑妻子也○正義曰詩云樂爾妻帑文已有妻故毛傳以帑爲子此傳無妻故杜幷妻言之帑者細弱之號妻子俱得稱之

傳稱以害鳥帑鳥尾猶尙稱帑況妻子也說文云帑金幣所藏字書帑從子經傳妻帑亦從巾夷之蒐賈季戮臾駢臾駢之人

欲盡殺賈氏以報焉臾駢曰不可吾聞前志有之曰敵惠敵怨不在後嗣忠之

道也敵猶對也若及子孫則爲非對非對則爲遷怒○盡津忍反疏敵惠至之道○正義曰敵惠謂有惠於彼不可望彼人之子報敵怨謂有怨於

彼不可讎彼人之子父。祖受人之惠子孫自可不忘要有恩於其父祖不可求報於彼子孫子孫或。時不知乃是更復長怨故惠怨皆不在後是爲忠恕之道

也夫子禮於賈季我以其寵報私怨無乃不可乎言。己蒙宣子寵位介人之寵非勇也介因也○介音界損怨益仇非知也殺季家欲以除怨宣子將復怨己是益仇○知音智以私害公非忠也釋此三者何以事夫子。盡具其帑與其器用財賄親帥扞之送致諸竟扞衛也○扞戶旦反竟音境

○閏月不告朔非禮也經稱告月傳稱告朔明告月必以朔閏以正時四時漸差則致閏以正之時以作事順時命事事以厚生事不失時則年豐生民之道。於是乎在矣不告閏朔弃時政也何以為民○為民如字治也或音于僞反非也

經七年春公伐邾○三月甲戌取須句須句魯之封內屬國也僖公反其君之後邾復滅之書取易也例在襄十三年○須句其俱反復扶又反易以豉反遂城郚無傳因伐邾。師以城郚郚魯邑卞縣南有郚城備邾難○郚音吾難乃旦反○夏四月宋公王臣卒。二年與魯大夫盟於垂隴○王如字又往方反疏注二年至垂隴○正義曰王臣以僖二十四年即位與僖盟于踐土翟泉今唯言垂隴據與文同盟言之杜注或兼取前世或止取時君不為例也○宋人殺其大夫宋人攻昭公并殺二大夫故以非罪書○戊子晉人及秦人戰于令狐趙盾。廢嫡而外求君故貶稱人晉諱背先蔑而夜薄秦帥以戰告○令力呈反嫡本又作適丁歷反背音佩○晉先蔑奔秦不言出在外奔○狄侵我西鄙○秋八月公會諸侯晉大夫盟于扈扈鄭地滎陽卷縣西北有扈亭不分別書會人總言諸侯晉大夫盟者公後會而。分其盟○扈音戶卷音權又丘權反別彼列反○冬徐伐莒不書

將帥徐夷告辭略○將子匠反帥所類反○公孫敖如莒涖盟○涖音利又音類

傳七年春公伐邾閒晉難也公因霸國有難而侵小○閒閒廁之閒或如字難乃旦反注同○三月甲戌取須句寘文公子焉非禮也邾文公子叛在魯故公使爲守須句大夫也絕大皡之祀以與鄰國叛臣故曰非禮○寘之豉反下同大大音泰皡戶老反○夏四月宋成公卒於是公子成爲右師莊公子公孫友爲左師目夷子樂豫爲司馬戴公玄孫鱗矔爲司徒桓公孫○矔古亂反疏注戴公玄孫鱗矔桓公孫○正義曰世本戴公生樂甫術術生碩甫澤澤生季甫甫生子僕伊與樂豫是也世本又云桓公生公鱗鱗生東鄉矔是也公子蕩爲司城桓公子也以武公名廢司空爲司城華御事爲司寇華元父也傳言六卿皆公族昭公不親信之所以致亂○御魚呂反本又作禦音同昭公將去羣公子樂豫曰不可公族公室之枝葉也若去之則本根無所庇陰矣葛藟猶能庇其本根葛之能藟蔓繁滋者以本枝蔭庥之多○去起呂反下及注同庇必利反又悲位反下同蔭本又作蔭於鴆反藟本或作虆力軌反蔓音萬庥許求反又作庇虆類龜反故君子以爲比謂詩人取以喻九族兄弟○比必爾反疏葛藟至爲比○正義曰此引葛藟王風葛藟之篇也彼毛傳以之爲與此云君子以爲比者但比之隱者謂之與與之顯者謂之比比之與與深淺爲異耳此傳近取庇根理淺故以爲比毛意遠取河潤義深故以爲與由意不同故比與異耳況國君乎此諺所謂庇焉而縱尋斧焉者也縱放也必不可君其圖之親之以德皆股肱也誰敢攜貳若之何去之不聽穆襄之族率國人以攻公穆公襄公之子孫昭

公所欲去者殺公孫固公孫鄭于公宮二子在公宮故爲亂兵所殺疏注二子至所殺○正義曰經書宋人殺其大夫傳言不稱名非其罪則此二子名氏當見於經亦卿官也僖二十二年傳稱大司馬固於時又有司馬子魚上文樂豫爲司馬下云六卿和公室六卿之外有此二子蓋是孤卿之官也宋是上公禮得有孤且春秋之時不必如禮六卿和公室樂豫舍司馬以讓公子卬卬昭公弟○舍音捨下同卬五郎反昭公卽位而葬書曰宋人殺其大夫不稱名衆也且言非其罪也不稱殺者及死者名殺者衆故名不可知死者無罪則例不稱名疏注不稱至稱名○正義曰傳云不稱名怪殺者死者並不名也又言衆也解殺者不名言殺者衆多其名不可知也且言非其罪也解死者不名言死者無罪則於例不稱名也此傳言書曰是仲尼新意殺大夫有例無凡故每言書曰所謂曲而暢之也此言死者無罪故不稱名則被殺書名皆爲有罪故諸是大夫被殺書名者杜皆言其罪狀止以此傳爲例故也釋例曰大臣相殺死者無罪則兩稱名氏以示殺者之罪正札子殺召伯毛伯是也若死者有罪則不稱殺者名氏稱晉殺其大夫陽處父是也若爲賊者。衆因亂而殺則亦稱國人殺者主名不分故也主名不分死者雖名氏可知亦隨而去之嫌於罪死者也士殺大夫則書曰盜盜殺鄭公子騑公子發公孫。輒是也若然宋之穆襄之族既非六卿於例名氏不見亦應書盜而不言盜者彼殺鄭卿者知是尉止司臣之類故書盜以惡其人此則不得主名書盜不知所惡故不書其盜耳若知其人則亦書盜也

○秦康公送公子雍于晉曰文公之入也無衛故有呂郤之難僖二十四年文公入○難乃旦反乃多與之徒衞穆嬴曰抱大子以啼于朝曰先君何罪其嗣亦何罪舍適嗣不立而外求君將焉寘此穆嬴襄公夫人靈公母也○嬴音盈適本又作嫡同丁歷反將焉於虔反下爲用同出朝則

抱以適趙氏頓首於宣子曰先君奉此子也而屬諸子曰此子也才吾受子之賜不才吾唯子之怨欲使宣子教訓之○屬音燭今君雖終言猶在耳在宣子之耳而弃之若何宣子與諸大夫皆患穆嬴且畏偪畏國人以大義來偪己○偪彼力反乃背先蔑而立靈公以禦秦師箕鄭居守趙盾將中軍先克佐之克先且居子代狐射姑○背音佩箕音基守手又反下注同將子匠反下注同荀林父佐上軍箕鄭將上軍居守故佐獨行先蔑將下軍先都佐之步招御戎戎津為右及堇陰先蔑士會逆公子雍前還晉晉人始以逆雍出軍卒然變計立靈公故車右戎御猶在職堇陰晉地○招上遙反堇音謹一音靳卒寸忽反

疏注先蔑至晉地○正義曰諸言御戎為右皆是君之御右知此步招戎津始以逆雍出軍此擬為雍之御右也改立靈公故御右猶在職也十二年河曲之戰傳稱范無恤御戎注云代步招晉君不行有御戎者成二年楚令尹子重為楊橋之役王卒盡行彭名御戎注云王卒盡行故王戎車亦行然則河曲之戰亦公卒盡行公之戎車亦行故御戎在職也此時未至令狐令狐猶是晉地知堇陰亦是晉地也

宣子曰我若受秦秦則賓也不受寇也既不受矣而復緩師秦將生心先人有奪人之心奪敵之戰心也○復扶又反先悉薦反有奪人之心本或此下有後人待其反誤軍之善謀也逐寇如追逃軍之善政也訓卒利兵秣馬蓐食潛師夜起蓐食早食於寢蓐也○卒子忽反秣音末蓐音辱戊子敗秦師于令狐至于刳首己丑先蔑奔秦士會從之從刳首去也令狐在河東當與刳首相接○刳苦胡反先蔑之使也荀林父止之曰夫

人大子猶在而外求君此必不行子以疾辭若何不然將及禍將及己○攝卿使所吏反
以往可也何必子同官爲寮。吾嘗同寮敢不盡心乎弗聽爲賦板之三章板詩大雅其三章義取芻蕘之言猶不可忽況同寮乎僖二十八年林父將中行先蔑將左行○寮本又作僚力彫反爲于僞反下爲同寮同芻初俱反蕘音饒行戶郎反下同
又弗聽及亡荀伯盡送其帑及其器用財賄於秦曰爲同寮故也荀伯林父
士會在秦三年不見士伯士伯先蔑其人曰能亡人於國言能與人俱亡於晉國不能見於此焉用之何用如此士季曰吾與之同罪俱有迎公子雍之罪非義之也將何見焉言己非慕先蔑之義而從之
及歸遂不見責先蔑爲正卿而不匡諫且俱出奔惡有黨也士會歸在十三年○惡烏路反○狄侵我西鄙公使告于
晉趙宣子使因賈季問酆舒且讓之酆舒狄相讓其伐魯酆芳忠反相息亮反○酆舒問於賈季曰
趙衰趙盾孰賢對曰趙衰冬日之日也趙盾夏日之日也冬日可愛夏日可畏○秋八月
齊侯宋公衞侯。鄭伯許男曹伯會晉趙盾盟于扈晉侯立故也公後至故不書
所會凡會諸侯不書所會後也不書所會謂不具列公侯及卿大夫後至不書其國辟不敏也此傳還自釋凡例之意

【疏】凡會至不敏○正義曰僖十四年諸侯城緣陵傳曰不書其人有闕也十五年諸侯盟于扈傳曰書曰諸侯無能爲也十。七年諸侯會于扈傳曰書曰諸侯無功也然則總稱諸侯皆是罪諸侯也此總稱諸侯不稱所會爲公後也傳還自釋凡例云後至不書其國者辟不敏也不敏猶不達

也諸國皆在公獨後至是公不達於事辟公之不達於事諱公罪而歸責於諸侯者若言諸侯無功然故貶諸侯而總之所以辟公恥也○穆伯娶于莒曰戴己生文伯其娣聲己生惠叔穆伯公孫敖也文伯穀也惠叔難也○己音紀一音祀娣大計反難乃多反戴己卒又聘于莒莒人以聲己辭則爲襄仲聘焉襄仲公孫敖從父昆弟○爲于僞反下且爲自爲同○冬徐伐莒莒人來請盟見伐故欲結援穆伯如莒涖盟且爲仲逆及鄢陵登城見之美鄢陵莒邑鄢於晚反○自爲娶之仲請攻之公將許之叔仲惠伯諫惠伯叔牙孫曰臣聞之兵作於內爲亂於外爲寇寇猶及人亂自及也今臣作亂而君不禁以啓寇讎若之何公止之惠伯成之平二子使仲舍之舍不娶○舍音捨注同公孫敖反之還女莒復爲兄弟如初從之爲明年公孫敖奔莒傳○復音服又扶又反○晉郤缺言於趙宣子曰日衛不睦故取其地日往日取衛地在元年今已睦矣可以歸之叛而不討何以示威服而不柔何以示懷柔安也非威非懷何以示德無德何以主盟子爲正卿以主諸侯而不務德將若之何夏書曰逸書戒之用休有休則戒之以勿休○休許虯反注同董之用威董督也有罪則督之以威刑勸之以九歌勿使壞九功之德皆可歌也謂之九歌六府三事

【疏】○夏書至三事○正義曰此虞書大禹謨之文也以其夏禹之言故傳謂之夏書勿使壞以上皆彼正文唯彼言俾勿壞俾亦使也一字别耳彼上文云水火金木土穀惟修正德利用厚生惟

和九功惟敘九敘惟歌乃次此辭下云帝曰六府三事允治卻缺令宣子脩德行禮使人歌樂故先引勸之以九歌然後卻言六府三事謂之九功
水火金木土穀謂之六府正德利用厚生謂之三事義而行之謂之德。禮德正德也
禮以制財用之節又以厚生民之命無禮不樂所由叛也【疏】無禮至叛也○正義曰在上爲政無禮則民不樂是叛之所由若吾
子之德莫可歌也其誰來之來猶歸也○樂音洛盍使睦者歌吾子乎宣子說之爲明年晉歸鄭
衛田張本○盍戶臘反【疏】注爲明至張本○正義曰鄭往前侵衛田今晉令鄭歸還衛田也言歸鄭衛田者謂晉歸以鄭所取衛田故杜下注云匡本衛
邑中屬鄭令鄭還衛是也然晉亦還衛田獨言鄭還衛田者以鄭歸衛田爲主遂略之劉炫以爲歸鄭及歸衛田經傳文歸衛不歸鄭而規杜氏非也

經八年春王正月○夏四月○秋八月戊申天王崩○冬十月壬午公子遂會
晉趙盾盟于衡雍壬午月五日○雍於用反○乙酉公子遂會雒戎盟于暴乙酉月八日也暴鄭地公子遂
不受命而盟宜去族善其解國患故稱公子以貴之○會雒戎本或作伊雒之戎此後人妄取傳文加耳雒音洛去起呂反【疏】注乙酉至貴之○正義曰
以壬午乙酉相去四日其間不容報君見其專命之意故注詳其日也衡雍鄭地知暴亦鄭地臣無專命之義故疊溺皆去其族此公子遂不受君命因事遂
行輒與戎盟宜去其族傳言書曰公子遂珍之是善其解國患故稱公子以貴之也釋例曰人臣受命不受辭出竟有可以利社稷者專之可也故襄仲始盟
趙盾遂盟伊洛之戎四日之間經再書公子不可以遂事常辭顯之也○公孫敖如京師不至而復丙戌奔莒不言
出受命而出自外行○螽無傳爲後故書○宋人殺其大夫司馬宋司城來奔司馬死不舍節司城奉身而退故皆

書官而不名貴之○舍音捨

傳八年春晉侯使解揚歸匡戚之田于衛匡本衛邑中屬鄭孔達伐不能克今晉令鄭還衛及取戚田皆見元年○解音蟹中丁仲反令鄭力呈反見賢遍反且復致公壻池之封自申至于虎牢之竟公壻池晉君女壻又取衛地以封之令幷還衛也由鄭地傳言趙盾所以能相幼主而盟諸侯○復扶又反壻音細俗作婿竟音境下注同相息亮反疏注公壻至諸侯○正義曰釋親云女子。子之夫爲壻傳稱公壻知是晉君之女壻池其名也杜以上言歸匡戚之田于衛又言且復致則晉亦致于衛故言又取衛地以封之令幷還衛也劉炫云服虔以爲致之于鄭以服言是規杜已釋之○夏秦人伐晉取武城以報令狐之役令狐役在七年○秋襄王崩爲公孫敖如周弔傳○晉人以扈之盟來討前年盟扈公後至○冬襄仲會晉趙孟盟于衡雍報扈之盟也遂會伊雒之戎伊洛之戎將伐魯公子遂不及復君故專命與之盟書曰公子遂珍之也珍貴也大夫出竟有可以安社稷利國家者專之可。也○疏注珍貴至之可○正義曰傳多言貴之而此言珍之事同而文異故以珍爲貴也大夫出竟以下皆莊十九年公羊傳文○穆伯如周弔喪不至以幣奔莒從己氏焉己氏莒女○宋襄夫人襄王之姊也昭公不禮焉昭公適祖母○適丁歷反夫人因戴氏之族華樂皇皆戴族以殺襄公之孫孔叔公孫鍾離及大司馬公子卬皆昭公之黨也司馬握節以死故書以官節國之符信也握之以死。示不廢命疏注節國至廢命○正義曰周禮掌節掌守邦節而辨其用守邦國者用玉節守都鄙者用角節鄭玄云玉節有五則典瑞云穀圭以和難以聘女牙璋以起軍旅以治兵守珍圭以徵守以恤凶荒琬圭以治德以結好琰圭以易行以除慝其角節鄭注云未聞此司馬司城以事在官蓋執此等之玉節小行人云守都鄙者用管節此司馬司城或食采地即都鄙之主此節或是管節也掌節又云山國用虎節土國用人節澤國用龍節鄭注云鑄金爲之謂王使之使於土國之等掌節又云門關用符節貨賄用璽節道路用旌節鄭玄云門關者謂司門司關也道路者謂天子之鄉遂大夫也其諸侯之國及門關鄉遂亦有節小行人云山國用虎節土國用人節澤國用龍節謂己是山澤之國出使用龍虎之節小行人又云道路用旌節門關用符節都鄙用管節鄭注云道路謂諸侯鄉遂及諸侯司門司關都鄙之等也今之爲官授以此節今握節以死示己不廢命也此夫人殺而經書宋人殺其大夫者夫人與君共有國家尊與君同不得爲兩下相殺故同國討之文雖同國討稱人實非國討之例以其死者不稱名無罪故也司城蕩意諸來奔效節於府人而出效猶致也意諸公子蕩之孫○效戶教反公以其官逆之皆復之亦書以官皆貴之也卿違從大夫公賢其效節故以本官逆之請宋而復之司城官屬悉來奔故言皆復疏注卿違至皆復○正義曰卿違從大夫昭七年傳文也效節於府人然後出奔示己解任而退不敢帶官而逃公賢其效節故以本官逆之爲是書宋司城來奔善其人故書其官也請宋復之事在十一年一人不得言皆知司城官屬悉與皆復也○夷之蒐晉侯將登箕鄭父先都登之於上軍也夷蒐在六年疏注登之至六年○正義曰清原之蒐箕鄭佐新上軍先都佐新下軍二人先爲卿矣而復欲登之知登於上軍也然則七年令狐之戰傳歷言諸軍將佐箕鄭將上軍先都佐下軍先都不登容可怨恨箕鄭不失其登而亦共作亂者蓋先克之蒐狐趙幷亦請退箕鄭先都先都於時卽佐下軍箕鄭雖得不退因此意望以成小憾及狐射姑出奔箕鄭位次宜佐中軍而先克代射姑箕鄭守其故職蓋以此而恨也而使士縠梁益耳將中軍士縠本司空○

穀戶木反將子匠反先克曰狐趙之勳不可廢也從之狐偃趙衰有從亡之勳○從亡才用反先克奪蒯得田于堇陰七年晉禦秦師於堇陰以軍事奪其田也先克中軍佐○蒯苦蕢反故箕鄭父先都士穀梁益耳蒯得作亂爲明年殺先克張本○爲于僞反

經九年春毛伯來求金求金以共葬事雖踰年而未葬故不稱王使○共音恭本亦作供下同○夫人姜氏如齊無傳歸寧○二月叔孫得臣如京師辛丑葬襄王卿共葬事禮也疏注卿共葬事禮也正義曰言禮者以明天子之喪卿弔卿會葬諸侯不親行也釋例曰萬國之數至衆封疆之守至重故天王之喪諸侯不得越竟而奔脩服於其國卿共弔送之禮既葬卒哭而除凶魯侯無故而穆伯如周弔焉此天子崩諸侯遣卿弔送之經傳也杜以往年穆伯弔喪今令會葬二事傳無譏文知其禮當然也昭三十年傳鄭游吉云靈王之喪我先君簡公在楚以不在楚。卽當親行而言禮不親者彼言由君在楚上卿守國故使少卿卬段往耳。言君當親行也○晉人殺其大夫先都下軍佐也以作亂討故書名○三月夫人姜氏至自齊無傳告于廟疏夫人至自齊○正義曰蘇氏云夫人歸寧書至唯有此耳餘不書者或禮儀不備或淫縱不告廟也○晉人殺其大夫士穀及箕鄭父與先都同罪也○楚人伐鄭楚子師於狼淵不親伐○公子遂會晉人宋人衛人許人救鄭○夏狄侵齊。無傳○秋八月曹伯襄卒無傳七年同盟于扈疏注七年同盟于扈○正義曰襄以僖八年卽位其年盟于洮九年于葵丘十五年于牡丘二十一年于薄今唯言于扈據文公言之○九月癸酉地震無傳地道安靜以動爲異故書疏注地道至故書○正義曰穀梁傳曰震動也公羊傳曰震者何動地也何休。云傳先言動者喻若物之動地以曉人也周語伯陽父曰陽伏而不能出陰追而不能烝遂於是有地震孔晁云陽氣伏於陰下見迫
於陰故不能升以至於地動是地道安靜以動爲異也○冬楚子使椒來聘稱君以使大夫其禮辭與中國同椒不書氏史略文疏
注稱君至略文○正義曰莊二十三年荆人來聘不稱楚子使某至此稱君以使大夫其禮與中國同其禮既同椒亦宜書其。某氏今不書氏傳無貶文。知是
史辭自略無義例也釋例曰楚殺得臣與宜申買氏皆以爲陋案楚殺大夫公子側成熊之等六七人皆稱氏族無爲獨於此二人陋也斯蓋非史策舊法故
無凡例當時諸國以意而赴其自來聘使者辭有詳略仲尼脩春秋因采以示義義之所起則刊而正之不者卽而示之不皆刊正也諸侯之卿當以名氏備
書於經其加貶損則直稱人若有褒異則或稱官或但稱氏若無褒無貶傳所不發者則皆就舊文或未賜族或。時有詳略也推尋經文自莊公以上諸弑君
者皆不書氏閔公以下皆書氏亦。不足以明時史之同異非仲尼所皆貶也秦人來歸僖公成風之隧。衣服曰隧秦辟陋故不稱
使不稱夫人從來者辭○隧音遂說文作稅云贈終者衣被曰稅以此隧爲衣死人衣辟匹亦反疏。注衣服至者辭○正義曰隱元年公羊傳曰衣被曰
隧穀梁傳曰衣衾曰隧禮稱襚者君使臣致服故云衣服曰襚也秦處西戎其國辟陋故不稱君使猶楚在莊世稱荆人來聘也成風夫人也來者不言夫人
從。者之辭也。先言僖公僖公先薨也不言及弁。致之。者○葬曹共公無傳○共音恭
傳九年春王正月己酉使賊殺先克箕鄭等所使也亂殺先克不赴故不書乙丑晉人殺先都梁
益耳乙丑正月十九日經書。二月。從告○毛伯衛來求金非禮也天子不私求財故曰非禮不書王命未葬
也○二月莊叔如周葬襄王疏莊叔如周葬襄王○正義曰虛舉此經者嫌莊叔別以他事使周葬王更使人會故明之○

三月甲戌晉人殺箕鄭父士縠蒯得梁益耳蒯得不書皆非卿疏注梁益至非卿○正義曰士縠書經則是卿也七年令狐之戰三軍將佐無士縠十二年河曲之戰三軍將佐杜注無代士縠者而士縠得爲卿者先蔑奔秦傳無其代十二年欒盾將下軍注云代先蔑者據傳成文言之耳未必不是士縠代先蔑欒盾代士縠也箕鄭上軍將也傳文先箕鄭後士縠士縠若將下軍則是位之次也其事似然或者晉於將佐之外猶別有散位從卿若郤缺趙穿之類也傳箕鄭先士縠經士縠先箕鄭者經以殺之先後傳以位次序列傳蒯得居下知其以位次也賈逵云箕鄭稱及非首謀案襄二十三年陳殺其大夫慶虎及慶寅杜云言及史異辭無義例則此亦然也

○范山言於楚子曰晉君少不在諸侯北方可圖也范山楚大夫○少詩照反下注同楚子師于狼淵以伐鄭陳師狼淵爲伐鄭援也潁川潁陰縣西有狼陂○陂彼皮反囚公子堅公子尨及樂耳三子鄭大夫尨莫江反鄭及楚平○公子遂會晉趙盾宋華耦衛孔達許大夫救鄭不及楚師卿不書緩也以懲不恪華耦華父督曾孫公子遂獨不在貶者諸魯事自非指爲其國褒貶則皆從國史不同之於他國此春秋大意他皆放此○懲直升反恪苦各反爲于僞反疏注華耦至放此○正義曰在禮卿不會公侯會則貶之稱人元年公孫敖會晉侯于戚文無所貶此公子遂與諸國同行諸卿皆貶遂獨不貶諸如此類莫不盡然知諸於魯事自非指爲其國褒貶皆從魯史以其體例已舉不假改正故也

○夏楚侵陳克壺丘壺丘陳邑以其服於晉也○秋楚公子朱自東夷伐陳子朱息公也陳人敗之獲公子茷陳懼乃及楚平以小勝大故懼而請平也傳言晉君少楚陵中國明年所以有厥貉之會○茷扶廢反貉武百反

○冬楚子越椒來聘執幣傲子越椒令尹子文從子傲

不敬〇傲五報反注下同從才用反叔仲惠伯曰是必滅若敖氏之宗傲其先君神弗福也十二年傳
曰先君之儆器使下臣致諸執事明奉使皆告廟故言傲其先君也爲宣四年楚滅若敖氏張本〇敖五刀反使所吏反〇秦人來歸僖公
成風之禭禮也秦慕諸夏欲通敬於魯因有翟泉之盟故追贈僖公并及成風本非魯方嶽同盟無相赴弔之制故不譏其緩而以接好爲禮
〇夏戶雅反嶽音岳好呼報反下文注同諸侯相弔賀也雖不當事苟有禮焉書也以無忘舊好送死
不及尸故曰不當事書者書於典策垂示子孫使無忘過厚之好【疏】諸侯至舊好〇正義曰此雖廣言諸侯主爲秦人發傳隱元年王使來賵尙譏其緩
若是同盟之國必譏其緩可知釋例曰秦之與魯本非方嶽同盟魯薨不赴秦秦不賵魯自是其常也僖穆二公雖有同盟之義二君已卒則二子不得用同
盟之禮也今秦康公遠慕諸華欲通敬於魯無以爲辭因翟泉有盟追贈僖公并及成風假弔禮而行故曰禮也送死不及尸謂不當其事書者書之於策垂
之子孫以示過厚之好也是言此傳主爲秦也僖公成風服除久矣今始來弔贈當以變禮待之檀弓曰衞將軍文子之喪既除喪而後越人來弔主人深衣
練冠待於廟垂涕洟子游曰將軍文氏之子其庶幾乎亡於禮者之禮也其動也中是古有以服終來弔者也何休膏肓云禮主於敬一使兼二喪又於禮既
緩而左氏以之爲禮非也鄭箴云若以爲緩案禮衞將軍文子之喪既除喪而越人來弔子游何得善之是鄭不非其緩也若譏一使兼二禮雜記諸侯弔禮
有含禭賵臨可以一使兼行知休言非也

經十年春王三月辛卯臧孫辰卒無傳公與小斂故書日〇與音預斂力驗反〇夏秦伐晉不稱將帥告辭
略〇將子匠反帥所類反〇楚殺其大夫宜申宜申子西也謀弒君故書名〇自正月不雨至于秋七月

無傳義與二年同〇及蘇子盟于女栗女栗地名闕蘇子周卿士頃王新立故與魯盟親諸侯也〇女音汝一音如字頃音傾〇冬狄侵宋無傳〇楚子蔡侯次于厥貉厥貉地名闕將伐宋而未行故書次

傳十年春晉人伐秦取少梁少梁馮翊夏陽縣〇少商照反下注同夏戶雅反夏秦伯伐晉取北徵報少梁〇徵如字三蒼云縣屬馮翊音懲一音張里反〇初楚范巫矞似矞似范邑之巫〇矞尹必反謂成王與子玉子西曰三君皆將強死【疏】皆將強死〇正義曰強健也。無病而死謂被殺也城濮之役王思之故使止子玉曰毋死不及。止子西子西縊而縣絕在僖二十八年〇強其丈反濮音卜毋音無縊一豉反縣音玄王使適至遂止之使爲商公商楚邑今上雒商縣〇王使所吏反沿漢泝江將入郢沿順流泝逆流〇沿悅專反泝息路反郢以井反又以政反【疏】注沿順流泝逆流〇正義曰商在漢水北漢水東流而南入江子西既至商邑聞讒不敢居商縣沿漢水順流而下至江乃泝流逆上渚宮當郢都之南故王在渚宮下見之也下注云小洲曰渚釋水文王在渚宮小洲曰渚〇渚章呂反水中可居者曰洲洲音州下見之懼而辭曰臣免於死又有讒言謂臣將逃臣歸死於司敗也。陳楚名司寇爲司敗子西畏讒言不敢之商縣【疏】注陳楚名司寇爲司敗正義曰言歸死於司敗。主刑之官司寇是也論語有陳司敗知陳楚同此名也王。使。爲工尹掌百工之官又與子家謀弒穆王穆王聞之五月殺鬭宜申及仲歸仲歸子家不書非卿秋七月及蘇子盟于女栗頃王立故也僖十年狄滅溫蘇子奔衛今復見蓋王復之〇復扶又反見賢遍反〇陳侯鄭伯

會楚子于息冬遂及蔡侯次于厥貉。陳鄭及宋麇子不書者宋鄭執卑苟免爲楚僕任受役於司馬麇子恥之遂逃而歸
三君失位降爵故不列於諸侯宋鄭猶然則陳侯不同也○麇九倫反疏。注陳鄭至同也○正義曰杜以陳鄭會楚子于息遂與蔡侯次于厥貉則陳鄭
當在次也傳稱厥貉之會麇子逃歸則麇子當在也宋公逆楚子則宋公亦在也獨書楚子蔡侯不言陳鄭宋麇故迹其事而爲之說言宋陳鄭三君降爵麇
子逃歸故不書也劉炫以爲告文略故不書陳鄭宋今知不然者此楚會諸侯必是楚人來告若楚人來告當以得諸侯爲榮何以略其宋鄭陳乎麇子不會
傳云逃歸宋鄭二國爲楚僕役猶如許蔡二君降乘楚車許蔡既不書於經故知宋鄭失位不見此乃傳事分明故杜爲此解劉炫。有以告文略以規杜氏非
也將以伐宋宋華御事曰楚欲弱我也先爲之弱乎何必使誘我我實不能民
何罪乃逆楚子勞且聽命時楚欲誘呼宋共戰御事華元父○勞力報反遂道以田孟諸孟諸宋大藪也在梁國睢
陽縣東北○道音導藪素口反睢音綏宋公爲右盂鄭伯爲左盂盂田獵陳名○盂音于陳直覲反期思公復遂
爲右司馬復遂楚期思邑公今弋陽期思縣○弋以職反子朱及文之無畏爲左司馬將獵張兩甄故置二左司馬然
則右司馬一人當中央○甄吉然反疏。注將獵至中央○正義曰宋公爲右盂無畏爲左司馬而誅宋公之僕自謂當官而行明無畏當右子朱當左是其
張兩甄故置二左司馬使各掌一甄自然右司馬一人當中央也命夙駕載燧燧取火者○命眉病反燧音遂本又作𤉷宋公違命
不夙駕載燧無畏抶其僕以徇或謂子舟曰國君不可戮也子舟曰當官而行何彊
之有子舟無畏字○抶恥乙反徇似俊反舟音州詩曰剛亦不吐柔亦不茹詩大雅美仲山甫不辟彊禦○茹如呂反毋

縱詭隨以謹罔極詩大雅詭人隨人無正心者謹猶慎也罔無也極中也○詭九委反**疏**毋縱至罔極○正義曰無。從此詭人隨人無正心者以謹勑彼無中正之人言小罪尚不赦則大罪不敢為也是亦非辟彊也敢愛死以亂官乎為宣十四年宋人殺子舟張本○厥貉之會麇子逃歸。為明年楚子伐麇傳

附釋音春秋左傳注疏卷第十九上

春秋左傳注疏卷十九上校勘記　　阮元撰盧宣旬摘錄

附釋音春秋左傳注疏卷第十九上文五年盡十年

（經五年）

王使榮叔歸含且賵釋文含本亦作唅說文作琀

含襚賵臨此本下文作隧亦非宋本閩本作襚不誤

寧能盡至全無所譏宋本盡至下有王歸含賵二事而已宰咺又賵而不含不至十七字

（傳五年）

天子以夫人禮賵之宋本作贈之案正義本作贈

冬楚子燮滅蓼石經宋本岳本足利本楚下有公字釋文同釋文蓼音了字或作鄝音同

蓼國今委豐蓼縣宋本淳熙本岳本纂圖本閩本監本毛本足利本委作安不誤

沈漸剛克案古文尚書作沈潛段玉裁云漢書谷永傳曰忘湛漸之義湛漸即沈潛也蓋今文尚書作漸與左氏合

注寧晉至大夫宋本以下正義二節總入注文今謂之周書之下

不干四時閩本監本毛本干誤于

爲六年蒐於夷傳 釋文於作于與下傳文合

〔經六年〕

諸侯每月必告朔聽政 重脩監本諸誤謂

縱諸下以盡知力之用 監本毛本縱作從

思効忠善 毛本効作效

則六鄉六遂之長 閩本監本毛本鄉誤卿

因月朔朝 宋本朝下有廟字是也

朝服以日視朝 毛本日誤月

〔傳六年〕

晉侯將登鄭父先都 宋本登下有箕字與下傳合

先克代佐中軍耳 監本毛本脱耳字

輕重當 釋文作當也案上下注文應有也字

辟刑獄 石經宋本岳本纂圖本足利本作辟獄刑考文提要同與正義合釋文作辟獄是亦獄字在上也

質要眷契也 各本眷作券亦非宋本作券字从刀非从力是也正義同案正義券契倒作契券

治理洿穢 監本治上脫注字

質要契券 閩本監本毛本作券契非也

復有孤二人者 二字此本闕據宋本補閩本監本毛本作一人

以子車氏之三子奄息仲行鍼虎爲殉 案詩黃鳥正義曰左傳作子輿史記秦本紀亦作子輿氏今傳文作車與孔氏所據本不同釋文仲作中云本亦作仲

無善人之謂 纂圖本人誤大

古之至不長 宋本以下正義十一節總入聖王同之節注下

聖哲是人之儁者 閩本監本毛儁作雋

故聖王爲教 毛本教作政非也

注鐘律至明時 閩本監本毛本鐘作鍾下同

一黍之廣度之九十黃鍾之長一黍爲一分 毛本十下有分字爲上無黍字據漢書律曆志改也案隋志引此文作度之九十黍爲黃鍾之長一黍爲一分毛本依漢志删黍字亦非

利者務生此利 毛本者誤故

道之以禮則使毋失其土宜 宋本淳熙本岳本纂圖本閩本監本毛本並衍以字石經以字乃後人據别本旁增則字屬下句非是

注季文至疾故 宋本此節正義在注所謂文子三思之下

考其情氣有異尋常 宋本氣作事

難必抒矣 葉抄釋文抒作杼正義引服虔本作紓字按說文紓緩也紓爲正字抒爲假借字

注抒除也 宋本以下正義二節總入注文鄟晉地之下

服虔作紓紓緩也 閩本監本毛本紓作舒

讓季隗而已次之 石經宋本岳本已作己不誤

注祭妻子也 宋本以下正義二節總入注扞衞也之下

父祖受人之惠 宋本父祖上有是字

子孫或時不知 監本毛本時作有

言以蒙宣子寵位 監本毛本以作己亦非宋本岳本作己不誤

何以事夫子石經磨去夫子二字重刊子字似未足據

時以作事隋書經籍志引作時以序事

生民之道鄭氏注周禮大史引作生民之本

〔經七年〕

因伐邾師以城郚監本師作帥

夏四月宋公王臣卒釋文云王臣本或作壬臣案穀梁作壬臣石經仍作王臣係改刻

趙盾廢嫡而外求君釋文廢誤殷嫡作適本亦作嫡

公後會而分其盟宋本淳熙本岳本纂圖本毛本分作及不誤

〔傳七年〕

寘文公子焉顧炎武云石經焉誤曰案碑焉字全存所據乃謬刻也

絕大皡之祀釋文皡作皥各本從白非也

桓公孫宋本孫下有曤字

注戴公玄孫鱗曤桓公孫宋本此節正義在注所以致亂之下

華御事爲司寇釋文御作禦云本又作御

若去之則本根無所庇陰矣石經宋本淳熙本岳本纂圖本監本毛本陰作廕釋文亦作廕云本又作蔭

葛藟至爲比宋本以下正義三節總入非其罪也之下

若爲賊者衆因亂而殺宋本衆作多

公孫輒是也閩本監本輒誤輔

楚令尹子重爲楊橋之役監本毛本楊作揚宋本作陽是也

訓卒利兵論語必先利其器漢書梅福傳作厲其器陳樹華云古利厲通用

至于剄首顧炎武云水經注引闞駰曰令狐即猗氏剄首在西三十里後漢衞敬侯碑陰文城惟解梁地即郩首山對靈足俗當猗口剄字作郩玉篇郩口狐切秦地在河東

同官爲寮釋文寮本又作僚案作僚用假借字

狄侵我西鄙監本狄上誤衍注字下秋八月上同

齊侯宋公衞侯鄭伯許男曹伯補各本衞侯下有陳侯此本誤脫

十七年諸侯會于扈毛本七作六非也

夏書至三事　宋本以下正義三節總入宣子說之注下

義而行之謂之德禮　纂圖本閩本監本毛本德誤得

匡本衞邑中蜀鄭令鄭還衞是也　各本作中屬此本作蜀非宋本令字上有今晉二字與八年傳注合

劉炫以爲歸鄭及歸衞田　宋本以作謂

〔經八年〕

公子遂會雒戎盟于暴　釋文本或作伊雒之戎此後人妄取傳文加耳案公羊作伊雒戎

故聾溺皆去其族　閩本監本毛本族下增也字

〔傳八年〕

女子子之夫爲壻　閩本監本毛本脫子字

專之可也　岳本足利本無也字案六經正誤引興國本同此本疏作珍貴至之可各本作至可也是也

握之以使示不廢命　毛本示上有人字衍文也

使於土國之等　毛本土作上非也

今之爲官授以此節　毛本今作令

不稱名無罪故也監本名作人

知司城官屬悉與皆復也宋本屬下有悉與來奔還五字

注登之至六年宋本此節正義在注文爲明年殺先克張本之下

二人先爲卿矣監本矣作也非

箕鄭守其故職蓋以此而恨也宋本職蓋作磯整誤也

（經九年）

卽當親行監本卽作卿非也

言君當親行也宋本言上有非字

夏狄侵齊石經齊字初刊誤鄭後卽改正

何休云宋本云作曰

椒亦宜書其某氏宋本無某字是也

智是史辭自略閩本監本毛本智作皆非宋本作知是也○今訂從宋本

或時有詳略也浦鏜正誤時作辭

亦不足以明時史之同異　宋本無不字與隱四年莊十二年正義合

秦人來歸僖公成風之隧　宋本岳本纂圖本毛本隧作襚石經此處闕釋文亦作襚云衣服曰襚說文作稅云贈終者衣被曰稅以此襚爲衣死人衣

注衣服至者辭　宋本此節正義在葬曹共公注下

來者不言夫人從者之辭也　從字下宋本閩本監本毛本有來字辭毛本誤引

先言僖公　毛本先誤元

不言及幷致之者　毛本致作來非宋本者作也

〔傳九年〕

經書二月從告　監本二誤三毛本從誤役

則是位之次也　宋本則作卽

楚子師于狼淵以伐鄭　石經凡淵字皆作渁避唐高祖諱

公子尨　纂圖尨誤厖

冬楚子越椒來聘　石經每行十字此行九字越椒來三字改刻初刊子下似有使字漢書五行志引傳文作楚使越椒來聘今諸本皆無使

字無使者是也五行志使字疑于字之譌又按子越椒三字連讀宣四年傳云楚司馬子良生子越椒下文雖或言子越或言椒或言伯棼要之伯棼是字則合子越椒三字爲名傳文非楚子連讀也

執幣傲 惠棟云石經初刻作敖後改從人旁下傲其先君同各本作傲宋本釋文同云本又作傲

送死不及尸 纂圖本尸作戶

主爲秦人發傳 監本主誤王

〔經十年〕

公與小斂 釋文作公與斂

〔傳十年〕

皆將強死 宋本以下正義三節總入注文不書非卿之下

無病而死 山井鼎云宋板無作不非也

曰毋死 石經此處闕淳熙本閩本監本毛本毋誤母

臣歸死於司敗也王使爲工尹 石經也王使三字重刊蓋初刻脫去王字也

子西畏讒言 纂圖本讒作士非

言歸死於司敗宋本司敗下有知司敗三字

陳鄭及宋麇子不書者重脩監本陳誤東

注陳鄭至同也宋本以下正義三節總入以亂官乎注之下

劉炫有以告文略以規杜氏非也閩本監本毛本亦誤作有宋本作直是也

今弋陽期思縣纂圖本弋誤戈

而誅宋公之僕宋誅作抶是也

無從此詭人隨人無正心者宋本從作縱不誤

麇子逃歸案惠棟云麇亦作麏注不釋其地所在案盛宏之荆州記云當陽本楚之舊左氏傳云楚潘崇伐麏至于錫穴穎容釋例云麏在當陽

春秋左傳注疏卷十九上校勘記

# 附釋音春秋左傳注疏卷第十九下 文十一年盡十五年

杜氏注　孔穎達疏

經十有一年春楚子伐麇討前年逃厥貉會○麇九倫反○夏叔仲彭生會晉郤缺于承筐承筐宋地在陳留襄邑縣西彭生叔仲惠伯郤缺冀缺○叔仲彭生叔又作尗本或作叔彭生仲衍字缺丘悅反○秋曹伯來朝○公子遂如宋○狄侵齊○冬十月甲午叔孫得臣敗狄于鹹鹹魯地○鹹音咸

傳十一年春楚子伐麇成大心敗麇師於防渚成大心子玉之子大孫伯也防渚麇地潘崇復伐麇至于錫穴錫穴麇地○復扶又反錫穴錫音羊或作錫星歷反○夏叔仲惠伯會晉郤缺于承筐謀諸侯之從於楚者九年陳鄭及楚平十年宋聽楚命○秋曹文公來朝即位而來見也○見賢遍反○襄仲聘于宋且言司城蕩意諸而復之八年意諸來奔歸不書史失之疏注八年至失之○正義曰諸侯之卿出奔而復歸者宋華元衛孫林父之徒皆書其歸則蕩意諸之歸亦當書之服虔云反不書者施而不德衛冀隆亦同服義而難杜云襄二十九年欒氏施而不德春秋所書不書意諸之歸則是施而不德且經所不書傳即發文史失之即不書曰史失之之類是也此既無傳何知史失杜必以爲史失者案衛侯鄭之歸于衛也僖公納賂而請之衛侯朔之入于衛也莊公興師而納之歸邾子益于邾自我而歸之皆受魯施並書於經何獨意諸施而不德若意諸施而不德彼何故施而德之春秋公侯大夫失位出奔得人力而反者多矣若皆施而不德不應赴告諸侯魯以不書爲是則書者爲非何以無貶責之文定人之謂禮存亡之

謂義未有禮義在可諱之。竟故杜以爲史官失之故不書於策因賀楚師之不害也往年楚次厥貉將以伐宋○鄋瞞侵齊鄋瞞狄國名防風之後。漆姓○鄋所求反說文作鄋云北方長狄國也在夏爲防風氏殷爲汪芒氏字林鄋一音先牢反瞞莫干反漆音七疏注鄋瞞至漆姓○正義曰狄是北夷大號鄋瞞是其國名魯語云吳伐越墮會稽獲骨節專車吳子使來聘問之仲尼仲尼宴之客執骨而問曰敢問骨何爲大仲尼曰昔禹致羣臣於會稽之山防風氏後至禹殺而戮之其骨節專車此爲大矣客曰防風氏何守仲尼曰汪芒氏之君守封嵎之山者也爲漆姓在虞夏商爲汪芒氏於周爲長狄今曰大人客曰人長之極幾何仲尼曰僬僥氏長三尺短之至也長者不過十之數之極也此言長狄狄之長者彼言於周爲長狄知鄋瞞即是防風氏之後故以國語爲說服云伐我不書諱之遂伐我公卜使叔孫得臣追之吉侯叔夏御莊叔莊叔得臣○夏戶雅反○緜房甥爲右富父終甥駟乘駟乘四人共。車○乘繩證反注及下皆同○冬十月甲午敗狄于鹹獲長狄僑如僑如鄋瞞國之君蓋長三丈獲僑如不書賤夷狄也○僑本作喬其驕反長如字又直亮反疏注僑如至狄也○正義曰經書敗狄于鹹即是敗一國也敗其國而獲此人傳不言是其將帥知是其國之君也穀梁傳曰長狄瓦石不能害叔孫得臣最善射者射其目身橫九畝斷其首而載之眉見於軾何休云蓋長百尺魯語仲尼所云此十倍僬僥氏之長者故云蓋長三丈魯語言不過十之是疑之言故云蓋也宣十五年晉師滅赤狄潞氏以潞子嬰兒歸彼獲嬰兒歸書之此獲僑如不書者潞國大其君貴故書之此國小僑如賤不書賤夷狄也富父終甥椿其喉以戈殺之椿猶衝也○椿舒容反喉音侯戈古禾反疏。椿其喉以戈殺之○正義曰考工記戈之長六尺六寸耳得及長狄之喉者兵車之法皆三人共乘魯宋與長狄之戰車皆四乘改其乘必長其兵謂之戈蓋形如戈也埋其首於子駒之門子駒魯郭門骨節非常恐後世。怪之故詳其處○處昌呂反以命宣伯得臣待事而名其三子因名宣伯曰僑如以旌其功○名如字或亡政反【疏】注得臣至其功○正義曰襄三十年傳說此事云叔孫莊叔敗狄于鹹獲長狄僑如及虺也豹也皆以名其子定八年傳稱魯。苦越生子將待事而名之陽州之役獲焉。故名之曰陽州知得臣亦待事以名其三子以旌章其功也此三子未必同年而生或生訖待事或事後始生欲以章己功取彼名而名之也

初宋武公之世鄋瞞伐宋在春秋前【疏】。注在春秋前○正義曰史記十二諸侯年表宋武公即位十八年以魯惠公二十一年卒卒在春秋前二十六年不知鄋瞞以何年伐宋也

司徒皇父帥師禦之耏班。御皇父充石皇父戴公子充石皇父名○禦本亦作御魚呂反耏音而【疏】注皇父至父名○正義曰皇父戴公子世本文古人連言名字者皆先字後名且此人子孫以皇爲氏知皇父字充石名

公子穀甥爲右司寇牛。父駟乘以敗狄于長丘長丘宋地獲長狄緣斯緣斯僑如之先【疏】獲長狄緣斯○正義曰服虔云不言所埋埋其身首同處於戰地可知

皇父之二子死焉皇父與穀甥及牛父皆死故耏班獨受賞【疏】注皇父至受賞○正義曰賈逵云皇父與穀。甥牛父三子皆死鄭衆以爲穀甥牛父二人死耳皇父不死馬融以爲皇父之二子從父在軍爲敵所殺名不見者方道二子死故得勝之如今皆死誰殺緣斯服虔云殺緣斯者未必三子之手士卒獲之耳下言宋公以門賞耏班班爲皇父御而有賞三子不見賞疑皆死賈君爲近之如馬之言於傳文爲順但班獨受賞知三子皆死故杜亦同之

宋公於是以門賞耏班使食其征門關門征稅也○稅舒銳反【疏】。注門關。門。征稅也○正義曰禮。惟關門有征知門是關門也周禮司關司貨賄之出入掌其治禁與其征廛國凶札則無關門之征鄭玄云征廛者貨賄之稅孟子曰關。幾而不征則天下行旅皆說而願出於其塗矣如彼文知出入關者必有征稅但不知幾而稅一也然據禮文城門亦有征必知關門者以關門征稅其

數既多故昭二十年偪介之關暴征其私是關禁之重異於城門此云食其征稅故知關稅也謂之耏門晉之滅潞也在宣十五年〇潞音路

獲僑如之弟焚如齊襄公之二年魯桓之十六年鄋瞞伐齊齊王子成父獲其弟榮如榮如焚如之弟焚如後死而先說者欲其兄弟。伯季相次榮如以魯桓十八年死至宣十五年一百三歲其兄猶在傳言既長且壽有異於人王子成父齊大夫〇壽如字一音授且埋其首於周首之北門周首齊邑濟北穀城縣東北有周首亭衛人獲其季弟簡如伐齊退走至衛見獲鄋瞞由是遂亡〇長狄之種絕種章勇反【疏】注長狄之種絕〇正義曰此時長狄種絕仲尼猶云今曰大人者言當時呼往前長狄爲大人未必其時有之若當時猶有其種吳人不應怪其骨也但如此傳文長狄有種種類相生當有支胤唯獲數人云其種遂絕深可疑之命守封隅之山賜之以漆爲姓則是世爲國主緜歷四代安得更無支屬唯有四人且君爲民心方以類聚不應獨立三丈之君使牧八尺之民又三丈之人誰爲匹配豈有三丈之妻爲之生產乎人情度之深可惑也國語仲尼之談左傳丘明所說通賢大聖立此格言不可論其是非實疑之久矣蘇氏云國語稱今曰大人但迸居。夷。狄不在中國故云遂亡公羊穀梁並云長狄兄弟三人一之齊一之魯一之晉何以書記異猶如史記所云秦時大人見於臨洮

〇郕大子朱儒自安於夫鍾安處也夫鍾郕邑〇郕音成儒如朱反夫音扶國人弗徇徇順也爲明年郕伯來奔傳〇徇似俊反

經十有二年春王正月郕伯來奔稱爵見公以諸侯禮迎之〇見賢遍反【疏】注稱爵至迎之〇正義曰此實大子公以諸侯禮。迎之公既尊之爲君史遂從公之意成十年晉侯有疾立大子州蒲爲君會諸侯伐鄭經即書爲晉侯史官不可反公之心追言世子從君所稱更是

其實故也○杞伯來朝復稱伯舍夷禮○復扶又反一音服舍音捨○○二月庚子子叔姬卒既嫁成人雖見出弃猶以恩錄其卒【疏】既嫁至其卒○正義曰天子諸侯絕期嫁女於諸侯則尊同恩成於敵體其禮不。爲降卒則服大功九月叔姬既爲杞之夫人雖見出弃猶以恩錄其卒喪服女子既嫁而反在父母之室從本服爲之齊衰期此既書其卒當服其本服杜譜不知此叔姬是何公之女要姑與姊妹皆服期也釋例曰出弃之女反在父母之室則與既笄成人者同故亦書卒也杞叔姬卒穀梁以爲公母姊妹謂同母姊。妹○夏楚人圍巢巢吳楚間小國盧江六縣東有居巢城○秋滕子來朝秦伯使術來聘。術不稱氏史略。文○冬十有二月戊午晉人秦人戰于河曲不書敗績交綏而退不大崩也稱人秦晉無功以微者告也皆陳曰戰例在莊十一年河曲在河東蒲坂縣南○陳直覲反坂音反○季孫行父帥師城諸及鄆鄆莒魯所爭者城陽姑幕縣南有員亭員即鄆也以其遠偪外國故帥師城之○鄆音運幕音莫員音云一音運本又作鄆音同

傳十二年春郕伯卒郕人立君太子自安於外邑故大子以夫鍾與郕邽。來奔郕邽亦邑○邽音圭

公以諸侯逆之非禮也非公寵叛人故書曰郕伯來奔不書地尊諸侯也既尊以爲諸侯故不復見其竊邑之罪○復扶又反見賢遍反○杞桓公來朝始朝公也公即位始來朝【疏】。傳始朝公也○正義曰劉炫云魯公新立鄰國及時來朝則曰公即位而來朝晚則云始朝公也諸侯自新立來及時者則云即位而來見晚則云始見霸主即位魯。公往朝則曰朝嗣君魯君新立往朝大國則曰即位而往見也且請絕叔姬而無絕昏公許之。不絕昏立其娣以爲夫人不書大歸未。笄而卒○笄古兮反

疏注不絕至而卒○正義曰傳言請無絕昏成五年有杞叔姬來歸故知。其娣爲夫人也其娣亦字叔者周之法稱叔也釋例曰杞桓公以僖二十三年即位襄六年卒凡在位七十一年文成之世經書叔姬二人一人。卒一人。出皆杞桓公夫人也傳例出曰來歸不書來歸未歸而卒也既歸而卒亦當書之成五年杞叔姬來歸八年書卒是也宣十六年郯伯姬來歸後不書卒者或更嫁於大夫故不書卒耳

二月叔姬卒不言杞絕也既許其絕故不言杞書叔姬言非女也女未笄而卒不書○楚令尹大孫伯卒成嘉爲令尹若敖曾孫子孔羣舒叛楚羣舒偃姓舒庸舒鳩之屬今廬江南有舒城舒城西南有龍舒疏。注羣舒至龍舒○正義曰世本偃姓舒庸舒蓼舒鳩舒龍舒鮑舒龔以其非一故言屬以包之夏子孔執舒子平及宗子遂圍巢平舒君名宗巢二國羣舒之屬○秋滕昭公來朝亦始朝公也○秦伯使西乞術來聘且言將伐晉襄仲辭玉曰君不忘先君之好照臨魯國鎮撫其社稷重之以大器寡君敢辭玉大器圭璋也不欲與秦爲好故辭玉○好呼報反注及下同重直用反璋音章疏大器至辭玉○正義曰聘君用圭享用璧聘夫人用璋享用琮聘禮記曰凡四器。者唯其所寶以聘可也故知所言大器是圭璋也考工記玉人云瑑圭璋八寸璧琮八寸以覜聘聘禮記云所以朝天子圭與繅皆九寸問諸侯朱綠繅八寸鄭玄云於天子曰。朝於諸侯曰問記之於聘文互相備言互相備者朝諸侯與天子同聘天子與諸侯同也所言朝圭九寸聘圭八寸謂上公禮也使臣出聘降君一等故八寸則侯伯之使當瑑圭六寸子男之使當瑑璧四寸也聘義曰以圭璋聘重禮也已聘而還圭璋此輕財而重禮之義也然則玉必還其來使而下云致諸執事以爲瑞節及襄仲辭之者禮聘終雖復得還玉初聘之時其意欲致與主國但主。之。且襄仲辭之者爲不欲與秦爲好。國。謙。退。禮。終。還對曰不腆敝器不足

辭也腆厚也腆他典反○主人三辭賓客曰寡君願徼福于周公魯公以事君徼要也魯公伯禽也言願事君以幷蒙先君之福○徼古堯反要於堯反下同不腆先君之敝器使下臣致諸執事以爲瑞節節信也出聘必告廟故稱先君之器○瑞垂僞反要結好命所以藉寡君之命結二國之好藉薦也○藉在夜反注同

疏注藉薦也○正義曰聘禮執圭所以致君命君命致藉玉而後通若坐之有薦席然故以藉爲薦也

是以敢致之襄仲曰不有君子其能國乎國無陋矣厚賄之賄贈送也○賄呼罪反○秦爲令狐之役故○爲于僞反冬秦伯伐晉取羈馬令狐役在七年羈馬晉邑○令力丁反晉人禦之趙盾將中軍荀林父佐之林父代先克○將子匠反下皆同郤缺將上軍代箕鄭臾駢佐之代林父○駢步邊反欒盾將下軍欒枝子代先蔑○欒力官反盾徒本反胥甲佐之胥臣子代先都范無恤御戎代步昭○昭上遙反以從秦師于河曲臾駢曰秦不能久請深壘固軍以待之從之秦人欲戰秦伯謂士會曰若何而戰晉士會七年奔秦○壘力軌反

疏深壘固軍○正義曰壘壁也軍營所處築土自衛謂之爲壘深者高也高其壘以爲軍之阻固案覲禮說爲壇深四尺鄭注云深高也是其義也

對曰趙氏新出其屬曰臾駢必實爲此謀將以老我師也臾駢趙盾屬大夫新出佐上軍趙有側室曰穿晉君之壻也側室支子穿趙夙庶孫○穿音川

疏注側室至庶孫○正義曰文王世子云公若有出疆之政庶子守公宮正室守大廟鄭玄云正室適子也正室是適子知側室是支子言在適子之側也世族譜穿趙夙之孫則是趙盾從父昆弟之子也盾爲正室

故謂穿爲側室穿別爲邯鄲氏趙旃趙勝邯鄲午是其後也有寵而弱不在軍事弱年少也又未嘗涉知軍事○少詩照反好勇而狂且惡臾駢之佐上軍也若使輕者肆焉其可肆暫往而退也○惡烏路反輕遣政反肆音四秦伯以璧祈戰于河禱求勝○禱丁老反一音丁報反十二月戊午秦軍掩晉上軍趙穿追之不及上軍不動趙穿獨追之反怒曰裹糧坐甲固敵是求敵至不擊將何俟焉軍吏曰將有待也待可擊○裹音果疏。裹糧坐甲○正義曰甲者所以制禦非常臨敵則被之於身未戰且坐之於地穿曰我不知謀將獨出乃以其屬出宣子曰秦獲穿也獲一卿矣傳三十。二年晉侯以一命命郤缺爲卿不。在軍帥之數然則晉自有散位從卿者○帥所類反散悉但反秦以勝歸我何以報乃皆出戰交綏司馬。法曰。逐奔不遠從綏不及逐奔不遠則難誘從綏不及則難陷然則古名退軍爲綏秦晉志未能堅戰短兵未。至爭而兩退故曰交綏○爭爭鬭之爭疏注司馬至兩退○正義曰魏武全引司馬法云將軍死綏舊說綏。郤也言軍郤將當死綏必是退軍之名綏訓爲安蓋兵書務在進取恥言其退以安行卽爲大罪故以綏爲名焉秦行人夜戒晉師曰兩君之士皆未憖也明日請相見也憖缺也○憖魚覲反又魚轄反方言云傷也字林云間也牛吝反疏注憖缺也○正義曰憖者缺之貌今人猶謂缺爲憖也沈氏云方言云憖傷傷卽缺也下云死傷未收則是已有死者但。未至大崩未甚喪敗故爲皆未缺耳臾駢曰使者目動而言肆懼我也目動心不安言肆聲放失常節○使所吏反將遁矣薄諸河必敗之薄迫也○遁徒困反薄蒲莫反下同敗卑賣反胥甲趙穿當軍門呼曰死傷未收而弃之不惠也

不待期而薄人於險無勇也乃止晉師止爲宣元年放胥甲傳秦師夜遁復侵晉入瑕○復扶又反○城諸及鄆書時也

經十有三年春王正月○夏五月壬午陳侯朔卒無傳再同盟疏注再同盟○正義曰朔以僖二十九年卽位其年盟于翟泉文二年于垂隴七年于扈云再同盟者據文公言之○邾子蘧蒢卒未同盟而赴以名○蘧其居反蒢丈居反疏注未同盟而赴以名○正義曰蘧蒢邾子瑣之子也莊二十九年卽位僖元年與魯盟于犖而云未同盟蓋據文公爲言故云未同盟劉炫以犖盟規之非也○自正月不雨至于秋七月無傳義與二年同○大室屋壞大廟之室○大音泰注及傳同疏注大廟之室○正義曰傳稱書不共則於此室當共知大廟之室也明堂位曰祀周公於大廟此周公之廟壞也不直言大廟壞而云大室屋壞者大廟之制其簷四阿而下當其室中又拔出爲重屋明堂位云大廟天子明堂復廟重檐天子之廟飾鄭云復廟重屋也是天子之廟上爲重屋此是大廟當中之室其上之屋壞非大廟全壞也公羊作世室傳曰世室者何魯公之廟也周公稱大廟魯公稱世室羣公稱宮此魯公之廟也曷爲謂之世室世室猶世世不毀也左傳不辨此是何公之廟而經謂之大室則此室是室之最大者故知是周公之廟非魯公也明堂位曰魯公之廟文世室也武公之廟武世室也不毀則稱世室世室非一君廟名若是伯禽之廟則宜舉其號謚且左氏經爲大室不作世室故左氏先師賈服等皆以爲大廟之室也壞必更作書其壞而不書作者隨卽脩之故不書也定二年五月雉門及兩觀災十月新作雉門及兩觀啓塞從時譏其緩作故别書之耳○冬公如晉衛侯會公于沓沓地闕○沓徒荅反○狄侵衛無傳○十有二月己丑公及晉侯盟十二月無己丑己丑十一月十一日○公還

自晉鄭伯會公于棐棐鄭地○棐芳味反又非尾反

傳十三年春晉侯使詹嘉處瑕以守桃林之塞詹嘉晉大夫賜其瑕邑令帥衆守桃林以備秦桃林在弘農華陰縣東潼關○詹章廉反塞悉代反令力呈反華戶化反潼音童疏注詹嘉至潼關○正義曰桃林之塞在南河之南遠處晉之南竟從秦適周乃由此路使詹嘉守此塞者以秦與東方諸侯遠結恩好及西乞聘魯亦應更交餘國慮其要結外援東西圖己故使守此阨塞欲斷其來往也晉人患秦之用士會也夏六卿相見於諸浮諸浮晉地疏六卿相見於諸浮○正義曰六卿在朝旦夕聚集而特云相見於諸浮者將欲密謀慮其漏泄故出就外野屏人私議諸浮當是城外之近地耳趙宣子曰隨會在秦賈季在狄難日至矣若之何六年賈季奔狄○難乃旦反日人實反中行桓子曰請復賈季中行桓子荀林父也僖二十八年始將中行故以爲氏○行戶郎反注同將子匠反能外事且由舊勳有狐偃之舊勳疏能外事○正義曰賈季是狐突之孫狐偃之子本是狄人能知外竟之事謂知狄之情得豫爲之備郤成子曰賈季亂且罪大殺陽處父故不如隨會能賤而有恥柔而不犯不可犯以不義疏能賤而有恥○正義曰服虔云謂能處賤且又知恥言不可汙辱其知足使也且無罪乃使魏壽餘僞以魏叛者以誘士會執其帑於晉使夜逸魏壽餘畢萬之後帑壽餘子○知音智帑音奴疏注魏壽至之後○正義曰閔元年晉侯賜畢萬魏魏犨者萬之孫爲魏之世適壽餘爲魏邑之主當是犨之近親故云畢萬之後請自歸于秦秦伯許之許受其邑履士會之足於朝躡士會足欲使行○躡女涉反秦伯師于河西將取魏魏人在東

今河北縣於秦爲在河之東壽餘曰請東人之能與夫二三有司言者吾與之先欲與晉人在秦者共

先告喻魏有司○夫音扶疏請東至之先○正義曰請舊是東方之人弁有才能堪與彼魏邑二三有司說歸秦之言者吾與先行使士會士

會辭曰晉人虎狼也若背其言臣死妻子爲戮無益於君不可悔也辭行示己無去心○

背音佩下同疏臣死至悔也○正義曰言身拘死於晉妻。爲戮於秦必無益於君不可改悔秦伯曰若背其言所不歸爾

帑者有如河言必歸其妻子明白如河乃行繞朝贈之以策。策馬檛臨別授之馬檛並示己所策以展情繞朝秦大夫○朝

如字又張遙反策本又作筴初革反檛張瓜反馬杖也王鄒華反字林作簻云箠也竹瓜反疏。注策馬檛○正義曰服虔云繞朝以策書贈士會杜不然

者壽餘請說士會卽行不暇書策爲辭且事既密不宜以簡贈人稱以書相與皆云與書此獨不宜云贈之以策知是馬檛檛杖也傳曰子無謂

秦無人吾謀適不用也示己覺其情既濟魏人譟而還喜得士會○譟素報反還音旋秦人歸其帑

其處者爲劉氏士會堯後劉累之胤別族復累之姓○劉累劣彼反疏其處者爲劉氏○正義曰伍員屬其子於齊使爲王孫氏者知己將

死豫令改族其傳又爲而發之士會之帑在秦不顯於會之身復無所辟傳說處秦爲劉氏未知何意言此討尋上下其文不類深疑此句或非本旨蓋以爲

漢室初興損棄古學左氏不顯於世先儒無以自申劉氏從秦從魏其源本出劉累插注此辭將以媚於世明帝時賈逵上疏云五經皆無證圖讖明劉氏爲

堯後者而左氏獨有明文竊謂前世藉此以求道通故後引之以爲證耳○注士會至之姓○正義曰昭二十九年傳稱陶唐氏既衰其後曰劉累能飲食龍

夏王孔甲賜氏曰御龍襄二十四年傳范宣子云匄之祖自虞以上爲陶唐氏在夏爲御龍氏在商爲豕韋氏在周爲唐杜氏晉主夏盟爲范氏晉語云昔隰

叔子違周難於晉生子輿爲司空世及武子佐文襄輔成景是以受隨范賈逵云隰叔杜伯之子周宣王殺杜伯其子逃奔晉子輿士蔿也武子蔿之孫即士會也又世本士蔿生士伯缺缺生士會會生士燮會是蔿之孫是爲堯後也會子在秦不被賜族故自復累之姓爲劉氏秦滅魏劉氏徙大梁。漢高祖之祖爲豐公又徙沛故高祖爲沛人。

○邾文公卜遷于繹繹邾邑魯國鄒縣北有。繹山○繹音亦鄒側留反【疏】。注繹邾至繹山○正義曰邾都本在鄒縣鄒縣北有繹山徙都於彼山旁山旁當有舊邑故曰繹邾邑也邾既遷都於此竟內別有繹邑宣十年公孫歸父帥師伐邾取繹取彼之別邑不取邾之國都也但邾是小國彼繹邑亦取繹山爲名應近邾之都耳

史曰利於民而不利於君邾子曰苟利於民孤之利也天生民而樹之君以利之也民既利矣孤必與焉左右曰命可長也君何弗爲邾子曰命在養民死之短長時也民苟利矣遷也吉莫如之左右以一人之命爲言文公以百姓之命爲主一人之命各有短長不可如何百姓之命乃傳世無窮故徙之○與音預傳直專反【疏】注左右至徙之○正義曰史明卜筮知國遷君必死不知君命自當卒也左右之意謂不遷命可長左右勸君勿遷以一人之命爲言也文公之意人君之命在於養民遷則民利志在必遷以百姓之命爲主也一人之命各有短長長短先定不遷亦死是不可如何百姓之命利在水土遷就善居則民安樂乃傳世無窮也晉遷新田十世之利衛遷帝丘卜曰三百年是傳世也

遂遷于繹五月邾文公卒君子曰知命【疏】君子曰知命○正義曰俗人見其早卒謂其由遷而死死之短長有時不遷至期亦卒傳言君子曰知命所以證俗人之惑邾文公以莊二十九年即位至今五十一年享國久矣命非短折也○

秋七月大室之屋壞書不共也簡慢宗廟使至傾頹故書以見臣子不共○頹大回反見賢遍反【疏】書不共○正義曰釋

例曰大室之屋國之所尊朽而不繕久旱遇雨乃遂傾頹不共之甚故特書之○冬公如晉朝且尋盟衛侯會公于沓

請平于晉公還鄭伯會公于棐亦請平于晉公皆成之鄭衛貳于楚畏晉故因公請平鄭伯與

公宴于棐子家賦鴻鴈子家鄭大夫公子歸生也鴻鴈詩小雅義取侯伯哀恤鰥寡有征行之勞言鄭國寡弱欲使魯侯還晉恤之○鰥古頑反疏注子家至恤之○正義曰鴻鴈美宣王勞來諸侯之詩也首章云之子于征劬勞于野爰及矜人哀此鰥寡之子侯伯卿士也存省諸侯劬勞外野爰曰也矜憐也王命之曰當及此可憐之人謂貧窮者又當哀此鰥夫寡婦當收斂之使有依附子家言鄭寡弱欲使魯侯遠行還晉存恤之也季

文子曰寡君未免於此言亦同有微弱之憂文子賦四月四月詩小雅義取行役踰時思歸祭祀不欲爲還晉○爲于僞反下皆同疏注四月至還晉○正義曰四月大夫行役之怨詩也首章云四月維夏六月徂暑先祖匪人胡寧忍予大夫言已四月初夏而行至六月往暑矣寒暑易節尚不得歸我之先祖非人乎王者何當施忍於我不使得祭祀也文子言己思歸祭祀不欲更復還晉子家賦載馳之四章載馳詩鄘風四章以下義取小國有急欲引大國以救助○鄘音容疏注載馳至救助○正義曰載馳許穆夫人閔衛之滅思歸唁兄之詩也其四章曰陟彼阿丘言采其蝱女子善懷亦各有行許人尤之衆穉且狂其五章曰我行其野芃芃其麥控于大邦誰因誰極大夫君子無我有尤百爾所思不如我所之此義取小國有急控告大國文在五章而傳言四章故云四章以下言其并賦五章文子賦采薇之四章采薇詩小雅取其豈敢定居一月三捷許爲鄭還不敢安居○三息暫反又如字捷在接反疏注一月三捷○正義曰捷勝也三者謂侵也伐也戰也鄭伯拜謝公爲行公

荅拜

經十有四年春王正月公至自晉無傳告於廟○邾人伐我南鄙叔彭生帥師伐邾○夏五月乙亥齊侯潘卒七年盟于扈乙亥四月二十九日書五月從赴○潘判于反【疏】注七年至從赴○正義曰齊世家孝公卒弟潘殺孝公子而立是爲昭公昭公則以僖二十八年即位其年盟于踐土據文公言之唯同扈之盟耳杜以長曆校之知乙亥是四月二十九日書五月從赴者蓋赴以五月到惟言卒日不言其月即書其所至之月○六月公會宋公陳侯衞侯鄭伯許男曹伯晉趙盾癸酉同盟于新城新城宋地在梁國穀熟縣西○秋七月有星孛入于北斗孛彗也既見而移入北斗非常所有故書之○孛音佩徐無憒反𢖺康音渤海字彗𢖺似歲反一音雖遂反見賢遍反【疏】注孛彗至書之○正義曰公羊傳曰孛者何彗星也其言入于北斗何北斗有中也何以書記異也穀梁傳曰孛之爲言猶茀也其曰入北斗斗有環域也釋天云彗星爲欃槍郭璞曰妖星也亦謂之孛言其形孛孛似歸彗也經言入入于北斗則從他處而入是既見而移入北斗也彗星長有尾入入于北斗杓中妖星非常所有故書○公至自會無傳○晉人納捷菑于邾弗克納邾有成君晉趙盾不度於義而大興諸侯之師涉邾之竟見辭而退雖有服義之善所興者廣所害者衆故貶稱人○菑側其反度待各反竟音境【疏】納捷菑于邾○正義曰捷菑不言邾者下有于邾之文莊公伐齊納子糾不言齊者上有伐齊之文與此同也僖二十五年楚人圍陳納頓子于頓昭十二年齊高偃納北燕伯于陽彼舊是國君故稱其國哀二年晉趙鞅納衞世子蒯聵于戚世子之尊以名體國上下又無衞文故亦稱國與此異也齊小白齊陽生許叔蔡季之屬經無納文又復得國與此不同也劉炫云已去邾國又非邾君故不稱邾捷菑也得國爲君皆舉國言之齊小白入于齊是也○九月甲申公孫敖卒于齊既許復之故從大夫例書卒【疏】注既許至書卒○正義曰

傳稱請葬不許明年傳云葬視共仲則是不得從大夫禮葬而得從大夫例書卒者卒葬異禮事不相連隱公書薨不書葬不成喪不以君禮成其。葬也不以君禮猶得書公薨敖雖不以卿禮葬既許其復得從例書卒

○齊公子商人弑其君舍舍未踰年而稱君者先君既葬舍已即位弑君例在宣四年

疏注舍未至四年○正義曰公羊之例既葬稱子踰年稱公左氏則不然僖九年九月晉侯。詭諸卒冬晉里克殺其君之子奚齊傳曰書曰殺其君之子未葬也荀息立公子卓以葬十一月里克殺公子卓于朝經書里克。弑其君卓是未葬稱子既葬稱君不待踰年始稱君也此稱弑其君舍舍已成君故云未踰年而稱君者先君既葬舍已即位也傳云五月昭公卒舍即位後七月爲商人所弑經傳無葬昭公之文又齊侯以五月而卒傳稱七月弑舍時未合葬知已葬者正以舍已稱君決知既葬春秋之世多不如禮葬之早晚時有遲速雖復違禮而葬後君葬訖即成。成君非計禮之葬日始成君也宣十年夏四月齊侯元卒六月葬齊惠公冬齊侯使國佐來聘是葬。速成君之文也杜以成君在於既葬不以踰年爲限此言未踰年者意在排舊說也

○宋子哀來奔。大夫奔例書名氏貴之故書字

疏注大夫至書字○正義曰崔杼無罪書崔氏出奔此貴子哀書其字。云於例字貴於名故儀父女叔之徒皆書其字則書字是貴之常例也崔氏傳曰且告以族故因稱氏唯以不名爲義

○冬單伯如齊單伯周卿士爲魯如齊故書○單音善爲于僞反

○齊人執單伯諸侯無執王使之義故不依行人例使所吏反

疏注諸侯至人例正義曰諸侯執諸侯之大夫無罪則稱行人以見無罪之義王者之使不問有罪無罪諸侯皆不得執之執之則爲不臣以諸侯無執王使之義故單伯不依行人例言單伯身雖無罪不依使例故不稱行人也諸侯不得執王使而諸侯之史得貶王使者史之所書周公定法己君有過猶尚書之王使有愆亦得貶也

○齊人執子叔姬叔姬魯女齊侯舍之母不稱夫人自魯錄之父母辭

疏注叔姬至母辭○正義曰傳稱子叔姬妃齊昭公知舍之母也不稱夫人自魯錄之父母辭亦不知

是何公之女魯是其父母家不言文公是其父稱子叔姬者服云子殺身執閔之故言子爲在室辭十二年子叔姬卒已被杞絶是並在室也

傳十四年春頃王崩周公閱與王孫蘇爭政故不赴凡崩薨不赴則不書禍福不告亦不書奔亡禍也歸復福也〇頃音傾閱音悅

疏注奔亡至福也〇正義曰因崩薨而言禍福則禍亦崩薨之類福是反禍者也福莫大於享國有家禍莫甚於亡家喪國禍亦崩薨之類相次之物且奔亡歸復其事多矣雖有出入之例未見不告之義此傳於崩薨之末言之故知奔亡是禍歸復是福也

懲不敬也欲使怠慢者。戒〇懲直升反〇邾文公之卒也在前年公使弔焉不敬邾人來討伐我南鄙故惠伯伐邾〇子叔姬。齊昭公生舍叔姬無寵舍無威公子商人驟施於國驟數也商人桓公子〇妃音配本亦作配驟仕救反施式豉反數音朔而多聚士盡其家貸於公有司以繼之家財盡從公及國之有司富者貸〇盡津忍反貸音待又音忒注同夏五月昭公卒舍即位〇邾文公元妃齊姜生定公二妃晉姬生捷菑文公卒邾人立定公捷菑奔晉〇六月同盟于新城從於楚者服從楚者陳鄭。宋且謀邾也謀納捷菑〇秋七月乙卯夜齊商人弒舍。而讓元元商人兄齊惠公也書九月從告七月無乙卯日誤〇弒音試本又作殺元曰爾求之久矣我能事爾爾不可使多蓄憾。不爲君則恨多〇蓄勑六反本又作畜憾本又作感戶暗反恨也將免我乎爾爲之言將復殺我〇復扶又反

疏將免我乎〇正義曰言爾已殺君矣我若爲君爾將肯放免我乎言將復殺我劉炫云爾將免我爲君之事乎

〇有星孛入于北斗

周內史叔服曰不出七年宋齊晉之君皆將死亂後三年宋弒昭公五年齊弒懿公七年晉弒靈公史服但言事徵而不論其占固非。末學所得詳言○弒音試下同

疏注後三至詳言○正義曰昭十七年傳申須云彗所以除舊布新也天事恆象又二十六年傳晏子曰天之有彗也以除穢也宋齊晉三國之君並為無道皆有穢德今彗出而彼死是除穢之事但未測何以知此三君當之史服但言事徵不言其占非末學所得詳言故言其驗而不推其義

○晉趙盾以諸侯之師八百乘納捷菑于邾八百乘六萬人言力有餘○乘繩證反注同邾人辭曰齊出貜且長貜且定公○貜俱縛反徐居碧反且子餘反長丁丈反下注同宣子曰辭順而弗從不祥乃還立適以長故曰辭順○適丁歷反

○周公將與王孫蘇訟于晉王叛王孫蘇王匡王叛不與而使尹氏與聃啓訟周公于晉訟理之尹氏周卿士聃啓周大夫○聃乃甘反趙宣子平王室而復之復。使和親

○楚莊王立穆王子也子孔潘崇將襲羣舒使公子燮與子儀守而伐羣舒即舒蓼○燮昔協反守手又反蓼音了二子作亂城郢而使賊殺子孔不克而還八月二子以楚子出將如商密國語曰楚莊王幼弱子儀為師王子燮為傅○還音旋

疏注國語至為傅○正義曰楚語蔡聲子云楚莊王方弱申公子儀父為師王子燮為傅使潘崇子孔帥師以伐舒燮及儀父施二帥而分其室師還至則以王如廬廬戢黎殺二子而復王

廬戢黎。及叔麇誘之遂殺鬬克及公子燮廬今襄陽中廬縣戢。黎廬大夫叔麇其佐鬬克子儀也○廬力於反又音盧注同戢側立反麇九倫反初鬬克囚于秦在僖二十五年秦有殽之敗在僖三十三年而使歸求成成而不得志無賞

報也公子燮求令尹而不得故二子作亂傳言楚莊幼弱國內亂所以不能與晉競穆伯之從己氏也

在八年○己音紀又音祀魯人立文伯穆伯之子穀也穆伯生二子於莒而求復文伯以爲請襄仲

使無朝聽命復而不出不得使與聽政事終寢於家故出入不書○爲請如字又于僞反下以爲請同十五年亦放此與音預二。

年而盡室以復適莒文伯疾而請曰穀之子弱子孟獻子年尙。少○盡津忍反復扶又反少詩照反請立

難也難穀弟○難乃多反又如字許之文伯卒立惠叔穆伯請重賂以求復惠叔以爲請許

之將來九月卒于齊告喪請葬弗許請以卿禮葬○宋高哀爲蕭封人以爲卿蕭宋附庸

仕附庸還升爲卿○疏。注蕭宋至爲卿○正義曰蕭本宋邑莊十二年宋萬弒閔公蕭叔大心者宋蕭邑之大夫也平宋亂立桓公宋人賞其勞以蕭邑封

叔爲附庸莊二十三年蕭叔朝公是爲附庸故稱朝附庸宋國故云宋附庸也宣十二年楚子滅蕭此時蕭國仍在高哀仕於蕭國遂被拔擢升爲宋卿不

義宋公而出遂來奔出而待放從放所來故曰遂書曰宋子哀來奔貴之也貴其不食汙君之祿辟禍。速也

○汙汙辱之也○齊人定懿公使來告難故書以九月齊人不服故三月而後定書以九月明經日月皆從赴○難乃

旦反疏。注齊人至從赴○正義曰商人實以七月弒舍取其位而齊人未服三月而後定定訖始來告不告舍死之月唯言商人弒舍魯史以其九月來告

卽書之於九月如此傳文告以九月卽書九月明經之日月皆從赴而書非褒貶詳略也杜言此者排先儒言日月有褒貶之義齊公子元不

順懿公之爲政也終不曰公曰夫己氏猶言某甲○夫音扶己音紀疏注猶言某甲○正義曰心惡其政不以爲

公凡與。人言欲稱君者終不謂之爲公曰夫己氏斥懿公之名也劉云甲己俱是名故云猶言某甲○襄仲使告于王請以王寵

求昭姬于齊昭姬叔姬子曰殺其子焉用其母請受而罪之○焉於虔反冬單伯如齊請

子叔姬齊人執之恨魯恃王勢以求女故又執子叔姬欲以恥辱魯

經十有五年春季孫行父如晉○三月宋司馬華孫來盟華孫奉使鄰國能臨事制宜至魯而後定盟故不稱使其官皆從故。書司馬○華戶化反使所吏反從才用反[疏]注華孫至司馬○正義曰成三年晉侯使荀庚來聘衛侯使孫良夫來聘丙午及荀庚盟丁未及孫良夫盟彼先以君命行聘禮既而別與之盟故書聘又書盟此雖使來聘魯不令結盟故書盟。未稱使也僖四年楚屈完來盟于師卽其比也諸侯之卿例書名氏以華耦能率其屬官備禮盡儀故貴其人書其官也八年宋人殺其大夫司馬宋司城來奔唯言其官不言氏族此既書司馬復曰華孫者劉炫云或以爲華耦貴之既深故特書族案傳華耦魯人以爲敏則君子不許是魯貴之不深蓋史有文質故辭有詳略。○夏曹伯來朝

○齊人歸公孫敖之喪大夫喪還不書善魯感子以赦父敦公族之恩崇仁孝之教故特錄敖喪歸以示義[疏]注大夫至示義○正義曰桓十八年公之喪至自齊僖元年夫人氏之喪至自齊二注皆云告於廟也是公與夫人薨于外竟皆啓廟告至例書於策宣八年仲遂卒于垂成十七年公孫嬰齊卒于貍脤皆不書喪至是大夫喪還例不書此獨書齊人歸公孫敖之喪者釋例曰公孫敖縱情棄命既已絶位非大夫也而備書於經者惠叔毁請於朝感子以赦父敦公族之恩崇仁孝之教故曰爲孟氏且國故是也不言來者魯人取之齊人送之非有專使特來故不言來哀八年齊人歸讙及闡注云不言來命歸之無。指使此亦彼之類也○六月辛丑朔日有食之鼓用牲于社傳例曰非禮也○單伯

至自齊○晉郤缺帥師伐蔡戊申入蔡傳例曰獲大城曰入○齊人侵我西鄙○季孫行父如晉○冬十有一月諸侯盟于扈將伐齊晉侯受賂而止故總曰諸侯言不足序列○十有二月齊人來歸子叔姬齊人以王故來送子叔姬故與直出者異文

【疏】注齊人至異文○正義曰傳例出曰來歸是直出之文也齊人以王之故來送叔姬故與直出異文也使者卑微不可言齊侯使人故云齊人來歸九年秦人來歸僖公成風之襚定十年齊人來歸鄆讙龜陰之田成九年晉人來媵之類皆是來者微賤不得稱君命故舉國稱人

齊侯侵我西鄙遂伐曹入其郛郛郭也○郛音孚

傳十五年春季文子如晉為單伯與子叔姬故也因晉請齊○為于僞反下為孟及下注為惠叔皆同○

三月宋華耦來盟其官皆從之書曰宋司馬華孫貴之也古之盟會必備威儀崇贄幣賓主以成禮為敬故傳曰卿行旅從春秋時率多不能備儀華孫能率其屬以從古典所以敬事而自重使重而事敬則魯尊而禮篤故貴而不名○皆從才用反注旅從同又音如字贄音至率所類反又音律使所吏反

【疏】注古之至不名○正義曰杜檢傳文諸言書曰者皆是仲尼新意此云其官皆從即云書曰司馬貴之明是貴其官從故書其官也聘禮之文有上介衆介至所聘之國誓于其竟則史讀書司馬執策賈人拭玉有司展幣其從羣官多矣詩緜蠻之篇言大臣出行微臣隨從傳稱卿行旅從昭六年楚公子棄疾聘晉至於鄭竟而誓知其從人多矣盟會禮重於聘知古人盟會必備威儀崇贄幣賓之與主以成禮為敬故傳云其官皆從貴之也春秋之時率多不能備威儀故傳每言一个行李是也華孫今獨能率其官屬以從古典所以敬其君事而自鎮重也使人既重而承事恭敬則魯被尊而賓禮篤也奉使鄰國能尊主厚禮是可貴之事故仲尼貴而不名至宴無故揚其先祖之罪為己謙辭是不敏之極魯人以為敏明

君子所不與言仲尼貴其官從君子嗤其失辭有善有惡傳兩舉之也釋例曰
古之盟會必備禮儀示等威明貴賤各以成禮爲節節制兼備則名位不僭華
孫居擾攘之世而能率由古典所以敬事而自重使重而事敬則魯尊而禮篤
故貴之也至於宴會追稱先人之罪爲己謙辭謙以失辭故傳云魯人以爲敏
明君子所不與也是言善惡兩舉之事也襄五年傳曰楚殺其大夫公子壬夫
貪也君子謂楚共王於是不刑言貪也罪壬夫不刑責共王亦是兩舉之文其
事類於楚也服虔云華耦爲卿後而不度以君命脩好結盟舉其官屬從之空
官廢職魯人不知其非反尊貴之其意以爲貴之者魯人貴之非君子貴之案
經儀父與魯結好子哀不義宋公司城效節來奔單伯自齊致命傳皆言書曰
貴之實善而貴之也此亦云書曰司馬華孫貴之何故惡而貴之也劉炫又難
云此爲不知其非儀父豈亦魯不知其非而貴之乎孔子脩春秋裁其得失定
其褒貶善惡。章於其篇臧否示於來世若魯人所善亦善之所惡亦惡之已無
心於抑揚遂逐魯人之善惡削筆之勞何所施用約之以理豈其然哉其官皆
從謂共聘之官無闕當有留治政者豈舉朝盡行而責其空官也若以官從即
責空官聘禮官屬不少豈周公妄制禮乎公與之宴辭曰君之先臣督得罪於宋殤公名在諸侯之
策臣承其祀其敢辱君耦華督曾孫也督弑殤公在桓二年耦自以罪人子孫故不敢屈辱魯。君對共宴會請承命於亞
旅亞旅上大夫也○亞於嫁反疏注亞旅上大夫也○正義曰尚書牧誓武王呼羣官而誓曰司徒司馬司空亞旅孔安國云亞次也旅衆也衆大夫
其位次卿成二年傳魯賜晉三帥三命之服。侯正亞旅受一命之服皆卿後即次亞旅知是上大夫也華孫不敢當君請受上大夫之宴魯人以爲
敏無故揚其先祖之罪是不敏魯人以爲敏明君子所不與也疏魯人○正義曰魯人魯鈍之人○夏曹伯來朝禮也諸侯
五年再相朝以脩王命古之制也十一年曹伯來朝雖至此乃來亦五年傳爲冬齊侯伐曹張本疏諸侯至制也○正義

曰周禮大行人云凡諸侯之邦交歲相問也殷相聘也世相朝也鄭玄云父死子立曰世凡諸侯相朝皆小國朝於大國或敵國相爲賓或彼君新立此往朝焉或此君新卽位自往朝彼皆是世相朝也襄元年邾子來朝傳曰凡諸侯卽位小國朝之是此新立而彼朝之也文九年曹伯襄卒十一年曹伯來朝傳曰卽位而來見也是彼新立而朝此也則知春秋之時猶有世相朝法與周禮合也周禮諸侯邦交唯有此法無五年再朝之制此云古之制也必是古有此法但禮文殘缺未知古是何時鄭玄云古者據今而述前代之言夏殷之時天子蓋六年一巡狩諸侯閒而朝天子其不朝者朝罷朝五年再相朝者似如此然則古者據今時而道前世。自不必皆道前代傳稱古者越國而謀非謂前代之人有此謀也古人有言非謂前代之人有此言也詩云我思古人非思夏殷之人也此云古者亦非必夏殷鄭言夏殷禮非也僖十五年公如齊杜云諸侯五年再相朝禮也引此證彼則是當時正法非謂前代禮也或人見僖公朝齊杜引此爲證遂言五年再相朝是。事霸主之法然則魯非霸主曹伯何以朝之曹豈推魯爲霸主而屈己以朝之也且云古之制也卽是古之聖王制爲此法天子不衰諸侯無霸明德天子豈慮世。衰霸主威權不行而爲之制此法敺諸侯以朝之此不違理之言耳然則諸侯之邦交者將以協近鄰結恩好安社稷息民人土宇相望竟界連接一世一朝。疏闊太甚其於閑暇之年必有相朝之法周禮言世相朝者以其一舊一新彼此未狎於此之際必須往朝舉其禮之大者不言唯有此事五年再相朝正是周禮之制周禮。文不具耳文襄之霸其務不煩諸侯以五年再朝往來大數更制三年一聘五年一朝所以說諸侯也五年一朝者亦謂朝大國耳且彼因說弔葬非獨霸主之喪明使諸侯相共行此禮也霸主遭時制宜非能創制改物諸侯或從時令或。率舊章此在文襄之後仍守舊制故五年再相朝也傳言古之制以文襄已改故也昭十三年歲聘閒朝是周之諸侯朝天子之法故釋例引之云明王之制。歲聘以志業以解朝聘之數尚書周官六年五服一朝孔傳云一朝會京師是再朝。而會周之正禮也若然大行人云侯服一歲一見甸服二歲一見男服三歲一見采服四歲一見衛服五歲一見要服六歲一見何於服數朝者大行人所云謂貢物而見或君自至或遣臣來除此貢物之外别有朝會之禮沈氏以爲諸侯五年再相朝及昭十三年皆爲朝牧伯之法以間朝以講禮與再朝而會是三歲之朝與六年之朝大率言之是五年之內再相朝也但魯非曹之伯國而沈云朝牧伯之禮又昭十三年朝盟主之法亦無明證沈氏之言未可從也〇齊人或爲孟氏謀孟氏公孫敖家慶父爲長庶故或稱孟氏〇長丁丈反疏注孟氏至孟氏〇正義曰公孫敖慶父之子杜以慶父與莊公異母庶長稱孟雖強同於適自稱爲仲以其實是長庶故時人或稱孟氏曰魯爾親也飾棺寘諸堂阜堂阜齊魯竟上地飾棺不殯示無所歸〇寘之豉反竟音境殯必刃反疏注堂阜至所歸〇正義曰喪大記云飾棺君龍帷黼荒火三列黻三列素錦褚纁紐六大夫畫帷畫荒火三列黻三列素錦褚纁紐二玄紐二鄭玄云飾棺者以華道路及壙中不欲使衆惡其親也荒蒙也在旁曰帷在上曰荒皆所以衣柳也士布帷布荒君大夫加文章焉黼荒緣邊爲黼文畫荒緣邊爲雲氣火黻爲列於其中耳褚以襯覆棺乃加帷荒於其上紐所以連結帷荒者也禮之飾棺唯有此耳齊人教之飾棺蓋依此大夫之制而爲之飾置諸堂阜故爲不殯示無所歸冀魯人哀之也沈氏云飾棺即雜記云諸侯死於道其輤有裧緇布裳帷素錦以爲屋而行大夫死於道以布爲輤而行義或當然魯必取之從之卞人以告卞人魯卞邑大夫〇卞皮彥反疏注卞人至大夫〇正義曰治邑大夫例呼爲人孔子父爲鄹邑大夫謂之鄹人知此卞人是卞邑大夫其邑近堂阜故見之而告魯君惠叔猶毀以爲請敖卒則惠叔請之至今期年而猶未已毀過喪禮〇期居其反疏注敖卒至喪禮〇正義曰敖卒已向周年猶尚毀以爲請知敖卒即請至今未已也傳言猶毀是不復應毀文知毀過喪禮也劉炫云敖去年九月卒至今年夏據月未帀不得稱期年今知非者杜以傳云惠叔猶毀據日月之久欲盛言其遠故云期年但首尾二年亦得爲期年之義劉以未周十二月而規杜氏非也立於朝

以待命許之取而殯之殯於孟氏之寢終叔服之言齊人送之書曰齊人歸公孫敖之喪爲
孟氏且國故也爲惠叔毀請且國之公族故聽其歸殯而書之○爲于僞反葬視共仲制如慶父皆以罪降○共音恭聲己
不視帷堂而哭聲己惠叔母怨敖從莒女故帷堂○己音紀【疏】帷堂○正義曰檀弓云尸未設飾故帷堂小斂而徹帷至大斂之節又帷
堂以至於殯恆帷堂雜記云朝夕哭則不帷今聲已恨穆伯故朝夕哭仍帷堂檀弓又云帷殯非古自敬姜之哭穆伯始也與此相類也敬姜者穆伯妻文伯
歜之母也穆伯季悼子之子公甫靖與敖非一人襄仲欲勿哭怨敖取其妻惠伯曰喪親之終也惠伯叔彭生雖
不能始善終可也史佚有言曰兄弟致美各盡其美義乃終○佚音逸救乏賀善弔災祭敬
喪哀情雖不同毋絕其愛親之道也子無失道何怨於人襄仲說帥兄弟以哭
之他年其二子來敖在莒所生○毋音無說音悅【疏】祭敬至道也○正義曰祭敬者謂助祭於兄弟之家盡其敬也喪哀者謂兄弟死喪
之事竭其哀也情雖不同謂內相怨恨情雖不能和同當無絕其愛是相親之道也孟獻子愛之聞於國獻子穀之子仲孫蔑○聞音問
或如字下同蔑亡結反○或譖之曰將殺子獻子以告季文子二子曰夫子以愛我聞我以
將殺子聞不亦遠於禮乎遠禮不如死一人門于句鼆一人門于戾丘皆死句鼆
戾丘魯邑有寇攻門二子禦之而死○遠于萬反下同句七侯反鼆又作黽莫幸反戾力計反【疏】注句鼆至而死○正義曰句鼆戾丘有寇攻門不書者服
虔云魯國中小寇非異國侵伐故不書也○六月辛丑朔日有食之鼓用牲于社非禮也得常鼓之月而於社

用牲爲非禮 疏 注得常至非禮○正義曰此與莊二十五年經文正同彼傳云非常此傳云非禮者彼失常鼓之月言鼓之爲非常此得常鼓之月而用牲爲非禮彼云六月實是七月傳因日月之變以起時曆之誤故釋例曰文十五年與莊二十五年經文皆同而更復發傳曰非禮者明前傳欲以審正陽之月後傳發例欲以明諸侯之禮而用二牲爲非禮也此乃聖賢之微旨而先儒所未喻也是解二傳不同之意

日有食之天子不舉去盛饌○去起呂反饌仕眷反 疏 注去盛饌○正義曰周禮膳夫掌王之食飲膳羞以養王及后世子王日一舉鼎十有二物皆有俎天地有災則不舉鄭玄云殺牲盛饌曰舉今云天子不舉是去盛饌貶膳食也

伐鼓于社責羣陰伐猶擊也 疏 注責羣陰伐猶擊也○正義曰郊特牲云社祭土而主陰氣也君南鄉於北墉下荅陰之義也論語云鳴鼓而攻之伐鼓者是攻責之事故云責羣陰也日食者陰侵陽故責陰以救日孔安國尚書傳云凡日食天子伐鼓于社責上公然則社以上公配食天子伐鼓責羣陰亦以責上公也諸侯用幣于社請上公亦以請羣陰也互相備也

諸侯用幣于社社尊於諸侯故請救而不敢責之○ 疏 注社尊至責之○正義曰昭二十九年傳曰封爲上公祀爲貴神社稷五祀是尊是奉是社爲上公之神尊於諸侯禮用幣者皆是告請神明之事以社尊故用幣請救而不敢攻責也陰侵陽而請陰者請止而勿侵陽也

伐鼓于朝退自責

以昭事神訓民事君天子不舉諸侯用幣所以事神尊卑異制所以訓民 疏 注天子至訓民○正義曰天子不舉自貶食耳而以爲事神者畏敬神明乃自貶損徹膳不舉亦是事神之義故通以不舉爲事神也

示有等威古之道也等威威儀之等差○差初佳反又初宜反

○齊人許單伯請而赦之使來致命以單伯執節不移且畏晉故許之

書曰單伯至自齊貴之也單伯爲魯拘執既免而不廢禮終來致命故貴而告廟○爲于僞反下似爲同拘音俱

○新城之盟在前年蔡人不與不會盟○與音預下

同

晉郤缺以上軍下軍伐蔡兼帥二軍曰君弱不可以怠怠解也○解佳賣反○戊申入蔡以城下之盟而還凡勝國曰滅之勝國絕其社稷有其土地○還音旋獲大城焉曰入之得大都而不有

疏凡勝至入之○正義曰此傳已發凡例襄十三年復發傳云用大師曰滅弗地曰入再發例者兵之所加不可細舉故舉舊策之典以例而言用大師起大衆重力以陷敵因而有之故曰勝國通以滅爲文也以成師重力雖獲大城得而弗有故直以出入爲辭曰入之而已城不包地國不通邑滅邑必主大師是故再發例也

○秋齊人侵我西鄙故季文子告于晉○冬十一月晉侯宋公衞侯蔡侯鄭伯許男曹伯盟于扈尋新城之盟且謀伐齊也齊執王使且數伐魯○使所吏反下王使同數音朔齊人賂晉侯故不克而還於是有齊難是以公不會明今不序諸侯不以公不會故○難乃旦反下注同書曰諸侯盟于扈無能爲故也惡其受賂不能討齊○惡烏路反凡諸侯會公不與不書諱君惡也謂國無難不會義事故爲惡不書謂不國別序諸侯與而不書後也謂後期也今貶諸侯似爲公諱故傳發例以明之○爲于僞反

疏凡諸侯至後也○正義曰七年公會諸侯晉大夫盟于扈傳曰公後至故不書所會因發例云凡會諸侯不書所會後也後至不書其國辟不敏也彼乃義事而公後期諱君之惡故總稱諸侯此亦總稱諸侯不會非公之罪而經文相似傳辯其嫌故更復發例而以善形惡凡諸侯爲義事聚會而公不與則不歷書諸國諱君惡也若公實與會而亦不書諸國爲公後期也即七年扈之盟是也今於此會受賂舍罪致使魯有齊患公雖不與非公之罪經與後期文同似爲公諱故傳發例以明之此會公雖不與非公惡也

○齊人來歸子叔姬王故也單伯雖見執能守節不移終達王命使叔姬得歸

○齊侯侵我西鄙謂諸侯不能也不能討己遂伐曹入其郛討其來朝也此年季文夏朝

子曰齊侯其不免乎己則無禮執王使而伐無罪○己音紀使所吏反而討於有禮者曰女何故

行禮禮以順天天之道也己則反天而又以討人難以免矣詩曰胡不相畏不

畏于天詩小雅○女音汝又如字【疏】曰女至道也○正義曰言曰者原齊侯之意而爲之辭也責曹曰女何故行禮謂責於朝魯也天道

以卑承尊人道以小事大禮者自卑而尊人朝者謙順以行禮行禮以順天是天之道也○詩曰至于天○正義曰此詩小雅雨無正之篇胡何也詩人責朝

廷之臣女羣臣上下何以不相畏乎女上下不相畏乃是不畏于天也君子之不虐幼賤畏于天也在周頌曰畏

天之威于時保之詩周頌言畏天威于是保福祿不畏于天將何能保以亂取國奉禮以守猶

懼不終多行無禮弗能在矣爲十八年齊弒商人傳○守手又反

附釋音春秋左傳注疏卷第十九下

春秋左傳注疏卷十九下校勘記　　阮元撰盧宣旬摘錄

附釋音春秋左傳注疏卷第十九下　文十一年盡十五年宋本春秋正義卷第十五石經春秋經傳集解文下第九岳本纂圖本文字下增公字並盡十八年

〔經十一年〕

夏叔仲彭生會晉郤缺于承筐　釋文作叔彭生叔又作尗本或作叔仲彭生仲衍字石經宋本無仲字案漢書五行志水經陰溝水注並引作夏叔彭生會晉郤缺于承匡石經宋本岳本筐作匡傳文同郎襄三十年傳會郤成子于承匡之歲也是也

承筐宋地　宋本岳本筐作匡

〔傳十一年〕

成大心子玉之子　重脩監本子玉作于玉非也

至于錫穴　石經岳本纂圖本錫作鍚與釋文合案漢書地理志錫縣屬漢中郡應劭曰音陽師古曰即春秋所謂錫穴而後漢書郡國志又云沔陽有鐵安陽有錫春秋時曰錫穴釋文又曰錫本或作錫星歷反劉昭郡國志補注引傳文亦作錫穴似作錫字爲當

注八年至失之　宋本此節正義在因賀楚師之不害也注下

未有禮義在可諱之竟　閩本監本毛本竟作意

防風之後漆姓案史記孔子世家漆作釐說苑亦作釐世本無漆姓此漆字當爲淶之譌襄二十一年邾庶其以漆閭丘來奔釋文云漆本或作淶淶釐聲相近

注鄭瞞至漆姓宋本此節正義在注駟乘四人共車之下

昔禹致羣臣於會稽之山盧文弨校本臣作神依國語史記改案說苑家語博物志並作羣臣

憔僥氏宋本閩本監本毛本憔作僬不誤閩本監本僥誤堯

長者不過十之閩本監本之作尺山井鼎云當作尺非也案宋本國語無之字非下正義云魯語言不過十之是也

駟乘四人共車纂圖本車作乘非

故云蓋長三丈宋本閩本監本毛本作云此本誤一今訂正

魯語言不過十之閩本監本之作尺非也

摏其喉以戈殺之宋本以下正義二節摠入以命宣伯句注下

恐後世怪之故詳其處纂圖本閩本監本毛本怪作恠俗體也淳熙本作桩尤謬

傳稱魯苦越生子宋本毛本苦作苫與定八年傳合

故名之曰陽州浦鏜云故衍字按定八年傳無故字

注在春秋前　宋本以下正義四節揔入皇父之二子死焉注下

郕班御皇父充石　閩本監本毛本班作斑非下同

司寇牛父駟乘　監本牛誤中

皇父與穀甥牛父三子皆死　宋本閩本監本毛本作甥此本誤生下同今訂正

如今皆死　宋本毛本今作令

班爲皇父御而有賞　毛本御作禦非

注門關門征稅也　毛本門征二字作至非也宋本此節正義在謂之郕門之下

禮惟關門有征　宋本惟作唯

關幾而不征　閩本監本毛本關下衍市字諸本幾作譏

欲其兄弟伯季相次　足利本伯作仲

但迸居夷狄　宋本閩本監本毛本夷狄作四夷

〔經十二年〕

此實大子公以諸侯禮迎之　宋本迎作逆

其禮不爲降　宋本爲作用

謂同母姊妹　宋本脫妹字

術不稱氏史略文　毛本足利本術誤衞足利本文作之亦非

〔傳十二年〕

大子以夫鍾與郕邽來奔　顧炎武云石經邽誤封案石經此處缺炎武所據乃謬刻也又按惠士奇曰服虔以郕邽爲郕邦之家寶圭大子以其國寶與地夫鍾來奔也然則邽不从邑服說見太平御覽一百四十六

傳始朝公也　宋本毛本無傳字

魯公往朝　閩本監本毛本亦作公宋本作君是也

不書大歸未笄而卒　閩本監本毛本大作來宋本岳本笄作歸不誤案閩本監本毛本此注下載釋文笄古兮反四字正義曰傳倒出曰來歸不書來歸未歸而卒也陳樹華云據此則大歸可作來歸未笄作未歸爲順初未敢遽定復取釋文閱之始悟笄古兮反四字乃爲下注中女未笄而卒笄字作音設無釋文單行之本何以正一字之差貽誤匪淺采摘分附此弊起於南宋

故知立其娣爲夫人也　毛本脫立字

一人卒一人出　閩本監本毛本卒出二字互倒

注羣舒至龍舒 宋本此節正義在注文羣舒之屬下

凡四器者 宋本者作圭案作者與聘禮記合

於天子曰朝 閩本監本毛本亦作朝與鄭注聘禮記合宋本作聘

其意欲致與主國但主之且 宋本但主下有國謙退禮終還六字閩本監本毛本亦誤在爲不欲與秦爲好句之下浦鏜云且當耳字誤非也

賓客曰 石經宋本淳熙本岳本足利本客作荅是也

寡君願徼福于周公魯公以事君 釋文徼作儌是也注同

代步昭 宋本淳熙本岳本足利本昭作招釋文亦作招是也

深壘固軍 宋本此節正義在上從之句下

將何俟焉 石經初刻焉誤矣後勘正纂圖本俟誤侯

裹糧坐甲 宋本此節正義在將何俟焉句下

僖三十二年 宋本淳熙本岳本纂圖本足利本二作三案當作三

不在軍帥之數 宋本淳熙本岳本足利本同毛本在作有誤

司馬法曰 岳本法作灋

逐奔不遠 纂圖本毛本逐誤遂

短兵未至爭而兩退 宋本岳本足利本至作致

舊說綏郤也 宋本郤作郤是也按李善注文選奏彈曹景宗引司馬法作郤○今改正

但未至大崩 宋本未作不

故爲皆未缺耳 閩本監本毛本耳作也

〔經十三年〕

邾子蘧蒢卒 釋文亦作蘧蒢石經初刻作蘧蒢後磨去卄頭未知所據公羊穀梁二字並從竹

蘧蒢邾子頊之子也 宋本頊作瑣是也毛本誤今訂正

而下當其室中 閩本監本毛本作室當其中

天子之廟飾 宋本同與禮記明堂位合閩本監本毛本飾誤飭

公羊作世室 宋本公羊下有經字

世室猶世世不毁也 宋本同與公羊合閩本監本毛本脱世室二字

言此室是室之最大者宋本言作則是也

且左氏經爲大室閩本監本毛本且作案氏作傳非也

皆以爲大廟之室也閩本監本脫大字

十有二月己丑石經宋本岳本巳作己不誤

〔傳十三年〕

欲斷其來往也宋本往下有故字

有狐偃之舊勳監本脫勳字

能賤而有恥宋本此節正義在能賤而有恥句下

帑壽餘子足利本子上有妻字非

請東人之能與夫二三有司言者石經宋本淳熙本岳本閩本監本亦作請纂圖本毛本誤作謂

言身拘死於晉監本毛本拘誤徇

妻爲戮於秦宋本妻下有子字

繞朝贈之以策釋文策作筴云本又作策

注策馬檛宋本以下正義三節揔入注文别族復累之姓下

漢高祖之祖爲豐公宋本漢上有又字

故高祖爲沛人宋本人下有也字

魯國鄒縣北有繹山今本水經注廿五引作嶧山非也

注繹邾至繹山宋本以下正義三節揔入君子曰知命句下

左右勸君勿遷閩本監本毛本勿改弗

謂其由遷而死閩本監本毛本脱其字

注子家至恤之宋本以下正義四節揔入公荅拜句下

至六月往暑矣閩本監本毛本往作徂非

我之先祖非人乎監本毛本非作匪

〔經十四年〕

十有四年纂圖本毛本脱有字

既見而移入北斗岳本移作後非也

言其形孛孛似埽彗也　宋本閩本監本埽作掃是毛本誤作星

晉人納捷菑于邾　晉人左傳以爲趙盾公羊以爲郤缺穀梁以爲郤克陳樹華云下十五年至宣九年郤缺兩見穀梁作郤克乃傳寫之誤

不以君禮成其葬也　宋本葬作喪是也

晉侯詭諸卒　毛本詭作佹與僖九年經合

經書里克弒其君卓　閩本監本毛本弒作殺

後君葬訖即成成君　閩本監本脫一成字

是葬速成君之文也　監本毛本速作悳非也

例書名氏　纂圖本脫氏字

書其字云　閩本監本毛本亦作云非也宋本作者

（傳十四年）

注奔亡至福也　宋本此節正義在懲不敬也注下

欲使怠慢者戒　宋本淳熙本岳本足利本者下有自字是也

子叔姬齊昭公　石經宋本淳熙本岳本纂圖本閩本監本毛本姬下並有妃字是也釋文同音配云本亦作配

從楚者陳鄭宋　重脩監本宋誤米

齊商人弒舍而讓元　釋文弒作殺音試按傳文直書其事作殺是也

爾不可使多蓄憾　石經作畜後加艹頭釋文作畜云本亦作蓄憾本又作感按作感者古字

非末學所得詳言　纂圖本末誤未

復使和親　纂圖本閩本監本毛本復使誤倒

盧戢黎及叔麇誘之　岳本足利本黎作棃注同案石經此處缺下十六年傳作使盧戢棃僪庸則此處亦當作棃也

二年而盡室以復適莒　石經宋本淳熙本岳本足利本二作三是也

年尚少　宋本少作幼

注蕭宋至爲卿　宋本此節正義在書曰節注下

辟禍速也　宋本速作遠

注齊人至從赴　宋本以下正義二節總入公曰夫己氏注下

凡與人言　毛本人作夫非也

夫己氏斤懿公之名也　宋本閩本監本斤作斥是也

焉用其母 閩本監本脫其字

〔經十五年〕

故書司馬 閩本監本毛本書誤稱

故書盟未稱使也 宋本未作不是也

故辭有詳略 宋本略下有也字

命歸之無指使 案哀八年經注指作旨浦鏜正誤作官非也

齊人侵我西鄙 石經宋本淳熙本岳本足利本齊人上有秋字

〔傳十五年〕

賓主以成禮爲敬 宋本主作空非也

所以敬事而自重 纂圖本而作互非也

使重而事敬 宋本淳熙本岳本纂圖本閩本監本足利本作事毛本誤自

注古之至不名 宋本以下正義三節揔入魯人以爲敏注下

知古人盟會 宋本人作之是也

故傳每言一个行李是也 宋本个作箇毛本作介

是言善惡兩舉之事也 閩本監本言誤故

善惡章於其篇 監本毛本章作彰

故不敢屈辱魯君 閩本監本毛本君誤公

候正亞旅 監本候作侯非也

自不必皆道前代 宋本自作耳屬上句

是事霸主之法 監本毛本事誤時

豈慮世衰 宋本衰作事

疎闊太甚 宋本疎作疏

周禮文不具耳 宋本文作之

或率舊章 宋本率作奉

歲聘以志業 案釋例亦作歲與左傳正文合宋本作朝誤也

是再朝而會周之正禮也 宋本而作甸非

注孟氏至孟氏 宋本以下正義四節總入葬視共仲注之下

不欲使衆惡其親也 按今本喪大記注脫使字

帷堂 宋本此節正義在善終可也句下

小斂而徹帷 宋本帷作作非也

各盡其美義乃紀 閩本監本毛本紀作繼非宋本淳熙本岳本足利本作終是也○今訂作終

祭敬至道也 宋本此節正義在帥兄弟以哭之句下

君南鄉於北墉下 監本毛本墉誤牖閩本作牗亦非

晉侯宋公衞侯蔡侯鄭伯許男曹伯盟于扈 石經宋本淳熙本岳本纂圖本足利本蔡侯下有陳侯二字

惡受其賂 宋本淳熙本岳本作惡其受賂不誤

不會議事 宋本淳熙本岳本毛本議作義是也

彼乃議事而公後期 宋本毛本議作義下同而公閩本監本毛本誤而君

女何故行禮 足利本女作汝

疏曰女至道也 宋本此節正義在天之道也句下

莊公已譏其速文二年大事于大廟不復譏之當亦如彼之類不重譏也○六月戊辰公子遂及齊侯盟于郪丘信公疾且以賂故郪丘齊地○郪音西又七西反○秋八月辛未夫人姜氏薨僖公夫人文公母也○毀泉臺泉臺臺名毀壞之也○壞音怪○楚人秦人巴人滅庸○巴必麻反○冬十有一月宋人弒其君杵臼稱君君無道也例在宣四年○杵昌呂反臼強柳反

傳十六年春王正月及齊平齊前年再伐魯魯為受弱故平○為于偽反公有疾使季文子會齊侯于陽穀請盟齊侯不肯曰請俟君間間疾瘳○間如字瘳勑周反差也○夏五月公四不視朔疾也公使襄仲納賂于齊侯故盟于郪丘○有蛇自泉宮出入于國如先君之數伯禽至僖公十七君○伯禽至僖公十七君史記魯世家魯公伯禽子考公酋弟煬公熙子幽公宰弟魏公費子厲公躍子鄭公具子順公濞弟武公敖子懿公戲弟孝公稱子惠公弗皇子隱公息姑弟桓公允子莊公同子閔公開兄僖公申十七也魏公世本作徽公順公一作慎公疏○注伯禽至七君○正義曰魯世家魯公伯禽子考公酋弟煬公熙子幽公圉弟徽公濆子厲公擢弟獻公具子順公濞弟武公敖子懿公戲弟孝公稱子惠公弗皇子隱公息姑弟桓公允子莊公同子閔公開兄僖公申周公不之魯從魯公數之為十七君也秋八月辛未聲姜薨毀泉臺魯人以為蛇妖所出而聲姜薨故壞之○壞音怪疏毀泉臺○正義曰蛇自宮出而毀其臺則臺在宮內人見從宮而出毀臺弁毀其宮也○注魯公至壞之○正義曰人見蛇出而姜薨以為臺是妖之穴仍謂此處有妖更將為害毀之所以絕其源安民意也故釋例曰衆蛇自泉臺出如先君之數入於國聲姜之薨適與妖會而

國以爲災遂毁泉臺書毁而不變文以示義。者君人之心一國之俗須此爲安故不譏也以不變文知不譏也不書蛇入國者鸜鵒非魯國之有故書其所無蛇是魯地所有姜薨不由此蛇凡物不爲災則不書也○楚大饑。戎伐其西南至于阜山師于大林又伐其東南至于陽丘以侵訾枝戎山夷也。大林陽丘訾枝皆楚邑○饑音飢一音機訾子斯反疏注戎山夷也○正義曰四夷之名隨方定稱則曰東夷西戎南蠻北狄其當處立名則各從方號故北戎病燕齊侯伐山戎北方得有戎故楚西亦有戎戎是山間之民夷爲四方總號故云戎山夷也庸人帥羣蠻以叛楚庸今上庸縣屬楚之小國麇人率百濮聚於選將伐楚選楚地百濮夷也○麇九倫反濮音卜選息兖反又息戀反疏注選楚地百濮夷也○正義曰將欲伐楚聚於此地故知是楚地也牧誓武王伐紂有庸濮從之孔安國云庸濮在江漢之南是濮爲西南夷也釋例曰建寧郡南有濮夷濮夷無君長總統各以邑落自聚故稱百濮也下云各走其邑是無君長統之於是申息之北門不啓備中國疏申息之北門不啓○正義曰申息北接中國有寇。比從北來故二邑北門不敢開也楚人謀徙於阪高楚險地○阪音反一音扶板反蔿賈曰不可我能往寇亦能往不如伐庸夫麇與百濮謂我饑不能師故伐我也若我出師必懼而歸百濮離居將各走其邑誰暇謀人乃出師旬有五日百濮乃罷濮夷無屯聚見難則散歸○蔿于委反屯徒門反聚才住反又如字難乃旦反又如字自廬以往振廩同食往往伐庸也振發也廩倉也同食上下無異饌也○廬力於反又音盧廩力甚反次于句澨楚西界也○句古侯反澨市世反使廬戢黎。侵庸戢黎廬大夫及庸方城方城庸地上庸縣東有方城亭庸人逐之囚子揚窻

竄戢黎官屬○竄初江反三宿而逸曰庸師衆羣蠻聚焉不如復大師還復句竝師且起王卒合
而後進師叔曰不可師叔楚大夫潘尫也○卒子忽反尫烏黃反姑又與之遇以驕之彼驕我怒而
後可克先君蚡冒所以服陘隰也蚡冒楚武王父。陘隰地名○可克或作可擊蚡扶粉反冒莫報反史記楚世家云蚡冒卒
弟熊達殺蚡冒子而代立是爲楚武王與杜異陘音刑隰音習疏注蚡冒至地名○正義曰劉炫云案楚世家蚡冒卒弟熊達殺蚡冒子而代立是爲楚武
王則蚡冒是兄不得爲父今知不然者以世家之文多有紕繆與經傳異者非是一條杜氏非不見其文但見而不用耳劉以世家而規杜非也言服陘隰則
陘隰本是他國蚡冒始服之也釋例陘隰與僖四年次于陘爲一地潁川召陵縣南有陘亭楚自武王始居江漢之閒則蚡冒之時未至中土不應已能越中
息。服潁川之邑疑非也又與之遇七遇皆北軍走曰北○北如字一音佩○唯裨鯈魚人實逐之裨。鯈魚庸三邑
魚魚復縣今巴東永安縣輕楚故但使三邑人逐之○裨婢支反鯈直留反庸人曰楚不足與戰矣遂不設備楚子
乘馹會師于臨品馹傳車也臨品地名○馹人實反傳下戀反疏注馹傳車也○正義曰釋言云馹傳也舍人曰馹尊者之傳也郭璞
曰傳車驛馬之名也分爲二隊隊部也兩道攻之○隊徒對反注同子越自石溪子貝自仞以伐庸子越鬭椒也石
溪仞入庸道○溪苦兮反本又作谿貝浦蓋反今俗本多作員音云仞人慎反秦人巴人從楚師羣蠻從楚子盟蠻見楚強
故遂滅庸傳言楚有謀臣所以興○宋公子鮑禮於國人鮑昭公庶弟文公也○鮑步卯反宋饑竭其粟
而貸之年自七十以上無不饋詒也時加羞珍異羞進也○上時掌反饋其媿反詒以支反又以志反遺也

無日不數於六卿之門數不疏○數音朔注同國之材人無不事也有賢材者親自桓以下無不恤也桓鮑之曾祖【疏】○宋公至恤也○正義曰禮於國人總言接待之也竭其粟而貸與國之饑民也禮與人物曰饋詒遺也饋詒皆是與人物之名也民年七十以上無有不饋遺以飲食也珍異謂非常美食羞進也時加進珍異者謂四時初出珍異之物也無有一日不數數於六卿之門言參請不絶也國之賢材之人無不事公子皆事之也其族親自桓公以下子孫無不恤公子皆賑恤之也公子鮑美而豔襄夫人欲通之鮑適祖母○豔以驗反適丁歷反而不可以禮防閑。夫人助之施昭公無道國人奉公子鮑以因夫人於是華元爲右師華元督曾孫代公子成○施式豉反【疏】注華元督曾孫○正義曰世本云華督生世子家家生華孫御事事生華元右師是也公孫友爲左師華耦爲司馬代公子卬。鱗鱹。爲司徒蕩意諸爲司城公子朝爲司寇代華御事○鱹古亂反朝如字初司城蕩卒公孫壽辭司城壽蕩之子請使意諸爲之意諸壽之子既而告人曰君無道吾官近懼及焉禍及己弃官則族無所庇子身之貳也姑紓死焉姑且也紓緩也○庇必利反又悲位反紓音舒雖亡子猶不亡族己在故也既夫人將使公田孟諸而殺之公知之。盡以寶行。蕩意諸曰盍適諸侯公曰不能其大夫至于君祖母以及國人君祖母諸侯祖母之稱謂襄夫人○盍戶臘反稱尺證反【疏】注君祖至夫人○正義曰哀十六年傳蒯聵告周云蒯聵得罪于君父君母謂母爲君母則祖母爲君祖母矣故云君祖母者諸侯祖母之稱也昭公成公之子襄公之孫故襄夫人是其祖母也諸侯誰納我且既爲人君而又爲人臣不如死盡以其寶賜左右以使行。行去也夫人使謂司城去公對曰臣之而逃其難若後君何言無以事後君○難乃旦反○冬十一月甲寅宋昭公將田孟諸未至夫人王姬使帥甸攻而殺之襄夫人周襄王。姊故稱王姬帥甸郊甸之。帥○甸徒近反疏注襄夫至之帥○正義曰周禮載師云以宅田士田賈田任近郊之地以官田牛田賞田牧田任遠郊之地以公邑之田任甸地以家邑之田任稍地以小都之田任縣地以大都之田任。疆地凡任地近郊十一遠郊二十而三甸稍縣都皆無過十二彼從國都而出計遠近節級而別爲之名鄭玄引司馬法王國百里爲郊二百里爲州甸三百里爲野稍四百里爲縣五百里爲都諸侯之與天子竟雖不同亦當近國爲郊郊外爲甸天子之甸爲公邑之田則諸侯之甸亦公邑也帥甸者甸地之帥當是公邑之大夫也獨言帥甸無以相明故舉類言之云郊甸之帥其實正是甸地之帥非郊地之帥也蕩意諸死之不書不告書曰宋人弒其君杵臼君無道也始例發於臣之罪今稱國人故重明君罪○重直用反疏注始例至君罪○正義曰宣四年傳例曰凡弒君稱君君無道也稱臣臣之罪也彼是弒君大例經下注云例在宣四年指彼例也彼雖在此之後乃是例之初始故謂彼爲始例彼因歸生弒君而發傳例是始例發於臣之罪也此稱宋人弒其君文異於彼故重明君罪謂與彼例爲重也釋例曰鄭靈宋昭文異而例同重發以同之文公即位使母弟須爲司城代意諸華耦卒而使蕩虺爲司馬虺意諸之弟○虺況鬼反

經十有七年春晉人衞人陳人鄭人伐宋自閔僖。已下終於春秋陳侯常在衞侯上今大夫會在衞下傳不言陳公孫寧後至則寧位非上卿故也疏注自閔至故也○正義曰釋例班序譜自隱至莊十四年四十二歲衞與陳凡四會衞在陳上莊十五年盡僖十七年三

十五歲凡八會陳在衞上莊十六年幽盟之下注云齊桓始霸楚亦始彊陳侯介於二大國之間而爲三恪之。宮故齊桓因而進之遂班在衞上終於春秋但齊桓升陳於衞上乃在莊之中年不得以莊爲始故云自閔僖以下終於春秋陳侯常在衞上也今此大夫會伐宋貶之稱人而陳在衞下襄二十六年澶淵之會傳稱宋向戌後至退在鄭良霄之下此傳具歷序大夫之名不言公孫寧以後至被退成三年傳曰次國之上卿當大國之中中當其下下當其上大夫彼言大夫位有尊卑次序以之升降則公孫寧位非上卿故降在衞下也檢春秋上下亦有後至無傳而杜云後至者則秦小子慭是也案彼則公孫寧未必非後至但杜弘通兩解故云非上卿耳

○夏四月癸亥葬我小君聲姜○齊侯伐我西鄙西當爲北蓋經誤○西當作北出注

疏 注西當爲北蓋經誤○正義曰經言西鄙傳言北鄙服虔以爲再來伐魯西鄙書北鄙不書諱仍見伐案經十五年秋齊人侵我西鄙冬齊侯侵我西鄙僖二十六年春齊人侵我西鄙夏齊人伐我北鄙皆仍見侵伐書而不諱此何獨諱而不書凡言諱者諱國惡。也齊侯無道而伐我我非有惡而可諱何以諱其仍伐故知正是一事經文誤耳知非傳誤者魯求與平即盟于穀穀是濟北穀城縣也穀在魯北知北鄙是也

六月癸未公及齊侯盟于穀○諸侯會于扈昭公雖以無道見弒而文公猶宜以弒君受討故林父伐宋以失所稱人晉侯平宋以無功不序明君雖不君臣不可不臣所以督大教○弒本或作弒音試下同

疏 注昭公至大教○正義曰弒君稱君君之罪者欲以懲創人君使爲鑒戒不書弒者之名以見君亦合死其君雖則合死要非臣所得弒故文公宜以弒君受討林父稱人諸侯不序責死者罪弒者所以督大教大教謂尊君卑臣之教也

○秋公至自穀無傳○冬公子遂如齊

傳十七年春晉荀林父衞孔達陳公孫寧鄭石楚伐宋討曰何故弒君猶立文

公而還卿不書失其所也卿不書謂稱人○夏四月癸亥葬聲姜有齊難是以緩過五月之
例○難乃旦反下及注皆同○齊侯伐我北鄙襄仲請盟六月盟于穀晉不能救魯故請服○晉侯蒐
于黃父一名黑壤晉地○父音甫壤如丈反○遂復合諸侯于扈平宋也傳不列諸國而言復合則如上十五年會扈之諸侯
可知也○復扶又反注同公不與會齊難故也書曰諸侯無功也刺欲平宋而復不能○與音預於是晉侯
不見鄭伯以爲貳於楚也鄭子家使執訊而與之書以告趙宣子執訊通訊問之官爲書與
宣子○訊音信疏使執訊而與之書○正義曰使執訊使之行適晉也與之書與此執訊書令持以告宣子曰寡君即位三年魯文二年
召蔡侯而與之事君九月蔡侯入于敝邑以行行朝晉也敝邑以侯宣多之難寡君
是以不得與蔡侯偕宣多既立穆公恃寵專權○偕音皆十一月克減侯宣多而隨蔡侯以朝于
執事減損也難未盡而行言汲汲于朝晉○汲音急十二年六月歸生佐寡君之嫡夷歸生子家名夷大子名○嫡丁
歷反以請陳侯于楚而朝諸君請陳于楚與俱朝晉十四年七月寡君又朝以蕆陳事蕆勑也勑
成前好○蕆勑展反前好呼報反一本作事疏注蕆勑也○正義曰蕆之爲勑無正訓也先儒相傳爲然賈服皆云蕆勑也十五年五月
陳侯自敝邑往朝于君往年正月燭之武往朝夷也將夷往朝晉○八月寡君又往朝
以陳蔡之密邇於楚而不敢貳焉則敝邑之故也密邇比近也○比毗志反雖敝邑之事君

何以不免免，免罪也。在位之中一朝于襄襄公。○朝，直遥反。而再見于君君，靈公也。○見，賢遍反。【疏】一朝至于君○正義曰：鄭穆公以僖三十三年卽位，晉襄公以文公六年卒，一朝于襄三年十一月也。再見於君十四年七月，往年八月也。或者十四年七月寡君又朝，勑成陳事，再見于君，謂往年正月燭之武往朝夷，八月寡君又朝，是也。夷與孤之二三臣相及於絳孤之二三臣，謂燭之武、歸生自謂也。絳，晉國都。【疏】孤之二三臣○正義曰：禮，諸侯與臣民言自謂寡人，小國之君自稱曰孤，臣與他國之人言稱己君爲寡君。此歸生對晉稱己君當云寡君之二三臣，昭十九年子產對晉人云寡君之二三臣，札瘥夭昏，是其事也。此言孤者，蓋鄭伯身自對晉，或自稱孤，歸生因卽以孤言其君也。雖我小國，則蔑以過之矣。今大國曰：爾未逞吾志。敝邑有亡，無以加焉。古人有言曰：畏首畏尾，身其餘幾。言首尾有畏，則身中不畏者少。○幾，居豈反。又曰：鹿死不擇音。音，所茠蔭之處。古字聲同，皆相假借。○茠，虛求反。蔭，於鴆反。【疏】注音所至假借○正義曰：釋言云：庇、茠，蔭也。舍人曰：庇，蔽也。茠，依止也。郭璞曰：今俗呼樹蔭爲茠。杜意言本當作蔭，古字聲同，皆相假借，故傳作音。言鹿死不擇庇蔭之處，喻己不擇所從之國，欲從楚也。服虔云：鹿得美草，呦呦相呼，至於困迫將死，不暇復擇善音，急之至也。劉炫從服說，以爲音聲，謂不擇音聲而出之。而難杜，今知不然者，以傳云鋌而走險，急何能擇，言走險論其依止之處，以其怖急得險則停，不能選擇寬靜茠蔭之所。傳文所論止言其出處所在，不論音聲好惡，故杜不依服義。劉以爲音聲而規杜，非也。小國之事大國也，德則其人也，以德加己，則以人道相事。不德則其鹿也。鋌而走險，急何能擇？鋌，疾走貌。言急則欲蔭茠於楚，如鹿赴險。○鋌，他頂反。芘，必利反，又悲位反，本或作茠。【疏】注鋌疾走貌○正義曰：鋌文連走，故爲疾走貌。命之罔極，亦知亡矣。言晉命無極。將悉敝

賦以待於鯈唯執事命之鯈晉鄭之竟言欲以兵距晉○鯈直留反竟音境文公二年六月壬申朝于
齊鄭文二年六月壬申。魯莊二十三年六月二十。四日四年二月壬戌爲齊侵蔡魯莊二十五年二月無壬戌壬戌三月二十日
○爲于僞反○亦獲成於楚鄭與楚成居大國之間而從於強•令豈其罪也令號令也大國若弗
圖無所逃命晉鞏朔行成於鄭趙穿公壻池爲質焉趙穿卿也公壻池晉侯女壻○鞏九勇反質音致下
同○秋周甘歜敗戎于邥垂乘其飲酒也歜周大夫邥垂周地河南新城縣北有垂亭爲成元年晉侯平戎于王張
本○歜昌欲反邥音審○冬十月鄭大子夷石楚爲質于晉夷靈公也石楚鄭大夫○襄仲如齊拜
穀之盟復曰臣聞齊人將食魯之麥以臣觀之將不能齊君之語偷臧文仲有
言曰民主偷必死偷猶苟且偷他侯反
經十有八年春王二月丁丑公薨于臺下○秦伯罃卒無傳未同盟而赴以名○罃於耕反○夏
五月戊戌齊人弒其君商人不稱盜罪商人【疏】。注不稱盜罪商人○正義曰弒君稱臣臣之罪賤臣弒君則稱盜哀四年盜殺
蔡侯申是也盜字當臣名之處以賤不得書名變文謂之盜耳此弒商人者邴歜閻職亦應書盜不稱盜弒者。邴商人。今從弒君稱君之例也○六月
癸酉葬我君文公○秋公子遂叔孫得臣如齊書二卿以兩事行非相爲介○介音界○【疏】注書二至爲介
○正義曰卿爲卿介則書使不書介僖二十六年公子遂臧孫辰如楚乞師書。不遂不書辰是其正也襄十四年季孫宿叔老並書之者晉人敬之自爾以後

晉人輕魯幣而益敬其使故特兩書之於法不應書也此傳稱惠公立故且拜葬是以兩事行非相爲介故並書之耳定六年季孫斯仲孫何忌如晉傳稱桓子獻鄭俘孟孫報夫人之幣亦以兩事行故並書之但彼非是同時受命經應各自爲文但以晉人輕之故不各自別書與此意少異也○冬十月子卒先君既葬不稱君者魯人諱弑以未成君書之子在喪之稱○不稱君申志反本又作殺之稱尺證反疏注先君至之稱○正義曰齊公子商人弑其君舍以先君既葬故稱君也此亦先君既葬不稱君者魯人諱弑成君以未成君書之也子者葬前在喪之稱也若言猶在喪而自卒然諱之也釋例曰公子惡魯之正適嗣位免喪則魯君也襄仲。舒倚齊而弑之國以爲諱故不稱君若言君之子也○夫人姜氏歸于齊○季孫行父如齊無傳○莒弑其君庶其稱君君無道也疏注稱君君無道也○正義曰楚世子商臣弑君言。臣子此傳稱大子僕因國人以弑紀公不稱世子而稱。臣者以見君無道傳言多行無禮於國是其無道之狀十六年宋人弑其君杵臼稱國又稱人此直云莒弑其君庶其不稱人者釋例曰劉賈許。穎以爲君惡及國朝則稱國以弑君惡及國人則稱人以弑案傳鄭靈宋昭經文異而例同故重發以同之子弑其父又嫌異於他臣亦重明其不異既不碎辯國之與人而傳云莒紀公多行無禮於國大子僕因國人以弑之經但稱國不稱人知國之與人雖言別而事同也

傳十八年春齊侯戒師期將以伐魯而有疾醫曰不及秋將死公聞之卜曰尚無及期尚庶幾也欲令先師期死令力呈反先悉薦反下同○惠伯令龜以卜事告龜疏注以卜事告龜○正義曰周禮大卜大祭祀則視高命龜鄭玄云命龜告龜以所卜之事士喪禮卜葬命龜云哀子某來日某卜葬其父某甫考降無有近悔如此之類是令龜之辭也令者告令使知其意與命同也卜楚丘占之曰齊侯不及期非疾也君亦不聞言君先齊侯終令龜有咎言令龜者亦有凶咎

見於卜兆爲惠伯死張本○見賢遍反二月丁丑公薨○齊懿公之爲公子也與邴歜之父爭田弗勝及即位乃掘而刖之斷其尸足○邴音丙又彼病反歜昌欲反掘其勿反又其月反刖音月又五刮反丁斷管反而使歜僕僕御也納閻職之妻而使職驂乘驂乘陪乘○驂七南反乘繩證反注同○夏五月公游于申池齊南城西門名申門齊城無池唯此門左右有池疑此則是二人浴于池歜以扑。抶職扑。箠也抶擊也欲以相感激○扑普卜反字宜從手作木邊非也抶勑乙反箠市椉反又之椉反激古歷反職怒歜曰人奪女妻而不怒一抶女庸何傷職曰與刖其父而弗能病者何如言不以父刖爲病恨○女音汝乃謀弒懿公納諸竹中歸舍爵而行飲酒訖乃去言齊人惡懿公二人無所畏○舍音赦置也惡烏路反齊人立公子元桓公子惠公○六月葬文公○秋襄仲莊叔如齊惠公立故且拜葬也襄仲賀惠公立莊叔謝齊來會葬○文公二妃敬嬴生宣公敬嬴嬖而私事襄仲宣公長而屬諸襄仲襄仲欲立之叔仲不可叔仲惠伯○嬴音盈嬖必計反長丁丈反屬音燭仲見于齊侯而請之齊侯新立而欲親魯許之○見賢遍反疏。襄仲至許之○正義曰惡是齊甥齊侯許廢惡者惡以世適嗣立不受齊恩宣以非分得國荷恩必厚齊侯新立欲親魯爲援故許之○冬十月仲殺惡及視而立宣公惡大子視其母弟殺視不書賤之書曰子卒諱之也仲以君命召惠伯詐以子惡命疏注詐以子惡命○正義曰傳因殺惡之下即云而立宣公其實宣公之立當在惠伯死後惡雖已死未告外人故詐以子惡之命召惠伯使入公冉務人疑其宮內有變謂非子惡之命故云入必死耳亦未是審知惡已死也其宰公冉務人止之曰入必死叔仲曰死君命可也公冉務人曰若君命可死非君命何聽弗聽乃入殺而埋之馬矢之中惠伯死不書者史畏襄仲不敢書殺惠伯○聽吐定反公冉務人奉其帑以奔蔡既而復叔仲氏不絕其後○夫人姜氏歸于齊大歸也惡視之母出姜也嫌與有罪出者異故復發傳○復扶又反將行哭而過市曰天乎仲爲不道殺適立庶市人皆哭魯人謂之哀姜所謂出姜不允。於魯○過古禾反又古臥反適丁歷反○莒紀公生大子僕又生季佗愛季佗而黜僕且多行無禮於國紀號也莒夷無謚故有別號○佗徒何反僕因國人以弒紀公以其寶玉來奔納諸宣公公命與之邑曰今日必授季文子使司寇出諸竟曰今日必達未見公而文子出之故來不書○竟音境公問其故季文子使大史克對曰先大夫臧文仲教行父事君之禮行父奉以周旋弗敢失隊。曰見有禮於其君者事之如孝子之養父母也見無禮於其君者誅之如鷹鸇之逐鳥雀也先君周公制周禮曰則以觀德則法也合法則爲吉德○大史音泰隊直類反養餘亮反鷹於陵反鸇之然反說文止仙反字林已仙反【疏】。如鷹鸇之逐鳥雀○正義曰釋鳥云鷹來鳩郭璞曰來當爲爽字之誤耳左傳作爽鳩是也又云晨風鸇舍人曰晨風名鸇鸇。摯鳥名郭璞曰鷂屬也德以處事處猶制也事以度功度量也○度待洛反注及下同功以食民食養也○食音嗣注同作誓命曰毀則爲賊誓要信也毀則壞法也○壞音怪掩賊爲藏○掩匿也匿女乙反竊賄爲盜賄財盜器爲姦器國用也主藏之名以掩賊爲名賴姦之用用姦器也爲大凶德有常無赦刑有常在九刑不忘誓命以下皆九刑之書今亡

疏先君至不忘○正義曰言制周禮曰作誓命曰謂制禮之時有此語爲此誓耳此非周禮之文亦無誓命之書在後作九刑者記其誓命之言著於九刑之書耳德者得也自得於心心之所得有惡有善欲知善惡以法觀之合法則爲吉德不合法則爲凶德故曰則以觀德也既有善德乃能制斷事宜故曰德以處事也既爲其事務求成功度量功勳必功成乃善故曰事以度功也民不自治立君牧養作事成功所以養食下民故曰功以食民也其意言在上位者必有法則乃爲養民之主將言莒僕無可法則故言此以張本也又作要信誓命以戒後人曰有人毀法則者是爲賊言其賊敗法也掩匿賊人是爲藏言其藏罪人也竊人財賄謂之爲盜盜人器用謂之爲姦主爲藏匿罪人之名特賴姦人所盜之用爲極大之凶德有常刑無赦其事在九刑之書不遺忘也以宣公容納莒僕爲主藏受其寶玉爲賴姦故舉此以極諫也○注誓命至今亡○正義曰昭六年傳曰夏有亂政而作禹刑商有亂政而作湯刑周有亂政而作九刑三辟之興皆叔世也叔世謂衰世世衰民慢作嚴刑以督之稱其創制聖王以爲所作之法夏作禹刑商作湯刑則周作九刑作周公之刑也此云周公作誓命其事在九刑知自誓命以下皆九刑之書所載也謂之九刑必其諸法有九而九刑之書今亡不知九者何謂服虔云正刑一議刑八即引小司寇八議議親故賢能功貴勤賓之辟此八議者載於司寇之章周公已制之矣後世更作何所復加且所議八等之人就其所犯正刑議其可赦以否八者所議其刑一也安得謂之八刑杜知其不可故不解之

行父還觀莒僕莫可則也○還猶周旋○還音旋孝敬忠信爲吉德盜賊藏姦爲凶德夫莒僕則

其孝敬則弒君父矣則其忠信則竊寶玉矣其人則盜賊也其器則姦兆也兆域
也保而利之則主藏也以訓則昏民無則焉不度於善度居也而皆在於凶德是
以去之昔高陽氏有才子八人高陽帝顓頊之號八人其苗裔○去起呂反顓音專頊許玉反裔以制反疏注高陽氏至苗
裔○正義曰先儒舊說及譙周考史皆以顓頊帝嚳為帝之身號高陽高辛皆國氏土地之號高陽次少昊高辛次高陽堯承高辛之後孔子之錄尚書自堯
為始史籍之說皇帝其言不經大戴禮五帝德司馬遷五帝紀皆言顓頊帝嚳代別一人春秋緯命歷序顓頊傳九世帝嚳傳八世典籍散亡無以取信要二
帝子孫至舜時始用必非帝之親子其八人者不能知其出生本系枝派遠近故略言其苗裔耳蒼舒隤敳檮戭大臨尨降庭
堅仲容叔達此即垂益禹皋陶之倫庭堅即皋陶字○隤徒回反敳五才反一音五回反韋昭音瑰檮直由反韋昭音桃戭以善反漢書作敳韋
昭巳震反尨莫江反降下江反陶音遙○疏注此即至陶字○正義曰司馬遷采帝系世本以為史記其夏本紀稱禹是顓頊之後秦本紀稱皋陶是顓頊
之後伯益則皋陶之子垂之所出史無其文舊說相傳亦出顓頊故云此即垂益禹皋陶之倫也服虔云八人禹垂之屬也六年傳臧文仲聞六與蓼滅云皋
陶庭堅不祀忽諸知庭堅皋陶為一人其餘則不知誰為禹誰為益故云之倫之屬不敢斥言也班固漢書有古今人表銓量古人為九等之次雖知禹益必
在八愷稷契必在八元不能識知其人不得自相分配故八元八愷與皋陶禹稷並不出其名亦為不知故也鄭玄注論語云皋陶為士師號曰庭堅杜云庭
堅皋陶字者古人名之與字難得審知言字者明其是一人也齊聖廣淵明允篤誠天下之民謂之八愷齊中也淵
深也允信也篤厚也愷和也○愷開在反疏齊聖至八愷○正義曰此并序八人總言其德或原其心或據其行一字為一事其義亦更相通齊者中也率

之謂也
昔帝鴻氏有不才子帝鴻黄帝掩義隱賊好行凶德醜類惡物頑嚚不友是與
比周醜亦惡也比近也周密也○好呼報反嚚魚巾反心不則德義之經為頑口不道忠信之言為嚚比毗志反天下之民謂之渾
敦謂驩兜渾敦不開通之貌○渾戶本反敦徒本反驩呼端反兜都侯反
疏
掩義至渾敦○正義曰掩蓋義事而不行隱蔽其外而陰為賊害也其有
凶醜之類穢惡之物心頑而不則德義之經口嚚而不道忠信之言如此惡人
不可與之親友者此不才子於是與之相附近相親密言惡人所愛愛同己者
也以其為惡如是故天下之民為之惡目謂之渾敦渾敦不開通之貌言其無
所知也服虔用山海經以為驩兜人面馬喙渾敦亦為獸名○注醜亦至密也
○正義曰醜亦惡也物亦類也指謂惡人等輩重復而言之耳比是相近也周
是親密也唯是親愛之義非為善惡之名論語云君子周而不比小人比而不
周以君子小人相對故鄭玄云忠信為周阿黨為比觀文為說也○注謂驩至
之貌○正義曰此傳所言說虞書之事彼云四罪謂共工驩兜三苗鯀也此傳
四凶乃謂之渾敦窮奇檮杌饕餮檢其事以識其人堯典帝言共工之行云靖
言庸違傳說窮奇之惡云靖譖庸回二文正同知窮奇是共工也堯典帝求賢
人驩兜舉共工應帝是與共工相比傳說渾敦之惡云醜類惡物是與比周知
渾敦是驩兜也堯典帝言鯀云咈哉方命圮族傳說檮杌之罪云告頑舍嚚
傲狠明德即是咈戾圮族之狀且鯀是顓頊之後知檮杌是鯀也尚書無三苗
罪狀既甄去三凶自然饕餮是三苗矣先儒盡然。更無異說皆以行狀驗而知
之也莊子稱南方之神其名為儵北方之神其名為。忽中央之神其名為混沌
混沌無七竅儵忽為鑿之一日為一竅七日而混沌死混沌與渾敦字之異耳
莊子雖則寓言要以無竅為混沌是渾敦為不開通之貌此四凶者渾敦檮杌
以狀貌為之名窮奇饕餮以義理為之名古人之意自異耳服虔案神異經云
檮杌狀似虎毫長二尺人面虎足。豬牙尾長丈八尺能鬬不退饕餮獸名身如。牛人面目在腋下食人
少皞。氏有不才子少皞金天氏之

號次黃帝○少詩照反注同皞胡老反疏注少皞至黃帝○正義曰金天國號少皞身號譙周云金天氏能脩大皞之法故曰少皞也其次黃帝則昭十
七年傳有其事○毀信廢忠崇飾惡言靖譖庸回。服讒蒐慝以誣盛德。崇聚也靖安也庸用也回邪也
服行也蒐隱也慝惡也盛德賢人也○蒐所留反慝他得反邪似嗟反疏毀信至盛德○正義曰毀信者謂信不足行毀壞之也廢忠者謂忠為無益廢
棄之也以惡言為善尊崇脩飾之安於讒譖信用回邪常行讒疾陰隱為惡以誣罔盛德之賢人也天下之民謂之窮奇言其行窮困所好奇異也○注崇聚
至人也○正義曰釋詁云崇充也舍人曰威大充盛大亦集聚之義故崇為聚也庸用也靖安回邪慝惡常訓也服從是奉行之義也蒐索隱伏是蒐得為隱也
服虔亦以蒐為隱隱慝謂陰隱為惡也成德謂成就之德故為賢人也定本成德為盛德天下之民謂之窮奇謂共工其行窮其好奇○
奇其宜反共音恭行下孟反好呼報反疏注謂共至好奇○正義曰孔安國云共工官稱也其人為此官故尚書舉其官也行惡終必窮故云其行窮也
好惡言好讒慝是所好奇異於人也顓頊。有不才子不可教訓不知話言話善也○話戶快反告之則頑德義
不入心舍之則嚚不道忠信○舍音赦傲。很。明德以亂天常天下之民謂之檮杌。謂。鯀檮杌頑凶無。儔
匹之貌○傲五報反很戶懇反檮徒刀反杌五忽反鯀古本反此三族也世濟其凶增其惡名以至于堯堯不
能去方以宣公比堯行父比舜故言堯亦不能。去須賢臣而除之○去起呂反注及下皆同疏注方以至除之○正義曰宣公不能去莒僕而行父
能去之恐宣公以不去之為恥行父以去之為專史克方以宣公比堯行父比舜故言堯朝有四凶堯亦不能去須賢臣而除之所以雪宣公不去之恥解行
父專擅之失也然則聖主莫過於堯任賢王政所急大聖之朝不才總萃雖曰帝其難之且復何其甚也此四凶之人才實中品雖行有不善未有大惡故能

仕於聖世致位大官自非聖舜登庸大禹致力則滔天之害未或可平以舜禹之成功見此徒之多罪勳業既謝愆釁自生爲聖所誅其咎益大且虞史欲盛章舜德歸罪惡於前人史克以宣公比堯同四凶於莒僕此等並非下愚未有大惡其爲不善唯帝所知尚書將言求舜以見帝之知人此傳安慰宣公故言堯不能去辭各有爲情頗增甚學者當以意達文不可卽以爲實

縉雲氏有不才子縉雲黃帝時官名疏注縉雲至官名○正義曰昭十七年傳稱黃帝以雲名官故知縉雲黃帝時官名字書縉赤繒也服虔云夏官爲縉雲氏

貪于飲食冒于貨賄侵欲崇侈不可盈厭聚斂積實不知紀極不分孤寡不恤窮匱冒亦貪也盈滿也實財也○厭於豔反匱其媿反疏注貨賄○正義曰鄭注周禮云金玉曰貨布帛曰賄

天下之民以比三凶非帝王子孫故別以比三凶謂之饕餮貪財爲饕貪食爲餮○饕他刀反餮他結反疏注貪財至爲餮○正義曰此無正文先儒賈服等相傳爲然

舜臣堯爲堯臣疏注爲堯臣○正義曰昭七年傳稱王臣公公臣大夫謂王以公爲臣公以大夫爲臣皆是上臣下也而此云舜臣堯謂爲臣以事堯乃是下臣上也文同義異意足相顧故辯之云爲堯臣

賓于四門闢四門達四聰以賓禮衆賢○闢婢亦反聰本亦作窻七工反疏注闢四至衆賢○正義曰賓于四門是禮賢之事而舜典下文云闢四門明四目達四聰言開闢四方之門未開者廣視聽於四方使天下無壅塞亦是賓禮衆賢之事意同於上故引以解之

○流四凶族案四凶罪狀而流放之渾敦窮奇檮杌饕餮投諸四裔以禦螭魅投弃也裔遠也放之四遠使當螭魅之災螭魅山林異氣所生爲人害者○禦魚呂反螭勑知反山神獸形魅亡備反說文作鬽云老精物也鬽或從未疏注投弃至害者○正義曰投者擲去故爲弃也舜典云流共工于幽洲放驩兜于崇山竄三苗于三危殛鯀于羽山四罪而天下咸服孔安國云幽洲北裔崇山南裔三危西裔羽山東裔在海中是放

之四方之遠處螭魅若欲害人則使此四者當彼螭魅之災令代善人受害也宣三年傳王孫滿說九鼎云鑄鼎象物百物而爲之備民入川澤山林不逢不若螭魅罔兩莫能逢之知螭魅是山林異氣所生爲人害者也是以堯崩而天下如一同心戴舜以爲天子以其舉十六相去四凶也故虞書數舜之功曰慎徽五典五典克從無違教也徽美也典常也此八元之功○戴多代反相息亮反下注同去起呂反數色主反徽許歸反曰納于百揆百揆時序無廢事也此八愷之功曰賓于四門四門穆穆無凶人也流四凶【疏】故虞至人也○正義曰此虞書舜典之篇也三事六句舜典本文其云無違教也無廢事也無凶人也是史克解虞書之意也每引一事以一句解之故每事言曰舜有大功二十而爲天子舉十六相去四凶也今行父雖未獲一吉人去一凶矣於舜之功二十之一也庶幾免於戾乎史克激稱以辨宣公之惑釋行父之志故其言美惡有過辭蓋事宜也○激古歷反【疏】注史克至宜也○正義曰宣公貪寶玉而受莒僕爲惑已大行父違君命而逐出之其專已甚故史克激揚而言舜之事堯以辨宣公之惑以解行父之志方欲盛談善惡說事必當增甚故其言美惡有大過之辭言美則大美言惡則大惡禹則鯀之子也說禹則云世濟其美言鯀則云世濟其凶明其餘亦有大過非其實也蓋事勢宜然耳何休以爲孔子云蕩蕩乎堯之爲君唯天爲大唯堯則之今如左氏堯在位數十年久抑元愷而不能舉養育凶人以爲民害而不能去則孔子稱堯虛言也桀紂爲惡一世則誅四凶歷數千歲而無誅放易云積不善之家必有餘殃虛言也左氏爲短但堯之爲君能舉十六相去四凶四凶之人未必世濟其惡但史克欲明行父之志欲辨宣公之惑故美惡過辭具於此注何休之難不足疑也

○宋武氏之族道昭公子將奉司城須以作亂文公弒昭

公故武族欲因其子以作亂司城須文公弟○宋武氏之族本或作武穆之族者後人取下文妄加也道音導十二月宋公殺母弟須及昭公子使戴莊桓之族攻武氏於司馬子伯之館戴族華樂也莊族公孫師也桓族向魚鱗蕩也司馬子伯華耦也○向舒亮反遂出武穆之族穆族黨於武氏故使公孫師爲司城公孫師莊公之孫公子朝卒使樂呂爲司寇以靖國人樂呂戴公之曾孫爲宣三年宋師圍曹傳疏注樂呂戴公曾孫○正義曰世本云戴公生樂甫術術生碩甫澤澤生夷父須須生大司寇呂今云曾孫誤也

附釋音春秋左傳注疏卷第二十

春秋左傳注疏卷二十校勘記　阮元撰盧宣旬摘錄

附釋音春秋左傳注疏卷第二十 文十六年盡十八年

〔經十六年〕

十有六年春 石經脫春字後旁增

不得視二月三月四月五月朔也 足利本無得字

非許齊 宋本淳熙本岳本纂圖本閩本監本毛本許作詐不誤○今依訂正

比猶釋不朝王之義 閩本監本比作此宋本正作王是也

故須言有疾以辯之 監本毛本言作書

唯有侯耳 宋本侯作疾不誤○今依訂正

閏月不告月書經以譏之 纂案不告月月當朔字之譌書經當是經書誤倒

〔傳十六年〕

閟疾瘳 釋文瘳下有也字

注伯禽至七君 宋本以下正義三節總入秋八月節注後

子幽公圉 史記魯世家圉作宰索隱云系本作圉

以示義者 監本者誤曰

楚大饑 釋文云亦作飢音機案穀不熟謂之饑飢乃飢餓字

至于阜山 纂圖本阜誤爲

注戎山夷也 宋本以下正義五節揔入遂滅庸注下

有寇比從北來 宋本比作必

使廬戢黎侵庸 石經宋本岳本纂圖本閩本監本毛本作棃侵

蚡冒楚武王父 釋文引注父下有也字又引史記楚世家云蚡冒卒弟熊達殺蚡冒子而代立是爲楚武王與杜異

服穎川之邑疑非也 宋本服上有遠字

唯裨鯈魚人實逐之 淳熙本鯈作儵注亦作儵釋文同

楚子乘馹會師于臨品 閩本監本毛本馹作驛案馹訓傳車當从日正義同

馹傳車也 宋本閩本監本毛本馹誤驛

宋公至恤也 宋本以下正義三節揔入注文㐌意諸之弟之下

以禮防閑宋本淳熙本岳本足利本禮下有自字是也

夫人助之施石經宋本淳熙本岳本纂圖本足利本作乃助之施不誤

代公子卬岳本卬作印纂圖本作卯非也

鱗鑵爲司徒石經宋本岳本鑵作矔釋文同是也

公知之盡以寶行蕩意諸曰案石經此行自知至諸只九字陳樹華云蓋初刻以字下有其字也

盡以其寶賜左右以使行石經宋本淳熙本岳本足利本右以作右而是也

周襄王姊也閩本監本毛本姊作妹非案八年傳云宋襄夫人襄王之姊也是

郊甸之帥淳熙本纂圖本足利本帥作師

注襄夫至之帥宋本以下正義二節揔接上疏注君祖至夫人之下

以大都之田任彊地宋本閩本彊作疆案周禮作畺

〔經十七年〕

自閔僖已下閩本監本毛本已作以

而爲三恪之宮監本毛本宮作官亦非宋本作客與莊十六年注合

諱國惡地〔補〕毛本地作也今依訂正

〔傳十七年〕

遂復合諸侯于扈〔補〕此本脫于扈二字依石經宋本淳熙本岳本閩本監本毛本

使執訊而與之書　宋本以下正義六節揔入注文晉侯女壻之下

令持以告宣子　閩本監本毛本持誤特

蕆勑也勑成前好　纂圖本毛本勑作敕案玉篇引作敕方言云蕆敕廣雅釋詁亦云蕆敕也釋文云好一本作事

謂不擇音聲而出之而難杜　閩本監本無下而字

言急則欲蔭茠於楚　閩本監本毛本茠作芘從釋文改也釋文又云本或作茠字按說文休息止也从人依木或作庥凡作茠者俗字

魯莊二十三年六月二十四日　宋本無四字纂圖本魯誤會

而從於強令　宋本岳本強作彊

〔經十八年〕

注不稱盜罪商人　宋本以下正義四節揔入莒弑其君庶其句下

邴商人今從弑君稱君之例也宋本毛本邴作郱浦鏜云今當令字誤

書不遂不書辰宋本閩本監本毛本無上不字此本衍

襄仲舒倚齊而弑之宋本無舒字是也

楚世子商臣弑君言臣子宋本閩本監本毛本下臣字作世

而稱臣者監本毛本同○案臣當君字之譌

劉賈許潁以爲君惡及國朝監本毛本頴作穎亦非宋本作頴是也○今依訂正

〔傳十八年〕

注以卜事告龜宋本此節正義在二月丁丑公薨句下

歜以扑抶職釋文亦作扑云字宜從手作木邊非也段玉裁云扑者說文攴字之變攴卽又也擊之曰扑因名其器亦曰扑

扑箠也葉抄釋文箠作菙非

襄仲至許之宋本以下正義二節摠入謂之哀姜注下

不允放魯〔補〕毛本放作於今依訂正

莒紀公子生大子僕上子字衍文石經宋本淳熙本岳本纂圖本閩本監本毛本不誤

弗敢失隊石經凡隊字皆作墜此處獨作隊

如鷹鸇之逐鳥雀宋本自此節正義至注史克至宜也共卅二節揔入注蓋事宜也之下

鸇摯鳥名監本毛本摯作鷙按摯爲鷙之假借字

無赦在九刑不忘行父石經此行計九字行父二字疏陳樹華云蓋行字上多今字改刊去也

王刑一議刑八宋本閩本監本毛本王作正不誤○今依訂正

檮戭大臨尨降監本檮作擣與今本說文引傳合纂圖本尨誤厖案釋文云漢書戭作皽

不杞忽諸宋本閩本監本毛本杞作祀是也○今依訂正

並不出其名案不字衍文

明允篤誠石經篤作篤非

伊尹聖人之和者也案伊尹當作柳下惠

此卽稷契朱虎熊羆之倫釋文云契依字當作偰古文作卨

有大德之弟宋本德作賢

保已精粹宋本已作己是也

天下之民爲之美目 閩本監本毛本之美作其美

以至於堯 石經淳熙本於作于

何者是契耳 閩本監本耳作矣非

尊卑有五品 宋本卑作平非也

更無異說 監本毛本更作蓋非也

其名爲忽 宋本忽作怱非

虎足猪牙 宋本猪作豬是正字

身如牛人面 閩本監本毛本同宋本作羊

少皞氏有不才子 石經宋本皞作皡釋文亦作皡是也

靖譖庸回 案尚書撰異云即靖言庸違也回邪也古回違通用

以誣盛德 正義引定本成德爲盛德服虔云成德爲成就之德是服虔所見本盛作成也陳樹華云成盛古字通公羊皆以盛爲成

顓頊有不才子 石經宋本淳熙本岳本纂圖本頊下有氏字

傲狠明德 石經宋本淳熙本岳本纂圖本監本毛本作傲很釋文同

檮杌案說文引傳作檮柮

謂鯀葉抄釋文鯀作鮌

頑凶無儔匹之貌案孟子離婁疏引注頑誤嚚儔作疇足利本亦作疇

故言堯亦不能去須賢臣而除之監本去誤立

非帝王子孫故別以比三凶岳本作非帝者子孫足利本無王字宋本同

達四聰釋文聰作窻云本亦作聰段玉裁云或疑不應作窻考風俗通十反篇云蓋人君者闢門開窻號咷博求此亦用堯典也蓋古文尚書本作囱窗者囱之或字窻又窗之俗體聰又囱之同音字作囱而或如字或讀爲聰猶之台可讀爲怡尼可讀爲昵庸可讀爲鏞也

以禦螭魅釋文引說文魅作鬽云老精物也鬽或從未案詩菀柳正義爾雅釋詁疏引作以禦魑魅

使當螭魅之災岳本螭作魑

投者鄭去宋本閩本監本毛本鄭作擲是也○今依訂正

流共工于幽洲閩本監本毛本洲作州

竄三苗于三危孟子竄作殺案殺非殺戮卽竄之假借也

繹行父之志宋本淳熙本岳本纂圖本閩本監本毛本繹作釋是也○今依訂正

四凶歷數千歲〔補〕案千當十字之譌

春秋左傳注疏卷二十校勘記